U0952295

海关高等教育教材
HAIGUAN GAODENG JIAOYU JIAOCAI

# 进出口商品归类（第二版）

JINCHUKOU SHANGPIN GUILEI（DI-ER BAN）

宗慧民◎主编　赵 怡◎副主编

中国海关出版社·北京

**图书在版编目（CIP）数据**

进出口商品归类/宗慧民主编.—2版.—北京：中国海关出版社，2018.8
（海关高等教育教材）
ISBN 978-7-5175-0297-5

Ⅰ.①进… Ⅱ.①宗… Ⅲ.①进出口商品—分类—中国—高等学校—教材
Ⅳ.①F752.6

中国版本图书馆CIP数据核字（2018）第169869号

**进出口商品归类（第二版）**
**JINCHUKOU SHANGPIN GUILEI（DI-ER BAN）**

作　　者：宗慧民　赵　怡　等
策　　划：普　娜
责任编辑：李　多
出版发行：中国海关出版社
社　　址：北京市朝阳区东四环南路甲1号　　邮政编码：100023
网　　址：www.hgcbs.com.cn
编 辑 部：01065194242-7529（电话）　　01065194231（传真）
发 行 部：01065194221/4238/4246（电话）　　01065194233（传真）
社办书店：01065195616（电话）　　01065195127（传真）
www.customskb.com/book（网址）
印　　刷：三河市人民印务有限公司　　经　　销：新华书店
开　　本：787mm×1092mm　1/16
印　　张：40.5　　字　　数：1040千字
版　　次：2018年8月第2版
印　　次：2018年8月第1次印刷
书　　号：ISBN 978-7-5175-0297-5
定　　价：88.00元

# “海关高等教育教材”丛书序

我国古代海关的起源，一般认为是在西周，至今已有三千多年的历史。其名称几经变迁，经历过关、塞、关楼、津、市、市舶司、月港督饷馆、钞关、户关、工关、榷关、常关等，直到清代康熙二十四年（1685 年），中国历史上才第一次出现了正式的、以海关命名的进出境关口。1840 年鸦片战争以后，中国沦为半殖民地半封建国家，丧失了关税自主权和海关行政管理权。为培养我国自己的税务、海关人才，清政府于 1908 年在北京创办了税务学堂。1913 年，北洋政府教育部批准将税务学堂改名为税务专门学校。在四十余年的办学中，该校为中国海关培养了两千余名专业人才。

中华人民共和国的海关专业教育起步于 1953 年，以上海海关学校的设立为标志。1980 年经国务院批准，上海海关学校升格为上海海关专科学校。1996 年更名为上海海关高等专科学校。2007 年 3 月，教育部批准在上海海关高等专科学校的基础上设立上海海关学院，设置了管理学、经济学、法学、文学等若干本科专业。上海海关学院作为全国唯一系列设置海关类课程和专业的本科院校，承担着传播海关专业知识、培养海关专门人才、进行海关学术研究、开展海关国际交流与合作的重任。

上海海关学院的发展，事关人才培养重任，事关国家的海关改革与发展，如何更好地服务国家战略，需要我们冷静思考、科学规划、抓住机遇、真抓实干，在新的起点上以新的办学思路、新的办学举措、新的办学业绩来适应新时代海关事业的改革与发展，以及国际经济贸易的发展。

在海关总署党组的领导和全国海关的支持下，升本后的上海海关学院严格按照教育教学规律组织教学工作，夯实教学管理基础，切实加强教学监控，狠抓人才培养质量，并积极探索构建以海关学为核心的学科群，探讨海关学基础理论，明确海关学的研究对象，建立包括海关管理学、海关法学、关税学等在内的二级学科理论体系，努力使中国海关拥有与自身地位相匹配的学科地位。

为满足迅速发展的海关高等教育的实际需要，2009 年以来，学校连续两轮组织教师编写“海关高等教育教材”。该套教材涵盖了海关法律、关税、商品归类、海关估价、海关稽查、海关统计、风险管理、原产地规则、海关专业英语等诸多内容，具有涉及海关专业诸多领域、专业性强、偏重原理、强调理论和实践相结合等特点。“海关高等教育教材”不仅能满足海关高等教育的需要，同时也是对海关实践的理论总结，对丰富和发展海关学科专业，构建以海关学为核心的学科群具有重要的意义。

自2015年起，在教材使用的基础上，我们认真总结教材编写方面的经验，贴合海关和外经贸事业发展对人才培养的实际需求，启动新一轮教材体系建设工作。我们将始终坚持以教材体系建设为抓手，推动学校走特色办学、内涵建设发展之路，着力在“三型一高”，即应用型、复合型、涉外型的高素质人才培养方面发挥应有的作用，早日实现建设海关特色鲜明、服务国家战略、具有国际影响力的世界一流高等学府的办学目标。我们相信，本着科学、务实、与时俱进的精神编写的教材，不仅能够为学校的教学提供科学适用的教材，也将为海关学科建设和人才培养做出积极的贡献。

上海海关学院院长 丛玉豪

2018年2月

# 编写说明

《进出口商品归类》是上海海关学院海关业务系列教材之一，阐述《商品名称及编码协调制度》（以下简称《协调制度》）的原则及根据《协调制度》对进出口商品进行正确归类的方法，适用于高等院校海关管理专业及报关、物流、国际货运、国际商务、外贸等有关专业。本书可作为海关干部业务培训参考教材，还可为报关企业、进出口企业、商品归类咨询单位，以及涉及外贸业务的律师事务所、税务师事务所、会计师事务所等的相关人员学习归类提供参考。

商品归类是海关非常重要的业务基础。由于海关对进出口商品进行监督管理、征收关税和统计数据的重要前提就是必须对进出口商品正确归类，故进出口商品归类在海关相关业务工作中具有十分重要的地位。认真学好这门课，掌握归类技术，才能在走上海关工作岗位后胜任相关业务工作，成为一名合格的海关关员。

正确申报进出口商品的编码同样是进出口企业及其代理人的义务，归类的正确与否，直接关系到企业的经营成本、通关速度等自身利益，因而进出口企业、报关企业人员同样需要掌握商品归类技术。

一本系统阐述商品知识和归类方法的教材，不但有利于进出口商品归类的教学，也有利于海关系统从事归类及与归类业务有关的人员系统地掌握归类方法。对于相当一批从事报关业务的有关人员，在未受过系统、正规的商品归类培训的前提下，一本好的商品归类学习资料，可以帮助他们减少商品归类差错，使报关质量和通关效率得到提高。有鉴于此，2009 年我们编写出版了《海关商品归类学》，2014 年又编写出版了《进出口商品归类》。

《进出口商品归类》自出版以来得到了社会的好评，目前该教材已经被很多开设“商品归类”课程的院校作为教学用书，被全国各地海关作为关员学习用书，被进出口企业和报关企业作为业务参考书籍。

《中华人民共和国海关进出口税则》（以下简称《税则》）和我国进出口商品归类采用的是国际通行的《协调制度》。《协调制度》每隔 5 年修订一次，目前我国使用的《税则》采用的是《协调制度》2017 版本。考虑到《协调制度》修订引起的部分规定的变化，以及我们在这几年教学实践中使用《进出口商品归类》教材的体会和来自各方的意见反馈，我们决定对《进出口商品归类》教材进行修订，编写《进出口商品归类（第二版）》。

本教材具有以下特点：

1. 商品归类是商品知识与归类方法的结合。由于广泛的商品知识是正确归类的基础，这就需要在教材中用大量篇幅介绍涉及化学、物理、电子、通信、纺织、材料学等方面的商品知识。但是由于教学时间有限，如果教材篇幅过大，将不利于教师课堂授课和学生学习，故本教材将重点放在商品归类原则与方法的阐述，而将商品知识作为阅读材料，教师可根据课时的多少灵活选择，学生也可以作为课后阅读以扩大知识面和做深度的探索。

对于海关关员和企业有关人员而言，工作中常常面临疑难商品的归类和归类争议，有时归类的不确定恰恰源于相关商品知识的欠缺，故本教材中的商品知识部分将为他们提供很好的参考。

2. 由于《协调制度》中的一些规定复杂且晦涩难懂，故本教材对相关规定通过举例和具体分析的方法帮助读者来理解这些规定，从而达到深入浅出的效果。并且由于这样的例子多达400多个，给授课教师带来了很大方便，教师可以这些实例为基础进行案例教学，以丰富教学内容和形式。

3. 本教材配有大量图片、图表，以生动形象地展现商品和归类知识。

4. 本教材配有300多道紧扣重要知识点的课后思考与练习题，并在书后附有答案。

5. 本教材对海关与企业在进出口归类实践中遇到的某些疑难问题、争议问题作了一定程度的解析。

本教材由上海海关学院的专业教师编写。本书的编写者具有多年的商品归类教学经验和海关在职干部的培训经验，并多次深入海关现场和进出口企业、报关公司，收集了大量的实例，掌握了大量的素材，以丰富教学、贴近实际，从而使本书达到理论与实践有机结合，商品知识与归类方法有机结合的高度。

鉴于《协调制度》每隔若干年要重新修订及我国每年要对本国子目进行微调，故《进出口商品归类（第二版）》以最新版的《商品名称及编码协调制度》（2017版）和《中华人民共和国海关进出口税则》（2018版）为编写依据。

本书第一版由宗慧民副教授担任主编、赵怡副教授任副主编，具体编写分工如下：

宗慧民副教授：绪论、第一章～第四十章；

金宏彬讲师：第四十一章~第六十三章；
王华强讲师：第六十四章~第八十三章；
赵怡副教授：第八十四章~第八十五章；
温朝柱副教授：第八十六章~第九十七章。
第一版全书由宗慧民副教授统稿。
本书第二版修订分工如下：
宗慧民副教授：绪论、第一章~第四十章；
金宏彬讲师：第四十一章~第六十三章；
王华强讲师：第六十四章~第八十三章；
温朝柱副教授：第八十四章~第九十七章。
第二版全书由宗慧民副教授统稿。

商品成千上万，归类错综复杂。由于编者水平有限，书中缺点、错误在所难免。我们诚恳地欢迎各位读者提出宝贵意见。

编者
2018 年 7 月

# 目　录

# 绪 论

【内容提要】

在绪论中，将学习以下内容：

了解商品分类的发展历史，熟悉《协调制度》的结构，掌握商品归类的基本原则。

其中，重点是归类总规则的理解和掌握。

## 第一节 进出口商品归类的性质

商品归类作为海关业务的基础工作之一，贯穿于海关工作的多个方面，如海关征税、海关统计、海关监管等业务。在海关征税工作中，只有准确的商品归类才能保证依法征收，使国家的税收不受损失，使纳税人的利益得到保障；在海关统计工作中，只有准确的商品归类才能保证国际贸易统计的准确性，为国家的宏观调控和贸易政策的调整提供可靠的依据；在海关监管工作中，只有准确的商品归类才能使国家对进出口商品的各项管理措施得到实施。

目前，国际上通用的进出口商品分类体系是《商品名称及编码协调制度》（以下简称《协调制度》）。《协调制度》分类目录同时还作为国家之间贸易谈判及关税减让的基础，也是实施多双边贸易协定及有关贸易管制措施的基础，如反倾销措施、保障措施，我国与部分国家签署的《亚太贸易协定》，内地与香港、澳门签署的 CEPA 等，只有正确的商品归类才能保证正确地实施这些贸易管制措施，才能使受惠国在关税减让中真正得到优惠。

《协调制度》分类目录还作为麻醉药品、化学武器、臭氧层消耗物质及进出口许可证、配额等监控商品的基础，只有正确的商品归类才能保证这些商品得到有效的监控。

《协调制度》被 200 多个国家和地区用作海关关税和国际贸易统计的基础，国际贸易中 98%以上的商品按照《协调制度》的标准分类，《协调制度》因此成为商品的通用经济语言，也是国际贸易不可或缺的工具。

《协调制度》将商品分成 21 类，97 章，由商品名称、编码、注释组成，在所有章之前还有归类总规则作为归类的基本原则。

由于进出口商品数不胜数，而《协调制度》中的编码有 1000 多个四位数品目，5000 多个六位数子目，故并不是一个编码简单地对应一项商品。进出口商品归类就是根据商品的特性和归类的原则，将每一项进出口商品归入《协调制度》中的正确编码（我国在《协调制度》的基础上又增加了本国子目，共有 8000 多个八位数子目，故我国进出口商品需归入正确的八位数编码）。归类的正确与否取决于商品知识的丰富和归类技能的掌握程度。

“进出口商品归类”是研究进出口商品的科学分类及在《协调制度》分类体系中进出口商品归类方法的一门课程。其具体研究内容为《协调制度》归类总规则，《协调制度》分类目录的结构特点和规律，《协调制度》分类目录各类、章、品目、子目的内容，以及在此基础上对进出口商品归类的原则和方法。

商品成千上万，错综复杂，要科学地分类和准确地归类，是一项十分复杂的工作。除了对归类技能的掌握之外，为达到对具体进出口商品正确归类的目的，还需要以商品知识为基础，即当对某一具体商品进行归类时，需要对该商品的性质、组成、原理、结构、加工、用途等某一或某几方面准确定性（有时还要定量），才能正确归类。因此，《进出口商品归类》的研究方法是将商品知识与归类技能两方面结合起来。由此可见，进出口商品归类是以化学、物理学、电子学、材料学等基础学科为基础，并广泛地涉及自然科学、工程技术多个领域的知识。

# 第二节 《商品名称及编码协调制度》

## 一、《协调制度》概述

### (一) 国际贸易商品分类

早期的国际贸易商品分类目录是因为对进出本国的商品征收关税而产生的，其结构较为简单，或是按货物名称字母顺序排列成表，或是按货物名称笔画排列成表。后来随着社会化大生产的发展，进出口商品品种与数量的增加，除了税收的需要，人们还要了解进出口贸易情况，即还要进行贸易统计。在《协调制度》产生前，世界上存在两种主要的商品分类目录，即《海关合作理事会商品分类目录》和《国际贸易标准分类目录》。

1.《海关合作理事会商品分类目录》(CCCN)

海关合作理事会于1950年制定了《布鲁塞尔公约》中的《海关税则商品分类目录》，并于1959年9月11日生效，其后在1965年、1972年、1978年等多次加以修订。该目录于1974年更名为《海关合作理事会商品分类目录》(Customs Co-operation Council Nomenclature，简称CCCN)，它是一个系统的商品分类体系，共有21类(Section)、99章(Chapter)、1011个品目(Heading)。截止到1987年，世界上有150多个国家和地区以它为基础制定了本国(地区)海关税则。

2.《国际贸易标准分类目录》(SITC)

为便于联合国的统计工作，由联合国秘书处主持，在1950年草拟了联合国《国际贸易标准分类目录》(Standard International Trade Classification，简称SITC)。它是国际贸易统计和联合国各有关机构贸易统计中重要的商品分类目录。该目录将所有国际贸易商品分成10类、63章、233组、786个分组，其中435个分组又细分成1573个附属目，其余351个分组不分细目，这样共有1924个基本统计项目，各国可依据本国需要进一步细分任何一个基本项目。

### (二)《协调制度》

用于海关税则的CCCN和用于国际贸易统计的SITC这两大商品分类目录的不同，使得一种商品有时在一次国际贸易过程中要使用多次不同的编码，给国际贸易带来极大的不便。关心国际贸易的人士逐渐意识到，迫切需要统一贸易商品分类目录。虽然前面这两种分类目录均为国际贸易的商品分类目录，但两个分类目录用途不同，分类体系、结构和编码方法不一致，于是海关合作理事会和联合国统计委员会经过协商，认为有必要建立一套既满足海关税则和贸易统计需要，又可包容运输及制造业等要求的通用国际商品分类目录，即后来所称的《商品名称及编码协调制度》(Harmonized Commodity Description and Coding System，简称《协调制度》或HS)分类目录。它是在《海关合作理事会商品分类目录》和《国际贸易标准分类目录》的基础上，协调国际上多种商品分类目录而制定的一部多用途的国际贸易商品分类目录。经过多年的努力，该目录于1983年5月定稿。1983年6月，海关合作理事会第61/62届会议通过了《商品名称及编码协调制度国际公约》及其附件《商品名称及编码协调制度》。《协调制度》分类目录于1988年1月1日起正式生效。

该分类目录广泛应用于海关税则、国际贸易统计、原产地规则、国际贸易谈判（如WTO关税减让表）、运输费用及统计、贸易管制（如对废物、麻醉药物、化学武器等的管制）、风险管理等多个领域，所以《协调制度》又被称为"国际贸易的语言"。目前已有200多个国家、地区、国际组织采用《协调制度》目录作为海关税则和贸易统计目录。

随着新产品的不断出现和国际贸易结构的变化，《协调制度》一般每隔若干年就要修订一次。自1988年《协调制度》生效以来，进行了多次修订，形成了1988年、1992年、1996年、2002年、2007年、2012年和2017年共7个版本。

### （三）《商品名称及编码协调制度国际公约》

为保障《协调制度》分类目录实施后统一执行，在制定《协调制度》的同时，还制定了《商品名称及编码协调制度国际公约》（以下简称《协调制度国际公约》），因为在以前众多的国际通用商品分类目录实施后难以统一执行的一个主要原因就是没有一个国际公约的约束。

该公约除前言外，共有20条规定，主要对缔约方的权利、义务，协调制度委员会的工作和职权，海关合作理事会①的作用，公约的缔结、生效、退出、修改、争议的裁定等事宜作了规定。例如，前言部分主要阐述了《协调制度》的制定宗旨是便利国际贸易，强调《协调制度》能适合多方面用途，保证它能适应技术及贸易的发展；缔约方有权利派代表参加协调制度委员会并有表决权，对协调制度委员会提出的修正案有权表示反对；缔约方不承担关税税率方面的任何义务等。

我国于1992年6月加入了《协调制度国际公约》。

### （四）《协调制度注释》

《协调制度注释》是经海关合作理事会正式批准的对《协调制度》的官方解释，它不是《协调制度国际公约》的组成部分，而是《协调制度》不可缺少的辅助性文件，在对商品归类时，它可帮助人们正确理解《协调制度》。

《协调制度注释》按《协调制度》体系的分类顺序为每一个品目的范围作了注释，列出应包括和排除的主要商品，明确一些特定子目的范围，对有关商品从外观、性能、生产方法及用途等多方面进行具体描述，以确保大部分商品都能得到准确的归类。

《协调制度注释》于1986年出版发行，与《协调制度》的各个版本同步修订。我国海关将《协调制度注释》翻译后称为《进出口税则商品及品目注释》，并通过法律程序将《进出口税则商品及品目注释》规定为我国对进出口货物进行归类的依据。

## 二、《协调制度》的结构

《协调制度》由三部分组成：归类总规则，类注释、章注释及子目注释，品目和子目。

### （一）归类总规则

国际贸易中的商品成千上万，在商品分类目录中不可能一一列出。为使每一个商品都

① 现为世界海关组织，英文简称WCO。

能归入这个分类目录中，同时又能使每一个商品仅与目录中单一的品目（或子目）一一对应，必须采用一定的规则来保证，这个规则便是归类总规则。归类总规则作为《协调制度》商品归类的总的指导原则，是商品归类的法律依据，任何商品的归类都必须遵守归类总规则。

### （二）类注释、章注释及子目注释

注释的作用在于准确限定子目、品目、章或类的范围，保证商品归类的唯一性和正确性。注释分为类注释（位于类标题下，用于品目的归类）、章注释（位于章标题下，用于品目的归类）和子目注释（位于类、章标题下，用于子目的归类），常见的形式有：

1. 排他法：用排除性条款列举某个子目、品目、章或类不包括的商品。如第三章的注释一“本章不包括：（一）品目 0106 的哺乳动物”，说明品目 0106 的“哺乳动物”不归入第三章。

2. 定义法：用一般定义法来限定某个子目、品目的范围或解释子目条文、品目条文及章、类中出现的专业术语（或名词）。如第十一类的注释五根据外观和结构对品目 5204、5401 和 5508 的缝纫线进行了定义，第二十二章的子目注释一对“汽酒”进行了定义，第七十二章的注释一（五）对“不锈钢”进行了定义。

3. 列举法：分为全部列举和不完全列举。

全部列举指全部具体列出某个品目或某组品目所包含的商品，在这种注释中出现“只”、“仅”等限定性的文字。如第三十一章的注释二“品目 3102 只适用于下列货品……”第三十六章的注释二“品目 3606 所称易燃材料制品只适用于……”

不完全列举指未全部具体列出某个品目所包含的商品。如第二十五章的注释四“品目 2530 主要包括：未膨胀的蛭石……”

4. 其他：如第十一类的注释二规定了“混纺材料”的归类原则，第十五类注释五规定了“贱金属合金”的归类原则，第四十八章注释八限定了归入品目 4801 及 4803 至 4809 的纸及纸板的尺寸规格，等等。

### （三）品目和子目

《协调制度》将成千上万种商品根据不同的生产部门（行业）分成不同的类，类下又根据商品的自然属性或用途（功能）分成不同的章。如第一类包括活动物、动物产品，按商品属性分成五章（第一章至第五章）；第二类包括植物产品，按商品属性分成九章（第六章至第十四章）。《协调制度》共分为 21 类 97 章，其中第七十七章为空章（即不含任何商品，保留为将来使用），余下的 96 章含有不同种类的商品。另外还有两章即第九十八章、第九十九章为部分缔约方实现特别管理时使用。如加拿大海关税则中，第九十八章为非商业的特殊商品管理目录，第九十九章为特定商品的目录；我国海关设置了专为统计所使用的第二十二类第九十八章“特殊交易品及未分类商品”。

某些章内又按加工程度和自然属性分成分章，如第七十一章按加工程度分成三个分章：

第一分章　天然或养殖珍珠、宝石或半宝石；

第二分章　贵金属及包贵金属；

第三分章　珠宝首饰、金银器及其他制品。

由于商品众多，无法将商品一一按其名称具体列出，故每一章（或分章）内的商品及其编码以品目来表示。每一个品目（Heading）都由两部分组成：品目号（Heading No.）和品目条文（Terms of the heading）。例如“0101 马、驴、骡”，前面的数字“0101”是品目号，后面的“马、驴、骡”是品目条文。

品目号以四位数字编码来表示，前两位数字表示该品目所在的章，如第一章写成“01”，第二章写成“02”，第二十五章写成“25”；后两位数字表示该品目在该章的顺序，如第一章的第一个品目号写成“0101”，第一章的第二个品目号写成“0102”，第二十五章的第 18 个品目号写成“2518”。当然也会出现因修订问题而产生空号的现象，如“2527”的空号是在 2002 年版修订时删除原品目造成的。

2017 年版《协调制度》共有 1222 个品目。这些品目中的一部分又被细分出若干子目。每一个子目（Subheading）同样由两部分组成：子目号（Subheading No.）和子目条文（Terms of the subheading）。

品目下的一级子目（又称一杠子目）以五位数字编码来表示，即在该品目四位数字编码的基础上再加上第五位阿拉伯数字。如品目 0801 下的第一个一级子目写成“0801.1”，代表“椰子”；第三个一级子目写成“0801.3”，代表“腰果”。当然同样也会出现因多次修订而产生空号的现象。

至于那些兜底的一级子目（“其他”）则尽量以数字“9”表示，而不用实际的顺序号，因用“9”的好处是可以在不改变现行子目编码（结构）的情况下插入新的子目。如品目 0805 兜底的一级子目（其他）写成“0805.9”。对于机电产品，若最后一个一级子目为“零部件”时，则兜底的一级子目改用数字“8”表示。如品目 8438 的最后一个一级子目“8438.9”为“零件”，所以其兜底的一级子目（其他机器）写成“8438.8”。

一级子目下的二级子目（又称二杠子目）的编码方式同一级子目。

品目下或一级子目下若没有再细分，则用数字“00”或“0”表示。

《协调制度》最多分为二级子目，所以《协调制度》商品编码有 6 位数字。2017 年版《协调制度》共有 5387 个子目。

《协调制度》分类目录的结构示意见图 0-1。

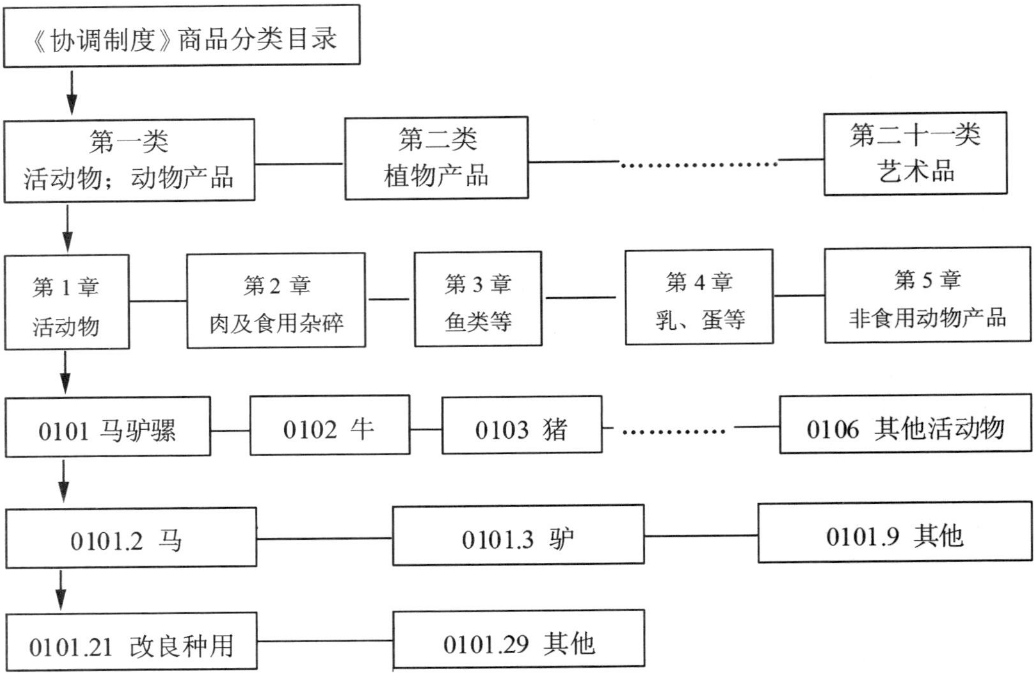


**图 0-1**

## 三、我国海关进出口商品分类目录

我国海关于 1980 年采用《国际贸易标准分类目录》，并以其为基础编制我国的统计目录；于 1985 年采用《海关合作理事会商品分类目录》，并以其为基础编制我国的税则目录。1991 年 6 月，国务院关税税则委员会审议通过了以 1992 年版《协调制度》为基础的《中华人民共和国进出口税则》和《中华人民共和国海关统计商品目录》，并从 1992 年 1 月 1 日起开始生效。

《中华人民共和国进出口税则》和《中华人民共和国海关统计商品目录》是在我国海关进出口商品分类目录的基础上，分别加上进出口税率和计量单位编制而成。根据我国关税和海关统计的需要，我国海关进出口商品分类目录采用 8 位数字编码，其中前 6 位与《协调制度》编码完全一致，第 7、8 两位是在《协调制度》二级子目的基础上细分的三级子目（又称三杠子目）和四级子目（又称四杠子目），所以第 7、8 两位所对应的子目又称为本国子目①。目前，我国海关进出口商品分类目录共有 8000 多个子目②③。

另外，为满足统计需要，在《中华人民共和国海关统计商品目录》中增加了第二十二类（第九十八章）“特殊交易品及未分类商品”。

---

① 根据我国进出口商品的实际情况，一般每年都会对本国子目进行适当调整。

② 我国海关将《中华人民共和国进出口税则》中的 8 位数编码称为税则号列（Tariff Item），简称税号。

③ 由于我国贸易管制政策的实际情况，我国海关进出口商品分类目录的 8 位数编码已不能满足进出口管理的需要，故目前进出口报关时需要根据海关要求按《中国海关报关实用手册》中的 10 位数编码来填报。

下面以品目0203为例说明我国商品分类目录的结构：

0203 鲜、冷、冻猪肉 ← 品目

-鲜或冷的： ← 一级（一杠）子目

--整头及半头： ← 二级（二杠）子目

0203.1110 ---乳猪 ← 三级（三杠）子目（本国子目）

0203.1190 ---其他

0203.1200 --带骨的前腿、后腿及其肉块

0203.1900 --其他

-冻的：

--整头及半头：

0203.2110 ---乳猪

0203.2190 ---其他

0203.2200 --带骨的前腿、后腿及其肉块

0203.2900 --其他

品目0203的分类结构也可解释如下：

- 鲜、冷、冻猪肉 0203
  - 鲜或冷的 0203.1
    - 整头及半头 0203.11
      - 乳猪：0203.111
      - 其他：0203.119
    - 带骨的前腿、后腿及其肉块 0203.12
    - 其他 0203.19
  - 冻的 0203.2
    - 整头及半头 0203.21
      - 乳猪：0203.211
      - 其他：0203.219
    - 带骨的前腿、后腿及其肉块 0203.22
    - 其他 0203.29

在三级子目至四级子目中（即编码的第七位至八位）："其他"或兜底的子目与一级子目或二级子目相似，一般也是用"9"表示，因月"9"表示可以使本国子目在不改变现行子目编码结构的情况下插入新的子目。另外，《协调制度》子目下或本国三级子目下若没有再细分，则用数字"00"或"0"表示。

下面以品目0710为例说明如何增加新的本国子目：

0710 冷冻蔬菜（不论是否蒸煮）

……

-其他蔬菜

0710.8010 ---松茸

0710.8020 --- 蒜薹及蒜苗（青蒜）

0710.8030 --- 蒜头（我国《税则》2004 年版新增加的商品）
0710.8040 ---牛肝菌（我国《税则》2012 年版新增加的商品）
0710.8090 --- 其他

## 第三节 归类总规则

### 一、规则一

#### （一）条文内容

“类、章及分章的标题，仅为查找方便而设；具有法律效力的归类，应按品目条文和有关类注或章注确定，如品目、类注或章注无其他规定，按以下规则确定。”

#### （二）条文解释

1. 尽管《协调制度》系统地将商品按类、章（部分章内还设有分章）分类，每类、章、分章标有标题，并使这些标题尽可能地概括该类、章、分章所包含的商品，但是由于各类、章、分章所包含的商品种类繁多，类、章、分章的标题不可能将其一一列出而全部包括进去，例如第八十六章的标题是“铁道及电车道机车、车辆及其零件；铁道及电车道轨道固定装置及其零件、附件；各种机械（包括电动机械）交通信号设备”，但实际上，除了上述商品外，本章还包括章的标题所没有列出的“集装箱”。

由于类、章、分章的标题只是一个大概，无法规定具体内容，即同一类的商品在不同条件下可能有不同的分类，而这种情况在标题上是无法得到体现的，因此，类、章、分章的标题所列出的商品也有可能不归入该类、章、分章，例如第一章的标题是“活动物”，但实际上，马、牛、羊等活动物归入本章，而鱼、甲壳动物、软体动物及其他水生无脊椎动物这些活动物却归入第三章。

另外，标题之间还会产生交叉，例如“塑料鞋”既属于第三十九章标题“塑料及其制品”所列的商品，又属于第六十四章标题“鞋靴、护腿和类似品及其零件”所列的商品，所以仅根据这两章的标题无法确定“塑料鞋”应归入第三十九章还是第六十四章。

综上所述，类、章、分章标题只为方便查找，本身不是归类的依据。

2. 归类的法律依据应该是品目条文和类注、章注。

**【例 1】** 用于饲养观赏的金鱼

**【归类分析】** 根据归类总规则一“具有法律效力的归类，应按品目条文和有关类注或章注确定”的规定，由于金鱼符合 0301 品目条文“活鱼”的规定，故该商品应归入品目 0301。

**【例 2】** 针织女式胸衣

**【归类分析】** 如果直接看标题，似乎符合第六十一章的标题“针织或钩编的服装及衣着附件”而可以归入第六十一章，但因为标题不是归类依据，所以应根据品目条文和类注、章注来确定。按第六十一章章注二（一）、第六十二章章注一和 6212 品目条文的规定，该商品应归入品目 6212。

3. 如果按品目条文、类注或章注还无法确定归类，则按下面的其他规则（规则二、三、四）确定品目的归类。

## 二、规则二

### （一）条文内容

“（一）品目所列货品，应视为包括该项货品的不完整品或未制成品，只要在进口或出口时该项不完整品或未制成品具有完整品或制成品的基本特征；还应视为包括该货品的完整品或制成品（或按本款可作为完整品或制成品归类的货品）在进口或出口时的未组装件或拆散件。

（二）品目中所列材料或物质，应视为包括该种材料或物质与其他材料或物质混合或组合的物品。品目所列某种材料或物质构成的货品，应视为包括全部或部分由该种材料或物质构成的货品。由一种以上材料或物质构成的货品，应按规则三归类。”

### （二）条文解释

1. 规则二（一）规定，品目所列货品的范围不仅限于品目条文本身，还应扩大为包括不完整品、未制成品，条件是它们要具有完整品或制成品的基本特征。

其中，不完整品指货品缺少某些部分，不完整；未制成品指货品尚未完全制成，需进一步加工才成为制成品。

**【例 3】**缺少轮子的轿车

**【归类分析】**缺少轮子的轿车属于轿车的不完整品，由于仍具有轿车的基本特征，所以仍应按轿车归入品目 8703。

**【例 4】**初制成型的塑料瓶，为管状的中间产品，其一端封闭而另一端为带螺纹的瓶口，瓶口可用带螺纹的盖子封闭，螺纹瓶口下面的部分准备膨胀成所需尺寸和形状

**【归类分析】**该产品属于塑料瓶的未制成品，由于已经具有塑料瓶的基本特征，故仍按塑料瓶归入品目 3923。

但是，“基本特征”的判断有时是很困难的，例如，缺少了多少零部件的电视机仍具有电视机的基本特征，仍可以按电视机归类？由于商品的繁杂，寄希望于通过制定几条一刀切的规则来确定货品的基本特征是行不通的，因此对于具体的某种不完整品或未制成品，需要综合结构、性能、价值、作用等方面的因素进行具体分析才能确定。但作为一般原则，可以这样判断：

对于不完整品而言，主要是看其关键部件是否存在，如压缩机、蒸发器、冷凝器、箱体这些关键部件如果存在，则可以判断为具有冰箱的基本特征。

对于未制成品而言，主要看其是否具有制成品的特征，如齿轮的毛坯，如果从其外形上基本能看出齿轮的模样，则可以判断为具有齿轮的基本特征。

另外，各国海关当局可根据本国的实际情况，制定一些具体规定来解决某些货品的基本特征的确定问题。例如我国海关曾以《国家限制进口机电进口零件、部件构成整机主要特征的确定原则和审批、征税的试行规定》原则规定“机电产品进口零件、部件每套到岸价格总和达到同型号产品整机到岸价格的60%及以上的，应视为已构成整机特征。”

2. 规则二（一）规定，品目所列货品的范围还应扩大为包括其未组装件或拆散件，以及以未组装或拆散形式报验的不完整品或未制成品，只要按照本规则第一部分的规定，它们可作为完整品或制成品看待。

未组装件或拆散件指货品尚未组装或已拆散，例如尚未组装的活动房屋的各种预制件，尚未组装的灯具的各个部件，已拆散的旧机床。

**【例 5】** 缺少车座的各部分未组装的自行车

**【归类分析】** 缺少车座又未组装的自行车属于以未组装件形式报验的自行车的不完整品，由于仍具有自行车的基本特征，故仍应按自行车归入品目 8712。

3. 鉴于第一类至第六类各品目的商品特征，规则二（一）一般不适用于第一类至第六类的商品。

4. 规则二（二）规定，品目所列材料或物质，还应扩大到在该材料或物质中可以加入其他材料或物质；同样道理，品目所列由某种材料或物质构成的货品，也应扩大到包括加入了其他材料或物质所构成的货品。其条件是加入其他材料或物质并不改变原来材料或物质或其所构成货品的基本特征。

**【例 6】** 涂蜡的木质热水瓶塞子

**【归类分析】** 涂蜡的木质热水瓶塞子是在木质热水瓶塞子的基础上又加入了蜡，根据总规则二（二）的规定，品目 4503“天然软木制品”的范围还应扩大为在天然软木的基础上加入了其他材料或物质所构成的货品，故该产品仍应归入品目 4503。

但是，如果由一种以上材料或物质构成的货品看起来可以归入两个或两个以上品目时，则应按规则三归类。

5. 只有在规则一无法解决时，方能运用规则二。例如品目 1503 的品目条文规定为“液体猪油，未经混合”，则混合了其他油的液体猪油，不能运用规则二（二）而归入品目 1503。

## 三、规则三

### （一）条文内容

“当货品按规则二（二）或由于其他原因看起来可归入两个或两个以上品目时，应按以下规则归类：

（一）列名比较具体的品目，优先于列名一般的品目。但是如果两个或两个以上品目都仅述及混合或组合货品所含的某部分材料或物质，或零售的成套货品中的某些货品，即使其中某个品目对该货品描述得更为全面、详细，这些货品在有关品目的列名应视为同样具体。

（二）混合物，不同材料构成或不同部件组成的组合物以及零售的成套货品，如果不能按照规则三（一）归类时，在本款可适用的条件下，应按构成货品基本特征的材料或部件归类。

（三）货品不能按照规则三（一）或（二）归类时，应按号列顺序归入其可归入的最末一个品目。”

## （二）条文解释

如果货品可归入两个或两个以上品目时，则应按顺序运用以下规则归类：

1. 具体列名优先于一般列名（简称“具体列名”原则）。

“具体列名”与“一般列名”如何比较？一般来说：

（1）列出品名比列出类名更具体，例如塑料碗就比塑料制品更具体。

（2）如果一个品目所列名称更为明确地述及某一货品，则该品目要比所列名称不那么明确地述及该货品的其他品目更具体。

**【例 7】**小轿车用安全玻璃

**【归类分析】**小轿车用安全玻璃涉及品目 7007 的“安全玻璃”和品目 8708 的“汽车零、附件”，因品目 7007 的“安全玻璃”列名比 8708 的“汽车零、附件”更具体，故应归入品目 7007。

但是，如果涉及的货品属于混合物或组合物或零售成套货品时，则当两个或两个以上品目都仅述及混合物或组合物所含的某部分材料或物质，或零售成套货品中的某些货品时，则“具体列名”原则失效，应当用规则三（二）或（三）来解决。

2. 对于混合物、不同材料的组合物或不同部件的组合物及零售成套货品，当规则三（一）不能解决时，按其“基本特征”归类（简称“基本特征”原则）。

**【例 8】**由面饼、调味包、塑料小叉构成的碗面

**【归类分析】**由于其中的面饼构成了这个零售成套货品的基本特征，所以应按面归入品目 1902。

这里所称的“零售成套货品”，必须同时符合下列三个条件：

（1）由至少两种可归入不同品目的不同物品构成；

（2）为了某项需求或某项专门活动而将几件产品或物品包装在一起；

（3）其包装形式适于直接销售而货物无须重新包装。

不符合以上三个条件时，不能看成是规则三（二）中的零售成套货品。

**【例 9】**包装在一起并一同出售的手表（不锈钢表壳）与打火机

**【归类分析】**由于手表与打火机的搭配不符合以上第二个条件，所以只能分开归入品目 9102 和 9613。

3. 当规则三（一）和（二）都解决不了时，按号列顺序归入其可归入的最后一个品目（简称“从后归类”原则）。

**【例 10】**等量的大麦与燕麦的混合麦

**【归类分析】**由于大麦与燕麦含量相等，“基本特征”无法确定，因此应“从后归类”，即按品目 1003 与品目 1004 中的后一个品目 1004 归类。

4. 在运用上述规则三时必须注意，只有规则一与规则二解决不了时，才能运用规则三。

**【例 11】**超过 100 年的古钱币

**【归类分析】**超过 100 年的古钱币看起来似乎既可归入品目 9705，又可归入品目 9706，但不能直接运用规则三（三）“从后归类”的原则而归入品目 9706，而是应该首先运用规则一。规则一规定“应按品目条文和有关类注或章注确定”，即根据第九十七章章注四（二）“品目 9706 不适用于可以归入本章其他各品目的物品”的规定，既可归入

9701至9705中的一个品目，又可归入品目9706的货品，应归入品目9701至9705，所以该古钱币应归入品目9705。

## 四、规则四

### (一) 条文内容

“根据上述规则无法归类的货品，应归入与其最相类似的货品的品目。”

### (二) 条文解释

由于时代的发展，科技的进步，可能会出现一些《协调制度》在分类时无法预见的情况，这时按以上各规则仍无法归类的货品，只能用最相类似的货品的品目来替代。这里的“最相类似”指名称、结构、特征、功能、用途等因素，需要综合考虑才能确定。

不过，由于《协调制度》并不是简单地按商品的名称来排列，并且往往在必要的地方有起“兜底”作用的“其他”品目来安排未列名的商品，例如对于第八十四章的机器的归类，如果某机器未在本章有关品目列名，则仍可以归入品目8479“本章其他品目未列名的具有独立功能的机器及机械器具”，因此本条规则的设立可以使归类总规则更为严密，但在实际归类时需要运用本条规定的情况一般并不多。

## 五、规则五

### (一) 条文内容

“除上述规则外，本规则适用于下列货品的归类：

(一) 制成特殊形状仅适用于盛装某个或某套物品并适合长期使用的照相机套、乐器盒、枪套、绘图仪器盒、项链盒及类似容器，如果与所装物品同时进口或出口，并通常与所装物品一同出售的，应与所装物品一并归类。但本款不适用于本身构成整个货品基本特征的容器。

(二) 除规则五(一)规定的以外，与所装货品同时进口或出口的包装材料或包装容器，如果通常是用来包装这类货品的，应与所装货品一并归类。但明显可重复使用的包装材料和包装容器可不受本款限制。”

### (二) 条文解释

为了保护、运输、储存的需要，进出口商品往往带有包装容器和包装材料，可以将这些包装容器和包装材料分成两种情况：

1. 同时符合以下条件的包装容器：

(1) 特殊形状或专用；

(2) 适合长期使用；

(3) 与所装物品一同进口或出口；

(4) 与所装物品通常一同出售。

例如照相机套、乐器盒、枪套、绘图仪器盒、项链盒及类似容器，由于是专门按所要盛装的物品进行设计的，并且适合长期使用，如果与所装物品同时进口或出口（不论是否为了运输方便而与所装物品分开包装），并且通常与所装物品一同出售，则应与所装物品一并归类。当然，如果上述容器单独报验，则应按该容器归入相应品目。

**【例 12】**装有金项链的首饰盒

**【归类分析】**首饰盒符合以上条件，故应与项链一起按项链归入品目 7113。

但是，如果容器构成了整个货品的基本特征，则本款规定不适用。

**【例 13】**装有普通茶叶的银制茶叶罐

**【归类分析】**该茶叶罐相对于茶叶来说比较贵重，构成了整个货品的基本特征，因而不能与茶叶一并归类，而应与茶叶分开，分别归入品目 7114 和 0902。

2. 除上述以外的通常用于包装有关货品的包装容器和包装材料，例如用于装电视机的纸箱和塑料泡沫，如果与所装货品同时进口或出口，则上述包装容器和包装材料应与所装货品一并归类。当然，如果上述包装容器和包装材料单独报验，则应按该容器和包装材料归入其相应品目。

但是，如果是明显可重复使用的包装材料和包装容器，则本款规定不适用。

**【例 14】**装有液化煤气的煤气罐

**【归类分析】**由于该煤气罐具有明显可重复使用的特性，因此不能与液化煤气一并归类，而应与液化煤气分开归类。

## 六、规则六

### （一）条文内容

“货品在某一品目项下各子目的法定归类，应按子目条文或有关的子目注释以及以上各条规则来确定，但子目的比较只能在同一数级上进行。除本商品目录条文另有规定的以外，有关的类注、章注也适用于本规则。”

### （二）条文解释

当商品的品目确定后就需要进一步确定其子目的归类，规则一至五的基本原则也适用于子目的归类：

1. 首先按子目条文和子目注释确定。例如羊毛制的电暖毯在归入品目 6301 项下的子目时，应按子目条文“电暖毯”而归入子目 6301. 1000。由动物肝制成的均化食品在归入品目 1602 项下的子目时，应按第十六章子目注释一“归类时该子目优先于品目 1602 的其他子目”的规定而归入子目 1602. 1000。

2. 如果按子目条文、子目注释还无法确定子目归类，则按以上各条规则（规则二、三、四、五）确定，如按“具体列名”、“基本特征”、“从后归类”的原则等来确定子目的归类。

但是，确定子目时，应遵循“同级比较”的原则，即一级子目与一级子目比较，二级子目与二级子目比较，依此类推。除此之外，由于各品目项下在细分子目时是先分出一级子目，然后再在一级子目的基础上分出二级子目，依此类推，因此在确定子目时，应先确定一级子目，然后再确定二级子目，依此类推。

**【例 15】**中华绒螯蟹种苗

【归类分析】根据总规则一，中华绒螯蟹种苗应归入品目 0306。在归入品目 0306 项下子目时，应按以下步骤进行：

（1）先确定一级子目，即将两个一级子目“冻的”“活、鲜或冷的”“其他”进行比较后归入“活、鲜或冷的”（因为种苗肯定是“活的”）；

（2）再确定二级子目，即将二级子目“岩礁虾及其他龙虾”“螯龙虾”“蟹”“挪威海螯虾”“冷水小虾及对虾”“其他小虾及对虾”“其他”进行比较后归入“蟹”；

（3）最后确定三级子目，即将两个三级子目“种苗”与“其他”进行比较后归入“种苗”。

所以，中华绒螯蟹种苗应归入子目 0306. 3310。

3. 子目注释并不多，有些子目涉及的问题类注、章注中已有，为了不至于重复，有关的类注、章注也适用于确定子目。

【例 16】铑的废碎料

【归类分析】根据总规则一，铑的废碎料应归入品目 7112。在归品目 7112 项下的子目时，根据第七十一章章注四（二）“所称‘铂’，是指铂、铱、锇、钯、铑及钌”的规定，应按“铂及包铂的废碎料”而归入子目 7112. 9210。

但是，当子目条文或子目注释与类注、章注不一致时，子目条文或子目注释应优先于类注、章注。

【例 17】铑粉

【归类分析】根据总规则一，铑粉应归入品目 7110。在归品目 7110 项下的子目时，却不能根据第七十一章章注四（二）“所称‘铂’，是指铂、铱、锇、钯、铑及钌”的规定而将其按“铂粉”归入子目 7110. 1100，因为第七十一章子目注释二规定“子目 7110. 11 及 7110. 19 所称‘铂’，可不受本章注释四（二）的规定约束，不包括铱、锇、钯、铑及钌”，即品目 7110 项下对于子目“铂”的范围，该章子目注释与章注不一致，在这种情况下，应按子目注释的规定归入子目 7110. 3100。

## 思考与练习

**商品归类题：**

1. 鲑鱼子酱
2. 手提式电动剪子，专用于剪羊毛
3. 管形铆钉，钢铁制，用于鞋子、提包
4. 一个盒子，内装一支圆珠笔和一只钥匙圈
5. 汽车座椅，牛皮面
6. 一套幼儿用的纸盒包装的餐具，内有餐巾环、小勺、叉、碗，全部为不锈钢制成
7. 电动剃须刀装于皮套中并一同出售
8. 塑料肥皂盒，内装一块香皂
9. 晾晒衣服用的衣架，该衣架支撑衣服的部位为木制，但挂钩为铁制
10. 机织全棉印花毛巾被，非刺绣

# 第一类　活动物；动物产品

【内容提要】

在本类中，将学习以下内容：

进出口常见的动物、动物产品的商品知识，以及活动物、动物产品的分类。重点是本类的动物产品与第四类的动物产品的归类区别。

## 一、本类商品范围

本类商品包括活动物和动物产品。

《协调制度》将活动物基本分成两部分：

马、驴、骡、牛、猪、羊、家禽及第三章以外的其他活动物…………第一章
鱼、甲壳动物、软体动物及其他水生无脊椎动物…………………………第三章

《协调制度》将动物产品分成简单加工和复杂加工，其中简单加工的动物产品归在第一类，它们分别是：

由第一章的活动物加工得到的肉及食用杂碎………………………………第二章
由第三章的活动物加工得到的食用产品……………………………………第三章
一般作为食用的其他动物产品，如乳、蛋、蜂蜜、燕窝等…………第四章
一般不作为食用的动物产品，如骨头、羽毛等……………………………第五章

## 二、本类商品归类方法

活动物的归类一般并不困难，难的是动物产品的归类。本类的动物产品一般只能进行简单加工，对于复杂加工的产品，如果是加工成的动物油脂，则归入第三类；如果是加工成的动物油脂之外的其他产品，则归入第四类。例如，生的冻牛肉归入本类的第二章，而牛油则归入第三类的第十五章，炸牛排则归入第四类的第十六章。

由此可见，动物产品归类的关键是根据动物产品的加工程度，判断是一种可以归入本类的简单加工，还是应归入后面其他类（如第四类）的进一步深加工。由于第二类至第五章的动物产品种类比较多，各有关章的产品加工程度规定的标准也各不相同，因此具体到某一种动物产品，比如“鸡”，加工到什么程度属“简单加工”可以归入第二章，加工到什么程度属超出“简单加工”的范围而应归入第十六章呢？一般情况下，应首先查第二章的品目条文与相应的章注、类注，如果相符则归入第二章，否则归入第十六章。

**【例 1】**用盐腌制的咸鸡

**【归类分析】**经查第二章的品目条文与章注、类注得知，其加工程度符合品目 0210“肉及食用杂碎，干、熏、盐腌或盐渍的”的规定，故应归入品目 0210。

**【例 2】**油炸鸡腿

**【归类分析】**经查第二章的品目条文与章注、类注得知，其加工程度已超出第二章的范围，故应归入品目 1602。

# 第一章　活动物

## 一、本章商品范围

本章包括除下列之外的活动物：

第三章的鱼、甲壳动物、软体动物及其他水生无脊椎动物；

品目 3002 的培养微生物及类似产品；

流动马戏团、动物园或其他类似巡回展出用的动物。

本章的活动物按种类分类，其结构规律如下：

- 牲畜
  - 马、驴、骡……0101
  - 牛……0102
  - 猪……0103
  - 羊……0104
- 家禽……0105
- 其他……0106

## 二、本章商品归类方法

### （一）活动物的归类

品目0101~0105是列名的动物，如果是以上品目未列名的动物，需要根据本章章注一的规定，将鱼、甲壳动物、软体动物及其他水生无脊椎动物归入第三章，其他的才能归入品目0106。

**【例】** 活的冷冻红虫（俗称鱼虫），长约2毫米，用做观赏鱼的食物

**【归类分析】** 鱼虫不属于品目0101~0105的动物，也不属于第三章的鱼、甲壳动物、软体动物及其他水生无脊椎动物，故应作为“其他活动物”归入品目0106。

### （二）“改良种用”动物的归类

本章各品目中一般都设有“改良种用”子目，该子目所列仅指由各国主管部门认定为“纯种”的种用动物。我国规定须由省级及以上有关主管部门出具证明进行认定。

# 第二章　肉及食用杂碎

## 一、本章商品范围

本章包括由第一章活动物所产生的或仅经简单加工的供人食用的肉及食用杂碎，以及由肉及食用杂碎制得的供人食用的粗粉和细粉。按加工方法分类，其结构规律如下：

- 鲜、冷、冻
  - 0101~0104的动物的肉……0201~0205
  - 0101~0104的动物的食用杂碎……0206
  - 0105的动物的肉及食用杂碎……0207
  - 0106的动物的肉及食用杂碎……0208
- 干、熏、盐腌、盐渍……0210
- 细粉、粗粉……0210

## 二、本章商品归类方法

### （一）本章商品的加工

本章的商品一般只能进行简单加工，对于复杂加工的产品，如果是加工制得的油脂，应归入第三类，动物油脂之外的产品则应归入第四类。

下列状态的肉及食用杂碎一般视作简单加工：

1. 本章有关品目条文中提到的加工：

（1）鲜的（包括运输途中用盐临时保藏的肉及食用杂碎）；

（2）冷的，即产品温度一般降至0℃左右，但未冻结的；

（3）冻的，即冷却到产品的冰点以下，使产品全部冻结的；

（4）盐腌、盐渍、干制或熏制的。

以上除了新鲜的以外，其他加工都是对肉及食用杂碎的简单处理，目的是为了储藏、保存。

2. 本章有关品目条文中未提到的加工：

（1）切割、剁碎（绞碎）的肉及食用杂碎；

（2）不同品目相互混合的肉及食用杂碎；

（3）清洗甚至是烫洗或作类似处理，但未经烹煮的肉及食用杂碎；

（4）为了肉及食用杂碎的口感需要，用解朊酶（例如，木瓜酶）进行嫩化的处理，以及在肉或食用杂碎表面撒糖或糖水的处理。

以上加工也只是简单处理，并不对肉及食用杂碎造成实质性的改变，也不会使肉及食用杂碎具有特定的口味。以上加工方式加工的产品也包括在本章之中。

但是用非本章所列加工方法制作或保藏的肉或食用杂碎，例如用面糊或面包屑包裹，加香蕈或用胡椒和盐等调味的肉及食用杂碎；用任何方法烹制（煮、蒸、烤、炸、炒）的肉或食用杂碎，应作为超出本章简单加工范围的复杂加工，应归入第十六章。

另外，由于品目0210的品目条文并未对其加工加以限制，因而适合供人食用的肉及食用杂碎的细粉或粗粉，不论是否经烹煮，均归入品目0210。

### （二）肉及杂碎的归类

杂碎一般指动物的内脏（如心、肝、胃等）及尾巴、蹄、爪、耳朵、头等。肉是指杂碎之外的可食用部分，如腿肉、腹肉、背肉等，可带皮或去皮，可带骨或去骨。

动物的杂碎一般按其用途可分为以下几种情况：

1. 主要供人食用的杂碎，如头、耳、尾、脚、心等；

2. 专供制药用的杂碎，如胎盘、胆囊等；

3. 既可供人食用又可供制药用的杂碎，如肾、肝、甲状腺等；

4. 可供人食用或有其他用途的杂碎，如皮张等。

其中，只有适合供人食用的杂碎才能归入本章，而不适合供人食用的杂碎则不能归入本章。具体如下：

1. 对于主要供人食用的杂碎，如果其状态适合供人食用，则归入本章；不适合供人食用的（如因为运输等原因造成变质使得其不能供人食用），归入品目0511。

2. 对于专供制药用的杂碎，如为鲜、冷、冻或用其他方法临时保藏的，归入品目0510；如经干制的，则归入品目3001。

3. 对于既可供人食用又可供制药用的杂碎，如为临时保藏（例如，用甘油、丙酮、酒精、甲醛、硼酸钠临时保藏）以供药用的，归入品目0510；如经干制供药用的，归入品目3001。其他适合供人食用的，归入本章；不适合供人食用的，归入品目0511。

4. 对于可供人食用或有其他用途的杂碎，如果适合供人食用的，可归入本章；如果不适合供人食用的，一般归入品目0511或其他章（如第四十一章）。

5. 肠、膀胱、胃、血在一部分国家或民族的生活习惯中不作为食用，而在另外一部分国家或民族的生活习惯中却可能作为食用。根据本章章注二的规定，不管事实上是否作为食用，一律按不可食用的归入第五章。

【例1】猪大肠，经清洗后切成段并用塑料盒包装后冷冻保藏，供食用

【归类分析】根据本章章注二的规定，猪大肠应归入品目0504。

【例2】晒干的猪肉皮，供食用

【归类分析】由于该猪肉皮是供食用的，故应归入本章品目0210。

### （三）肉及杂碎制得的粗粉、细粉的归类

可供食用的肉及杂碎制得的粗粉和细粉归入品目0210，而不适合供人食用的肉及杂碎制得的粗粉和细粉应归入第二十三章。

# 第三章　鱼、甲壳动物、软体动物及其他水生无脊椎动物

## 一、本章商品范围

本章包括活的鱼、甲壳动物、软体动物及其他水生无脊椎动物，以及由这些活动物所产生的或仅经简单加工的供人食用的产品及其供人食用的细粉、粗粉、团粒：

本章的活动物及动物产品按种类和加工方法分类，其结构规律如下：

- 鱼
  - 活……0301
  - 鲜、冷、冻
    - 鱼……0302~0303
    - 鱼片、鱼肉……0304
  - 干、熏、盐腌、盐渍……0305
  - 细粉、粗粉、团粒……0305
- 甲壳动物及其细粉、粗粉、团粒……0306
- 软体动物及其细粉、粗粉、团粒……0307
- 其他水生无脊椎动物及其细粉、粗粉、团粒……0308

## 二、本章商品归类方法

### （一）本章商品的加工

与第二章类似，本章的商品一般只能进行简单加工，对于复杂加工的产品，如果是加

工制得的油脂（如鱼油），应归入第三类，动物油脂之外的产品则应归入第四类。

下列状态的鱼、甲壳动物、软体动物及其他水生无脊椎动物一般视作简单加工：

1. 与第二章相同的加工：

（1）鲜的（包括运输途中用盐临时保藏的肉及食用杂碎）；

（2）冷的，即产品温度一般降至0℃左右，但未冻结的；

（3）冻的，即冷却到产品的冰点以下，使产品全部冻结的；

（4）盐腌、盐渍、干制或熏制的。

以上除了新鲜的以外，其他加工都是对本章动物的简单处理，目的是为了储藏、保存的需要。

上述状态的产品一般只是对鱼、甲壳动物、软体动物及其他水生无脊椎动物的简单处理，目的是为了储藏、保存。因此包装时加有少许糖或几片月桂叶，经清洗、切割、剁碎、绞碎、磨碎等加工，不同品目产品的混合，都应归入本章。

但是用非本章所列加工方法制作或保藏的产品，例如，用面糊或面包屑包裹的鱼片，经烹制（煮、蒸、烤、炸、炒）的产品，应作为超出本章简单加工范围的复杂加工，因而应归入第十六章。

2. 与第二章相同，本章还包括如下方式加工的产品：

（1）为了加工处理的方便而在熏制前或熏制过程中进行了热处理（烹煮），但未使其失去熏制特征的鱼、甲壳动物、软体动物及其他水生无脊椎动物；

（2）蒸过或用水煮过的带壳甲壳动物。

**【例1】**冻煮全蟹，将蟹在45度水温中漂烫2秒左右，称重装入泡沫箱，带箱冷冻

**【归类分析】**该商品符合0306“蒸过或用水煮过的带壳甲壳动物，不论是否冷、冻、干、盐腌或盐渍的”，故应归入品目0306。

**【例2】**盐渍海蜇皮，由新鲜海蜇经一定比例的盐、矾进行浸渍，经2个月时间泡制而成，其中加矾是为了脱水，加盐和矾是所有捕捞海蜇必须经过的加工工艺

**【归类分析】**从该产品的制作工艺看，食盐在海蜇中主要起保藏作用，明矾仅起辅助脱水作用，因此该产品仍属于第三章的加工范畴，故应归入品目0308。

### （二）鱼的归类

1. 本章的鱼不包括属于哺乳动物的鱼，如鲸鱼。

2. 鱼、鱼片、鱼肉的区别：

（1）品目0302~0303的鱼，包括整条、去头、去肚或切成带骨鱼块的鱼。

（2）品目0304的鱼片，指顺鱼脊骨平切的长条肉片。它们构成鱼的左边或右边，但鱼头、鱼肠、鱼鳍（脊鳍、臀鳍、尾鳍、腹鳍、胸鳍）和鱼骨（脊骨，胸骨或肋骨、鳃骨或镫骨等）已去除，两边也不连接（例如，在背部或腹部连接）。有时为了使肉成片或便于随后切成薄片，鱼片会带有鱼皮，这不影响它的归类。同样，由于清理不彻底而残存的细刺骨或其他细鱼骨也不影响它的归类。另外，还包括切割成块的鱼片。

（3）品目0304的其他鱼肉，指去骨鱼肉（不论是否绞碎）。与鱼片一样，由于清理不彻底而残存的少量鱼骨不影响鱼肉的归类。

### （三）甲壳动物的归类

甲壳动物是节肢动物门的一个亚门，有两对触角，以鳃呼吸。供食用的甲壳动物有各

种虾和蟹。虾和蟹归入品目 0306。

品目 0306 中的虾细分成“岩礁虾及其他龙虾”“螯龙虾”“蟹”“挪威海螯虾”“冷水小虾及对虾”“其他小虾及对虾”“其他”。应注意各自含义及所包含的虾的品种范围，有时仅依据中文名称是不够的，必要时应该查找进出口税则中相应的英文名称和拉丁文名称，例如，这里的小虾并不是指“小的”虾而是指属于“shrimp”的虾。

**【例 3】** 如图所示的活的食用小龙虾

**图 1-1**

**【归类分析】** 图中的小龙虾是存活于淡水中一种像龙虾的甲壳类动物，学名克氏原螯虾，也叫红螯虾或者淡水小龙虾。它与子目 0306. 3100[①]“岩礁虾及其他龙虾”中的“龙虾”（sea crawfish）不同，也与子目 0306. 3200 的“螯龙虾”（lobster）不同，故应归入子目 0306. 3990。

### （四）软体动物的归类

软体动物是动物界的第二大门，身体柔软，左右对称，不分节，由头部、足部、内脏囊、外套膜、贝壳五部分组成，常见的有蜗牛、田螺、扇贝、蛤蜊、墨鱼、鱿鱼、章鱼等。软体动物归入品目 0307。

### （五）其他水生无脊椎动物的归类

其他水生无脊椎动物指甲壳动物、软体动物以外的水生无脊椎动物。它们无骨骼或仅有外骨骼，无真正的内骨骼和脊椎骨，常见的有海胆、海参、海蜇等。其他水生无脊椎动物归入品目 0308。

### （六）细粉、粗粉、团粒的归类

用烹煮过的鱼、甲壳动物、软体动物或其他水生无脊椎动物制得的细粉、粗粉及团粒归入品目 0305 ~ 0308。但不适合供人食用的粗粉和细粉一般用做饲料，应归入第二十三章。

---

① 这里的二级子目“岩礁虾及其他龙虾”尽管在《税则》中并没有编码数字，但可以表述为子目 0306. 31 或 0306. 3100。本书其他地方对子目的表述与此类同。

# 第四章 乳品；蛋品；天然蜂蜜；其他食用动物产品

## 一、本章商品范围

本章包括除第二章、第三章外的可食用的动物产品，按重要程度分为乳品、禽蛋、蜂蜜和其他四个部分。其结构规律如下：

乳品……………………………………………………………0401~0406
禽蛋……………………………………………………………0407~0408
蜂蜜…………………………………………………………………0409
其他…………………………………………………………………0410

## 二、本章商品归类方法

### （一）乳品的归类

乳，又名奶，是哺乳动物从乳腺中分泌出来的白色不透明液体。乳是多种营养素的混合物，成分复杂，主要有水、脂肪、蛋白质、乳糖、矿物质、维生素、酶等。以乳为原料可以生产出各种乳制品，主要品种有奶油、消毒乳、炼乳、乳粉、酸乳、干酪、冰淇淋等。

**1. 乳及奶油**

未浓缩及未加糖（或其他甜物质）的乳及奶油归入品目0401，浓缩或加糖（或其他甜物质）的乳及奶油归入品目0402。常见的乳及奶油有下列品种：

（1）消毒乳：由原料乳经预处理，再经加热杀菌而制得。按加工要求不同，可分为巴氏灭菌乳和超高温灭菌乳。

（2）炼乳：由原料乳经预处理、加热杀菌后经真空浓缩而制得，一般浓缩至乳固体含量提高2~2.5倍。按加糖与否，分为甜炼乳与淡炼乳。

（3）乳粉：由原料乳经预处理、加热杀菌后经真空浓缩，再经喷雾干燥而制得，一般8份鲜乳可制得1份乳粉。根据需要，可加工成全脂乳粉、全脂加糖乳粉、半脱脂乳粉、脱脂乳粉，等等。

（4）奶油：乳经奶油分离机分离后得到的含脂率高的部分为奶油，不含脂肪的部分为脱脂乳。

**2. 酪乳、结块、发酵、酸化的乳及奶油**

酪乳、结块、发酵、酸化的乳及奶油归入品目0403。常见的有下列品种：

（1）酪乳（buttermilk）：在黄油生产过程中，将成熟后的奶油置于搅拌器中搅拌（利用机械的冲击力，使脂肪球膜破坏而形成奶油颗粒，这一过程称为搅拌），搅拌时分离出的液体称为酪乳。

（2）酸乳（yogurt）：由原料乳接入专用菌种，再经保温发酵而制得。为了增加花色品种，可在酸乳中加入蔗糖、果浆或果块、香精等。

酸乳的一般加工工艺如下：

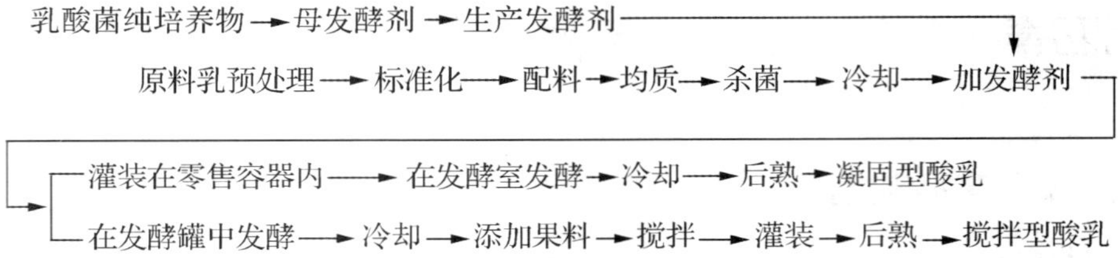


**图 1-2**

### 3. 乳清

乳清归入品目 0404。

乳清（whey）：干酪加工的副产品，液态，略带黄绿色，主要含乳糖，还含有少量蛋白质、维生素和矿物质。将乳清浓缩烘干即得乳清粉。

根据本章章注四的规定，乳糖含量（以干燥无水乳糖计）超过 95% 的乳清制品应归入品目 1702。

根据本章章注三的规定，乳清经浓缩并加入乳或乳脂制成的产品，若同时具有下列三种特性，则视为乳酪归入品目 0406：

（1）乳脂含量干重在 5% 及以上；

（2）所含干质成分重量在 70% 以上，但不超过 85%；

（3）已成型或可以成型。

### 4. 从乳中提取的脂和油

从乳中提取的脂和油归入品目 0405。常见的有下列品种：

（1）黄油（butter）：奶油经成熟、搅拌、压炼而制成的乳制品称为黄油。黄油是一种油包水型的乳状物。

黄油的一般加工工艺如下：

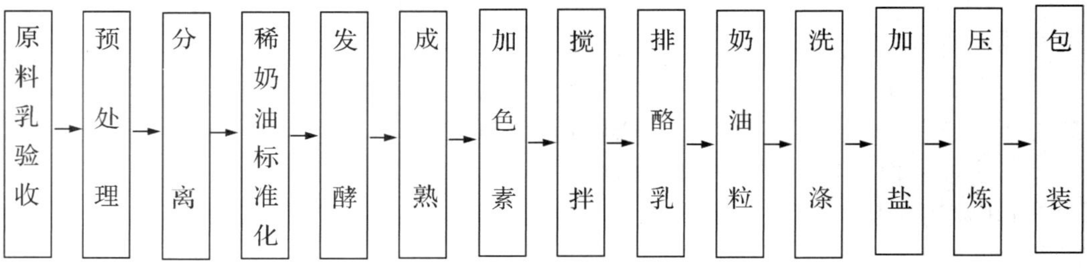


**图 1-3　奶油生产工艺流程**

根据本章章注二的规定，品目 0405 的黄油是指乳脂含量必须在 80% 及以上，但不超过 95%，乳的无脂固形物最大含量不得超过 2%，以及水的含量最大不得超过 16%。

（2）乳酱（dairy spreads）：经加工制成的油包水型可涂抹的乳状物，乳脂含量在 39% 及以上，但小于 80%。

（3）其他从乳提取的脂和油，例如乳脂（butterfat）、乳油（butteroil）、脱水黄油（dehydrated butter）等。

归类时注意：

（1）黄油必须是完全用乳制得，如果由动物、植物油、脂或者其混合油、脂制成的与天然黄油相类似的“黄油”，则应作为人造黄油归入品目 1517。

（2）含乳脂以外其他脂或者含乳脂少于 39%的‘乳酱”，则不再归入品目 0405，而是按具体情况归入品目 1517 或 2106。

**5. 乳酪及凝乳**

乳酪及凝乳归入品目 0406。

乳酪（cheese）：又称干酪，芝士。由原料乳加发酵剂进行乳酸发酵，然后加凝乳酶进行凝固。凝结的部分即是凝乳（curd），而液态部分即是乳清。去除乳清再经加工即可制得干酪。干酪是一种高蛋白高脂肪的营养食品，在全世界的乳制品中产量最大。按含水量的多少，可分为软质干酪、半硬质干酪、硬质干酪、特硬干酪。

天然干酪的一般加工工艺如下：

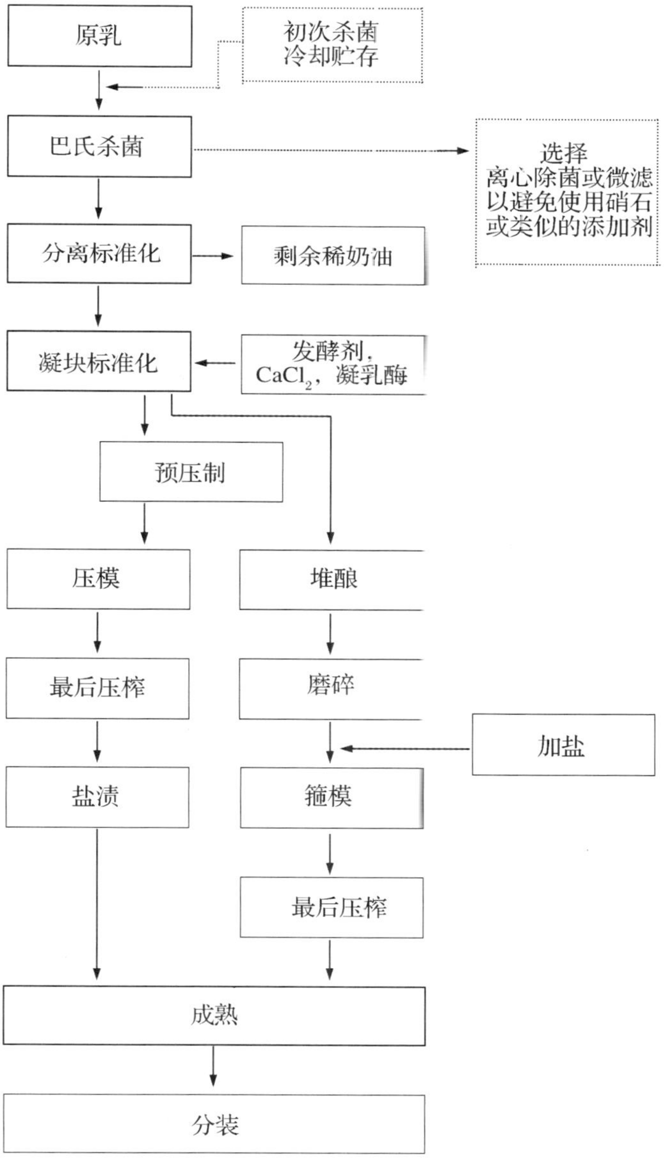


**图 1-4**

6. 乳品的添加成分

（1）品目0401~0404的乳品，除含有天然乳成分（例如，添加维生素或矿物盐的乳）外，还可以含有乳品液态运输时为保持其天然浓度而加入的少量稳定剂（例如，磷酸二钠、柠檬酸三钠、氯化钙）及少量抗氧剂或乳中一般没有的维生素。这些乳品还可含有加工所需的少量化学品（例如，碳酸氢钠），成粉状或粒状的乳品可含有防结素（例如，磷脂、无定形二氧化硅）。

根据0402品目条文的规定，品目0402的乳品除了上述的添加剂外，还可含有糖（或其他甜物质）。

根据0403品目条文的规定，品目0403的乳品除了上述的添加剂外，还可含有糖（或其他甜物质）、香料、坚果、水果（包括果肉及果酱）或可可。

根据0404品目条文的规定，品目0404的乳品除了上述的添加剂外，还可含有糖（或其他甜物质）。

（2）品目0405~0406的乳品，只要具有品目所列产品的特征，可以添加较多的其他成分。例如：

根据本章章注二的规定，品目0405的黄油中不含添加的乳化剂，但可含有氯化钠、食用色素、中和盐及无害乳酸菌的培养物。

乳酱可含有某些配料，例如，无害乳酸菌培养物、维生素、氯化钠、糖、动物胶、淀粉、食用色素、香料、乳化剂、增稠剂和防腐剂。

乳酪加有肉、鱼、甲壳动物、草本植物、调味香料、蔬菜、水果、坚果、维生素、脱脂奶粉等后，如果仍保持乳酪特征的，其归类不受影响。

裹面糊或面包屑的乳酪，不论是否预煮，只要仍保持乳酪的特征，仍应归入品目0406。

（3）以乳品为基本成分制成的食品，则超出了本章的范围，一般归入品目1901，而冰淇淋及其他冰制食品则归入品目2105。

## （二）禽蛋的归类

禽蛋按是否带壳而分别归入品目0407和0408。这两个品目的禽蛋都可以进行一定的加工，例如带壳禽蛋可经腌制（如咸鸭蛋、皮蛋）或烹煮加工，而去壳禽蛋及蛋黄则可经干、冻、蒸过或水煮过、模制成型或用其他方法保藏的加工。

注意，蛋白不归入本品目，而应归入品目3502。

## （三）蜂蜜的归类

蜂蜜，不论是否经离心分离或带有蜂巢碎块，均归入品目0409。但是蜂蜜中如果加糖或其他任何物质，则不能归入品目0409。例如，蜂蜜中加有蜂王浆，应作为经加工的蜂产品归入品目2106；蜂蜜中加有人造蜜，应归入品目1702。

## （四）其他可食用动物产品的归类

未在第一类其他品目列名的可食用动物产品，归入品目0410。常见的有鳖或海龟蛋、燕窝等。

【例】蜂胶

【归类分析】蜂胶是由蜜蜂从植物芽孢或树干皮伤处采集来的树脂，与蜜蜂上颚腺的分泌物、蜂蜡、少量花粉等混合而形成的一种具有芳香气味和黏性的胶状固体物质，属于天然蜂产品，故应归入子目0410.0049。

# 第五章　其他动物产品

## 一、本章商品范围

本章包括一般不适合食用的动物产品，并且必须是未经加工或仅经简单加工的动物产品。按不同部位和用途分类，其结构规律如下：

- 毛发……………………………………0501~0502
- 肠、膀胱、胃……………………………0504
- 羽毛……………………………………0505
- 坚硬部位…………………………………0506~0508
- 香料、药料用动物产品……………………0510
- 其他……………………………………0511

## 二、本章商品归类方法

### （一）加工

本章的动物产品一般也只能进行品目条文和章注所规定的加工，否则不能再归入本章。例如：

未经加工的人发（根据本章章注二规定，仅按长度而未按发根和发梢整理的人发也属于未经加工的人发）归入品目0501。但经洗涤外的其他加工（例如染色、漂白、卷曲或为制作假发进行加工）及已按发根和发梢整理，则应归入品目6703。

经过简单加工（例如，洗涤、漂白、染色或消毒，或松扎成捆或紧扎成束）的制刷用兽毛归入品目0502。但根据本章章注一（四）规定，如果进一步加工成不需分开或仅经简单加工即可直接装于帚或刷上的产品，则应归入品目9603。

经过简单处理（即洗涤、消毒或为了保藏而作处理）的羽毛、羽绒归入品目0505。但如果进一步加工（例如，漂白、染色、卷曲），则应归入品目6701。

未经加工或仅简单整理（洗涤、简单切削）的珊瑚归入品目0508。但如果进一步加工，则应归入品目9601。

### （二）制药用的动物产品的归类

根据品目0510条文的规定，对于专供制药用的动物的腺体或其他产品，如为鲜、冷、冻或用其他方法临时保藏的，归入品目0510；如经干制或萃取的，则归入品目3001。

### (三) 其他动物产品的归类

品目0511“其他品目未列名的动物产品”是指无法归入其他品目的动物产品。例如，胚胎、鱼鳞、动物血、生皮的边角料等。

【例】冷冻鲶鱼鳔，以鲶鱼的鳔为原料，经清洗、包装、冷冻而成，主要用于食用

【归类分析】鱼鳔是鱼的内脏，但可供食用，故归入品目0303。

## 思考与练习

**商品归类题：**

1. 鸡肉粉，可用于配置调料
2. 可用于制药的干海马
3. 供食用的活甲鱼
4. 鲜猪肝
5. 冻鸡胗（鸡肫）
6. 干鱼翅
7. 鲜海蜇
8. 荷兰乳牛即溶全脂奶粉（脂肪含量28%，未加糖）
9. 咸鸭蛋（带壳，且用水煮过）
10. 鸭绒（用于制作羽绒服或羽绒被）

# 第二类　植物产品

【内容提要】

在本类中，将学习以下内容：

进出口常见的植物产品的商品知识及其分类。重点是本类的植物产品与第四类的植物产品的归类区别。

## 一、本类商品范围

本类商品包括活植物和植物产品。主要按照植物的用途分类，其结构规律如下：

种植或装饰用植物……………………………………………………第六章
蔬菜……………………………………………………………………第七章
水果、坚果……………………………………………………………第八章
咖啡、茶、调味香料…………………………………………………第九章
谷物……………………………………………………………………第十章
谷物加工产品………………………………………………………第十一章
工业用的植物、其他食用植物……………………………………第十二章
植物液汁……………………………………………………………第十三章
其他植物……………………………………………………………第十四章

## 二、本类商品归类方法

与第一类的动物产品类似，本类的植物产品一般只能进行简单加工。对于复杂加工的产品，如果是加工成的植物油脂，则归第三类；如果是加工成的植物油脂之外的其他产品，则归第四类。例如，生花生归入本类的第十二章，而花生油则归入第三类的第十五章，炒熟的花生则归入第四类的第二十章。

由此可见，植物产品归类的关键是根据植物产品的加工程度，判断是一种可以归入本类的简单加工，还是应归入后面其他类（如第四类）的进一步深加工。

那么如何判断某种植物产品的加工是否属于“简单加工”呢？一般情况下仍是首先在第二类相应章的有关品目条文与章注、类注中查找，如果相符，则视为“简单加工”而归入本类，否则视为其加工程度已超出允许范围，应作为深加工而归入第四类。

**【例1】**晒干的蘑菇

**【归类分析】**根据第七章章注二规定，蘑菇属于蔬菜。经查第七章的品目条文与章注、类注得知，其加工程度符合品目0712“干蔬菜，整个、切块、切片、破碎或制成粉状，但未经进一步加工的”的规定，故应归入品目0712。

**【例2】**蘑菇罐头，以蘑菇为原料，经清洗、切片、水煮、加调料、杀菌、罐装制成

**【归类分析】**经查第七章的品目条文与章注、类注得知，其加工程度超出第七章的范围，故应归入品目2003。

# 第六章　活树及其他活植物；鳞茎、根及类似品；插花及装饰用簇叶

## 一、本章商品范围

本章主要包括适于种植或装饰用的各种活植物，装饰用的插花和花蕾、簇叶、枝干及植物其他部分，以及由此制成的花束、花篮、花圈及类似品。按不同用途分类，其结构规

律如下：

- 种植用
  - 球根植物……………………………………………………………0601
  - 其他…………………………………………………………………0602
- 装饰用
  - 花（花蕾）……………………………………………………………0603
  - 其他…………………………………………………………………0604

## 二、本章商品归类方法

### （一）种植用植物的归类

种植用植物必须是活的植物，不管是处于休眠状态，还是处于生长或开花时期。明显不适合再栽种（例如，根被锯除或根被沸水灼死）的天然圣诞树则不能归入品目 0602，而应归入品目 0604。

种植用植物分成球根与其他，前者归入品目 0601，后者归入品目 0602。

**1. 球根**

某些植物具有膨大的变态根或变态茎，它们能以休眠状态度过不良环境，待条件适宜后再重新萌芽生长。根据其变态形状又分为：

（1）鳞茎类：地下茎呈鱼鳞片状，如百合、水仙等。洋葱也是一种鳞茎。

（2）块茎类：地下茎呈不规则的块状或条状，如马蹄莲、仙客来、大岩桐、晚香玉等。马铃薯也是一种块茎。

（3）块根类：地下主根肥大呈块状，根系从块根的末端生出，如大丽花等。

（4）球茎类：地下茎呈球形或扁球形，外面有革质外皮，如唐菖蒲、香雪兰等。

（5）根茎类：地下茎肥大呈根状，上面有明显的节，新芽着生在分枝的顶端，如美人蕉、荷花、睡莲、玉簪等。

但是，根据本章章注一的规定，属于第七章的这些球根植物（例如，马铃薯、洋葱、青葱、大蒜）不归入本章。

**2. 其他**

品目 0601 所列货品以外的种植用植物归入品目 0602，包括各种供种植用植物（例如，苹果树）及其幼苗，活的植物根，无根插枝、接穗，供移植用的蔬菜秧，蘑菇菌丝，等等。

**【例】** 如图所示的水仙球

**图 2-1**

**【归类分析】** 该水仙球属于处于休眠状态的鳞茎，因而应归入品目 0601。

### （二）装饰用植物的归类

装饰用植物按有无花（花蕾）而分别归入品目0603和0604，带有花或花蕾（例如，木兰花及某种蔷薇花）的树枝、灌木枝也归入品目0603。

用花或花蕾制成的花束、花圈、花篮及类似品仍应归入品目0603；用簇叶、树木、灌木、其他植物等制成的花束、花圈、花篮及类似品仍应归入品目0604，但是如果是带花或花蕾的，则应归入品目0603。

新鲜的装饰用植物如果经过干、染色、漂白、浸渍或其他方法处理则仍应归入品目0603，例如玫瑰干花。

主要用做香料、药料、杀虫、杀菌或类似用途的花、花瓣及花蕾，以及植物的其他部分，如果其报验时的状态已不适合制花束或作装饰用，则不能归入本章，而应归入品目1211。

# 第七章　食用蔬菜、根及块茎

## 一、本章商品范围

本章包括供人食用的蔬菜、根及块茎及它们经简单加工的产品。按加工方法分类，其结构规律如下：

鲜、冷……………………………………0701～0709
冻……………………………………………0710
暂时保藏…………………………………0711
干……………………………………………0712～0713
其他根茎、块茎…………………………0714

## 二、本章商品归类方法

### （一）蔬菜的范围

由于各个国家或民族生活习惯的不同，可能造成对哪些属于蔬菜的认识不同，一般可根据主要的生活习惯来考虑。另外，《协调制度》对某些植物用本章章注二来规定为蔬菜。例如，蘑菇一般植物学上将其作为菌类，但根据本章章注二的规定，应将蘑菇作为蔬菜来归类。

**【例1】** 干的甜玉米

**【归类分析】** 甜玉米，根据第十章章注二和第七章章注二的规定，应将其作为蔬菜来归类，而不能作为第十章的谷物归类，故干的甜玉米应作为“干蔬菜”归入品目0712。

### （二）蔬菜的加工

本章的蔬菜只能进行品目条文所规定的简单加工，而对于复杂加工的产品，则应归入第四类。下列状态的蔬菜视为简单加工：

1. 鲜的。

2. 冷的，指产品的温度一般已降至0℃左右，但未冻结。

3. 冻的，指产品已冷却到本身冰点以下并且已经全部冻结，包括冻前加有盐或糖的蔬菜和冻前蒸过或用水煮过的蔬菜。

4. 暂时保藏。在运输或贮存时仅为暂时保藏而进行处理（例如，存于二氧化硫气体、盐水、亚硫酸水或其他防腐液中），但不适于直接食用的蔬菜，它们主要用做食品工业的原材料。

另外，除条文另有规定的以外，本章的蔬菜还可以经清洗、切片、切碎、切丝、捣碎、磨碎、去皮或去壳的加工。

但若超出本章简单加工范围，则应归入第四类。例如，经特别处理（例如，用苏打液或经乳酸发酵处理）的油橄榄、泡菜、小黄瓜及青豆等，以其他方法烹煮过的蔬菜，与其他物料一起制作成“配餐”的蔬菜。

**【例2】**冷冻盐水青刀豆，以新鲜刀豆为原料，经筛选、清洗、盐水浸泡、漂烫杀菌、速冻等工艺制成

**【归类分析】**该商品符合0710“冷冻蔬菜（不论是否蒸煮）”的规定，故应归入品目0710。由于刀豆属于“豇豆属”的“豆类蔬菜”，故应归入子目0710.2290。

### （三）蔬菜粉的归类

蔬菜经干制后即成为干蔬菜，经破碎、研磨即成蔬菜粉，但有一些粉状蔬菜根据本章章注三的规定，不归入本章品目0712。例如，辣椒粉通常是作为调味香料而应归入品目0904，马铃薯细粉、粗粉、粉末、粉片、颗粒及团粒应归入品目1105，用品目0713的干豆磨成的细粉、粗粉及粉末应归入品目1106，而制成品目1102～1104所列形状的甜玉米则应归入品目1102～1104。

# 第八章　食用水果及坚果；柑橘属水果或甜瓜的果皮

## 一、本章商品范围

本章包括通常供人食用的水果、坚果及柑橘属果皮或甜瓜（包括西瓜）皮。它们可以经过简单加工处理。按加工方法和种类分类，其结构规律如下：

- 鲜的、干的
  - 坚果……0801～0802
  - 水果……0803～0806
- 其他鲜的水果……0807～0810
- 冻的水果和坚果……0811
- 暂时保藏的水果和坚果……0812
- 干的0807～0810的水果……0813
- 什锦坚果或干果……0813
- 果皮……0814

根据本章章注二的规定，上述“鲜”的水果、坚果包括“冷”的水果、坚果在内。

## 二、本章商品归类方法

### （一）本章商品的加工

与上一章类似，本章的水果、坚果及柑橘属果皮或甜瓜（包括西瓜）皮只能进行品目条文所规定的简单加工。例如，鲜、冷、冻（不论是否事先蒸过或用水煮过或含有甜物质）、干（包括脱水、蒸干或冻干）、暂时保藏（例如，不适合直接食用的使用二氧化硫气体、盐水、亚硫酸水或其他防腐液）。这些加工一般只是对水果、坚果的简单处理，目的是为了储藏、保存的需要。因此，本章的果实如果仅加入少量的糖，不影响其归类；而冷冻水果及坚果为了抑制氧化，防止解冻时变色，可以加有糖或其他甜物质，甚至还可以加盐。本章的水果及坚果还可以切片、切碎、切丝、去核、捣浆、磨碎、去皮或去壳。但若超出本章简单加工范围，则应归入第四类。

**【例】**糖炒栗子

**【归类分析】**栗子属于坚果，但经过糖炒加工则超出了第八章的范围，故应归入品目 2008。

### （二）什锦坚果或干果的归类

品目 0813 的什锦坚果或干果包括本章各种坚果或干果的混合品（包括归入同一品目的坚果或干果的混合品）。因此，它包括鲜或干的什锦坚果、什锦干果，以及鲜或干的坚果与干果的混合品。

# 第九章　咖啡、茶、马黛茶及调味香料

## 一、本章商品范围

本章包括咖啡、茶、马黛茶和调味香料。本章结构比较简单，按不同商品分类，其结构规律如下：

咖啡……………………………………………………………………0901
茶………………………………………………………………………0902
马黛茶…………………………………………………………………0903
调味香料 ………………………………………………………0904～0910

## 二、本章商品归类方法

### （一）咖啡的归类

**1. 咖啡的加工**

一般作饮料用的是咖啡的种子，即将咖啡果实经一定方法将果皮、果肉、种子分离，取得生咖啡豆。生咖啡豆含碳水化合物、蛋白质、脂肪、无机盐等。咖啡因是咖啡的特有成分，咖啡因从化学结构上看是一种生物碱，也称咖啡碱，具有兴奋和利尿等作用。不论制造何种咖啡，生咖啡豆必须经过焙炒才能使咖啡产生香味。为了满足不同需要，可在制造过程中将咖啡中的咖啡碱去除。

**2. 咖啡的归类**

品目 0901 包括咖啡果、生咖啡豆（不论是否去皮，不论是否去除咖啡碱）、焙炒咖啡豆（不论是否磨碎，不论是否去除咖啡碱）及加工过程中产生的壳和皮。但超过品目 0901 范围的加工，如速溶咖啡则应归入品目 2101。

多年以前，人们就开始研究咖啡的代用品。比较常见的是将菊苣根焙炒、磨碎，然后与咖啡按一定比例混合，就能制得咖啡代用品。只有含有咖啡的咖啡代用品才能归入品目 0901。

### （二）茶的归类

**1. 茶的概念**

从茶属植物获得的各种不同的茶归入品目 0902。但是虽名为“茶”，却不是用茶属植物的叶制得的马黛茶（又称巴拉圭茶，是生长在南美洲的冬青属灌木的干树叶，用于泡制仅含少量咖啡的饮料）则不能作为茶归入品目 0902，而应归入品目 0903。

**【例 1】** 菊花茶，由菊花晒干后包装而成，冲泡后饮用

**【归类分析】** 该菊花茶虽然名称为“茶”，但其实只是一种可冲泡后饮用的植物，与“茶”没有关系，不能按“茶”归入品目 0902，而应归入品目 1212。

**2. 茶的加工和分类**

经不同工艺制成的商品茶一般可分为绿茶、红茶、青茶、黑茶、黄茶、白茶等。

绿茶主要是将茶叶经杀青、揉捻、干燥等工序制得；

红茶是将茶叶经萎凋、揉捻、发酵、干燥等工序制得；

青茶是将茶叶经萎凋、做青、杀青、揉捻、干燥等工序制得；

黑茶是将茶叶经杀青、揉捻、渥堆、干燥等工序制得；

黄茶是将茶叶经杀青、揉捻、闷黄、干燥等工序制得；

白茶是将茶叶经萎凋、干燥等工序制得。

**3. 茶的归类**

《协调制度》按照茶的加工把茶分成两类：子目 090210、090220 绿茶（未发酵）和子目 090230、090240 红茶（已发酵）及半发酵茶。

由于绿茶是不经氧化的茶类，又称不发酵茶，所以应归入子目 090210 或 090220；红茶属于氧化的茶类，又称全发酵茶，所以应归入子目 090230 或 090240；青茶又称乌龙茶，界于绿茶和红茶之间，又称半发酵茶，所以应归入子目 090230 或 090240；黑茶、黄茶属于发酵茶，而白茶则属于轻微发酵茶，所以应归入子目 090230 或 090240。

另外，在茶的加工过程（例如，发酵过程）中加入精油（例如，柠檬油或佛手柑油）、人造香精、各种芳香植物的某部分或果实（例如，茉莉花、干橙皮或干丁香）的茶，也应归入本品目。

**【例 2】** 茉莉花茶

**【归类分析】** 茉莉花茶是用茶为原料，用茉莉鲜花熏制而成，所以仍应归入品目 0902。

## （三）调味香料的归类

### 1. 调味香料的概念

调味香料是富含精油及芳香素的植物产品（包括籽仁等），由于其特有的味道，主要用做调味品。

但是，根据本章章注二的规定，本章不包括荜澄茄椒或品目 1211 的其他产品。因此，有些果实、籽仁及植物部分虽然也能用做调味香料，但是更多的是用于制造香料及药物，例如，肉桂果、迷迭香、野茉乔栾那、罗勒、琉璃苣、海索草、各种薄荷、芸香及鼠尾草、丁香树皮及树叶等，它们应归入品目 1211。

### 2. 调味香料的归类

（1）单一调味香料

单一调味香料按品目条文归入品目 0904 至 0910。

根据本章章注一的规定，品目 0904 至 0910 所列产品，如果添加了其他物质，只要仍保持了这些品目所列产品的基本特性，其归类应不受影响。例如：

①添加谷物粉、面包干粉等“稀释剂”，以便于调制食品时确定所加分量及使得香料容易搅拌均匀。

②添加食物着色剂。

③添加增强香料味道的物质（如谷氨酸钠）。

④添加少量盐或化学抗氧剂等，用以保存香料并延长其调味效力。

另外，添加本身具有调味作用的其他章的物质，只要所加分量并不影响调味香料的基本特征，仍应归入本章。

（2）混合调味香料

根据本章章注一的规定，品目 0904 至 0910 所列产品的混合物，应按下列规定归类：

①同一品目的两种或两种以上产品的混合物仍应归入该品目。

**【例 3】** 一种调味料，由胡椒粉（按重量计占 70%）与辣椒粉（按重量计占 30%）混合而成

**【归类分析】** 胡椒粉与辣椒粉都在同一品目 0904，故其混合物仍应归入品目 0904。由于胡椒粉含量高，故应归入子目 0904.1200。

②不同品目的两种或两种以上产品的混合物应归入品目 0910。

**【例 4】** 一种调味料，由胡椒粉（按重量计占 30%）与豆蔻粉（按重量计占 70%）混合而成

**【归类分析】** 该调味料是品目 0904 的胡椒粉与品目 0908 的豆蔻粉的混合物，故应归入品目 0910。

③根据本章章注一的规定，对于混合调味香料，如果加添了其他物质，只要仍保持了这些品目所列产品的基本特性，其归类应不受影响。具体情况，与（1）中的单一调味香料相同。

（3）混合调味品

混合调味品不同于品目 0904 至 0910 的调味香料及混合调味香料。混合调味品虽然也含有一种或多种归入第九章以外其他章的香料或调味料，但与上述（1）（2）不同，各种香料比例表明其基本特征已超出第九章所规定范围，因此应归入品目 2103。

# 第十章　谷　物

## 一、本章商品范围

本章包括未经去壳或其他加工的谷物（稻米除外，可经过去壳、碾磨、上光、磨光、半熟或破碎加工），不论是否成捆或成穗。按谷物的种类分类，其结构规律如下：

小麦及混合麦……………………………………1001
黑麦……………………………………………1002
大麦……………………………………………1003
燕麦……………………………………………1004
玉米……………………………………………1005
稻谷、大米………………………………………1006
食用高粱…………………………………………1007
其他……………………………………………1008

## 二、本章商品归类方法

本章的归类比较简单。不过，下列情况在归类时要注意：

第一，品目 1001 的混合麦不是指所有由不同的麦子混合（例如黑麦与燕麦混合）的产品，而是指小麦与黑麦的混合物，其混合比率一般为二比一。

第二，根据本章章注二的规定，品目 1005 的玉米不包括甜玉米，甜玉米应作为蔬菜归入第七章。

第三，品目 1007 仅包括名为食用高粱的品种（例如，白高粱、棕高粱、中国高粱），其子实可供人作为谷物食用。其他高粱，如饲料高粱应作为饲料用植物归入品目 1214，制糖用高粱应作为其他供食用的植物产品归入品目 1212。

第四，不同“属”的杂交谷物，如用小麦（禾本科小麦属）与黑麦（禾本科黑麦属）杂交得到的黑小麦，应作为其他谷物归入品目 1008。

# 第十一章　制粉工业产品；麦芽；淀粉；菊粉；面筋

## 一、本章商品范围

本章包括以第十章的谷物（包括第七章的甜玉米）为原料，经碾磨加工及按本章各品目所列方法（例如，麦粒发芽、提取淀粉或面筋等）加工的产品。此外，本章还包括以品目 0701、0713、0714、第八章产品为原料，经以上方法（或类似方法）加工的产品。按加工方法和原料的不同分类，其结构规律如下：

- 碾磨
  - 谷物
    - 细粉……1101~1102
    - 粗粒、粗粉、团粒……1103
    - 其他形状……1104
  - 马铃薯的粉……1105
  - 0713、0714、第八章产品的粉……1106
- 其他加工
  - 麦芽……1107
  - 淀粉、菊粉……1108
  - 面筋……1109

## 二、本章商品归类方法

### （一）谷物碾磨产品的归类

根据第二类类注及本章章注二、三的规定，谷物碾磨产品按以下步骤确定归类（以下表中的参数为标准）：

| 谷物<br>(1) | 淀粉含量<br>(2) | 灰分含量<br>(3) | 通过下列孔径筛子的比率 | |
|---|---|---|---|---|
| | | | 315 微米<br>(4) | 500 微米<br>(5) |
| 小麦及黑麦 | 45% | 2.5% | 80% | - |
| 大麦 | 45% | 3% | 80% | - |
| 燕麦 | 45% | 5% | 80% | - |
| 玉米及高粱 | 45% | 2% | - | 90% |
| 大米 | 45% | 1.6% | 80% | - |
| 荞麦 | 45% | 4% | 80% | - |

1. 首先，除了谷物胚芽（整粒、滚压、制片或磨碎）均归入品目 1104 外，淀粉含量超过第（2）栏的指标并且灰分含量不超过第（3）栏的指标的，可归入品目 1101~1104。不符合上述指标的，应作为制粉工业残渣归入品目 2302。

2. 其次，符合第（4）栏或第（5）栏规定过筛率指标的，属于品目 1101、1102 的细粉。

3. 再次，玉米产品，用 2 毫米孔径的金属丝网筛过筛，通过率按重量计不低于 95% 的；其他谷物产品，用 1.25 毫米孔径的金属丝网筛过筛，通过率按重量计不低于 95% 的，属于品目 1103 的粗粒、粗粉。谷物碾磨后通过直接挤压或加入按重量计比率不超过 3% 的黏合剂制成的粒状产品属于品目 1103 的团粒。

4. 最后，不符合 3 中的指标的，则作为其他形状归入品目 1104。其中，滚压、制片的谷物片（例如，通过用蒸气加热或在加热滚筒之间碾轧大麦或燕麦而得到的大麦片或燕麦片）归入子目 1104.1000，其他去壳、制成珠粒状、切片或粗磨的谷物则归入子目 1104.2000。

5. 上述产品可加入改良用的极少量抗氧剂、乳化剂或维生素。但是，经进一步加工或为使其成为食品而加入了其他物质的细粉则不再归入本品目（通常归入品目 1901）。

### （二）其他碾磨产品的归类

谷物以外的其他产品指品目 0701 的马铃薯，品目 0713 的干豆，品目 0714 的西谷茎髓及植物根茎、块茎，第八章的水果、坚果、果皮，它们可以用碾磨的方法，也可以用其他方法加工成品目 1105、1106 条文所述的各种不同形状的“粉”。

与谷物碾磨产品一样，上述“粉”中也可加入改良用的极少量抗氧剂、乳化剂或维生素。

**【例】** 干椰粉，又称椰浆粉，由新鲜椰子经压榨成椰浆，再经喷雾干燥制成，无其他添加物质

**【归类分析】** 椰子属于品目 0801 的坚果，故干椰粉应归入子目 1106.3000。

### （三）其他加工产品的归类

其他加工产品是指品目 1107 的麦芽，品目 1108 的淀粉、菊粉和品目 1109 的面筋。

麦芽是将麦粒发芽得到的；淀粉是用玉米、高粱、小麦等谷物和马铃薯、木薯等通过浸泡、磨碎，将蛋白质、脂肪、纤维等非淀粉物质分离除去而得的；菊粉是从菊芋、大丽花根及菊苣根提取而得的；面筋是用面粉通过简单水分法使其与其他成分（淀粉等）分离制得的。

# 第十二章　含油子仁及果实；杂项子仁及果实；工业用或药用植物；稻草、秸秆及饲料

## 一、本章商品范围

本章包括的商品比较杂，主要是一些工业用途的植物。按用途的不同分类，其结构规律如下：

- 榨油用
  - 含油子仁及果实……………………………………………1201～1207
  - 含油子仁及果实的粉…………………………………………1208
- 做种用 ……………………………………………………………1209
- 酿酒用 ……………………………………………………………1210
- 药用、香料用、农药用 ……………………………………………1211
- 其他食用的植物 ……………………………………………………1212
- 饲料用的植物 ……………………………………………1213～1214

## 二、本章商品归类方法

### （一）含油子仁及果实的范围的确定

有很多植物的子仁及果实是含油的，但能否作为本章的含油子仁及果实归类取决于其主要用途。因此，品目 1201 至 1207 包括供提取食用或工业用油脂的各种子仁及果实（不

论其报验时是否准备用于榨油、播种或其他用途），但不包括某些可以榨油，但主要作其他用途的子仁及果实，例如，杏仁、桃仁、李仁（品目 1212）及可可豆（品目 1801）。另外，根据本章章注一的规定，本章的含油子仁及果实也不包括品目 0801 或 0802 的产品及油橄榄。

**【例 1】** 西瓜子

**【归类分析】** 西瓜子是含油的，在我国通常作食用，但在西方国家则较少作为零食来食用，主要用来榨油，故应作为含油子仁归入品目 1207。

### （二）植物种子的归类

植物的种子并不都归入品目 1209。根据本章章注三的规定，下列各项即使作种用，也不归入品目 1209：

1. 豆类蔬菜或甜玉米（第七章）；
2. 第九章的调味香料及其他产品；
3. 谷物（第十章）；
4. 品目 1201 至 1207 和 1211 的产品。

**【例 2】** 苹果种子

**【归类分析】** 由于苹果种子属于苹果树的种子，故应归入品目 1209。

**【例 3】** 种用西瓜子

**【归类分析】** 由于西瓜子归入品目 1207，故根据本章章注三（四）的规定，种用西瓜子不应归入品目 1209“种植用的种子”，而应归入品目 1207。

### （三）药用、香料用、农药用的植物的归类

品目 1211 包括主要用做香料、药料、杀虫、杀菌、杀寄生虫或类似用途的植物产品。它们可以是完整的，也可以是部分品，例如，皮、根、梗、叶、花、果等，并且可以经过简单加工，如干、切割、捣碎、磨碎、研粉或去壳的，或用酒精浸渍的，均归入本品目。

但下列植物，即使可以作香料、药料、杀虫、杀菌、杀寄生虫或类似用途，也不能归入品目 1211：

1. 其他品目列名更为具体的植物产品。例如，晒干的橘子皮，因其在品目 0814 已有列名，所以即使在某种情况下可作药用，也不能归入品目 1211。再如丁香，因其在品目 0907 已有列名，所以即使在某种情况下可作香料用，也不能归入品目 1211。

2. 用于提取第十五章固定油类的子仁及果实，因其主要用途是提取油脂的，即使这些油脂还可用作香料、药料、杀虫、杀菌、杀寄生虫或类似用途，仍应归入品目 1201 至 1207。

3. 超过品目 1211 简单加工范围的植物产品。

（1）经混合或制成一定剂量或零售包装的供治病或防病用药品，如果经确定是一种药品（药品与非药品的区别，参见第三十章的有关内容），则应按药品用途归入品目 3003 或 3004。

（2）经混合或制成零售包装的香料产品，应按用途归入品目 3303～3307。

（3）经混合或制成零售包装的杀虫药、杀菌剂或类似产品，应按用途归入品目 3808。

（4）经混合（由本品目的不同种类植物或植物某部分构成的混合物，或由本品目的

植物或植物某部分与其他章的植物产品构成的混合物）的产品，直接用做饮料香精或用于制造饮料的调制精汁的产品，应按用途归入品目 2106。

# 第十三章　虫胶；树胶、树脂及其他植物液、汁

## 一、本章商品范围

本章的植物产品主要包括天然的树脂，植物的液汁及用植物产品制得的胶液和增稠剂。其结构规律如下：

虫胶……………………………………………………………………1301
树胶、树脂、树胶脂及油树脂……………………………………1301
植物液汁………………………………………………………………1302

## 二、本章商品归类方法

### （一）虫胶、树胶、树脂、树胶脂及油树脂的归类

**1. 虫胶**

虫胶是由昆虫在几种热带树上分泌的树脂物质。

**2. 树胶、树脂、树胶脂及油树脂**

天然的树胶、树脂、树胶脂及油树脂都是植物分泌液，它们遇空气会固化。其相互之间的区别在于：

（1）树胶为黏性物质，无气味，无味道，稍溶于水，燃烧时不熔化，无气味。例如，阿拉伯树胶。

（2）树脂不溶于水，稍有气味，导电性能差，带有负电荷，加热即变软，甚至可完全熔化。烧之火焰带烟，有特殊气味。例如，龙血树脂。

（3）树胶脂，是不同比例的树胶和树脂的混合物，因而可部分溶于水，一般具有刺激的特殊气味和味道。例如，没药。

（4）油树脂是一种渗出液，其成分主要为易挥发的树脂物质。其中的香树脂则是以安息香酸或肉桂酸化合物含量高为特征的油树脂。例如，秘鲁香脂。

上述天然产品还可以经洗涤、提纯、漂白、捣碎或研粉，但不得经进一步处理。例如，加水加压处理成为可溶于水的树胶和树胶脂，则归入品目 1302；经硫酸处理成为可溶性树胶，则归入品目 3506；经热处理成为可溶于干性油的树脂，则归入品目 3806。

### （二）植物液汁的归类

**1. 植物液汁及浸膏**

植物液汁及浸膏是植物自然渗出、从切口流出或用溶剂提取的植物产品。例如，从漆树的切口处所得的树液（称为日本或中国漆）；从可乐果所得，主要用于制饮料的可乐果浸膏；用热水加压对甘草的干根提汁后加以浓缩制得的甘草液汁及浸膏；用有机溶剂从各

种除虫菊植物的花中提取而得的除虫菊浸膏；用水或酒精对人参提取得到的人参精。

液汁可以增稠或固化，浸膏是用溶剂萃取的产品，可以是液体、浆状或固体。

**2. 品目 1302 的植物液汁和浸膏与品目 3301 的精油、香膏及提取的油树脂的区别**

与品目 3301 相比，品目 1302 的植物液汁和浸膏中除了含挥发性的芳香成分以外，所含的其他植物物质（例如，叶绿素、鞣酸、苦味素、碳酸化合物和其他提取物）的比例也很高。

**3. 果胶、果胶酸盐及果胶酸酯**

果胶是从苹果、梨、榅桲、柑橘、甜菜等的余渣中提取的多糖物质，在制果酱及其他蜜饯中主要作凝固剂。果胶酸盐为果胶酯酸的盐，而果胶酸酯为果胶酸的盐，它们的性能和用途与果胶大致相同。

**4. 用植物产品制得的胶液及增稠剂**

用植物产品制得的胶液及增稠剂具有在冷水中会膨胀，在热水中会溶解，并且冷却后会生成均质无味的胶体的特点。它们主要代替明胶用于制造食品、纺织品浆料和纸张上光料，澄清某些液体，培养细菌，制药及制化妆品。例如，从某些海藻提制而成的琼脂；加水加压或用其他方式处理树胶或树胶脂，使其可溶于水而制成的增稠剂。

# 第十四章　编结用植物材料；其他植物产品

## 一、本章商品范围

本章主要包括两方面的内容：作编结用的植物和不能归入第二类其他章的植物。因此本章结构比较简单，其规律如下：

{编结用……………………………………………………1401
{其他用途…………………………………………………1404

## 二、本章商品归类方法

### （一）本章植物材料与第十一类的纺织材料的区别

下列两种情况的植物材料应作为纺织材料归入第十一类：

1. 主要供纺织用的植物材料或植物纤维，不论其加工程度如何。

例如，棉短绒因太短，不能纺纱，但由于纤维素含量高，是理想的无烟火药、人造纤维（例如，人造丝）及纤维素塑料的原料，所以应归入本章，且不论是天然或洗净、漂白、染色、脱脂的，均归入本章；而椰壳纤维（椰子皮纤维）适于纺织用，所以应作为纺织材料归入品目 5305。

2. 经过处理使其只能作为纺织原料用的植物材料。

例如，品目 1401 编结用的植物材料，如果经碾轧、捣碎、梳理或其他纺前加工，应作为纺织材料归入品目 5303 或 5305。针茅的茎及叶，不论是否天然、漂白或染色，但未作纺前加工的，归入品目 1404；经辊轧、捣碎或作为纺织纤维进行梳理的纺前加工的，应归入品目5305。

### (二) 品目1404其他植物产品的范围

本品目包括《协调制度》其他品目未列名的所有植物产品。例如:

1. 主要作填充或衬垫用的植物材料,如木棉(木棉科植物各种树的种子外面包裹的淡黄色或浅棕色绒毛)、植物毛(从某些矮棕榈树的树叶所得)。

2. 主要供制帚、制刷用的植物材料,如帚用高粱、龙舌兰纤维。

3. 主要供制染料或鞣料用的植物原料,如木、皮、根、果实、浆果及种子、茎、梗、叶及花、地衣等,这些材料可以未经处理,也可以经洁净、干燥、磨碎或研粉(不论已否压紧)。

4. 用于雕刻的硬种子、硬果核、硬果壳、坚果,如椰子壳。这些物料主要用于制造纽扣、珠子、念珠及其他花哨小商品。

5. 主要用于制造纸浆的针茅,用于纺织品整理的未装镶的绒草头,用于制人造花、绘画的日本米纸等。

### (三) 本章商品的加工

本章商品只能进行简单加工,超过简单加工的范围,则一般按其用途归入其他有关章的品目。

1. 对于品目1401的植物编结材料,除未加工谷物草秆不归入本品目外(品目1213),经洗涤、劈条、剥皮、磨光、漂白、染前处理、染色、涂漆处理,均归入本品目。

本品目的货品也可以切段,不论是否圆端(例如,制饮料吸管的草,制钓竿的棒,准备染色的竹子等),或分成便于包装、储存、运输等的稍有扭绞的捆或束。但如果进行了超过上述范围的加工,则不能归入本品目。例如,捻搓成条用以代替缏条的本品目所列植物材料应归入品目4601,用草编成的席子应归入品目4601。

2. 对于品目1404的其他植物,也是同样做法。

例如,制帚、刷用的植物材料,不论是否切割、漂白、染色或梳理(纺前梳理除外),也不论是否成绞成束,一律归入本品目,但不包括不用分拆(或只需简单加工)即可装于帚、刷上的已加工好的成束、成簇的材料(品目9603)。

用于制作染料或鞣料的植物原料归入品目1404,但如果加工成染料植物浸膏,则应归入品目3203。

用于雕刻的硬种子、硬果核、硬果壳、坚果如果已经雕刻,则应归入品目9602。

3. 经过处理使其只能作为纺织原料用的植物材料,应归入第十一类[见上述(一)]。

## 思考与练习

**商品归类题:**

1. 浸泡在亚硫酸水中的黄瓜

2. 炒熟的袋装开心果

3. 鲜辣椒

4. 辣椒干

5. 西红柿种子

6. 瓜尔胶

7. 冷冻马铃薯（蒸煮过）

8. 由肉桂、丁香、肉豆蔻、八角茴香、干姜按一定比例混合而成的调味料（已磨成粉）

9. 黑木耳（干制，500 克袋装）

10. 马铃薯淀粉

# 第三类　动、植物油、脂及其分解产品；精制的食用油脂；动、植物蜡

【内容提要】

在本类中，将学习以下内容：

进出口常见的动物、植物油脂的归类方法。重点是动物、植物油脂经不同加工方法处理后的归类区别。

# 第十五章　动、植物油、脂及其分解产品；精制的食用油脂；动、植物蜡

## 一、本章商品范围

本章包括不论供食用、技术或工业用（例如，供制肥皂、蜡烛、润滑剂、清漆或涂料用）的动、植物油、脂，油、脂的分解产品，以及动、植物蜡。按加工和品种的不同分类，其结构规律如下：

- 油、脂
  - 粗榨、精制
    - 动物油脂……1501～1506
    - 植物油脂……1507～1515
  - 化学改性
    - 氢化等……1516
    - 氧化等……1518
  - 混合的食用油脂……1517
  - 进一步加工的食用油脂……1517
  - 进一步加工的非食用油脂……1518
- 粗甘油……1520
- 动、植物蜡……1521
- 残渣……1522

## 二、本章商品归类方法

### （一）未经化学改性的油、脂的归类

以动、植物为原料加工得到的油、脂，归入品目1501～1515。

动、植物油、脂大多是含脂肪酸（例如，软脂酸、硬脂酸及油酸）甘油的酯类。这些动、植物油、脂成分复杂，因此可以通过分离加工得到它们的分离品，但是必须是不引起油、脂化学结构的任何变化的分离加工。例如，通过压榨、倾析及过滤进行干分离，溶剂分离，借助表面活性剂分离。品目1504、1506～1515也包括这些动、植物油、脂的分离品。

粗加工得到的动、植物油、脂往往杂质较多，因此可以进行精制或纯净加工（例如，澄清、洗涤、过滤、脱色、脱酸、脱臭加工）。经精制或纯净加工的油、脂仍与其相应的油、脂归入同一品目。例如，初榨的豆油归入子目1507.1000，精制的豆油则归入子目1507.9000。这里的“初榨”也包括溶剂萃取（只要在颜色、气味、味道方面与压榨油无异）。

**【例1】**大豆色拉油，将大豆毛油经脱胶、脱色、脱酸、脱臭、脱蜡、脱脂等工序制造而成

**【归类分析】**经以上工序加工的大豆油属于精制大豆油，故应归入子目1507.9000。

**1. 动物油、脂的归类**

（1）猪的油、脂

猪的油、脂的归类涉及第二章、第十五章，应该按照加工程度来判断归类。

①未炼制或用其他方法提取的肥猪肉（不带瘦肉的）、猪脂肪（主要指猪脏腑周围的脂肪），并且属于鲜、冷、冻、干、熏、盐腌或盐渍的，归入品目 0209。

②经炼制或用其他方法提取（例如，压榨或溶剂提取）的猪脂肪，归入品目 1501，包括由猪的脂肪组织炼制得到的猪油和由猪的骨头、废料及剩料（舌、肚、碎料等）或废碎皮制得的猪脂肪。

③将品目 1501 的猪油或其他炼制猪脂肪进行压榨（在加热的油槽中放置 3~4 天，使猪油硬脂的晶体形成，然后将这些晶粒团块进行压榨，使油和硬脂分开）而得到的白色固体脂肪（即猪油硬脂）或冷榨而得到的淡黄色液体（即液体猪油），归入品目 1503。

（2）牛、羊的油、脂

①牛、羊脂肪，不管是否经炼制或用其他方法提取（例如，压榨或溶剂提取），均归入品目 1502。其中，经炼制的产品称为牛、羊油脂（Tallow）。

②将品目 1502 的牛、羊脂肪用与上述的猪油或其他炼制猪脂肪相似的方法处理，即得到食用脂油和非食用脂油，归入品目 1503。其中，食用脂油是一种白色或淡黄色固态软稠脂肪，非食用脂油是一种淡黄色液体产品。提取食用或非食用脂油后所剩较硬的物质，即是油硬脂，通常是一种白色坚硬易碎的饼状或片状产品，也归入品目 1503。

（3）鱼、海生哺乳动物的油、脂

从某些鱼类或海生哺乳动物（例如，鲸鱼、海豚、海豹）的躯体、肝或废料中制得的油、脂及其分离品，归入品目 1504。

（4）其他动物的油、脂

除猪、家禽、牛、羊、鱼、海生哺乳动物以外的所有动物的油、脂及其分离品，不论是否精制，但未经化学改性，归入品目 1506。

例如，从马、熊、兔、海龟等制取的脂肪，通过压榨或用溶剂从煮熟的蛋黄中制得的蛋黄油，应归入品目 1506。

**2. 植物油、脂的归类**

本章所称植物油、脂是指固定植物油、脂。固定植物油、脂是指这些油、脂具有不分解，不易被蒸馏、不会挥发及不被过热蒸汽带走（但会被分解及皂化）等特征。

除可可脂、可可油应归入品目 1804 外，固定植物油、脂归入品目 1507~1515。

（1）具体的某一种植物油、脂按品目条文的列名归入相应品目。例如，豆油归入品目 1507，花生油归入品目 1508。

（2）品目 1509 的油橄榄油与品目 1510 的其他橄榄油的区别在于：前者是从油橄榄制得的；后者是从前者剩下的残渣中再用溶剂萃取制得的橄榄渣油，以及品目 1509 的橄榄油与品目 1510 的橄榄渣油混合的油。另外，根据本章章注二的规定，归入品目 1509 的油橄榄油必须是仅用机械或其他物理方法（例如，压榨）处理油橄榄制得的，而如果用溶剂提取的橄榄油，则应归入品目 1510。

（3）品目 1511 的棕榈油与品目 1513 的棕榈仁油的区别在于：前者是从油棕榈的果肉中制得的，后者是从油棕榈的果实仁中制得的。

（4）除了品目 1507~1514 中列名的植物油、脂及其分离品（不论是否精制）外，其他未列名的植物油、脂及其分离品（不论是否精制），例如亚麻子油、玉米油、蓖麻油、桐油、芝麻油，归入品目 1515。

### （二）经化学改性的油、脂的归类

化学改性是指动、植物油、脂及其分离品，经化学加工后改变了化学结构以改善其某些方面的性能（如熔点、黏性），但这些产品必须仍然保持其原有的基本结构，不能进行改变其原有的组织和晶体结构的进一步加工。

例如，动、植物油、脂及其分离品，全部或部分氢化、相互酯化、再酯化或反油酸化，不论是否精制，但未经进一步加工，应归入品目 1516。动、植物油、脂及其分离品，经过熟炼、氧化、脱水、硫化、吹制或在真空、惰性气体中加热聚合，以及用品目 1516 以外的其他化学方法改性的，应归入品目 1518。

### （三）混合的油、脂的归类

油、脂的混合有三种情况：

1. 不同的动物油、脂及其分离品的混合；
2. 不同的植物油、脂及其分离品的混合；
3. 动物和植物油、脂及其分离品的混合。

这些混合的油、脂如果供食用，应归入品目 1517；如果不能食用，则归入品目 1518。

**【例 2】**食用调和油，由豆油、菜子油、玉米油等按一定比例混合制成

**【归类分析】**食用调和油是几种植物油的混合，可供食用，故应归入品目 1517。

### （四）变性的油、脂的归类

变性是指在油、脂中加入变性剂（例如，鱼油、酚、石油、松节油、甲苯、水杨酸甲酯），尽管所加变性剂的剂量很小（通常不超过 1%），但能使油、脂酸败、发酸、发苦、刺鼻，从而使其不能供食用。

根据本章章注三的规定，品目 1518 不包括仅仅变性的油、脂及其分离品，这些货品应归入其相应的未变性油、脂及其分离品的品目。例如，加入变性剂的豆油仍应归入品目 1507。

### （五）油、脂的分解产品的归类

油、脂分解可制得粗甘油，如果纯度在 95%以下（以干燥产品的重量计），归入品目 1520；如果纯度在 95%及以上（以干燥产品的重量计），则作为化工产品（一种有机化合物）归入品目 2905。

### （六）动、植物蜡的归类

动、植物蜡主要由含有某些醇（鲸蜡醇之类的丙三醇除外）的某些高级脂肪酸（软脂酸、蜡酸、肉豆蔻酸）的酯类组成，并含有一定比例的游离状态的上述酸和醇，还含有某些碳氢化合物。蜡通常比油脂硬。

动物蜡包括虫蜡（主要有蜂蜡、虫胶蜡、白蜡）及鲸蜡。植物蜡则是从某些植物得到，如巴西棕榈蜡、小烛树蜡、墨西哥树蜡等。

归入品目 1521 的天然的动、植物蜡可以精制、漂白或着色。但是，上述蜡的混合蜡则不能再归入本章。这些混合蜡是指下列情况：

1. 两种或两种以上不同种类的动物蜡的混合；
2. 两种或两种以上不同种类的植物蜡的混合；
3. 动物蜡与植物蜡的混合；
4. 动物蜡或植物蜡与矿物蜡或人造蜡的混合；
5. 以一种或多种蜡为基料，与脂肪、树脂、矿物或其他材料（颜料除外）的混合。
这些混合蜡通常归入第三十四章。

## 思考与练习

**商品归类题：**

1. 甘油沥青
2. 零售的精制花生油
3. 鱼肝油
4. 棕榈蜡

# 第四类　食品；饮料、酒及醋；烟草、烟草及烟草代用品的制品

【内容提要】

在本类中，将学习以下内容：

熟悉本类各章与第一类、第二类有关动、植物原料的对应关系，掌握食品、饮料、酒、醋、烟、饲料的归类。

其中，重点是动物、植物的不同加工对归类的影响。

## 一、本类商品范围

本类包括主要以动物、植物为原料加工得到的食品、饮料、酒、醋、动物饲料、烟草等。按所加工的产品的不同分类，其结构规律如下：

- 动物产品……第十六章
- 糖……第十七章
- 可可……第十八章
- 谷物产品……第十九章
- 其他植物产品……第二十章
- 杂项产品……第二十一章
- 饮料、酒、醋……第二十二章
- 饲料……第二十三章
- 烟……第二十四章

## 二、本类商品归类方法

本类商品主要由第一类的动物产品与第二类的植物产品经过超出了第一类、第二类的加工程度或加工范围所得到。

本类商品与第一类的动物产品、第二类的植物产品的区别见第一类、第二类的有关部分的内容。

本类各章商品是用不同的原料加工制成的，各章商品其特点不同，详见各章内容。

# 第十六章　肉、鱼、甲壳动物、软体动物及其他水生无脊椎动物的制品

## 一、本章商品范围

本章包括超出第二章、第三章及品目0504所列加工范围的，通过加工肉、食用杂碎、血、鱼、甲壳动物、软体动物及其他水生无脊椎动物所得的食品。按品种分类，其结构规律如下：

- 香肠……1601
- 肉、食用杂碎、动物血……1602
- 精、汁……1603
- 鱼……1604
- 甲壳动物、软体动物及其他水生无脊椎动物的制品……1605

## 二、本章商品归类方法

### (一) 加工

本章食品的原料来自第二章、第三章及品目 0504 的肉、食用杂碎、血、鱼、甲壳动物、软体动物及其他水生无脊椎动物，但其加工程度已超出了第二章、第三章及品目 0504 的规定。具体参见第二章、第三章相关部分的内容。

### (二) 本章食品与归入第四类其他章食品的区别

根据本章章注二的规定，本章的食品按重量计必须含有 20%以上的香肠、肉、食用杂碎、动物血、鱼、甲壳动物、软体动物或其他水生无脊椎动物及其混合物，对于含有两种或两种以上前述产品的食品，则应按其中重量最大的产品归入第十六章的相应税号。

【例 1】由肉（占 25%）、鱼（占 10%）与蔬菜（占 15%）、面条（占 45%）、调味汁（占 5%）等组成的罐头食品

【归类分析】由于肉与鱼的重量超过了 20%，因此应归入第十六章。又由于肉的重量超过了鱼的重量，所以应按肉的产品归入品目 1602。

但是根据本章章注二的规定，对于品目 1902 所列的包馅食品，品目 2103 所列的调味汁及其制品、混合调味品和品目 2104 所列的汤料及其制品、均化混合食品，仍应分别归入上述有关品目，而不管其中是否含有或含有多少香肠、肉、食用杂碎、动物血、鱼、甲壳动物、软体动物或其他水生无脊椎动物及其混合物。

【例 2】猪肉青菜馅的水饺，20 只/袋

【归类分析】由于水饺属于品目 1902 的包馅食品，故不必区分其中含有多少比例的猪肉，直接归入品目 1902。

### (三) 子目 1602.1000 的“均化食品”的理解和运用

根据本章子目注释一的规定，子目 1602.1000 的“均化食品”，是指同时满足以下三个条件的品目 1602 的食品：

1. 仅以肉、食用杂碎或动物血为基料；
2. 经精细均化制成专供婴幼儿食用或营养用；
3. 零售包装（每件净重不超过 250 克）。

【例 3】一种婴儿罐头食品，主料是牛肉，外加盐、食用油等调料一起打成糊状制成，500 克/瓶

【归类分析】尽管该产品专供婴儿食用，但因为超过了 250 克，故不能按均化食品归入子目 1602.1000，只能按普通牛肉罐头归入子目 1602.5010。

### (四) 肉、鱼、甲壳动物、软体动物或其他水生无脊椎动物的精及汁的归类

肉汁，是通过压榨生肉而得。

鱼、甲壳动物、软体动物或其他水生无脊椎动物的汁，是通过压榨生的鱼、甲壳动物、软体动物或其他水生无脊椎动物而得。

肉精，是肉类经加压蒸煮后，其液汁通过过滤或离心分离脱脂所得的浓缩品（肉精根

据浓缩程度不同，可以是固体，也可以是液体）。

鱼、甲壳动物、软体动物及其他水生无脊椎动物的精，是通过浓缩鱼、甲壳动物、软体动物或其他水生无脊椎动物的汁而得。

其中，“精”用于制造某些配制食品，例如，汤料（不论是否浓缩）及调味汁。“汁”主要作为营养食品。

肉、鱼、甲壳动物、软体动物或其他水生无脊椎动物的精及汁归入品目 1603。但是，如果以肉、鱼等精与脂肪、动物胶及盐等混合配制成含肉、鱼等精的汤料及其制品，则应归入品目 2104。

# 第十七章　糖及糖食

## 一、本章商品范围

本章主要包括糖及糖食，还包括人造蜜、焦糖、糖蜜。其结构规律如下：

糖……………………………………………………………………1701～1702
糖蜜……………………………………………………………………1703
糖食……………………………………………………………………1704

## 二、本章商品归类方法

### （一）糖的归类

食用糖使用量较大的是甘蔗糖和甜菜糖，它们来源于第十二章的甘蔗和甜菜。

如果是化学纯糖，需要比较本章与第二十九章的品目 2940。根据本章章注二的规定，对于化学纯的蔗糖、乳糖、麦芽糖、葡萄糖及果糖，仍归入本章（其中，固体化学纯蔗糖归入品目 1701，其他归入品目 1702），其他的化学纯糖则归入品目 2940。如果是化学纯糖以外的糖，则按以下情况进行分析：

**1. 固体糖**

（1）甘蔗糖、甜菜糖

固体甘蔗糖、甜菜糖归入品目 1701。

其中，甘蔗原糖和甜菜原糖归入子目 1701.10（原糖又称粗糖，一般用于加工精制糖，其所含杂质较多，外观呈棕色，蔗糖含量在 97%左右）。根据本章子目注释一规定，《协调制度》中的原糖是指其蔗糖含量以干燥时的重量计，旋光读数低于 99.5°。其他固体甘蔗糖、甜菜糖（例如砂糖、绵白糖、方糖）按是否加有香料或着色剂而分别归入子目 1701.91 和 1701.99。

市场上常见的食糖按颜色可分为红糖、黄糖和白糖。颜色深浅不同，是因为制糖过程中除杂质的程度不一样。红糖是未经精制的粗糖，颜色很深；黄糖则含有少量矿物质及有机物，因此带有颜色；白糖是精制糖，纯度很高（其中，白砂糖颗粒均匀整齐、糖质坚硬、松散干燥；绵白糖结晶颗粒细小，外观质地绵软、潮润）。

【例】如图所示的“方糖”，主要用于配合咖啡的饮用，是用细晶粒精制砂糖为原料压制成的方块状的高级糖产品

图 4-1

【归类分析】*该方糖为精制砂糖压制而成，不属于原糖，故应归入子目 1701.99。*

（2）其他糖

其他固体糖有乳糖、葡萄糖、果糖、麦芽糖，以及从甘蔗或甜菜以外其他原料（例如一种糖槭树）提取的蔗糖及其他糖，不论是否含有添加的香料或色料。它们应归入品目 1702。

但是，由于商品乳糖主要是从乳清制得，如果按重量计干燥无水乳糖含量在 95%及以下的，应作为乳清制品归入品目 0404［见第四章章注四（一）］。

**2. 其他形状的糖**

其他形状的糖指糖浆（例如，甘蔗或甜菜糖浆、乳糖浆、葡萄糖浆、果糖浆），它们可以是将糖溶于水制得，也可以是在糖提纯的过程中所得的糖汁及糖浆。根据 1702 品目条文的规定，这些糖浆只有在未加香料或着色剂时，才能归入品目 1702，如果加入了香料或着色剂，则应归入品目 2106。

### （二）人造蜜与糖蜜的归类

人造蜜是仿天然蜂蜜的产品，一般以蔗糖、葡萄糖或转化糖为基料，并加入香料或色料混合制成。人造蜜及人造蜜与天然蜜的混合品均归入品目 1702。

糖蜜是提取或精制糖后所剩的物质（例如，甜菜糖或甘蔗糖提取或精制后，或在玉米提取果糖后所剩的正常副产品），为棕色或黑灰色胶粘物质，含有大量不易结晶的糖。糖蜜可经脱色、着色或加香料的加工。糖蜜的主要用途是作为蒸馏酒精或酒精饮料（例如，从甘蔗糖蜜制得的朗姆酒）的原料，用做牲口饲料及咖啡代用品，有时也用于提取糖。糖蜜归入品目 1703。

### （三）糖食的归类

糖食，是以糖（糖浆）为主要原料，添加香料、果料、乳制品、凝胶剂及其他辅料，按一定工艺制成的固体或半固体甜味食品。例如，硬糖果、软糖果、蛋白杏仁糖果、口香糖、果仁糖果、糖果包装的果子冻及果子膏，用蔗糖、蔗糖浆制得的软糖膏（用于制软糖、糖果及巧克力等的糖馅）。

以糖（糖浆）为原料制得的糖食归入品目 1704，而以合成甜味剂替代糖做原料制得的“糖食”（主要供糖尿病患者用）则不属于本章的糖食，因而不能归入品目 1704，而应归入品目 2106。

# 第十八章　可可及可可制品

## 一、本章商品范围

可可及可可制品的归类比较特别，例如可可豆并不归入第二类，可可油和可可脂也并不按植物油脂归入第三类，故本章包括可可豆及以可可豆为原料加工得到的除章注一所列以外的一系列的可可产品。按可可的加工分类，其结构规律如下：

可可豆……………………………………………………………………1801
废料………………………………………………………………………1802
可可膏……………………………………………………………………1803
可可脂、可可油…………………………………………………………1804
可可粉……………………………………………………………………1805
可可食品…………………………………………………………………1806

## 二、本章商品归类方法

### （一）可可的加工

要掌握本章的归类，首先需要对可可的加工过程有一定的了解。

可可豆是可可树的种子，大量存在于可可果内。可可豆经焙炒易于去壳，容易粉碎，便于浓缩及改善香味。焙炒后，将壳、皮、胚芽和破碎的可可仁（可可碎粒）分开。

可可膏通过碾磨焙炒可可豆（已除净壳、皮和胚芽）而得，其产品呈固态片状、团状或块状。这种状态的可可膏虽可制糖食，但通常却用于生产可可脂、可可粉及巧克力。

可可脂、可可油是可可豆中的脂肪物质，通常用热压可可膏或整颗可可豆制得。

可可粉通过粉化半脱脂的可可膏而得。

巧克力主要由可可膏及糖或其他甜物质组成，通常加有香料及可可脂，也有用可可粉及植物油替代可可膏的，有时还加入乳、咖啡、榛子、杏仁、橘皮等。

### （二）含有可可，但不归入本章的商品

根据本章章注一的规定，本章不包括品目0403、1901、1904、1905、2105、2202、2208、3003、3004的制品。例如：

1. 裹巧克力的饼干及其他烘焙糕饼（品目1905）。
2. 按重量计含全脱脂可可不超过6%的膨化或焙炒谷物（品目1904）。
3. 含有任何比例可可的冰淇淋及其他冰制食品（品目2105）。
4. 即可饮用的含可可饮料（例如，可可奶油），不论是否含酒精（第二十二章）。

【例】白巧克力

【归类分析】白巧克力是由糖、可可脂、奶粉及香料组成，因不含可可（可可脂仅是可可中的脂肪成分，不能看成是可可），所以不能归入本章，而应作为不含可可的糖食归入品目 1704。

# 第十九章 谷物、粮食粉、淀粉或乳的制品；糕饼点心

## 一、本章商品范围

本章包括通常用做食品的许多调制产品，其原料来源于：

第一，第十章的谷物、第十一章的产品、其他章的植物质食物粉（例如，谷物粉、果粉、其他植物粉）；

第二，品目 0401 至 0404 的货品。

根据利用这些原料制得的产品的特点分类，其结构规律如下：

谷物粉、淀粉、乳制的食品……1901
面食……1902
珍粉……1903
膨化、烘炒、预煮的谷物……1904
烘焙食品……1905

## 二、本章商品归类方法

本章产品主要来源于谷物，所以应根据各品目所用原料的不同及各品目的主要特征来确定归类。

### （一）品目 1901 包括的产品

1. 用品目 1107 的麦芽作为原料，经浓缩其水溶液制得的麦精。

2. 用粗粒、细粉、粗粉、淀粉或麦精为基料制成的其他品目未列名的调制食品（可加入其他配料，如乳、糖、蛋、脂、油、香料、色料、维生素、果子或其他物质，以增强其营养价值）。

根据本章章注二的规定，这里的“粗粒”是指品目 1103 的谷物粗粒；“细粉、粗粉”是指第十一章的品目 1101、1102、1103 的谷物细粉、粗粉及粉末，以及其他章的植物细粉、粗粉及粉末，如大豆粉，但是品目 0712、1105、1106 的蔬菜、马铃薯、干豆的细粉、粗粉及粉末除外。

例如，由蛋粉、奶粉、麦精及可可粉组成的调制食品，用奶粉和麦精（不论是否加糖）制成的麦精乳，揉好的面团等。

【例 1】如图所示的一种面粉，由小麦面粉、糖、玉米糖浆混合制成，粉状，1 千克/袋

图 4-2

**【归类分析】** 该产品符合品目 1901“细粉、粗粒、粗粉、淀粉或麦精制的其他品目未列名的食品”，故应归入子目 1901.9000

3. 用品目 0401 至 0404 的货品制成的其他品目未列名食品。

与品目 0401 至 0404 的货品的区别在于，除含乳以外，还含有品目 0401 至 0404 所不允许添加的辅料。

**【例 2】** 一种供婴幼儿食用的营养奶粉，500 克/袋，其配方中除含乳以外，还含有谷物片、酵母等辅料。

**【归类分析】** 该营养奶粉的组成超出了品目 0402 的范围，故应归入子目 1901.1010。

### （二）品目 1902 的面食

品目 1902 的面食是以硬麦粗粉或面粉、玉米粉、米粉、土豆粉等（也可加入其他配料，如菜泥、蛋、乳、维生素、色料、香料等）为原料制成的未发酵食品。

面食一般经下列制作过程：将上述的粉（或混合粉）先用水混合，然后揉成面团，揉好的面团通过挤出后经切割、滚轧后切割、压制、模制等方法加工成为特定形状（例如，管状、条状、丝状、蛤壳状、星状、字母状等）。例如，面条、通心粉等。

品目 1902 的面食可以煮熟，也可以包馅，例如制成饺子、馄饨、包馅的汤团等。这里所称的包馅可以完全包裹（例如，饺子），也可以是一端张开的（例如，一种锥形的裹肉和奶油的面卷），甚至可以是层叠的。

**【例 3】** 如图所示的炸土豆片，由马铃薯经清洗、去皮、切片、油炸、调味、装袋制成

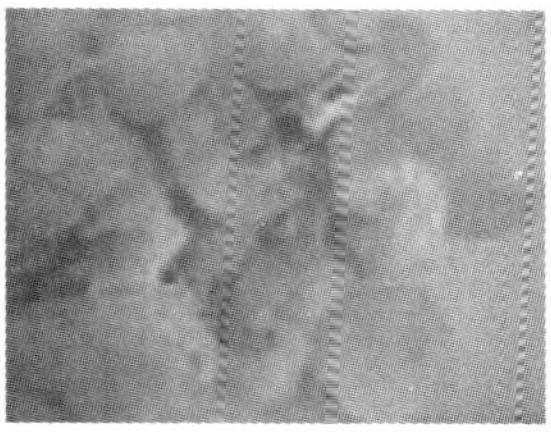

图 4-3

**【归类分析】** 该产品由马铃薯切片后油炸制成，属于马铃薯的加工产品，故应归入品目 2005“其他未冷冻蔬菜，用醋或醋酸以外的其他方法制作或保藏的”。注意该产品并不是由马铃薯粉制成的面食，故不能归入品目 1902。

### (三) 品目 1905 的烘焙食品

品目 1905 的烘焙食品是以谷物细粉、酵素、盐等（也可含有其他成分，例如，淀粉、豆粉、麦精、乳、糖、蛋、脂肪、水果、可可、肉、鱼等）为原料经烘焙制成的食品。

烘焙食品一般经下列制作过程：将上述的粉先用水混合，揉成面团，然后制成一定形状，再经烘烤成食品，如面包干、吐司及类似的烤面包，糕饼点心，意大利馅饼，等等。

品目 1905 所称的“烘焙”应理解为包括烘焙、烘烤或油炸的在内。除此之外，品目 1905 的烘焙食品也包括预烘焙的，但未烘焙的不能归入本品目。例如，未烘烤的比萨饼应归入品目 1901。

### (四) 品目 1904 包括的产品

1. 膨化或烘炒食品：用第十章和第十一章的谷物和谷物产品（如玉米、小麦、大米、大麦等，并可加入其他配料，如盐、糖、麦精、水果或可可等）经膨化或烘炒制得的一系列食品，如爆米花、爆麦花等。

**【例 4】** 如图所示的玉米片，以玉米片为原料经烘炒、调味制成，可做早餐用

**图 4-4**

**【归类分析】** 该产品原料为品目 1104 的玉米片，经烘炒加工，故应归入子目 1904.1000。

2. 预煮或其他方法制作的食品：用第十章和第十一章的谷粒、谷片或经其他加工的谷粒，经全煮熟、半煮熟或经其他方法加工的食品（可加入其他配料），如速食米饭等。

但根据 1904 的品目条文的规定和品目 1901 的范围，用谷物的细粉、粗粒及粗粉制成的食品则应归入品目 1901。

### (五) 品目 1903 的珍粉

品目 1903 的珍粉是用木薯淀粉为原料制成的食品，一般用于做汤、布丁或营养食品。其制作过程为：用水将淀粉调至稠浆状，倒入滤网或带孔盘中，浆一滴滴漏出时落入温度为 120℃至 150℃的金属板上，成为小圆粒或小粉片。有时还将这些小圆粒或小粉片压碎或制成粒状。另一种方法是将淀粉浆倒入蒸汽加热的容器内使其凝结成形。

另外，用西米淀粉、马铃薯淀粉或类似淀粉（例如，从竹竽、欧白及和丝兰植物提取的淀粉）可制得类似的珍粉代用品。

本章的食品常常可以添加一些配料，但添加下列配料后，归类时应注意：

如果配料中含有可可，根据品目 1901 的条文规定及本章章注三的规定：

品目 1901 中，对于细粉、粗粉、淀粉或麦精制的其他品目未列名的食品，要求不含

可可或按重量计全脱脂可可含量低于40%；对于品目0401至0404所列货品制的其他品目未列名的食品，要求不含可可或按重量计全脱脂可可含量低于5%。

不符合以上条件的含可可食品，应作为可可制品归入第十八章的品目1806。

品目1904不包括按重量计全脱脂可可含量超过6%或完全裹巧克力的食品，以及品目1806的其他含可可食品。

如果配料中含有香肠、肉、食用杂碎、动物血、鱼、甲壳动物、软体动物或其他水生无脊椎动物及其混合物，根据本章章注一（一）的规定，除了品目1902的包馅面食外，如果上述配料超过了20%，则应归入第十六章。

# 第二十章　蔬菜、水果、坚果或植物其他部分的制品

## 一、本章商品范围

本章包括加工超出第七章、第八章、第十一章及《协调制度》其他章所列加工范围的蔬菜、水果、坚果及植物其他食用部分。按加工方法和品种分类，其结构规律如下：

- 用醋加工……2001
- 糖渍加工……2006
- 果酱、果冻、果泥、果膏……2007
- 其他加工
  - 蔬菜
    - 番茄……2002
    - 蘑菇及块菌……2003
    - 其他
      - 冷冻……2004
      - 未冷冻……2005
  - 其他……2008
- 水果汁、蔬菜汁……2009

## 二、本章商品归类方法

### （一）本章品目条文中涉及商品的范围

蔬菜：根据章注三的规定，本章品目条文（指品目2001、2004、2005）中所称蔬菜的具体范围是指第七章的产品及用第七章的产品制成的品目1105、1106的粉。

水果：指第八章的水果。

坚果：指第八章的坚果。

植物的其他食用部分：指不属于蔬菜、水果、坚果的，但可以供食用的植物的其他部分。例如，品目1212中的果核、果仁，品目1202的花生，品目0910的姜，等等。

### （二）不同加工产品的归类

#### 1. 用醋加工

品目2001的用醋或醋酸制作或保藏，是指主要用醋或醋酸制作或保藏，但不论是否

含有盐、调味香料、芥末、糖或其他甜物质，还可含有油或其他添加剂。例如，糖醋黄瓜。

**2. 糖渍加工**

品目2006的糖渍加工，是先用开水处理蔬菜、水果、坚果、果皮或植物其他部分(可将产品软化以利于糖的渗透)，然后将产品放入糖浆中反复加热至沸点，使糖浆逐渐浓缩，直至完全浸透产品，使其耐于保藏。例如，糖渍的整果（樱桃、核桃等)、果瓣或果块（柑橘、菠萝等)、果皮（柠檬皮、柑橘皮等)、植物其他部分（当归、姜、甘薯等）及花（紫罗兰、含羞草等)。

**3. 烹煮加工得到的果酱、果冻、果泥、果膏**

根据本章章注五的规定，品目2007所称“烹煮制成的”，是指在常压或减压状态下，通过减少产品中的水分或其他方法增加产品黏稠度的热处理制得的。

常见的有下列几种：

(1) 果酱

果酱是通过将整果、果肉、某些蔬菜（例如，南瓜、茄子）或其他产品（例如，姜、玫瑰花瓣）用几乎等量的糖来烹煮制得的。冷却后为浓厚酱状物，带有果肉碎块。

(2) 果冻

果冻是将水果汁和糖煮沸后冷凝而成，呈冻状，透明，无果肉碎块。

(3) 果泥

果泥是用过筛果肉或坚果粉加糖或不加糖烹煮后制成的，呈较浓的酱状物。果泥不同于果酱，其果子含量更高，质地更为细腻。

(4) 果膏

果膏是用果泥经蒸发加工制得的固体或接近固体的产品。

根据本章章注二的规定，品目2007不包括制成糖食或巧克力糖食的果冻、果膏，它们应归入品目1704或品目1806。

**【例1】**一种果泥，含苹果78%、蓝莓20%及少量果糖、维生素C，以均化制作专供六个月以内的婴儿食用，125克/瓶

**【归类分析】**果泥应归入品目2007，并且由于符合本章子目注释二的规定，故应归入子目2007.1000。

**4. 其他方法加工**

其他方法加工是指超出第七、八、十一章加工范围且不属于以上方法的加工。例如：

(1) 德式泡菜，通过将盐腌卷心菜丝半发酵制得，如果是未冷冻的，归入品目2005；如果是冷冻的，则归入品目2004。

(2) 马铃薯细粉制成的长方形薄片产品，是以马铃薯细粉为原料，加盐和少量味精以及连续增湿、增稠使其部分糊精化制成，如果是未冷冻的，归入品目2005；如果是冷冻的，则归入品目2004。

(3) 糖泡栗子，是用糖保藏并浸于糖浆中制得的（注意，不同于品目2006的糖渍加工)，归入品目2008。

(4) 杏仁、花生经干炒或用油烘炒（不论是否含或裹植物油、盐、香料、调味香料及其他添加剂)，归入品目2008。

根据本章章注二的规定，品目2008不包括制成糖食或巧克力糖食的糖衣杏仁或类似

品，它们应归入品目1704或品目1806。

**【例2】** 一种玻璃瓶装的食品，将无花果洗净，用糖/酒浸泡，最后灭菌处理，125克/瓶

**【归类分析】** 无花果是一种水果，经过上述处理后，在第二十章中没有列名的品目可归，故应按"用其他方法制作的其他品目未列名的水果"归入品目2008。

### （三）水果汁、蔬菜汁的归类

根据本章章注六的规定，品目2009的水果汁（包括酿酒葡萄汁）、蔬菜汁按容量计酒精浓度必须不超过0.5%，否则应归入第二十二章。另外，根据本章章注四的规定，干重量在7%及以上的番茄汁应归入品目2002。

**1. 提取**

水果汁及蔬菜汁一般通过压榨新鲜水果或蔬菜制得（不论压榨前是否经破碎或碾磨，或用冷水、热水或蒸汽处理）。压榨所得的液汁然后通常经澄清、过滤、除气、消毒等处理，即得到清澈透明未发酵的液体。当然，某些液汁（例如，从杏、桃、番茄等肉质水果制得的液汁）可以仍含有悬浮或沉淀的纤细果肉。

另外，还可以从干果中制取果汁（这些干果必须是新鲜时含有果汁的果实）。例如，梅脯汁，是将梅脯放入浸提器，放水加热几小时后将汁提出。

**2. 浓缩**

提取的水果汁、蔬菜汁可以进行浓缩加工（不论是否冷冻），甚至可以为结晶体或粉末状。

**3. 复制**

在浓缩汁中加入不超过非浓缩汁正常含量的水制得的复制汁仍归入品目2009。

**4. 混合**

同类或不同类的水果汁与水果汁之间、蔬菜汁与蔬菜汁之间、水果汁与蔬菜汁之间的混合汁仍归入品目2009。

**5. 添加物质**

品目2009的水果汁或蔬菜汁，只要仍保持其原有特征，可含有下列物质，不论这些物质是生产过程所产生的或是专门加入的：

（1）糖；

（2）其他天然或合成的甜味剂，但所加剂量不得超过正常的甜度所需；

（3）为保存液汁或防止液汁发酵的添加产品（例如，二氧化硫、二氧化碳、酶）；

（4）标准剂（例如，柠檬酸、酒石酸），为恢复生产过程毁损的成分而添加的产品（例如，维生素、色素）及为"固定"香味而添加的产品（例如，在柑橘粉或柑橘晶内加山梨醇）。

但是，如果加入了某种成分（柠檬酸，从果子提取的精油等），其量明显不同于天然果汁中各种成分之间正常比例的水果汁，则不能归入本品目，因为在这种情况下，该水果汁已失去其原有特征。

另外，蔬菜汁可含有添加的盐、调味香料或香料。

**6. 水果汁或蔬菜汁与饮料的区别**

如果在正常的水果汁或蔬菜汁中加入水（或在浓缩汁中加入的水超出复制原天然汁所

需的量)，其稀释品即具有品目 2202 所列饮料的特征。

另外，水果汁或蔬菜汁中充入的二氧化碳含量超过水果汁或蔬菜汁在处理加工（用二氧化碳加压储藏）时所需的正常含量，则也不再按品目 2009 的水果汁或蔬菜汁归类，而应归入品目 2202。

# 第二十一章　杂项食品

## 一、本章商品范围

本章包括不能归入其他章的食用产品。由于本章是杂项，所以其结构规律不明显，所涉及的主要商品如下：

经加工的咖啡、茶、马黛茶……2101
酵母、发酵粉……2102
调料……2103
汤料、均化混合食品……2104
冰制食品……2105
其他未列名食品……2106

## 二、本章商品归类方法

### （一）经加工的咖啡、茶、马黛茶的归类

归入本章的咖啡、茶、马黛茶是指加工程度超出第九章的品目 0901、0902 规定的加工产品。

**【例 1】** 速溶咖啡，将咖啡浸提并脱水或经浸提后冷冻及真空干燥的产品

**【归类分析】** 由于其加工程度已超出了品目 0901 的简单加工的范围，所以应归入子目 2101.1100。

### （二）咖啡代用品的归类

咖啡代用品是指其虽然不是咖啡，但可用于替代、仿制咖啡或用于掺入咖啡内的各种烘炒产品，有时人们仍把它们称为“咖啡”，但在“咖啡”两字之前加上其基本物料的名称（例如，大麦“咖啡”、麦芽“咖啡”、橡果“咖啡”）。

根据本章章注一（二）的规定，已经烘焙的咖啡代用品归入品目 2101，但含咖啡的烘焙咖啡代用品应归入品目 0901（即含咖啡的烘焙咖啡代用品仍看做是以咖啡为主）。

### （三）咖啡、茶、马黛茶的浓缩精汁与以咖啡、茶、马黛茶的浓缩精汁为基本成分或以咖啡、茶、马黛茶为基本成分的制品的区别

咖啡精汁及浓缩品，是指用真咖啡（不论是否去咖啡碱）制得或用真咖啡与任何比例的咖啡代用品混合制得，呈液状或粉状，通常浓缩程度很高。

茶或马黛茶的精汁及浓缩品，加工方法与以上咖啡所述情况相同。

以咖啡、茶或马黛茶精汁或浓缩品为基本成分的制品，是指以咖啡、茶、马黛茶的精汁或浓缩品（而不是以咖啡、茶、马黛茶本身）为基本原料制成的制品，包括加有淀粉或其他碳水化合物的精汁等。

以咖啡、茶、马黛茶为基本成分的制品，是指以咖啡、茶、马黛茶为基本原料，加上其他成分制成的制品。

**【例 2】**“1+2”速溶咖啡，在速溶咖啡中添加少量奶粉、糖混合制成，可直接冲泡饮用而无须另外添加牛奶、糖

**【归类分析】** “1+2”速溶咖啡属于以咖啡为基本成分的制品，故应归入子目 2101.1200。

### （四）酵母的归类

酵母是以糖类、淀粉和其他工农业副产品为原料，用发酵培养法生产的微生物制品。人类很早就开始利用酵母制作发酵食品和酿酒。

**1. 酵母的分类**

酵母分为活性酵母与非活性酵母，前者可引起发酵（例如，啤酒酵母、酿酒酵母、发面酵母），后者则不具发酵力（例如，用于添加在食品中提高营养或用于增加食品风味的食品酵母，用于饲料中蛋白质补充的饲料酵母）。

**2. 发酵粉**

发酵粉不同于酵母，是由化工产品（例如，碳酸氢钠、酒石酸、碳酸铵、磷酸盐）混合而成。在适当的条件下，发酵粉会释放出二氧化碳，因而用于面团的发酵。

酵母归类时要区别是活性酵母还是非活性酵母，前者归入子目 2102.1000，后者归入子目 2102.2000。发酵粉则归入子目 2102.3000。

### （五）均化混合食品的归类

与第十六章、第二十章的均化食品不同的是，本章品目 2104 是指均化混合食品，即该均化混合食品必须有两种或两种以上的基本配料，其他条件与第十六章、第二十章的均化食品相同。

**【例 3】**由猪肉（占 50%）、鱼（占 20%）、蔬菜（占 20%）为基本配料，再加上其他必要的添加剂，经精细均化制作的婴幼儿食品，220 克/瓶

**【归类分析】**该婴幼儿食品符合本章章注三的规定，故应作为均化混合食品而归入子目 2104.2000。

### （六）其他未列名食品的归类

所有不能归入《协调制度》其他品目的食品，只能归入品目 2106。例如：

1. 加蜂王浆的天然蜂蜜。

2. 以碳酸氢钠、甘草甜或甘草精为基料混合而成的饮料粉。

3. 制造各种无酒精饮料或酒精饮料用的无酒精或酒精制品（不是以芳香物质为基料的）。这些制品是用品目 1302 的植物精汁与乳酸、酒石酸、柠檬酸、磷酸、防腐剂、发泡剂、果汁等混合制成，全部或部分含有某种饮料特有味道的香料组分。

4. 以糖为基料的膏，加有相当的脂肪，有时还加乳或坚果，不适于直接制糖食，但

可作巧克力、夹心饼干、馅饼、糕点等的馅或夹心料。

5. 含替代糖的合成甜味剂（例如，山梨醇）的甜食、橡皮糖及类似品（特别是供糖尿病人用）。

6. 由糖精及某种食物（例如，乳糖）组成的制品（例如，甜味片），用于增加甜味。

7. 人参精与其他配料（例如，乳糖或葡萄糖）的混合物，用于制造人参“茶”或其他饮料。

**【例4】**冬虫夏草口服液，具有强身健体等多种功效

**【归类分析】**冬虫夏草口服液不具有治疗疾病的功效，不属于药品，故应该按食品归入品目2106。

# 第二十二章　饮料、酒及醋

## 一、本章商品范围

本章包括供饮用的产品（水、饮料、酒）及醋，本章主要产品按是否含酒精及酒精的来源分类，其结构规律如下：

- 水……………………………………2201～2202
- 无酒精饮料……………………………………2202
- 酒精饮料
  - 发酵……………………………………2203～2206
  - 蒸馏……………………………………2207～2208
- 醋……………………………………2209

## 二、本章商品归类方法

### （一）水的归类

自然界有各种各样的水，其中海水应归入品目2501，普通的天然水和天然的矿泉水应归入品目2201，这些水可经过澄清或纯净处理，但是根据本章章注一（三）的规定，如果进一步处理成蒸馏水、导电水及类似的纯净水，则应归入品目2853。

在水中可以加一些添加物质。其中，人造矿泉水是参照天然矿泉水的组成与特性生产出来的，因此人造矿泉水仍然与天然矿泉水一起归入品目2201。

但是，加味或加糖（或其他甜物质）的水（例如，柠檬水、橘子水、“可乐”饮料），则不再归入品目2201，而应归入品目2202。

### （二）酒的归类

**1. 酒的分类**

世界各地酒的种类有数万种，酿酒所用原材料和酒的酒精含量也有很大差异。以生产原料对酒进行分类，大致可分为谷物酒、香料草药酒、水果酒、奶蛋酒、植物浆液酒、蜂蜜酒和混合酒七大类。以酒精含量的不同进行分类，又有低度酒、中度酒和高度酒之分。

以酒的性质来加以划分，可以将它们归为三大类：发酵酒类，包括葡萄酒、啤酒、米酒和苹果酒等；蒸馏酒类，包括威士忌酒、白兰地酒、俄得克酒、朗姆酒、伏特加酒和中国的白酒等；再制酒类，包括金酒、利口酒、味美思酒、苦味酒等。

**2. 酒的归类**

（1）酒精浓度按容量计≤0.5%，应作为无酒精饮料归入品目 2202。

（2）发酵酒归入品目 2203~2206。

按品种分，用麦芽酿造的啤酒归入品目 2203，用葡萄酿造的葡萄酒归入品目 2204（葡萄酒与植物根、叶、果等的浸剂或各种香料配制成的酒，例如，味美思酒归入品目 2205），用其他原料酿造的酒（例如，用苹果酿造的苹果酒，用蜂蜜酿造的蜂蜜酒，用米酿造的米酒，用棕榈树的液汁酿造的棕榈酒）归入品目 2206。

另外，品目 2203~2206 中的各种不同发酵酒的混合酒（例如，啤酒与苹果酒的混合）以及发酵酒与无酒精饮料的混合物（但混合后必须酒精浓度按容量计>0.5%，例如，柠檬水与啤酒的混合）归入品目 2206。

（3）通过蒸馏葡萄酒、果酒或发酵的其他植物产品得到的蒸馏酒，以及以食用酒精或其他蒸馏酒为主酒，配以各种调香材料，并经过甜化处理的利口酒（例如，意大利杏红利口酒、法国茴香利口酒、荷兰蛋黄酒）应归入品目 2208。

（4）无醇啤酒（non-alcoholic beer，也称“无酒精啤酒”）是啤酒家族中的一个新成员，指酒精浓度按容量计≤0.5%的啤酒。工业上主要通过两种方法生产无醇啤酒：一种是物理脱醇法，即在正常生产啤酒的基础上，通过反渗透、透析或蒸发等方法脱醇；另一种是通过控制发酵减少酒精产生的生物法。

无醇啤酒具有普通啤酒的色泽、香味和泡沫等特征，但根据本章章注三“品目 2202 所称‘无酒精饮料’是指按容量计酒精浓度≤0.5%的饮料”的规定，无醇啤酒不属于第 22 章的酒，而应作为饮料归入品目 2202。

**【例】** 52 度的茅台酒

**【归类分析】** 茅台酒属于蒸馏酒中的白酒，故应归入子目 2208.9020。

### （三）酒精的归类

酒精的化学名称是乙醇，可由含糖的原料发酵后蒸馏制得或人工合成制得。根据第二十九章章注二（二）规定，乙醇尽管是一种有机化合物，但不归入第二十九章，而应归入本章。

酒精在归类时以浓度划分，酒精浓度按容量计≥80%时，归入品目 2207；酒精浓度按容量计<80%时，归入品目 2208。

改性乙醇① （酒精），是指在酒精中掺入其他有害成分，使得这样的酒精不能再供食用而只能供工业用。归类时，改性乙醇（酒精）不分酒精浓度的高低，一律归入品目 2207。

---

① 品目 2207 中的改性乙醇（《协调制度》英文原文为 denatured ethyl alcohol）称为变性乙醇更合适，因为改性一般是指经化学变化使得在保持原有基本结构前提下改变了化学结构的一种处理，例如品目 1518 的氧化油脂就是一种化学改性（《协调制度》英文原文为 chemically modified），而变性是指加入变性剂使其不能供食用的一种处理。

### (四) 酿酒葡萄汁的归类

酿酒葡萄经压榨得到酿酒葡萄汁，如果不加抑制，该葡萄汁会自然发酵，其中的糖则转化为酒精。如果在酿酒葡萄汁中加入酒精或采取其他措施，则能够抑制其发酵。

归类时以酿酒葡萄汁中的酒精浓度划分，酒精浓度按容量计>0.5%时，归入品目2204；酒精浓度按容量计≤0.5%时，归入品目2009。

### (五) 醋的归类

醋是经酿造得到的，而醋的代用品是以水稀释醋酸再用焦糖或其他色素着色得到的。醋及醋的代用品均归入品目2209。但是，根据本章章注一（四）的规定，浓度>10%（按重量计）的醋酸应作为有机化合物归入品目2915。

# 第二十三章　食品工业的残渣及废料；配制的动物饲料

## 一、本章商品范围

本章包括食品加工业在对动物原料和植物原料加工过程中所产生的残渣及废料，它们主要用做动物饲料，但有些也适于供人食用，某些产品（例如，酒糟、粗酒石、油渣饼）则用于工业。按饲料的来源分类，其结构规律如下：

动物的……………………………………………………………………2301
植物的………………………………………………………………2302~2308
配制的……………………………………………………………………2309

## 二、本章商品归类方法

本章的产品多数是做饲料用的，但也不尽然。例如，芝麻、椰子肉等的油渣饼及残渣是非常好的动物饲料，蓖麻子的油渣饼及残渣则不适于做动物饲料，但却可用做肥料，苦杏仁及芥子饼则可用于提取精油，蔗渣（甘蔗榨汁后所剩的纤维部分）可用于造纸。因此，在归类时要注意，除了品目2308~2309要求必须是做饲料用外，其他品目（2301~2307）只要符合品目条文的规定即可，而不管其具体用途如何。

本章产品主要由第一类的动物原料和第二类的植物原料得到，因此归类时要注意相互之间的区别：

对于动物产品，一般情况下不适于供人食用的未经加工的动物产品应归入第五章，而通过加工动物产品（除骨、角、壳等外）所得的细粉、粗粉和团粒，适于供人食用的仍归入第二章或第三章，不适于供人食用的则归入本章品目2301。

对于植物产品，已在第二类列名的应归入其相应品目。例如，谷物脱粒时产生的谷壳，应归入品目1213，而大米漂白时脱出的皮则应归入本章品目2302；饲料甜菜、饲料胡萝卜应归入品目1214，而甜菜叶或胡萝卜叶则应归入本章品目2308。

# 第二十四章　烟草、烟草及烟草代用品的制品

## 一、本章商品范围

本章包括烟草及烟草制品及不含烟草的烟草代用品的制品。按照烟草的加工分类，其结构规律如下：

烟草、烟草废料……………………………………………………2401
制品｛雪茄烟、卷烟 …………………………………………2402
　　　其他 ………………………………………………………2403

## 二、本章商品归类方法

本章的烟草是指各种种植的烟草，为天然状态（整株或烟叶）、已制过或已发酵的烟叶。

烟草制品是由烟叶经加工得到的产品，如制成的卷烟，制成的烟斗或卷烟用烟，鼻烟等等。

烟草代用品的制品是指由不含烟草但具有某些烟草作用的其他物质组成的代用品的制品。

“均化”或“再造”烟草，是将精细切磨的烟叶、烟草废料或粉末聚合而成，不论是否附在衬背上（例如，用烟柄的纤维素片做衬背），通常为矩形片状或条状，可整片使用或切丝、切碎。

烟草精汁，是用潮润烟叶通过压力或用水煮废烟所提取的液汁，主要用于制杀昆虫或寄生虫的药物。

## 思考与练习

**商品归类题：**

1. 以鱼和蔬菜为基本配料（其中鱼占30%），制成细腻糊状，专供婴儿食用的食品，200克装
2. 猪肉松，200克/袋
3. 化学纯蔗糖
4. 火腿肠（淀粉占70%，精瘦肉占25%，其他占5%，人造肠衣）
5. 方便面（零售袋装）
6. 五香炒花生仁（塑料袋装，每件净重500克）
7. 酒心巧克力（每盒净重2.5千克）

8. 酿酒葡萄汁（未发酵，未加酒精，50 升桶装，白利糖度值 20）
9. 配制鱼食（呈颗粒状，零售包装）
10. 煮熟的猪肝罐头

# 第五类　矿产品

【内容提要】

在本类中，将学习以下内容：

1. 了解矿产品的分类特点；

2. 各种矿产品的归类。

其中，重点是矿产品加工对归类的影响。

本类包括无机矿产品（第二十五章、第二十六章）和有机矿产品（第二十七章）。

其中，无机矿产品一般为天然状态，或只允许有限的加工方法；有机矿产品不仅包括天然状态的煤、矿物油，还包括它们的蒸馏产品及用任何其他方法获得的类似产品。其结构规律如下：

盐、硫磺、泥土及石料、石膏、石灰及水泥等……………………第二十五章
各种金属矿砂、矿渣等……………………………………………第二十六章
矿物燃料、矿物油及其蒸馏产品…………………………………第二十七章

# 第二十五章　盐；硫磺；泥土及石料；石膏料、石灰及水泥

## 一、本章商品范围

本章包括天然状态的矿产品，或只允许有限加工的矿产品，其结构规律如下：

盐、未焙烧的黄铁矿、硫磺、天然石墨……………………2501～2504
各种天然砂、土、石料、石膏、石灰等……………………2505～2522
水泥、水泥熟料………………………………………………2523
石棉、云母、天然冻石、天然硼酸盐、长石等……………2524～2529
其他品目未列名的矿产品（包括稀土金属矿）……………2530

## 二、本章商品归类方法

本章的货品一般为天然状态或只经过有限加工，若经进一步加工，一般常归入第六十八章，如本章的大理石、石棉等若经深加工（超出本章所允许的加工范围）后要归入第六十八章。

本章的矿物一般情况为混合物，但也有两个例外：纯氯化钠（2501.0020）、纯氧化镁（2519.9091）仍归入本章。

归入品目2517的矿物（用做混凝土粒料、铺路等的卵石、碎石）优先于本章其他品目（见本章注释三）。

### （一）本章矿产品所允许的加工方法

1. 本章章注一规定，本章包括天然状态的矿产品，或只允许下列加工方法：经洗涤（包括用化学品清除杂质而不改变矿物本身结构）、砸碎、磨碎、研粉、淘洗、细筛、粗筛，以及用浮选、磁选或其他机械或物理方法（不包括结晶法）。

2. 本章货品不得经过焙烧、煅烧、混合或超出品目所列的加工范围，但品目条文及本章注释四另有规定的除外，如品目2507的品目条文规定高岭土不论是否煅烧，说明高岭土可不受上述条件（即章注一）的限制。

3. 本章还包括一些天然状态或加工状态已超出上述允许范围且具体列名的矿产品，如纯氯化钠、精制硫、熔凝和烧结的镁氧矿等。

4. 如果通过再结晶使产品提纯，制作成形或雕刻等其他方法加工的上述产品，一般

归入以后有关章内（如第二十八章、第六十八章等）。

## （二）部分矿产品及其制品的归类

### 1. 盐（氯化钠）的归类

普通盐、食用盐和纯氯化钠归入品目 2501；

加调味料的盐，如芹盐应作为调味品归入品目 2103；

装于安瓿的氯化钠注射液应作为药品归入品目 3004；

每颗重量不低于 2.5 克的培养氯化钠晶体归入品目 3824；

氯化钠光学元件归入品目 9001。

### 2. 黄铁矿的归类

黄铁矿俗称硫铁矿，呈淡黄色粒状或块状，有金属光泽，分为未焙烧的黄铁矿和已焙烧的黄铁矿。

未焙烧的黄铁矿主要用于提炼硫，因此按非金属矿归入品目 2502；而已焙烧的黄铁矿因已失去硫，主要成分为三氧化二铁，所以按铁矿砂归入品目 2601。

### 3. 硫磺的归类

品目 2503“各种硫磺”与品目 2802“升华硫磺、沉淀硫磺及胶态硫磺”的区别：

品目 2503 是品目 2802 之外的各种硫磺，不受本章章注一的限制，可以是自然状态的硫磺，也可以是洗涤含硫炉气时作为副产品回收的粗硫磺，还可以是通过快速蒸馏粗硫再冷凝而制得的精制硫。

品目 2802 包括升华硫磺、沉淀硫磺及胶态硫磺。其中，升华硫磺是通过慢慢蒸馏粗硫，接着使其冷凝成固态（即用升华方法）所得的纯度很高（99.5%左右）、淡黄色细粉状的硫磺；沉淀硫磺是用酸与金属多硫化物化学反应而获得的，纯度也很高（99.5%左右），但比升华硫磺更精细，颜色更淡；胶态硫磺为白色粉末，能悬浮于水中，与水混合后成乳剂。

注意，如果将硫磺制成零售形状或包装作为杀菌剂来使用，则根据第六类类注二的规定，应归入品目 3808。

### 4. 石墨及其制品的归类

天然石墨按列名归入品目 2504。

人造石墨（与天然石墨极为相似，但纯度较高而表观比重较低）按列名归入品目 3801。

切成特殊形状、经表面加工等制成的石墨制品，则不能再归入本章。如果非电气用，则归入第六十八章；电气用，则归入第八十五章。

### 5. 石英的归类

石英是硅石的天然结晶体，必须符合下面两个条件才归入品目 2506：

（1）品种和质量都不适合于制造宝石；

（2）天然状态，或加工范围未超出第二十五章章注一。

若是用于制造宝石的石英，则归入第七十一章。

### 6. 高岭土及其他黏土的归类

高岭土又称陶土，是一种高级的白色或近乎白色的黏土，用于陶瓷和造纸工业。高岭土（不论是否煅烧）按列名归入品目 2507；

膨润土、脱色土、耐火黏土等普通黏土（不论是否煅烧）按列名归入品目2508。

膨润土指从火山灰中所得的黏土，主要用做型砂的配料、精炼油料的过滤剂和脱色剂，以及纺织品的脱脂剂。

如果将黏土经用热或化学品进行处理，使其表面结构改变而制成活性黏土，则视为超出本章的加工范围而应按列名归入品目3802“活性天然矿产品”。

**7. 白垩、磷酸钙的归类**

白垩是一种天然碳酸钙，主要成分为水生微生物的壳，按列名归入品目2509。

天然磷酸钙，不论是否磨成粉（但不能煅烧），按列名归入品目2510。

如果是经煅烧或超出清除杂质范围的热处理的磷酸钙，则应作为肥料归入第三十一章；

如果是经提纯成为纯净的磷酸钙，则应按化工品归入品目2835。

**8. 大理石、花岗岩的归类**

大理石、花岗岩在建筑上应用很多，有各种不同的颜色。根据品目条文的规定，原状（指仅按石料天然劈开的石块或石板，其表面通常起伏凸凹不平）、粗加修整或仅以切、锯或其他方法加工成矩形的块状、板状的大理石、花岗岩分别归入品目2515、2516，但粒状、碎片或粉状的大理石、花岗岩应归入品目2517。

经进一步加工，超出本章所允许加工范围的大理石、花岗岩应归入第六十八章。

**9. 镁氧矿的归类**

常见的镁氧矿有菱镁矿（天然碳酸镁）、熔凝镁氧矿（电熔镁）、碱烧镁氧矿（轻烧镁）、烧结镁氧矿（重烧镁）、煅烧水镁石等，它们均归入品目2519。

烧结镁氧矿又称重烧镁，指通过高温（约1400℃至1800℃）煅烧镁氧矿制得的产品。

碱烧镁氧矿又称轻烧镁，指通过相对低的温度（900℃以下）煅烧菱镁矿制得的产品。

根据第二十八章章注三（一）规定，化学纯氧化镁仍归入品目2519（而不归入品目2825“其他金属氧化物”）。

与氯化钠培养晶体类似，每颗重量不低于2.5克的氧化镁培养晶体（光学元件除外），归入品目3824。

**10. 生石膏、熟石膏、硬石膏的归类**

生石膏是一种天然水合硫酸钙，通常为白色，性脆。

熟石膏是煅烧后经部分或全部脱水的生石膏。

硬石膏是一种天然无水硫酸钙，用于生产硫酸或某种类型的熟石膏。

生石膏、熟石膏、硬石膏均归入品目2520，但石膏制品应归入第六十八章。

**11. 硅酸盐水泥及其制品的归类**

硅酸盐水泥的生产过程如下：

（1）石灰石的开采

石灰石是制造水泥的主要原料，制造1吨水泥约需1.2吨~1.6吨石灰石。

（2）水泥原料与配制

石灰石矿通常与页岩、泥土、砂石或铁等矿石层相混合，运送至碎石厂进行压碎，再接着运至生料磨系统，依照特定的组成成分，按比例混合磨制，形成水泥的生料。

（3）匀和储存—生料磨系统

为使原料能在旋窑系统内充分燃烧，除了考虑组成的成分外，配料的适当与否及生料的细度都是决定性的因素。

(4) 煅烧与急冷—旋窑系统

水泥的生料经过旋窑系统的预热分解，然后经过熟料急冷系统，变成熟料。

(5) 加工研磨—水泥磨系统

熟料还要经过最后的加工研磨才能变成水泥，因为水泥是由96%的熟料加入4%的石膏研磨而成。水泥磨系统必须将粉粒研磨成适当大小，才能让水泥发挥出最大的抗压强度。水泥磨制好后包装运销。

水泥熟料指用天然含有或人工掺入适当比例黏土的石灰石烧结而得的半成品，按列名归入品目2523。

硅酸盐水泥为水泥熟料经磨细后制成的产品，其基本成分为碳酸钙（$CaCO_3$）、二氧化硅（$SiO_2$）、三氧化二铝（$Al_2O_3$）和三氧化二铁（$Fe_2O_3$）的组合，归入品目2523。

硅酸盐水泥的制品应归入第六十八章。

**12. 石棉及石棉制品的归类**

石棉是用某些岩石分解而成的一种天然矿物质。

岩石状的天然石棉、天然石棉纤维及搅打或洗涤的石棉纤维（不论是否按长度进行分拣），以及石棉粉片、粉末及废料归入品目2524。

经进一步加工（梳理、染色等）的石棉纤维及石棉制品归入第六十八章。

**13. 云母及云母制品的归类**

云母指天然的复杂硅酸铝类矿物质，其特点是易于剥成有光泽的各种颜色透明的弹性薄片，有白云母、金云母、黑云母等。

天然云母、云母厚片、云母薄片和云母废料及粉末归入品目2525。

用云母厚片或云母薄片切割或模冲成形的制品归入第六十八章。

**14. 萤石的归类**

萤石又称氟石，为天然氟化钙，是带有不同颜色条纹的硬石块或各种颜色的集块晶体，主要用于提取氢氟酸及在冶炼工业中用做助熔剂，归入品目2529。

**15. 归入品目2530的“其他矿产品”**

蛭石是一种与云母相关的矿物，其颜色与云母类似，但粉片通常小于云母。

海泡石是一种质量极轻的多孔水合硅酸镁矿，有白色、淡黄色、灰色或粉红色。

琥珀是一种坚硬的半透明，呈黄色、橘黄色或浅褐色树脂的化石，用来制造珠宝和其他装饰物。

黑玉是一种密质的褐煤，颜色墨黑，容易雕琢，光泽度高，用于制作珠宝首饰，但在《协调制度》中不属于宝石。

稀土金属矿归入品目2530，不要误按金属矿产品归入第二十六章。

# 第二十六章　矿砂、矿渣及矿灰

## 一、本章商品范围

本章包括各种冶金工业（用于提取第十四类的贵金属和第十五类的贱金属）的金属矿

砂、矿渣及矿灰。

本章不仅包括冶炼金属所剩的熔渣、矿灰，还包括其他矿渣及矿灰，如品目 2621 的海草灰，焚化城市垃圾所产生的灰、渣等。

本章共有 21 个品目，其结构规律如下：

铁矿砂……………………………………………………………2601
其他贱金属及贵金属矿砂……………………………………2602~2617
冶炼金属所产生的熔渣及其他矿渣、矿灰…………………2618~2621

## 二、本章商品归类方法

### （一）品目 2601~2617 所含矿砂的范围

矿砂指与相关的物质共存于矿藏之中并被一起开采出来的含金属矿物，以及在脉石中的天然金属。

精矿指为方便日后的金属冶炼或减少运输费用而采用专门方法除去部分或全部异物的矿砂。

品目 2601~2617 只限于下列金属矿砂及精矿：

1. 其种类用于冶金工业中提炼第十四类或第十五类的金属、水银及品目 2844 所列金属的矿物，即使这些矿物实际上不用于冶金工业。

2. 未经非冶金工业正常方法处理的。

但是，下列矿物不归入本章：

1. 镁尽管是第十五类的贱金属，但用于提炼镁的矿物不归入本章，即白云石归入品目 2518，菱镁矿归入品目 2519，光卤石归入品目 3104。

2. 其他品目已经列名的矿物。例如，未焙烧黄铁矿已经在品目 2502 中列名。

3. 矿物中所含金属无商业提炼价值的。例如土色料中也含有金属成分，但不具有提炼其中金属的商业价值，故应归入品目 2530。再如宝石主要用于装饰，不具有提炼其中金属的可能，故应归入第七十一章。

4. 从其脉石或杂矿石中分选出来的天然金属（例如，金属块或金属粒）及天然合金，归入第十四类或第十五类。

### （二）本章矿砂所允许的加工方法

1. 物理或物理—化学加工，包括破碎、磨碎、磁选、重力分离、浮选、筛选、分级、矿粉造块（如通过烧结或挤压等制成粒、球、砖、块状，不论是否加入少量黏合剂）、干燥、煅烧、焙烧以使矿砂氧化、还原或使矿砂磁化等（但不得使矿砂硫酸盐化或氯化等）。

2. 化学加工（如溶解加工），主要为清除不需要的物质。

### （三）混合矿砂的归类

含有一种以上矿物的矿砂及精矿，应根据归类总规则第三条（二）款或（三）款归类，即混合矿砂按构成该矿砂“基本特征”的那种矿砂归类，当无法确定“基本特征”时，按“从后归类”原则归类。

但是，“基本特征”往往较难确定，需根据开采价值、含量（品位）、开采成本、目的等多种因素综合考虑，有时可参考相关的国家标准。

**（四）冶炼钢铁所产生的熔渣的归类**

1. 冶炼钢铁所产生的粒状熔渣（如用出高炉后就倒入水中的液体浮渣制得粒状熔渣，又称熔渣砂）归入品目 2618，其他熔渣、浮渣、氧化皮及其他废料归入品目 2619。

2. 品目 2619 的“废料”与品目 7204 的“钢铁废碎料”的区别在于：前者是在冶炼钢铁时产生的，后者是在钢铁加工过程或使用废弃后产生的。

3. 经破碎并粗略分级的筑路熔渣符合品目 2517 条文规定，故归入品目 2517。

**（五）其他矿渣、矿灰的归类**

1. 含有金属或其化合物、砷（不论是否含有金属）并用于提取或生产砷或金属及其化合物的矿渣、矿灰及残渣，归入品目 2620。

例如，制取或精炼金属后所剩的电解槽泥渣及电镀泥渣，蓄电池淤渣，金属电解精炼所产生的块状残渣，生产硫酸铜所产生的残渣，仅适合于提取金属或生产化工品的废催化剂，熔炼锌、铅或铜时产生的烟道尘、矿灰及残渣等。

2. 品目 2620 的“残渣”与第十五类的“金属废碎料”的区别在于：前者是处理矿砂或冶金中间产品时所得或从不属机械加工金属的电解、化学或其他工序所得，而后者是在金属加工过程或使用废弃后产生的。

3. 根据本章章注一的规定，主要用于回收贵金属的含贵金属或贵金属化合物的废碎料，应归入品目 7112。

4. 其他矿渣及矿灰归入品目 2621。

这些渣、灰既可通过加工矿砂或冶炼金属所得，也可通过加工其他材料（如海草、城市垃圾等）或用其他方法所得。例如，海草灰，在榨糖工业中通过焚烧、洗涤等方法处理甜菜糖蜜残渣所得的粗钾盐，焚化城市垃圾所产生的灰、渣等。

# 第二十七章　矿物燃料、矿物油及其蒸馏产品；沥青物质；矿物蜡

## 一、本章商品范围

本章主要包括煤及其他矿物燃料、石油、从沥青矿物提取的油及其蒸馏产品和类似品，还包括矿物蜡及天然沥青物质。

本章不包括单独的已有化学定义的有机化合物或处于商业纯状态的化工品（归入第二十九章），但有两种有机化合物除外：纯甲烷和纯丙烷仍归入本章的品目 2711。

本章共有 16 个品目，其结构规律如下：

煤……………………………………………2701~2703
煤的干馏产品………………………………2704~2708
原油……………………………………………2709
成品油、石油气……………………………2710~2711
矿物蜡、沥青等其他产品…………………2712~2715
电力……………………………………………2716

## 二、本章商品归类方法

### （一）煤的归类

煤是古代植物埋藏在地下经历了复杂的生物化学和物理化学变化逐渐形成的固体可燃性矿产。其形成过程为：在地表常温、常压下，由堆积在停滞水体中的植物遗体经泥炭化作用或腐泥化作用，转变成泥炭或腐泥；泥炭或腐泥被埋藏后，由于盆地基底下降而沉至地下深部，经成岩作用而转变成褐煤；当温度和压力逐渐增高，再经变质作用转变成烟煤至无烟煤。

根据煤化程度，煤可分为泥煤、褐煤和煤。泥煤最差，褐煤介于泥煤与煤之间。泥煤与褐煤无光泽，煤有暗淡至金属光泽。煤、褐煤和泥煤分别按列名归入品目 2701~2703。

### （二）煤的干馏产品及其归类

煤在隔绝空气的条件下（称为干馏）加热、分解，生成焦炭（或半焦炭）、煤焦油、煤气。

焦炭（或半焦炭）、煤气、煤焦油按列名分别归入品目 2704~2706。

**【例】**92%纯度的苯

**【归类分析】**92%纯度的苯属于粗苯①，故应归入品目 2707。

### （三）成品油及其归类

1. 石油的炼制

石油的炼制指将原油用蒸馏的方法分离成轻重不同馏分的产品油的过程。

2. 产品油主要有石油溶剂与化工原料、石油燃料、润滑剂。其中，石油燃料主要包括汽油、煤油、柴油、重质燃料油等。以下对常用成品油作一简单介绍：

汽油的沸点范围（又称馏程）为 30℃~205℃，主要由四碳和十二碳烃类组成，用做汽车、飞机等的燃料。

柴油的沸点范围有 180℃~370℃和 350℃~410℃两类。前者称为轻柴油，后者称为重柴油，主要用于柴油机的燃料。

5~7 号燃料油是按油的运动黏度分类的（100℃时），如 5 号燃料油的运动黏度为 5.0 平方米/秒~14.9 平方米/秒，6 号燃料油的运动黏度为 15.0 平方米/秒~50 平方米/秒，7 号燃料油的运动黏度>185 平方米/秒。

煤油的沸点范围为 150℃~250℃，挥发性比汽油低，比柴油高。主要用于各种喷灯、

① 具体纯度标准请参考 2017 年版《进出口税则商品及品目注释》。

汽灯、汽化炉及煤油炉的燃料。

重质燃料油又称重油，用做锅炉、轮船及工业炉的燃料。

溶剂油指用于香精、油脂、试剂、橡胶加工、涂料工业做溶剂或清洗仪器、仪表、机械零件的油。

润滑油指起润滑作用的油，如内燃机用机油、齿轮油、液压油、汽轮机油、电器绝缘油、压缩机油等。

润滑脂俗称黄油，是润滑剂加稠化剂制成的固体或半流体，用于不宜使用润滑油的轴承、齿轮部位。

产品油归入品目 2710，但含有生物柴油的混合油的归类见第三十八章有关部分。

### （四）以芳族成分为主的油的归类

1. 用稍宽馏分的高温煤焦油精馏可制得苯、甲苯、混合二甲苯、溶剂石脑油、萘油及粗萘、蒽油及粗蒽、酚油（酚、甲酚、二甲苯酚等）、吡啶、喹啉及吖啶碱、杂酚油等以芳族化合物为主要成分的油，这些产品都归入品目 2707。

但要注意的是，这些油中的芳族化合物是粗的，纯度不高，如果对其进一步精制，得到单独的已有化学定义的纯净化合物或商品纯化合物，则应归入第二十九章（见本章章注一）。

2. 通过加工石油或其他方法制得以芳族成分为主的类似油的归类，与 1 相同。

### （五）以非芳族成分为主的油的归类

根据本章章注二的规定，主要含有不饱和烃（辛烯、壬烯等）的非芳族成分的重量超过芳族成分的油，归入品目 2710。

### （六）气态烃的归类

从天然气或石油可制得甲烷及丙烷、乙烷及乙烯、丙烯、丁烷、丁烯及丁二烯等气态烃，这些产品都归入品目 2711。

但要注意的是，这些气态烃是粗的，纯度不高，如果对其进一步精制，得到单独的已有化学定义的纯净化合物或商品纯化合物，则应归入第二十九章（见本章章注一）。具体标准为：甲烷及丙烷不论是否纯净的，均归入品目 2711（见本章章注一）；丙烯、丁烯、丁二烯，纯度低于 90% 的归入品目 2711（纯度在 90% 及以上的归入品目 2901）；乙烷、乙烯、丁烷，纯度低于 95% 的归入品目 2711（纯度在 95% 及以上的归入品目 2901）。

### （七）沥青的归类

从煤焦油或其他矿物焦油所得的沥青归入品目 2708。

石油沥青归入品目 2713。

天然沥青（地沥青）归入品目 2714。

以天然沥青（地沥青）、石油沥青、矿物焦油沥青为基本成分的沥青混合物归入品目 2715。

沥青制品（如成卷的沥青）则超出了本章范围，应归入第六十八章。

# 思考与练习

**商品归类题：**

1. 经煅烧的菱锶矿
2. 铈矿
3. 液化天然气
4. 液化煤气
5. 香烟打火机用液化气（其成分是液化丁烷，包装容器容积 120 立方厘米）

# 第六类　化学工业及其相关工业的产品

【内容提要】

化工产品种类繁多，在进出口贸易中占有非常重要的地位。在本类中，将学习以下内容：

1. 化工产品在《协调制度》中的分类特点；

2. 化工产品归类原则和具体方法。

由于无机化合物和有机化合物的归类需要根据其分子结构来判断，这种判断需要专业化学知识，故在课堂教学中不做要求，只需了解它们归类的一般方法。

本类重点是第一部分与第二部分的归类区别，以及第二部分各章的归类规律和特点。

## 一、本类商品范围

本类包括化学工业及其相关工业的产品。

《协调制度》将化工产品及其相关工业的产品分成两部分：

第一部分：第二十八章至第二十九章，主要为单独的已有化学定义的化学品。

- 化学元素及无机化合物……………………第二十八章
- 有机化合物……………………第二十九章

第二部分：第三十章至第三十八章，主要为按用途分类的化工品及相关工业的产品。

- 药品……………………第三十章
- 肥料……………………第三十一章
- 着色料……………………第三十二章
- 香料、化妆品……………………第三十三章
- 洗涤用品……………………第三十四章
- 蛋白类产品……………………第三十五章
- 易燃材料制品……………………第三十六章
- 摄影用品……………………第三十七章
- 其他……………………第三十八章

## 二、本类商品归类方法

### （一）本类第一部分与第二部分在归类时的区别

一般情况下，如果一种化工品是单独的化学元素及单独的已有化学定义的化合物（包括无机化合物和有机化合物），则应归入第二十八或二十九章；如果不符合这一点，而是由几种不同化学成分混合配制而成，则主要按其用途归类，归入第三十章至第三十八章，如果按其用途找不到相符的品目条文或有关的章注、类注的规定，则归入化工产品的“未列名”品目3824。当然，品目条文、章注、类注另有规定的除外。

例如，“硫代硫酸钠”可用于摄影中起定影作用，但如果仅是硫代硫酸钠一种成分，则应归入子目2832.3000。只有当硫代硫酸钠中再配上其他成分制成定影剂，才能按其用途归入子目3707.9010。再如“氯化钾”不归入品目2827，因第二十八章章注三（三）另有规定。

那么，如何判断一种化工品是否符合“单独的化学元素及单独的已有化学定义的化合物”呢？

1. 单独的化学元素和单独的已有化学定义的化合物指由一种分子组成的物质。其中，化学元素由一种元素组成，如硫磺（由硫一种元素组成）、氧气（由氧一种元素组成）；化合物由两种或两种以上的元素组成，如二氧化硫（由氧和硫两种元素组成的无机化合物）、甲醇（由碳、氢、氧三种元素组成的有机化合物），各元素的比例是固定的（例如，二氧化硫中氧和硫的比例是2:1），并且其分子具有确定的结构。

2. 根据第二十八章章注一和第二十九章章注一有关条款的规定，含有杂质或溶于水的单独化学元素和单独已有化学定义的化合物仍归入第二十八章和第二十九章。

那么，什么才能被认为是“杂质”呢？

“杂质”，仅指那些在制造过程（包括纯化过程）中直接产生的存在于单项化学化合物中的物质。这些物质是由于制造过程中的种种原因而产生的，例如：未转化的原料，存在于原料中的杂质，制造过程（包括纯化过程）中所使用的试剂，副产品。

但是，如果这些物质是为了改变产品的一般用途而适合于某些特殊用途，故意在产品中残留下来的，便不得视作允许存在的杂质。例如，为使乙酸甲酯更适合于作溶剂之用而故意留有甲醇，这种产品即不归入第二十九章（应归入品目3814）。还有，如果为了使产品改变一般用途，专门适合于某些特殊用途而故意加入了某些物质，所加入的物质不得视为可允许含有的杂质。

另外，这些元素和化合物如果溶于水以外的溶剂，就不得归入第二十八章和第二十九章。例如，溶于苯、氨的酒精溶液，溶于氢氧化铝的胶态溶液的氯氧化碳，应归入品目3824。

3. 上述单独的已有化学定义的元素及化合物，如果为了安全、保存或运输的需要溶于水以外的溶剂或加入了稳定剂，以及为了识别和安全需要加入了抗尘剂或着色剂，只要不使产品改变其一般用途而适合于某些特殊用途，则仍应归入本章。例如，加入硼酸稳定的过氧化氢仍归入品目2847；但与催化剂混合的过氧化钠（为了产生过氧化氢用）不归入第二十八章，而应归入品目3824。

4. 根据第二十九章章注一（二）的规定，第二十九章还包括同一有机化合物的异构体混合物，但无环碳氢异构体（立体异构体除外）的混合物除外。例如，由于邻硝基甲苯与对硝基甲苯属于异构体，则邻硝基甲苯与对硝基甲苯的混合物仍应归入第二十九章。

### （二）“优先”归类原则

根据本类类注一的规定，涉及品目2844、2845和2843、2846、2852的化工品应优先归类。具体为：

1. 凡符合品目2844、2845的商品，在整个《协调制度》范围内优先归类，即除了放射性矿砂归入第五类外，所有的放射性化学元素、放射性同位素及这些元素与同位素的化合物（不论是无机或有机，也不论是否已有化学定义），即使本来可能归入其他品目，也一律归入品目2844。

**【例1】** 放射性氯化钠

**【归类分析】** 氯化钠在品目2501中有列名，但放射性氯化钠同时符合品目2844的规定，故根据第六类类注一（一）的规定，应“优先”归入品目2844。

**【例2】** 放射性甘油

**【归类分析】** 甘油的化学名称是丙三醇，故可归入品目2905“无环醇”，但放射性甘油也符合品目2844的规定，故根据第六类类注一（一）的规定，应“优先”归入品目2844。

对于非放射性同位素及其化合物（不论无机或有机，也不论是否已有化学定义），一律归入品目2845而不归入其他品目。例如，碳的同位素应归入品目2845，而不归入品目2803。

2. 凡符合品目2843、2846、2852的商品，在第六类范围内优先归类，即除了品目2844、2845外，只要符合品目2843（胶态贵金属、贵金属汞齐、贵金属的无机或有机化合物)、2846(稀土金属、钇、钪及其混合物的无机或有机化合物)、2852(汞的无机或有机化合物)的商品，应归入这三个品目中，而不归入第六类的其他品目。

【例3】硝酸银，已制成零售包装供摄影用

【归类分析】该产品符合品目3707“摄影用未混合产品，定量包装或零售包装可立即使用的”，但也符合品目2843“贵金属的无机或有机化合物”，故根据第六类类注一（二）的规定，应“优先”归入品目2843。

【例4】硫化汞

【归类分析】尽管硫化汞可看成是品目2830的硫化物，但由于同时又属于汞的无机化合物，故根据第六类类注一（二）的规定，应“优先”归入品目2852。

### （三）零售包装的化工品的归类

根据本类类注二的规定，如果一种化工品在形式上比较特殊，即制成一定剂量或制成零售包装并同时符合品目3004、3005、3006、3212、3303、3304、3305、3306、3307、3506、3707、3808的规定，则应优先归入上述品目。

【例5】零售包装的碱性染料

【归类分析】该产品不能按子目3204.1300碱性染料的列名归类，因其处于一种特殊的形式——零售包装且符合品目3212的规定，因此应归入子目3212.9000。

【例6】零售包装的作胶用的糊精

【归类分析】尽管糊精在品目3505有列名，但由于已经制成零售包装，根据第六类类注二的规定，应“优先”归入品目3506。

### （四）配套的化工品的归类

根据本类类注三的规定，对于由两种或两种以上单独成分配套的货品，其部分或全部成分属于本类范围以内，混合后则构成第六类或第七类的货品，应按混合后产品归入相应的品目，但其组成成分必须同时符合下列条件：

1. 其包装形式足以表明这些成分不需经过改装就可以一起使用的；
2. 一起报验的；
3. 这些成分的属性及相互比例足以表明是相互配用的。

【例7】一种胶水由三种组分配套组成（并不包装在一起），其中甲组分是丙烯酸聚氨酯树脂，乙组分是安息香乙醚，丙组分是活性稀释剂，进口报验时，甲、乙、丙组分有一定比例，进口后使用时按该比例配合后使用

【归类分析】该产品尽管甲、乙、丙三种组分分开包装，但由于符合上述三个条件，则应按照甲、乙、丙组分混合后构成的货品——胶水，将它们一并归入品目3506。

# 第二十八章　无机化学品；贵金属、稀土金属、放射性元素及其同位素的有机及无机化合物

## 一、本章商品范围

本章包括单独的化学元素及单独的已有化学定义的无机化合物（条文另有规定的除

外)。对于无机化合物,《协调制度》按其化学分子结构排列,其结构规律如下:

元素……………………………………………………………………2801~2805
无机酸、非金属氧化物……………………………………………2806~2811
非金属卤化物、非金属硫化物……………………………………2812~2813
无机碱、金属氧化物………………………………………………2814~2825
无机盐…………………………………………………………………2826~2842
杂项……………………………………………………………………2843~2853

## 二、本章商品归类方法

### (一) 元素的归类

元素分为非金属元素和金属元素。非金属元素(例如碳、硫等等)按品目条文的列名而归入品目2801~2804;金属元素中的贵金属和贱金属主要作为材料使用而归入第十四类和第十五类,其余碱金属、碱土金属、稀土金属、钪、钇和汞归入品目2805;放射性元素、同位素由于其特殊性则应分别归入品目2844、2845。

### (二) 无机化合物的归类

无机化合物在本章是按照其分子结构的特点来排列的,所以归类时必须首先了解其分子结构的特点,然后才能正确归类(有关分子结构类型见第六类"商品知识阅读材料")。

**【例1】**硫酸铵

**【归类分析】**硫酸铵从其分子结构来看属于硫酸盐,可以归入品目2833,但根据本章章注三(三)"本章不包括第三十一章注释二、三、四或五所述的产品"以及第三十一章章注二(一)"符合下列任何一条规定的货品:……4.硫酸铵,不论是否纯净"的规定,故硫酸铵应作为氮肥归入品目3102。

**【例2】**三氯氧化磷

**【归类分析】**三氯氧化磷的分子结构是$POCl_3$,是由非金属元素(磷)与氧和卤素形成的化合物,属于非金属卤氧化物,故应归入品目2812。由于三氯氧化磷属于品目2812项下的一级子目"氯氧化物",故应归入子目2812.1900。

**【例3】**磷酸氢钠铵

**【归类分析】**磷酸氢钠铵的分子结构是$NaNH_4HPO_44H_2O$,属于一种复盐,根据本章章注五"除条文另有规定的以外,复盐及络盐应归入品目2842"的规定,故磷酸氢钠铵应归入子目2842.9090。

# 第二十九章　有机化学品

## 一、本章商品范围

本章包括单独的已有化学定义的有机化合物。《协调制度》主要按有机化合物化学分子结构而排列，其结构规律如下：

- 烃……………………………………………………2901～2902
- 烃的卤化、磺化、硝化、亚硝化衍生物……………………2903～2904
- 烃的含氧基化合物 2905～2918
  - 醇……………………………………2905～2906
  - 酚……………………………………2907～2908
  - 醚……………………………………2909～2911
  - 醛……………………………………2912～2913
  - 酮……………………………………2914
  - 酸……………………………………2915～2918
- 无机酸酯……………………………………………2919～2920
- 烃的含氮基化合物……………………………………2921～2929
- 有机—无机化合物……………………………………2930～2931
- 杂环化合物……………………………………………2932～2934
- 磺胺……………………………………………………2935
- 其他杂项 2936～2942
  - 维生素……………………………………2936
  - 激素……………………………………2937
  - 苷……………………………………2938
  - 生物碱……………………………………2939
  - 化学纯糖……………………………………2940
  - 抗菌素……………………………………2941
  - 其他……………………………………2942

## 二、本章商品归类方法

与上一章类似，有机化合物在本章也是按照其分子结构的特点来排列的，所以归类时必须首先了解其分子结构的特点，然后才能正确归类（有关分子结构类型见第六类“商品知识阅读材料”），并且有机化合物的分子结构比无机化合物更加复杂。

### （一）品目的归类

**【例 1】**苯甲酸甲酯

**【归类分析】**苯甲酸甲酯的分子结构是 $C_6H_5COOCH_3$，根据本章章注五（一）“本章第一分章至第七分章的酸基有机化合物与这些分章的有机化合物构成的酯，应归入有关分章的最后一个品目”的规定，苯甲酸甲酯可看成是由苯甲酸 $C_6H_5COOH$（品目 2916）与甲醇 $CH_3OH$（品目 2905）所形成的酯，故应用“从后归类”的办法归入品目 2916。

**【例 2】**氰基乙酰胺

**【归类分析】**氰基乙酰胺的分子结构是 $CN—CH_2CONH_2$，既能看成是品目 2922 的“羧基酰胺基化合物”，又能看成是品目 2926 的“腈基化合物”，根据本章章注三“可以归入本章两个或两个以上品目的货品，应归入有关品目中的最后一个品目”的规定，故应归入品目 2926。

【例3】抗坏血酸

【归类分析】抗坏血酸的分子结构如图所示：

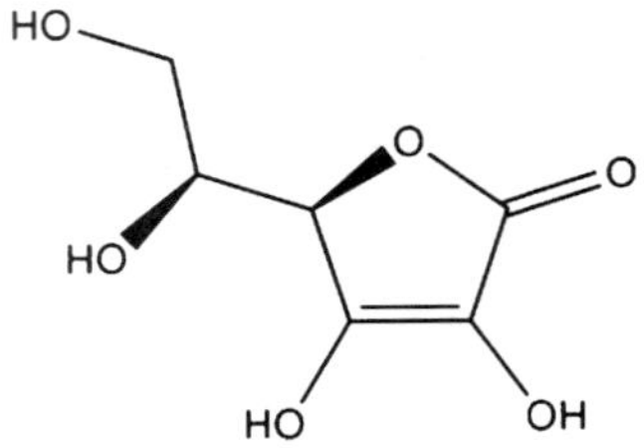


既可看成品目2932的“仅含氧杂原子的杂环化合物”，也可看成品目2936的“天然或合成再制的维生素”（抗坏血酸是维生素C），根据本章章注三“可以归入本章两个或两个以上品目的货品，应归入有关品目中的最后一个品目”的规定，故应归入品目2936。

【例4】卡巴多抗菌素

【归类分析】卡巴多（Carbadox），化学名称为2-（喹喔啉-2-亚甲基）肼-羧酸甲酯-N，N'-二氧化物，分子结构为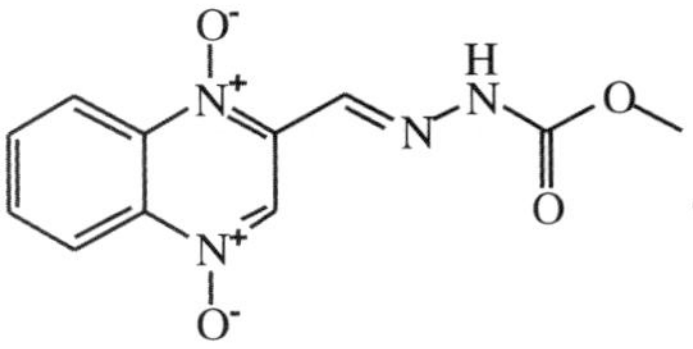

。从其分子结构的类型来看，属于2933的“仅含氮杂原子的杂环化合物”；从其功能来看，是一种抗菌素（对大肠杆菌、沙门氏杆菌、志贺氏菌及变形杆菌等革兰阴性菌有效）。似乎可以运用“从后归类”原则将其归入品目2941“抗菌素”，但是，品目2941“抗菌素”仅限于活微生物分泌出来的具有杀死其他微生物或抑制其他微生物生长的物质及其化学改性产物或由化学合成得到的上述产物，而卡巴多并不符合上述规定，故应按其分子结构的类型归入品目2933。

## （二）子目的归类

子目归类的依据主要是本章子目注释一、二，即：

“一、属于本章任一品目项下的一种（组）化合物的衍生物，如果该品目其他子目未明确将其包括在内，而且有关的子目中又无列名为“其他”的子目，则应与该种（组）化合物归入同一子目。

二、第二十九章注释三不适用于本章的子目。”

【例5】氯乙醇

【归类分析】氯乙醇的分子结构是$ClCH_2CH_2OH$，属于无环醇的卤化衍生物，故应归入品目2905“无环醇及其卤化、磺化、硝化或亚硝化衍生物”。根据本章子目注释一的规定，由于一级子目2905.5“无环醇的卤化、磺化、硝化、亚硝化衍生物”已明确将其包括在内，故应归入一级子目2905.5，并最终归入子目2905.5900。

【例6】对氯苯甲醇

【归类分析】对氯苯甲醇的分子结构是$p—Cl—C_6H_4—CH_2OH$，属于芳香醇的卤化衍生物，故应归入品目2906“环醇及其卤化、磺化、硝化或亚硝化衍生物”。由于一级子目并没有“环醇的卤化、磺化、硝化或亚硝化衍生物”的列名，并且也没有一级子目“其他”，故根据本章子目注释一的规定，应将该芳香醇的卤化衍生物与其芳香醇归入同一子目 2906.2。二级子目 2906.21 是苄醇即苯甲醇，但由于有 2906.29“其他”，故对氯苯甲醇应归入二级子目 2906.29，而不能按苯甲醇归入子目 2906.21。

**【例 7】** 氰苯咪哌啶

**【归类分析】** 氰苯咪哌啶的分子结构是：

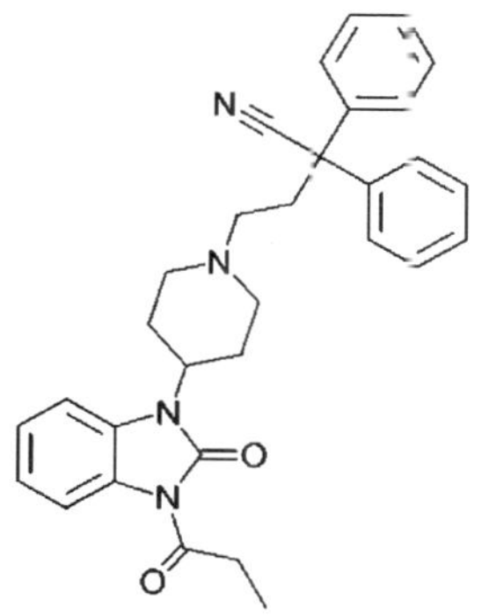


符合品目 2933“仅含氮杂原子的杂环化合物”，故应归入品目 2933。

尽管氰苯咪哌啶分子结构中既含有氢化的吡啶环［符合一级子目 2933.3“结构上含有一个非稠合吡啶环（不论是否氢化）的化合物”］，又含有一个苯并咪唑环（属于一级子目 2933.9“其他”），但不能轻易运用第二十九章章注三“可以归入本章两个或两个以上品目的货品，应归入有关品目中的最后一个品目”的规定而“从后归类”归入子目 2933.90，因为本章子目注释二规定“第二十九章章注三不适用于本章的子目”。故氰苯咪哌啶应归入子目 2933.30“结构上含有一个非稠合吡啶环（不论是否氢化）的化合物”。

# 第三十章　药　品

## 一、本章商品范围

本章包括医药用品。按其性质分类，其结构规律如下：

| | |
|---|---|
| 用于医疗的人体或动物制品 | 3001 |
| 用于医疗的血制品等 | 3002 |
| 药品 | 3003~3004 |
| 用于医疗的辅助用品 | 3005 |
| 其他 | 3006 |

## 二、本章商品归类方法

### （一）用于医疗的人体或动物制品的归类

用于医疗的人体或动物制品有以下几类：

1. 腺体及其他器官（例如，脑、脊髓、肝、肾、脾、胰腺、乳腺等），但必须是已制成干燥的，才能归入本章的品目 3001；其他情况，只能按动物产品归入第一类的有关品目。具体情况见第二章的有关部分。

2. 腺体、其他器官及其分泌物的提取物归入品目 3001。但如果将这些提取物进一步加工（如提纯）而得到已有化学定义的单独化合物及第二十九章的其他产品，如氨基酸、维生素、激素等，则应按化工品归入第二十九章。

3. 肝素及其盐归入品目 3001。肝素是哺乳动物体内含的一种粘多糖，它与蛋白质结合在一起存在于肠黏膜、肺、肝等器官内。肝素与蛋白质分离提取后，具有抗凝血等多种生理活性。

4. 其他，例如用于永久移植的骨骼、器官及其他人体或动物组织，它们一般装入无菌包装并标有使用说明等，归入品目 3001。

以上用于医疗的人体或动物制品，如果具有品目 3003 或 3004 所列药品特征，则应归入品目 3003 或 3004。

### （二）血液及其制品的归类

#### 1. 血液

血液包括人血与动物血，但普通的动物血应该按不可食用的动物产品归入品目 0511，只有用于医疗（治病、防病或诊断用）的动物血才能归入品目 3002。

#### 2. 血份

血液的组成比较复杂，通过一定的方法可以得到各种血份及其制品，如血浆、凝血酶、纤维蛋白原、纤维蛋白、血液球蛋白、血清球蛋白及血红蛋白、血液白蛋白等。另外，从对某些疾病具有免疫力或已获免疫力的人或动物血液中可制得抗血清，以上产品归入品目 3002。

根据本章章注一（八）的规定，如果血液白蛋白不作治疗及预防疾病用，则应按普通的白蛋白归入品目 3502。

#### 3. 疫苗、毒素、培养微生物（不包括酵母）及类似产品

疫苗、毒素、培养微生物（不包括酵母）及其类似产品归入品目 3002。要注意的是，以上所列的产品，不作为品目 3003 或 3004 的药品看待，所以不论是否已配定剂量或制成零售包装，也不论是否成散装或分成小包装，一律归入本品目。例如，人血白蛋白针剂不按药品归入品目 3004，而应按“血份”归入品目 3002。

### （三）药品的归类

#### 1. 药品的确定

本章的药品指防治人类或动物疾病的内服或外用药品。药品具有预防、治疗某种疾病的作用，但是当食物中的某种成分被用于防治其缺乏症时，也就有了一定的药的作用，所以要对药品下一个严格的定义是比较困难的。必要时可参考国家有关药品主管部门的认定意见。

例如，主要由糖、芳香剂、薄荷醇、桉叶油素等组成的润喉糖，尽管具有滋润喉咙的作用，但不足以治病，所以应按糖果归入品目 1704。如果是含有药性物质（芳香剂除外）的润喉糖、咳嗽糖，每粒糖中所含的药性物质已具有治病或防病的作用，则可按照药品归类。

【例 1】如图所示的蜂胶软胶囊，长期服用，具有抗氧化与保护心脑血管、增强免疫功能、抗病毒、预防肿瘤的功效，150 粒/瓶

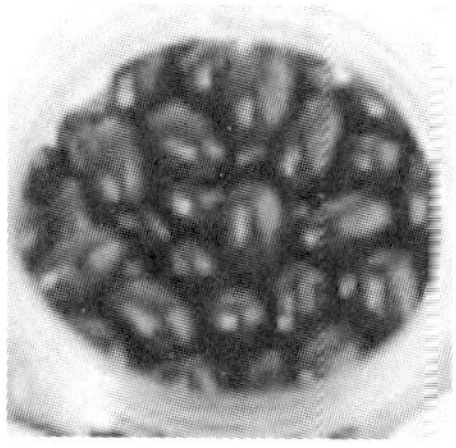

图 6-1

【归类分析】某些宣传具有防病、治病效果的食物或饮料，如营养品、糖尿病食品、强化食品、滋补饮料等，以及尽管在食品或饮料中加有药性物质，但所加入的药性物质仅仅是为了保证产品的营养平衡，增加能量供给和营养价值，或改善产品的味道，这样的商品还保持着食品或饮料的特征，不能按照药品归类。故根据本章章注一（一）的规定，蜂胶胶囊不能按照药品来归类，而应归入品目 2106“其他品目未列名的食品”。

【例 2】鹿茸精注射液，能增强肌体活力及促进细胞新陈代谢，用于神经衰弱、食欲不振、营养不良、性机能减退及健忘症等，2 毫升/支

【归类分析】根据本章章注一（一）的规定，如果某种滋养品供静脉摄入（静脉注射或静脉滴注），则因为其特殊性而可以按药品归类，故该产品应归入品目 3004。

【例 3】加有治头皮屑成分的洗发剂

【归类分析】根据本章章注一（五）的规定，具有治病或防病作用的化妆盥洗品，不能按照药品归类，故该产品仍然应按洗发剂归入品目 3305。

【例 4】如图所示的戒烟贴，使用时贴于手腕部位，起戒烟作用

图 6-2

【归类分析】根据本章章注一（二）的规定，用于帮助吸烟者戒烟的制剂不能按药品归类，因为严格来讲，戒烟不属于治病的范围，故戒烟贴应归入品目 3824“其他品目未列名的化工品”。

**2. 药品的归类**

（1）已配定剂量或制成零售包装的药品应归入品目 3004。已配定剂量是指药品在内服或外用时其所需的剂量已为生产厂家配定，从而使得用户使用起来非常方便，例如已将药品制成片剂、安瓿、胶囊剂、扁囊剂、滴剂、锭剂等形式，其剂量直接标注于药品上或其包装和说明书上。例如，剂量为 0.2 克的阿司匹林药片就属于已配定剂量的药品。

已制成零售包装是指其包装形式，尤其是所附的说明（注明适应症、用法、用量）明显为不需重新包装即可直接售给用户（个人、医院等）。例如，20 毫升装的眼药水就属于已制成零售包装的药品。

(2) 未配定剂量或制成零售包装，并且是由混合产品制成的治病或防病用药品应归入品目3003。例如，由曲安奈德、硫酸新霉素及甘油等成分混合制成的某皮肤药，如果未配定剂量或制成零售包装，则应归入品目3003。

(3) 未配定剂量或制成零售包装，并且是由非混合产品制成的治病或防病用药品应归入第二十八章或第二十九章。例如，未配定剂量也未制成零售包装的阿司匹林（化学名称为邻乙酰水杨酸）应归入子目2918.2210。

以上所述“混合产品”与“非混合产品”应根据本章章注三的规定来判断：

(1) 非混合产品：

①溶于水的非混合产品；

②归入第二十八章或第二十九章的所有产品；

③仅经标定或溶于任何溶剂的品目1302所列的单一植物浸膏。

(2) 混合产品：

①胶体溶液及悬浮液（胶态硫磺除外）；

②从植物性混合物加工所得的植物浸膏；

③蒸发天然矿质水所得的盐及浓缩物。

### (四) 用于医疗的辅助用品的归类

供医疗、外科、牙科或兽医用的辅助用品是指软填料、纱布、绷带、橡皮膏及类似物品，归类时分几种情况分别考虑：

1. 已经药物浸涂的以上物品，例如，浸渍碘或水杨酸甲酯等的软填料，浸、涂药物的橡皮膏等，应归入品目3005。

2. 未经药物浸涂的以上物品，但已制成零售形式或零售包装供医疗、外科、牙科或兽医用，应归入品目3005。例如，未经药物浸涂的软填料及纱布，倘若它们不需重新包装，只能直接出售（例如，受所附标签或特殊折叠方式所限）给用户（个人、医院等）用于医疗、外科、牙科或兽医方面，则仍应归入品目3005。

3. 未经药物浸涂的以上物品，但未制成零售形式或零售包装供医疗、外科、牙科或兽医用，则不能归入品目3005。例如，未制成零售形式或包装的供医疗用的橡皮膏应归入品目5906。

### (五) 其他医药用品的归类

根据本章章注四的规定，只有符合该条章注所列的十一类商品才能归入品目3006：

1. 无菌外科肠线、类似的无菌缝合材料（包括外科及牙科用无菌可吸收线）及外伤用的无菌黏合胶布。

2. 无菌昆布及无菌昆布塞条。

3. 外科及牙科用无菌吸收性止血材料；外科及牙科用无菌阻隔材料，不论是否可吸收。

4. 用于病人的X光检查造影剂及其他诊断试剂，这些药剂是由单一产品配定剂量或由两种以上成分混合而成的。

5. 血型试剂。

6. 牙科粘固剂及其他牙科填料，骨骼粘固剂。

7. 急救药箱、药包。

8. 以激素、品目 2937 的其他产品或杀精子剂为基本成分的化学避孕药物。

9. 专用于人类或兽药用的凝胶制剂，作为外科手术或体检时躯体部位的润滑剂，或者作为躯体和医疗器械之间的耦合剂。

10. 废药物，即因超过有效保存期等原因而不适合做原用途的药品。

11. 专用于造口术的用品，即裁切成型的结肠造口术、回肠造口术、尿道造口术用袋及其具有黏合性的底盘。

# 第三十一章 肥料

## 一、本章商品范围

肥料是能够改善土壤性质、提高土壤肥力的一类物质。《协调制度》中的肥料一般要具有肥效元素氮、磷或钾。本章包括通常作天然或人造肥料用的绝大多数产品，其分类如下：

- 动物、植物肥料……3101
- 矿物、化学肥料
  - 单一肥料
    - 氮肥……3102
    - 磷肥……3103
    - 钾肥……3104
  - 复合肥料……3105

## 二、本章商品归类方法

### （一）动物、植物肥料的归类

天然肥料当未制成片及类似形状或每包毛重不超过 10 公斤时，应归入品目 3101。

这里的天然肥料包括动物肥料（如海鸟粪）、植物肥料（如适于作肥料用的腐烂植物产品）和动物肥料与植物肥料的混合肥料，另外还包括动植物产品经混合或化学处理制成的肥料。

### （二）矿物、化学肥料的归类

肥料可分为单一肥料和复合肥料。前者指仅含氮、磷或钾中一种肥效元素的肥料，后者指含氮、磷或钾中两种或三种肥效元素的肥料。

1. 单一肥料应按照其所含的肥效元素（氮、磷或钾）而分别归入品目 3102、3103、3104，条件是：

（1）未制成片及类似形状或每包毛重不超过 10 公斤；

（2）如果是单独的已有化学定义的化合物，必须符合本章注释二（一）、三（一）、四（一）规定。

**【例 1】** 50 公斤包装的硝酸铵肥料

**【归类分析】** 硝酸铵肥料是单一肥料——氮肥，并且该肥料属于单独的已有化学定义的化合物，由于硝酸铵符合本章注释二（一）的规定，因此应归入品目3102。

**【例2】** 50公斤包装的氯化铵肥料

**【归类分析】** 氯化铵肥料也是单一肥料——氮肥，并且该肥料属于单独的已有化学定义的化合物，但由于氯化铵不符合本章注释二（一）的规定，因此不能归入品目3102，而应该作为无机化合物归入品目2827。

2. 复合肥料应归入品目3105，但是如果是单独的已有化学定义的化合物，则必须符合本章注释五规定，才能归入品目3105。

**【例3】** 用做肥料的磷酸钾

**【归类分析】** 磷酸钾含有磷、钾两种肥效元素，由于不符合本章注释五规定，所以不能归入品目3105，而应该作为无机化合物归入品目2835。

### （三）天然肥料与人造肥料的混合肥料的归类

天然肥料与人造肥料的混合肥料应作为“其他肥料”归入品目3105。

### （四）制成片及类似形状或每包毛重不超过10公斤的肥料的归类

属于品目3101~3105的肥料，如果将其制成片及类似形状或包装成每包毛重不超过10公斤时，应作为“制成片及类似形状或每包毛重不超过10公斤的本章各项货品”而归入品目3105。

# 第三十二章　鞣料浸膏及染料浸膏；鞣酸及其衍生物；染料、颜料及其他着色料；油漆及清漆；油灰及其他类似胶粘剂；墨水、油墨

## 一、本章商品范围

本章包括用于鞣制及软化皮革的鞣料，也包括植物、动物或矿物着色料及有机合成着色料，以及用这些着色料制成的大部分制剂（油漆、陶瓷着色颜料、墨水等），还包括干燥剂及油灰等各种其他制品。其结构规律如下：

- 鞣料……3201～3202
- 色料
  - 天然
    - 动物植物……3203
    - 矿物……3206
  - 合成
    - 有机……3204
    - 无机……3206
  - 色淀……3205
- 色料的部分制剂
  - 陶瓷等工业用……3207
  - 油漆
    - 合成聚合物为基本成分
      - 非水介质……3208
      - 水介质……3209
    - 其他……3210
- 其他……3211～3215

## 二、本章商品归类方法

### （一）鞣料的归类

动物生皮需经过一系列的加工处理才能成为可加以利用的皮革，其中的一个重要的加工过程就是用鞣料进行鞣制。在鞣制过程中，鞣料与裸皮中的蛋白质（胶原）结合而使生皮转变成为皮革。

鞣料按照来源可分为植物鞣料（品目3201）和合成鞣料（品目3202）。前者是由能够提取具有工业价值的鞣料的植物经提取得到的；后者是由化学合成得到的，包括无机鞣料和有机鞣料。生产上有时将植物鞣料与合成鞣料混合使用，对于植物鞣料与合成鞣料的混合物应归入品目3202。另外，根据本章章注一（一）的规定，如果某种鞣料属于单独的已有化学定义的化合物，则应归入第二十八章或第二十九章的相应品目。

### （二）着色料的归类

着色料一般包括染料与颜料，两者的区别在于颜料为在整个染色过程中能保留其结晶或微粒形状的色料，而染料在溶解或蒸发过程中晶体结构会消失（尽管在染色的后阶段晶体结构会恢复）。染料主要用于各种纤维的染色，也用于纸张、皮革、木材等方面；颜料主要用于油漆、油墨、塑料、橡胶、搪瓷等方面。

按照来源，着色料可分为天然着色料和合成着色料。

**1. 天然着色料**

天然着色料包括动物、植物、矿物着色料。

动物着色料是从某些动物中加工得到的，如从乌贼的墨囊制得的乌贼染料。

植物着色料是从某些植物中加工得到的，如从各种葡萄皮中制得的葡萄霜，从靛蓝植物中制得的天然靛蓝。

矿物着色料是从某些矿物中加工得到的，如将煤和硅藻土混合物加以煅烧制得的硅黑。

动物、植物着色料应按品目条文的列名归入品目3203，而矿物着色料由于没有在本章有关品目条文列名，所以应按“其他着色料”归入品目3206。

**2. 合成着色料**

合成着色料包括无机着色料和有机着色料。

(1) 无机着色料是由无机物为主要成分组成的，例如，由经表面处理的二氧化钛组成或由二氧化钛与硫酸钙、硫酸钡或其他物料混合组成的钛白粉，由氧化铬与其他物料混合组成的绿色色料。

(2) 有机着色料包括有机染料和有机颜料，其中有机染料的分类有两种不同的方法：

根据化学结构，一般可分为：偶氮染料、蒽醌染料、硝基染料、喹啉染料、靛类染料、吖啶染料等。例如，茜素是一种可用于棉的染色的红色染料，按其分子结构属于一种蒽醌染料。

根据使用性能，一般可分为：分散染料、酸性染料、媒染染料、碱性染料、直接染料、还原染料（又称翁染料）、活性染料、氧化染料、硫化染料、冰染染料等。例如，还原蓝 RSN 就是一种蓝色的还原染料。

有机着色料应按品目条文的列名归入品目 3204，而无机着色料由于没有在本章有关品目条文列名，所以应按“其他着色料”归入品目 3206。

对于有机着色料，在归入品目 3204 下的子目时《协调制度》有以下规定：

①报验时处于既可用做瓮染料也可用做颜料的，应按瓮染料归入子目 3204.15。

②其他可归入子目 3204.11 至 3204.17 中两个或多个具体列名子目的，应归入有关子目的最后一个子目。

③既可归入子目 3204.11 至 3204.17 中的某一具体列名子目又可归入“其他”子目 3204.19 的有机合成着色料，应归入具体列名的有关子目项下。

有机合成着色料混合物及以其为基本成分的制剂应按下列原则归类：

①归入同一子目的两种及以上产品的混合物，应归入相同的子目内。

②归入不同子目（3204.11 至 3204.19）的两种及以上产品的混合物，应归入“其他”子目 3204.19 项下。

**3. 色淀**

色淀是将动物、植物着色料或有机合成着色料（不论是否能溶于水）固定在一种通常为矿物质（例如，硫酸钡、硫酸钙、氧化铝、瓷土、滑石、硅石、硅质化石土、碳酸钙等）的基底上而制成的。例如，胭脂红色淀、黄木色淀。

色淀按品目条文的列名归入品目 3205。

**4. 以着色料为基本成分的制品**

以上品目 3203 ~ 3206 除了包括各种类型的着色料外，还包括除品目 3207、3208、3209、3210、3212、3213 及 3215 以外的以着色料为基本成分的制品，这些制品用于任何物料的着色或用做色料制剂的拼料。

例如，分散于水介质或水与水溶溶剂混合组成的介质中的天然珍珠颜料应作为天然动物着色料的制品归入品目 3203，有机合成着色料与较大量的表面活性产品或有机黏合剂混合的混合物（用于塑料的整体着色或作为织物印花制品的拼料）应作为有机着色料的制品归入品目 3204。

**【例 1】** 由胭脂红色淀分散于塑料中制成的色母粒

**【归类分析】** 该产品为以色淀为基本成分的制品，根据本章章注三的规定，应作为色淀的制品归入品目 3205。

**5. 制造油漆用的颜料（包括金属粉末或金属粉片），分散于非水介质中呈液状或浆状的**

当为了制造油漆而将颜料（包括金属粉末及粉片）分散于非水介质（例如，干性油、石油溶剂、树胶、木松节油、硫酸盐松节油或清漆）中形成的浓缩分散体（呈液状或浆状），应归入品目 3212。

**6. 零售形状及零售包装的染料或其他着色料**

当将染料或其他着色料制成零售形状（例如，球、片及类似形状）或零售包装（例如，袋装粉、瓶装液），例如，主要供家庭染衣服、染鞋用的“家庭染料”，实验室用的对显微制剂染色的特种染料等，应归入品目 3212。

**7. 发光体**

发光体指在光线作用下能产生发光效应（荧光或磷光）的产品。

按化学组成的不同，发光体分为有机发光体和无机发光体。例如，罗丹明 B，是一种能产生红色荧光的有机发光体；经特殊处理的具有发光性能的钨酸钙，则是一种无机发光体。

荧光增白剂是一种吸收紫外线后能产生蓝色可见光并因此使白色产品增白的产品，一般是有机合成的产品。

根据品目条文（3204 和 3206）的规定，发光体（包括有机发光体和无机发光体）和荧光增白剂不论是否已有化学定义，均应归入品目 3204 或 3206。

**8. 单独的已有化学定义的化学元素及化合物**

根据品目 3203、3204、3206 及本章章注一（一）的规定，动物、植物着色料，有机合成着色料，不论是否已有化学定义，均应归入品目 3203 或 3204；其他着色料，如果是单独的已有化学定义的化学元素及化合物，则应归入第二十八章的有关品目（发光体除外）。

### （三）油漆的归类

油漆是不溶性着色料（主要为矿物颜料、有机颜料或色淀）或金属粉片或粉末的分散体。它们悬浮于一种由黏合剂（这种黏合剂起成膜作用，故称为成膜剂）分散或溶解于介质所组成的载体中，其他成分如干燥剂、增稠剂、表面活性剂、稀释剂或填充剂及防结皮剂可根据具体用途适量加入到载体中。

清漆是指不加颜料的透明漆。

根据成膜剂、介质的不同种类，油漆及清漆的归类可分成以下三种情况：

1. 成膜剂由合成聚合物（例如，酚醛树脂、氨基树脂、聚硅氧烷、环氧树脂及合成橡胶）或化学改性天然聚合物（例如，纤维素化学衍生物或天然橡胶的化学衍生物）组成，介质为非水介质。这种油漆归入品目 3208。

2. 成膜剂与 1 的情况相同，但介质为水介质（指水或水与水溶性溶剂的混合物）。这种油漆归入品目 3209。

3. 其他油漆，即成膜剂是由上述 1、2 以外的成分组成的或者是没有介质的油漆，应归入品目 3210。

**【例 2】** 黑色氯丁橡胶可剥漆，由氯丁橡胶与黑色颜料、助剂、有机溶剂混合调配而成

**【归类分析】** 氯丁橡胶属于合成聚合物，有机溶剂属于非水介质，故该油漆应归入品目 3208。

### (四) 其他有关产品的归类

**1. 配制的催干剂**

为了使油漆或清漆加速干燥，通常要使用催干剂，归入品目 3211 的催干剂需由干燥剂与其他成分配制而成。如果是单独的已有化学定义的化合物，则通常应归入第二十八章或第二十九章。

**2. 嵌缝胶及类似胶粘剂、漆工用填料、非耐火涂面制剂等**

嵌缝胶及类似胶粘剂、漆工用填料、非耐火涂面制剂等应归入品目 3214。这些商品通常呈浆糊状（或使用时调制成糊状），一般在施用后即行硬化。

（1）安装玻璃用油灰、接缝用油灰、树脂胶泥、嵌缝胶及其他类似胶粘剂，主要用于堵塞、封闭或嵌填缝隙。

品目 3214 的胶粘剂与品目 3506 黏合剂的区别见第三十五章有关内容。

（2）漆工用填料，与（1）中的产品不同的是，它们通常是涂布在较大面积的表面上。漆工用填料通常用于物体表面（例如，室内墙面）上漆前准备工序，即填平凹凸不平的表面，表面的缝隙、孔洞或砂眼。例如，供油漆打底用的腻子。

（3）涂门面、内墙、地板、天花板等用的非耐火涂面制剂，也是通常涂布在较大面积的表面上，主要作用是防水并改善外观。

**【例 3】** 一种用以密封火花塞的胶粘剂，双组分，组分一是硅酸钠及硅酸钠钾的水溶液，组分二是填料（石英粉、石棉纤维）。使用时将两种组分混合起来

**【归类分析】** 根据第六类类注三的规定，如果报验状态符合该类注的条件，则应将两个组分按混合后的产品（胶粘剂）一并归入品目 3214。

**【例 4】** 沥青酚醛防水涂料，由酚醛树脂、沥青和其他添加剂配制而成，主要用于屋面防水

**【归类分析】** 该产品符合品目 3214“非耐火涂面制剂，涂门面、内墙、地板、天花板等用”，故应归入品目 3214。

**3. 印刷油墨及其他墨类**

印刷油墨是将颗粒精细的颜料（黑色或有色颜料，黑色油墨所用的颜料通常是炭黑，彩色油墨则为有机或无机颜料）与一种载体混合制得。其中的载体是由天然树脂或合成聚合体组成，分散于油或溶于有机溶剂中，为了使其具有所要求的性能，还含有少量的添加剂。

从印刷油墨的组成来看，与油漆有一定的相似之处，但施用方法不同。印刷油墨应归入品目 3215。

其他墨类包括：书写用或绘图用墨水、墨汁、圆珠笔用油墨、油印机用墨、印台或打印色带用墨水等。

但复印机或打印机用墨粉（或称碳粉）却不按油墨归入品目 3215，因为它是由一种调色剂（碳黑和热塑树脂的混合物）与载体（外包乙基纤维素的砂粒）混合组成，实际上属于品目 3707 的显影剂，故应归入品目 3707（见第三十七章的有关内容）。

# 第三十三章　精油及香膏；芳香料制品及化妆盥洗品

## 一、本章商品范围

本章包括香料、香料制品及化妆盥洗品，其结构规律如下：

天然香料……………………………………………………………3301
混合香料……………………………………………………………3302
化妆盥洗品…………………………………………………………3303～3307

## 二、本章商品归类方法

### （一）香料的归类

香料分为天然香料和人造香料。天然香料又分为动物性香料和植物性香料，人造香料分为从精油中分出的单离香料和化学合成香料。

品目 3301 包括以下香料：

1. 精油：来自于植物，通过多种方法（如压榨法、蒸馏法、萃取法等）制得，它们通常具有复杂的组分，含有各种比例的醇、醛、酮、酚、酯、醚及萜烯。大多数精油是挥发性的，如柠檬油、茉莉花油等。

浸膏：溶剂萃取再减压蒸发溶剂得到的固体或半固体物质，一般不直接用做调香，而是加工成净油，如黑加仑浸膏。

净油：除去浸膏中的植物蜡即得净油，如茉莉净油。

2. 香膏：通过用有机溶剂或超临界流体萃取干燥的非多孔天然植物树脂材料或干燥的天然动物树脂状材料而制得，主要由不挥发性物质构成。香膏主要在香料、化妆品、肥皂或表面活性剂等工业中用做定香剂。例如，阿魏香膏、麝香香膏等。

3. 提取的油树脂：溶剂或超临界流体萃取多孔天然植物材料（通常是调味香料和芳香植物）制得，含挥发性的芳香素和不挥发性的芳香素，这些芳香素使芳香植物具有特征香味。例如，辣椒油树脂、胡萝卜油树脂等。

4. 其他：包括用脂肪、固定油、凡士林、石蜡等通过花香吸取法、浸渍法萃取植物或花朵制得的含浓缩精油的脂肪、固定油、凡士林、蜡及类似品；用分馏法或其他方法从精油分离出来的萜烯副产品；用蒸汽蒸馏植物提取精油时所得馏出物的含水部分（有少量精油的存在，水馏液仍具有香味）及精油的水溶液。

### （二）混合香料的归类

归入品目 3301 的香料只能是单一的香料，而如果是混合香料则应归入品目 3302。混合香料具体指下列情况：

1. 多种香料的混合，即精油混合物、香膏混合物、提取的油树脂混合物、合成芳香剂的混合物及它们相互之间的混合物。例如，茉莉油与柠檬油的混合物。

2. 一种或多种香料与添加的稀释剂或载体（例如，植物油、葡萄糖或淀粉）的混合物。

3. 一种或多种香料与其他章的产品（例如，调味香料）的混合物，但其中的这些香料必须构成混合物的基本成分。

**【例 1】** 一种玫瑰花香精，配方为玫瑰醇、二苯醚、苯乙醇等

**【归类分析】** 香料常配成香精来使用。香精是利用天然和合成香料，凭精湛的调香技术而调配成的香气和谐、令人喜爱的混合物，它不是直接的消费品，而是添加在其他产品中的配套原料，加入量虽很小，但与加香产品的质量、档次关系密切。由于香精是由多种香料加上其他组分混合配成，所以应按香料混合物归入品目 3302。

### （三）化妆盥洗品的归类

1. 香水及花露水归入品目 3303，它们主要用于使人体散发香气，可制成液态、膏状或固态（包括条状）。

2. 美容、化妆及护肤品归入品目 3304。可分为：

（1）唇用化妆品，如唇膏。

（2）眼用化妆品，如眼睑膏、染眉毛（或睫毛）油、画眉笔等。

（3）指（趾）甲化妆品，如指（趾）甲膏、指（趾）甲油、指（趾）甲清洗剂等。

（4）其他美容品或化妆品及护肤品，如扑面粉、婴儿爽身粉、美容霜、粉底霜、营养霜、润肤油、防晒油或晒黑油等。

3. 护发品归入品目 3305，本品目指专供人的头发用的洗发剂、烫发剂、定型剂、染发剂、护发剂（如润发油）等。注意，在某些洗发剂、护发剂中即使含有辅助性的药效及消毒成分，且这些成分具有治疗和预防疾病的作用，也不能按药品归入第三十章（见第三十章的有关内容）。

4. 口腔用品归入品目 3306，包括洁齿品（如牙膏、假牙清洗剂）、口腔清洁用品（如漱口剂）、假牙模膏（或粉）及单独零售包装的牙线。

**【例 2】** "液体口香糖"，20 克/支，成分为食用酒精、香精、巴斯甜、甘油、山梨醇等，使用时喷于口腔，起清新口气的作用

**【归类分析】** 该产品用于口腔，属于口腔卫生用品，故应归入品目 3306。

5. 其他化妆盥洗品归入品目 3307，包括两方面的内容：

（1）品目 3307 条文列名的剃须用制剂、人体除臭剂及止汗剂、沐浴用制剂（例如，香浴盐及泡沫浴用制剂）、脱毛剂、室内除臭剂。

（2）本章章注四所指的室内散香用制品，隐形眼镜片或假眼用药水，用香水或化妆品浸渍、涂布或包覆的纸、絮胎、毡呢及无纺织物，动物用盥洗品等。

# 第三十四章 肥皂、有机表面活性剂、洗涤剂、润滑剂、人造蜡、调制蜡、光洁剂、蜡烛及类似品、塑型用膏、“牙科用蜡”及牙科用熟石膏制剂

## 一、本章商品范围

本章主要包括通过工业处理各种油、脂或蜡而得的产品（例如，肥皂、润滑剂、调制蜡、光洁剂、蜡烛），也包括某些人造产品，如表面活性剂、表面活性制品及人造蜡。其结构规律如下：

- 处理油、脂而得
  - 肥皂……………………………………………………3401
  - 表面活性剂………………………………………………3402
  - 润滑剂……………………………………………………3403
- 处理蜡而得
  - 人造蜡……………………………………………………3404
  - 光洁剂、擦洗膏…………………………………………3405
  - 蜡烛………………………………………………………3406
  - 塑型用膏…………………………………………………3407

## 二、本章商品归类方法

### （一）表面活性剂

1. 结构：表面活性剂分子由亲水基和疏水基组成。例如，十二烷基羧酸钠的分子中含有疏水基十二烷基和亲水基羧酸根离子。

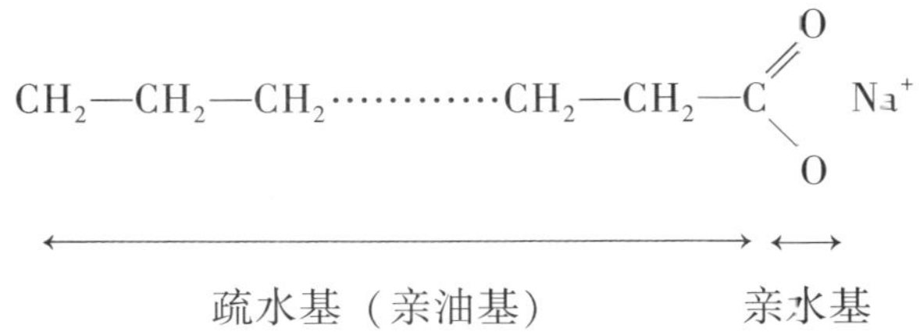


表面活性剂分子在水中能自动定向地吸附于水溶液—空气的界面处，亲水基伸向水溶液而疏水基伸向空气，这样，表面活性剂通过界面吸附而形成的单分子膜在界面处起到隔离的作用，使得空气和水溶液的接触面显著减小，从而使水的表面张力急剧下降。

2. 定义：根据本章章注三的规定，品目3402所称“有机表面活性剂”，是不符合化学定义的有机化合物，温度在20℃时与水混合配成0.5%浓度的水溶液，并在同样温度下搁置一小时后与下列规定相符的产品：

（1）成为透明或半透明的液体或稳定的乳浊液而未离析出不溶解物质；

（2）将水的表面张力减低到每厘米45达因及以下。

3. 作用：表面活性剂具有乳化、增溶、分散、渗透、湿润、发泡、洗净等作用，故可用做乳化剂、破乳剂、渗透剂、发泡剂、消泡剂、湿润剂、分散剂、抗静电剂等，广泛

应用于食品、纺织、医药、农药、化妆品、采矿等领域。

4. 分类：表面活性剂通常按离子类型分类，在水中能电离成离子的为离子型表面活性剂，不能电离成离子的为非离子型表面活性剂（如壬基酚聚氧乙烯醚）。在离子型表面活性剂中，再按显示表面活性部分所带电荷的种类而分成阴离子型表面活性剂（如十二烷基苯磺酸钠）、阳离子型表面活性剂（如氯化十八烷基三甲基铵）和两性表面活性剂（如十二烷基二甲基甜菜碱）。

5. 归类：表面活性剂归入品目 3402。其中，阴离子型表面活性剂归入子目 34021100，阳离子型表面活性剂归入子目 3402. 1200，两性表面活性剂归入子目 3402. 1900，非离子型表面活性剂归入子目 3402. 1300。

### （二）肥皂

肥皂是一类阴离子型表面活性剂，起洗涤、去污作用。其成分为脂肪酸的盐，其中脂肪酸中的碳原子一般在八个以上。根据本章章注二的规定，品目 3401 仅指水溶性肥皂，所以该品目的肥皂是脂肪酸的碱金属（主要是钠或钾，前者形成的肥皂属于硬皂，后者形成的肥皂属于软皂），也有用氨及某些有机碱如乙醇胺制成的特殊用途的肥皂。

### （三）表面活性剂制品

归入品目 3402 的表面活性剂制品包括：

1. 两种或两种以上的表面活性剂的相互混合物（例如，磺基蓖麻醇酸酯与磺化烷基萘或硫酸化脂肪醇的混合物）。

2. 表面活性剂在一种有机溶剂中的溶液或分散体（例如，溶于环己醇的硫酸化脂肪醇溶液）。

3. 以表面活性剂为基本成分的其他混合物（例如，含有一定比例肥皂的表面活性剂制品，如含有硬脂酸钠的烷基苯磺酸盐）。

表面活性剂制品具有清洁、润湿、乳化或分散作用，因而用在许多工业上。例如，纺织工业用的润湿剂、乳化剂、缩绒助剂及增艳剂，皮革或毛皮工业用的脱脂剂、湿润剂（供染色用）、均染剂，造纸或合成橡胶工业用的分散剂，采矿工业用的浮选助剂等。

但是，含有表面活性剂的制品，如果该制品本身并不需要表面活性功能或表面活性功能仅起辅助作用，则不归入品目 3402，而应归入其他品目。

**【例 1】**褪光泽剂，纺织工业上用以减少纺织品的表面光泽，由颜料（氧化钛、氧化锌、锌钡白等）的悬浮液组成，并加入纤维素醚、明胶、表面活性剂

**【归类分析】***该褪光泽剂中尽管含有表面活性剂，但该表面活性剂在褪光泽剂中起使该液体稳定的作用，即仅起辅助作用，所以不能看成是表面活性剂制品而归入品目 3402，应归入品目 3809。*

### （四）洗涤剂（包括助洗剂）及清洁剂

归入品目 3402 的洗涤剂（包括助洗剂）及清洁剂有两种情况：

***1. 以有机表面活性剂为基料的***

由有机表面活性剂或肥皂或它们之间的混合物为主要组分，加上一种或数种辅助组分（如增效助剂、助促进剂、填料、着色剂、香料、杀菌剂等辅助剂）制成。

其中，洗涤剂主要用于洗衣服、碗、碟或厨房用具等，助洗剂用于浸泡（预洗）、漂洗或漂白衣服及家庭用纺织品等，清洁剂用于清洁地板、窗户或其他表面等。

**2. 不以有机表面活性剂为基料的（可含有少量的肥皂或其他表面活性剂）**

例如，含有硫酸氢钠或次氯酸钠与磷酸三钠混合物的专用于清洁卫生设备、煎炸锅等的清洁剂；以碳酸钠或苛性苏打等碱性物质为基料，用于乳品厂或酿酒厂的去油污剂或清洁剂。

但是，尽管含有有机表面活性剂，下列情况却不再归入品目 3402：

1. 根据本章章注一（三）的规定，含肥皂或其他有机表面活性剂的洗发剂、洁齿品、剃须膏及沐浴用制剂，不应作为洗涤剂归入品目 3402，而应分别归入品目 3305、3306 及 3307。

2. 根据品目 3401 的规定，有机表面活性产品及作肥皂用的制剂，条状、块状、模制形状，不论是否含有肥皂；洁肤用的有机表面活性产品及制剂，液状或膏状并制成零售包装的，不论是否含有肥皂；用洗涤剂或肥皂浸渍、涂布或包覆的纸、絮胎、毡呢及无纺织物，这些产品应归入品目 3401。

**【例 2】** 如图所示的洗手液

**图 6-3**

**【归类分析】** 该洗手液符合品目 3401“洁肤用的有机表面活性产品及制剂，液状或膏状并制成零售包装的，不论是否含有肥皂”的规定，故应归入子目 3401.3000。

### （五）润滑剂的归类

根据 3403 品目条文的规定，以石油或从沥青矿物提取的油类为基本成分（按重量计达到 70%及以上）的制剂不归入品目 3403，一般应归入品目 2710。

品目 3403 包括两类产品：

**1. 润滑剂及以润滑剂为基本成分的产品**

**【例 3】** 以聚硅氧烷等为基料的合成润滑剂

**【归类分析】** 合成润滑剂符合品目 3403 的规定，故应归入品目 3403。

**2. 用于纺织材料、皮革、毛皮或其他材料油脂处理的制剂**

一般由矿物油或脂肪物质与表面活性剂（如磺基蓖麻醇酸盐）混合而成，用于润滑、软化、油化或脂化纺织品、皮革、生皮、毛皮等。

### （六）人造蜡及调制蜡的归类

**1. 人造蜡（又称合成蜡）**

人造蜡指由化学法制得的“具有蜡特性”的有机产品，例如，聚乙烯蜡，天然蜡（如褐煤蜡）经部分或全部化学改性而得的蜡。但是根据 2712 品目条文的规定，如果由化学法制得的具有与品目 2712 产品相类似的蜡，仍应归入品目 2712。

“具有蜡特性”是指同时符合下列两个条件：

(1) 滴点在 40℃以上；

(2) 在温度高出滴点 10℃时用旋转黏度测定法测定其黏度不超过 10 泊（或 10000 厘泊）。

另外，这些产品通常具有下列性质：

(1) 轻轻擦磨即出现光泽；

(2) 其稠度及溶解度主要取决于温度；

(3) 温度为 20℃时，一些蜡已柔软并可揉捏（但不粘手，也不呈液态）（软蜡），另一些蜡为脆性（硬蜡），它们并不透明，但可为半透明体；

(4) 温度高于 40℃时，熔化而不分解；

(5) 温度刚高出熔点时不易拉成丝；

(6) 它们是电和热的不良导体。

**2. 调制蜡**

(1) 将两种或两种以上不同种类的动物蜡、植物蜡、其他蜡或不同种类的蜡（动物蜡、植物蜡或其他蜡）混合而得的“具有蜡特性”的产品（例如，不同种类的植物蜡的混合物及某种矿物蜡与某种植物蜡的混合物），但不包括不同种类的矿物蜡的混合物。

(2) 以一种或多种蜡为基料加入脂肪、树脂、矿物质或其他物料制得的“具有蜡特性”的产品（例如，由石蜡和聚乙烯混合而成的蜡，由石蜡和硬脂酸混合而成的用做制蜡烛原料的蜡）。

但是，根据本章章注五的规定，即使“具有蜡特性”，但属于品目 1516、3402、3823 的产品，仍应归入这些品目。另外，本品目的人造蜡及调制蜡如果混于、分散于（悬浮或乳化于）或溶解于某种液体介质中，则不能归入本品目，应按其用途归入品目 3405、3809 等。

### （七）光洁剂、擦洗膏的归类

品目 3405 的光洁剂、擦洗膏具有以下特点：

1. 组成：以蜡、研磨料或其他物料为基料。

2. 用途：用于鞋靴、家具、地板、车身、玻璃或金属（银器、铜器等）等的光洁，用于炊具、洗涤盆、瓷砖、炉具等的擦洗及去污，以及皮革上光等类似用途。

3. 形式：通常呈液态、膏状、粉状、片状、条状等，也包括用这些制剂浸渍、涂面或包覆的纸、絮胎、毡呢、无纺织物、泡沫塑料或海绵橡胶。

例如，由浸渍于松节油或乳化于水中的蜡组成并通常加有着色料的抛光蜡及光洁剂，由极软的抛光材料（如白垩或硅藻土悬浮于石油溶剂及液体肥皂的乳浊液中）组成的金属及玻璃光洁剂，含有金刚石粉的金属等的抛光、加工或精磨用的抛光剂，由极为精细的砂末与碳酸钠及肥皂的混合物组成的去污粉。

# 第三十五章　蛋白类物质；改性淀粉；胶；酶

## 一、本章商品范围

本章包括蛋白类物质、改性淀粉、胶、酶。其结构规律如下：

- 蛋白
  - 酪蛋白……3501
  - 白蛋白……3502
  - 适于作胶的蛋白……3503
  - 其他蛋白……3504
- 改性淀粉……3505
- 其他品目未列名的调制胶……3506
- 酶……3507

## 二、本章商品归类方法

### （一）蛋白质的归类

蛋白质是由多种氨基酸结合而成的高分子化合物，是生物体的一种主要组成物质，也是生命活动的基础。具有催化作用的各种酶和调节生理机能的某些激素都是蛋白质。蛋白质也是动物界重要的营养物质，广泛存在于肉类、蛋类、乳类、豆类、谷类等中。蛋白质种类繁多，其分类也有多种方法。

1. 按来源可分为动物蛋白、植物蛋白、微生物蛋白。

2. 按分子形状可分为球状蛋白和纤维状蛋白。

3. 按溶解性可分为水溶蛋白、盐溶蛋白（溶于盐溶液）、醇溶蛋白（溶于乙醇）、硬蛋白（不溶于水、盐、稀酸、稀碱、乙醇）等。

4. 按化学组成可分为单一蛋白和结合蛋白。前者仅含氨基酸，如白蛋白、球蛋白、谷蛋白、硬蛋白等；后者还含有其他物质（称为辅基），如核蛋白（与核酸结合）、糖蛋白（与糖类结合）、磷蛋白（含磷）、色蛋白（与色素结合）等。

《协调制度》将蛋白质分成酪蛋白（包括其衍生物，如酪蛋白酸钠、酪蛋白酸铵、氯化酪蛋白、溴化酪蛋白）、白蛋白（包括其衍生物，如铁白蛋白盐、溴化白蛋白）、作胶的蛋白、其他蛋白（包括其衍生物，如谷蛋白、球蛋白、角蛋白、核蛋白等），分别归入品目3501、3502、3503和3504。

已制成药品的蛋白质，根据本章章注一（二）的规定，应归入第三十章；血纤维蛋白原、血纤维蛋白、血球蛋白及血清球蛋白、人体正常免疫球蛋白及抗血清（特殊免疫球蛋白），以及治病、防病用的血清白蛋白，应归入品目3002（见该章有关部分）。

### （二）胶的归类

1. 酪蛋白胶归入品目3501，动物胶（如明胶、鱼鳔胶、骨胶、皮胶）归入品目

3503，以淀粉、糊精或其他改性淀粉为基本成分的胶（例如由糊精与氯化镁等混合组成的糊精胶，用氢氧化钠处理淀粉而得的淀粉胶）归入品目 3505，其他品目未列名的调制胶及黏合剂（例如，用化学方法处理天然树胶而得的胶，以硅酸盐等为基料的黏合剂，由橡胶、有机溶剂、填料、硫化剂及树脂的混合物组成的黏合剂）归入品目 3506。

以上各品目的胶，如果制成净重不超过 1 公斤的零售包装，则一律归入品目 3506。

2. 品目 3214 的胶粘剂与品目 3506 的黏合剂的区别：品目 3214 的胶粘剂（mastics）在某些情况下也有将物体的组成部分牢固地粘结起来的作用，但与品目 3506 的黏合剂（adhesives）的不同之处在于它们施用时是以厚层涂敷，从而能够更有效地达到堵塞、封闭或嵌填缝隙的作用，而后者主要起的是将不同材料或物体黏结在一起的作用。

**【例 1】**一种白胶，以聚醋酸乙烯酯、邻苯二甲酸二丁酯、辛醇等为原料组成的白色乳胶状产品，广泛用于木器、胶合板等的粘接，5 千克/桶

**【归类分析】**该产品是一种黏合剂，故应归入品目 3506“其他品目未列名的调制胶及其他调制黏合剂”。

**【例 2】**如图所示的双面胶，由基材（薄薄的棉絮纸）、黏合剂（丙烯酸树脂）、隔离纸（也叫离型纸，使用时揭去）三部分组成

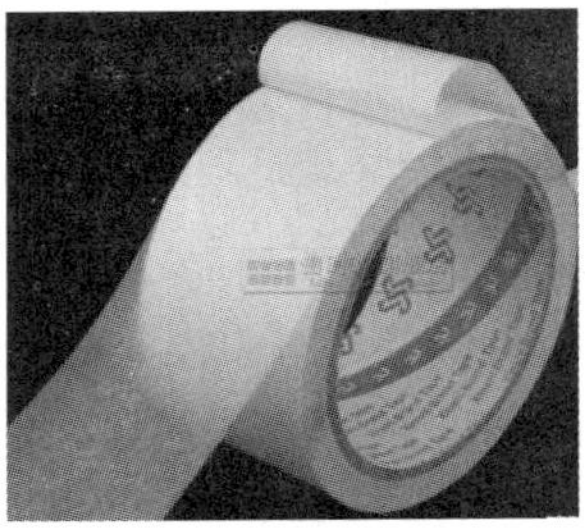

**图 6-4**

**【归类分析】**由于使用时表面的离型纸被揭去，基材也只起承载胶粘剂的作用，故该产品不能按材料（纸）归类，而应按起主要作用的黏合剂归入品目 3506“其他品目未列名的调制胶及其他调制黏合剂”。

### （三）酶的归类

酶是生物体产生的蛋白质，具有引起和调节活性细胞内外特殊化学反应的性能。细胞新陈代谢包括的所有化学反应几乎都是在酶的催化下进行的，如动物的细胞就含有几千种酶，所以酶也被称为生物催化剂。

按化学结构分类，酶可分为由单一蛋白质组成的酶（例如，胃蛋白酶、胰蛋白酶、尿素酶）和由蛋白质结合一个起辅助因素作用的低分子量非蛋白质化合物组成的酶（例如，抗坏血酸氧化酶中的铜，丙酮酸脱羧酶中的二磷酸硫胺素）。

HS 将酶及其他品目未列名的酶制品（例如，由添加有葡萄糖或其他食物的分解蛋白酶组成的嫩肉用的酶制品；含明胶、膨润土等的果胶酶制成的澄清啤酒、葡萄酒用的酶制品）归入品目 3507。

# 第三十六章 炸药；烟火制品；火柴；引火合金；易燃材料制品

## 一、本章商品范围

本章包括炸药，引爆所需的辅助产品，产生光、声、烟、火焰或火花的制品。其结构规律如下：

发射药……………………………………………………………………3601
配制炸药…………………………………………………………………3602
爆炸配件…………………………………………………………………3603
烟火制品…………………………………………………………………3604
火柴………………………………………………………………………3605
其他易燃材料制品………………………………………………………3606

## 二、本章商品归类方法

### （一）与本章所列商品有关但属于单独的已有化学定义的化合物的归类

单独的已有化学定义的化合物，除了下列两项外，应归入第二十八或第二十九章：

1. 制成片、条或类似形状供作燃料用的聚乙醛、六亚甲基四胺（六甲撑四胺）及类似物质；

2. 直接灌注香烟打火机及类似打火器用的液体燃料或液化气体燃料，其包装容器的容积不超过300立方厘米。

### （二）炸药的归类

炸药分为发射药和配制炸药，前者主要供猎枪、火器、火箭用，例如由硝酸钾或硝酸钠、硫及木炭混合物制成的黑色火药，以硝化纤维素为基料与其他产品和二苯胺等稳定剂混合制成的无烟药等；后者包括烈性炸药（如以TNT为基料的混合物制成的黑索莱炸药）和起爆炸药（如以叠氮化铅为基料的混合物制成的起爆炸药），它们燃烧时反应比发射药更为剧烈。前者归入品目3601，后者归入品目3602。

### （三）爆炸配件的归类

这里所称的爆炸配件是指为炸药引爆所需的安全导火索、雷管、引爆器管，它们应归入品目3603，但未装任何炸药或易燃药的物品（小帽、管、电装置等）不归入本章，这些物品应根据其属性归入相应的品目。

### （四）易燃材料制品的归类

品目3606的易燃材料制品仅指由下列易燃材料制得的产品：

1. 聚乙醛、六亚甲基四胺（六甲撑四胺）及类似物质，已制成片、棒或类似形状作燃料用的；以酒精为基本成分的固体或半固体燃料及类似的配制燃料。

2. 直接灌注香烟打火机及类似打火器用的液体燃料或液化气体燃料，其包装容器的容积不超过300立方厘米（例如，容积为250立方厘米装的香烟打火机用的液化丁烷气体）。

3. 树脂火炬、引火物及类似品。

**【例】** 固体酒精，以酒精为基料并含有胶凝物质、纤维素衍生物

**【归类分析】** “固体酒精”属于以酒精为基本成分的半固体燃料，根据本章章注二（一）的规定，应归入品目3606。

# 第三十七章　照相及电影用品

## 一、本章商品范围

本章主要包括在某种基材（如纸、纺织物、塑料等）上涂有感光乳剂而制得的照相及电影用的感光材料，以及在此基础上经曝光、冲洗的产品。按感光、冲洗的过程及基材的不同而分类，其结构规律如下：

- 未曝光
  - 纸、纸板、纺织物以外材料
    - 硬片及平面软片……3701
    - 卷状软片……3702
  - 纸、纸板、纺织物……3703
- 已曝光未冲洗……3704
- 已曝光已冲洗……3705~3706
- 摄影用化学品……3707

## 二、本章商品归类方法

### （一）未曝光的摄影用品的归类

本章所称“摄影”，是指光或其他射线作用于感光面上直接或间接形成可见影像的过程。

摄影用品包括照相用品与电影用品。其中，照相用品既包括一般民用的照相用品，也包括工业上照相印刷等用的照相制版硬片，还包括缩微照相、显微照相、天文照相、宇宙线照相、航空摄影等用的特种硬片及软片等。

对于未曝光的摄影用品，应根据该摄影用品所用的基材来分类，其中以纸、纸板及纺织物以外任何材料制成的（例如，玻璃、金属或石板、塑料等）归入品目3701或3702，以纸、纸板及纺织物制成的归入品目3703。

但是，一次成像片（不管是平片还是卷片）的归类比较特别。一次成像片可以当场拍成完整的正像相片，它由底片、正片、显影剂构成，其中的底片可由不同的材料制成（例如，塑料、纸、纸板或纺织物），正片由经特殊处理的纸带制成。归类时不管其底片由什

么材料制成，一律归入品目 3701 或 3702。

至于品目 3701 与 3702 的区别，则主要看该摄影用品的形状。感光硬片及平面软片归入品目 3701，而卷状的感光软片则归入品目 3702。

### （二）已曝光的摄影用品的归类

未曝光的摄影用品被光线、其他具有足够能量使感光材料起必要反应的射线（γ-射线、χ-射线、紫外线及近红外线）及粒子（或核子）射线照射后即被曝光。

曝光后未经冲洗的归入品目 3704。

由品目 3701、3702 的摄影用品被曝光后经冲洗的，归入品目 3705 或 3706；而由品目 3703 的摄影用品被曝光后经冲洗的，则不再归入本章，其中以纸、纸板为基材的应归入第四十九章的印刷品，以纺织物为基材的应归入第十一类的纺织品。

### （三）摄影用化学品的归类

直接用于产生摄影影像、蓝图等的化学产品应归入品目 3707，如感光乳剂、显影剂、定影剂、调色剂（用以改善影像色彩）、去污渍剂（用以去除显影、定影等过程中产生的污渍）等，但非直接用于产生摄影影像、蓝图等的辅助产品（例如，贴相片的胶水，底片或正片保护及上光用的漆）则不能归入本品目。

复印用碳粉，一般由颜料（如炭黑）与树脂及其他添加剂混合制成，在复印、激光打印时起显影形成文字、图像的作用，故应作为显影剂归入品目 3707。

# 第三十八章　杂项化学产品

## 一、本章商品范围

本章是“杂项”化学产品，即不能归入第六类中前面各章的化学产品，一律归入本章。

本章所包括的化学产品，除了本章章注一（一）所列另有规定的以外，不包括单独的已有化学定义的元素及化合物，它们通常应当归入第二十八章或第二十九章。

由于本章是“杂项”，所以其结构规律不明显。

## 二、本章商品归类方法

### （一）活性产品的归类

品目 3802 的活性产品是指以碳或其他天然矿物质（例如，硅藻土、黏土、铝土矿）为原料，经某种方法处理（例如，用热、化学品等进行处理）使得其表面结构改变，从而具有某些特定性质（例如，脱色、吸气或吸湿、催化、离子交换或过滤）的产品。由此可制得化学吸附剂、催化剂、离子交换剂、过滤剂、脱色剂、干燥剂等。

但是，如果某种天然矿物质的活性能力是天然的，即未经过改变表面结构的处理，则仍应按天然的矿产品归入第二十五章，而不能归入品目 3802。如果是以化学产品为原料，经处理制得的活性产品，例如，用品目 2818 的水合氧化铝，通过控制加热处理，使其失去大部分水分而制得的活性矾土，则仍应归入品目 2818，而不能归入品目 3802。

### （二）农药的归类

这里的“农药”是泛指，包括用以杀灭致病病菌、害虫（蚊子、飞蛾、蟑螂等）、苔藓、霉菌、杂草、鼠类等的一系列产品，也包括通过驱赶、引诱、化学绝育等手段达到驱赶、减少、杀灭害虫的化学产品。但具有药物（包括兽用药）基本特性的消毒剂、杀虫剂等则应按药品归入品目 3003 或 3004。

满足以下条件的“农药”归入品目 3808：

1. 制成零售包装（例如，金属容器或纸板盒），或其形状已明显表明通常供零售用（例如，圆球形、片剂形或板状）。

制成这些形状的产品可以是混合物，也可以是非混合物。非混合产品主要是已有化学定义的化合物。例如，萘或 1,4-二氯苯如果不制成上述形状，则应归入第二十九章。

2. 制成制剂，不论其形状如何。例如，滴滴涕（DDT）溶于溶剂得到的 25%乳油，食物（小麦粒、糠、糖蜜等）与毒剂混合而成的毒饵。

3. 制成制品。例如，经硫处理的带条、杀虫灯芯及蜡烛（供住宅等的消毒、熏蒸用），捕蝇纸，果树用的涂油带等。

品目 3808 还包括满足以上条件的用以抑制或促进植物生理进程的抗萌剂及植物生长调节剂，它们的作用是破坏植物生长或增强植物生长活力并提高作物收成。

**【例 1】** 1.25%灭害灵气雾剂，含 1.0%三氯杀虫酯、0.25%氰戊菊酯及脱臭煤油，主要用于杀灭蟑螂、蚊子、苍蝇等，可用于餐厅、厨房及公共场所，600 毫升气雾罐包装

**【归类分析】** 该产品是一种农药，并且含有多种成分，故应归入品目 3808。

### （三）纺织、造纸、制革及类似工业用的“助剂”的归类

这里的“助剂”是指通常用于纱线、织物、纸、纸板、皮革及类似材料的处理或整理的一系列产品。

如果这样的“添加剂”属于“单独的已有化学定义的化合物”，则一般归入第二十八章或第二十九章。

如果这样的“助剂”在《协调制度》其他品目已有列名，则按列名的品目归类。例如，用于纺织材料、皮革、毛皮或其他材料的油脂处理制剂，应根据其组成而归入品目 2710 或 3403；用于皮革处理的调制色料应归入第三十二章，等等。

如果这样的“助剂”在《协调制度》其他品目未列名，则应归入品目 3809。

例如，以天然淀粉物质、胶粘物质、明胶、酪蛋白、植物胶或松香等为基料制成的上浆剂；以甘油、咪唑啉衍生物等为基料制成的软化剂；以天然或合成高分子化合物为基料制成的填充剂；以蜡、聚乙二醇的乳剂为基料制成的增光剂，用来增强纺织品表面的光泽；以氨盐为基料制成的阻燃剂；其他还有防皱折剂、防收缩剂、抗水剂、去油剂、增湿剂、上光剂、防水剂等。

**【例 2】** 以联苯或苯、苯酚、羟基甲苯甲酸衍生物为基料制成的染色助剂

**【归类分析】** 染色助剂可用来加速印染过程，但染色助剂不是染料，故不能归入第三十二章，应按纺织工业用的“助剂”归入品目 3809。

**【例3】**以酪蛋白、淀粉、动物胶、纤维素衍生物等制成的黏合剂，用来粘纸张表面涂料混合物中的颜料微粒

**【归类分析】**该产品尽管叫黏合剂，但并不是用于材料或物体的黏结，而是去除纸张涂料中多余的颜料微粒，故应按造纸工业用的“助剂”归入品目3809。

### （四）用于矿物油的配制“添加剂”的归类

品目3811的添加剂必须符合两个条件：

1. 用于矿物油或与矿物油同样用途的其他液体。这里的“矿物油”包括原油、汽油、润滑油等，而“与矿物油同样用途的其他液体”主要包括以醇类（例如，酒精—汽油混合燃料）为基料的燃料及合成润滑剂（例如，以聚硅氧烷为基本成分制成的润滑剂）。

2. 用以消除（或减少）所不需要的性能，或者赋予（或增强）所需要的性能。例如，用于原油的防腐蚀添加剂，用于汽油的抗震剂、氧化抑制剂、除垢剂、防胶剂（用以防止胶物质在汽化器及发动机入口中形成），用于润滑油的黏度改良剂、去垢剂、分散剂、防锈剂、氧化抑制剂等。

要注意的是，如果这些“添加剂”属于“单独的已有化学定义的化合物”，则一般归入第二十八章或第二十九章。

### （五）橡胶或塑料用“添加剂”的归类

品目3812的橡胶或塑料用添加剂，包括橡胶促进剂、橡胶或塑料用增塑剂、橡胶或塑料用抗氧制剂及其他稳定剂，并且它们必须是混合物。如果属于“单独的已有化学定义的化合物”，则一般归入第二十八章或第二十九章。例如，用做增塑剂的邻苯二甲酸二辛酯应归入品目2917。

1. 橡胶促进剂又称为硫化促进剂，可缩短硫化时间，降低硫化温度，减少硫化剂用量，提高橡胶的物理性能，如二苯胍、二硫代氨基甲酸盐类、二硫化四烷基秋兰姆、六亚甲基四胺、巯基苯并噻唑等。

2. 增塑剂是在橡胶或塑料工业中，用以提高可塑性和流动性能，并使产品具有柔韧性的添加剂，如邻苯二甲酸二丁酯、邻苯二甲酸二辛酯、磷酸三甲酚酯、葵二酸二辛酯等。

3. 抗氧剂用于防止橡胶或塑料的硬化或老化，如以N-萘胺为基本成分的制剂等。

4. 其他稳定剂，用于控制反应速度，保持化学平衡，提高橡胶或塑料产品的耐热性、耐光性等。

### （六）其他品目未列名的有机复合溶剂及稀释剂的归类

单独的已有化学定义的溶剂及稀释剂通常归入第二十九章；《协调制度》其他品目已具体列名的溶剂及稀释剂也应归入其相应品目，如石油溶剂归入品目2710，脂松节油或木松节油或硫酸盐松节油归入品目3805，等等。

如果是其他品目未列名的有机复合溶剂及稀释剂则应归入品目3814，如含丙酮、乙酸甲酯、甲醇的混合溶剂，含乙酸乙酯、丁醇、甲苯的混合溶剂，等等。这些有机复合溶剂及稀释剂主要用于配制油漆或用做机械零件等的去油脂剂。

### （七）催化剂的归类

能引起或促进化学反应，其自身的组成和数量在反应前后保持不变的物质称为催化剂。催化剂一般具有选择性，即一种催化剂一般只对某一类反应具有明显的加速作用，对其他的反应则加速作用很小或没有加速作用。

1. 催化剂如果纯粹由单独的已有化学定义的化合物组成，则一般归入第二十八章或第二十九章。

2. 催化剂如果纯粹由金属或金属合金组成，则归入第十四类或第十五类。

3. 橡胶硫化用的配制橡胶促进剂，尽管也属于催化剂，但因为品目 3815 是“其他品目未列名的催化剂”，故应优先归入品目 3812。

4. 其他催化剂归入品目 3815。例如，由有机过氧化物的有机溶液制成的“自由基催化剂”，由乙酸钙与三氧化锑的混合物制成的“缩聚反应催化剂”；由某些金属化合物为活性物质，分散负载在载体（如活性炭、硅藻土、硅胶、硅化石粉）上制成的“载体催化剂”。

5. 与催化剂相类似的反应引发剂、反应促进剂的归类与催化剂相同。

### （八）生产半导体元件的某些材料的归类

根据第二十八章章注八的规定，经掺杂（按比例掺入微量硼、磷等）用于电子工业的化学元素（硅或硒），如果拉制后未经加工或呈圆筒状或棒状，应归入品目 2804；如果经进一步加工成圆片、薄片或类似形状，则应归入品目 3818。但是，如果再经进一步加工（例如，经选择扩散加工），则应作为半导体元件归入品目 8541。

另外，经掺杂（按比例掺入少量锗、碘等）用于电子工业的化合物（硒化镉、硫化镉、砷化铟等）也归入品目 3818。

### （九）液压传动用液体的归类

闸用液压油及其他液压传动用液体，如果按重量计石油或从沥青矿物提取的油类含量在 70%及以上，应归入品目 2710；如果不含石油或从沥青矿物提取的油类（例如，由蓖麻油、2-乙氧基乙醇与丁醇混合物组成的液压传动用液体），或者尽管含有石油或从沥青矿物提取的油类，但按重量计石油或从沥青矿物提取的油类的含量低于 70%，则应归入品目 3819。

### （十）实验用试剂的归类

实验用试剂不仅包括诊断试剂，还包括除了用于检测或诊断以外的其他分析试剂。诊断和实验室用试剂可用于医疗、兽医、科研或工业实验室的诊断、分析，使用场所范围很广，包括医院、工厂，甚至还可以在家庭使用。

1. 品目 3822 的“诊断试剂”与品目 3006 中的“诊断试剂”的区别在于：前者用于体外（如体外验血、验尿用的试剂），后者用于体内。

2. 归入品目 3822 的实验用试剂还必须符合下列条件：

（1）附于衬背上。例如，浸渍或涂布了一种或多种诊断或实验用试剂的纸、塑料或者其他材料（作为衬背或载体），如石蕊试纸、pH 值试纸、极谱纸或预涂布的免疫测定板。

（2）如果未附于衬背上，则必须是含有一种以上成分的“配制”试剂，否则一般归入第二十八或二十九章。

### （十一）工业用脂肪醇等的归类

品目 3823 包括工业用单羧脂肪酸，精炼所得的酸性油，工业用脂肪醇。

1. 单羧脂肪酸指由羧基与脂肪烃基连接而成的一元羧酸，包括饱和脂肪酸和不饱和脂肪酸，前者如软脂酸 $CH_3(CH_2)_{14}COOH$、硬脂酸 $CH_3(CH_2)_{16}COOH$，后者如油酸 $CH_3(CH_2)_7CH=CH(CH_2)_7COOH$。

工业用单羧脂肪酸是由天然油、脂经皂化或水解处理所得到的产品，一般由于工业生产中杂质较多，纯度相对不高。所以，纯度在 85%以下（以干燥产品的重量计）的油酸及纯度在 90%以下（以干燥产品的重量计）的其他脂肪酸，归入品目 3823；而经过进一步精炼，纯度在上述标准以上的，则应归入第二十九章的相应品目。

**2. 精炼所得的酸性油**

对粗榨油进行精炼过程中得到的皂料，经用无机酸分解，即得到游离脂肪酸含量很高的“精炼所得的酸性油”。

**3. 工业用脂肪醇**

脂肪醇是由羟基与脂肪烃基连接而成的醇，如硬脂醇 $CH_3(CH_2)_{16}CH_2OH$、月桂醇 $CH_3(CH_2)_{10}CH_2OH$ 等。

工业用脂肪醇一般由工业脂肪酸经还原反应制得。与上述 1 相似，归入品目 3823 的是纯度在 90%以下（以干燥产品的重量计）的工业用脂肪醇，而纯度在 90%及以上（以干燥产品的重量计）的脂肪醇，则应归入第二十九章的相应品目。

### （十二）生物柴油的归类

根据本章章注七的规定，生物柴油是指从动植物油脂（不论是否使用过）得到的用做燃料的脂肪酸单烷基酯。作为生物柴油归类有三个要素：来源于动植物油脂，做燃料使用，主要成分是脂肪酸单烷基酯。

动植物油脂的主要成分是脂肪酸的甘油酯，通过与某些一元醇（如甲醇、乙醇）酯化反应，从而得到脂肪酸单烷基酯。

如果将生物柴油与石油成品油进行混合，则当石油含量≥70%时，应归入品目 2710；当石油含量<70%时，应归入品目 3826。

### （十三）其他化学产品的归类

不能归入第六类中前面各章的化学产品，又未在本章其他品目列名的化学产品，其归类方法如下：

1. 如果属于化学工业及其相关工业的废物，则应归入品目 3825。

2. 其他未列名的化学工业及其相关工业的化学产品，则应归入品目 3824。

**【例 4】** 以碳酸钠、硅酸钠、鞣酸等为基料制成的防垢剂，用于防止锅炉中水垢的形成

**【归类分析】** 由于不能归入第六类中其他品目，故按“其他品目未列名的化学工业及其相关工业的化学产品”归入品目 3824。

**【例 5】**混合惰性气体，其中氙气 15%、氦气 35%、氖气 50%，装于钢瓶

**【归类分析】**该混合惰性气体为 3 种稀有气体的混合物，不是单独的元素，不符合第二十八章章注一（一）的规定，不能归入第二十八章，故应作为“未列名的化工产品”归入品目 3824。

## 思考与练习

**商品归类题：**

1. 安乃近原药，10 公斤桶装
2. 感冒退热冲剂，含大青叶、板蓝根、连翘等，18 克/袋
3. 对苯二甲酸钠
4. 化学纯的乙醇
5. 磷酸钙肥料，50 公斤装
6. 磷酸氢二铵 $(NH_4)_2HPO_4$，5 公斤包装
7. 洗衣粉用的荧光增白剂
8. 由硫化镉和少量硫酸钡混合而成的黄色颜料
9. 以聚醋酸乙烯酯为基本成分，加上颜料、有机溶剂制的防锈漆
10. 苦杏仁油
11. 剃须膏
12. 美容香皂
13. 500 毫升瓶装洗涤精，用于清洗餐具
14. 500 毫升瓶装空气清新剂
15. 湿纸巾，将无纺布用含有有机表面活性剂的化学成分处理后再经灭菌处理而成，零售包装
16. 500 毫升瓶装羊毛衫洗涤剂
17. 彩色 135 胶卷，35 毫米×156 厘米
18. 彩色显影液
19. 医用 X 光片，规格 20 厘米，成卷
20. 由 70%邻苯二甲酸二辛酯和 30%邻苯二甲酸二壬酯制的增塑剂

# 阅读材料一：元素与无机化合物分子结构

## （一）元素（品目 2801~2805）

自然界存在和人工合成的化学元素有 100 多种，如此众多的化学元素之间存在一定的规律，下表是反映其规律的一张元素周期表：

| | 1 | 2 | 3 | 4 | 5 | 6 | 7 | 8 | 9 | 10 | 11 | 12 | 13 | 14 | 15 | 16 | 17 | 18 |
|---|---|---|---|---|---|---|---|---|---|---|---|---|---|---|---|---|---|---|
| 1 | 1 H 氢 | | | | | | | | | | | | | | | | | 2 He 氦 |
| 2 | 3 Li 锂 | 4 Be 铍 | | | | | | | | | | | 5 B 硼 | 6 C 碳 | 7 N 氮 | 8 O 氧 | 9 F 氟 | 10 Ne 氖 |
| 3 | 11 Na 钠 | 12 Mg 镁 | | | | | | | | | | | 13 Al 铝 | 14 Si 硅 | 15 P 磷 | 16 S 硫 | 17 Cl 氯 | 18 Ar 氩 |
| 4 | 19 K 钾 | 20 Ca 钙 | 21 Sc 钪 | 22 Ti 钛 | 23 V 钒 | 24 Cr 铬 | 25 Mn 锰 | 26 Fe 铁 | 27 Co 钴 | 28 Ni 镍 | 29 Cu 铜 | 30 Zn 锌 | 31 Ga 镓 | 32 Ge 锗 | 33 As 砷 | 34 Se 硒 | 35 Br 溴 | 36 Kr 氪 |
| 5 | 37 Rb 铷 | 38 Sr 锶 | 39 Y 钇 | 40 Zr 锆 | 41 Nb 铌 | 42 Mo 钼 | 43 Tc 锝 | 44 Ru 钌 | 45 Rh 铑 | 46 Pd 钯 | 47 Ag 银 | 48 Cd 镉 | 49 In 铟 | 50 Sn 锡 | 51 Sb 锑 | 52 Te 碲 | 53 I 碘 | 54 Xe 氙 |
| 6 | 55 Cs 铯 | 56 Ba 钡 | 镧系 | 72 Hf 铪 | 73 Ta 钽 | 74 W 钨 | 75 Re 铼 | 76 Os 锇 | 77 Ir 铱 | 78 Pt 铂 | 79 Au 金 | 80 Hg 汞 | 81 Tl 铊 | 82 Pb 铅 | 83 Bi 铋 | 84 Po 钋 | 85 At 砹 | 86 Rn 氡 |
| 7 | 87 Fr 钫 | 88 Ra 镭 | 锕系 | 104 Rf | 105 Db | 106 Sg | 107 Bh | 108 Hs | 109 Mt | 110 Ds | 111 Uuu | 112 Uub | 113 Uut | 114 Uuq | 115 Uup | 116 Uuh | 117 Uus | 118 Uuo |

| | | | | | | | | | | | | | | | |
|---|---|---|---|---|---|---|---|---|---|---|---|---|---|---|---|
| 镧系元素 | 57 La 镧 | 58 Ce 铈 | 59 Pr 镨 | 60 Nd 钕 | 61 Pm 钷 | 62 Sm 钐 | 63 Eu 铕 | 64 Gd 钆 | 65 Tb 铽 | 66 Dy 镝 | 67 Ho 钬 | 68 Er 铒 | 69 Tm 铥 | 70 Yb 镱 | 71 Lu 镥 |
| 锕系元素 | 89 Ac 锕 | 90 Th 钍 | 91 Pa 镤 | 92 U 铀 | 93 Np 镎 | 94 Pu 钚 | 95 Am 镅 | 96 Cm 锔 | 97 Bk 锫 | 98 Cf 锎 | 99 Es 锿 | 100 Fm 镄 | 101 Md 钔 | 102 No 锘 | 103 Lr 铹 |

（表中的阿拉伯数字代表该元素的序号，英文字母代表该元素的元素符号。）

在这张元素周期表中，包含金属与非金属两类元素。其中，金属占大部分，而非金属只占很小一部分。

**1. 非金属元素**

非金属元素一共有20种，包括卤素（氟F、氯Cl、溴Br、碘I），硫S，碳C，氢H，稀有气体（氦He、氖Ne、氩Ar、氪Kr、氙Xe），氧O，硒Se，碲Te，氮N，磷P，砷As，硅Si，硼B。

**2. 金属元素**

金属元素包括碱金属（锂Li、钠Na、钾K、铷Rb），碱土金属（钙Ca、锶Sr、钡Ba），稀土金属（镧La、铈Ce、镨Pr、钕Nd、钐Sm、铕Eu、钆Gd 、铽Tb、镝Dy、钬Ho、铒Er、铥Tm 、镱Yb 、镥Lu）。另外，还包括钪Sc、钇Y和汞Hg。

其他金属还有贵金属（金、银、铂、钯、铑、铱、锇、钌）和贱金属（铁、铜、镍、铝、铅、锌、锡、钨、钼、钽、镁、钴、铋、镉、钛、锆、锑、锰、铍、铬、锗、钒、镓、铪、铟、铌、铼及铊）。

另外还有放射性金属（锝Tc、钷Pm、钋Po及原子数序数大于84的元素，例如，钍Th、铀U、钚Pu等等）。

## （二）无机酸、非金属无机氧化物（品目2806~2811）

**1. 无机酸**

无机酸是指在水溶液中能电离产生$H^+$的化合物。根据酸根的组成，无机酸可分为无氧酸和含氧酸，前者如盐酸（HCl），后者如硫酸（$H_2SO_4$）、硝酸（$HNO_3$）、磷酸（$H_3PO_4$）等。

在含氧酸中，如果酸根是由金属与氧结合的，则称为金属酸，但金属酸可看成是金属的氢氧化物或氧化物。

**2. 非金属无机氧化物**

非金属无机氧化物是指由非金属元素与氧元素形成的化合物。例如，由非金属元素硫（S）与氧（O）形成的化合物二氧化硫（$SO_2$）就是一种非金属无机氧化物。

## （三）非金属卤化物、卤氧化物、硫化物（品目2812~2813）

**1. 非金属卤化物**

非金属卤化物是指由非金属元素与卤素形成的化合物。例如，由非金属元素氮（N）

与氯（Cl）形成的化合物三氯化氮（$NCl_3$）就是一种非金属卤化物。

当然，由于非金属元素碳（C）与卤素形成的化合物属于有机化合物，非金属元素氢（H）与卤素可形成无机酸，因此，这里的非金属卤化物中的非金属元素应不包括碳（C）和氢（H）。

**2. 非金属卤氧化物**

非金属卤氧化物是指由非金属元素与氧和卤素形成的化合物。例如，由非金属元素磷（N）与氧（O）和氯（Cl）形成的化合物三氯氧化磷（POCl3）就是一种非金属卤氧化物。

**3. 非金属硫化物**

非金属硫化物是指由非金属元素与硫元素形成的化合物。例如，由非金属元素碳（C）与硫（S）形成的化合物二硫化碳（$CS_2$）就是一种非金属硫化物。

当然，由于非金属元素氢（H）与硫元素可形成无机酸，因此，这里的非金属硫化物中的非金属应不包括氢（H）。

### （四）无机碱、金属氧化物、金属过氧化物（品目2814~2825）

**1. 无机碱**

无机碱是指在水溶液中能电离产生$OH^-$的化合物。

《协调制度》又将无机碱分为金属氢氧化物和其他无机碱。前者是指由金属元素与氢氧根（$OH^-$）形成的化合物，例如，由金属元素钠（Na）与氢氧根（$OH^-$）形成的化合物氢氧化钠（NaOH）就是一种金属氢氧化物；后者是指在分子结构中不含氢氧根（$OH^-$）的无机碱及不含金属的无机碱，例如，氨水（$NH_3H_2O$）、品目肼（$NH_2NH_2$）、胲（$NH_2OH$）就属于其他无机碱。

**2. 金属氧化物**

金属氧化物是指由金属元素与氧元素形成的化合物。例如，由金属元素铜（Cu）与氧（O）形成的化合物氧化铜（CuO）就是一种金属氧化物。

**3. 金属过氧化物**

金属过氧化物是指由金属元素与过氧基（O—O）形成的化合物。例如，由金属元素钡（Ba）与过氧基（O—O）形成的化合物过氧化钡（$BaO_2$）就是一种金属过氧化物。

### （五）无机酸盐、无机过氧酸盐（品目2826~2842）

**1. 无机酸盐**

无机酸盐是指由金属或铵根离子（$NH_4^+$）与酸根离子形成的化合物。

根据酸根的不同情况，无机酸盐又可分为无氧酸盐和含氧酸盐，区别在于前者的酸根不含氧而后者的酸根含氧。无氧酸盐一般称为某化某，如氯化钙（$CaCl_2$）、硫化锌（ZnS）等；含氧酸盐一般称为某酸某，如碳酸铵（$NH_4$）$_2CO_3$、硼酸钠$Na_2B_4O_7$等。

在含氧酸盐中，如果酸根是金属酸根，则称为金属酸盐，如铬酸钠（$Na_2CrO_410H_2O$）、钒酸铵（$NH_4VO_3$）等。

另外，根据组成的不同，无机酸盐又可分为正盐、酸式盐、碱式盐、复盐、络盐。酸式盐是指分子组成中含有H的盐，如硫酸氢钠$NaHSO_4$；碱式盐是指分子组成中含有OH

的盐，如碱式碳酸铜 $Cu_2(OH)_2CO_3$；复盐是指由两种或两种以上的简单盐类组成的化合物，如氯化锌铵 $NH_4ClZnCl_2$、磷酸氢钠铵 $NaNH_4HPO_44H_2O$；络盐是指由络离子形成的盐，如四硫氰酸根二氨合铬酸铵 $NH_4Cr(NH_3)_2(SCN)_4H_2O$。

**2. 无机过氧酸盐**

无机过氧酸盐是指由金属或铵根离子（$NH_4^+$）与过氧酸根离子形成的化合物，如过二硫酸铵 $(NH_4)_2S_2O_8$、过碳酸钠 $Na_2CO_4$ 等。

另外，如果过氧酸根离子为金属过氧酸根离子，则称为过（氧）金属酸盐，如过铬酸钠。

### （六）杂项产品（品目 2843~2853）

**1. 放射性元素、放射性同位素、含放射性元素或同位素的化合物（无机或有机）及其混合物及残渣**

放射性元素指本章章注六（一）所列的锝、钷、钋及原子序数大于 84 的元素。

**2. 其他同位素、其他同位素的化合物（无机或有机）**

其他同位素指上述放射性同位素之外的同位素，即非放射性的同位素，如氘 2H。

其他同位素的化合物（无机或有机）指由以上的同位素所形成的无机或有机化合物，如由氘制成的重甲烷。

**3. 胶态贵金属、贵金属汞齐、贵金属的化合物（无机或有机）**

这里的贵金属指银、金、铂、铱、锇、钯、铑、钌。

胶态贵金属指贵金属通过一定的方法（如用胶体磨粉碎或其他方法）制成极细（一般在 1 微米以下）的粒子，这样的粒子能悬浮在水中而形成胶体，如胶态银。

贵金属汞齐是指贵金属与汞（俗称水银）形成的合金，如银汞齐。

贵金属的无机化合物是指由贵金属元素与其他元素形成的无机化合物，如硫酸银。

贵金属的有机化合物是指由贵金属元素与其他元素形成的有机化合物，如乙酸银。

**4. 稀土金属、钇、钪及其混合物的化合物（无机或有机）**

这里的稀土金属指元素周期表中除钷以外的镧系金属元素。

稀土金属、钇、钪及其混合物的化合物（无机或有机）指由稀土金属、钇、钪或者它们的混合物与其他元素形成的无机或者有机化合物，如二氧化铈。

**5. 汞的化合物（无机或有机）**

指汞与其他因素形成的无机或有机化合物，如硫化汞，乙酸汞。

**6. 过氧化氢**

过氧化氢是指由氢（H）与过氧基（O—O）形成的化合物 $H_2O_2$。

**7. 其他非金属化合物**

它们是由金属或非金属与磷、碳、氢、氮、硅、硼这些非金属结合而形成的化合物。

例如，磷化物是指由金属或非金属与磷结合而形成的化合物（如磷化钙 $Ca_3P_2$），碳化物是指由金属或非金属与碳结合而形成的化合物（如碳化钙 $CaC_2$），氮化物是指由金属或非金属与氮结合而形成的化合物（如氮化硼 BN）。

# 阅读材料二：有机化合物分子结构

**（一）烃（品目 2901～2902）**

烃，又称碳—氢化合物，指由碳（C）与氢（H）两种元素所组成的化合物。

按其结构是否成环，烃分为无环烃与环烃。其中，环烃又分为脂（肪）环烃与芳香（环）烃，前者指芳香（环）烃以外的环烃，如环丙烷△（分子式写成 $C_3H_6$），后者指分子结构中含有苯环结构的烃，如苯 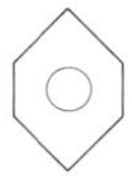 （分子式写成 $C_6H_6$）、萘 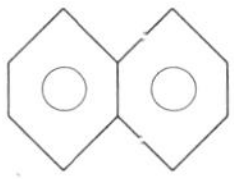 （分子式写成$C_{10}H_8$）。

按碳与碳之间的连接方式，烃又可分为饱和烃与不饱和烃。前者指碳与碳之间以单键连接，如果形成的是无环烃，则称为烷烃，如甲烷 $CH_4$、乙烷 $CH_3-CH_3$（分子式写成 $C_2H_6$）；如果形成的是脂环烃，则称为环烷烃，如环己烷 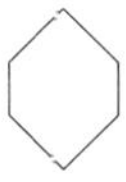 （分子式写成 $C_6H_{12}$）。后者指碳与碳之间以双键或三键连接，如果形成的是无环烃，则称为烯烃或炔烃，如乙烯 $H_2C=CH_2$（分子式写成 $C_2H_4$）、乙炔 $HC\equiv CH$（分子式写成 $C_2H_2$）；如果形成的是脂环烃，则称为环烯烃，如 1,4-环己二烯 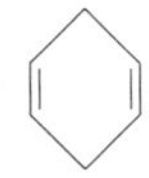 （分子式写成 $C_6H_8$）。在环烯烃中，有一类特殊的环烯烃称为环萜烯，它们的特点是分子式为（$C_5H_8$）n，n 是≥2 的整数，如莰烯

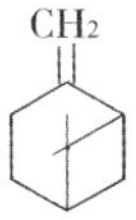
（分子式写成 $C_{10}H_{16}$）。

详细分类情况见下列图示：

- 烃
  - 无环烃
    - 饱和：烷
    - 不饱和
      - 烯
      - 炔
  - 环烃
    - 脂肪环
      - 饱和：环烷
      - 不饱和：环烯、环萜烯
    - 芳香环

**（二）烃的卤化、磺化、硝化、亚硝化衍生物（品目 2903～2904）**

**1. 烃的卤化衍生物**

烃的卤化衍生物指烃中的 H 被卤素（氟 F、氯 Cl、溴 Br、碘 I）代替而形成的化合物，如二溴甲烷 $CH_2Br_2$ 可看成是甲烷 $CH_4$ 中的两个氢 H 被两个溴 Br 代替而形成的化合物，所以应作为烃的卤化衍生物。

**2. 烃的磺化衍生物**

烃的磺化衍生物指烃中的 H 被磺基——$SO_3H$ 代替而形成的化合物，如苯磺酸

$C_6H_5SO_3H$ 属于烃的磺化衍生物。

烃的磺化衍生物还包括磺酸盐和磺酸酯。

磺酸酯可看成是磺酸与醇或酚所形成的，根据本章章注五的规定，应用“从后归类”的办法归入相应的磺酸与醇或酚的最后一个编号。例如，苯磺酸甲酯 $C_6H_5SO_3CH_3$ 可看成是由苯磺酸 $C_6H_5SO_3H$ 与甲醇 $CH_3OH$ 所形成的。

磺酸盐可看成是由磺酸而来的。例如，苯磺酸钠 $C_6H_5SO_3Na$ 可看成是由苯磺酸 $C_6H_5SO_3H$ 中的氢离子 $H^+$ 被金属阳离子 $Na^+$ 取代所形成的。

**3. 烃的硝化衍生物**

烃的硝化衍生物指烃中的 H 被硝基—$NO_2$ 代替而形成的化合物，如邻硝基甲苯

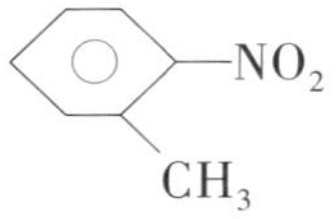


（邻，代表苯环上有两个取代基，这两个取代基处于相邻的位置；同理，间，代表两个取代基处于相间的位置；对，则代表两个取代基处于相对的位置，见下图）属于烃的硝化衍生物。

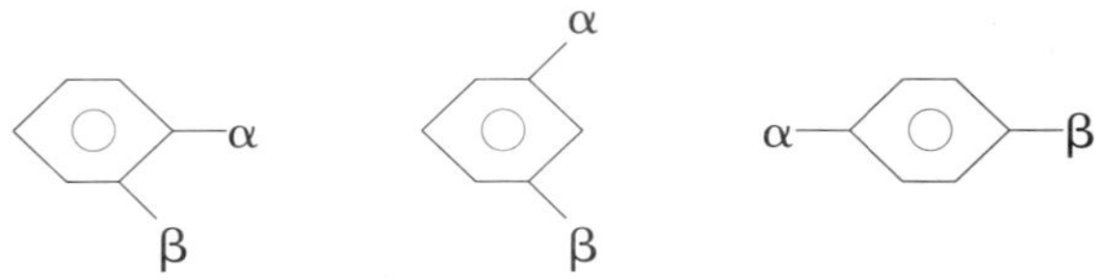


邻　　　　间　　　　对

**4. 烃的亚硝化衍生物**

烃的亚硝化衍生物指烃中的 H 被亚硝基—NO 代替而形成的化合物，如亚硝基苯 $C_6H_5NO$。

**5. 复合衍生物**

复合衍生物指含有以上两种或两种以上前述衍生物的有机化合物，如邻硝基苯磺酸

，由于分子结构中同时含有硝基和磺基两种衍生物，因此属于复合衍生物。

**（三）醇（品目 2905～2906）**

醇是指烃中的 H 被羟基—OH 代替而形成的化合物，但是，如果是芳香环上的 H 被羟基—OH 代替而形成的化合物，则不是醇而是酚［见下面的（四）部分］。根据烃的结构，醇分为无环醇与环醇。

**1. 无环醇**

无环醇指由无环烃而形成的醇。按羟基—OH 的个数分为一元醇（如甲醇 $CH_3OH$）、二元醇（如乙二醇 $HOCH_2—CH_2OH$）和多元醇（如丙三醇 $HOCH_2—CHOH—CH_2OH$）。根据无环烃的结构，又可分为饱和醇（如乙醇 $CH_3CH_2OH$）和不饱和醇（如烯丙醇 $CH_2=CH—CH_2OH$）。

例如，香叶醇的分子结构为 $H_3C—\underset{\displaystyle CH_3}{\underset{|}{C}}=CHCH_2CH_2\underset{\displaystyle CH_3}{\underset{|}{C}}=CHCH_2OH$。

它是无环一元醇，烃的分子结构不饱和，并且属于萜烯结构［萜烯指异戊二烯的低聚

体，其分子式可写成（$C_5H_8$）n，n 是≥2 的整数]。

**2. 环醇**

环醇指由环烃而形成的醇。同样，根据烃的结构，环醇可分为脂环醇（如环己醇 $C_6H_{11}OH$）与芳香醇（如苯甲醇 $C_6H_5CH_2OH$），其中脂环醇又分为环烷醇、环烯醇、环萜烯醇。

**3. 醇的卤化、磺化、硝化、亚硝化衍生物**

醇的卤化、磺化、硝化、亚硝化衍生物指分子结构中既含有羟基—OH（注意，不包括酚），又含有卤化、磺化、硝化、亚硝化衍生物或它们的复合衍生物。

其中，又分为无环醇的卤化、磺化、硝化、亚硝化衍生物和环醇的卤化、磺化、硝化、亚硝化衍生物。

## （四）酚（品目 2907~2908）

**1. 酚**

酚是指芳香环上的 H 被羟基—OH 代替而形成的化合物，如苯环上的 H 被羟基—OH 代替所得的是苯酚 $C_6H_5OH$，萘环上的 H 被羟基—OH 代替所得的是萘酚 $C_{10}H_7OH$。

根据直接连接在芳香环上的羟基—OH 的个数，酚又分为一元酚（如邻甲苯酚）和多元酚（如对苯二酚）。

**2. 酚醇**

酚醇指分子结构中既含有酚又含有醇的有机化合物。例如，水扬醇 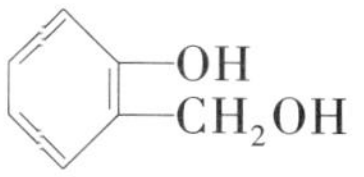

的分子结构中含有酚和醇两种官能团，所以属于酚醇。

**3. 酚及酚醇的卤化、磺化、硝化、亚硝化衍生物**

酚的卤化、磺化、硝化、亚硝化衍生物指分子结构中既含有酚，又含有卤化、磺化、硝化、亚硝化衍生物或它们的复合衍生物，如邻氯苯酚。

酚醇的卤化、磺化、硝化、亚硝化衍生物指分子结构中既含有酚，又含有醇，同时还含有卤化、磺化、硝化、亚硝化衍生物或它们的复合衍生物。

## （五）醚（品目 2909~2911）

**1. 醚**

醚指分子结构中含有醚基—O—的有机化合物，即氧元素与两个烃基连接。根据烃的结构，醚分为无环醚（如甲醚 $CH_3OCH_3$）与环醚，后者又可细分为脂环醚（如甲基环己烷基醚 $CH_3OC_6H_{11}$）与芳香醚（如苯甲醚 $C_6H_5OCH_3$）。

**2. 醚醇**

醚醇指分子结构中既含有醚又含有醇的有机化合物（半缩醛除外），如二甘醇 $CH_2OH—CH_2O—CH_2CH_2OH$。

**3. 醚酚**

醚酚指分子结构中既含有醚又含有酚的有机化合物，如邻甲氧基苯酚 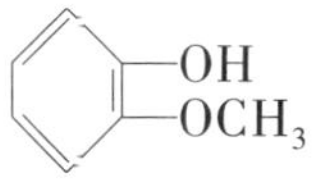

。

**4. 醚醇酚**

醚醇酚指分子结构中既含有醚，又含有醇和酚的有机化合物。

**5. 过氧化醇**

过氧化醇指分子结构中含有过氧基—OO—，形成 R—OOH 形式的有机化合物，如乙基过氧化氢 $CH_3CH_2—OOH$。

**6. 过氧化醚**

过氧化醚指分子结构中含有过氧基—OO—，形成 R—OOR 形式的有机化合物，如过氧化二乙基 $CH_3CH_2OOCH_2CH_3$。

**7. 过氧化酮**

过氧化酮指分子结构中连接过氧基—OO—的 C 上同时连接—OH 的有机化合物，如过氧化 2-丁酮 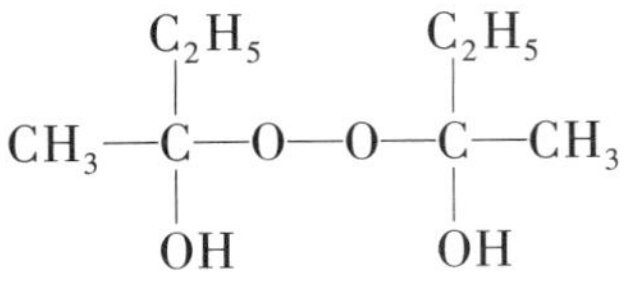 。

**8. 卤化、磺化、硝化、亚硝化衍生物**

上述 1~7 的化合物还可以同时含有卤化、磺化、硝化、亚硝化衍生物或它们的复合衍生物。例如，对硝基苯乙醚 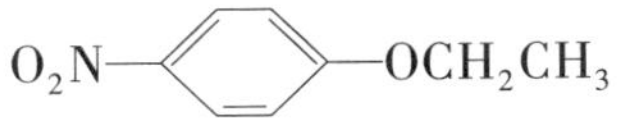 属于芳香醚的卤化衍生物。

**9. 三节环环氧化物、环氧醇、环氧酚、环氧醚**

三节环环氧化物指分子结构中含有三节环，并且环中含有醚基—O—的有机化合物，如甲基环氧乙烷 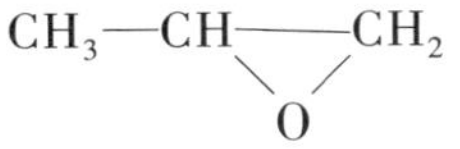 。

含三节环的环氧醇、环氧酚、环氧醚指分子结构除了属于三节环环氧化物外，还含有醇、酚、醚的有机化合物。

**10. 卤化、磺化、硝化、亚硝化衍生物**

上述 9 中的化合物还可以同时含有卤化、磺化、硝化、亚硝化衍生物或它们的复合衍生物。例如，1-氯-2，3-环氧丙烷 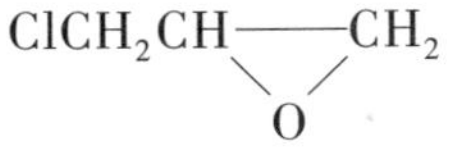 属于三节环环氧化物的卤化衍生物。

**11. 缩醛**

缩醛可看成是一种特殊形式的二元醚，由醛与二分子醇缩合而得到，所以称之为缩醛，如缩甲醛 $CH_2(OCH_3)_2$。

**12. 半缩醛**

半缩醛是指醚基与羟基连接在同一个碳原子上的有机化合物，由于半缩醛是由醛与一分子醇缩合而得到，所以称之为半缩醛，如半缩乙醛 $CH_3CH(OH)OC_2H_5$。

**13. 卤化、磺化、硝化、亚硝化衍生物**

上述 11~12 的化合物还可以同时含有卤化、磺化、硝化、亚硝化衍生物或它们的复合衍生物，如乙醇半缩三氯乙醛 $Cl_3C—CH(OH)OCH_2CH_3$。

## （六）醛（品目 2912～2913）

### 1. 醛

醛指分子结构中含有醛基 $\overset{\displaystyle O}{\overset{\|}{—\mathrm{CH}}}$ （可简写为—CHO）的有机化合物。根据烃的结构，醛分为无环醛（如乙醛 $CH_3CHO$）与环醛，后者又可细分为脂环醛与芳香醛（如苯甲醛 $C_6H_5CHO$）。

除此之外，醛还可根据是否有其他含氧基而分为不含其他含氧基的醛（如苯乙醛 $C_6H_5CH_2CHO$）与含其他含氧基（如醇、酚、醚，但含有氧的磺化、硝化、亚硝化衍生物除外）的醛（如邻羟基苯甲醛 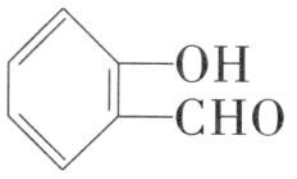

）。

### 2. 醛的卤化、磺化、硝化、亚硝化衍生物

醛的卤化、磺化、硝化、亚硝化衍生物指分子结构中既含有醛（包括同时还含有其他含氧基），又含有卤化、磺化、硝化、亚硝化衍生物或它们的复合衍生物。例如，三氯乙醛 $CCl_3$—CHO 属于醛的卤化衍生物。

## （七）酮（品目 2914）

### 1. 酮

酮指分子结构中含有羰基 $\overset{\displaystyle O}{\overset{\|}{—\mathrm{C}—}}$ （两边必须连接碳 C 元素，如果一边或两边连接的是氢 H 元素，则成为醛）的有机化合物。根据烃的结构，酮分为无环酮（如丙酮 $CH_3COCH_3$）与环酮，后者又可细分为脂环酮（如环己酮 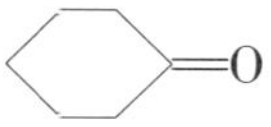

）与芳香酮（如苯乙酮 $CH_3COC_6H_5$）。

除此之外，酮还可根据是否有其他含氧基而分为不含其他含氧基的酮（如乙酰丙酮 $CH_3COCH_2COCH_3$）与含其他含氧基（如醇、酚、醚、醛，但含有氧的磺化、硝化、亚硝化衍生物除外）的酮（如邻羟基苯乙酮 o—$HOC_6H_4COCH_3$）。

### 2. 醌

醌指分子结构中含有共轭环己二烯二酮结构的有机化合物，如对苯醌 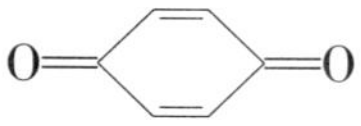

蒽醌 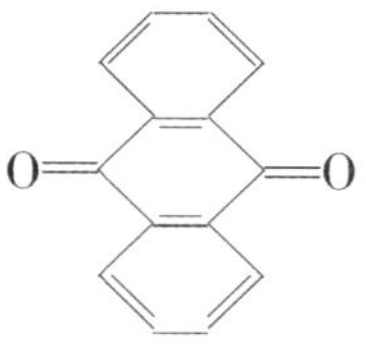

。

### 3. 卤化、磺化、硝化、亚硝化衍生物

上述 1～2 的酮和醌还可以同时含有卤化、磺化、硝化、亚硝化衍生物或它们的复合衍生物。例如，氯丙酮 $CH_3COCH_2Cl$ 属于酮的卤化衍生物。

### （八）羧酸（品目 2915~2918）

**1. 羧酸**

羧酸指分子结构中含有羧基—COOH 的有机化合物。根据其分子结构，又可进行如下分类：

（1）根据烃的结构，分为无环羧酸（如乙酸 $CH_3COOH$）与环羧酸，后者又可细分为脂环羧酸（包括环烷羧酸、环烯羧酸、环萜烯羧酸，例如，六氢化苯甲酸 $C_6H_{11}COOH$ 属于环烷一元羧酸）与芳香羧酸（例如，苯乙酸 $C_6H_5CH_2COOH$ 属于芳香一元羧酸）。

（2）根据含有羧基—COOH 的个数，分为一元羧酸与多元羧酸，例如，己二酸 HOOC—（$CH_2$）$_4$—COOH 含有两个羧基—COOH，因此属于无环多元（二元）羧酸。

（3）根据是否有其他含氧基，分为不含其他含氧基的羧酸（如丙烯酸 $CH_2$ = CHCOOH）与含其他含氧基（如醇、酚、醚、醛、酮，但含有氧的磺化、硝化、亚硝化衍生物除外）的羧酸。例如，邻羟基苯甲酸（又称水杨酸）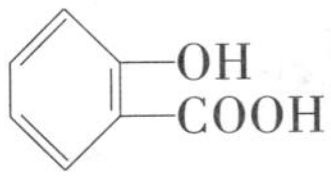 属于含其他含氧基（酚基）的羧酸。

上述分类列表如下：

- 羧酸
  - 不含其他含氧基
    - 一元羧酸
      - 无环
        - 饱和
        - 不饱和
      - 有环
    - 多元羧酸
  - 含其他含氧基

**2. 酸酐**

酸酐指由两个羧基—COOH 消去一个水分子的产物。从两个一元羧酸消去一个水分子，得到的是一元酸酐；从一个二元羧酸消去一个水分子，得到的是二元酸酐。例如，乙酸酐就是由两个乙酸（一元羧酸）分子消去一个水分子得到的，所以乙酸酐属于一元酸酐：

$$CH_3COOH+CH_3COOH \rightarrow CH_3\overset{O}{\overset{\|}{C}}O\overset{O}{\overset{\|}{C}}CH_3$$

邻苯二甲酸酐是由邻苯二甲酸（一元羧酸）中的两个乙酸分子消去一个水分子得到的，所以邻苯二甲酸酐属于二元酸酐：

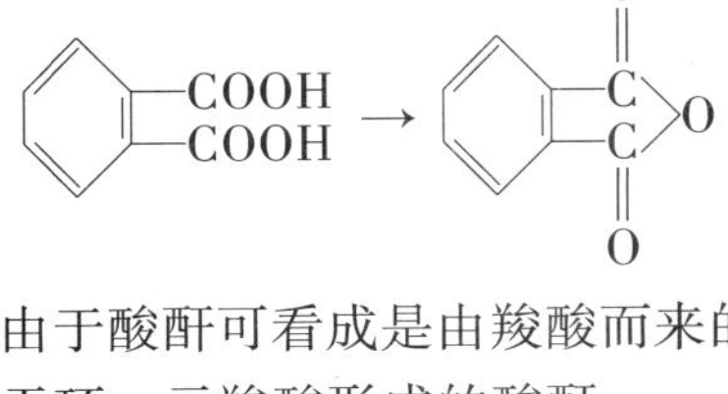


由于酸酐可看成是由羧酸而来的，所以酸酐的分类也与羧酸相同。例如，乙酸酐属于饱和无环一元羧酸形成的酸酐。

**3. 酰卤化物**

酰卤化物指分子结构中含有—COX（这里的 X 代表卤素）的有机化合物。酰卤化物可看成是羧基—COOH 中的羟基—OH 被卤素 X 取代的产物，也可看成是酰基 RCO—（这里的 R 代表烃基）与卤素结合的化合物。

因为酰卤化物可看成是由羧酸而来，所以，酰卤化物的分类及所归品目也与羧酸相同。例如，苯甲酰氯 $C_6H_5COCl$ 属于芳香一元酰卤化物。

**4. 羧酸的过氧化物**

羧酸的过氧化物指由两个相同的酰基 RCO—与过氧基（—OO—）结合的有机化合物。

因为羧酸的过氧化物与羧酸结构关系相似，所以，羧酸的过氧化物的分类及所归品目也与羧酸相同。例如，过氧化苯甲酰 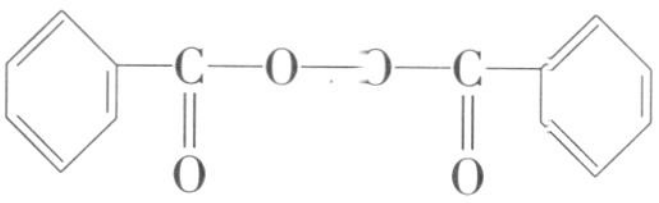 属于芳香一元羧酸（苯甲酸）的过氧化物。

**5. 过氧酸**

过氧酸指分子结构中含有—CO—OOH（这里的—OO—为过氧基）的有机化合物。

因为过氧酸与羧酸结构关系相似（可看成是羧基—COOH 中的一个氢为过氧基—OO—所取代），所以，过氧酸的分类及所归品目也与羧酸相同。例如，过氧乙酸 $CH_3COOOH$ 属于饱和无环一元的过氧酸。

**6. 羧酸酯**

羧酸酯是由羧酸与醇或酚缩合消去一个水分子的产物。例如，乙酸甲酯就是由乙酸与甲醇起缩合反应，消去一个水分子的产物：

$CH_3COOH+CH_3OH \longrightarrow CH_3COOCH_3+H_2O$

羧酸酯可看成是由羧酸与醇或酚所形成的。例如，苯甲酸甲酯 $C_6H_5COOCH_3$ 可看成是由苯甲酸 $C_6H_5COOH$ 与甲醇 $CH_3OH$ 所形成的。

**7. 羧酸盐**

羧酸盐指分子结构中含有—COOM［这里的 M 为金属阳离子或铵离子（$NH_4^+$）］的有机化合物，也可看成是羧基—COOH 中的氢离子 $H^+$ 被金属阳离子或铵离子（$NH_4^+$）取代的产物，如乙酸钠 $CH_3COONa$。

羧酸盐可看成是由羧酸而来。例如，甲氧基苯甲酸钠 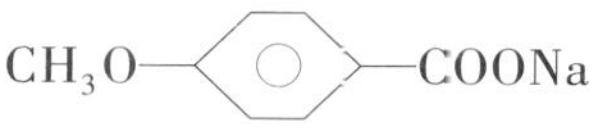 可看成是甲氧基苯甲酸 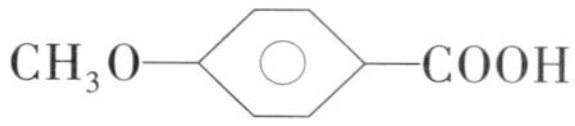 中的氢离子 $H^+$ 被金属阳离子 $Na^+$ 取代所形成的。

**8. 卤化、磺化、硝化、亚硝化衍生物**

上述 1~7 的化合物还可以同时含有卤化、磺化、硝化、亚硝化衍生物或它们的复合衍生物。例如，对硝基苯甲酸 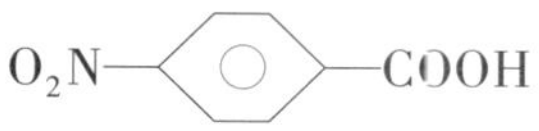 属于芳香一元羧酸的硝化衍生物。

## （九）无机酸酯（品目 2919~2920）

**1. 无机酸酯**

无机酸酯指由非金属无机酸（常见的有磷酸 $H_3PO_4$、硫酸 $H_2SO_4$、硝酸 $HNO_3$、亚硝酸 $HNO_2$、碳酸 $H_2CO_3$、亚磷酸 $H_3PO_3$ 等）与醇或酚缩合消去水分子的产物。例如，硫酸二乙酯就是由硫酸与乙醇起缩合反应，消去水分子的产物：

$H_2SO_4 + 2CH_3CH_2OH \longrightarrow (CH_3CH_2O)_2SO_2 + 2H_2O$

**2. 卤化、磺化、硝化、亚硝化衍生物**

上述的无机酸酯还可以同时含有卤化、磺化、硝化、亚硝化衍生物或它们的复合衍生物。

### （十）含氮基化合物（品目 2921~2929）

含氮基化合物指分子结构中含有氮 N 的有机化合物，但含有氮的硝化、亚硝化衍生物以及以 $NH_4^+$ 作为阳离子而构成的盐除外。

**1. 氨基化合物**

氨基化合物又称为胺，是指烃中的 H 被氨基—$NH_2$ 代替而形成的化合物（如甲胺 $CH_3NH_2$），氨基—$NH_2$ 中的两个 H 还可以被其他烃基取代［如二甲胺（$CH_3$）$_2$NH、三甲胺（$CH_3$）$_3$N］。氨基化合物种类比较多，根据其分子结构，又可进行如下分类：

（1）根据是否有含氧基可分为不含含氧基的胺（如苯胺 $C_6H_5NH_2$）与含有含氧基（指醇、酚、醚、醛、酮、羧酸、无机酸酯等，但含有氧的磺化、硝化、亚硝化衍生物除外）的胺。例如，甘胺酸 $NH_2$—$CH_2$—COOH 的分子结构中既含有氨基—$NH_2$，又含有羧基—COOH（含氧基）。

（2）根据含有氨基—$NH_2$ 的个数可分为单胺（如苯胺 $C_6H_5NH_2$）与多胺（如邻苯二胺 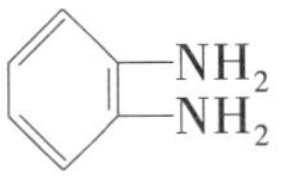

）。

（3）根据烃的结构可分为无环胺（如乙胺 $CH_3CH_2NH_2$）与环胺，后者又可细分为脂环胺（包括环烷胺、环烯胺、环萜烯胺）与芳香胺（如苯胺 $C_6H_5NH_2$）。例如，环己胺 $C_6H_{11}NH_2$ 属于不含含氧基的环烷单胺。

**2. 季铵盐、季铵碱**

季铵是指含氮基化合物中的 N 与四个相同或不同的烃基连接而形成的阳离子，该阳离子如果结合氢氧根离子（$OH^-$），则成为季铵碱［如氢氧化四甲铵（$CH_3$）$_4$NOH］；如果结合其他酸根离子（如氯离子 $Cl^-$、溴离子 $Br^-$、碘离子 $I^-$等），则成为季铵盐［如碘化四甲胺（$CH_3$）$_4$NI］。

**3. 羧基酰胺基化合物**

羧基酰胺基化合物指分子结构中含有羧基酰胺基 $—\overset{\overset{\displaystyle O}{\|}}{C}NH_2$（可简写为—$CONH_2$）的有机化合物，它是由羧酸与氨 $NH_3$ 缩合消去一个水分子的产物。例如，乙酰胺就是由乙酸与氨起缩合反应，消去一个水分子的产物：

$CH_3COOH + NH_3 \longrightarrow CH_3CONH_2 + H_2O$

注意，羧基酰胺基—$CONH_2$ 中的两个 H 还可以被其他烃基取代。

**4. 羧基酰亚胺、亚胺基化合物**

亚胺是分子结构中含有碳氮双键（ $—\overset{|}{C}{=}N—$ ）的有机化合物。例如，N-亚乙基苯胺的分子结构为 $C_6H_5N{=}CHCH_3$，可以看到，由于其分子结构中含有碳氮双键，因此属于亚胺基化合物。

当氮与二元羧酸酰基相结合时，则形成（羧基）酰亚胺化合物，如邻苯二甲酰亚胺

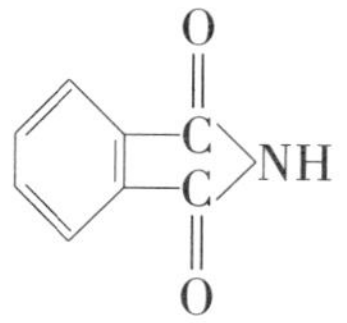。

5. **腈基化合物**

腈基化合物指分子结构中含有碳氮三键（—C≡N）的有机化合物，如丙烯腈 $CH_2$＝CHCN。

6. **重氮化合物、偶氮化合物、氧化偶氮化合物**

重氮化合物指分子结构中含有重氮基的有机化合物。这里的重氮基有三种类型：

（1）$—N^+≡N$，如氯化重氮苯 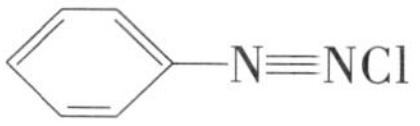。

（2）—N═N—N<，如重氮氨基苯 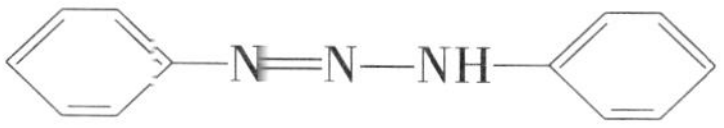。

（3）>C═N≡N，如重氮甲烷 $CH_2N_2$。

偶氮化合物指分子结构中含有偶氮基—N＝N—的有机化合物，如偶氮苯 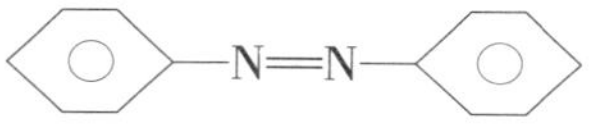。

氧化偶氮化合物指分子结构中含有氧化偶氮基—N＝N—O—的有机化合物，如氧化偶氮苯 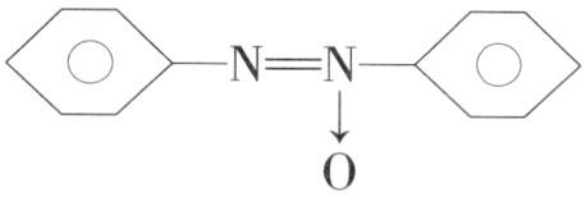。

7. **肼的有机衍生物、胲的有机衍生物**

肼的有机衍生物指肼 $NH_2NH_2$ 分子中的 H（一个或多个）被烃基代替而形成的化合物，如苯肼 $C_6H_5NHNH_2$。

胲的有机衍生物指胲 $NH_2OH$ 分子中的 H（一个或多个）被烃基代替而形成的化合物，如苯胲 $C_6H_5NHOH$。

8. **其他含氮基化合物**

其他含氮基化合物指没有包括在以上编号的其他的分子结构中含有氮 N 的有机化合物，其中比较重要的是异氰酸酯（分子结构中含有—N＝C＝O 的有机化合物），如2,4-甲苯二异氰酸酯 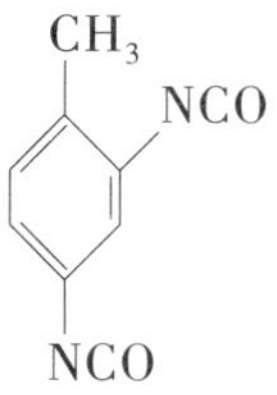。

9. **卤化、磺化、硝化、亚硝化衍生物**

上述 1~8 的化合物还可以同时含有卤化、磺化、硝化、亚硝化衍生物或它们的复合衍生物。例如，对硝基苯胺 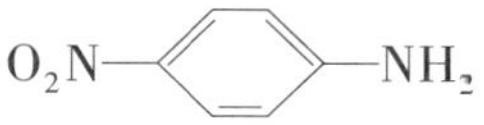 属于苯胺的硝化衍生物。

### （十一）有机—无机化合物（品目 2930~2931）

有机—无机化合物指分子结构中除了含有碳 C、氢 H、氧 O、氮 N 这四种元素外，还

含有与碳元素直接相连的其他元素（包括金属元素与非金属元素），但卤化、磺化衍生物除外。

其中，由于含有硫的有机—无机化合物比较常见，因此，又可分为有机硫化合物与其他有机—无机化合物。例如，甲硫醇 $CH_3SH$ 由于其中的硫 S 元素直接与碳相连，因此属于有机硫化合物；四乙基铅 $Pb(C_2H_5)_4$ 分子结构中由于含有直接与碳相连的铅 Pb，因此属于其他有机—无机化合物。

如果分子结构中与碳元素直接相连的既有硫又有其他金属或非金属元素，则整个分子看成是有机硫化合物。

### （十二）杂环化合物（品目 2932~2934）

杂环化合物指在形成的环状化合物中，环中除了碳 C 原子以外，还含有其他原子（常见的是氧 O、氮 N、硫 S 等）。这些在环中的碳原子以外的其他原子又称为杂原子，所以这种环状化合物被称为杂环化合物。按环中杂原子的不同，杂环化合物可分为仅含氧杂原子的杂环（如四氢呋喃 ），仅含氮杂原子的杂环（如 6-己内酰胺 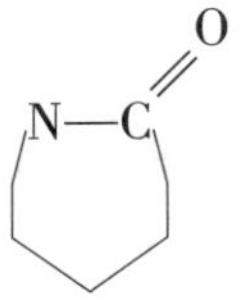）和其他杂环（如噻吩 ）。

需要注意的是，对于三节环环氧化物、醛的环状聚合物、多元羧酸酐、多元醇或酚与多元酸形成的环酯、多元酸酰亚胺、硫醛的环状聚合物，尽管它们的分子结构也属于杂环化合物，但是在《协调制度》中它们不算杂环化合物。

### （十三）核酸（品目 2934）

一种生物高分子，是重要的生命基础物质之一，分为 RNA 和 DNA，由磷酸、糖、嘧啶、嘌呤结合而成。

### （十四）磺酰胺（品目 2935）

磺酰胺指分子结构中含有—$SO_2NH_2$ 的有机化合物（—$SO_2NH_2$ 中的两个 H 还可以被烃基取代），如邻甲苯磺酰胺 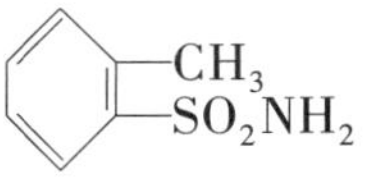。

### （十五）维生素（品目 2936）

#### 1. 维生素

维生素是人类或其他动物机体正常活动所必需的活性剂，人体内或者不能合成，或者合成不足，所以必须从外界获得。维生素的种类很多，化学结构和生理功能各不相同，人体内如果缺乏，则会引起代谢紊乱或发生维生素缺乏症。根据溶解性，维生素可分为水溶性和脂溶性两大类，前者包括维生素 B、维生素 C，后者包括维生素 A、维生素 D、维生素 E、维生素 K 等。

**2. 维生素原**

维生素原指化学结构上类似于某种维生素，只需经简单的代谢反应即转变成维生素的物质。

例如，7—脱氢胆甾醇经紫外线照射后即成为维生素 $D_3$（见两者的分子结构的对比），因此 7—脱氢胆甾醇就属于维生素 $D_3$ 原。

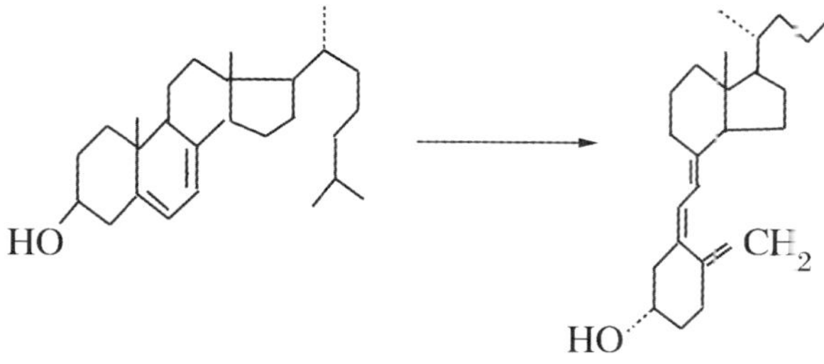

**3. 维生素的衍生物**

维生素的衍生物是指由某种维生素制得的且仍保留其母体化合物基本特征的化合物。例如，维生素 $A_1$ 的分子结构是一种醇，而维生素 $A_1$ 醛由于具有与维生素 $A_1$ 相同的母体化合物的基本特征（见两者的分子结构的对比），可由维生素 $A_1$ 制得，因此维生素 $A_1$ 醛就属于维生素 $A_1$ 的衍生物。

## （十六）激素（品目 2937）

**1. 激素**

激素是指由动物、植物某些特异细胞合成或分泌的高效能调节生理活动的有机物质，如孕激素、雄激素、雌激素等。激素分为动物激素与植物激素，归入本品目的仅指动物激素。

**2. 类激素**

类激素指前列腺素、血栓烷、白细胞三烯，它们具有类似激素的作用。

**3. 衍生物**

这里的衍生物指激素或类激素的化学衍生物，它们的分子结构保留其激素或类激素的母体基本特征。例如，可的松是一种肾上腺皮质激素，强的松是可的松的脱氢产物，属于可的松的衍生物。

**4. 类似物**

这里的类似物指激素或类激素的类似物，它们的分子结构与其激素或类激素的母体基本特征的结构相近，但结构中的一个或多个原子被其他原子所取代，因而不属于其衍生物。例如，甲硫氨酰基人类生长激素是在天然生长激素分子中增加一个末端氨基酸产生的，因而属于激素的类似物。

但是，具有激素类似结构但不具有激素作用的物质，以及具有激素作用但不具有激素类似结构的物质在《协调制度》中均不算激素。例如，去氧肾上腺素尽管结构与肾上腺素类似，但由于不具有激素的作用，因此不属于激素，只能根据其分子结构看成“含氧基氨基化合物”。

**（十七）苷（品目2938）**

**1. 苷**

苷（又称为糖苷）广泛分布于植物的根、茎、叶、花、果中，分子结构比较复杂，可看成是由糖类与其他含有羟基的物质缩合而成的化合物，如水杨苷 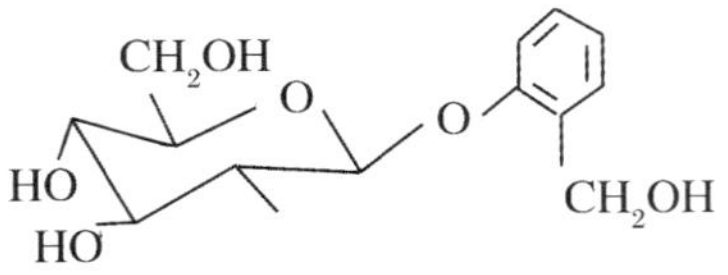 。

**2. 衍生物**

这里的衍生物指苷的盐、醚、酯等化学衍生物。

**（十八）生物碱（品目2939）**

生物碱是主要来自植物的具有碱性的天然含氮的化合物，具有很强的生理作用。例如，吗啡，存在于鸦片内，具有很强的麻醉作用；咖啡碱，存在于咖啡、茶叶等植物中，具有提高大脑皮层兴奋度的作用。

**（十九）化学纯糖（品目2940）**

糖是含多羟基的醛或酮，分子结构比较复杂，有单糖、二糖和低聚糖。归入本品目的必须是化学纯的糖，例如，化学纯的木糖就是一种单糖，其分子结构为 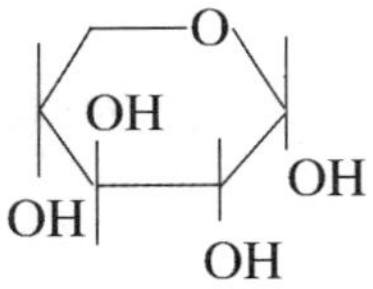 。

**（二十）抗菌素（品目2941）**

抗菌素指由微生物分泌出来的具有杀灭或抑制其他微生物的物质，常见的有青霉素、头孢霉素、氯霉素、红霉素等。

# 第七类　塑料及其制品；橡胶及其制品

【内容提要】

塑料、橡胶无论是在生产、生活还是在进出口贸易中，都占有非常重要的地位。在本类中，将学习以下内容：

1. 熟悉在《协调制度》中作为材料的分类特点；
2. 根据塑料、橡胶的各种形状判断其加工程度；
3. 各种常见塑料、橡胶的归类。

其中，重点是初级形状的共聚物和聚合物混合体的归类。

塑料和橡胶是有机高分子物质，其分子量从几千到几十万甚至几百万。高分子由于分子量很大，分子间作用力的情况与低分子大不相同，所以具有与低分子不同的物理和化学性能（如强度、韧性、弹性等）。

本类只有两章，即“塑料及其制品”（第三十九章）和“橡胶及其制品”（第四十章）。

本类的有机高分子物质除天然的以外，是以第六类中的第二十九章的有机化合物为原料聚合得到的。例如，用品目 2901（第六类）的乙烯为原料聚合可得到品目 3901（第七类）的聚乙烯塑料粒子。反之，第六类某些章的有关品目的化工产品是由本类的有机高分子物质为原料配制得到的。例如，以橡胶（第七类）、有机溶剂、填料和其他添加剂配制得到的调制黏合剂应归入品目 3506（第六类）；以合成树脂（第七类）、有机溶剂、颜料、干燥剂、填充剂等配制得到的油漆应归入品目 3208（第六类）。

塑料和橡胶作为材料，经加工所得到的制品在很多情况下并不能归入本类，而应归入其他有关类。例如，塑料制仿首饰应归入品目 7117（第十四类），塑料制的表壳应归入品目 9111（第十八类），橡胶制的帽子应归入品目 6506（第十二类）。

# 第三十九章　塑料及其制品

## 一、本章商品范围

塑料是指品目 3901 至 3914 的材料，这些材料能够在聚合时或聚合后在外力（一般是热力和压力，必要时加入溶剂或增塑剂）作用下通过模制、浇铸、挤压、滚轧或其他工序制成一定的形状，成形后除去外力，其形状仍保持不变。

塑料的种类很多，各有其特殊的物理、化学等性能，分类方法也多种多样。

按照用途的不同，塑料可分为通用塑料和工程塑料。前者用途广、产量大、价格低，如聚乙烯、聚丙烯、聚氯乙烯、聚苯乙烯、聚氨酯等；后者适用于工程结构、机械部件、化工设备等工业用途，如聚碳酸酯、聚酰胺、ABS 树脂等。

按照受热后的性能，塑料可分为热塑性塑料和热固性塑料。前者可反复加热软化成形而制成制品，如聚乙烯、聚苯乙烯、聚酰胺等；后者可通过或已通过化学或物理方法（例如，加热）制成不熔性产品，如环氧树脂、不饱和聚酯等。

本章包括塑料及其制品，根据塑料的加工而分为两个分章：第一分章包括初级形状的聚合物，第二分章包括废碎料及下脚料、半制品及制成品。

在第一分章中，根据聚合物取得的不同而分为合成聚合物与天然聚合物（包括经化学处理的天然聚合物）。

在第二分章中，品目 3915 包括塑料的废碎料及下脚料；品目 3916 至 3925 包括塑料的半制品或列名的塑料制品；品目 3926 是“篮子”品目，它包括其他品目未列名的塑料制品。

本章按加工程度排列，其结构规律如下：

- 初级形状 3901~3914
  - 合成……………………………………3901~3911
  - 天然
    - 纤维素……………………………3912
    - 其他………………………………3913
  - 离子交换剂…………………………3914
- 废料……………………………………………3915
- 半制品…………………………………3916~3921
- 制成品…………………………………3922~3926

## 二、本章商品归类方法

### （一）初级形状的聚合物的归类

品目 3901 至 3914 是初级形状的聚合物，根据本章章注六的规定，这里的“初级形状”是指：

1. 液状及糊状，包括分散体（乳浊液及悬浮液）及溶液；

2. 不规则形状的块、团、粉（包括压型粉）、颗粒、粉片及类似的散装形状。

但是，根据本章章注二（五）的规定，如果品目 3901 至 3913 的产品溶于挥发性有机溶剂，并且溶剂的重量超过溶液重量的 50%，这样形成的溶液（胶棉除外）则应归入品目 3208。

聚合物根据来源不同，可分为合成聚合物与天然聚合物。

**1. 合成聚合物（品目 3901~3911）**

（1）定义

合成聚合物是指将有机单体物质（低分子）加以聚合（化学合成）而制得的聚合物（高分子）。

根据本章章注三的规定，只有符合下列条件，才能按合成聚合物归入品目 3901 至 3911：

①温度在 300℃时，压力转为 1013 毫巴后减压蒸馏出的液体合成聚烯烃以体积计 $<$ 60%的货品（品目 3901 及 3902）；

②非高度聚合的苯并呋喃—茚树脂（品目 3911）；

③平均至少有五个单体单元的其他合成聚合物；

④聚硅氧烷（品目 3910）；

⑤甲阶酚醛树脂（品目 3909）及其他预聚物。

**【例 1】**商品名为“平平加 O”的化工品

**【归类分析】**经查资料，该商品的分子结构为 RO（$CH_2CH_2O$）n$CH_2CH_2OH$，其中 R=C12~18 烷基，n=15~16。由于其单体单元（n=15~16）超过五个，故该产品是一种合成聚合物。

根据第三十九章章注二（六）的规定，由于该商品是一种有机表面活性剂，故应归入品目 3402。

（2）分类

聚合物可分为均聚物与共聚物。前者由一种单体聚合而成，例如，由乙烯聚合而成的聚乙烯；后者由两种或两种以上的单体共同聚合，生成同一高分子结构中含有两种或两种以上单体单元的聚合物，例如，由乙烯与丙烯聚合而成的乙烯—丙烯共聚物。

但是，根据本章章注四的规定，“所称共聚物，包括在整个聚合物中按重量计没有一种单体单元的含量在95%及以上的各种聚合物”，因此，在《协调制度》中，由96%的丙烯单体单元及4%的乙烯单体单元组成的聚合物，不属于共聚物。（有关单体、单体单元的概念见“商品知识阅读材料”）

（3）均聚物的归类

由于本章3901~3911的品目列名很大部分是按聚合物的单体来列名的，故均聚物的归类相对比较简单。

**【例2】**聚乙烯

**【归类分析】**聚乙烯是一种均聚物，其单体是乙烯，属于乙烯聚合物，故如果是初级形状的聚乙烯应归入品目3901“初级形状的乙烯聚合物”。

**【例3】**聚四氟乙烯

**【归类分析】**聚四氟乙烯是一种均聚物，其单体是四氟乙烯，而四氟乙烯属于卤化烯烃，故初级形状的聚四氟乙烯应归入品目3904“初级形状的氯乙烯或其他卤化烯烃聚合物”。

（4）共聚物的归类

①品目的确定

根据本章注释四的规定，除条文另有规定的以外，共聚物应按聚合物中重量最大的那种共聚单体单元所构成的聚合物归入相应品目。为此，聚合物所含的归入同一品目的共聚单体单元，应整体视作一种单一的共聚单体单元对待。如果没有任何一种共聚单体单元重量为最大，则共聚物应按号列顺序归入其可归入的最末一个品目。具体方法为：首先将属于同一品目下的单体单元的含量相加，然后按含量高的品目归类，如果含量相等则“从后归类”。

**【例4】**初级形状的氯乙烯—乙酸乙烯酯共聚物，其中氯乙烯单体单元占55%（重量百分比）

**【归类分析】**因为氯乙烯单体单元的聚合物归入品目3904“初级形状的氯乙烯或其他卤化烯烃聚合物”，乙酸乙烯酯单体单元的聚合物归入品目3905“初级形状的乙酸乙烯酯或其他乙烯酯聚合物”，现氯乙烯单体单元的含量超过了乙酸乙烯酯单体单元，故应归入品目3904。但如果含有55%的乙酸乙烯酯单体单元，则归入品目3905。

**【例5】**由45%乙烯、35%丙烯及20%异丁烯的单体单元组成的初级形状的共聚物

**【归类分析】**由于丙烯及异丁烯单体单元的聚合物均归入品目3902“初级形状的丙烯或其他烯烃聚合物”，两者合起来占共聚物的55%，超过了乙烯单体单元（其所构成的聚合物归入品目3901“初级形状的乙烯聚合物”），故应归入品目3902。

②子目的确定

子目的归类应先判断在同级子目中是否有列名为“其他”的子目。

例如，品目3901项下有一级子目3901.9“其他”，而品目3909项下则没有列名为“其他”的一级子目。

其他级别的子目也是如此。例如，一级子目3904.6“氟聚合物”项下由于有二级子目3904.69“其他”，则一级子目3904.6项下二级子目的归类同样应符合以下A部分的相关规定。

**【例6】**请判断品目3907项下的一级子目中是否有列名为“其他”的子目

【归类分析】品目 3907 的列目如下（仅列出一级子目）：

3907 初级形状的聚缩醛、其他聚醚及环氧树脂；初级形状的聚碳酸酯、醇酸树脂、聚烯丙基酯及其他聚酯：

10 — 聚缩醛

20 — 其他聚醚

30 — 环氧树脂

40 — 聚碳酸酯

50 — 醇酸树脂

60 — 聚对苯二甲酸乙二酯

70 — 聚乳酸

90 — 其他聚酯

由于该品目包括很多类聚合物，而聚酯只是其中一类，故这里的“其他聚酯”只是聚酯中的“其他”子目，而不是整个品目的“兜底”子目，故品目 3907 项下的一级子目中没有列名为“其他”的子目。

A. 在同级子目中有一个“其他”子目的

a. 子目所列聚合物名称冠有“聚”字的（例如，聚乙烯及聚酰胺-6,6），是指列名的该种聚合物单体单元含量在整个聚合物中按重量计必须占 95%及以上。

【例 7】由 15%乙烯、85%氯乙烯的单体单元组成的初级形状的共聚物

【归类分析】由于子目 3904.10“聚氯乙烯，未掺其他物质”和 3904.20“其他聚氯乙烯”都是指氯乙烯单体单元必须占 95%及以上，而该产品中的氯乙烯单体单元只占 85%，故应归入子目 3904.4000“其他氯乙烯共聚物”。

b. 子目中有具体列名的共聚物（如子目 3901.9010 的乙烯—丙烯共聚物，子目 3903.3000 的丙烯腈—丁二烯—苯乙烯，但子目 3904.4000 的其他氯乙烯共聚物不属于这种情况），是指该种共聚单体单元含量在整个聚合物中按重量计占 95%及以上。

【例 8】由 61%的氯乙烯、35%的乙烯乙酸酯和 4%的马来酐的单体单元组成的初级形状的共聚物

【归类分析】由于氯乙烯和乙烯乙酸酯两者的单体单元含量合计在整个聚合物占 96%，故应归入具体列名的子目 3904.3000“氯乙烯—乙烯乙酸酯共聚物”。

【例 9】由 60%的苯乙烯、30%的丙烯腈和 10%的甲苯乙烯的单体单元组成的初级形状的共聚物

【归类分析】由于苯乙烯和丙烯腈两者的单体单元含量合计在整个聚合物中仅占 90%，没有达到 95%，故不能归入子目 3903.2000“苯乙烯—丙烯腈共聚物”，而应归入子目 3903.9000“其他”。

c. 其他共聚物，应按聚合物中重量最大的那种单体单元所构成的聚合物归入该级其他相应子目（归入同一子目的聚合物单体单元应作为一种单体单元对待）。

具体方法为：首先将属于同一级子目下的单体单元的含量相加，然后按含量高的子目归类，如果含量相等则“从后归类”。

【例 10】由 40%的乙烯和 60%的丙烯的单体单元组成的初级形状的乙烯—丙烯共聚物

【归类分析】由于丙烯单体单元超过了乙烯单体单元，并且丙烯单体单元没有达到 95%，故应作为一种丙烯共聚物归入一级子目 3902.30“丙烯共聚物”，然后按列名归入三

级子目 3902.3010“乙烯—丙烯共聚物”。

**【例 11】** 由 45%的乙烯、35%丙烯和 20%的异丁烯的单体单元组成的初级形状的共聚物

**【归类分析】** 由于丙烯单体单元超过了异丁烯单体单元，故应归入一级子目 3902.30“丙烯共聚物”，又由于乙烯和丙烯单体单元含量合计在整个聚合物中仅占 55%，没有达到 95%，故不能归入三级子目 3902.3010“乙烯—丙烯共聚物”，只能归入三级子目 3902.3090“其他”。

B. 在同级子目中没有列名为“其他”子目的

当同级子目中没有列名为“其他”子目时，共聚物在归入子目时直接按聚合物中重量最大的那种单体单元所构成的聚合物归入该级相应子目（归入同一子目的聚合物单体单元应作为一种单体单元对待）。

具体方法为：首先将属于同一级子目下的单体单元的含量相加，然后按含量高的子目归类，如果含量相等则“从后归类”。

**【例 12】** 含有聚碳酸酯和聚对苯二甲酸乙二酯的单体单元的初级形状的共聚物

**【归类分析】** 含有聚碳酸酯和聚对苯二甲酸乙二酯的单体单元的初级形状的共聚物，如果前者单体单元大于后者单体单元，则应归入子目 3907.40“聚碳酸酯”；如果后者单体单元大于前者或两者相等，则应归入子目 3907.60“聚对苯二甲酸乙二酯”，因为在一级子目中没有列名为“其他”的子目。

（5）聚合物混合体的归类

聚合物混合体是指由两种或两种以上不同的聚合物（既可以是均聚物，也可以是共聚物）通过机械混合而形成的产物。例如，将聚乙烯与聚丙烯按一定比例混合在一起就属于一种聚合物混合体。

①品目的确定

根据本章注释四的规定，除条文另有规定的以外，聚合物混合体与共聚物一样，也应按聚合物中重量最大的那种共聚单体所构成的聚合物归入相应品目。

**【例 13】** 由重量百分比为 60%的聚苯乙烯与 40%的聚乙烯组成的初级形状的聚合物混合体

**【归类分析】** 聚苯乙烯属于品目 3903“初级形状的苯乙烯聚合物”，聚乙烯属于品目 3901“初级形状的乙烯聚合物”，由于苯乙烯单体单元的含量超过了乙烯单体单元的含量，故应归入品目 3903。

②子目的确定

根据本章子目注释一的规定，聚合物混合体应按单体单元比例相等、种类相同的聚合物归入相应子目。

A. 在同级子目中有一个“其他”子目的

具体方法与共聚物归类方法相类似。

**【例 14】** 由重量百分比为 96%的聚乙烯和 4%的聚丙烯组成，比重大于 0.94 的初级形状的聚合物混合体

**【归类分析】** 由于乙烯单体单元占整个聚合物含量的 95%以上，故应归入子目 3901.2000“聚乙烯，比重在 0.94 及以上”。

**【例 15】** 由重量百分比为 70%的聚苯乙烯与 30%的丙烯腈组成的初级形状的聚合物混

合体

**【归类分析】** 由于苯乙烯和丙烯腈两者的单体单元含量合计在整个聚合物超过了95%，故应归入具体列名的子目3903.2000“苯乙烯—丙烯腈共聚物”。

**【例16】** 由重量百分比为60%的聚酰胺-6和40%的聚酰胺-6,6组成的初级形状的聚合物混合体

**【归类分析】** 由于聚合物中两者都属于子目3908.1000“聚酰胺-6、-11、-12、-6,6、-6,9、-6,10或-6,12”，但两者的单体单元含量均未达到整个聚合物含量的95%及以上，故应归入子目3908.9000“其他”。

B. 在同级子目中没有列名为“其他”子目的

具体方法与共聚物归类方法相类似。

**【例17】** 由重量百分比为80%的聚碳酸酯和20%的聚对苯二甲酸乙二酯组成的初级形状的聚合物混合体

**【归类分析】** 由于聚碳酸酯属于一级子目3907.4000，聚对苯二甲酸乙二酯属于一级子目3907.60，但在一级子目中没有列名为“其他”的子目，故应按单体单元最高的聚碳酸酯归入子目3907.4000。

（6）化学改性聚合物的归类

化学改性聚合物是指聚合物主链上的支链通过化学反应发生了变化的聚合物。例如，聚乙烯经氯化反应（化学改性）得到的氯化聚乙烯。其归类方法如下：

①品目的确定

根据本章注释五的规定，化学改性聚合物应按未改性的聚合物的相应品目归类。例如，氯化聚乙烯应按未改性的聚乙烯归入品目3901。

②子目的确定

子目的归类同样根据在同级子目中是否有列名为“其他”的子目而不同。

A. 在同级子目中有一个“其他”子目的

根据本章子目注释一（一）3的规定，当在同级子目中有子目“其他”时，化学改性聚合物如无具体列名，应归入子目“其他”。

**【例18】** 氯化聚乙烯

**【归类分析】** 由于在品目3901项下有一级子目3901.90“其他”，且无氯化聚乙烯的具体列名，故化学改性的氯化聚乙烯应先归入一级子目3901.90，再归入三级子目3901.9090“其他”。

B. 在同级子目中没有列名为“其他”子目的

根据本章子目注释一（二）2的规定，当在同级子目中没有子目“其他”时，化学改性聚合物则只能按相应的未改性聚合物的子目归类。

**【例19】** 乙酰化酚醛树脂

**【归类分析】** 乙酰化酚醛树脂属于酚醛树脂的化学改性聚合物，因为在品目3909项下没有一级子目“其他”，所以化学改性的乙酰化酚醛树脂应按未改性的酚醛树脂归入子目3909.4000“酚醛树脂”。

**2. 天然聚合物（品目3912~3913）**

与合成聚合物不同，天然聚合物不是由低分子聚合得到的高分子聚合物，而是指天然的高分子聚合物与经化学改性加工的天然高分子聚合物。它们包括：

（1）纤维素及其化学衍生物

纤维素是天然高分子聚合物，来源于木材、棉花、棉短绒、麦草、稻草、芦苇、麻、甘蔗渣等。一般是将这些原料用亚硫酸盐或碱溶液经过一系列处理而制得纤维素。

纤维素的化学衍生物（即化学改性的纤维素）是将纤维素通过一定的化学反应而得到的产物，主要包括两类：纤维素醚与纤维素酯。例如 纤维素酯中比较重要的乙酸纤维素（又称醋酸纤维素），是以乙酸酐和乙酸在催化剂（例如，硫酸）存在的情况下处理纤维素（通常是棉籽绒或溶解级化学木浆）而制得。其他纤维素酯还有硝酸纤维素（硝化纤维素）、乙酸丁酸纤维素及丙酸纤维素等。

纤维素醚中比较重要的有羧甲基纤维素、甲基纤维素、羟乙基纤维素、乙基纤维素等。

（2）其他天然聚合物及改性天然聚合物

具体包括：

①其他品目未列名的天然聚合物。例如，藻酸（主要存在于海藻中的一种多糖醛酸）、葡聚糖（一种由葡萄糖结合而成的多糖）、糖原（又称牲粉、动物淀粉，是由葡萄糖结合而成的一种支链多糖）、壳多糖（主要存在于动物贝壳中的一种多糖）及木质素（存在于植物中的一种芳香族高分子化合物）等。

②其他品目未列名的改性天然聚合物。例如，硬化蛋白质、天然橡胶的化学衍生物（氯化橡胶、盐酸橡胶、氧化橡胶）等。

**3. 离子交换剂（品目 3914）**

归入品目 3914 的是以品目 3901 至 3913 的聚合物为基本成分的初级形状的离子交换剂。

离子交换剂是含有活性离子基团（通常有磺基、羧基、酚基或氨基）的交联聚合物，一般为颗粒状。这些活性离子基团使聚合物与电能溶液接触时能够用自己的离子与溶液中所含的离子（相同的正或负离子）交换。可用于水的软化，牛奶的软化，色谱分析，从酸溶液中回收铀，从肉汤培养基中回收链霉素，以及其他各种工业用途。

**【例 20】** 苯乙烯系强碱性季胺 I 型阴离子交换剂，由苯乙烯与二乙烯苯进行悬浮共聚，然后在催化剂作用下与氯甲醚进行反应，再与三甲胺进行胺化反应，即可制得阴离子交换剂，其外观为淡黄色至金黄色球状颗粒，主要用于水处理，还可用于糖的精制和脱色等方面

**【归类分析】** 该产品是聚合物形成的阴离子交换剂，符合品目 3914 的规定，故应归入品目 3914。

### （二）塑料的废碎料及下脚料的归类

明显不能再作为原用途使用的破损塑料物品，以及制造加工过程中产生的废料（刨花、粉屑、边角料等）应作为塑料的废碎料及下脚料归入品目 3915。

但是，根据本章章注七的规定，如果该废碎料及下脚料属于“初级形状的单一种类的热塑性材料”，则不再归入品目 3915，而是归入品目 3901 至 3914 的相应品目。

**【例 21】** 粉屑状的聚氯乙烯下脚料

**【归类分析】** 因为该下脚料符合“初级形状（粉屑状）”、“单一种类（只有聚氯乙烯一种）”、“热塑性材料（聚氯乙烯属于热塑性塑料）”的条件，所以不能归入品目 3915“塑料的废碎料及下脚料”，而应归入品目 3904“初级形状的氯乙烯聚合物”。

### （三）塑料的半制品的归类

半制品是指加工成以下形状的塑料产品：

1. 单丝（截面直径超过 1 毫米），归入品目 3916，而截面直径不超过 1 毫米的单丝应作为化学纤维长丝归入第五十四章。

2. 条、杆、型材及异型材，是具有相同或重复横截面的产品，不论是否经表面加工，但未经其他加工，归入品目 3916。

3. 管及其附件（例如，接头、肘管、法兰），归入品目 3917。

根据本章章注八的规定，所称“管子”是指：

（1）香肠用肠衣（不论是否捆扎或经其他进一步加工的）及其他扁平管。

（2）一般用于输送、引流或分配气体或液体的中空制品（例如，园艺用波纹管、多孔管），不论是半制品或制成品，只要其内横截面为圆形、椭圆形、矩形（长宽比不超过 1.5 倍）及正多边形；不符合该条件的，应作为异型材归入品目 3916。

4. 扁平形状（表观宽度不超过 5 毫米的扁条应归入第五十四章），具体为：

（1）铺地品与糊墙品，归入品目 3918。

（2）自粘的（3918 以外），归入品目 3919。

（3）其他，非泡沫及未用其他材料强化、层压、支撑或用类似方法合制的，归入品目 3920。

（4）其他，归入品目 3921。

其中，品目 3918 的铺地品是成卷或砖瓦状的；品目 3919 并不限定表面形状；品目 3920～3921 仅指未切割或只简单切割成矩形（包括正方形）的板、片、带、膜、箔及正几何形块（根据本章章注十），而如果切割成矩形（包括正方形）以外的其他形状，一般应按塑料制品归类。

**【例 22】** 如图所示的塑料板，已根据餐桌的尺寸裁剪成 1.8 米×1.2 米规格

**图 7-1**

**【归类分析】** 该塑料板切割成矩形，属于塑料半制品，故应归入品目 3920。

**【例 23】** 如图所示的塑料鼠标垫

**图 7-2**

【归类分析】该鼠标垫由于已经成为制品形状，故不能按塑料板归入品目3920，而应按塑料制品归入品目3926。

### （四）塑料的制成品的归类

塑料的制成品基本上是按照该制品的用途归类的。

1. 卫生洁具，归入品目3922。

归入该品目的卫生洁具一般永久固定于房舍内或某一地点上，通常与供水系统或下水道相连接，如浴缸、洗涤槽；还包括类似规格及用途的其他卫生洁具，如便携式坐浴盆、婴儿浴盆及野营用的盥洗设备。但肥皂盘、毛巾架、牙刷架、卫生纸架、毛巾钩等则不能作为本品目的卫生洁具，它们如果是供永久固定安装在墙内、墙上或建筑物的其他地方，应归入品目3925“建筑用品”，否则归入品目3924“盥洗用具”。

2. 包装或运输用品，归入品目3923。

归入该品目的包括容器（例如，盒、箱、包、桶、罐、瓶等）、卷轴、纡子、筒管及类似品，另外还有塞子、盖子及类似品。

3. 餐具（例如，餐盘、汤碗、刀、叉等）、厨房用具（例如，水盘、厨用壶、贮藏罐、擀面杖等）、其他家庭用具（例如，烟灰缸、热水瓶、垃圾箱、窗帘、台布等）及卫生或盥洗用具（例如，痰盂、便盆、肥皂盘、毛巾架、牙刷架、卫生纸架等），归入品目3924。

4. 建筑用品（符合本章章注十一规定的建筑用塑料制品，例如，门、窗及其框架，阳台，栏杆，窗板，百叶窗等），归入品目3925。

5. 其他（即其他品目未列名的塑料制品，例如，围裙、腰带、雨衣、小雕塑品及其他装饰品、螺丝、螺栓等），归入品目3926。

### （五）配套的货品的归类

根据本类类注一的规定，对于由两种或两种以上单独成分配套的货品，其部分或全部成分属于本类范围以内，混合后则构成第六类或第七类的货品，应按混合后产品归入相应的品目，但其组成成分必须同时符合下列条件：

1. 其包装形式足以表明这些成分不需经过改装就可以一起使用的；

2. 一起报验的；

3. 这些成分的属性及相互比例足以表明是相互配用的。

**【例24】**由两种组分配套的胶粘剂，甲组分为聚氨酯预聚体，乙组分为丙三醇、蓖麻油等成分，两者配合使用，起密封作用

【归类分析】如果甲、乙组分一起报验，它们的包装形式也是明显一起使用的（不需经过改装），则符合本类类注一的规定，应按照甲、乙组分混合后构成的货品——胶粘剂，归入品目3214（第六类）。

### （六）塑料与织物及其他材料的复合物的归类

塑料与纺织品的复合制品及塑料与纺织品以外其他材料（例如木材、纸张、金属）的复合制品的归类，基本原则是判断以哪种材料为主，则按该种材料归类，当然这种判断可能是比较复杂的，参见本教材有关类、章的内容。

# 第四十章　橡胶及其制品

## 一、本章商品范围

本章包括橡胶（包括天然橡胶、巴拉塔胶、古塔波胶、银胶菊胶、糖胶树胶及类似的天然树胶、合成橡胶、从油类中提取的油膏）原料、半制品及制品。

本章商品按加工程度排列，其结构规律如下：

- 未硫化
  - 初级形状或板片带
    - 生橡胶
      - 天然橡胶……4001
      - 合成橡胶……4002
    - 再生橡胶……4003
    - 橡胶废料……4004
    - 复合橡胶……4005
  - 其他形状……4006
- 已硫化
  - 硫化橡胶……4007~4016
  - 硬质橡胶……4017

## 二、本章商品归类方法

### （一）未硫化橡胶的归类

未硫化橡胶应按照橡胶的分类及加工的形状来进行归类。

**1. 形状的判定**

（1）初级形状

根据本章章注三的规定，品目 4001、4002、4003 及 4005 所称“初级形状”，只限于下列形状：

①液状及糊状，包括胶乳（不论是否预硫化）及其他分散体和溶液；

②不规则形状的块、团、包、粉、粒、碎屑及类似的散装形状。

但是，根据本章章注五（一）的规定，由于品目 4001、4002 不适用于与有机溶剂相混合的橡胶，因此品目 4001、4002 不包括上述“其他分散体和溶液”这样的“形状”。

（2）板、片、带

根据本章章注九的规定，品目 4001、4002、4003、4005 所称“板”、“片”、“带”，仅指未切割或只简单切割成矩形（包括正方形）的板、片、带及正几何形块，不论是否具有成品的特征，也不论是否经过印制或其他表面加工（例如，印制、压纹、整体着色、表面着色），但未切割成其他形状或进一步加工。

**2. 橡胶的分类**

（1）天然橡胶

天然橡胶由从含橡胶的植物（主要是三叶橡胶）得到的胶乳经加工而成。其化学成分是高分子量的聚异戊二烯。

①天然胶乳的采集

天然胶乳是由橡胶树经“割胶”流出的乳白色液体。胶乳存在于橡胶树皮内的乳管中，采集时，割开一个切口，由于乳管被割破，胶乳便沿着割线方向向下流出。由于天然胶乳在割采后几小时便会自行凝结，为了使其稳定，防止变腐或凝结，以利保存，因此需要加入一定量的氨进行稳定，然后送往浓缩胶乳厂和干胶制胶厂。

②制胶方法和分类

A. 天然胶乳由于制胶方法的不同，可以制成浓缩胶乳、烟胶片、白绉片或褐绉片、风干胶片、技术分类天然橡胶等。此外，还可以制成黏度稳定橡胶、易操作橡胶、纯化天然橡胶、充油天然橡胶、炭黑共沉橡胶等。

a. 浓缩胶乳：为了便于运输，用各种方法（例如，离心法、蒸浓法、澄清法等）浓缩而制得。

b. 烟胶片：将天然胶乳用酸（例如，加入1%的乙酸或0.5%的甲酸）使其凝结，即可获得板块状或连续带状的凝结胶乳。然后，根据加工方法不同，可得到不同的产品。如将胶条送入滚轧机，轧出条纹（目的是增加蒸发面以利于干燥），当胶条从滚轧机出来时即切成片，然后将胶片放入烟熏室（烟熏的目的是使胶片干燥）进行烟熏，所得到的产品即为烟胶片。

c. 风干胶片：胶乳中加入化学催干剂，然后加酸凝固、压片、风干，所得到的产品即为风干胶片。由于其颜色比烟胶片浅，适用于制浅色橡胶产品。

d. 绉片：分为白绉片和褐绉片。白绉片是在胶乳中加入漂白脱色剂，然后加酸凝固、压片、热空气干燥，适用于制浅色橡胶产品；褐绉片是用比较差的天然胶乳原料（如落地胶），再经凝固、压片、干燥而制得，质量较差，只能用来做质量要求不高的橡胶产品。

e. 技术分类天然橡胶（TSNR）：由胶乳经凝固，加工成颗粒状，再经处理、检验并按照一定要求分成不同质量等级。判断是否是技术分类天然橡胶，必须凭随附的生产国主管当局出具的检验证书，列明橡胶的等级、规格及检验结果。

B. 天然橡胶通过采取一些特定的技术措施，可以进一步改善原来存在的某些缺点，以提高其加工性能和质量。但是对于这些未硫化的初级形状或板、片、带形状的天然橡胶，在归类时应注意：

根据本章章注五的规定：

“（一）品目40.01及40.02不适用于任何凝结前或凝结后与下列物质相混合的橡胶或橡胶混合物：

1. 硫化剂、促进剂、防焦剂或活性剂（为制造预硫胶乳所加入的除外）；

2. 颜料或其他着色料，但仅为易于识别而加入的除外；

3. 增塑剂或增量剂（用油增量的橡胶中所加的矿物油除外）、填料、增强剂、有机溶剂或其他物质，但以下（二）款所述的除外；

（二）含有下列物质的橡胶或橡胶混合物，只要仍具有原料的基本特性，应归入品目40.01或40.02：

1. 乳化剂或防粘剂；

2. 少量的乳化剂分解产品；

3. 微量的下列物质：热敏剂（一般为制造热敏胶乳用）、阳离子表面活性剂（一般为制造阳性胶乳用)、抗氧剂、凝固剂、碎裂剂、抗冻剂、胶溶剂、保存剂、稳定剂、黏度控制剂或类似的特殊用途添加剂。”

**【例 1】** 炭黑共沉橡胶颗粒

**【归类分析】** 炭黑共沉橡胶是由天然胶乳与炭黑共沉淀而制得，因而不能归入品目 4001，而应作为“未硫化的复合橡胶”归入品目 4005。

但下列天然橡胶由于只是加入了微量的本章章注五（二）所允许的添加剂，并且仍具有原料的基本特性，故仍然可以归入品目 4001：热敏性胶乳、阳性胶乳、抗冻天然胶乳、恒粘橡胶、易操作橡胶、纯化橡胶、胶清橡胶、抗结晶橡胶等。

（2）合成橡胶

为了补充天然橡胶的不足，用化学合成的方法生产合成橡胶。合成橡胶由单体聚合而成。例如，丁苯橡胶是由苯乙烯与丁二烯聚合而成，氯丁橡胶是由 2-氯-1,3-丁二烯聚合而成，丁腈橡胶是由丁二烯与丙烯腈聚合而成。

根据本章章注四的规定，下列物质才能作为合成橡胶：

①不饱和合成物质，符合章注四第（一）款关于硫化、延伸及回复要求的（用硫磺硫化使其不可逆地变为非热塑物质，这种物质能在温度 18℃ 至 29℃ 之间被拉长到其原长度的三倍而不致断裂，拉长到原长度的两倍时，在五分钟内能回复到不超过原长度的一倍半）。

例如，氯丁橡胶是由 2-氯-1,3-丁二烯聚合而成的不饱和合成物质，其分子结构为 $\left[ CH_2—\underset{\underset{Cl}{|}}{C}═CH—CH_2 \right]_n$。其他还有很多的不饱和合成物质，如丁苯橡胶、丁二烯橡胶、丁基橡胶、丁腈橡胶、异戊二烯橡胶、乙丙非共轭二烯橡胶、丙烯腈—异戊二烯橡胶等。所有这些物质必须符合上述关于硫化、延伸及回复的要求，才能作为合成橡胶归类。

②聚硫橡胶（TM），这是一种饱和合成物质，由脂族二卤化物与多硫化钠反应制得。

③下列各种产品，只要其符合章注四第（一）款关于硫化、延伸及回复的要求：

A. 改性天然橡胶，将橡胶与塑料接枝共聚或混合而制得。此类橡胶通常是在聚合催化剂作用下使可聚合单体固定在橡胶上，或使天然橡胶胶乳和合成聚合物胶乳共沉淀制得。

例如，将天然橡胶胶乳与甲基丙烯酸甲酯进行接枝共聚，所得共聚物就属于这种情况。

B. 解聚天然橡胶，在特定的温度下进行机械加工（捶击）而制得。根据分子量的大小，呈油膏至蜂蜜状，其物理机械性能大幅度降低。

C. 不饱和合成物质与饱和合成高聚物的混合物。例如，丁腈橡胶和聚氯乙烯的混合物。

此外，未硫化的初级形状或板、片、带形状的合成橡胶，归类时与天然橡胶相类似，同样也应按照本章章注五的规定，确定什么情况下可归入品目 4002，什么情况下应作为复合橡胶归入品目 4005。

**【例 2】** 充油丁苯橡胶

**【归类分析】** 充油丁苯橡胶是在丁苯胶乳中加入环烷油或芳烃油共凝聚而制得，根据章注五的规定，可以归入品目 4002。

**【例 3】** 丁苯炭黑母胶块

**【归类分析】** 丁苯炭黑母胶是在丁苯胶乳中加入炭黑共凝聚而制得，根据章注五的规定，不能归入品目 4002，而应作为“未硫化的复合橡胶”归入品目 4005。

### （二）硫化橡胶的归类

硫化是指橡胶大分子与硫磺或其他硫化剂（例如，氯化硫）发生化学反应，交联成为立体网状结构，使橡胶从主要为塑性状态转化为弹性状态的过程。硫化是橡胶加工中的一个重要工序，橡胶经过硫化，可以得到定型的具有实用价值的橡胶制品。为了进行硫化，除加入硫化剂外，通常还要加入其他物质，如促进剂、活性剂、防焦剂、增塑剂、增量剂、填料、增强剂及其他本章注释五（二）款所述的添加剂。经过硫化后的橡胶称为硫化橡胶。

硫化橡胶（包括半制品和制品，不包括硬质橡胶）按照其加工形状的不同及用途的不同而归入 4007~4016 的相关品目。

**1. 半制品**

（1）线、绳

根据本章章注七的规定，品目 4007 的硫化橡胶线，其任一截面的尺寸应不超过 5 毫米。如果其任一截面的尺寸超过 5 毫米，应作为带、杆或型材及异型材归入品目 4008。

绳是由多股线组成的，不论其每股线的粗细程度如何。

（2）板、片、带

根据本章章注九的规定，品目 4008 所称“板”、“片”、“带”，其含义与品目 4001、4002、4003、4005 中一样，仅指未切割或只简单切割成矩形（包括正方形）的板、片、带及正几何形块，不论是否具有成品的特征，也不论是否经过印制或其他表面加工（例如，印制、压纹、整体着色、表面着色），但未切割成其他形状或进一步加工。

**【例 4】** 成卷的橡胶门垫，商场出售时按购买者所需要的尺寸裁剪

**【归类分析】** 该门垫仅通过将硫化橡胶板切成长方形而制得，故不应按橡胶制品归入品目 4016，而应作为硫化橡胶板归入品目 4008。

（3）杆、型材、异型材

与上述“板、片、带”的情况类似，根据本章章注九的规定，品目 4008 所称“杆、型材、异型材”，仅指不论是否切割成一定长度或表面加工，但未经进一步加工的该类产品。

（4）管

对于完全由硫化橡胶制成的管子，应归入品目 4009。对于硫化橡胶与其他材料（纺织物、金属等）组成的管子，如果其基本特征是硫化橡胶材料的，仍应归入品目 4009。例如，橡胶中嵌有一层或多层纺织物的硫化橡胶管，外面包绕有薄的织物套及嵌心的硫化橡胶管，管外或管内加有金属螺旋线的硫化橡胶管，均应归入品目 4009。

**【例 5】** 水龙管，材料是表面用胶乳涂层的尼龙织物

**【归类分析】** 由于该管子的基本特征是纺织材料，故应归入品目 5909。

**2. 制品**

硫化橡胶制品按照用途的不同来归类。例如，传动带归入品目 4010，轮胎归入品目 4011~4012，内胎归入品目 4013，卫生及医疗用品归入品目 4014，服装归入品目 4015，其他制品归入品目 4016。

### （三）硬质橡胶的归类

硬化是指用高比份（每 100 份橡胶对 15 份以上）的硫磺使橡胶硫化而制得，其特点

是非常硬实、弹性较差、机械强度高。经过硬化后的橡胶称为硬质橡胶。

硬质橡胶（包括半制品、制品、废碎料）都应归入品目4017。

**（四）再生橡胶的归类**

再生橡胶是以各种化学或机械方法使旧橡胶制品（特别是轮胎）或硫化橡胶废碎料软化（脱硫）并除去不需要的物质制得。这类产品因含有残留的硫磺或其他硫化剂而比新胶质量差。

初级形状或板、片、带状的再生橡胶，不论是否混有新胶或其他添加物质，只要产品具有再生橡胶的基本特征，应归入品目4003。

**（五）橡胶的废碎料及下脚料的归类**

根据本章章注六的规定，品目4004所称“废碎料及下脚料”，是指在橡胶或橡胶制品生产或加工过程中因切割、磨损或其他原因明显不能按橡胶或橡胶制品使用的废橡胶及下脚料。例如，不能再翻新的磨损橡胶轮胎，以及由其制得的碎料。

除硬质橡胶的废碎料及下脚料应归入品目4017外，其他橡胶（不管是未硫化橡胶还是硫化橡胶）的废碎料及下脚料应一律归入品目4004。

**（六）橡胶与织物及其他材料的复合物的归类**

对于橡胶与纺织材料及其他材料的复合制品的归类，基本原则是判断以哪种材料为主，则按该种材料归类，当然这种判断可能是比较复杂的，参见本教材有关类、章的内容。

## 思考与练习

**（一）思考题：**

1. 简述初级形状的共聚物的归类方法
2. 简述能够归入品目3915的塑料废碎料或下脚料的条件
3. 简述塑料半制品与制成品的区别

**（二）商品归类题：**

1. 聚乙烯与聚丙烯两种粒子的混合物（两者重量比各占50%）
2. 聚乙烯加工过程中产生的碎屑与聚丙烯加工过程中产生的碎屑的混合物（两者重量比为2∶1）
3. 低密度聚乙烯保鲜膜
4. 聚碳酸酯（40%）溶于甲苯（60%）的溶液
5. 50%乙烯、40%乙酸乙烯酯、10%苯乙烯的共聚物粒子
6. 尼龙-6粉
7. 一种塑料粒子，由60%的聚酰胺-6和40%的聚酰胺-6,6混合后造粒而成
8. 丁二烯橡胶胶乳

9. 蜜胺树脂制的碗

10. 氯乙烯—苯乙烯共聚粒子，其中按单体单元计算，氯乙烯占40%，苯乙烯占60%

11. 聚甲基丙烯酸甲酯板，规格：80厘米×200厘米

12. 一种用于铺在屋顶起防水作用的材料，宽1.5米，长15米，厚2毫米，由丁苯橡胶制成

# 阅读材料：塑料知识

在我们的日常生活和工农业生产中，塑料随处可见。日用杂货、包装材料、电气制品中的各种部件、建筑材料、汽车零件、室内装饰材料等，到处都有塑料活跃的身影。

按《化工词典》（第四版）的定义，塑料是以合成的或天然的高分子化合物为基本成分，在加工过程中可塑制成型，而产品最后能保持形状不变的材料。

多数塑料是以合成高分子为基本成分，一般含有辅助物料如填料、增塑剂、颜料、稳定剂等。塑料的种类很多，各有其特殊的物理、化学、电和机械等性能。

## （一）单体、单体单元的概念

合成高分子（或称合成聚合物）是以低分子的单体为原料通过聚合反应得到的。高分子与低分子比较，其分子量要大得多。例如，乙烯的分子量是28，而聚乙烯的分子量可达几万至几十万。

《协调制度》第三十九章章注三（三）规定合成聚合物平均至少需有五个单体单元，那么单体、单体单元是什么意思呢？

单体是构成聚合物的单个分子，是能起聚合反应而成为高分子聚合物中的结构单元的简单化合物。例如，氯乙烯单体能起聚合反应而成为聚氯乙烯，己内酰胺单体能起聚合反应而成为聚己内酰胺，乙烯单体与乙酸乙烯酯单体能起聚合反应而成为乙烯—乙酸乙烯酯共聚物。

单体单元是聚合过程中单个单体分子所产生的最大结构单元。例如，聚氯乙烯 $\left[ CH_2—CHCl \right]_n$ 的单体是 $CH_2=CHCl$，单体单元是 $—CH_2—CHCl—$；聚己内酰胺 $\left[ NH(CH_2)_5—\underset{\underset{O}{\|}}{C} \right]_n$ 的单体是 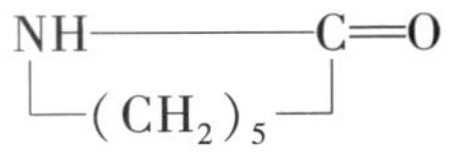 ，单体单元是 $—NH—(CH_2)_5—\underset{\underset{O}{\|}}{C}—$；乙烯—乙酸乙烯酯共聚物的单体是 $CH_2=CH_2$ 与 $CH_2{=}\underset{\underset{OCOCH_3}{|}}{CH}$，单体单元是 $—CH_2—CH_2—$ 与 $—CH_2—\underset{\underset{OCOCH_3}{|}}{CH}—$。

## （二）聚合反应的类型

聚合物可由化学结构相同或不同的多个分子相互反应形成，这一聚合物的形成过程称为聚合反应。广义来说，聚合反应包括以下几种主要类型的反应：

### 1. 加成聚合反应

一种不饱和烯烃分子通过相互简单加成而形成聚合物链为碳—碳键聚合物的反应，该反应过程不析出水或其他副产物。

例如，由乙烯制得聚乙烯：

$$nCH_2=CH_2 \rightarrow \left[ CH_2—CH_2 \right]_n$$

再如由乙烯与乙烯基乙酸酯制得乙烯乙酸乙烯酯共聚物等。此类聚合反应有时也称为简单聚合反应或共聚反应，即狭义的聚合或共聚反应。

**2. 重排聚合反应**

官能团中含有氧、氮或硫等原子的分子相互反应，在分子内重排及加成，形成以醚、酰胺、氨酯或其他键连接各链节的聚合物链的反应。反应中不析出水或其他副产物。

例如，由己内酰胺制得聚酰胺-6：

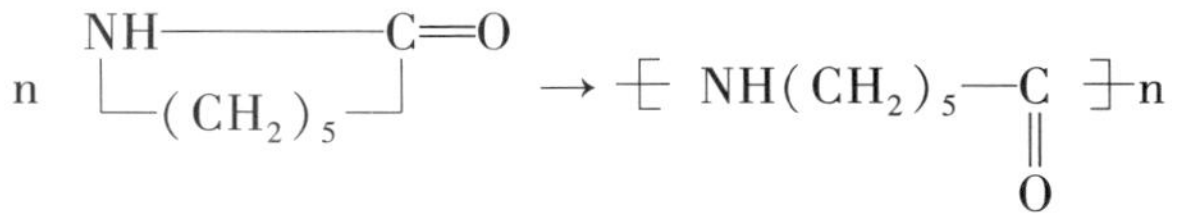

再如由多羟基化合物和二异氰酸制得聚氨基甲酸酯等。此类聚合反应也称为聚合加成反应。

**3. 缩合聚合反应**

官能团中含有氧、氮或硫等原子的分子相互间产生缩合反应，形成以醚、酯、酰胺或其他键连接各单体单元的聚合物链的反应，反应中析出水或其他副产物。

例如，由乙二醇和对苯二酸制得的聚对苯二甲酸乙二酯：

$$nHOOC—C_6H_4—COOH + nHOCH_2CH_2OH \rightarrow [CO—C_6H_4—COO—CH_2CH_2—O]_n + nH_2O$$

再如由六亚甲基二胺和己二酸制得的聚酰胺 6,6 等。此类聚合反应也称为缩合反应或缩聚反应。

### （三）聚合物的命名

天然聚合物一般都有其专门的名称，如纤维素、淀粉、木质素、蛋白质等。

合成聚合物的命名方法很多，其习惯命名是在对应的单体名称之前加一个聚字，如聚乙烯、聚丁二烯、聚甲醛、聚环氧丙烷、聚己内酰胺等。此法虽然简便，但也有一些缺点，如聚乙烯醇这个名称是名不符实的，因为乙烯醇单体事实上并不存在，聚乙烯醇实为聚乙酸乙烯酯的水解产物。

由两种单体合成的聚合物（共聚物），有的只要在两种单体名称上加词尾“树脂”，有的加词尾“共聚物”即可，如苯酚—甲醛树脂（简称酚醛树脂）、尿素—甲醛树脂（简称脲醛树脂）、三聚氰胺—甲醛树脂、醇酸树脂等；由乙烯和乙酸乙烯酯合成的乙烯—乙酸乙烯酯共聚物，由乙烯和丙烯合成的乙烯—丙烯共聚物（简称乙丙共聚物）等。

另外，还可按聚合物的结构特征来命名，如聚酰胺以酰胺键为特征，类似的有聚酯、聚氨基甲酸酯（简称聚氨酯）、聚碳酸酯、聚醚、聚硫醚、聚砜、聚酰亚胺等。这些名称都分别代表一类聚合物，如聚酰胺中有聚己二酰己二胺、聚癸二酰癸二胺、聚己内酰胺等。其具体品种可用两个数字表示，第一个数字表示二元胺的碳原子数，第二个数字表示二元酸的碳原子数；若只有一个数字，则表示单体是氨基酸或内酰胺，数字代表碳原子数。故聚乙二酰乙二胺、聚癸二酰癸二胺、聚己内酰胺可分别称为聚酰胺-66（尼龙-66）、聚酰胺-1010（尼龙-1010）和聚酰胺-6（尼龙-6）。

还有一种简单而被普遍采用的商业名称，如涤纶树脂（聚对苯二甲酸乙二醇酯）、尼龙 66 树脂（聚酰胺-66）等。

高聚物的名称有时很长，国外习惯用大写缩写字母表示，同一种聚合物在不同国家有不同表示，但是英文缩写为世界各国共同采用。例如，聚甲基丙烯酸甲酯记为PMMA，聚丙烯记为PP，聚氯乙烯记为PVC，丙烯腈—丁二烯—苯乙烯共聚物记为ABS，等等。

### （四）塑料的分类

**1. 按塑料的应用分类**

按塑料的应用可分成通用塑料和工程塑料。

通用塑料产量大、价格低、用途广，如聚乙烯、聚丙烯、聚氯乙烯、聚苯乙烯等；工程塑料具有优异的综合性能，适用于工程结构、机械部件等用途，如聚碳酸酯、聚甲醛、聚苯醚、聚酯等。

**2. 按塑料受热后的性能变化分类**

按塑料受热后的性能变化可分成热塑性塑料和热固性塑料。热塑性塑料和热固性塑料可由热塑性树脂和热固性树脂加工得到。

无论热塑性树脂还是热固性树脂，第一次对其加热都会软化，这一点是相同的。但是，一旦冷却凝固之后，“热塑性树脂”和“热固性树脂”表现出不同的特性。热塑性树脂如果再次被加热，它还会变软，而热固性树脂却不一样，受热后成为不熔、不溶的物质，再次受热不再具有可塑性，故一般不能再回收利用。比如，由于不小心，将一个塑料杯子放在了火堆旁边，杯子逐渐变软并变形了，那说明这杯子是用热塑性树脂制成的；而炒菜锅的把手及锅盖顶上的手柄等部位的塑料是用热固性树脂制成的。由于热固性树脂的电特性也很优秀，所以也被广泛用于电灯开关、插座、灯座等部位。

常见的热塑性树脂有聚乙烯、聚丙烯、聚氯乙烯、聚苯乙烯、ABS、聚碳酸酯等。

热固性树脂有酚醛树脂、环氧树脂、氨基树脂、聚氨酯、脲醛树脂、三聚氰胺—甲醛树脂、不饱和树脂等。

### （五）常见塑料介绍

塑料品种很多，掌握这方面知识对于正确归类将带来很大帮助。但由于《协调制度》第三十九章的品目是根据塑料的分子结构来排列的，塑料的列名往往也跟其分子结构有很大关系，故这里重点介绍常见塑料的分子结构的特点。

**1. 乙烯聚合物（品目3901）**

乙烯聚合物是乙烯单体的聚合物，最重要的是聚乙烯，其分子结构为 $\left[ CH_2—CH_2 \right]_n$。

**2. 其他烯烃聚合物（品目3902）**

其他烯烃聚合物是乙烯聚合物以外的烯烃单体的聚合物，最重要的是聚丙烯，其分子结构为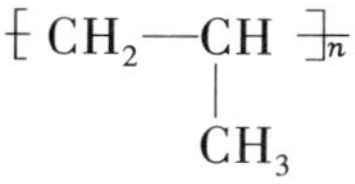。

**3. 苯乙烯聚合物（品目3903）**

苯乙烯聚合物是苯乙烯单体的聚合物，最重要的是聚苯乙烯，其分子结构为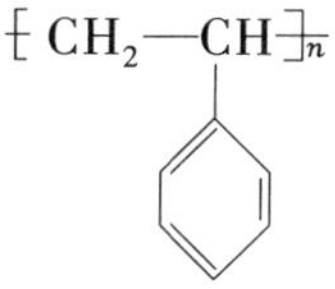。

**4. 卤化烯烃聚合物（品目 3904）**

卤化烯烃聚合物是卤化烯烃单体的聚合物。例如，以氯乙烯单体聚合而成的聚氯乙烯，其分子结构为 $\text{-[}CH_2\text{—}CH(Cl)\text{]-}_n$。再如以四氟乙烯单体聚合而成的聚四氟乙烯，其分子结构为 $\text{-[}CF_2\text{—}CF_2\text{]-}_n$。

**5. 其他乙烯基聚合物（品目 3905）**

其他乙烯基聚合物是指品目 3904 卤化烯烃聚合物以外的乙烯基聚合物，它们是以乙烯基化合物为单体的聚合物。例如，以乙酸乙烯酯为单体的聚乙酸乙烯酯，其分子结构为 $\text{-[}CH_2\text{—}CH(OCOCH_3)\text{]-}_n$；以乙烯醇为单体的聚乙烯醇，其分子结构为 $\text{-[}CH_2\text{—}CH(OH)\text{]-}_n$；以乙烯醚为单体的聚乙烯醚，其分子结构为 $\text{-[}CH_2\text{—}CH(OR)\text{]-}_n$。

**6. 丙烯酸聚合物（品目 3906）**

丙烯酸聚合物是以丙烯酸、甲基丙烯酸及其酯或其相应的醛类、酰胺类或腈类为单体的聚合物。其中，最重要的是聚甲基丙烯酸甲酯，其分子结构为 $\text{-[}CH_2\text{—}C(CH_3)(COOCH_3)\text{]-}_n$。其他还有聚丙烯腈，其分子结构为 $\text{-[}CH_2\text{—}CH(CN)\text{]-}_n$；聚丙烯酰胺，其分子结构为 $\text{-[}CH_2\text{—}CH(CONH_2)\text{]-}_n$，等等。

**7. 聚缩醛、其他聚醚及环氧树脂；初级形状的聚碳酸酯、醇酸树脂、聚烯丙基酯及其他聚酯（品目 3907）**

聚缩醛是聚合物链中有缩醛基的聚合物，由醛类聚合而成。其中，最重要的是聚甲醛，其分子结构为 $\text{-[}CH_2\text{—}O\text{]-}n$。

其他聚醚是聚合物链中有醚基的聚合物，由环氧化物、乙二醇或类似物质聚合而成。其中，最重要的是聚氧化乙烯，其分子结构为 $\text{-[}CH_2\text{—}CH_2\text{—}O\text{]-}n$。其他还有聚氧化丙烯，其分子结构为 $\text{-[}CH_2\text{—}CH(CH_3)\text{—}O\text{]-}_n$；聚苯醚，其分子结构为

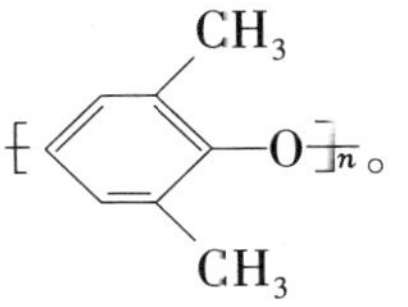

环氧树脂是聚合物链中有活性环氧基团的聚合物，由环氧氯丙烷与双酚 A、酚醛树脂或其他多羟基化合物缩合或使不饱和聚合物环氧化等方法制得。其中，最重要的是双酚 A 型环氧树脂，其分子结构为：

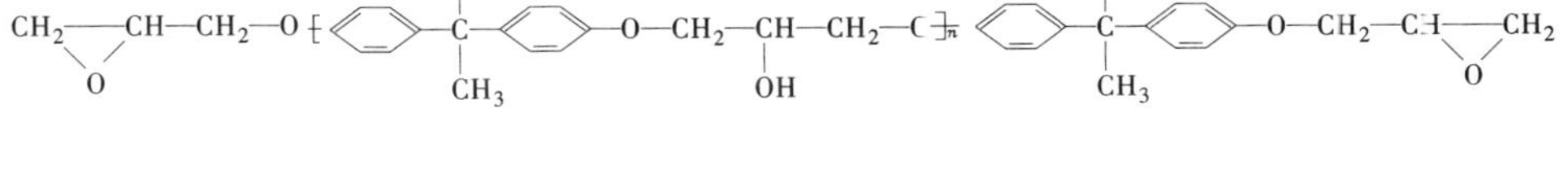

聚碳酸酯是聚合物链中有碳酸酯基的聚合物。其中，最重要的是双酚 A 型聚碳酸酯，由双酚 A 与酰氯或碳酸二苯酯缩合而成，其分子结构为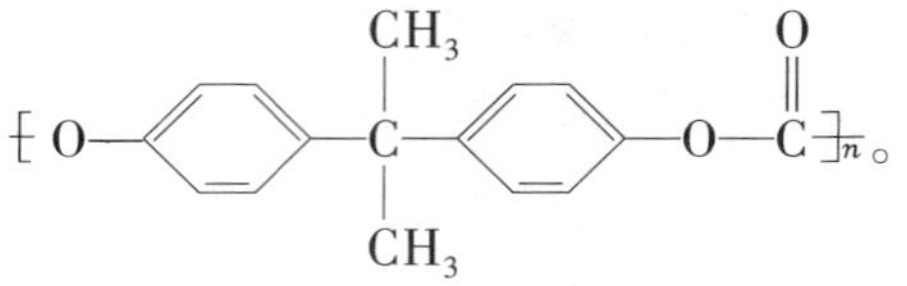。

聚酯是聚合物链中有羧酸酯基的聚合物。例如，醇酸树脂，由多官能醇和多官能酸（或它们的酐）缩聚而成，常见的是由甘油、邻苯二甲酸酐、脂肪酸缩聚而成的聚合物。

聚对苯二甲酸乙二酯是由对苯二甲酸与乙二醇的酯化作用而得的聚合物或者对苯二甲酸二甲酯与乙二醇反应生成的聚合物，其分子结构为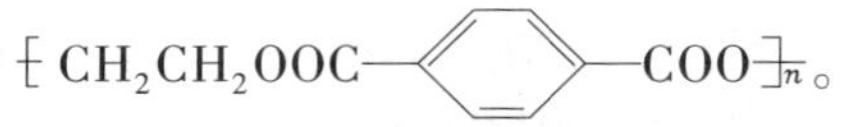。

另外，在聚酯中有一类被称为不饱和聚酯，它们是聚合物链中有不饱和烯键的聚酯，主要用于制造玻璃钢和铸模的透明热固性产品。

**8. 聚酰胺（品目 3908）**

聚酰胺俗称尼龙树脂，是聚合物链中有酰胺基的聚合物。其包括两种情况：

（1）由内酰胺或氨基酸聚合而成，如尼龙-6、尼龙-9、尼龙-11、尼龙-12 等（按单体中的碳原子的个数来命名）。其中，尼龙-6 是由己内酰胺聚合而成，其分子结构为 $\left[ NH—(CH_2)_5—\overset{\displaystyle O}{\overset{\|}{C}} \right]_n$。

（2）由二元胺与二元酸缩聚而成，如尼龙-6,6、尼龙-6,10、尼龙-10,10[①] 等（按单体二元胺与二元酸中的碳原子的个数来命名）。其中，尼龙-6,6 是由己二胺与己二酸缩聚而成，其分子结构为 $\left[ NH—(CH_2)_6—NH—\overset{\displaystyle O}{\overset{\|}{C}}—(CH_2)_4—\overset{\displaystyle O}{\overset{\|}{C}} \right]_n$。

**9. 氨基树脂、酚醛树脂及聚氨酯（品目 3909）**

氨基树脂是聚合物链中有氨基的聚合物，由含有氨基的胺或酰胺与醛（甲醛、糠醛等）缩聚而成。最重要的有尿素树脂，例如，由尿素（$NH_2—CO—NH_2$）与甲醛缩聚而成，其分子结构为 $\left[ CH_2—NH—CO—NH \right]$ n；硫脲树脂，例如，由硫脲（$NH_2—CS—NH_2$）与甲醛缩聚而成，其分子结构为 $\left[ CH_2—NH—CS—NH \right]$ n；苯胺树脂，例如，由苯胺与甲醛缩聚而成，其分子结构为 $\left[ C_6H_4NHCH_2 \right]$ n；蜜胺树脂，例如，由蜜胺（即三聚氰胺）与甲醛缩聚而成，其分子结构为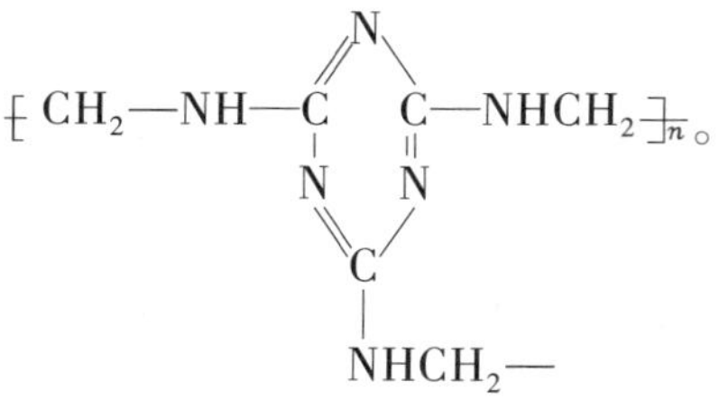。

酚醛树脂是由酚及其同系物（甲酚、二甲酚等）或取代酚与醛（甲醛、乙醛、糠醛等）缩聚而成，其中常见的是苯酚与甲醛缩聚而成的酚醛树脂。

聚氨酯是聚合物链中有氨酯基 $\left[ NHCOO \right]$ 的聚合物，由多官能异氰酸酯与多羟基化合物（例如，蓖麻油、丁烷-1,4-二醇、聚醚多元醇、聚酯多元醇等）聚合而成。

---

① 尼龙-6,6、尼龙-6,10、尼龙-10,10 也可分别写成尼龙-66，尼龙-610、尼龙-1010。

**10. 聚硅氧烷（品目 3910）**

聚硅氧烷是无化学定义的产品，其分子中含有一个以上的硅—氧—硅键，其硅原子上有直接以硅碳键相连的有机基团。常见的有聚硅氧烷油（脂）、聚硅氧烷树脂及聚硅氧烷弹性材料。

**11. 其他合成树脂（品目 3911）**

上述品目 3901~3910 以外的合成树脂一律归入品目 3911，如石油树脂、苯并呋喃树脂、茚树脂、苯并呋喃—茚树脂及多萜树脂、聚砜、聚酰亚胺等。

# 第八类　生皮、皮革、毛皮及其制品；鞍具及挽具；旅行用品、手提包及类似容器；动物肠线（蚕胶丝除外）制品

【内容提要】

在本类中，将学习以下内容：

1. 熟悉《协调制度》中皮革、毛皮及其制品的分类方法；

2. 根据生皮的种类、加工方法和加工程度确定皮革制品和毛皮制品的归类。其中，重点是皮革制品的归类。

皮革工业是轻工业的支柱产业之一，与之相关的产业包括制革业、制鞋业、皮革服装业、皮具业、皮革制品业和毛皮业等。我国是皮革生产大国，产量和出口量均居世界首位。

本类包括生皮、皮革、毛皮及其制品，分为三章，即第四十一章的生皮及皮革、第四十二章的皮革制品和第四十三章的毛皮、人造毛皮及其制品。

本类商品的原料是第一类活动物被宰杀后剥下的生皮，对生皮进行保藏、鞣制及制造等加工后的产品属于本类的商品，所以第八类的商品是在第一类商品的基础上经过进一步加工获得的产品。其中，制革的生皮归入第四十一章，生皮鞣制后的皮革也归入第四十一章，皮革制品归入第四十二章，这两章之间存在先后加工顺序的关系；生毛皮、已鞣毛皮、毛皮制品、人造毛皮及其制品归入第四十三章，该章内品目也按加工顺序编排。

但是，根据有关章注的规定，有些皮革制品和毛皮或人造毛皮的制品不归入本类。例如，皮鞋应归入第六十四章，毛皮帽子应归入第六十五章。

# 第四十一章　生皮（毛皮除外）及皮革

## 一、本章商品范围

本章包括适合加工皮革的生皮、生皮鞣制后制得的湿革和干革（坯革）、成品革及再生皮革。

本章的生皮适合于经鞣制加工成皮革，包括不带毛的生皮（如蛇皮、鳄鱼皮）和带毛的生皮（如生牛皮、生马皮），具体范围可参照本章注释一（三）的规定，否则应作为毛皮原料归入第四十三章，如水貂皮、狐皮等。此外，根据章注一（二）的规定，带羽毛或羽绒的鸟皮不归入本章，如未经加工，或仅经洗净、消毒或保藏处理，应归入品目 0505；如已超出上述加工程度，如经漂白、染色、卷曲等加工，应归入品目 6701。

经过鞣制、鞣制后进一步加工的成品皮革，可用于加工成皮革制品。

本章按商品的加工顺序排列，其结构规律如下：

| | |
|---|---|
| 生皮 | 4101~4103 |
| 经鞣制的湿革、干革 | 4104~4106 |
| 鞣制后经进一步加工的成品皮革 | 4107、4112、4113 |
| 油鞣皮革、漆皮及层压漆皮、镀金属皮革 | 4114 |
| 再生皮革，皮革或再生皮革的边角废料 | 4115 |

有关生皮的结构与性质、皮革的加工工艺可参阅本类阅读材料。

## 二、本章商品归类方法

### （一）生皮归入 4101~4103

本章的生皮可带毛或不带毛，可成张或半张、成条、成块，并适合于加工成皮革。这类生皮应归入品目 4101~4103，其中，生牛皮和生马皮归入品目 4101，绵羊生皮和羔羊生皮归入品目4102，其他生皮归入品目4103。需要注意的是，不是所有的带毛生皮都归入本章。根据本章章注一（三）的规定，牛（包括水牛）、马、绵羊及羔羊（不包括阿斯特拉罕、喀拉科尔、波斯羔羊或类似羔羊，印度、中国或蒙古羔羊）、山羊或小山羊（不包括也门、蒙古或西藏的山羊及小山羊）、猪（包括西貒）、小羚羊、瞪羚、骆驼（包括单峰骆驼）、驯鹿、麋、鹿、狍或狗的带毛生皮应归入本章，主要作为皮革的原料，其他的带毛生皮应归入品目4301，主要作为毛皮的原料。

生皮可以是新鲜的，也可以是经过盐渍、干燥、石灰浸渍、浸酸等方法进行短期防腐处理的，还可进行清洁、剖层，或经可逆性鞣制（包括预鞣），这类加工主要是为了保藏的目的，鞣制前经处理可以恢复成生皮的状态，故仍按生皮归类。

但是，食用动物皮作为食用杂碎不归入本章，其中未烹煮的归入品目0206或0210，已烹煮的归入品目1602。生皮的边角废料不适合加工成皮革，也不归入本章，应作为其他动物产品归入品目0511。

### （二）经鞣制但未经进一步加工的皮革归入品目4104~4106

生皮用不同的鞣料和不同的鞣制方法加工后的不带毛皮革是湿革，经干燥后可制成干革（坯革）。未经进一步加工的湿革和干革分别归入品目4104~4106，这三个品目的皮革分别对应品目4101~4103的三类生皮。

其中，子目4104.1111的“蓝湿”牛皮革是指用铬盐鞣制的牛皮革，呈蓝色，并保持湿润柔软状态。

品目4104项下的“全粒面未剖层革”则是未被剖层的皮革；“粒面剖层革”则是被剖两层或多层皮革的靠外表面含有粒面的一层革，即俗称的“头层革”。

### （三）鞣制后经进一步加工的皮革归入品目4107、4112及4113

在坯革的基础上经过进一步加工（即本类阅读材料中的“整饰”加工）后制成成品皮革，赋予皮革一定的内在质量和外观特征。成品皮革可用于加工各类皮革制品。

根据生皮的分类方法，成品皮革分别归入品目4107、4112及4113。

**【例】**整张的牛皮手套革，由蓝湿牛皮经过削薄、搅打、软化、拉伸及去除不合格部分等工序制得，用于生产手套。

**【归类分析】**该商品属于鞣制后经进一步加工的牛皮革，应归入品目4107。再根据整张和未剖层的特点归入子目4107.1110。

### （四）油鞣皮革、漆皮及层压漆皮、镀金属皮革归入品目4114

油鞣皮革是利用鱼油或动物油鞣制，再经过干燥、去油、清洁、磨里等加工制得。这类皮革通常以正面起绒除去粒面层的绵羊或羔羊肉面剖层皮为原料。油鞣皮革的特点是柔软可洗，一般呈黄色，主要用于制造手套、洗革等，大动物（鹿等）的皮经过类似处理后可用于制衣服、挽具及某些工业用途。品目4114既包括全油鞣皮革，也包括甲醛油鞣结合鞣制的皮革，这类皮革往往为白色。

漆皮是在皮革上涂有一层清漆或大漆，或在皮革表面覆盖一层塑料膜的皮革，其表面光亮如镜面，涂层或塑料膜的厚度不超过0.15毫米。

层压漆皮是在皮革表面覆盖一层塑料片，其厚度超过0.15毫米，但不超过总厚度的一半，其表面光洁如镜面。表面覆盖的塑料片厚度超过 0.15 毫米，且超过总厚度一半的皮革，应以塑料为基本特征归入第三十九章。

镀金属皮革是在皮革表面涂金属粉末或覆盖金属箔的皮革。

**（五）再生皮革、皮革的边角废料及皮革粉末归入品目 4115**

再生皮革以真皮革或皮革纤维为基本成分，制造方法包括：用黏合剂将皮革边角料胶合而成；用高压将皮革边角料压合而成；将皮革边角废料水解为细纤维，所得的皮浆经过滚压制成皮张。再生皮革可以染色、压花、抛光、粒面或压印、起绒，也可涂清漆或镀金属。

皮革或再生皮革的边角废料包括：在皮革制品加工过程中产生的皮革边角废料，适于制再生皮革、胶水、肥料等；废旧的皮革制品，不能再作原用途使用；在皮革磨光及磨里加工中产生的皮革粉屑，可用做肥料或用以制造人造起毛皮革、再生皮革铺地制品等；研磨皮革废料所得的皮革细粉，用于制造仿麂皮织物或作为塑料的填料等。归入品目 4115 的边角废料应不适合加工成皮革制品，否则应按成品皮革归类。

以皮革以外其他材料为基本成分的仿皮革应归入其他相应的章。例如，塑料仿皮革归入第三十九章，橡胶仿皮革归入第四十章，纸及纸板仿皮革归入第四十八章，涂层纺织品归入第五十九章。

# 第四十二章　皮革制品；鞍具及挽具；旅行用品、手提包及类似容器；动物肠线（蚕胶丝除外）制品

## 一、本章商品范围

本章主要包括皮革或再生皮革加工成的制品，但品目 4201 和品目 4202 也包括某些具有皮革产品特征，但是用其他材料制成的制品。本章还包括肠线（蚕胶丝除外）、肠膜、膀胱或筋腱制品。但具有其他章商品基本特征的某些皮革制品应归入其他各章。

本章结构如下：

| | |
|---|---|
| 皮革制品 | 4201～4205 |
| 动物肠线等制品 | 4206 |

## 二、本章商品归类方法

### （一）皮革制品的归类

**1. 鞍具及挽具归入品目 4201**

鞍具及挽具主要指缰绳、辔、挽绳，马用护膝垫、眼罩和护蹄，马戏团动物的装饰品，动物的口套、颈圈、挽绳及饰物，鞍褥、鞍垫及马褡裢，制成特殊形状专门供骑马用的毯子，狗外套等。这些商品可用皮革、再生皮革、毛皮、纺织物或其他材料制成。

但是，单独报验的挽具配件或装饰物，如马蹬、马嚼子、马铃铛及类似品、带扣等，

均不归入本章，如为贱金属制，则一般归入第十五类。此外，鞭子、马鞭由于在品目 6602 已有具体列名，故也不归入品目 4201。

**2. 衣箱、公文包、手提包等各类容器归入品目 4202**

归入品目 4202 的商品主要是衣箱、提箱、公文箱、眼镜盒、旅行包、手提包等各类容器，其材料可以是皮革或再生皮革，也可以是某些其他材料。

根据品目 4202 的条文，这些容器包括两类，两类容器所用的材料不同。一类容器是衣箱、提箱、小手袋、公文箱、公文包、书包、眼镜盒、望远镜盒、照相机套、乐器盒、枪套等。根据本章章注三（一）的规定，这类容器只要不是非供长期使用的带把手塑料薄膜袋和编结材料制品，均应归入品目 4202。另一类容器是旅行包、食品保温包、化妆包、手提包、运动包、购物袋、钱包、瓶盒、首饰盒、文具盒等，这类容器必须是用皮革或再生皮革、塑料片、纺织材料、钢纸或纸板制成，或者全部或主要用上述材料或纸包覆而制成，其他材料制的不归入品目 4202。

由于品目 4202 容器所用的材料可以是皮革或再生皮革，也可以是某些其他材料，因此，容器的归类应首先考虑品目 4202，而不是首先考虑按制成材料来归类。符合 4202 品目条文及章注三规定的容器，应归入品目 4202，否则归入其他有关章。

**【例 1】** 木制的衣箱

**【归类分析】** 一方面，木制的衣箱符合品目 4202 条文，考虑归入品目 4202；另一方面，该商品也是木制品，考虑归入第四十四章。根据第四十四章章注一（五）的规定，该章不包括品目 4202 的物品，故该商品不归入第四十四章，应归入品目 4202，子目为 4202. 1900。

**【例 2】** 牛皮革制钱包

**【归类分析】** 钱包在品目 4202 品目条文中有具体列名，且材料也符合品目条文和章注三的规定，故归入品目 4202。在确定子目时，钱包一般放置在口袋或手提包内，符合子目 4202. 3000 的描述，故归入子目 4202. 3100。

**【例 3】** 藤条编结的提箱

**【归类分析】** 尽管品目 4202 条文中包括"提箱"，但第四十二章章注三（一）将编结材料制品排除在品目 4202 以外，因此该提箱不归入品目 4202，应归入品目 4602，并根据材料归入子目 4602. 1200。

**3. 皮革或再生皮革制的衣服及衣着附件归入品目 4203**

皮革或再生皮革制的衣服包括上衣、大衣等，还包括衣着附件，如分指手套、连指手套、露指手套、围裙、袖套、背带、腰带、子弹带、紧身褡及腕带等。

皮革与毛皮组合的手套，根据第四十三章章注二（三）的规定，用皮革与毛皮或用皮革与人造毛皮制成的分指手套、连指手套及露指手套，应作为皮革手套归入品目 4203。

在皮革制服装上可用其他材料进行装饰，如在皮革衣服上装一个毛皮领子，只要装饰物不构成服装的基本特征，仍按皮革衣服归入品目 4203。

但是，用皮革增强的纺织服装仍按纺织服装归入第六十一章或第六十二章，板球或曲棍球护胫、击剑面罩及胸铠等运动保护器具，应按体育用品归入第九十五章。

**4. 皮革或再生皮革的其他制品归入品目 4205**

除了本章上述各品目或《协调制度》其他各章以外的皮革或再生皮革制品，应归入品目 4205。这类商品包括机器的传动带或输送带、机械装置及仪器的皮革零件、行李标签、磨剃刀的皮带、靴带、皮垫子（归入品目4201的鞍褥除外）、书籍封皮、切成一定形状用于制皮革制品的未列名皮革或再生皮革片等。

需要注意的是，如皮革制品具有其他章商品的基本特征时，则该皮革制品应归入其他有关的章。例如，皮鞋归入品目6403，皮帽归入品目6506，皮鞭归入品目6602，皮表带归入品目9113，皮沙发归入品目9401，皮革制球类归入品目9506，皮纽扣归入品目9606等。

**（二）动物内脏制品的归类**

肠线（蚕胶丝除外）、肠膜、膀胱或筋腱制品归入品目4206。其包括由洁净的动物肠经过搓捻制成的羊肠线，主要用于制球拍、渔具和机器零件，还包括膀胱制品（例如，烟袋）及筋腱制成的机器传动带及制传动带的编带等。

# 第四十三章　毛皮、人造毛皮及其制品

## 一、本章商品范围

本章包括与毛皮加工过程有关的商品，包括生毛皮、已鞣制的毛皮、毛皮制品，还包括人造毛皮及其制品。

应该注意，带羽毛或羽绒的整张或部分鸟皮，根据本章章注二（一）的规定，不能作为生毛皮归入本章，应根据加工程度不同归入品目0505或6701。

本章商品按加工顺序编排，其结构规律如下：

生毛皮……………………………………………………………4301
已鞣毛皮…………………………………………………………4302
毛皮制品…………………………………………………………4303
人造毛皮及其制品………………………………………………4304

## 二、本章商品归类方法

**（一）生毛皮归入品目4301**

根据第四十一章章注一（三）的规定，本章的生毛皮是除品目4101～4103带毛生皮外的其他带毛生皮，这些带毛生皮适合用于加工成毛皮。例如，水貂生皮，由于第四十一章章注一（三）中所列归入第四十一章生皮的动物中未包括水貂，故水貂生皮应归入品目4301。

归入品目4301的生毛皮，可以是天然状态的毛皮，也可以是经过清洁及为了防腐而经干制或盐腌等处理的毛皮，只要未经鞣制加工，都应作为生毛皮。毛皮的碎片以及头、尾、爪等部分，只要是生皮，也归入品目4301。但明显不能作皮货用的毛皮废料，不归入品目4301，应作为其他动物产品归入品目0511。

**（二）毛皮归入品目4302**

根据本章章注一，所称“毛皮”是指已鞣的各种动物的带毛毛皮，归入品目4302。

显然，生皮去毛经鞣制可以得到皮革，皮革是光面的，表面上不带毛。带毛的皮张经鞣制得到毛皮，毛保留在皮上。

生毛皮鞣制的原理与制革基本相同，但由于毛皮是带有毛被的产品，制革则是去掉毛被的产品，在实际生产中前者需要保毛而后者需要去毛，因此在工艺路线上有较大差异。为了改善外观或使之仿充高级毛皮，还可对毛进行处理，例如，漂白、渗色或“套色”(即用刷子作表面染色)、染色、梳理、修剪及上光。

毛皮可以是未缝制的，也可以是已缝制的，即由两张或多张皮或碎皮缝制而成，一般不加其他材料制成矩形、梯形或十字形。这是一种半成品，需要再进一步加工才能成为毛皮制品。用于制作毛皮外衣或夹克的毛皮片也应归入品目 4302。

需要注意的是，不归入品目 4301 的某些带毛生皮（如小马皮、小牛皮及绵羊皮），带毛经过鞣制后的产品也应归入品目 4302。

### （三）毛皮制品归入品目 4303

对品目 4302 的毛皮进一步加工即可制成品目 4303 的毛皮制品，包括服装及衣着附件(皮手筒、女用披肩、衣领等)。它们主要用毛皮、以毛皮作衬里或以毛皮作面的材料制成，这类服装的归类需依据本章章注四的规定。以毛皮衬里或作面的衣服及衣着附件，应按毛皮衣服归入品目 4303。但含毛皮领子的纺织服装，由于毛皮领子仅作为装饰物，该服装仍按纺织服装归入第十一类。此外，根据本章章注二（三）的规定，用皮革与毛皮制成的分指手套、连指手套及露指手套应归入品目 4203，而不按毛皮手套归类。

由毛皮制成的或毛皮构成主要特征的各种其他制品及其零件也可以归入品目 4303。例如，小地毯、床罩、未装填的坐垫套、罩套、手提包，供机器、机械器具或工业用的物品及附件。

### （四）人造毛皮及其制品归入品目 4304

根据本章章注五的规定，“人造毛皮”是以毛、发或其他纤维黏附或缝合于皮革、织物或其他材料之上而构成的仿毛皮。

本章的人造毛皮与纺织品中的“仿毛皮”的加工方法截然不同。纺织品中的“仿毛皮”，是纺织纱线通过特殊的织机织造出双层织物，将纱线剖开后成为带绒毛的纺织品，或用针织的方法，通过拉毛制成“长毛绒”针织物，它们表面虽也带有绒毛，但与本章所称的“人造毛皮”是两种不同的商品。

品目 4304 包括人造毛皮及其制品。

**【例】** 皮革为面、人造毛皮衬里的大衣

**【归类分析】** 根据章注四的规定，应按人造毛皮衣服归入子目 4304.0020。

## 思考与练习

**商品归类题：**

1. 经逆鞣处理的去毛成张的猪皮

2. 成条、鲜的带毛生牛皮
3. 压有鳄鱼皮花纹的再生皮革
4. 鱼油鞣制并经过压纹的鹿皮
5. 全粒面剖层牛皮成品革边角料，可用于加工钱包
6. 牛皮革制普通手套
7. 再生皮革制小提琴盒
8. 塑料制隐形眼镜盒
9. 绵羊毛皮制成的方向盘套，套装于汽车方向盘上使用
10. 宽度为 4 毫米的聚丙烯扁条编结而成的购物袋

# 阅读材料：生皮结构与制革工艺

## (一) 生皮的结构与性质

皮革生产过程是以动物皮为原料，通过化学、物理和机械加工的方法将皮转化为革的过程。制革的原料是动物生皮，是指从动物身上剥下，没有经过任何化学处理和机械加工的生皮，又称原料皮。常见的制革生皮有猪皮、黄牛皮、水牛皮、牦牛皮、山羊皮及绵羊皮。此外，马皮、骆驼皮、爬行动物皮、鱼皮、鸟皮等也可以用来制革。

显微镜下观察皮层的纵切面，可看到生皮分为三层：上层（最薄）是表皮层，中层（最厚）是真皮层，下层是皮下组织，如图 8-1 所示。表皮层是生皮最外面一层，约占全皮厚度的 0.5%~1%。真皮位于表皮和皮下组织之间，厚度约占生皮的 90%，主要由胶原纤维、弹性纤维、网状纤维等编织而成。真皮层又可分为两层，上层（靠近表皮层）为粒面层，它决定制成皮革表面的光滑和粗糙程度；下层为网状层，决定制成皮革的机械性能，如强度、弹性、耐磨性等。皮下组织是动物皮与动物体之间相互联系的疏松组织，它不利于生皮的保存和皮革的加工，应尽早去除。

生皮有诸多缺点，干燥后板硬且易断裂，卫生性能差，存放时不耐微生物作用易腐烂，受化学品作用易被破坏，尤其是耐湿热性差，在 66℃ 以上的热水中就会发生收缩，所以不宜直接使用。在生皮运往制革厂进行制革前，需对生皮采取适当的处理，方法有干燥法、盐腌法（湿的或干的）、石灰浸渍法、浸酸法等。

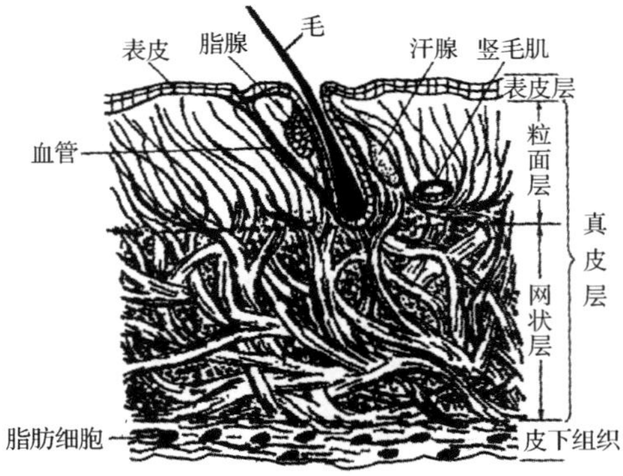


**图 8-1　生皮纵切面结构示意图**

## (二) 制革的工艺

制革生产过程一般分为准备、鞣制、整饰三大工段，如图 8-2 所示。准备工段是将生皮变成适合于鞣制的裸皮；鞣制工段是将裸皮变成革，使生皮发生质的变化；整饰工段是使革在外观和性能上达到使用要求。

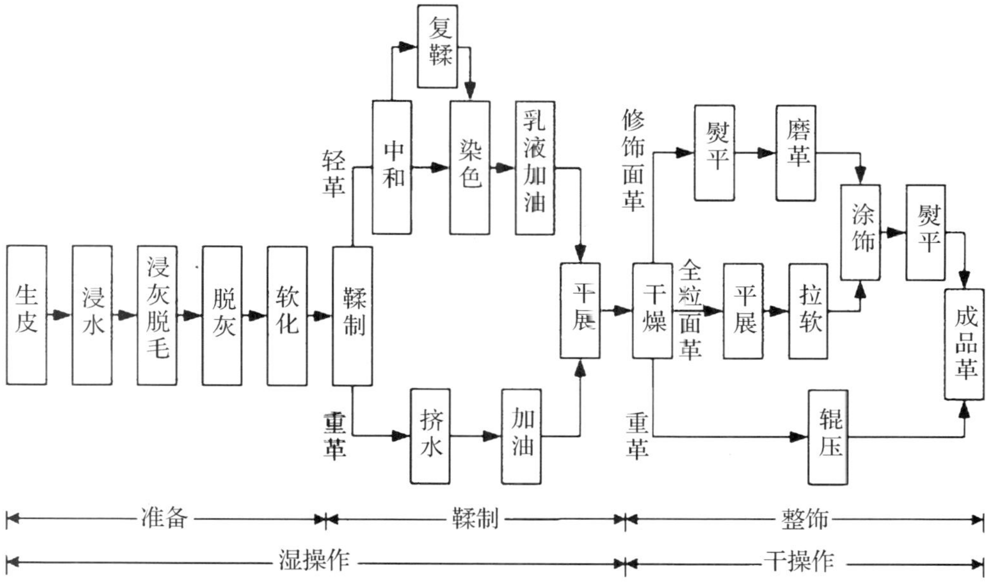


**图 8-2 皮革的加工过程**

**1. 准备工段**

准备工段主要有浸水、脱毛、浸灰、脱灰、软化、浸酸、去酸、脱脂、剖层、削匀、去肉等工序。

浸水的目的是除去原皮上的污物和防腐剂，溶解皮中的可溶性蛋白质，使生皮显微结构和含水量基本恢复到鲜皮状态。浸灰是用石灰和硫化钠组成的碱性溶液处理生皮，使裸皮膨胀，松散胶原纤维的编织结构。为了充分利用原料皮，使裸皮厚度均匀，常对厚大皮进行剖层操作，又叫“片皮”。剖下的带粒面的一层称为粒面层（又称头层革），肉面称为二层革，有时还将二层皮再进行剖层。

通过以上处理，便分出真皮层，固定真皮层的形状及厚度，并使真皮层的纤维结构得到适当的分离，以便和鞣料充分结合成为皮革。

**2. 鞣制工段**

鞣制过程是制革中最主要的过程，也是从生皮转变成革的过程。它是利用鞣剂分子在胶原分子链间产生附加交联，大幅度提高胶原的结构稳定性，使裸皮的结构和性质发生质的变化，将裸皮变成革。

皮革的鞣制方法很多，有无机鞣剂法，包括铬鞣、铝鞣、锆鞣、铁鞣、钛鞣；有机鞣剂法，包括醛鞣、油鞣、树脂鞣、合成鞣剂鞣、植物鞣；结合鞣剂法，包括铝铬鞣、醛铝鞣、醛油鞣及其他鞣法。

无机鞣剂法是用矿物盐（如铬盐、铁盐）进行鞣制，它们与生皮中生胶质纤维结合成为皮革。其中，铬盐是无机鞣剂法的主要鞣料，经铬盐鞣制成的皮革为灰蓝色，其湿革称为蓝湿革。

植物鞣制法是植物鞣剂渗入裸皮与胶原结合制成革的过程。植物鞣料存在于某些植物的根、茎、叶和果实中，经浸提、浓缩后得到固体状态的有机物质，一般称为单宁酸或单宁（俗名烤胶）。经植物鞣制的皮革一般呈棕色。

甲醛鞣制是利用甲醛作为鞣剂，与生皮胶原上的氨基结合制成皮革。甲醛鞣制的毛皮或皮革色白、耐碱、耐汗、耐氧化剂，鞣制迅速，常与铬、铝、油、锆、植等鞣剂结合鞣制。但由于环保的要求，甲醛鞣制已很少使用。

油鞣是用天然油（如鱼肝油、亚麻油）或合成油进行鞣制，特别适合鞣制珍贵毛皮，如水貂皮、水獭皮等，成品柔软丰满，可塑性、透气性、延伸性好。

结合鞣剂法是采用两种或两种以上的鞣料进行鞣制。采用结合鞣剂法时，不同的鞣剂在性能上互补，同时也会产生协同作用效果。如植铝结合鞣法先用植物鞣剂鞣制，再用铝鞣制，鞣制出的革收缩温度可达95℃~120℃，革身丰满，具有良好的力学性能。铬植结合鞣法中两种鞣料使用的先后顺序可以变化，使用最多的是先用铬盐轻微鞣制后，再用植物鞣料进行鞣制，可用于生产鞋底革、鞋面革、箱包革等。

经过简单鞣制但在加工前需进一步鞣制的称为“预鞣”。

“逆鞣”指经可逆性轻度鞣制（包括预鞣）加工的不带毛生皮。由此可知，逆鞣（包括预鞣）加工的皮还不是革，只有经过充分鞣制后才是皮革。

生皮经过鞣制加工后不带毛的称为革，有湿革与干革（坯革）之分；带有毛的称为毛革，又称毛皮，古代称为“裘”。革在性质上与生皮有很大的不同，主要表现为：干燥后可以用机械方法使之柔软，比生皮更耐曲折，不易断裂，且手感舒适，比生皮更耐微生物、化学品的作用，卫生性能好，最重要的是结构更稳定，75℃以上的热水中才会发生收缩，有些革甚至在沸水中也不收缩。这种革更能满足人类生活与生产的需要。

**3. 整饰工段**

鞣制后的皮革不能直接作为革制品的材料，必须经过一系列的整理加工，以清除表层疵斑，使之更加柔韧及有更好的防水性等，才能得到满足客户要求的成革。在整理过程中，干燥前的整理叫湿态整理，干燥后的整理叫干态整理。湿态整理是在革内还有大量水分时，为了改善革的外观和内在质量而进行的加工处理，主要工序包括挑选、剖层、削匀、复鞣、中和、染色和加脂。干态整理主要包括干燥、回潮、拉软、振软和摔软、平展、熨平、压花、喷涂等工序。

复鞣可以填充革中松软的部位，使粒面更紧实丰满，也可以加强革耐化学作用的稳定性，有利于后续整理操作。因此，复鞣是在湿革的基础上赋予成品革不同性能特点和风格的最主要的工序，也称为制革生产过程中的“点金术”。常用的复鞣方法有铬复鞣、铝复鞣、锆复鞣、芳香合成鞣剂复鞣、氨基酸树脂复鞣、醛复鞣等。

染色是赋予成品革色彩的主要工序之一，大多数产品都要经过染色。染色的方法有很多，包括转鼓染色法、喷染法、刷染法、浸染法、印染法等。

加脂就是将脂类物质引入革内，均匀分布于原纤维表面，将原纤维分隔开，以防止革在干燥后原纤维黏结，增加原纤维间的滑动性，防止革变硬变脆，使革的柔软性、丰满性、防水性、力学强度、延伸性、透水气性等得到提高，或满足革的特种需要。最初的加脂剂只是取自天然油脂，现在应用较多的则是合成加脂剂和矿物油等。可以用四种方法使油脂进入革内：在干加工过程中将固态的（熔化后）或液态油直接施加于革上的直接加脂法，以油包水式的乳液加脂法，以水包油式的乳液加脂法，以油溶液形式的加脂法。其中，第一种主要用于植鞣革及植—合成鞣剂结合鞣革的加脂，第二种是常用的加脂方法。

皮革干燥是干态整理工段中的重要工序。皮革经染色加油后湿革的水分含量高达60%~75%，而成品革要求含水量为14%~18%。因此，干燥的主要目的是除去革中多余的水分，使纤维的编织形态定形，同时进一步固定革中的化学材料，并利于后续的整理加工和涂饰。

湿革干燥后，要通过各种整理加工，为皮革涂饰准备合适的坯革，或增加成革的柔软性、平整度、光泽度，或增加花色品种，如绒面革、搓纹革、摔纹革、各种印花革和压花革等。拉软和振软的目的是通过对革进行弯曲、拉伸，适度松散黏结纤维，消除革的局部翘曲和纤维间应力，使革具有必要的柔软性。磨革包括磨里、磨面和磨绒，改善革的外观，使其表面具有紧密细致的绒毛。

涂饰是改善革的外观，提高革的使用性能和经济价值的重要工序。用涂饰剂对革进行涂饰后，在革面形成一层均匀的保护膜，具有一定的耐干湿擦、耐溶剂、耐挠曲及防水性，不易沾污，易清洁保养，从而提高其使用性能。若在涂饰剂中加入着色剂，形成的涂层可使革具有一定的色彩，弥补染色的不足。若改变成膜剂并加入不同的添加剂，可以得到不同光泽、手感、风格的革。若对坯革进行遮盖涂饰，能掩盖革面伤残和缺陷，提高产品档次及原料皮的利用。

经过上述加工后可以得到成品革，用于加工皮革制品。按皮革的张幅和轻重，成品革分成轻革和重革。轻革是指张幅较小和较轻的皮革，用无机鞣剂鞣制而成，用于生产鞋面、服装、箱包、家具、体育用品等；重革是指张幅较大和较重的皮革，主要用植物鞣剂法鞣制而成，用于生产鞋底、轮带、打梭皮带等。按用途分类，皮革分为生活用革、工业用革和军用革。

# 第九类　木及木制品；木炭；软木及软木制品；稻草、秸秆、针茅或其他编结材料制品；篮筐及柳条编结品

【内容提要】

在本类中，将学习以下内容：

1. 熟悉《协调制度》中木、软木及其他编结材料制品的分类方法；

2. 木、软木及其他编结材料制品的归类。

其中，木及木制品的归类是学习重点，各类木质地板的归类是学习的难点。

本类商品包括木材、软木及其制品、编结材料制品。其结构规律如下：

{木材、经加工的板材及其制品……第四十四章
软木及软木制品……第四十五章
编结材料制品……第四十六章

本类商品的原材料主要来自第二类的植物，是对植物材料（尤其是木材）加工后的产品及制品，其加工程度已超过第二类商品的加工程度，所以这两类商品之间存在加工顺序的关系。例如，一棵松树归入第六章，将树干锯下后作为木材归入本类第四十四章，木材加工的木门按木制品也归入第四十四章；作为编结用的植物材料如藤条、柳条归入第十四章，将藤条编结成篮筐则归入本类第四十六章。

但是，根据有关章注的规定，有些植物产品因已经具有其他章商品的特征，应归入其他章。例如，红木制床应按家具归入品目9403，藤条编结而成的藤椅应按坐具归入品目9401。

# 第四十四章　木及木制品；木炭

## 一、本章商品范围

本章包括未加工的木材、木的半制成品及普通的木制品。

根据本章章注六的规定，本章各品目中所称的“木”，也包括竹及其他木质材料。

本章商品按产品加工程度排列，即原料、半制品、制成品。其结构规律如下：

{未加工或粗加工木材……4401~4406
加工的木材……4407~4409
压制的板材及强化木……4410~4413
木制品……4414~4421

## 二、本章商品归类方法

### （一）木材的品种

《协调制度》中将木材分成针叶木和非针叶木两类。为了准确归类，必须了解这两类木材的范围。

**1. 针叶木**

针叶木在植物分类学上属于裸子植物亚门，包括松、杉、柏。其特点是叶为针状（如落叶松、云杉、冷杉等）或细鳞片状（如侧柏、圆柏和福建柏等），习惯上也包括扇形叶的银杏。绝大多数为常绿树，一般比较耐寒，分布在较高的山区。树干通直高大，易得大材。年轮明显，木质清晰匀净，纹理顺直，木节较小，容易加工。木质部没有导管，只有管胞，所以木材学上称为无孔材。针叶木往往密度较小，材质较松软，通常称为软材。

**2. 非针叶木**

非针叶木是指除了针叶木以外其他树种的木材，主要是阔叶木。阔叶木在植物分类学上是被子植物亚门的双子叶纲。阔叶木的树叶宽阔，在热带、亚热带地区多数为常绿树，

在温带和亚温带多数为落叶树。绝大多数树种的木质部都具有导管，木材称为有孔材。大多数阔叶木密度较大，强度较高，材质坚硬，因此俗称硬材。阔叶木有显著的年轮，一般纹理不甚匀直，木节多，胸径较小，不易制得大材。阔叶木较难加工，其胀缩、变形、翘曲、开裂均较针叶木明显。有些阔叶木树种，经加工后常出现美丽的纹理，这种树材（如水曲柳、榆木、核桃楸等）适于做装饰用料、家具、胶合板等。有些阔叶木树种，年轮较难辨认，材色洁白或浅淡，适于做胶合板之面板，如椴木等。

非针叶木的树种很多，包括水曲柳、榆木、核桃楸、桦木、椴木、栎木、杨木、樟木、楠木及泡桐木等，也包括热带木。红木是我国特有的木材名称，一般是指明清以来稀有硬木家具中所用木材，常用于加工成具有古色古香风格的传统家具。根据国家标准 GB/T 18107-2000，红木是指紫檀属、黄檀属、柿属、崖豆属及铁刀木属等五个属树种的心材，具体分为紫檀木类、花梨木类、香枝木类、黑酸枝木类、红酸枝木类、乌木类、条纹乌木类和鸡翅木类等八类共 33 个树种。其中，紫檀木类和花梨木类属于紫檀属，香枝木类、黑酸枝木类和红酸枝木类属于黄檀属，乌木类和条纹乌木类属于柿属，鸡翅木类则包括崖豆属和铁刀木属两个属种。红木绝大多数是从东南亚、热带非洲和拉丁美洲进口。

### （二）未加工或粗加工的木材的归类

#### 1. 木材的废碎料及下脚料归入品目 4401

木废碎料包括锯木厂或刨削车间的废品，生产中的废料、破碎板、树皮及刨花，木工及细木工的其他废碎料等。这些木废碎料一般不能作木材用，主要用于制纸浆（造纸）、木质碎料板、纤维板及做柴火用。

木片或木粒是用机械方法将木材制成小片或小粒，主要用于制纸浆、纤维板及木质碎料板等。

子目 4401.31 所称的“木屑棒”是指由刨花、锯末及碎木片直接压制而成或加入按重量计不超过 3%的黏合剂黏聚而成的圆柱状产品，直径不超过 25 毫米，长度不超过 100 毫米，如图 9-1 所示。

**图 9-1 木屑棒**

#### 2. 木炭归入品目 4402

木炭是木材在隔绝空气的条件下经炭化而得，深褐色或者黑色，一般做燃料。

#### 3. 原木归入品目 4403

原木是砍伐后呈天然状态的木材。它们通常被砍掉树枝，剥去树皮，并削去隆凸部分。产品包括可锯木材，电线杆，不削尖及未劈开的木桩，用于生产贴面薄板的圆木段，用于制造火柴梗的木段，经粗劈或粗锯成矩形截面的木材等。

**4. 箍木、木劈条、已削尖的木桩、粗加修整的木棒及木片条等归入品目 4404**

箍木为柳树、榛树、桦树等的木劈条，不论是带皮的或粗削的，用于制造桶箍、栅栏等。箍木一般成捆或成卷。

木劈条为纵向劈开的树干或树枝，主要用做园艺或农业的支撑物，也用于栅栏。

已削尖的木桩（包括栅栏桩），为圆木杆或劈开的木杆，其端部削尖但未经纵锯，也可以去皮或用防腐剂浸渍。

粗加修整但未车圆、弯曲或经其他方式加工的木棒，其长度及粗细明显适于制造手杖、鞭子柄、高尔夫球棍、伞具、工具把柄、扫帚柄等。

木片条经刨片、旋切，有时还锯成柔软平整、又窄又薄的木片条，可用做编结材料，也可用于制筛、片条盒、片条篮、药丸盒、火柴盒等。此外，还包括制火柴梗、鞋靴木钉的类似木片条。

**5. 木丝、木粉归入品目 4405**

木丝为卷成或缠成团状的细薄丝条，其尺寸及厚度规则，并有一定的长度，用特种刨床刨削园木制得，主要供包装或填塞之用。

木粉是锯末、刨花或其他木废料经碾磨或锯末经筛滤所得的粉末，比锯末更细小、规则。

**6. 铁道及电车道枕木归入品目 4406**

## （三）已加工木材的归类

这类木材是由前一部分作为原料的木材（尤其是品目 4403 的原木）经过锯、削、切片、旋切、刨片、砂光、端部结合等加工而得到的，归入品目 4407～4409。其中，厚度超过 6 毫米的加工木材归入品目 4407；厚度不超过 6 毫米的加工木材归入品目 4408；任何一个边、端或面加工成连续形状的木材归入品目 4409。

将木材加工成单板的方法有锯切、刨切和旋切三种。锯切法效率高，但原木出材率较低，表面也不光洁，较少使用。

旋切时通常先将圆木蒸煮或用热水浸泡，然后将圆木置于旋切机刀片下绕轴心转动，圆木便切成一片连续的薄板，如图 9-2 所示。旋切是应用最广泛的单板制作方法。

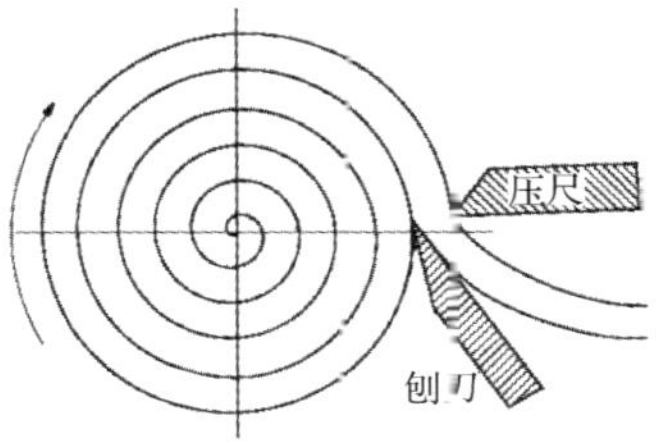


**图 9-2 旋切加工示意图**

刨切时木材通常先经蒸煮或用热水浸泡，然后将木材放于与切刀相对的位置，每次木材被推向固定的切刀（或切刀被推向木材），切刀将木材剪切成薄板，如图 9-3 所示。采用刨切法可切出非常薄的薄板，薄板的表面有非常漂亮的木纹，适合于饰面。

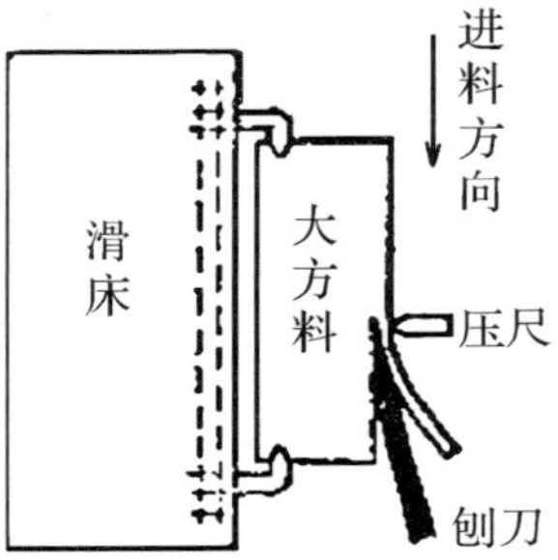


**图 9-3　刨切加工示意图**

归入品目 4407~4409 的加工木材可以经过端部结合，即在木材的端部利用胶合方法将木材接长。主要的端部结合方式是斜接和指榫接合，如图 9-4 所示。其中，斜接是在板材端部加工成斜面，然后相互胶合的一种接长方法；指榫接合是用类似交叉手指的拼接方式将短木块的两端黏合在一起，是应用最广泛的一种木材接长方法，它既保证了一定的胶合面积，又减少了木材的损耗，在较小的胶合长度下，可达到较高的接合强度，同时也便于机械化生产。

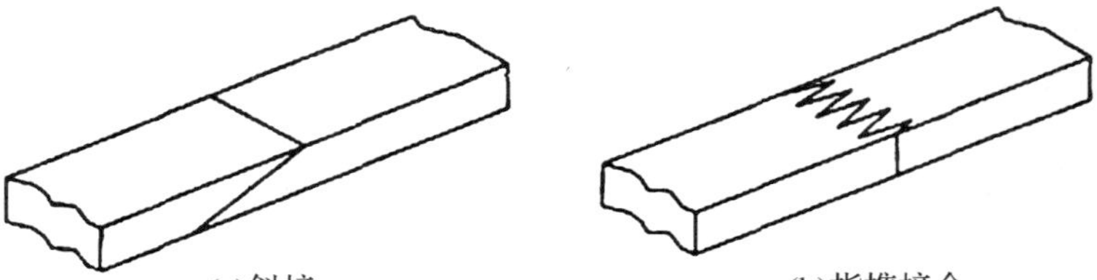

(a)斜接　　(b)指榫接合

**图 9-4　木材端部接合示意图**

任何一边、端或面制成连续形状的木材归入品目 4409。连续形状包括舌榫、槽榫(如图 9-5 所示)、半槽榫、斜角、V 形接头、珠榫、缘饰、刨圆等。

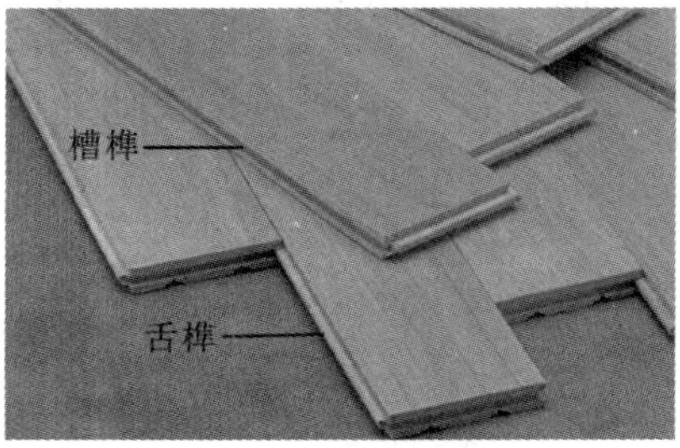


**图 9-5　舌榫和槽榫示意图**

## (四) 压制的板材及强化木的归类

压制的板材包括木质碎料板、纤维板、胶合板及强化木等，须通过人工用机械、化学或物理的方法加工、处理制得。加工板材归入品目 4410~4413。

**1. 木质碎料板及其他类似木质材料板归入品目 4410**

木质碎料板通常是以木片、木粒或其他木质材料（如蔗渣、竹子、秸秆、亚麻或大麻的碎片）为原料，与有机黏合剂混合并经热压而制成的板材，又称刨花板。木质碎料板生产是利用废材解决工业用材短缺，进行木材综合利用的重要途径之一。其原料来源丰富，工艺简单，成本低，污染小，用途广泛。

由于木质碎料板以木片、木粒为原料，因此通常可用肉眼在其边缘上看出其所含的木片、木粒或其他碎片，如图 9-6 所示，这也是木质碎料板与纤维板的区别所在。根据本章章注四的规定，木质碎料板如果加工成品目 4409 所述的连续形状，或经弯曲、穿孔、制成瓦楞形、切割或制成矩形或正方形以外的其他形状，只要不具有其他品目商品的特征，均应归入品目 4410。

**图 9-6　木质碎料板**

**2. 木纤维板或其他木质材料纤维板归入品目 4411**

木纤维板通常是以机械纤维分离或汽爆处理的小木片或其他已纤维分离的木质纤维素材料（如以蔗渣或竹子制得的材料）为原料，通过毡合、纤维自身的黏着特性或者加入有机黏合剂将纤维紧密黏聚在一起，也称密度板。纤维板可以是单层板，也可以是几层纤维板黏合在一起的多层板。

根据生产工艺的不同，木纤维板分为干法纤维板和湿法纤维板。干法纤维板包括中密度纤维板（MDF），是将热固性树脂添加到干木质纤维中并通过热压黏聚而成，可用于制家具、内装饰及建筑用等。湿法纤维板是模仿造纸的工艺，以水作为纤维运输和板坯成型的介质，经高温热压制成。由于水的表面张力和塑化作用可以将木质纤维黏结在一起，因此湿法纤维板的生产不需要黏合剂或少用黏合剂，但生产中用水量大，也会产生环境污染。

木纤维板中的纤维一般只能在显微镜下才能辨认出来。同样，根据本章章注四的规定，木纤维板如果加工成品目 4409 所述的连续形状，只要不具有其他品目所列商品的特征，均应归入品目 4411。

**3. 胶合板、单板饰面板及类似的多层板归入品目 4412**

胶合板是用三层及以上薄板层叠胶合及压制而成，通常相邻两层的纹理垂直排列，从而使木板各个方向上的强度接近，如图 9-7 所示。胶合板通常由三层及以上奇数层的薄板压制而成，俗称“三合板”、“五合板”等。

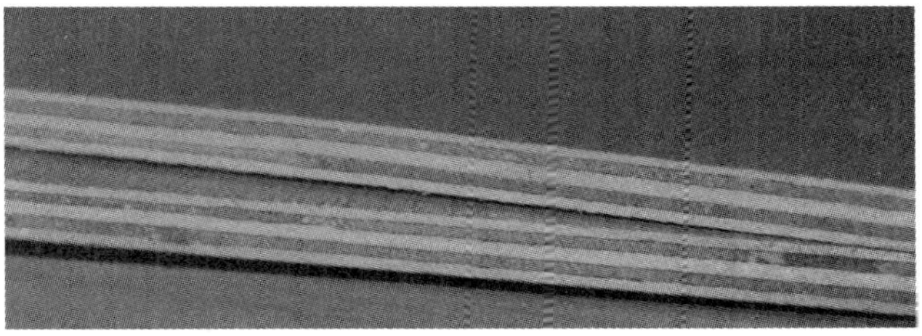

**图 9-7　胶合板**

单板饰面板由一层饰面用薄板在压力作用下胶粘于一个通常为较次木质的底板上组合而成的木板。

类似多层板包括木块芯胶合板和用其他材料代替木芯板的胶合板。木块芯胶合板，其板芯较厚，由木块、木板条或小木方胶合在一起组成，表面盖有外层板，又称“细木工板”，如图 9-8 所示。这类胶合板非常坚硬牢固，使用时无须框架和衬背。用其他材料(如一层或多层的木质碎料板、纤维板、胶合在一起的木废料、石棉或软木）代替木芯板制成的胶合板也归入品目 4412。

同样，根据本章章注四的规定，胶合板及类似多层板如果加工成品目 4409 所述的连续形状，一般也归入品目 4412。

**图 9-8　木块芯胶合板**

**【例 1】**一种板材，厚 12 毫米，由两面是针叶木包饰面，中间层为木质碎料板（厚 8 毫米）胶合而成

**【归类分析】**该板由三层组成，属于多层板，应归入品目 4412。其材料不是竹材，且中间层的厚度超过 6 毫米，故归入一级子目 4412.9000。该板的芯层不是实木条块，故不能按木块芯胶合板归类，应归入二级子目 4412.9900。又其表层都是针叶木，应归入三级子目 4412.9990。最后根据含有一层木质碎料板将该板归入四级子目 4412.9992。

**4. 强化木归入品目 4413**

根据本章章注二，强化木是经化学或物理方法处理，从而增加了密度或硬度并改善了机械强度、抗化学或抗电性能的木材。其加工过程分为浸渍和压缩两道工序。浸渍是将热固性树脂或金属熔液填充到木材内部，再通过压缩进一步提高木材的密度和强度。强化木通常用于制造齿轮、梭子、轴承及其他机械零件、推进器、绝缘体及其他电气货品。

### （五）木制品的归类

根据本章章注三的规定，这些制品可以用木材、木质碎料板、纤维板、层压板或强化木等加工而成。

**1. 木制的画框、相框、镜框等归入品目 4414**

镶有玻璃的木制画框和相框，仍按画框和相框归入品目 4414。但装有镜子的镜框，则以镜子为基本特征归入品目 7009。若画框中装有画作时，根据第九十七章章注五的规定，已装框的油画、粉画及其他绘画、版画、拼贴画及类似装饰板，如果框架的种类及价值与作品相称，应与作品一并归类。如果框架的种类及价值与作品不相称，应分开归类。

**2. 包装木箱、板条箱及圆桶归入品目 4415**

这类商品主要是在包装及运输过程中起到保护作用的容器，与 4202 的物品有区别，这些容器可以没有盖，可以是未经组装或部分组装但具有完整容器基本特征的不完整容器。

**3. 木制箍桶及零件归入品目 4416**

品目 4415 中的圆桶及类似的包装容器，是指非箍制的圆桶及琵琶桶，经简单钉装而成。品目 4416 中的圆桶、大桶、琵琶桶，仅限于箍制的容器，即桶体是由开有槽沟的桶板组成，桶面和桶底固定于槽沟上，整个桶用木箍或金属箍箍紧制成。

**4. 木制的工具归入品目 4417**

这类工具包括木槌、木耙、木叉、木铲等。根据本章章注五的规定，装有第八十二章注释一所述材料制成的刀片、工作刃、工作面或其他工作部件的工具不归入品目 4417，而应归入第八十二章。

**5. 建筑用木工制品归入品目 4418**

建筑用的木工制品包括细木工制品及普通木工制品。细木工制品主要是建筑用的装配件，如门、窗、百叶窗、楼梯、门窗框架。普通木工制品是指用于建筑结构上的或用于脚手架、拱门支撑等的木工制品，如梁、椽、柱等。

建筑用普通木工制品还包括蜂窝结构木镶板，它与品目 4412 所述的木块芯胶合板的外观相似，但形成板芯的木方或板条彼此之间留有平行或格子形式的间隔。某些镶板仅由四边用一内部框架隔开的两片面板组成，中间的空隙可填塞隔音或隔热材料（如软木、玻璃棉、木浆或石棉）。面板可用木头、木质碎料板或类似板、纤维板或胶合板制成。该木镶板也可用贱金属盖面。这类镶板重量较轻，但很坚固，用做隔板、门板，有时还用于制造家具。

已拼装成地板（包括拼花地板）或地砖的实木块、板条及缘板等，如图 9-9 所示，也归入品目 4418。此外，用木块、板条、缘板等在一层或多层支撑木料上拼装而成的地板，称为“多层”拼花地板，其顶层（耐磨层）通常由两排或多排板条拼装的地板制成，也归入品目 4418。

**图 9-9　已装拼的地板**

**6. 木制餐具及厨房用具归入品目 4419**

木制的餐具或厨房用具，如匙、叉、沙拉勺、菜碟、罐、调味盒、擀面杖、碗、切板、筷子等，归入品目 4419。

**7. 镶嵌木、装珠宝用的木制盒子、木制小雕像等归入品目 4420**

装珠宝或刀具用的木制盒子和小匣子虽然也是容器，但并不符合品目 4202 的规定，故应归入品目 4420。

品目 4420 还包括木制小雕像及其他装饰品，但它们是批量生产的，用于进出口贸易；而品目 9703 的“各种材料制的雕塑品原件”，当然可以用木材制作，但品目 9703 只包括雕塑品原件，不包括批量生产的。

**8. 其他木制品归入品目 4421**

其他木制品，如卷轴、筒管、兔笼、鸟笼、狗屋、梯子、招牌、牙签、衣架、搓衣扳、熨衣扳、刀具木柄等，归入品目 4421。

但是，根据本章章注一的规定，若木制品具有其他章商品的特征，则应归入其他章。

例如，木鞋归入品目6405，木制首饰归入品目7117，木制乐器归入第九十二章，木制钟壳归入品目9112，木制坐具归入品目9401，木制家具归入品目9403，木制玩具归入品目9503，木制纽扣、铅笔、烟斗、梳子归入第九十六章等。

### （六）地板的归类

地板是一种常用的室内地表面装饰材料，以前主要是由实木加工而成。近年来，随着人造板及其表面装饰和深加工技术的发展，各种木质材料的地板增长很快，给地板的归类带来了较高的难度。根据材料和结构的不同，木质地板分为实木地板（分为平口地板、企口地板、拼花地板、集成地板等）、实木复合地板、强化复合地板、竹地板等。

对于厚度超过6毫米的实木地板条，无论是否经过端部结合，如果其任何一边、端或面未制成连续形状（即平口实木地板），应归入品目4407；如果其任何一边、端或面制成连续形状（即企口实木地板），应归入品目4409。拼花地板，又称马赛克地板，是利用小实木块拼接成特定的花纹图案的地板，由于其在品目4418项下有具体列名，故应归入品目4418项下。实木集成地板，如果仅经过端部结合（增加长度）且其任何一边、端或面制成连续形状，应归入品目4409；如果既有端部结合又有拼接（增加宽度），应归入品目4418。

强化复合地板由耐磨层、浸渍树脂的纸、芯层（高密度纤维板或刨花板）和平衡层四层组成，商品名称为“复合地板”或“强化地板”。从加工方法来看，该地板不是品目4413的强化木加工而成，应按芯层材料归类，芯层是纤维板的归入品目4411，芯层是木质碎料板的归入品目4410。

实木复合地板是由三层或多层实木交错层压而成，以硬木薄片镶拼板或刨切单板为面板。对于三层实木地板，以实木条块为芯层；对于多层实木地板，以胶合板为芯层。实木复合地板既保持了实木的优点，又节约了大量珍贵木材，价格也较实木地板便宜。实木复合地板的结构符合品目4412的胶合板及类似的多层板，应归入品目4412。

竹地板是把竹材加工成竹片后再用胶粘剂粘合成长条的榫接地板，竹地板外形美观，质地坚硬，深受欢迎。由于竹地板一般是由较窄的竹片经拼接而成，故通常归入品目4418。

**【例2】**强化复合地板，规格700×190×10毫米，由耐磨层（三氧化二铝膜）、表层（印有木纹的纸）、基层（干法生产的中密度纤维板，密度0.85克/立方厘米，厚9.5毫米）、背板平衡层（一种纸）经树脂浸渍后高温强压复合而成，边、端制成榫接企口以便安装

**【归类分析】**该地板不属于“已装拼的地板”，不能归入品目4418。该地板也不是用强化木加工而成，也不归入品目4413。尽管该地板由四层组成，但除了基层是第四十四章的纤维板外，其他各层都不是本章的木质材料，故不能按多层板归入品目4412。该地板应按基层的纤维板为基本特征归入品目4411，且本章章注四规定了纤维板可以加工成如榫接企口的连续形状，再根据加工方法、密度和厚度归入子目4411.1419。

# 第四十五章　软木及软木制品

## 一、本章商品范围

软木几乎全部来自生长在欧洲南部或非洲北部的栓皮槠树的外层树皮。软木质轻而富有弹性，可压缩性强，柔软，有不透水、抗腐蚀、绝热及隔音等特征。

本章包括各种形状的天然软木及其半制成品和制成品、压制软木及其制品，并按软木产品的加工程度排列，其结构规律如下：

- 天然软木……4501
- 天然软木半制成品……4502
- 天然软木制品……4503
- 压制软木及其制品……4504

## 二、本章商品归类方法

### （一）天然软木及其制品

天然软木及其制品归入品目4501～4503，按加工程度区分其归类。

**1. 未加工或简单加工的天然软木归入品目4501**

未加工的软木呈从栓皮槠树采剥下来时的曲形厚皮状。其简单加工，包括表面经刮擦或用其他方法清理（如烧焦表面处理），而有裂缝的表层仍然保留，或清理软木的边，除掉不合用部分（修边软木）。用杀菌剂处理、经沸水或蒸汽处理后再压平的软木也归入品目4501。

**2. 加工的天然软木归入品目4502**

这类天然软木可以经以下加工：

（1）用锯或其他方法将栓皮的表皮（外层树皮）全部除去。

（2）用锯或其他方法将表皮（树皮）及内皮（栓皮）切成大致平行的状态。

若切成矩形（包括正方形）以外其他形状的块、板、片、条，应作为软木制品归入品目4503。

用纸或织物增强的软木片也归入品目4502，如用于香烟滤嘴的成卷的极薄软木片条。

**3. 天然软木制品归入品目4503**

天然软木制品包括：

（1）天然软木制的各种塞子，是指制成边角磨圆的直角圆柱体、锥体圆柱体或矩形棱柱体的天然软木塞。塞子可经染色、抛光、涂蜡、穿孔，有时还可装有金属、塑料等的帽盖。但倒水塞、量器塞及软木塞仅作为附属部分的其他制品则应根据制品的种类或制品的材料所具有的主要特征归入相应品目。

（2）天然软木的圆片、垫片及薄片，用于瓶颈内部的软木衬或壳。

（3）切割成矩形（包括正方形）以外其他形状的块、板、片及条状的天然软木，救生圈、渔网的浮子、浴室防滑垫、桌垫、打字机垫及其他垫。

(4) 各种柄类(刀柄夹等)、垫圈及密封垫，但不包括品目 8484 所列的各式成套垫圈及密封垫。

**(二) 压制软木及其制品**

压制软木通常是将软木碎、软木粒或软木粉用以下任一方法高温加压制得：

1. 加入黏合物质(如未硫化橡胶、胶、塑料、焦油、明胶)；

2. 不加黏合物质而将温升至约 300 度，利用软木中的天然树胶起黏合剂的作用。

压制软木保留了大部分天然软木的特征，但在比重、抗张强度或抗压强度等方面的性能优于天然软木。它适用于直接模制成任何尺寸或形状，更为广泛地用做建筑材料，如制镶板、砖、瓦，模制成一定形状(圆桶形、壳形等)用于热水管或蒸汽管的绝热或保护，用于石油输油管道的衬里，用于建筑工业中的膨胀接头及用于生产滤器。

# 第四十六章　稻草、秸秆、针茅或其他编结材料制品；篮筐及柳条编结品

## 一、本章商品范围

除丝瓜络制品以外，本章包括经交织、编织或类似方法将未纺材料组合起来的半制成品及某些制成品。

本章商品按产品的加工程度排列，其结构规律如下：

{用编结材料编结或联结成的半制成品及制成品 ……………………………4601
{用编结材料直接编成或品目 4601 所列货品制成的制品；丝瓜络制品……4602

## 二、本章商品归类方法

**1. 编结材料的概念**

根据本章章注一的规定，本章的编结材料包括稻草、秸秆、柳条、竹、藤、灯心草、芦苇、木片条、其他植物材料扁条，还包括未纺的天然纺织纤维、塑料单丝及扁条、纸带等，但不包括皮革、再生皮革、毡呢或无纺织物的扁条、人发、马毛、纺织粗纱或纱线及第五十四章的单丝和扁条。有些植物材料可直接使用，有些植物材料可经加工处理(例如，劈开、拉拔、削皮等，或用蜡、甘油等浸渍)，使其更适合于编结、交织或类似加工。

须指出的是，本章所指的编结材料，就其材料本身不归入本章，而是分布在其他章中，但把这些编结材料编结成半制品或制成品时应归入本章。

**2. 用编结材料编成的缏条及类似品归入品目 4601**

用数股编结材料通过手工或机器纵向交织而成的无经条和纬条的产品，通过其性质、颜色、厚度、股数及交织方法的变化，可获得不同的装饰效果。这些缏条可将两边缝合或用其他方法结合起来，成为宽条。上述商品主要用来生产女帽，也用于制某些家具、鞋子、席子、篮筐或其他容器。这些商品可含有主要为缝合或加强需要而使用的纺织纱线，

不论其是否带有装饰作用。

**3. 成片的编结材料和缏条归入品目 4601**

直接用编结材料制成的产品是将多股条带编织（通常以经纬织物的结法编织）而成，或将多股条带平行并排成片，然后用连线或条带打横将其连结起来。本商品可用纺织物或纸张加强、衬背或衬里。对于用编结材料平行连结成片的制品用的连接物，可以是编结材料，也可以是纺织纱线或其他某些材料，包括席子及席料（铺地制品等）；粗席料，如用于园艺的秸秆席；用柳条等编的屏板或镶板，它是将编结材料产品放平压紧，然后用贱金属丝规则交织连结而成的建筑镶板。

**4. 篮筐、柳条编结品归入品目 4602**

这类商品包括用编结材料直接编成的制品或用品目 4601 的已组合产品制成的制品。例如，篮筐、驮篓，包括鱼筐及果筐；用木片交织而成的类似篮筐或箱盒；旅行袋及衣箱；手提包、购物袋及类似品；捕虾篓及类似品，鸟笼及蜂箱；托盘、瓶架、餐具、厨房用具及其他家用器具；将长缏条绕成方形或圆形等，然后用线连结制成的席子。

应当注意的是，根据本章章注二的规定，用编结材料加工成的物品，如果具有其他章商品的基本特征，应按其基本特征归入其他有关章。例如，用编结材料制成的草帽归入第六十五章，草鞋归入第六十四章，藤椅归入第九十四章等。

另外，品目 4602 的制品包括筐、篓、篮、箱、包、袋、盒等编结制品。虽然品目 4202 也包括箱、包、袋、盒等制品，但它们不是用编结材料及用编结的方法加工成的，这是品目 4602 与品目 4202 的区别。

**5. 丝瓜络制品归入品目 4602**

丝瓜络制品，如丝瓜络制手套、垫片等，归入品目 4602。

## 思考与练习

**商品归类题：**

1. 烧烤用竹炭

2. 榉木加工而成的带槽企口板，铺地板用，厚度 12 毫米

3. 塑木粒，是一种由 40%的塑料和 60%的木屑粉混合黏聚而成的木粒，呈棕黄色圆颗粒状，用于加工成门框、窗框、踢脚线及装饰线条等塑木制品

4. 表层为巴栲红柳桉木薄板，其他两层为针叶木薄板制成的三合板，每层薄板厚度为 1 毫米

5. 大型马尾松雕刻柱，长 4 米，直径 70 厘米以上，由马尾松经自然干燥后经化学防腐、防蛀处理，再经人工雕刻成龙形花纹的圆柱，出口后细磨上漆，作为寺庙的柱子使用

6. 竹篾编结的鸟笼

7. 带有铝盖的热水瓶塞（天然软木制）

8. 竹制牙签

9. 檀香木制梳子

10. 灯芯草编结的草席

# 第十类　木浆及其他纤维状纤维素浆；回收（废碎）纸或纸板；纸、纸板及其制品

【内容提要】

在本类中，将学习以下内容：

1. 熟悉《协调制度》中纸浆、纸或纸板及其制品、印刷品的分类方法；

2. 纸浆、纸或纸板及其制品、印刷品的归类。

其中，纸或纸板的归类是学习重点，尺寸和加工与纸张归类之间的关系是学习的难点。

造纸术是我国古代的四大发明之一。今天，制浆造纸工业已成为国民经济的基础产业之一，是新闻出版、印刷、商品包装和其他工业领域等许多部门配套必用的重要原料工业，与社会经济发展和人民生活息息相关。本类商品主要是跟制浆造纸行业和印刷行业有关的产品。其结构如下：

纸浆及回收纸或纸板……………………………………第四十七章
纸（板）及其制品……………………………………第四十八章
印刷品……………………………………第四十九章

本类商品的原料是纸浆，纸浆归入第四十七章，纸浆经过抄造后可以制得各种纸（板），对各种纸（板）进一步加工可制得纸（板）的制品及印刷品等，纸（板）及其制品应归入第四十八章，印刷品归入第四十九章。因此，本类包括的三章的商品显然是按加工顺序编排的，这对理解本类三章的商品范围及掌握这三章商品的归类有一定的帮助。

经加工制得的纸（板）的各种制品大部分应归入本类，但某些经加工的纸（板）及其制品的特征已属于其他章时，则应归入其他章。例如，感光纸应作为摄影用品归入品目3703，PH 试纸应作为实验用的试剂归入品目 3822。

# 第四十七章　木浆及其他纤维状纤维素浆；回收（废碎）纸或纸板

## 一、本章商品范围

本章商品主要包括造纸用的各种纸浆，通过对各种植物材料或植物质纺织废料中获得的纤维素纤维进行机械的、化学的、半化学的处理，加工成机械木浆、化学木浆、半化学木浆等。也可把含有水的纸浆过滤后制成湿的或干的，成块状、卷状或呈粉末状及粉片状，成张大包捆扎的。纸浆是造纸的基本原料，纸浆的品质优劣，对纸的品质有重要的影响。制浆方法详见本类阅读材料。

本章包括各种纸浆及回收（废碎）纸或纸板，其结构规律如下：

机械木浆……………………………………4701
化学木浆，溶解级……………………………………4702
碱木浆、硫酸盐木浆，但溶解级的除外……………………………………4703
亚硫酸盐木浆，但溶解级的除外……………………………………4704
用机械与化学方法联合制得的木浆……………………………………4705
其他纤维状的纤维素浆……………………………………4706
回收（废碎）纸或纸板……………………………………4707

## 二、本章商品归类方法

### （一）机械木浆归入品目 4701

机械木浆是用机械力量将木材紧压在旋转的磨石上进行碾磨，将木材离解或研磨成木质纤维获得木浆。机械木浆的加工可参阅本类阅读材料。木材未经预蒸汽处理而研磨生产出来的木浆称为白机械木浆，其纤维断裂、脆弱。碾磨前木材经预蒸汽处理，可得到褐色、韧度较大、纤维较长的木浆，称为褐色磨木浆，一般用来制包装纸或纸板。

**（二）溶解级的化学木浆归入品目 4702**

化学木浆是先将木材切成木片或木粒，然后用化学试剂处理，去除了大部分木素和其他非纤维素物质制得。化学木浆包括烧碱法木浆、硫酸盐木浆和亚硫酸盐木浆。化学木浆的加工可参阅本类阅读材料。

通过大量的化学及生化反应可加工得到溶解级的化学木浆。“溶解级”的含义参见本章注释的规定，这类木浆经过专门的精制和提纯，是质量较好的纸浆，除了可以用于造纸，还可以用于生产塑料和再生纤维素纤维。因此，尽管品目 4703 的碱木浆或硫酸盐木浆及品目 4704 的亚硫酸盐木浆也是化学木浆，但不同于品目 4702 的化学木浆，是非溶解级的化学木浆。

**（三）非溶解级的碱木浆或硫酸盐木浆归入品目 4703**

碱木浆或硫酸盐木浆是用强碱溶液蒸煮木片状的木材制得的。碱木浆用的蒸煮液是氢氧化钠溶液，硫酸盐木浆用的蒸煮液是经添加了硫化钠的氢氧化钠溶液。氢氧化钠和硫化钠的溶液对纤维原料的作用比较缓慢，纤维受损程度小，强度较好，一般用来制造工业用纸，如纸袋纸、高级包装纸、绝缘纸、电容器纸等，也用于生产吸水产品（如婴儿纸尿布），以及具有高抗撕裂度、抗张强度和耐破度的牛皮纸。

须注意的是，归入品目 4703 的碱木浆或硫酸盐木浆是除溶解级规定以外的。

**（四）非溶解级的亚硫酸盐木浆归入品目 4704**

亚硫酸盐法制浆一般使用酸性溶液，使用的化学试剂是亚硫酸氢钙、亚硫酸氢镁、亚硫酸氢钠等。该方法广泛用于处理云杉纤维。该浆中的纤维较长，强度较高，较柔软，用于制造各种书写或印刷纸、薄页纸、防油纸、高光泽透明纸等。

类似地，归入品目 4704 的亚硫酸盐木浆是除溶解级规定以外的。

**（五）用机械与化学联合法制得的木浆归入品目 4705**

用机械与化学联合法制得的木浆属于两阶段制浆法，首先用化学方法处理，再用机械方法磨解。相比于化学制浆法，该方法得浆率高，化学试剂耗用量低，且适合阔叶木制浆。

**（六）其他纤维素浆归入品目 4706**

这类纸浆的原料是除了木材以外的植物材料（如秸秆、竹、棉短绒）及回收纸或纸板，经清洁、筛分及精化等一系列机械、化学或机械化学工序制得纸浆。

**（七）回收纸或纸板归入品目 4707**

纸或纸板的废品包括削、切、剪、撕的废纸或纸板、旧报纸和旧杂志、校样、报废印刷品及类似废料。

但是，主要用于回收贵金属的含贵金属的废碎纸或纸板不归入品目4707。例如，含银或银化合物的废碎感光纸或纸板归入品目7112。

# 第四十八章　纸及纸板；纸浆、纸或纸板制品

## 一、本章商品范围

除条文另有规定外，本章所称“纸”包括纸板，一般而言，定重超过200克/平方米或厚度大于0.1毫米的纸称为纸板。

本章包括各类纸或纸板、用纸浆或纸（板）制成的制品。但有些经加工的纸及其制品由于其特征已属于其他章所包括的产品，应归入其他章，详见本章章注二的规定。

本章商品按加工顺序编排品目，其结构规律如下：

| | |
|---|---|
| 未涂布的的纸 | 4801～4805 |
| 经进一步加工但未涂布的纸 | 4806～4808 |
| 经涂布的纸 | 4809～4811 |
| 特殊用途的纸 | 4812～4814 |
| 纸制品 | 4816～4823 |

## 二、本章商品归类方法

### （一）纸（板）归类的基本方法

纸（板）是由纸浆经抄造制成的，纸的加工过程可参阅本类的阅读材料。

纸张的归类应根据《协调制度》对纸张的分类来确定，即根据加工程度判断是纸张还是纸制品。纸（板）归入品目4801～4814，纸制品归入品目4816～4823。在纸（板）的归类中，往往涉及纸张的规格、形状、加工方法及用途等。

**1. 纸张规格与归类**

纸（板）归类与纸（板）规格的关系由本章章注八规定。根据本章章注八，品目4803至4809七个品目中，所称的“成条或成卷的”纸，其宽度必须超过36厘米，即大规格的纸。所称“成张的”纸，形状是矩形（包括正方形），其长度必须超过36厘米，且未折叠的宽度应超过15厘米，也是大规格的纸。

不符合上述规格的纸可称为小规格的纸（板），即品目4813、4818及4823条文中所称的“一定尺寸”的纸。

相应地，上述七个品目以外的其他品目的“成卷或成张的”纸（板）则没有规格的要求。

**【例1】**成卷的宽度为90厘米的牛皮纸

**【归类分析】**由于牛皮纸的宽度超过36厘米，符合本章章注八“成卷的”要求，故归入品目4804。

**【例2】**成卷的宽度为30厘米的半透明纸

【归类分析】由于该半透明纸的宽度不超过36厘米，不符合本章章注八“成卷的”要求，故不能按“成卷的半透明纸”归入品目4806，而应按切成“一定尺寸的”其他纸归入品目4823。

【例3】成卷的宽度为16厘米的自粘胶粘纸，是在原纸的表面涂布有机胶粘剂加工而成

【归类分析】尽管该自粘胶粘纸的宽度小于36厘米，不符合章注八“成卷的”要求，但品目4811的条文为“成卷或成张矩形（包括正方形）的任何尺寸的经涂布、浸渍、覆面、染面、饰面或印花的纸”，表明该品目的纸可以是任何尺寸的，因此该自粘胶粘纸应归入品目4811。

**2. 纸张加工方法与归类**

根据加工方法不同，纸（板）可以分成两类：未经加工的纸归入品目4801~4805，加工的纸归入品目4806~4811。

例如，宣纸为手工抄造的纸，应按未经加工的书写及印刷用途的纸归入品目4802；成卷的宽度为37.6厘米的复写纸，是用混有炭黑或其他着色材料的物质涂布的纸，应作为加工的纸归入品目4809。

根据本章章注三，品目4801~4805的未经加工的纸可以经过研光、高度研光、釉光及类似处理、仿水印、表面施胶，还包括用各种方法本体着色或染成斑纹等加工，由于上述加工并未改变纸的基本特征，因此经过上述加工的纸（板）仍按未经加工的纸归类。

**3. 纸张形状与归类**

纸（板）的形状也会影响纸（板）的归类。根据本章章注八，本章的“成卷或成张的”纸，不论规格如何，都是指矩形（包括正方形）的纸（板）。如果将纸（板）加工成矩形（包括正方形）以外的形状，就是品目4818及4823品目条文中所称的切成“一定形状”的纸，这类纸没有规格的大小之分，一般作为纸制品归类。

【例4】直径为10厘米的圆形滤纸

【归类分析】该滤纸为圆形，应按切成一定形状的纸归入子目4823.2000，而不能归入子目4805.4000。

**4. 纸张用途与归类**

纸（板）的归类还跟用途有关。如品目4812~4814分别是纸浆制的滤块、卷烟纸、壁纸及窗用透明纸，这些纸都是从用途角度去分类的。

当然，纸张的归类还可能涉及纸张的纤维成分、重量、亮度、厚度、灰分含量、耐破度、抗撕裂度、粗糙度、抗张强度和抗压强度等，有关纸张对上述指标的要求参见本章有关的章注和子目注释。

### （二）未涂布纸的归类

未涂布的纸归入品目4801~4805，这些纸品保留自然的外观及结构，未经涂布及其他各种加工。如果经过涂布，纸表面的不平整特征则被涂料遮盖而消失，涂料形成一层新的、平滑的非纤维素表面。

**1. 新闻纸归入品目4801**

《协调制度》中的新闻纸应满足本章章注四的规定，即所含用机械或化学—机械方法制得的木纤维不少于全部纤维重量50%的未经涂布的报刊用纸，未施胶或微施胶，每面粗

糙度超过2.5微米，重量不小于40克/平方米，但不超过65克/平方米，成条或成卷的，宽度超过28厘米；成张矩形（包括正方形），一边超过28厘米，另一边超过15厘米。因此，不满足上述要求的所谓“新闻纸”就不能按新闻纸归类，如未经涂布一般应按书写及印刷用途的纸归入品目4802。

**2. 其他书写及印刷用途的纸、未打孔的穿孔纸、手工纸归入品目4802**

归入品目4802的纸是书写、印刷或类似用途的未经涂布的纸（板），未打孔的穿孔卡片及穿孔纸带纸，这类纸应符合本章章注五的定义。直接用手工制得的任何尺寸或形状的毛边手工制纸也归入品目4802。上述纸成条状、卷状或成张矩形（包括正方形），任何尺寸均可归入品目4802。如果切成其他形状，则往往作为纸制品归入本章其他品目。

这类纸及纸板可经本章注释三所述的工艺加工 例如，本体着色或染成云石纹，研光，高度研光，釉光，仿水印或表面施胶。经其他方法加工的纸及纸板不归入品目4802，一般归入品目4806~4811。

各种原纸也可以归入品目4802，如光敏、热敏、电敏纸或纸板的原纸及原纸板，壁纸原纸；还包括书写、印刷或其他绘画用的纸，如杂志及书籍印刷纸、胶版印刷纸、明信片纸、标签纸、封面纸、绘画纸、笔记本纸、信笺纸、复印纸、油印纸、账簿纸、信封纸、表格纸、支票、邮票、钞票或类似用途的证券纸等。

**3. 大规格的卫生用纸归入品目4803**

卫生纸、面巾纸、餐巾纸及类似的家庭或卫生用纸，纤维素絮纸及纤维素纤维网纸，归入品目4803。归入品目4803的卫生用纸是符合本章章注八规定的大规格的纸，不符合章注八规格的卫生类用纸应归入品目4818，不符合章注八规定的纤维素絮纸及纤维素纤维网纸应归入品目4818、4819或4823。

纤维素絮纸及纤维素纤维网纸是由层数不一的多层松散毡合的纤维素纤维构成，其纤维素纤维层极薄，在潮湿状态下辊压在一起，干燥后各层易分离。其中，纤维素絮纸由稀松结构的纤维素纤维绉网组成，起皱率大于35%；纤维素纤维网纸由紧密结构的纤维素纤维绉网组成，起皱率小于35%。

品目4803的商品除本章章注三规定允许的加工范围以外，还可以经起皱、压纹、压花、打孔、染面、饰面或印花等加工。

**4. 大规格的牛皮纸归入品目4804**

大规格的牛皮纸归入品目4804，牛皮纸及纸板应符合本章章注六的规定，其所含用硫酸盐法或烧碱法制得的纤维不少于全部纤维重量的80%。并且，归入品目4804的牛皮纸应该符合本章章注八的规定，如已切成其他尺寸或形状，一般归入品目4823。

牛皮纸及纸板中的主要品种有牛皮衬纸、袋用牛皮纸及其他供包装和包裹用的牛皮纸。“牛皮衬纸”及“袋用牛皮纸”的定义，参见本章子目注释一及二。品目4804的牛皮纸可经过本章章注三所述的加工，经其他加工的一般归入品目4807、4808、4810或4811。

**5. 其他大规格未加工纸归入品目4805**

品目4805商品的规格应符合本章章注八的规定，包括品目4801至4804以外的其他纸（板），其加工程度不超过本章注释三所列范围。

这类纸包括：

（1）半化学的瓦楞纸，定义参见本章子目注释三；

(2) 多层纸及纸板，以两层或多层湿纸浆压制而成，其中至少有一层纸浆在特征上与其他层有差别，这些差别可以是因所用纸浆的性质或生产方法不同或加工程度不同所造成的；

(3) 亚硫酸盐包装纸，定义参见本章子目注释六；

(4) 滤纸及纸板（包括茶袋纸）；

(5) 毡纸及纸板；

(6) 吸墨纸。

### (三) 经加工但未涂布的纸的归类

**1. 大规格的透明纸归入品目 4806**

植物羊皮纸、防油纸、描图纸、半透明纸及其他高光泽透明或半透明纸归入品目4806，这类纸一般经过加工使其具有不同程度的透明性、防水性或防油性。品目 4806 的纸应为符合本章章注八规定的大规格的纸。

植物羊皮纸是将优质未施胶及无填料的纸在硫酸中浸泡数秒后制得，酸的作用使部分纤维转化成胶化纤维素，因而具有胶质的不渗透性。当经过上述处理的纸被完全冲洗并干燥后，所得产品的强度大大超过原产品，呈半透明状，具有抗油脂性能，并不透水和气体。植物羊皮纸可用于包装炸药，作油脂及其他食品的保护性包装、渗透及渗析工艺中的薄膜、证书纸及类似纸、某些用途的描图纸及图样纸，也用于制贺卡等。植物羊皮纸板还可用于制造灯罩及旅行用容器等。

防油纸，一般用亚硫酸盐纸浆制得，纸浆在水中经长时间拍打，纤维细化并水解。该纸呈半透明状，并在很大程度上防止油脂渗透。其外观和用途类似于植物羊皮纸，防水性能较植物羊皮纸弱。但其价廉，特别适于作油脂食品的包装。

描图纸与防油纸相类似，其高透明度也是纸浆经长时间拍打的结果。

玻璃纸，即一种高光泽透明纸，其制造方法与防油纸相同，但在制造的最后阶段，通过把纸置于高度研光机的加热滚筒之间反复湿化及加压上光，使纸获得特有的透明度及高密度。

高光泽透明纸或半透明纸主要是不着色的，也可制成有色的，其不渗透性虽较植物羊皮纸或防油纸差，但也可作食品、糖果等的保护性包装，用于制信封的透明纸窗，切成纸条后可作如巧克力等的精美包装材料。

根据上述透明纸的加工方法，在纸张抄造后经过涂布、浸渍或类似处理而具有防油或防水性能的纸，不能归入品目 4806，这类纸往往作为涂布加工纸归入品目 4809 或 4811。

**2. 大规格的复合纸及纸板归入品目 4807**

根据品目条文，品目 4807 的复合纸是以黏合剂将两层及以上纸或纸板黏合制成的纸及纸板。品目 4807 纸张的规格应符合本章章注八的规定。这些产品可用各种纸或纸板制得，其胶粘剂可以是动物质、植物质或矿物质的（如糊精、动物胶、焦油、树胶、沥青、胶乳）。复合纸所用的黏合剂如能兼作防水材料，如焦油黏合的双层牛皮纸，只要其仍具有纸的基本特征，仍归入品目 4807。

纸与纸以外的其他材料复合而成的纸及纸板，不符合复合纸的定义，不能归入品目 4807。

**3. 大规格的机械加工纸归入品目 4808**

机械加工纸包括瓦楞纸、皱纹纸、压纹纸、穿孔纸等，特点是在纸张抄造过程中或以后，经过机械加工，使纸面不再是平整或均一。大规格的机械加工纸归入品目 4808。

瓦楞纸及纸板是在加热及蒸汽作用下将纸通过带槽的滚子加工而成。它们可以是单层瓦楞纸（纸板），也可单面或双面用平面纸（纸板）盖面。重型的纸板是由瓦楞纸或纸板与平面纸或纸板间隔连续层叠制成，多用于造瓦楞纸箱，也用做保护性包装材料。

皱纹纸是趁纸网潮湿时经机械方法处理制得，或将抄造好的纸张通过两个绉面滚筒压纹制得。经过上述处理后，纸的外表呈沟纹状并具有高弹性。纤维素絮纸及纤维素纤维网纸起皱纹，一般是通过压缩纸网工艺制得，不作为皱纹纸归类，而应归入品目 4803、4818 或 4823。皱纹纸通常经过着色，并以单层或多层用于制造各种物品（如水泥袋及其他包装材料、装饰带）。

压纹纸是表面制成明显不平整的纸品，一般在纸张抄制后，将潮湿或干燥的纸通过两个带有凹或凸图案的滚筒之间滚压制得，或通过带有凹或凸花纹的金属板压印而得。这些产品在品质及外观上差异较大，包括通称为浮花纸的纸、压印各种皮革纹理的纸、麻面纸（包括用布面滚筒压制而成的）。它们可用于制造某种书写纸、糊墙纸，作盒衬及盒面，作书本装订用纸等。

穿孔纸是以机械方法将纸或纸板在干燥状态下用冲模冲击孔洞的纸及纸板，所穿的孔可形成一定图案或仅为规则间隔，包括直线穿孔以便于撕成一定尺寸的纸。根据本章章注十一的规定，用于提花机或类似机器用的穿孔纸卡和穿孔纸板卡，不归入品目 4808，应作为纸制品归入品目 4823。

**【例 5】**一种压纹高级书信纸，表面压有仿大理石花纹，由亚硫酸盐纸浆制得，787 毫米×1092 毫米，35 克/平方米

**【归类分析】**该纸张虽作书写用途，但经过压纹加工，超出了本章章注三允许的加工范围，故不能归入品目 4802，应按压纹纸归入品目 4808，子目为 4808.9000。

## （四）经涂布的纸的归类

**1. 大规格的复写纸、自印复写纸及其他拷贝或转印纸归入品目 4809**

品目 4809 包括经涂布、浸渍或其他加工赋予纸张复写或转印等功能的纸。

复写纸是用混有炭黑或其他着色材料的脂肪物质或蜡性物质涂布（有时浸渍）的纸，供用笔或打字机将原文复印在普通纸上。

自印复写纸也称无碳复写纸，在上页纸的背面涂含有发色剂的微胶囊，在下页纸的表面涂显色剂，在压力的作用下微胶囊中的力敏色素和油溶液溢出，与下层纸上的显色剂接触后发生颜色反应，形成文字图案。由于该纸对压力敏感，又称压敏记录纸。

热敏转印纸的一面涂有热敏材料，在用红外线复印机复印时，涂层中的染料可转印到一张普通纸上（热转印工序），从而获得原文的副本。

品目 4809 纸的规格应符合本章章注八的规定，即大规格的，如不符合应归入品目 4816。

**2. 涂布无机物质的纸归入品目 4810**

纸及纸板单面或双面涂布高岭土、硫酸钡、硅酸镁、碳酸钙、氧化锌及金属粉等无机物质后，应归入品目 4810。这些商品包括用于书写、印刷或类似用途的纸及纸板，含打印

机或感光复印设备用纸（此类轻质涂布纸的定义参见本章子目注释七）、牛皮纸及纸板，以及多层纸及纸板，这些纸及纸板必须是以无机物质涂布的。

归入品目 4810 的产品成条状、卷状或成张矩形（包括正方形），规格可以是任何尺寸。如切成任何其他形状，应归入本章其他品目。

**【例 6】** 铜版纸，是以 100%的漂白化学木浆抄造而成的铜版原纸为纸基，表面涂布约 20 克/平方米的以高岭土为主要成分的白色涂料，并经超级压光加工而成，尺寸 880 毫米×1230 毫米，是一种供铜版印刷的高级美术印刷纸

**【归类分析】** 该铜版纸经过表面涂布以高岭土为主要成分的涂料，属于涂布加工纸，且高岭土为无机物质，应归入品目 4810，再根据纤维成分和纸张规格归入子目 4810.1900。

**3. 经涂布、浸渍、覆盖、染面、饰面或印花的纸归入品目 4811**

品目 4811 也包括单面或双面经涂布的纸及纸板，但涂料必须是高岭土或其他无机物质以外的其他材料，包括有机物。浸渍纸、用塑料覆盖或涂布的纸、表面着色的纸也归入品目 4811。

这类纸张成条状、卷状或成张矩形（包括正方形），规格可以是任何尺寸。如切成任何其他形状，应归入本章其他品目。

需要注意的是，品目 4809 及品目 4816 的复写纸、自印复写纸及转印纸等，尽管也是涂布无机物以外的物质，但由于在其他品目有具体列名，故不归入品目 4811。

在涉及品目 4801~4811 的纸张的归类中，还应注意章注七的有关规定。根据本章章注七，除品目条文另有规定的以外，符合品目 4801 至 4811 中两个及两个以上品目规定的纸或纸板、纤维素絮纸及纤维素纤维网纸，应按号列顺序归入有关品目中的最末一个品目，即从后归类。

**【例 7】** 热敏传真纸，规格 210 毫米×30 米，在热敏原纸上涂布由胶粘剂、显色剂、无色染料组成的发色层。当热敏纸遇到发热的打印头时，显色剂与无色染料发生反应而变色并形成图文

**【归类分析】** 该热敏传真纸是在原纸表面涂布有机物加工而成，且不属于品目 4809 及 4816 所称的转印纸，符合品目 4811 经无机物以外材料涂布加工的纸，故归入品目 4811，再根据涂布物质归入子目 4811.9000。

**【例 8】** 牛皮纸板浸渍石蜡后再加工成瓦楞纸板

**【归类分析】** 该纸张的加工既符合品目 4811 的浸渍加工纸，又符合品目 4808 的瓦楞纸，根据本章章注七，应从后归类归入品目 4811。

### （五）其他用途的纸的归类

**1. 纸浆制的滤块、滤板及滤片归入品目 4812**

这类物品是由高纤维含量的植物纤维（棉花、亚麻、木材等）不用黏合材料压制成块、板或片状的产品，其纤维呈疏松附着状态。滤块也可用两块或多块经加工并净化过的纸浆所制得的滤板压制而成。滤块可在过滤器中用于澄清液体（如葡萄酒、烈性酒、啤酒及醋），不论其规格或形状如何，均归入品目 4812。

须注意的是，用于过滤液体的其他纸不归入品目 4812，如化学过滤实验用纸，由于不是用纸浆压制而成，不归入品目 4812，应归入品目 4805 或 4823。

**2. 成小本或管状的卷烟纸归入品目 4813**

所有的卷烟纸（包括滤嘴纸），不论其规格及形式如何，均归入品目 4813。其形状一般为成本、成管状、成卷的。卷烟纸常有直纹或水印，品质优良（常用大麻或亚麻碎布浆制成），极薄，但相当坚韧，不加填料或仅稍加特种填料。卷烟纸一般用白纸制得，也可着色。

**3. 壁纸及窗用透明纸归入品目 4814**

壁纸应符合本章注释九的规定，包括三种情况：

（1）适合作墙壁或天花板装饰用的成卷的壁纸及类似品，宽度不小于 45 厘米，但不超过 160 厘米，并符合注释中所规定的四种表面加工；

（2）适合作墙壁或天花板装饰用的经上述加工的纸边及纸条，不论是否成卷；

（3）由几幅拼成的壁纸，贴在墙上可组成印刷的风景或图案。

既可做铺地制品，也可做壁纸的以纸或纸板为底的产品，应归入品目 4823。

窗用透明纸是由又薄又硬的高光泽透明或半透明纸制得，印有各种装饰性图案，通常着色以仿彩色玻璃，用于装饰或仅起减弱玻璃透明度作用。还可印有广告、展示等性质的文字和图画。该纸品可以是成卷的，也可以裁成可即供粘于窗或门玻璃上的各种尺寸或形状的，有时还涂胶。

## （六）纸制品的归类

这类商品包括纸、纸板、纤维素絮纸及纤维素纤维网纸（不属于品目 4802、4810 至 4814 的货品），成卷或成张，所切尺寸不符合本章章注八的规定，即小规格的；切成矩形（包括正方形）以外任何形状的纸品，以及纸浆、纸、纸板、纤维素絮纸及纤维素纤维网纸制成的制品。上述商品归入品目 4816~4823。

**1. 小规格的复写纸、自印复写纸及其他拷贝或转印纸、油印蜡纸或胶印版纸归入品目 4816**

归入品目 4816 的复写纸如为成卷的或成张的，其规格不符合本章章注八的规定，或切成矩形（包括正方形）以外的其他任何形状。这类纸一般为盒装。

根据复印方式不同，这些纸可分为以下两类：

（1）通过将纸上涂布物或浸渍物全部或部分转印到另一表面上复制原文的纸，包括复写纸或类似的拷贝纸、自印复写纸、热敏打印纸。

（2）用其他方法复印的拷贝纸、油印蜡纸或胶印版纸，包括无衬油印蜡纸及衬背油印蜡纸、胶印版纸及胶印版。

**2. 信封、素色明信片及通信卡片、内装纸制文具的盒子或袋子归入品目 4817**

这类物品包括用于通信的纸或纸板制文具，如信封、封缄信片、素色明信片。这类物品可印上地址、姓名、商标、装潢、徽记、姓名首字母等，但所印内容仅从属于文具的用途。

内装各种纸制文具的纸或纸板制的盒子、袋子及夹子也归入品目 4817。

**3. 小规格的卫生纸、卫生或医院用品、衣服及衣着附件归入品目 4818**

这类物品通常用品目 4803 的纸制成，包括宽度不超过 36 厘米的成条或成卷，任一边长不超过 36 厘米的成张矩形。切成矩形（包括正方形）以外的其他任何形状的卫生纸及类似纸、家庭或卫生用纤维素絮纸及纤维素纤维网纸。

纸浆、纸、纤维素絮纸或纤维素纤维网纸制的家庭、卫生或医院用品、衣服及衣着附件也归入品目4818。

**4. 纸制包装容器、卷宗盒、信件盘归入品目4819**

箱、盒、匣、袋及其他包装容器，通常用于包装、运输、存储或商品销售。还包括特种用途的纸袋，如真空吸尘器用袋、旅行呕吐用袋、唱片盒及唱片套等。这类物品可经印刷，只要其主要特征仍为品目4819的包装容器。例如，印有引起儿童兴趣的图画的巧克力盒或各种食品盒均归入品目4819，但纸制的旅行容器由于在品目4202有具体列名，不归入品目4819。

办公室、商店及类似场所使用的卷宗盒、信件盘、公文盒、储物盒及类似品，也归入品目4819。

**5. 纸制的各种本子及文具用品、样品簿、粘贴簿及书籍封面归入品目4820**

纸制的本子包括登记本、账本、笔记本、订货本、收据本、信笺本、记事本、日记本、练习本、活动封面、文件夹、卷宗皮、多联商业表格纸、页间夹有复写纸的本等。这些物品有的印有相当多的内容，但只要这些内容是附属于其主要用途的，仍可归入品目4820而不归入第四十九章。例如，表格还需要手工或打字填写，日记还需要写作。但支票簿由于已具备了信用特征，不能作为纸制品归入品目4820，应作为印刷品归入品目4907。

此外，集邮册和相册应按粘贴簿归入品目4820。

**6. 纸制的标签归入品目4821**

各种纸标签归入品目4821，可以通过粘贴或用线绳等方法附于各种物品、包装物件等之上。这些标签可以是素色或印有各种文字或图画，也可上胶，配备系带、扣子、挂钩及其他紧固件，或以金属或其他材料加强，还可以打排孔或制成大张或小本子。

但是，由单面或双面以一层薄纸覆面的硬贱金属片制成的“标签”，不能归入品目4821，这类标签应以贱金属片为基本特征归入第十五类。

**7. 纸制的筒管、卷轴及纡子归入品目4822**

用于缠绕纱线的筒管、小管、卷轴、纡子、锥形纱管及类似芯子，归入品目4822，还包括用于缠绕布匹、纸张或其他材料的圆柱芯。

**8. 切成一定尺寸或形状的其他纸及其他纸制品归入品目4823**

本章其他品目未列名的纸、纸张、纤维素絮纸及纤维素纤维网纸，成卷或成张的，其规格不符合本章章注八的规定，或切成矩形（包括正方形）以外的其他任何形状，均归入品目4823。

本章其他品目未列名的纸制品也归入品目4823。例如，纸或纸板制的盘、碟、盆、杯及类似品，提花机或类似机器用的穿孔纸及纸板卡片，服装纸样、模型及样板，纸扇等。

某些纸及其制品由于基本特征已属于其他章的特征时，应归入其他相应的章。例如，香水纸归入品目3307，肥皂纸归入品目3401，感光纸归入品目3703，捕蝇纸归入品目3808，石蕊试纸归入品目3822，纸纱线归入品目5308，纸帽归入品目6506，纸伞归入品目6601，纸制人造花归入品目6702，砂纸归入品目6805，纸灯罩归入品目9405等。

### （七）其他归类注意点

**1. 分清几对品目或子目所列纸（板）的区别**

（1）品目4803与品目4818的卫生纸、家庭或卫生用纸。

品目4803纸是符合本章章注八要求的大规格的，而品目4818的纸是小规格的。

(2) 品目 4809 与品目 4816 的复写纸及拷贝纸。

品目 4809 的复写纸及拷贝纸是大规格的，而品目 4816 的纸是小规格的。

(3) 子目 4805. 4000 与子目 4823. 2000 的滤纸。

子目 4805. 4000 的滤纸是矩形，并且是大规格的，而子目 4823. 2000 的滤纸是矩形小规格的或者切成矩形以外的形状。

**2. 混合纸浆制成纸的归类**

纸及纸板主要是由第四十七章的纤维素纤维纸浆毡合成片构成。但有些纸品，是由上述纤维素纤维与其他材料混合组成，如果按重量计以其他材料为主，则不能按纸张归入第四十八章。

**【例 9】**茶袋纸，由 40%纤维素纤维与 60%纺织纤维混合组成

**【归类分析】**由于茶袋纸中纺织纤维含量超过纤维素纤维，不能按纸张归入第四十八章，应按以纺织纤维为基本特征的商品归类，并作为无纺织物归入品目 5603。

**3. 纸张与印刷品的区别**

归入第四十八章的纸张及纸制品一般未经印刷，经印刷的印刷品一般归入第四十九章。但第四十八章的某些纸张可以经过印刷，只不过还需经过书写才构成印刷品的特征，故仍按纸张归入第四十八章。印有图案、文字或图画的纸及其制品，如果所印图案、文字或图画作为其主要用途，应归入第四十九章。

例如壁纸，根据本章章注九的规定，可以印有图案，但仍以纸张为基本特征归入品目 4814。纸制的标签，即使经过印刷，也作为纸制品归入品目 4821。

# 第四十九章　书籍、报纸、印刷图画及其他印刷品；手稿、打字稿及设计图纸

## 一、本章商品范围

本章包括各种印刷品，这些印刷品以其所印的花纹图案、文字或图画为基本性质及用途。

本章的印刷品一般是印刷在纸张上，但也可以印刷在其他材料之上，只要以其所印的花纹图案、文字或图画为基本性质及用途。

除较常见的印刷品（如书籍、报纸、小册子、图画、广告品）以外，本章还包括印刷的转印贴花纸，印刷或图画明信片、贺卡，日历、地图、设计图表及绘画，邮票、印花税票及类似票证，不透明底基缩微本。

本章结构规律如下：

{一般印刷品（书籍、报纸、杂志、儿童图画书）……………………4901～4903
{其他印刷品（乐谱、地图、邮票、明信片、日历等）………………4904～4911

## 二、本章商品归类方法

根据本章章注二的规定，本章所称“印刷”不仅包括以普通手工印刷（如雕版印刷

或木版印刷）或机械印刷（如活版印刷、胶版印刷、平版印刷、照相凸版印刷等）的几种方法复制，还包括用复印机复制，在计算机控制下打印绘制，压印、冲印（如照片）、感光复印、热敏复印或打字，不论印刷文字的形式如何（如任何一种字母、数字、速记符号、摩尔斯电码或其他电码符号、盲字、音乐符号、图画及图解）。本章还包括以手工绘制的类似品（包括手绘地图及设计图表），以及手稿或打字稿的复写本。

### （一）普通印刷品的归类

#### 1. 书籍、小册子及散页印刷品归入品目 4901

各种书籍及小册子归入品目 4901，如各类文学作品、教科书、字典、百科全书、黄页电话簿、儿童书籍等，由几页读物组成甚至是单页的散页印刷品也归入品目 4901。

根据本章章注三，装订成册的报纸、杂志和期刊具有书籍的特征，应归入品目 4901。

根据本章章注四，附有说明文字，每页编号以适于装订成册的整集美术、绘画等作品的印刷复制品，以及随同成册书籍带说明文字的图画附刊，也应归入品目 4901。

但是，没有说明文字的印刷图画及图解，不能归入品目 4901，应作为其他印刷品归入品目 4911。主要作广告用的各种出版物，如商业目录、同业公会出版的年鉴、旅游宣传品等，也不归入品目 4901，应归入品目 4911。儿童图画书、绘图或涂色书由于在品目 4903 已有具体列名，也不归入品目 4901。

#### 2. 报纸、杂志及期刊归入品目 4902

报纸、杂志及期刊以连续的系列形式定期用同一刊名予以出版，各期印刷的内容不同，因此不能按书籍归入品目 4901，而应归入品目 4902。这类出版物可以不装订，也可以用纸装订，但如果用纸以外的其他材料装订或在同一封面内装订有一期以上的，则不归入品目 4902，应作为内容固定的印刷品归入品目 4901。大型著作的节选，有时按周、半月等在一段预定的时期内分期连载，不应视为期刊，应归入品目 4901。

#### 3. 儿童图画书、绘画或涂色书归入品目 4903

这类印刷品仅限于为儿童兴趣及娱乐或指导儿童进入初级教育阶段而编辑的画册。根据本章章注六，其图画构成主要内容，而文字内容辅助于图画。这类图画书包括诸如图片字母册及故事情节由一系列图画来表达，每幅图画都有解说词或扼要叙述的连环画册，还包括主要由带说明文字的图画组成，供儿童写字或做其他练习的儿童手工书。

故事连环画虽然也是以图画为主、文字为辅，但其用途不是主要供儿童阅读，故不能归入品目 4903，应按书籍归入品目 4901。

### （二）其他用途印刷品的归类

#### 1. 乐谱原稿或印本归入品目 4904

乐谱原稿或印本这类物品，归入品目 4904。

#### 2. 各种印刷的地图及类似图表归入品目 4905

这类物品包括各种地图、海图等，可以呈单张或折叠状，或各页汇集装订成书状（如地图册），还包括印刷球仪（如地球仪、月球仪或天体仪）。但立体的浮雕地图及球仪应按教学器具归入品目 9023，手绘地图按手稿归入品目 4906，附带有地图的书籍以书籍为主要特征归入品目 4901，航空测量或地貌照片应按照片归入品目 4911，印有地图的 T 恤衫应按纺织服装归入品目 6109。

**3. 手绘的设计图纸原稿、手稿、用照相复印或用复写纸誊写的上述物品复制件归入品目 4906**

这类物品包括工业设计图纸，如建筑师及工程师的设计图纸，还包括供广告宣传用的绘画或素描（如时装绘画、招贴图样、陶器、墙纸、首饰、家具的图案）。必须注意，只有手绘或手书原稿及感光纸的照相复制品或用复写纸复制的副本，才可归入品目 4906。因此，印刷的设计图纸不归入品目 4906，地图应归入品目 4905，其他的归入品目 4911，打字稿的复印机复制本归入品目 4901 或 4911。

**4. 邮票、印花税票、印有邮票或印花税票的纸品、钞票、空白支票、股票等归入品目 4907**

这类商品的特征是一经有关当局发行（有时需有签章才能生效），即具有超过其内在价值的信用价值。

邮票，只有国内新发行的且未经使用的邮票才能归入品目 4907，若已使用过的及不论是否使用过的国外发行邮票均按收藏品归入品目 9704。

印花税票，一般用于附贴在法律、商业等文件上，有时附贴在货物上，作为已缴付票值所示金额的政府税收的凭证。

已盖邮戳的信封、封缄卡片、明信片等，也归入品目 4907。

钞票，即由政府及其授权银行发行的各种面额本票，该票在发行国或其他地方作为货币使用，归入品目 4907。但是，作为收集品及珍藏品的钞票应归入品目 9705。空白支票、股票、债券、信用证、汇票、旅行支票、提货单、地契及股息票等，均应归入品目 4907。

但用证券纸印制并编有序号的彩票不归入品目 4907，而应按其他印刷品归入品目 4911。

**5. 转印贴花纸归入品目 4908**

转印贴花纸由平版印刷或其他方法印在轻质吸水纸上的图画、图案或字母组成，用淀粉及树胶等涂布以便承印本身涂有胶粘剂的印记。当把这种经过印刷的纸湿润，并贴在玻璃、陶器、木材、金属、石料或纸等表面上轻轻压紧，印有图画的涂层便转移到该表面上。

以品目 3207 的釉料印刷的釉转印贴花纸也归入品目 4908。这类物品还包括刺绣品及针织品转印贴花纸，其纸上图案是用色料勾出轮廓的，通常用加热熨斗平压可转印到纺织品表面上。

**6. 印刷明信片、贺卡归入品目 4909**

美术明信片是印有明信片标志的卡片，其一面的全部或大部印有图片，归入品目 4909。不具有明信片标志的类似产品应作为图片归入品目 4911，印有邮票的明信片应作为印有邮票的纸品归入品目 4907，其印刷内容仅附属于主要用途的素色明信片作为纸制品归入品目 4817。

圣诞卡、新年卡、生日卡或类似卡片也归入品目 4909，其中一面或几面印有图片。

**7. 印刷的日历归入品目 4910**

各种日历，不论其印于纸（板）、纺织物或其他材料上，只要所印日历构成这些商品的基本特征，均归入品目 4910。但有日历又可记日记的记事本应以记事本为基本特征归入品目 4820。

**8. 其他印刷品归入品目 4911**

本章其他品目未列名的印刷品归入品目 4911，包括照片及印刷图片。对于已镶框的图片及照片，如果是图片或照片构成物品的主要特征，应归入品目 4911，否则应按框架属性，作为木材、金属等制品归入相应的品目。

这类物品还包括：广告印刷品（包括海报），主要以广告为目的的年刊及类似出版物，各种商品目录册及旅游宣传品；载有马戏节目、体育赛事、歌剧、戏剧或类似表演消息的小册子；示意地图；解剖学、植物学等的示教图表及图解；电影票、戏票、音乐会票、火车票及其他入场券；无邮票的集邮大型张及印有图画的首日封；彩票、“刮擦幸运卡”、销售抽彩券及奖券。

某些印刷品是需要手工或打字来填写内容的，只要其具有印刷品的主要特征（参见第四十八章注释十二），仍归入品目 4911。因此，只需填写某些内容（例如，日期及姓名）的印刷表格、空白的联券旅行票据（例如，飞机票、火车票及客车票）、通函、身份证明文件和身份证等，也归入品目 4911。

另外，商店招牌或橱窗用的带印刷图画或文字内容的字母、数字、标志及类似符号，如果用陶瓷、玻璃或贱金属制成的，应分别归入品目 6914、7020 及 8310；如果带有照明装置的，应按灯具归入品目 9405。

**【例】** 神州行充值卡，长 8.6 厘米，宽 5.4 厘米，材料为 PVC（聚氯乙烯）。卡正面印有“中国移动通信神州行充值卡”及“￥100”字样，卡背面印有使用步骤、注意事项、系列号及使用期限，但“系列号”及“使用期限”所对应的数字还未印刷。该卡进口后，打上系列号及相应的密码，即可在装有预付费卡的手机上作 100 元话费使用

**【归类分析】** 该充值卡是将文字印刷在塑料片上，根据第七类类注二，印有文字的塑料及其制品，如果所印花纹作为其主要用途，应归入第四十九章。该商品正反两面都经过印刷，其内容明确了商品的用途和使用方法，具备了印刷品的主要特征，应归入第四十九章，子目为 4911.9990。

# 思考与练习

**商品归类题：**

1. 用机械与化学方法联合制得的木浆
2. 棉短绒制成的纸浆
3. 经研光处理的书写纸，A4 规格（21 厘米×29.7 厘米），80 克/平方米，化学木浆制得
4. 成卷的植物羊皮纸，宽 30 厘米
5. 圆形滤纸，直径 12 厘米，化学过滤实验用
6. 捕鼠纸板，在原纸上涂布胶粘剂，用以粘住老鼠，2 张/袋
7. 素色明信片
8. 印有邮票的明信片
9. 奥运福娃邮票，未使用

10. 带日历的记事本

11. 一张上海地图

12. 单面涂塑的白卡纸，采用漂白化学机械浆制成，用于制造食品级用纸杯，成卷，每平方米克重 200 克

13. 多联式纸质空白海运提单，印有表格及标注等多项内容

14. 手绘的设计图纸

15. 装订成册的《读者》杂志

# 阅读材料一：纸浆制造工艺

## （一）制浆原料

### 1. 造纸原料

造纸工业所用的原料主要是自然界中的各种植物材料，但并不是所有的植物材料都可以作为造纸原料，这主要取决于植物的来源、组成和其细胞形态等。其中，木材占绝大多数，用木材为原料制成的纸浆称为木浆，国际贸易中最重要的纸浆是木浆。纸浆报验时通常成大包捆扎，湿的或干的，但有时成块状、卷状或呈粉末状及粉片状。制木浆最常用的木材是松木、云杉、冷杉、铁杉等质地较软的针叶木，其他木材如白杨、桦木、山毛榉木、桉木、枫木等材质较硬的阔叶木也可以作为造纸原料。作为造纸原料，木材质地较软、颜色较淡的，适于制造上等纸浆，一般以针叶树制成的木浆质量较好。除了木材以外，其他植物原料也可以用于制纸浆，包括稻草、芦苇、蔗渣、秸秆等禾草类原料，毛竹、慈竹、楠竹等竹类原料，亚麻、黄麻、苎麻、大麻、桑皮、檀皮等韧皮类原料，棉短绒，破布及回收纸及纸板等。

除了植物材料外，其他种类的材料，如动物纤维、矿物纤维、合成纤维、金属纤维等也可以用做造纸原料，主要用于某些特殊用途纸张的制造。

### 2. 植物纤维原料的主要成分

不管是木材还是非木材植物纤维造纸原料，其主要成分都是纤维素、半纤维素及木素，纤维素和半纤维素都是碳水化合物，木素是芳香族化合物。除此之外，还有少量其他组分，对制浆造纸也有一定的影响。

（1）纤维素

纤维素是不溶于水的均一聚糖，它是由 β-D 葡萄糖基构成的链状高分子化合物。纤维素大分子中的葡萄糖基之间按照纤维素二糖联结（1-4β 甙键）的方式连接。纤维素是构成植物细胞壁的主要成分，组成每个纤维素大分子的葡萄糖基数目称为纤维素的聚合度。天然纤维素的聚合度接近 10000，草类原料的纤维素平均聚合度稍低些。经过蒸煮漂白等制浆工艺，纤维素会降解，其聚合度降至 1000 左右。从造纸的角度看，纤维素是在制浆过程应尽量保护的部分，以提高得浆率和纸的强度。

（2）半纤维素

半纤维素是指除纤维素和果胶、淀粉以外的碳水化合物，也是聚糖，但不同于纤维素。构成半纤维素的单糖，是两种或两种以上不同的糖基。半纤维素的聚合度也比纤维素低得多，只有 200~500，且链状分子上有支链。

半纤维素也是组成细胞壁的主要成分之一，它的存在对打浆性能和成纸性质有一定的影响，在制浆过程中也是应尽量保存的部分。

（3）木素

木素是芳香族高分子化合物，是由苯基丙烷结构单元通过碳—碳键和醚键连接而成的具有三维空间结构的高分子化合物。木素存在于细胞壁和胞间层，使细胞互相黏合而固结。因此要分离纤维细胞，必须溶解木素，这就是化学制浆的实质。木素是原料颜色的主要来源，纸浆中木素含量的多少是制定蒸煮及漂白工艺条件的重要依据。对于白度、耐久性等要求不高的纸张，如新闻纸、瓦楞原纸，在制浆过程中可较多地保留木素含量，以提高纸浆得浆率，降低生产成本。

（4）其他组分

除此之外，尚有少量其他组分，如树脂、果按、淀粉、色素和灰分等。这些少量组分一般含量不多，对整个制浆造纸生产过程不会造成不利的影响，一般不需特殊处理。

## （二）制浆工艺

制浆，就是利用化学或机械的方法，或两者相结合的方法，使植物纤维原料离解，变成本色纸浆或漂白纸浆的生产过程。制浆生产的基本过程如图 10-1 所示。

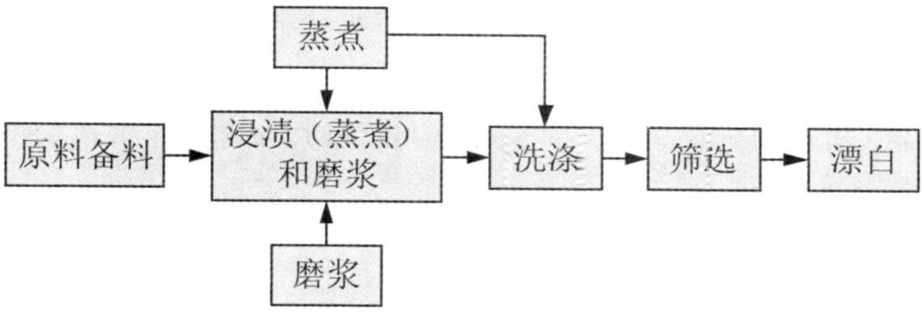


**图 10-1　制浆生产的基本过程**

在制浆之前，原料需经一定的处理，称为备料。对木材原料需经剥除树皮，剔除腐朽斑和树节，锯成木段或在削片机上把木材削成薄片，以便于制木浆。对于非木质纤维原料要去除杂质、泥沙等，切成片、块、段等。经备料后，可进行纸浆的生产。按加工方法不同，制浆方法可分为化学法和机械法以及两者结合的化学机械法、半化学法。制浆后的粗浆中往往含有少量杂质，通过筛选和净化去除这些不利于生产、影响产品质量的杂质。此外，本色纸浆往往呈棕色，根据需要可以对纸浆进行半漂白或漂白处理，提高纸浆的白度。

### 1. 化学法制浆

化学木浆是先将木材切成木片或木粒，然后用化学试剂加以处理，去除了大部分木素和其他非纤维素物质制得。化学木浆较用同样原料制得的机械木浆的纤维要长，纤维素含量更高。

化学法制浆的主要方法有两类：碱法和亚硫酸盐法。

碱法又分为烧碱法和硫酸盐法。烧碱法所用的化学药剂主要是氢氧化钠，多用于草浆的生产。硫酸盐法所用的化学药剂主要也是氢氧化钠，但还添加部分硫化钠，主要用于木浆的生产。硫酸盐法是在烧碱法的基础上发展起来的，虽然蒸煮药剂中主要成分不是硫酸盐，但生产过程是用添加硫酸钠的方式来补充部分蒸煮中损失的碱，因此取名为硫酸盐法，硫酸钠在废液燃烧是被还原成硫化钠。氢氧化钠和硫化钠的溶液对纤维原料的作用比较缓慢，纤维受损程度不大，比较强韧，又因纸浆的颜色呈褐色，所以该木浆被称为牛皮纸浆。

亚硫酸盐法的主要化学药剂是二氧化硫及其相应的盐基组成的酸式盐或正盐的水溶液。亚硫酸盐法制浆包括：使用二氧化硫与不同盐基组成的不同 PH 值的药液的蒸煮方法，如酸性亚硫酸钠法、中性亚硫酸钠法等。该浆中的纤维较长，强度较高，得浆率高，较柔软，具有良好的交织力，并且容易漂白。

与亚硫酸盐法比较，硫酸盐法具有以下优点：①可以使用任何树种和非木材料原料，原料适应性广；②纸浆具有较高的强度；③蒸煮时间较短，废液回收效率高。

化学法制浆的主要过程是蒸煮过程，蒸煮过程是使原料在高温高压条件下与化学药剂发生反应，将原料中的木素溶出的过程。植物纤维原料经蒸煮后得到约50%左右的纸浆，其他50%左右的物质溶解在蒸煮液中，形成蒸煮废液。为了获得比较洁净的纸浆，同时对废液进行回收利用，蒸煮完后，需在对纸浆进行洗涤同时对废液进行提取。

化学浆的用途，需视原料的种类、蒸煮方法和产品的质量指标而定。硫酸盐纸浆的强度高，可用于生产高强度的纸张，如纸袋纸、绝缘纸、电容器纸、包装纸和挂面纸等。硫酸盐木浆一般不漂白，用于生产具有高抗撕裂度、抗张强度和耐破度的牛皮纸，漂白后的硫酸盐木浆，具有弹性大、吸墨性强、透明度小等性能，适合用于抄制印刷纸。

亚硫酸盐浆的强度稍低，但它有一些物理性质可使其特别适用于制造某些纸张，如新闻纸、薄纸、半透明纸、防油纸及许多高级印刷纸。

化学浆经专门精制或提纯后，可被用来制造再生纤维素、纤维素醚和纤维素酯，以及这些材料的板、片、膜、箔、带、纺织纤维等产品。

**2. 机械法制浆**

机械木浆是利用机械能使纤维原料变成纤维纸浆，纤维原料中的化学组分没有改变，得浆率高，可达85%~95%。但机械木浆的纤维很短，有害杂质绝大部分也没有除去，因此，抄造的纸张强度比较差，受到空气和日光的作用很容易变黄、发脆，化学稳定性较差，这是它的主要缺点。机械木浆通常不单独使用，一般与化学木浆混合使用，具有吸墨性和不透明的特点，适合于高速印刷，所以卷筒新闻纸常用这种混合木浆制取。

机械法制浆主要包括磨石磨木浆、压力磨石磨木浆、盘磨机械浆及预热盘磨机械浆。

磨石磨木浆是应用机械力和水力作用，将长度为1米左右的木段压向湿润粗糙、高速旋转的磨石上，通过热、摩擦等作用，使纤维从木段上分离下来，形成纸浆。磨石磨木浆具有得浆率高、能耗低、平滑度高、不透明性大、吸墨性好等优点，主要用于生产新闻纸。

压力磨石磨木浆与磨石磨木浆生产相似，但磨浆时带有一定的压力，并且温度较高。磨出的纸浆浆渣少，强度较大，可用于生产书刊纸、轻量涂布纸和优质新闻纸。

盘磨机械浆是将削好的木片送入盘磨机的磨盘之间进行碎解和纤维化，从而得到纸浆。盘磨机械浆通常比磨石磨木浆的纤维长度长，纸浆强度更好。

预热盘磨机械浆则是将木片进行带压蒸汽预处理后，再送入盘磨机进行磨浆。预汽蒸的作用主要在于软化纤维胞间层的木素，使磨浆时，纤维的分离易于发生在纤维的胞间层与初生壁之间，从而获得完整的纤维。因此，预热盘磨机械浆的强度明显高于盘磨机械浆，且纤维束含量低，含有较少的筛渣，纸浆具有较好的光学性能。预热盘磨机械浆已逐步取代了盘磨机械浆，用于新闻纸、杂志纸、涂布原纸、薄型纸及纸板的生产。

**3. 化学机械法制浆**

用机械与化学联合法制得的木浆均属于两阶段制浆法，制浆时先用化学药剂处理，再采用机械方法进一步离解成浆。制得的纸浆包括半化学浆和化学机械浆。半化学浆较化学机械浆所受的化学处理程度剧烈一些，得浆率略低。

半化学浆首先将通常为木片状的木材在浸煮器中用化学药剂处理，再采用机械方法进一步离解成浆。半化学法制浆中应用最广泛的是用于阔叶木木片的中性亚硫酸盐半化学浆

（NSSC，即 neutral sulfite semichemical），该方法使用以碳酸钠作为缓冲剂的亚硫酸钠蒸煮液进行蒸煮，然后用盘磨机进行磨浆。该纸浆保留了大量的半纤维素，具有较高的硬挺度，主要用于生产瓦楞纸板，也可用于抄造挂面纸板、绝缘纸、沥青原纸、防油纸、包装纸等。

化学机械浆是将木材碎片、刨花、锯末或类似品用冷碱液或中性亚硫酸钠溶液进行短时间浸渍处理，然后再送入盘磨机磨解成浆。相比于半化学浆，化学机械浆的化学处理更温和，只溶出了抽出物和部分短链半纤维素。相比于机械浆，由于化学处理使纤维软化，有助于降低磨浆的能耗，且能分离出较完整的纤维，提高纸浆的质量。根据化学处理的条件，其可分为磺化化学机械浆（SCMP）、化学预热机械浆（CTMP）和碱性过氧化氢化学机械浆（APMP）等。

相比于化学制浆法，化学机械法制浆的得浆率高，化学药剂耗用量低，且适合阔叶木制浆。

## 阅读材料二：造纸流程及纸张的加工

纸张是由纤维悬浮液在筛网上毡合而成的纤维层。造纸一般分为三个阶段：调浆、成张（网）及整理。

### （一）调浆

纸浆调制是把纸浆经进一步加工成适合造纸的原料。调制过程包括打浆、施胶、加填、染色、稀释和净化等工序。

**1. 打浆**

打浆是利用物理方法（如机械剪切、摩擦、水力冲击等作用）处理悬浮于水中的纸浆纤维，对纤维进行疏解、润胀、切断、压溃、细纤维化及纵向分裂等，使其具有适应造纸机生产上要求的特性（如滤水性、良好的成形性），从而获得预期的纸张质量。

根据纤维在打浆中受到不同的切断、润胀及细纤维化的作用，将打浆方式分为四种类型：长纤维游离状打浆、短纤维游离打浆、长纤维粘状打浆、短纤维粘状打浆。

**2. 施胶**

用植物纤维生产的纸张，纤维之间存在着许多毛细孔，再加上纤维具有亲水性，所以有吸水性。因而，在未施胶的纸上书写，墨水就会很快地扩散开来，造成字迹模糊不清，甚至不能书写。为了使纸张在一定程度上不为水或水溶液所浸润，就需要在生产某些纸张的浆料中加入一些抗水性的胶体物质，这就是胶料。由此可见，施胶的目的就是使纸张或纸板获得抗拒液体渗透能力。

施胶的方法分为纸内施胶（又称内部施胶，是在纸浆中加入胶料）和纸面施胶（又称表面施胶，是在纸的表面涂刷上一层胶料）。胶料的种类很多，用于纸内施胶的胶料有白色松香胶、强化松香胶、分散松香胶和合成胶等。用于纸面施胶的胶料有氧化淀粉、聚乙烯醇、羧甲基纤维素、动物胶、合成树脂等。

施胶纸包括包装纸、纸袋纸、书写纸、制图纸、印刷纸（特别是胶版印刷纸）、建筑用纸、瓦楞纸等。当然，并不是所有的纸都需要施胶，包括要求具有一定吸滤性能的纸，如卫生纸、滤纸、吸墨纸、浸渍加工原纸（蜡纸、育苗纸等）、变性加工原纸（羊皮纸、钢纸原纸等）等。另外，大多数的电器绝缘纸（如电缆纸、电话纸、电容器纸等）及卷烟纸也不需要施胶。

3. 加填

加填是在浆料中加一种或几种白色矿物性粉末状物质或合成填料物质。填料能分散于纤维之间将空隙填平，提高纸张的不透明度和亮度，改进纸面的平滑度。加填后的纸张吸墨性好，适印性强。例如，极薄的字典纸因加有大量的填料才不至于产生透印的现象。加填还能满足纸张某些特殊性能的要求，例如，卷烟纸中加入碳酸钙，可以调节卷烟纸的燃烧速度，使之与烟草的燃烧速度相适应；啤酒过滤纸板中加入硅藻土，是为了提高纸板的吸附性能；导电纸中加入炭黑，是为了提高导电性能。

填料的种类很多，常用的有高岭土、滑石粉、石膏、碳酸钙、二氧化钛等。当然还要根据纸的用途和使用性质决定是否需填料。

4. 染色

纸张的染色是指在纸浆中或纸张上使用某些色料，使其具有某些希望的颜色，增加纸张或纸板的美观。

5. 稀释

稀释是把打浆后的纸浆加水成一定浓度适合供机器造纸的纸浆。稀释一方面使浆料在低浓度状态下能使纤维均匀分散，有利于提高纸页的匀度；另一方面是便于浆料的净化、筛选。

6. 净化

净化则是将已调制好的纸浆再次去除各种杂质或污物，使纸浆的质量进一步提高。调制后的成品纸浆即可进行造纸（抄纸）。

## （二）纸页成形

纸及纸板的生产包括造纸机抄制和手工抄制两种，但绝大部分是由造纸机抄制。造纸机制纸中最常见的是长网造纸法，如图 10-2 所示。

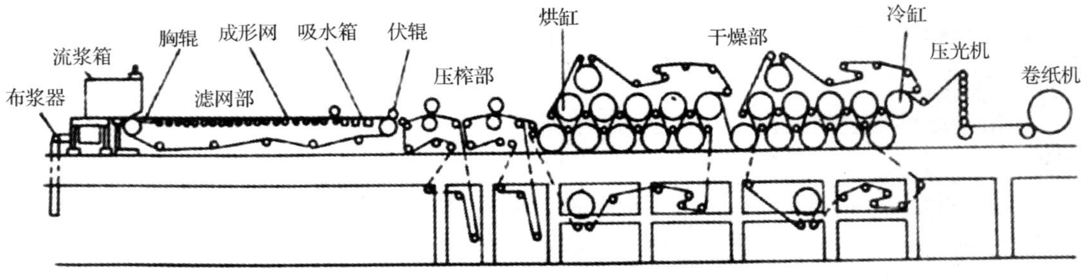


**图 10-2　长网造纸机示意图**

长网造纸机由滤网部、压榨部、干燥部、压光部及卷取部组成。有时在滤网部，通过水印辊向上的凸起图案或线条在纸网上打上水印再压榨、烘干等，制成的纸张中就留有水印。滤网部是将纸浆均匀平铺在网上形成纸页并过滤掉一部分水分，压榨部是把湿纸页再榨去部分水分，然后烘干，烘干后的纸页表面较粗糙，经压光后使纸页表面平整，再卷取成大卷状的纸筒。这些过程都是连续进行的。具有多层丝网或多个圆网（或长网及圆网结合）的造纸机可以同时抄造由多层（有时各层为不同颜色或不同质量）组合的纸板，纸板各层是在抄造时湿态下不用黏合剂滚压在一起的。

除了用造纸机制纸外，还有用手工制纸或纸板。在其生产中，尽管其他工序可由机器完成，但将纸浆纤维模制成张这一关键工序是用手工操作的。手工制纸及纸板可用任何造纸材料制得，但通常使用最高级的亚麻碎布或棉碎布纸浆制成。在纸张成形时，一定量的纸浆在筛状模子上震动，直到大部分水分已经除去，纤维已经毡合，随后湿纸张脱出模子并毡压、晾干成纸张。手工制纸的特点是强度大，耐久性强，纹理优良。这些特点使其适于某些特殊用途，如钞票纸、文件纸、制图纸、蚀刻纸、特种滤纸、账簿纸、裱画纸、高级印刷纸或文具纸等，也可用于制婚礼请柬、专用信笺、日历等。手工制纸一般按用途制成一定尺寸并具有带明显丛毛的四个毛边，这些毛边有时也可修齐。

**（三）整理**

纸及纸板的整理主要包括压光、复卷、切纸、成令等。其目的是提高纸的表面平滑度、光泽度和强度，改善纸的外观，使其适合于印刷和书写等。

**（四）加工纸**

随着生产、科学技术的不断进步和人类物质文化生活的不断提高，纸的应用领域越来越广泛。对纸的需求不仅在数量上越来越多、在质量上越来越高，而且在用途及品种上也要求越来越多，从造纸机生产出来的纸张已经远远不能满足人们的需要。因此，对原纸进行加工来改善其性能，以得到相应的特殊性能的纸张，这样制得的产品称为加工纸。根据加工方法不同（机械加工、化学加工及物理加工） 加工纸可分为涂布加工纸、浸渍加工纸、变性加工纸、复合加工纸、机械加工纸等，其他还可进行染面、饰面、印花等加工，使纸张适于各种不同的需求。

**1. 涂布加工纸**

涂布纸及纸板是在原纸（板）的单面或双面涂以涂料、树脂或其他物质而得到的纸类。涂布加工是纸加工中最普遍的一种方法，其种类和产量也是最多的，用途也最广。按涂料种类的不同，其可分为颜料涂布纸、树脂涂布纸和其他特种涂布纸。

颜料涂布纸的涂料，是以高岭土、碳酸钙、硫酸钡、二氧化钛、滑石粉、锌钡白、硫酸钙等无机物质为主体，将其分散于胶粘剂的溶液中，并根据需要加入各种助剂调制而成。其加工的目的是改善纸张的不透明度、白度，改善纸的表面平滑性、光泽度及油墨吸收性，从而提高纸张的适印性。铜版纸就属于颜料涂布纸，是在铜版原纸上经表面涂布约20克/平方米的白色涂料并经超级压光加工而成。

树脂涂布纸以各种树脂为涂料的主要成分，并根据需要配入硬化剂、光泽剂、增塑剂等。涂料的调制方法很多，可将树脂溶解于有机溶剂中制成漆料，或可将分子量高的树脂分散于有机溶剂中，制成有机溶剂分散体，或将树脂分散于水，制成胶乳和乳胶，或将热熔性树脂熔融后直接作为涂料，进行热熔涂布。这种涂布加工的主要目的是提高纸的防油、防潮、不透气及绝缘等性能，以提高对纸的保护性，所以树脂涂布纸可用做各种包装纸。

根据需要，在原纸上涂以特殊的涂料，即得各种特殊涂布纸。比如在照相原纸上，先涂一层以硫酸钡为主的钡地层，再涂上氯化银感光乳剂，最后涂上明胶保护层，即为照相感光纸。一般所说的压敏记录纸、热敏记录纸、放电记录纸、无碳复写纸等，都是涂以不同的涂料制得的特殊涂层纸。

**2. 浸渍加工纸**

浸渍加工纸是利用塑料、油类、蜡质或沥青等物质，对原纸进行浸渍吸收。这些物质浸透纸（板）后，使原纸改变外观或性质，获得防油、防水、防潮、耐磨、透明或半透明等性能，这些纸大都用做保护性包装材料或绝缘材料，其产品有包装用油纸、复写用油纸或蜡纸、油印蜡纸、用塑料等浸渍的绝缘纸及纸板、指示纸（如石蕊试纸）、绝缘纸（板）、橡胶浸渍纸、焦油或沥青浸渍纸（板）。某些纸（如壁纸原纸）可用杀虫剂或化学品浸渍。

**3. 变性加工纸**

变性加工纸，是把原纸经过硫酸、氯化锌等化学品处理，使原纸的物理、化学性质发生改变，产生许多原来没有的特殊性能，以适应许多领域的特殊要求。例如，植物羊皮纸是将植物纤维纸用硫酸处理而改变了原纸性质的加工纸，又称硫酸纸。经硫酸处理后，纸页气孔大大减少，不透气性增强，并有不透油性、半透明性、难燃性及弹性等，可用做描图纸、书皮纸、防潮包装纸、电极打孔纸等。由于硫酸处理的杀菌作用，它还可以广泛地应用于食品包装。钢纸是用浓氯化锌溶液处理原纸，使纤维素发生剧烈润胀和胶化，从而部分水解成为具有一定粘着能力的短链物，将纸页在胶化烘缸上层层黏合起来。钢纸具有很高的机械强度。

**4. 复合加工纸**

复合加工纸是利用胶粘剂将原纸和某种物质贴合在一起。复合的材料有各种纸、金属薄膜、塑料薄膜及其他纤维材料等。经复合加工后，纸页的强度提高了，并可改善外观，或具有不透气性、防水性等。常用的铝箔纸就是复合加工纸的一种，它作为包装纸使用，有防潮和强度大的优点。

**5. 机械加工纸**

把纸（板）经过机械加工，如压纹、压花、特殊磨光或起皱等加工处理，即可获得机械加工纸，如瓦楞纸、皱纹纸、压纹纸等。机械加工的目的主要是改善纸的外观质量或形状，增加美感，因此也常被用于装饰纸或壁纸的加工。

# 第十一类　纺织原料及纺织制品

【内容提要】

在本类中，将学习以下内容：

1. 熟悉《协调制度》中纺织纤维、纱线、纺织物、纺织制品的分类；

2. 纺织纤维、纱线、纺织物及纺织制品的归类方法。

其中，纺织纤维的归类、纱线的归类、机织物的归类、服装的归类等是学习重点，混纺纺织物的归类方法及根据加工方法和加工程度判断纺织物的属性及其归类是学习的难点。

## 一、概述

纺织工业是我国国民经济的传统支柱产业和重要的民生产业，人们常说的“衣食住行”，就将纺织品放在非常重要的位置。纺织业也是我国国际竞争优势明显的产业，2017年，我国纺织产品的出口额达到2570亿美元，占我国出口总额的11.4%，仅次于机电产品。

传统意义上的“纺织”加工过程是“纺”和“织”的总称，其中“纺”是指纺纱，“织”是指织布。纺织的加工对象是纤维集合体，使用的手段有机械的，也有化学的。纺织加工有两重含义：狭义的纺织是指纺纱和织布；广义的纺织则包括纺织加工的全过程，从各种纤维原料到纺成纱线，再通过机织、针织等工艺织成织物，并对织物进行染整加工，直到再加工成包括服装在内的各种纺织制品。纺织加工的具体过程详见本类阅读材料。现代的纺织产品，除了做衣料之外，还供装饰、工业、医疗、军事等用途，与人民生活和国家建设关系密切。

### （一）纺织纤维

#### 1. 纺织纤维的分类

纤维通常是指直径为几微米到数十微米，长度比直径大上千倍甚至更多的柔软细长物质，有连续长丝和短纤之分。其中，长度达到数十毫米以上，具有一定的强度、一定的可挠曲性和相互纠缠抱合性能而可以生产纺织制品（如纱线、绳带、机织物、针织物等）的纤维，称作纺织纤维。

从来源角度分类，纺织纤维可分为天然纤维和化学纤维两大类。天然纤维是自然界里原有的或从经人工种植的植物中、人工饲养的动物毛发和分泌液中获取的纤维，主要有丝、毛、棉、麻等。化学纤维是用天然的或合成的高聚物为原料，经化学加工而成，简称化纤。根据原料和制造方法的不同，化纤又分为人造纤维与合成纤维。

（1）天然纤维

①动物纤维，如蚕丝、羊毛；

②植物纤维，如棉花、苎麻。

（2）化学纤维

①人造纤维

A. 再生纤维素纤维，如粘胶纤维、铜氨纤维、醋酸纤维；

B. 再生蛋白质纤维。

②合成纤维

A. 聚酰胺纤维（锦纶或尼龙）；

B. 聚酯纤维（涤纶）；

C. 聚丙烯腈纤维（腈纶）；

D. 聚乙烯醇纤维（维纶）；

E. 聚丙烯纤维（丙纶）；

F. 聚氯乙烯纤维（氯纶）；

G. 聚氨酯纤维（氨纶）。

**2. 天然纤维的结构与性质**

(1) 蚕丝纤维

蚕丝的种类较多，应用最广的是桑蚕丝，其他称为野蚕丝的有柞蚕丝、蓖麻蚕丝、蜘蛛丝等。蚕茧经过剥茧、煮茧、缫丝等工序可制得生丝。一粒蚕茧所缫得的生丝长约650米~1200米，是天然纤维中唯一可获得长丝的纤维。对于疵茧废丝，很难通过缫丝获得长丝，可以通过绢纺工艺加工成绢丝。

蚕丝纤维的结构由两根平行的丝素外包丝胶构成，单根丝素的截面形状近似三角形。除去丝胶的蚕丝称为精练丝。蚕丝纤维呈乳白色，耐酸不耐碱，织物光泽柔和，手感滑爽，吸湿透气。

(2) 毛纤维

天然动物毛纤维的种类很多，主要是绵羊毛、羔羊毛，简称羊毛。这类毛的品质好，纺织价值高，是毛纺织物最主要的原料。其他如山羊绒、骆驼毛、兔毛等也用于加工毛纺织品。

羊毛从羊体上剪下时，一般粘连成一个完整毛被，称为套毛。如剪下时成零散的状态，称为散毛。在脱毛季节用铁梳子从羊身上梳下的毛称为抓毛。羊毛纤维具有天然的卷曲，赋予其良好的弹性。羊毛纤维的截面一般为圆形，表面覆盖着具有方向性的鳞片，在湿热及化学试剂作用下，经机械外力反复挤压，纤维集合体逐渐收缩、紧密和毡化，称为羊毛的毡缩性。羊毛的毡缩性可以用于毡呢的加工，但也会使毛织物在洗涤中发生尺寸缩小的问题。羊毛长度五至十几厘米，是一种短纤维。毛纤维耐酸不耐碱，弹性好，保温、吸湿及透气性好，染色性好。

山羊绒是从山羊身上梳取下来的绒毛，又称“克什米尔”(Cashmere)或“开司米”，是一种贵重的纺织原料。山羊绒的平均细度为14微米~16微米，是动物纤维中最细的，长度为35毫米~45毫米，具有细、轻、柔软、滑糯、保暖性好的优点，一般用于制作羊绒衫、羊绒围巾、羊绒花呢、羊绒大衣呢等高档纺织品。

马海毛(Mohair)为安哥拉山羊毛，原产于土耳其的安哥拉省。马海毛的细度约为10微米~90微米，长度约为120毫米~150毫米。马海毛很少卷曲，表面光滑，具有蚕丝般的光泽，强度高，具有良好的弹性，不易收缩也难毡缩，容易洗涤。

(3) 棉纤维

棉纤维是天然纤维的主体，约占天然纤维的3/4以上。棉纤维是长在棉籽上的单细胞物质，带有棉籽的棉纤维叫做“籽棉”，用轧花机从籽棉上分离下来的棉纤维称为“皮棉”。根据棉纤维的品质，适于纺纱的，并经过初步清洁可作为纺织原料的为“原棉”，不适于纺纱供其他用途的为“棉短绒”。棉纤维细软，呈洁白、乳白或淡黄色，纵向有天然的转曲，横截面呈腰圆状，有空心中腔，具有良好的保暖性，一般长度为30毫米~50毫米。棉纤维耐碱不耐酸，吸湿及透气性好，染色性好。

(4) 麻纤维

麻纤维是从各种麻类植物取得的纤维的统称，包括韧皮纤维(如苎麻、亚麻、黄麻、红麻、大麻、苘麻)和叶纤维(如剑麻、蕉麻)。

韧皮纤维是从麻植物茎部剥皮、刮青获得原麻，原麻再经生物或化学脱胶成为麻纤维。韧皮纤维的单纤维是一个植物单细胞，呈束状，两端封闭，中间是中腔。其中，苎麻纤维的横截面呈椭圆形，表面有节，单纤维长度为20毫米~250毫米，最长可达600毫米，可采用单纤维纺纱；亚麻纤维的横截面呈多边形，表面有裂节，单纤维较短，平均长度为10毫米~26毫米，在纺纱加工中用的都是工艺纤维（束纤维）。

叶纤维是从单子叶植物的叶上获得的维管束纤维，这类纤维比较粗硬，纤维长，强度高，耐海水侵蚀，适于制作绳缆、粗麻袋等。

麻纤维耐碱不耐酸，强度较好，弹性差，吸湿及透气性好，染色性好。

**3. 化学纤维的分类**

根据所采用的原料和加工方法的不同，化学纤维可以分为合成纤维和人造纤维两类。

合成纤维是以从石油、煤、天然气等制得的低分子化合物（单体）为原料，经化学合成为高聚物，再经纺丝成纤维。主要的合成纤维包括聚酯纤维（我国的商品名为“涤纶”，下同）、聚酰胺纤维（“尼龙”或“锦纶”）、聚丙烯腈纤维（“腈纶”）、聚乙烯醇纤维（“维纶”）、聚丙烯纤维（“丙纶”）、聚氨酯纤维（“氨纶”）等。其中，涤纶纤维、锦纶纤维和腈纶纤维是应用最多的合成纤维，俗称“三大纶”。

人造纤维以天然聚合物为原料，经化学处理再生制成，又称再生纤维。虽经过化学处理，但人造纤维与原聚合物在化学组成上基本相同。人造纤维包括再生纤维素纤维和再生蛋白质纤维，其中应用较成功的是再生纤维素纤维。再生纤维素纤维是利用木材、棉短绒、甘蔗渣、芦苇等含纤维素的物质，经过化学处理加工成为黏液，经纺丝机的喷丝头喷丝、凝固而成为纤维，常见的有粘胶纤维、醋酸纤维、铜氨纤维、Lyocell纤维等。再生蛋白质纤维的研究早已开始，已用过的蛋白质有牛奶蛋白、蚕蛹蛋白、大豆蛋白和花生蛋白等。纯蛋白质的再生纤维由于制取困难及存在纤维强度低等问题，成功的产品并不多。可行的加工方法有两种，一种方法是将蛋白质与其他高聚物进行共混纺丝，另一种方法是将蛋白质与其他高聚物进行接枝共聚。由再生纤维的定义，再生蛋白质纤维的组分应该完全或绝大部分为蛋白质；虽没有严格的含量限制，但蛋白质含量至少在80%以上；含量在20%~80%的，应该是混合或复合纤维；低于20%的只能是蛋白质改性纤维。事实上，目前市面上的一些所谓的再生蛋白质纤维由于蛋白质含量偏低，并不是真正意义上的再生蛋白质纤维。如所称的“大豆蛋白纤维”，其大豆蛋白的含量仅为15%~35%，称不上再生蛋白质纤维。

常见化学纤维的结构和性质可参阅本类阅读材料。

## （二）纱线

将纺织纤维（不论是长丝或短纤维）制成纱线的过程称为纺纱加工。将梳理过的纤维条加捻可以得到单纱，简称纱。用两根或两根以上的单纱并合、加捻可以得到股线或缆线，简称线。纱和线是两个不同的概念。纱线既是商品，又是纺织物生产的原料。

**1. 纱线的加工**

由于纤维有长丝和短纤两种状态，所以纺纱加工也有两种方法。

对于短纤维，如棉、麻、毛、蚕丝短纤及化纤短纤，需经过开松、除杂、梳理、并合、牵伸等工序制成纤维条，再将纤维条加捻制成一根细长的、有一定强度的单纱，在单纱的基础上再制成线。

对于长纤维，如蚕丝及化纤长丝，用两根或两根以上的长丝直接并合、加捻就可以制成纱，再制成线。与短纤维纺纱相比，长丝纱线的加工较简单。

不同纤维的纺纱工艺，包括绢纺、毛纺、棉纺、麻纺和化纤纺纱等，存在一些差异，详见本类阅读材料。

纺纱过程中一般都要加捻，使纤维之间紧密抱合，赋予纱线一定的强度。加捻涉及捻向和捻度两个概念。加捻的方向称为捻向，若顺时针方向加捻，称为“S”捻；逆时针方向加捻，称为“Z”捻。纱线单位长度中所加的捻回数，称为捻度，即加捻的程度，常以纱线 10 厘米或者每米长度内的捻回数来表示。

**2. 纱线的分类**

由纺织纤维加工的纱线呈多样性，包括不同类型的纤维、不同的成纱加工、不同的纱线结构等。因此，必须了解纱线的科学分类。

（1）按纱线的体系分类，纱线有纱、线之分

纱，亦称单纱，由短纤维经纺纱加工，使短纤维沿轴向排列并经加捻而成。

线，是由两根或两根以上的单纱合并加捻制成的股线，股线再合并加捻为复捻股线。缝纫线是典型的股线。由芯纱、饰线和固纱加捻组合而成，具有各种不同的特殊结构、性能和外观的为花式线。例如，粗松螺旋花线即为花式线。

（2）按纤维组成分类，纱线分为纯纺纱线、混纺纱线和伴纺纱线

纯纺纱线是由一种纤维纺成的纱线，如棉纱线、毛纱线、涤纶变形纱、粘胶纱等。

混纺纱线是由两种或两种以上的纤维混合纺纱或合股而成的纱线，如涤/棉纱、麻/粘纱等。制成混纺纱线的目的是为了增加纱线的品种，改善纱线的品质。例如，65%的涤纶短纤与 35%的棉纤维均匀混合后纺成的纱线，兼具涤纶的不易皱和棉的吸湿性、透气性好的优点。

伴纺纱线是由可溶性纤维与短纤维伴纺而成的纱线，如水溶性维纶伴纺纱。伴纺是一种纺织过程中的混纺，但最终结果是该组分会退出或部分退出纱体。

（3）按用途分类，纱线分为加工用纱和成品用纱线

加工用纱线包括机织用纱、针织用纱、编织用纱、起绒用纱、缝编用纱等。机织用纱分经纱和纬纱，经纱用于机织物纵向，要求强力较高，捻度较大，往往为线；纬纱用于机织物横向，对强力的要求稍低，较柔软。针织用纱供织制针织物用，要求洁净、粗细均匀、手感柔软。编织用纱要求强度高、光洁、弹性好，往往用线。起绒织物的起绒用纱，要求纱松软，纤维弹性好。用于非织造布的缝编纱线，要求柔软，表面毛糙，便于握持纤维网。

成品用纱线是可以直接使用的纱线，如产业用增强帘子线、缝纫线、绣花线、标签线、装饰线等。

**3. 纱线的细度**

纱线的粗细用纱线的细度来表示。纱线的细度，一般不用直径或截面积等表示。这是因为纱线表面有毛羽，截面形状不规则且易变形，测量直径或截面积不仅误差大，而且比较麻烦。因此，广泛采用的细度指标是与截面积相关的间接指标，分为定长制和定重制两类。定长制包括线密度和公制旦数，定重制包括公制支数和英制支数。

（1）线密度

线密度是国际单位制采用的纤维或纱线的细度指标。它表示 1000 米的纱线在公定回潮率下的重量克数，以 *Ntex* 表示，单位是特克斯（tex，简称特）。例如，1000 米的棉纱，重 10 克，其线密度即为 10 特。特数越大，表示纱线越粗。比 1 特更细的纱常用“分特”表示，1 分特（dtex）= 0.1 特（tex）。

单纱线密度的表示，如 14 特单纱写作 14tex。股线线密度用单纱线密度×合股数表示，如单纱线密度为 14tex，合股数为 2，则写作 14tex×2。不同线密度的纱合股，其线密度以单纱线密度相加来表示，如 18tex+16tex。

（2）公制支数

公制支数是我国毛纺及毛型化纤纯纺或混纺纱线的细度惯用的计量单位，是指在公定回潮率下，1 克纱线所具有的长度的米数，以 $N_m$ 表示，单位是公支。其数值越大，表示纱线越细，支数越高。

公制支数（支数）与线密度（tex）的关系为：

$$N_m = \frac{1000}{N_{tex}}$$

股线公制支数的表示：若组成股线的单纱支数相同，则以单纱的公制支数除以合股数来表示，如 48/2 公支；若组成股线的单纱支数不同，股线的公制支数则按下式计算：

$$N_m = \frac{1}{\frac{1}{N_{m1}} + \frac{1}{N_{m2}} + \cdots + \frac{1}{N_{mn}}}$$

式中，$N_{m1}$、$N_{m2}$、…、$N_{mn}$ 为各单纱的公制支数。

（3）英制支数

英制支数是我国计量棉纱线及棉型纱线细度曾用的指标。目前，仍有许多国家和地区在使用该细度指标。英制支数是指在英制公定回潮率下，1 磅重的棉纱线所具有长度的 840 码的倍数，以 $N_e$ 表示，单位是英支。英制支数也属于定重制，其数值越大，表示纱线越细，支数越高。

股线的英制支数以单纱支数除以合股数表示，如 60/2 英支。

需要注意的是，棉纤维的英制公定回潮率和我国的公定回潮率有一些差异，分别为 9.89%和 8.50%。因此，英制支数（英支）与线密度（tex）之间的换算关系为：

$$N_e = \frac{C}{N_{tex}}$$

式中，$C$ 为换算常数，对于纯棉纱线，$C = 583.1$；对于纯化纤纱，$C = 590.5$。

（4）旦尼尔数

旦尼尔数又称旦数，常用于表示蚕丝长丝、化纤长丝的细度（纤度）。它表示 9000 米长的纤维或纱线在公定回潮率下的重量克数，以 $N_{den}$ 表示，单位是旦尼尔，简称旦。旦数越大，表示纱线越粗。旦尼尔数（旦）与线密度（tex）之间的换算关系为：

$$N_{den} = 9N_{tex}$$

**4. 纱线的染整**

纱线由纤维加工而成，纤维本身有一定的自然色泽，带有自然色泽的纤维纺成的纱线也具有自然色泽的特征。根据需要，可以对纱线进行漂白，在漂白的基础上，再进行染色、印色等处理，其他还可经烧毛、丝光、润滑等处理，制成各种表面特征的纱线。其目的是为了增加纱线的花色、品种，并为后道工序“织造”作准备。

## （三）纺织物

纱线除了自身的用途外，大部分被用于织成织物，统称纺织物。制造织物有多种方法，最常见且数量最多的织物是机织物，其次是针织物，这两种织物在整个纺织品中占很大的比例。其他还有毡呢、非织造布、网眼薄纱织物、花边织物等。

**1. 机织物**

机织物是在织机上由经纱和纬纱相互垂直并按照一定组织交织形成的，其英文为“woven fabric”，亦可译为“梭织布”。

（1）织造原理

织造的原理如图 11-1 所示。经纱从织轴上引出，绕过后梁，穿过经停片、综丝眼和钢筘到达织口，与梭子引入的纬纱线垂直交织成织物，织物卷绕在卷布辊上。经纱与纬纱交织时，综框分别作上下运动，使穿入综丝眼中的经纱分成两层，形成梭口，以便把纬纱引入梭口。当纬纱引过经纱层后，由筘座上的钢筘打紧。为了使织造连续进行，已织完的织物要引离工作区，而织轴上的经纱要进入工作区。织造的过程由开口、引纬、打纬、卷取和送经五个基本过程组成。

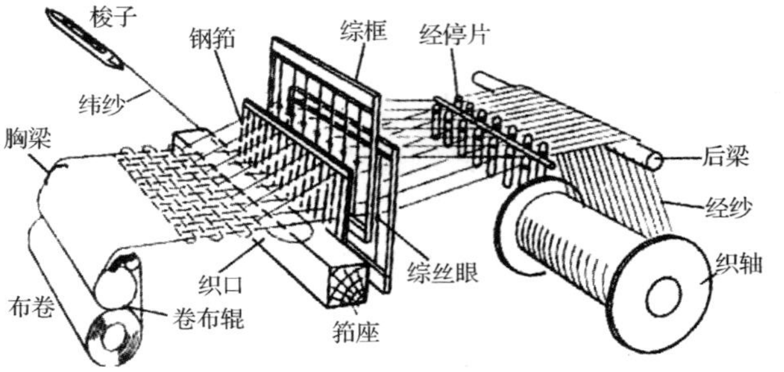


**图 11-1　机织物织造原理图**

（2）机织物组织结构

机织物中经纬纱相互交织的规律，称为织物组织，它是织物设计的一项重要内容，直接影响织物的外观风格和内在质量。学习和掌握机织物组织能更好地理解和区分各种机织物，以便正确归类。

在机织物中，经纱和纬纱的交叉点称为组织点。经纱浮于纬纱上面的为经组织点，纬纱浮于经纱上的为纬组织点。当经组织点和纬组织点的沉浮规律达到循环（重复）时，称为一个组织循环。

机织物组织可用织物组织图表示，通常用方格纸来表示。组织图的纵行表示经纱，横行表示纬纱，每一个方格表示一个组织点，代表经组织点的方格涂上颜色，而代表纬组织点的方格则为空白。

机织物的组织结构非常复杂，可分成原组织、小花纹组织、复杂组织、大花纹组织四大类。

①原组织

原组织是各类组织中最简单、最基本的组织，是构成一切织物组织的基础。原组织可分为平纹组织、斜纹组织、缎纹组织三种，通常称为三原组织。

A. 平纹组织

平纹组织是所有组织中最简单的，经纬纱一沉一浮交替变化，由两根经纱和两根纬纱组成一个组织循环，每个组织循环内有两个经组织点和两个纬组织点，如图 11-2 所示。

平纹组织可用分数$\frac{1}{1}$来表示，读作“一上一下”，其中分子表示每根经纱上的经组织点数，分母则表示该经纱上的纬组织点数。分子与分母的书写次序表示在组织图的第一根经纱线上经组织点与纬组织点的排列顺序（自下而上）。

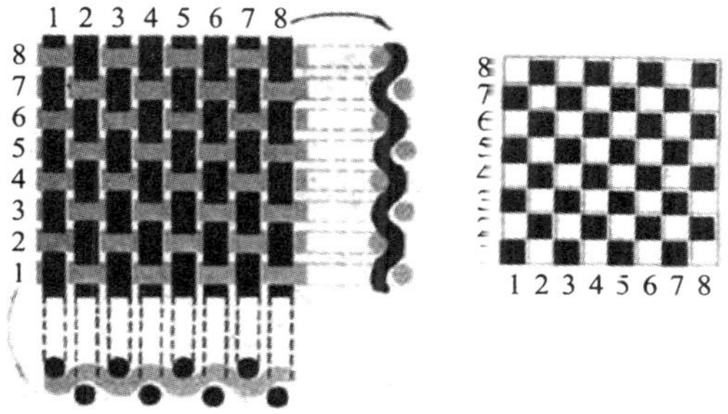

**图 11-2　平纹组织图**

平纹织物交织点多，质地坚牢，表面平整，正反两面的外观相同。其缺点是手感较硬，缺乏弹性。

B. 斜纹组织

经纬组织点在织物表面连续倾斜构成斜向纹路的组织，称为斜纹组织，如图 11-3 所示。

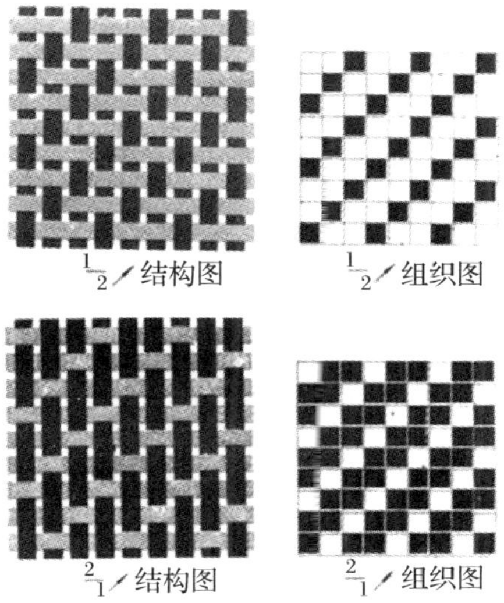


**图 11-3　斜纹组织图**

根据斜向的不同，斜纹有左斜纹和右斜纹之分。斜纹组织可分为经面斜纹组织和纬面斜纹组织，当斜纹线由经纱较长的浮点组成时，称为经面斜纹；由纬纱较长的浮点组成时，称为纬面斜纹。斜纹组织的一个组织循环至少由三根经纬纱组成。斜纹组织也采用分数形式表示。例如，$\frac{2}{1}\nearrow$读作“二上一下右斜纹”，表示斜纹组织的一个组织循环由三根经、三根纬组成，每根经纱上都有两个经组织点和一个纬组织点，斜纹向右上方倾斜，如图11-3所示。

斜纹组织的织物表面有明显的斜向纹路，有正反面之分，织物光泽和柔软度较平纹好。

C. 缎纹组织

缎纹组织中，相邻两根经纱或纬纱上的单独组织点均匀分布但不连续。缎纹组织可分为经面缎纹和纬面缎纹两种，它是三原组织中最复杂的一种。缎纹组织中的相邻两根经或纬的交织点之间，相隔一定的纱线数，叫做飞数。缎纹组织的一个组织循环中最少有五根经纬线数，也可以用分数表示。与斜纹组织不同的是，缎纹组织的分子代表一个组织循环的经纬数，分母则代表飞数。如$\frac{5}{2}$经面缎纹，读作“五枚二飞经面缎纹”，如图 11-4 所示。

**图 11-4　五枚二飞经面缎纹组织图**

缎纹织物的特点是表面光滑而富有光泽，手感柔软，缺点是不太牢固，不耐磨，表面容易起毛。缎纹组织在丝绸织品中应用较多，在棉布中有直贡缎和横贡缎，在呢绒中有直贡呢等。

②小花纹组织

小花纹组织是以原组织为基础，把组织点加以变化而得来的，或者将两种以上的组织联合应用，并加以变化而成。它包括变化组织和联合组织两类。

A. 变化组织

变化组织是在三原组织的基础上变化而成的组织，可分为平纹变化组织（包括经重平组织、纬重平组织、方平组织）、斜纹变化组织和缎纹变化组织三类组织。

B. 联合组织

联合组织是由两种或两种以上的原组织或变化组织按照一定的方式联合而成的组织，这种组织已不具有原组织的特征，而具有了新的外观效果，常见的有绉组织、蜂巢组织、透孔组织和条格组织等。

③复杂组织

原组织、变化组织和联合组织，虽然种类已很多，但这些组织的织物都是由单一系统的经纱和单一系统的纬纱构成，而在复杂组织的经纬纱中，至少有一种是由两个或两个以上系统的纱线组成的。

复杂组织可以增加织物的厚度而表面致密，或改善织物的透气性而结构稳定，或提高织物的耐磨性而质地柔软。按照其构造的性质和形成的方法不同，复杂组织可分为二重组织、双层组织（包括管状组织、双幅织和多幅织组织、表里换层和接结双层组织等）、起绒组织、毛巾组织和纱罗组织等。二重组织可制织较厚的高级精梳毛织物、毛毯等，双层组织可制织厚大衣呢、造纸毛毯、水龙管等织物，起绒组织用于制织灯芯绒、平绒、丝绒等，毛巾组织可制织毛巾织物，纱罗组织可制织纱罗织物。有关起绒织物、毛巾织物和纱罗的结构特点可参见第五十八章的有关内容。

④大花纹组织（提花组织）

在纺织物上要获得由经纬交织而形成的大花纹花样，就需要由大花纹组织来完成。大花纹组织的组织循环很大，花纹也较复杂，只能在提花机上织造。在提花机上，经纱的上下运动规律不像普通织机上仅由几个综框来实现，而是每根经纱由各自独立的综丝单独控制，因而可以织制非常复杂的大花纹。大花纹组织主要用于丝织品，如各种丝绸提花面料及丝绸被面、带有风景画的纺织物等，还用于沙发布、枕巾等。

**2. 针织物**

利用织针将纱线沿经向或纬向编织成线圈，再将线圈串套连接而形成的织物，称为针织物。线圈是针织物的基本结构单元，也是该织物区别于其他织物的标志。

由于针织物结构中的线圈在外力作用下有较大的变形能力，使得织物有较大的延伸性和弹性，质地松软，有良好的抗皱性和透气性，穿着舒适，一般用于制内衣、袜子、手套等。但针织物有脱散性，尺寸难控制，易勾丝，纬平针织物还有明显的卷边现象。

按编结方式不同，针织物可分为纬编与经编两大类。按其组织结构的不同，又可分成基本组织和花色组织。基本组织包括原始组织和变化组织。原始组织是针织物中最基本的组织，如纬编平针、罗纹、经编编链、经平、经缎等。变化组织是在原始组织的线圈纵行或横列之间配置另一个或几个基本组织的线圈组合而构成，如纬编的双罗纹及经编的经绒等。花色组织的结构较为复杂，它可使针织物具有特殊结构和美丽的花纹，如起绒针织物、压针针织物、添纱针织物等。

（1）纬编针织物

纬编针织物是由一根（或几根）纱线沿针织物的纬向顺序地弯曲成圈，并由线圈依次串套而成的针织物。这些织物的组织结构较松，有一定的间隙，较易朝各个方向拉伸，当一根纱线断后，往往产生“抽丝”现象。

纬编针织物包括平针、罗纹、起绒、压针等织物。平针织物（如图 11-5 所示）的正面是类似八字形的均匀纵向条纹，反面是横向圆弧形线圈。因它正反两面不同，故称它为单面针织物。纬平针织物的横向伸缩性比纵向大两倍，主要缺点是易卷边和脱散。纬平针织物应用于汗衫、袜子、手套等。

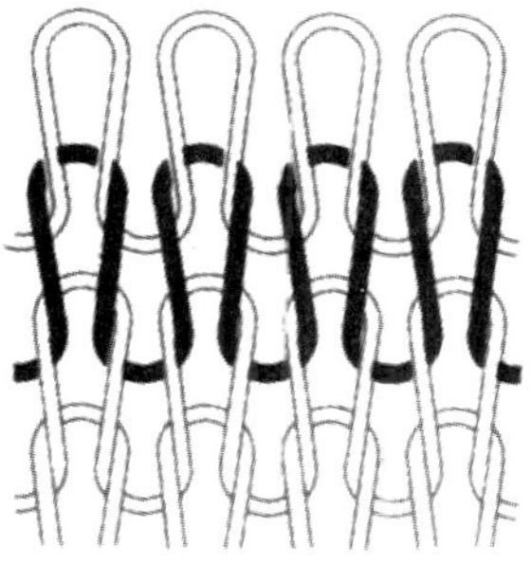

**图 11-5　纬平针组织图**

（2）经编针织物

经编针织物是由一组或几组平行的纱线同时沿织物经向顺序成圈并相互穿套连接形成的针织物。经编针织物具有良好的横向弹性和延伸性，纵向尺寸稳定，质地柔软，脱散性小，透气性好，可加工内衣、外衣等。

经编针织物的基本组织有经平组织、经缎组织（如图 11-6 所示）和编链组织。

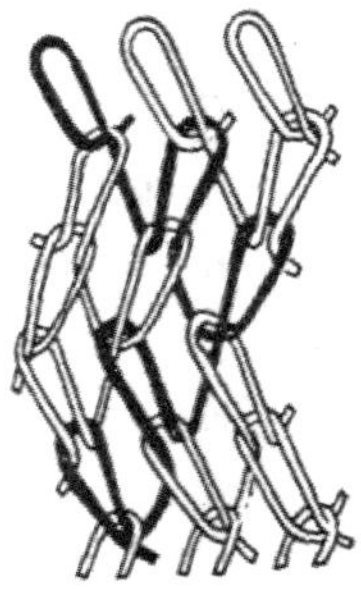

图 11-6　经缎组织图

对比以上两图，纬编针织物中的纱线沿着织物的纬向排列，而经编针织物中的纱线则沿着经向排列，这是两类针织物各自的结构特征。

**3. 非织造布**

传统的纺织物（如机织物、针织物）的加工一般都要经过纺纱和织造两道工艺，共十几道工序，工艺流程长，生产成本高。于是，人们尝试利用较短的工艺流程将纤维加工成片状织物，非织造布应运而生。

非织造布（Nonwovens）是指定向或随机排列的纤维通过摩擦、抱合、黏合或这些方法组合而制成的片状物、纤网或絮垫。其纤维可以是天然纤维或化学纤维，可以是短纤、长丝或现场形成的纤维状物。我国曾称其为无纺布、无纺织物，1984 年由纺织工业部定名为“非织造布”，我国台湾地区和日本称作“不织布”。

非织造布的生产工艺可以分成三个工序：纤维成网、纤维网加固和后处理。纤维成网是非织造布生产的专有工序，纤维网中纤维的排列形式有平行排列、交叉排列和随机排列等。纤维网的加固保证了所加工的织物具有一定的机械性能，常用的加固方法有粘合法、缝编法、针刺法、水刺法等。后处理是指烘燥、染色、印花、轧花、涂层等，以赋予产品特殊的外观和性能。非织造布加工工艺可参见本类阅读材料。

非织造布的特点是表面均匀平整且有小孔隙，略有皱纹，布身柔软，厚薄均匀，但非织造布的强度较机织物和针织物为低。白色的非织造布一般可用做服装、帽、鞋里衬布、装裱布，印染后的非织造布可用于装饰，如贴墙布、家具装饰布。非织造布还可用做纱布、织物整理底布、过滤布、人造革底布、军用服装布、路基布等。

**4. 织物染整**

由带自然色泽的纱线织成的纺织物也是自然色泽的，大多需要经过染整加工，以美化织物的外观，提高织物服用性能。织物染整过程包括练漂、染色、印花、整理四个工序。

（1）练漂

练漂的目的是通过化学的或物理的手段，如烧毛、退浆、煮练、漂白、丝光等工序，去除织物上的天然杂质及纺织过程中附加的浆料，有利于后续加工的顺利进行，或借丝光工序使织物获得稳定尺寸和耐久光泽。

棉麻织物是放在高温烧碱溶液中煮练；羊毛及毛织物须经洗呢、碳化处理；丝织物须经初练和复练，进一步除去丝胶；化纤织物也要经过煮练以除去织造过程中加入的浆料。

漂白的目的是除去色素，使织物具有必要的白度，同时也可除去织物上的残留杂质。棉麻织物漂白一般用氧化剂；毛织物可不必漂白而直接染色，但对于白度要求较高的白色织物，如白色女式呢、凡立丁、华达呢等需要进行漂白，常用氧化剂或还原剂进行漂白；

丝织物经精练后，光泽和洁白度已有显著的改善。如要更高的洁白度时，须经漂白处理，一般也用氧化剂；化纤织物中粘胶织物的漂白方法基本与棉布相同，合成纤维织物一般不需漂白。

（2）染色

染色是染料和纤维发生物理和化学的结合，使织物染上颜色的过程。染色除要求色泽均匀外，还要求具有良好的染色牢度，包括日晒、气候、皂洗、汗渍、摩擦等牢度。

（3）印花

印花和染色都是使染料和纤维发生染着作用，两者的不同在于染色是使织物整幅地染上一种染料，而印花是各种染料对织物的局部发生染着作用，所以印花可以看做是局部染色后的效果，使织物形成各种颜色的花纹图案。

（4）整理

织物经练漂、染色、印花后，还可通过物理的或化学的方法，如涂布、浸渍、包覆、层压、丝光、上光、拉绒、起皱、缩绒、烧毛等处理，增加花色和品种，这样的加工过程叫做整理。例如，对机织物表面进行涂层，可以赋予织物一定的防水透湿性能。

一般的织物由未经染整的纱线织成后，经漂白、染色及印花等处理，加工成成品织物，即先织后染。如果先把纱线经漂白、染色及印色等处理，用不同颜色的染色纱线或同一颜色不同深浅的染色纱线织成机织物，该织物呈现出带色的格子或条子效果，这种先染后织的机织物称为色织机织物。

针织物除本色产品外，一般也需要进行染整，主要工序有煮练、碱缩、漂白、染色、印花、整理等。但针织物是成圈织物，质地较稀，形态稳定性差，因此在染整各工序使用的设备需在无张力或低张力的状态下进行。

### （四）纺织制品

成品织物经进一步加工可制得纺织制品，其中最常见的是各种服装及衣着附件。服装的加工流程包括：面辅料检验→裁剪→缝制→锁眼钉扣→整烫→成衣检验→包装→入库或出运。

纺织制品也包括各种家用纺织品，如床上、餐桌、盥洗、厨房用的织物制品，窗帘及帐幔，还包括货物包装用袋，帐篷、风帆及其他野营用品，产业用纺织品等。

## 二、本类商品范围

本类包括纺织工业用的原料（丝、毛、棉、麻、化纤等）、半制成品（如纱线及机织物），以及用这些半制成品制成的物品（如服装、床单、帐篷、地毯等）。

本类按加工程度及品种分为两大部分，其结构规律如下：

第一部分是基本的纺织商品，包括第五十章至第五十五章，共六章，按纤维的种类分章。各章中的品目，按纺织加工过程由原料纤维、普通纱线至普通机织物的顺序排列。

蚕丝（蚕丝、纱线及机织物）…………………………………第五十章
羊毛、动物细毛或粗毛（动物毛、纱线及机织物）………………第五十一章
棉花（棉纤维、纱线及机织物）……………………………………第五十二章
其他植物纺织纤维（麻纤维、纱线及机织物）……………………第五十三章
化学纤维长丝（化纤长丝、纱线及机织物）………………………第五十四章
化学纤维短纤（化纤短纤、纱线及机织物）………………………第五十五章

第二部分是一些特殊的纺织物及经加工的纺织制品，按功能、用途分章，包括第五十六章至第六十三章，共八章。除品目5809及5902以外，品目一级所列产品，不区分纺织原料。品目下的子目，按纤维原料细分。

絮胎、毡呢及无纺织物；特种纱线；线、绳、索、缆及其制品…第五十六章
地毯及纺织材料的其他铺地制品…………………………………第五十七章
特种机织物；簇绒织物；花边；装饰毯；装饰带；刺绣品………第五十八章
浸渍、涂布、包覆或层压的纺织物；工业用纺织制品……………第五十九章
针织物及钩编织物………………………………………………第六十章
针织或钩编的服装及衣着附件……………………………………第六十一章
非针织或非钩编的服装及衣着附件………………………………第六十二章
其他纺织制成品；成套物品；旧衣着及旧纺织品；碎织物………第六十三章

## 三、本类商品归类方法

### （一）纺织纤维的归类

《协调制度》中纺织纤维的范畴包括各种天然纤维和化纤短纤，不包括化纤长丝。因此，纺织纤维主要分布在第五十章至第五十三章及第五十五章中各章的前面部分。

蚕丝纤维…………………………………………………5001～5003
羊毛、动物细毛及动物粗毛纤维…………………………5101～5105
棉纤维…………………………………………………5201～5203
麻纤维及其他植物纤维……………………………………5301～5305
化纤短纤…………………………………………………5501～5507

纺织纤维的归类主要涉及两个方面，即纤维的属性、纤维的加工状态。

由于纺织纤维按纤维类别归入不同的章，因此，首先需要准确判断纤维的属性。天然纤维的判断并不难，化学纤维的判断往往有一定的难度。由有机单体经聚合反应制成合成聚合物再纺成的纤维，是合成纤维；而对天然聚合物进行化学处理再纺丝得到的纤维，是人造纤维。人造纤维的一个重要特征在于其化学组成与原聚合物基本相同，并不因化学处理而发生改变。此外，合成纤维一般以“聚×纤维”方式命名，相应的我国商品名往往为“×纶纤维”。

例如，聚乳酸（PLA）纤维，是从玉米中提取淀粉，进行发酵后得到乳酸，乳酸经聚合反应获得聚乳酸，最后经过纺丝得到聚乳酸纤维，俗称“玉米纤维”。该纤维虽来自天然物质玉米，并经发酵和化学反应，但其主要成分是聚乳酸，其结构和组成已完全不同于

玉米原料中的淀粉，故不属于人造纤维。由于纤维加工包含了乳酸单体聚合得到聚乳酸，聚乳酸再纺丝得到纤维，其加工工艺符合合成纤维的生产工艺，故聚乳酸纤维应按合成纤维归类。

纤维的加工状态主要有未梳和已梳两种，这是针对短纤维而言的。未梳的纤维中，纤维处于杂乱的状态，例如包状、团状、层状、卷状等。一旦经过梳理机的梳理作用，纤维就变得有条理，主要沿着须条的轴向排列，称为纤维条，但未经加捻。纤维条一旦经过加捻使纤维之间紧密抱合，就构成了纱线。所以，纺纱过程中的棉条、毛条、粗纱等均属于已梳的纤维。

需要指出的是，并不是所有的纤维都归入第十一类的纺织纤维，如果具有其他章商品的基本特征就应归入相应的章。例如，纺织行业中一般将石棉纤维作为天然纤维中的矿物纤维，但《协调制度》将岩石状的石棉归入品目2524，而加工过的石棉纤维归入品目6812。再如，木棉纤维不按棉纤维归入第五十二章，主要作为填充或衬垫用的植物材料，归入品目1404；玻璃纤维是以玻璃为原料经拉丝成形的纤维，应归入品目7019；碳纤维是以化纤为原料经高温碳化加工制成，应归入品目6815。

### （二）纺织纱线的归类

#### 1. 纺织纱线的归类思路

第十一类的纺织纱线包括第五十章至第五十五章的普通纱线及第五十六章的特种纱线，因此，纱线的归类首先需要判断是普通纱线还是特种纱线。

特种纱线主要是第五十六章品目5604～5607所列的纱线，具体包括品目5604的用纺织材料包覆的橡胶线及绳，用橡胶或塑料浸渍、涂布、包覆或套裹的纺织纱线及纺织扁条；品目5605的含金属纱线；品目5606的粗松螺旋花线、绳绒线、纵行起圈纱线；品目5607的线、绳、索、缆。特种纱线的加工方法、结构特点及归类分析详见第五十六章。

除了第五十六章特种纱线以外的纱线，视为普通纱线，按纤维原料不同，一般分布在第五十章至第五十五章中各章的中间部分。

蚕丝纱线……………………………………………………5004～5006
羊毛、动物细毛及动物粗毛纱线…………………………5106～5110
棉纱线………………………………………………………5204～5207
麻纱线及其他植物纤维的纱线……………………………5306～5308
化纤长丝纱线………………………………………………5401～5406
化纤短纤纱线………………………………………………5508～5511

（1）缝纫线的归类

缝纫线是一种常见的纱线。棉缝纫线、化纤长丝缝纫线和化纤短纤缝纫线分别归入品目5204、5401及5508。缝纫线的归类必须符合本类类注五的规定，即缝纫线必须满足如下三个条件：绕于线轴、纱管等芯子上，含纱芯的重量不超过1000克；缝纫线是上过浆的；其终捻为Z捻。

作为缝纫线，必须是股线或缆线，而不能是单纱。所称“上过浆的”，是指经过了适当的整理加工，提高缝纫线的耐磨性能或耐热性能，防止静电的形成，并改善其外观。这种加工往往使用以聚硅氧烷、淀粉、蜡、石蜡等为基料的物质。

(2) 高强力纱的归类

所谓“高强力纱”①，顾名思义是指断裂强度较高的纱线，原料一般是化学纤维。纱线的断裂强度一般用细度为1特克斯的纱线拉断所需力的大小来表示，力的单位是厘牛顿（1厘牛顿=0.01牛顿），所以断裂强度的单位是厘牛顿/特克斯。

高强力纱的断裂强度应大于本类类注六所规定的标准。对于尼龙、其他聚酰胺或聚酯制的单纱，标准是60厘牛顿/特克斯，股线则为53厘牛顿/特克斯；对于粘胶纤维制的单纱和股线，标准为27厘牛顿/特克斯。对于尼龙和聚酯的高强力纱，应按合成纤维长丝纱线归入品目5402，而粘胶高强力纱应按人造纤维长丝纱线归入品目5403。

高强力纱往往用于生产轮胎帘子线、传送带和安全带等。

归入第五十章至五十五章中的普通纱线，根据各章的要求，按规定的细度、成分、捻度、强度、结构（单纱或股线）、精梳或粗梳、供零售或非供零售等要求进行归类。

**2. 供零售用纱线**

普通纱线在归入第五十章至第五十五章（第五十三章除外）时，都须区分“供零售用”和“非供零售用”，判断依据是本类类注四的规定，即根据其包装形式、纱线的种类和重量加以区分。

类注四共有两款，其中第（一）款对“供零售用”纱线做了明确的界定，如表11-1所示。

**表11-1 供零售用纱线的标准**

| 包装方式 | 纱线类型 | 供零售用的条件 |
| --- | --- | --- |
| 绕于纸板、线轴、纱管或类似芯子上 | 1. 蚕丝、绢丝或化纤长丝纱线 | 重量（包括芯子）不超过85克 |
| | 2. 其他纱线 | 重量（包括芯子）不超过125克 |
| 绕成团、绞或束 | 1. 细度在3000分特以下的化纤长丝纱线，蚕丝或绢丝纱线 | 重量不超过85克 |
| | 2. 细度在2000分特以下的其他纱线 | 重量不超过125克 |
| | 3. 其他纱线 | 重量不超过500克 |
| 绕成绞或束，每绞或每束中有若干用线分开使之相互独立的小绞或小束 | 1. 蚕丝、绢丝或化纤长丝纱线 | 每小绞或小束的重量相等且不超过85克 |
| | 2. 其他纱线 | 每小绞或小束的重量相等且不超过125克 |

需要说明的是，上述纱线类型中所称的纤维种类，应包括相应纤维的纯纺纱线及以该纤维为基本特征的混纺纱线（混纺纱线的归类原则将在后面详述）。如绢丝60%和涤纶短纤40%的混纺纱线，应作为绢丝纱线归类。

第（二）款所列“各项不按上述（一）款规定办理”，共有四种情况。均应视作“非

① 随着科技的发展，一些高性能的新型化纤不断被研制出来，其强度已远远超过了本类类注六所设定的标准。例如，超高分子量聚乙烯纤维Spectra 1000，其断裂强度高达309厘牛顿/特克斯，远远高于类注六的标准，理应被称作“高强力纱”，但由于类注六未提及聚乙烯纤维的标准，就不能按高强力纱归类，这是不太合理的。

供零售用”纱线，且在运用过程中应该优先运用第（二）款，在第（二）款不适用的情况下才运用第（一）款。第（二）款的四种情况如下

（1）各种纺织材料制的单纱，但下列两种除外：①未漂白的羊毛或动物细毛单纱；②漂白、染色或印色的羊毛或动物细毛单纱，细度在5000分特以上。

（2）未漂白的多股纱线或缆线：①丝或绢丝制的，不论何种包装；②除羊毛或动物细毛外其他纺织材料制，成绞或成束的。

（3）漂白、染色或印色丝或绢丝制的多股纱线或缆线，细度在133分特及以下。

（4）任何纺织材料制的单纱、多股纱线或缆线：①交叉绕成绞或束的；②绕于纱芯上或以其他方式卷绕，明显用于纺织工业的。

上述四种情况所列的纱线，其细度、加工程度及包装形式明显不适合零售，往往需要进一步加工，或者明显适用于织造、刺绣等工艺加工成纺织物，所以均作为“非供零售用”的纱线归类。

**【例1】**莱赛尔/棉单纱，由Lyocell短纤65%和棉35%混纺而成。

**【归类分析】**根据混纺规定，该纱线是以Lyocell为基本特征的单纱，而Lyocell纤维是一种人造纤维，故按人造纤维短纤纱线归入第55章。再运用类注四判断其零售状态，由于该纱线是人造纤维短纤纱线，符合第（二）款第一种情况，故应按人造纤维短纤的“非供零售用”纱线归入品目5510。

**3. 纱线混纺的归类原则**

由两种或两种以上不同纤维按一定百分比均匀地混合在一起后纺成的纱称为混纺纱，由两根或两根以上的混纺纱并捻而成的线，或者由每根不同纤维的纱并捻而成的线，统称为混纺线。混纺纱线在归类中需要判断构成基本特征的纤维种类，判断的依据是第十一类类注二，具体规定如下：

（1）按混纺纱线中重量百分比最大的那种纤维归类。

**【例2】**涤纶短纤65%与棉35%的混纺纱线

**【归类分析】**由于涤纶短纤的重量百分比大，应以涤纶短纤为主要特征归入第五十五章涤纶短纤的纱线。

（2）当各纤维重量百分比相等时，则按排列后能归入最后的章及品目的那种纤维归类，即从后归类。

**【例3】**涤纶短纤50%与棉50%的混纺纱线

**【归类分析】**因两种纤维的重量百分比相同，棉纤维归入第五十二章，涤纶短纤归入第五十五章，按从后归类原则，应归入第五十五章。

（3）当组成混纺纱线中同时有第五十四章的化纤长丝、第五十五章的化纤短纤及其他章的纤维时，应将第五十四章和第五十五章的纤维百分比相加后作为总的化纤百分比对待，然后再与其他章的纤维百分比作比较，按重量百分比大的那种纤维归类。

**【例4】**涤纶短纤25%、尼龙长丝35%及羊毛40%的纱线

**【归类分析】**尽管羊毛纤维含量最大，但不能以羊毛纱线归类，应先将涤纶短纤与尼龙长丝的百分比相加，共计60%，比羊毛百分比多，故按化纤纱线归类；而化纤中尼龙长丝百分比高于涤纶短纤，最后确定该纱线以尼龙长丝为主要特征归入第五十四章。

（4）当组成混纺纱线中有属于同一章或同一品目的不同纤维和其他章或其他品目纤维时，应将属于同一章或同一品目纤维的百分比相加后作为该章或该品目的总纤维百分比，

然后再与其他章或其他品目的纤维百分比作比较，按重量百分比大的那种纤维归类。

**【例 5】** 亚麻 30%、苎麻 30%及棉 40%的混纺纱线

**【归类分析】** 尽管棉纤维含量最大，但该纱线不能以棉纱线归类，应先将在同章的亚麻和苎麻的百分比相加，共计 60%，高于棉的百分比，而两种麻纤维的百分比相等，根据从后归类原则，最后确定该混纺纱线以苎麻为主要特征归入品目 5308。

织物及纺织制品中涉及多种纤维混纺时，其归类原则同上。需要注意的是，如果织物及纺织制品中含有马毛粗松螺旋花线或含金属纱线，虽这两种纱线本身也是由不同纤维原料组成，但在归类时均应作为一种单一的纺织材料对待。

**4. 普通纱线与“线、绳、索、缆”的区别**

普通纱线一般分布在第五十章至第五十五章中，包括单纱、多股纱线或缆线。“线、绳、索、缆”应归入品目 5607。两者的主要区别是细度不同，其依据是第十一类类注三。

类注三有两款，第（一）款对“线、绳、索、缆”做了明确的规定，一般细度较大，如表 11-2 所示。不符合表 11-2 细度标准的，一般归入第五十章至第五十五章中的普通纱线。

类注三（二）中列有五种情况不按类注三（一）规定办理，即不按“线、绳、索、缆”归类，且类注三（二）应该优先于类注三（一）运用。因此，羊毛纱线如果用金属线加强，应归入品目 5607，否则都归入第五十一章。

**表 11-2 “线、绳、索、缆”的归类条件**

| 种类 | 归类标准 |
| --- | --- |
| 丝或绢丝制 * | 细度在 20000 分特以上 |
| 化学纤维制 * | 细度在 10000 分特以上 |
| 亚麻或大麻制 | 加光或上光的，细度在 1429 分特及以上 |
| | 未加光或上光的，细度在 20000 分特以上 |
| 椰壳纤维制 | 三股及以上的 |
| 棉或其他植物纤维制 | 细度在 20000 分特以上 |
| 用金属线加强的 | 任何情况 |
| 编织的纺织纱线 | 紧密编织，结构紧密 |

*：品目 5006 的蚕胶丝、未加捻或捻度每米少于 5 转的复丝纱线，以及第五十四章的单丝和第五十五章的化纤长丝丝束在任何情况下均不归入品目 5607。

## （三）纺织物的归类

根据加工方法的不同，纺织物包括机织物、针织物、非织造布、编结物等，不同纺织物的结构各不相同。因此，纺织物的归类首先要根据纺织物的结构特征及加工方法准确判断是何种纺织物，再根据《协调制度》中纺织物的分类方法确定其归类。

**1. 机织物的归类**

机织物是由相互垂直的经纱和纬纱按一定的规律相互交织而成。机织物的归类可能涉及五个方面的因素：组织结构、纤维原料、表面特征、幅宽及重量。

机织物的归类首先考虑幅宽的影响。第五十八章章注五定义了“狭幅机织物”，一般是指幅宽不超过 30 厘米的机织物，也包括压平宽度不超过 30 厘米的圆筒机织物。符合上述规定的机织物应按狭幅机织物归入品目 5806，但流苏状的狭幅机织物不归入品目 5806，应归入品目 5808。

对于非狭幅的机织物，再根据织物组织判断其是特种机织物还是普通机织物。特种机织物归入第五十八章的品目 5801～5803，包括品目 5801 的起绒机织物及绳绒织物、品目 5802 的毛巾织物及类似的毛圈机织物和品目 5803 的纱罗，否则，按普通机织物归入第五十章至第五十五章，并根据纤维原料和重量百分比确定相应的章和品目，具体包括：

| | |
|---|---|
| 蚕丝机织物 | 5007 |
| 羊毛、动物细毛及动物粗毛的机织物 | 5111～5113 |
| 棉机织物 | 5208～5212 |
| 麻机织物及其他植物纤维的机织物 | 5309～5311 |
| 化纤长丝机织物 | 5407～5408 |
| 化纤短纤机织物 | 5512～5516 |

根据前述机织物的知识，第五十八章的特种机织物都是利用复杂组织加工而成的。如品目 5801 的起绒机织物是利用复杂组织中的起绒组织加工而成，其产品有灯芯绒、平绒、丝绒等。品目 5801 还包括表面同样布满绒毛的绳绒织物。品目 5802 的毛巾织物及类似的毛圈机织物利用复杂组织中的毛巾组织加工而成，其表面有纱线起圈的特征。品目 5803 的纱罗织物则利用复杂组织中的纱罗组织加工而成。

需注意的是，对于上述由底布和绒毛或毛圈面构成的起绒机织物和毛圈机织物，根据本类子目注释二（二）2 的规定，在确定其子目归类时，可不考虑底布纤维材料的属性，而考虑绒面或毛圈面纤维材料的属性。

对于归入第五十章至第五十五章的普通机织物，首先根据本类类注二对混纺纤维的规定确定以何种纤维为主归入相应的章，相关规定同前述混纺纱线，此处不再赘述。但是，金属线机织物、用品目 5605 的含金属纱线织成的机织物或以含金属纱线为主的混纺机织物，如果用做衣着或装饰用途，应归入品目 5809。

织物组织对普通机织物归类的影响体现在子目中，且仅在第五十二章和第五十五章子目中有三个列名：“平纹”、“三线或四线斜纹”及“其他”。其中，平纹组织专指三原组织中的平纹组织一种，不包括变化平纹组织；“三线或四线斜纹”仅指如图 11-7 所示的几种斜纹组织。第五十二章子目 5209. 42 及 5211. 42 的粗斜纹布，除了经面三线斜纹及经面四线斜纹组织以外，还包括经面四线破斜纹布，但不包括双面斜纹。除“平纹”、“三线或四线斜纹”以外，其他组织都按“其他”归类。根据本类类注九的规定，第五十章至第五十五章的普通机织物还包括由若干层平行纱线以锐角或直角相互层叠，在纱线交叉点用黏合剂或以热黏合法黏合而成的织物。

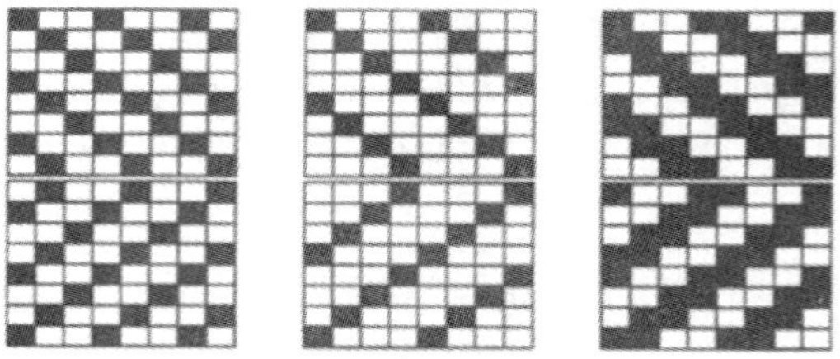

(a) $\frac{1}{2}$斜纹　(b) $\frac{1}{3}$斜纹　(c) $\frac{2}{2}$斜纹

**图 11-7　三线或四线斜纹组织图**

此外，织物的染整加工赋予织物不同的表面特征，也会影响机织物的子目归类。机织物的表面特征包括五种，即未漂白、漂白、染色、色织和印花，相关规定参见本类子目注释一（四）~（八）。未漂白机织物是用未漂白纱线织成后未经漂白、染色或印花的机织物，又称坯布。漂白机织物是经漂白、染白或用白浆料处理的机织物，或者全部或部分用漂白纱线织成的机织物。染色机织物是指染成白色以外的其他单一颜色或用白色以外的其他有色整理剂处理的机织物，亦可用单一颜色的着色纱线织成。色织机织物则用各种不同颜色纱线或同一颜色不同深浅纱线织成，亦包括用未漂白或漂白纱线与着色纱线织成的机织物及用夹色纱线或混色纱线织成的机织物。印花机织物是成匹印花的机织物，也包括用刷子或喷枪、经转印纸转印、植绒或蜡防印花等方法印成花纹图案的机织物。

除了上述加工外，机织物的加工还包括丝光、磨绒、烂花、植绒、浸渍、涂布、包覆及层压等。如磨绒是用砂磨辊使织物表面产生一层短绒毛的整理工艺。磨绒虽能在机织物的表面产生一层绒毛，但磨绒机织物不是用复杂组织织制而成的，因此不能作为起绒机织物归入品目 5801，仍按原机织物归类，即磨绒不影响机织物的归类。静电植绒是在静电场作用下，将短纤维植入到含有黏合剂的底布上。根据本类子目注释一（八）的规定，通过植绒印成花纹图案的普通机织物仍按普通机织物归类，表面特征是印花。如果在机织物的表面全部植绒，是在其表面覆盖一层绒毛，应归入品目 5907。浸渍、涂布、包覆或层压等加工也会影响机织物的归类。根据第五十九章章注一的规定，第五十章至第五十五章的普通机织物、品目 5803 的纱罗和品目 5806 的狭幅机织物，经过浸渍、涂布、包覆或层压加工，应归入第五十九章。

**2. 针织物及钩编织物的归类**

针织及钩编织物应归入第六十章，详见第六十章的归类分析。

**3. 其他织物的归类**

毡呢归入品目 5602，非织造布（无纺织物）归入品目 5603，详见第五十六章的归类分析。

网眼薄纱和花边均归入品目 5804，标签、徽章归入品目 5807，编带和装饰带归入品目 5808，刺绣品归入品目 5810，被褥状纺织品应归于品目 5811。这些织物的结构特征及归类分析详见第五十八章。

工业用途的帘子布应归入品目 5902，详见第五十九章的归类分析。

### （四）纺织制品的归类

纺织制品必须符合本类类注七的规定，经下列各种加工的，为“制成的”的纺织制品：

1. 裁剪成除正方形或长方形以外的其他形状的，即为纺织制品。反之，如仅裁剪成正方形或长方形的织物，仍按纺织物归类。例如，裁剪成圆形的台布，即使未经缝边加工，也应作为制品归类。

2. 呈制成状态，无须缝纫或其他进一步加工即可使用的某些纺织物。如某种毛巾，在织造过程中每隔一定间距便有一小截未织造的经纱，这类织物仅需简单剪断分隔的经纱即可成为一块一块的毛巾，这类毛巾应按制成品归类。

3. 裁剪成一定尺寸，至少有一边为带有可见的锥形或压平形的热封边，其余各边经本类类注七其他各项加工的，应作为纺织制品。但是，为防止剪边脱纱而用热切法或其他简单方法处理的织物，不按纺织制品归类。

4. 已缝边或滚边的织物，以及在任一边带有结制流苏的织物，应按纺织制品归类。如经缝边的床单，即使是长方形的，但应按纺织制品归类。但是，为防止剪边脱纱而锁边或用其他简单方法处理的织物，不按纺织制品归类。

5. 裁剪成一定尺寸并经抽纱加工的织物，应按纺织制品归类。抽纱是指织布后仅简单抽去某些经纱或纬纱而未对织物作进一步加工，经这样处理的成匹材料通常供进一步加工成女内衣。

6. 缝合、胶合或用其他方法拼合而成的织物，应按纺织制品归类。

7. 针织或钩编成一定形状，不论是单件还是以若干件相连成幅的，都应按纺织制品归类。

符合类注七规定的纺织制品应归入本类第二部分，即第五十六章至第六十三章，具体归类如下：

1. 絮胎制品归入品目 5601。

2. 纺织材料制成的渔网及其他网归入品目 5608，用纱线、纺织扁条或线、绳、索、缆制成的其他品目未列名的物品归入 5609。

3. 地毯及纺织材料的铺地制品归入第五十七章。

4. 手织装饰毯、手工针绣嵌花装饰毯归入品目 5805。

5. 灯芯、炉芯、打火机芯及烛芯归入品目 5908，纺织材料制的水龙软管归入品目 5909，纺织材料制的传动带或输送带归入品目 5910，其他专门技术用途的纺织制品归入品目 5911。

6. 服装及衣着附件归入第六十一章和第六十二章。其中，以针织物或钩编织物为面料加工的服装及衣着附件归入第六十一章，以针织物或钩编织物、絮胎以外的纺织物为面料加工的服装及衣着附件归入第六十二章（品目 6212 的商品除外）。

7. 其他纺织制成品归入第六十三章，如毯子、床上织物制品等。但被子和枕头等有填充物的床上用织物制品应按寝具归入品目 9404。

在确定上述纺织制品的子目时，往往根据其纤维材料的种类来区分。根据十一类子目注释二（一）的规定，含有两种或两种以上纺织材料的纺织制品，应参照该类注释二对第五十章至第五十五章或品目 5809 的此类纺织材料产品归类的规定来确定归类。例如，由 50%涤纶短纤与 50%棉混纺机织物制成的男衬衫，由于涤纶短纤归入第五十五章，棉纤维归入第五十二章，两种纤维含量相等，由于第五十三章在第五十二章之后，按从后归类的原则，应按以涤纶短纤为特征的机织物制成的男衬衫归类，应归入子目 6205. 3000。

# 第五十章　蚕　丝

## 一、本章商品范围

蚕丝的种类较多，应用最广的蚕丝主要是桑蚕丝，其他称为野蚕丝的有柞蚕丝、蓖麻蚕丝、蜘蛛丝等。本章包括丝的原料、普通纱线和机织物及蚕胶丝。

本章商品按加工顺序（纤维、纱线、机织物）编排品目，其结构规律如下：

丝原料……………………………………………………………5001～5003
丝或绢丝纱线……………………………………………………5004～5006
丝或绢丝机织物…………………………………………………5007

## 二、本章商品归类方法

### （一）丝原料的归类

**1. 适于缫丝的蚕茧归入品目 5001**

能够通过缫丝工艺获得长丝的蚕茧，归入品目 5001。但不能缫丝的蚕茧应归入品目 5003。

**2. 未加捻的生丝归入品目 5002**

蚕茧经过剥茧、煮茧、缫丝等工序可制得生丝。其中，利用机器缫制的生丝为厂丝，用手工方法缫制的生丝为土丝，而以桑蚕双宫茧为原料缫制的桑蚕丝为双宫丝。

由于单根茧丝极细，通常为 4～20 根并合而成生丝。在缫丝过程中可以对生丝进行适当的加捻，但其加捻程度一般较低，捻度较高的生丝应作为丝纱线归入品目 5004。

**3. 废丝归入品目 5003**

不适于缫丝的蚕茧、茧衣、缫丝过程中产生的废丝、废丝脱胶或精梳时所得的产品、丝落绵、精梳落绵及回收纤维等，均应作为废丝归入品目 5003。

### （二）丝纱线或绢丝纱线的归类

蚕丝纱线包括全部用蚕丝纤维纺成的纱线，也包括用蚕丝与其他纤维混纺，但以蚕丝为基本特征的纱线。对于混纺纱线，应按十一类类注二的规定进行归类。

归入本章的纱线，其细度应不超过 20000 分特，否则根据类注三应作为“线、绳、索、缆”归入品目 5607。

本章纱线的归类，还有“供零售用”及“非供零售用”的区别，因此在具体归类时，应按十一类类注四的规定确定。

**1. 非供零售用的丝纱线归入品目 5004**

用品目 5002 的长丝状生丝加捻纺成的纱线，即丝纱线，包括单纱及股线。非供零售用的丝纱线归入品目 5004。

**2. 非供零售用的绢纺纱线归入品目 5005**

用品目 5003 的丝落绵或其他废丝所纺成的纱线，即绢纺纱线。非供零售用的绢纺纱线归入品目 5005。其中，用丝落绵纺制的纱线称为细丝纱线，通常由不超过 5 厘米长度参差不齐的纤维纺成，强度较低，表面不够平滑规则，色泽暗淡，是绢纺纱线中质量较差的品种。

**3. 供零售用的丝纱线及绢纺纱线、蚕胶丝归入品目 5006**

供零售用的丝纱线及绢纺纱线归入品目 5006。蚕胶丝也归入品目 5006，它是在蚕准备吐丝织茧时将其浸于稀释的醋酸中杀死，然后将蚕的丝腺抽出拉伸制得。蚕胶丝的长度一般不超过 50 厘米。

### （三）丝机织物或绢丝机织物的归类

用丝纱线、细丝纱线及其他绢丝纱线织成的机织物常被称作丝绸。丝绸的品种很多，按组织结构（平纹、斜纹、缎纹、纱罗、提花等）、生产工艺（生织、熟织、经纬加捻或不加捻等）、织物质地（轻、重、厚、薄等）和织物表面特征（未漂白、漂白、染色、印花、色织等）等不同，将丝绸分为绡、纺、绉、绸、缎、锦、绢、绫、罗、纱、葛、绨、绒、呢十四大类。各类丝织物的加工方法与结构特征可参阅本类阅读材料。

丝机织物或绢丝机织物归入品目 5007。但是，不是所有的丝或绢丝机织物都归入品目 5007。幅宽不超过 30 厘米的丝或绢丝机织物应按狭幅机织物归入品目 5806，丝绸中的绒类应按起绒机织物归入品目 5801，纱类和罗类应按纱罗归入品目 5803。

# 第五十一章　羊毛、动物细毛或粗毛；马毛纱线及其机织物

## 一、本章商品范围

本章包括羊毛、动物细毛或动物粗毛的原料及纺成的普通纱线和织成的普通机织物，以及作为羊毛、动物毛归类的混纺材料。马毛纱线及其机织物也归入本章。

羊毛、动物细毛或动物粗毛三类毛纤维所包含的范围由本章章注一、二、三作出了规定。

本章商品按其加工顺序（纤维、纱线、机织物）编排品目，其结构规律如下：

毛纤维……………………………………………………5101～5105
毛纱线……………………………………………………5106～5110
毛机织物…………………………………………………5111～5113

## 二、本章商品归类方法

### （一）毛纤维的归类

**1. 未梳的羊毛归入品目 5101**

根据本章章注一，“羊毛”是指绵羊或羔羊身上长的天然纤维。因此，山羊毛不属于

羊毛，不能按羊毛来归类。归入品目 5101 的羊毛，必须未经梳理，可以是从羊皮上剪下的剪毛，也可以是从经发酵或化学处理的皮上拔下的拔毛、灰退毛或皮板毛。

羊毛含有羊毛脂及油脂物质，还带有许多杂质（杂草、泥土等），需脱脂、清洗、除杂。含脂羊毛是尚未水洗或用其他方法清洗的含有羊毛脂的羊毛。剪前水洗毛是将羊身上的羊毛或毛皮上的羊毛先用冷水洗涤然后再剪或拔的羊毛，这种羊毛并非完全洁净的。脱脂羊毛是用热水、肥皂、洗涤剂等洗涤或用挥发性溶剂处理，脱去大部分羊毛脂及泥土的羊毛。碳化羊毛是利用羊毛耐酸而植物杂质不耐酸的特性将羊毛通过硫酸液浸渍与烘干，使草杂变成易碎的炭质，再经压碎和开松分离而去除草杂的羊毛。

**2. 未梳的动物细毛或动物粗毛归入品目 5102**

根据本章章注二，“动物细毛”是指羊驼毛、美洲驼毛、驼马毛、骆驼毛、牦牛毛、安哥拉山羊毛（马海毛）、西藏山羊毛、克什米尔山羊毛（开司米）或类似山羊毛、家兔毛（包括安哥拉兔毛）、野兔毛、海狸毛、河狸鼠毛或麝鼠毛。但普通山羊毛不是动物细毛，应按动物粗毛归类。

动物细毛一般较柔软、挺直。其中，羊驼毛、美洲驼毛、驼马毛、骆驼毛、牦牛毛、安哥拉山羊毛、克什米尔山羊毛（开司米）或类似山羊毛、安哥拉兔毛一般较细长，可以像羊毛一样纺成纱线，也可用于制假发或玩偶毛发。其他动物细毛，如野兔毛、普通家兔毛、海狸毛、河狸鼠毛及麝鼠毛，通常不适于纺纱，可以用于制毡、制衬垫或作为填塞料等。

根据本章章注三，“动物粗毛”是指章注一和章注二未提及的其他动物的毛，但不包括马科及牛科动物的鬃毛及尾毛（作为“马毛”归入品目 0511）、猪鬃或猪毛、獾毛及其他制刷用兽毛（品目 0502）。动物粗毛一般用于纺制粗支纱或机织物、制毡或地毯，也用做衬垫或填塞料。

只有未经梳理的动物细毛和动物粗毛才可归入品目 5102，但洗涤、漂白、染色或人工卷曲不影响其归入品目 5102。

**3. 羊毛及动物细毛或粗毛的废料归入品目 5103**

羊毛、动物细毛或粗毛的废料，包括从原毛、水洗毛、粗梳毛、精梳毛一直到纺成纱线、织成机织物或针织物等产品的各道生产工序中所回收的废毛，还包括旧褥垫的毛。从精梳过程中清除下来的短纤维为落毛，是最重要的废毛。废毛归入品目 5103。

**4. 羊毛及动物细毛或粗毛的回收纤维归入品目 5104**

回收纤维是将针织物、机织物等的废碎料拉松而得，或在纺纱、机织、针织等生产过程中产生的废纱线拉松而得。

**5. 已梳的羊毛及动物细毛或粗毛归入品目 5105**

梳理是清理纤维，使之大致平行排列呈梳条状，并将纤维中仍含有的杂质清除，即毛条。毛条包括粗梳毛条和精梳毛条。精梳的目的是进一步去除短纤维和植物杂质，提高纱线或织物的品质。

精梳片条也归入品目 5105，这种羊毛一般是洗净的，它利用精纺毛条生产线的部分机器（粗梳机及精梳机）通过机械方法清除羊毛中的植物杂质。从精梳机出来的长毛条经牵伸并拉断成不规则蓬松毛片，随即将毛片打成大包。该产品为短纤维长度（平均纤维长度不到 45 毫米），适于纺制毛型纱或棉型纱，但不适于精纺。因此，精梳片毛在纺前必须重复梳理。

在梳理前的经各种加工的原料毛按“未梳”的毛归类，经梳理加工后但未经加捻成纱线的毛纤维，按“已梳”的毛归入品目 5105。“已梳”毛的状态，常是纤维条或片毛状，包括绕在筒管上的粗纱。

## （二）毛纱线的归类

毛纱线归入品目 5106~5110，这类纱线包括纯纺的，也包括混纺的，混纺应按十一类类注二的规定办理。

这类纱线不论细度大小，但需按十一类类注四的规定确定“非供零售用”或“供零售用”。此外，毛纱线还有粗梳与精梳之分。

**1. 非供零售用的粗梳羊毛纱线归入品目 5106**

粗梳羊毛纱线一般是由 20 毫米~60 毫米的较短纤维纺制而成，或由较长纤维和较短纤维混纺而成，这些纤维并不平行排列，而是交错着相互混合，纺出的纱线不如精纺毛纱均匀、光洁，一般捻得较松，也较粗。粗梳羊毛纱线通常绕于筒管或锥形筒管上。

非供零售用的粗梳羊毛纱线归入品目 5106，其状态和重量由十一类类注四规定。

**2. 非供零售用的精梳羊毛纱线归入品目 5107**

精纺羊毛纱线是用精梳羊毛粗纱纺制的纱线，一般是用 60 毫米以上较长的羊毛加工而成，其外观平滑，截面规则，纤维平行排列，纱线较细，且杂质和短纤均在精梳过程中被清理去除。

**3. 非供零售用的动物细毛纱线归入品目 5108**

动物细毛纱线用已梳动物细毛的粗纱纺制而成，主要用于织造某些轻质衣着用的针织物或机织物、大衣或毯子用针织物或机织物，以及丝绒织物或仿毛皮。

**4. 供零售用的羊毛或动物细毛的纱线归入品目 5109**

供零售用的羊毛或动物细毛的纱线归入品目 5109，其状态及重量应符合十一类注四所列的“供零售用”纱线的规定。

**5. 动物粗毛或马毛的纱线（包括马毛粗松螺旋花纱）归入品目 5110**

动物粗毛纱线及马毛纱线应归入品目 5110，这些纱线用于生产某些机织物、中间衬料及技术用途的物品。马毛线也可用以棉线或其他线螺旋缠绕（捆扎）平行排列的马毛制成的，称为马毛粗松螺旋花纱。

## （三）毛的机织物的归类

归入本章机织物的幅宽应超过 30 厘米，否则按狭幅机织物归入品目 5806。从织物组织角度看，本章的机织物应为除第五十八章特种机织物以外的普通机织物。毛机织物还有粗梳和精梳之分。

**1. 粗梳羊毛或粗梳动物细毛的机织物归入品目 5111**

粗梳羊毛和动物细毛的机织物是用粗梳的羊毛或动物细毛纱线织成，商业上常把这类机织物称作粗纺呢绒。粗纺呢绒的种类详见本类阅读材料。粗纺产品大部分是冬季用产品，以素色为主，一般是平纹、斜纹及斜纹变化组织，以斜纹类组织为主。染整工艺特别是缩绒和起毛是粗纺产品区别于精纺产品的主要特征，粗纺呢绒产品具有呢面丰满、紧密，绒毛覆盖经纬毛纱线，手感厚实、保暖性好等优点。

**2. 精梳羊毛或精梳动物细毛的机织物归入品目 5112**

精梳羊毛和动物细毛的机织物是用精梳的羊毛或动物细毛纱线织成。这类机织物品种繁多，详见本类阅读材料，适合制春秋季的服装，包括精纺呢绒的各品种料子、家具布等。精梳毛织物不经缩绒和起毛，织物表面平滑，可明显见到经纬纱线的织纹。

**3. 动物粗毛或马毛的机织物归入品目 5113**

动物粗毛的机织物和马毛的机织物分别用品目 5102 的动物粗毛和品目 5110 的马毛纱线织成，这类机织物归入品目 5113。马毛机织物也可用品目 0503 的单股马毛织成，该织物用手工在特种织机上织造，由于马毛很短（20 至 70 厘米），这些薄纱一般是小块的，主要用做筛网。动物粗毛机织物用做家具或装饰衬料、衣着的衬里等，其他马毛布大多也用做服装衬里。

# 第五十二章　棉　花

## 一、本章商品范围

本章包括从原料到机织物各个生产阶段的棉纤维产品，即原棉、已梳棉、普通棉纱线及普通棉机织物。

但是，某些产品由于具有其他章商品的基本特征而不归入本章，如棉短绒归入 1404. 2000，经药物浸渍或零售用的药棉和绷带归入 3005. 9010。

本章按棉纺织加工过程中产品（纤维、纱线、机织物）的加工顺序编排，其结构规律如下：

棉纤维…………………………………………………………5201~5203
棉纱线…………………………………………………………5204~5207
棉机织物………………………………………………………5208~5212

## 二、本章商品归类方法

### （一）棉纤维的归类

棉纤维的归类须注意其加工状态，即未梳的或已梳的。

**1. 未梳的棉花归入品目 5201**

未梳的棉花包括刚采摘下的籽棉和仅经轧制的皮棉（其中仍含有一定数量的荚屑、叶子或泥土），经洗净、漂白、染色或脱脂的棉纤维也归入品目 5201。

国际贸易中的原棉都是打成紧压棉包的皮棉，皮棉经开棉机或清棉机清理后，成为蓬松、连续的棉片，再经梳棉、并条、粗纺、精纺成棉纱。归入品目 5201 的棉纤维一般长度为 10 毫米~50 毫米，而长度不超过 5 毫米的棉短绒应归入子目 1404. 2000，长度不超过 5 毫米的棉纤维屑、纤维粉末及球结则归入子目 5601. 3000。

**2. 废棉归入品目 5202**

废棉包括棉花在纺前加工、纺纱、机织、针织等生产过程中所得的废棉，以及从拉松的棉废品所得的废棉。废棉中往往含有油污物质、尘土或其他杂质，经洗净、漂白或染色后可用于纺纱，也可供其他用途。

**3. 已梳的棉花归入品目 5203**

已梳的棉花包括粗梳或精梳的棉花，不论是否进行了纺前加工，即从梳理后至棉条的各产品都属于已梳的棉花，但没有经纺纱的加捻加工。

粗梳的主要目的是清理棉纤维，使之大致平行均匀，并把纤维中仍含有的杂质全部或大部分清除。粗梳后的纤维呈棉网（棉卷）状，棉网汇聚成棉条。

精梳加工主要适用于长绒棉的纺制，是将附在纤维上的短纤维及剩余少量杂质清除，仅留下平行排列的长纤维。

不论是否精梳的棉条通过并条机及粗纱机进行一系列的并条及牵伸加工，使棉条成为粗纱。需要注意的是，尽管粗纱的直径比较细，有时也稍加捻度，但尚未纺制成纱线，仍归入品目 5203。

## （二）棉纱线的归类

归入本章的棉纱线，其细度应不超过 20000 分特，否则应根据十一类类注三作为“线、绳、索、缆”归入品目 5607。本章纱线也不是第五十六章的特种纱线。

对于本章的棉纱线，在归类时首先需要判断其是缝纫线（按十一类类注三的规定）还是其他纱线。缝纫线归入品目 5204，而其他纱线在确定品目时，需根据棉纤维的含量及纱线是否供零售用（按十一类类注四的规定），子目归类时还需要区分单纱或股线、粗梳或精梳及纱线的细度。如果是混纺的，要根据十一类类注二的规定办理。

**1. 棉制缝纫线归入品目 5204**

缝纫线应符合十一类类注五所规定的形状及条件，如为供零售用的缝纫线，还应符合类注四对“供零售用”纱线的规定。

**2. 非供零售用的棉纱线归入品目 5205 和 5206**

非供零售用的棉纱线归入品目 5205 和 5206，按重量计含棉量在 85%及以上的归入品目 5205，含棉量在 85%以下的归入品目 5206。在子目归类时需区分单纱或股线、粗梳或精梳及纱线的细度。

**3. 供零售用的棉纱线归入品目 5207**

供零售用的棉纱线应符合十一类类注四所规定的形状及条件。

**【例 1】** 棉 60%、涤纶短纤 40%混纺精梳单纱，细度为 200 分特，非供零售用

**【归类分析】** 根据类注二的规定，该混纺纱应按以棉为主的纱线归类。该纱线不是缝纫线，不归入品目 5204，应按其他纱线归类。由于棉纤维的含量低于 85%，且非供零售用，应归入品目 5206。由于该纱线是精梳的单纱，则归入子目 5206.2000，再根据其细度 200 分特归入子目 5206.2300。

**【例 2】** 全棉染色二股线，绕在线轴上，总重 125 克，上过浆，由两根单纱并合以逆时针方向（Z）加捻而成

**【归类分析】** 该线符合十一类类注五的三个条件，属于缝纫线，应归入品目 5204。再根据类注四，该纱线绕在线轴上，其重量不超过 125 克，为供零售用的纱线，应归入子目 5204.2000。

### （三）棉机织物的归类

归入本章机织物的幅宽应超过30厘米，否则按狭幅机织物归入品目5806。并且，起绒机织物（如灯芯绒）、毛巾织物及纱罗等应按特种机织物归入第五十八章。归入本章的机织物应为除了第五十八章特种机织物以外的普通机织物。棉机织物的种类详见本类阅读材料。

本章棉机织物的归类，涉及含棉量的百分比、织物重量、表面特征（未漂白、漂白、染色、色织、印花）、织物组织（平纹、斜纹及其他）等。如果是混纺的，应按十一类类注二的规定办理。

**【例3】**由棉50%、涤纶短纤30%和亚麻20%混纺的印花机织物，三上一下斜纹组织，每平方米重量180克，幅宽108厘米

**【归类分析】**根据第五十八章章注五，该机织物不是狭幅机织物，不归入品目5806。该机织物利用斜纹组织织制而成，也不属于第五十八章的特种机织物，应按普通机织物归类。根据十一类类注二，该机织物以棉为主，主要跟涤纶短纤混纺，含棉量低于85%，重量不超过200克/平方米，应归入品目5210。该织物是印花效果，归入子目5210.5000。再根据其组织是四线斜纹，归入子目5210.5910。

# 第五十三章　其他植物纺织纤维；纸纱线及其机织物

## 一、本章商品范围

本章包括除棉以外的植物纺织纤维、普通纱线和普通机织物、纸纱线及其机织物。

本章商品是以纺织加工过程的加工顺序编排，其结构规律如下：

| | |
|---|---|
| 植物纤维 | 5301~5305 |
| 纱线 | 5306~5308 |
| 机织物 | 5309~5311 |

## 二、本章商品归类方法

### （一）植物纤维的归类

这类纤维是除了棉以外的其他植物纺织纤维，如亚麻、苎麻、大麻、黄麻等，这些纤维是生的或者沤制、打成的、粗梳或精梳的，以及其他纺前加工的，也包括这些纤维的短纤和回收纤维。

**1. 亚麻纤维、亚麻短纤及废麻归入品目5301**

亚麻纤维存在于亚麻植物茎外韧皮中，韧皮中纤维由胶质紧密粘合成束。用于纺织时，须将纤维相互分离，还要把纤维与胶质分开，即脱胶加工。

**2. 大麻纤维、大麻短纤及废麻归入品目5302**

大麻纤维存在于大麻植物的韧皮上，通过类似于亚麻的一系列加工获得。

**3. 黄麻及其他纺织用韧皮纤维、短纤及废麻归入品目 5303**

这类韧皮纤维包括黄麻、槿麻、苘麻、菽麻、荨麻等。

**4. 椰壳纤维、蕉麻、苎麻及其他品目未列名的纺织用植物纤维、短纤、落麻及废料归入品目 5305**

其他品目未列名的纺织用植物纤维及苎麻纤维归入品目 5305。这些纤维大多数比纺织用韧皮纤维更粗更厚。

应当注意，本章的各种纤维主要是从麻类植物茎皮中取得的，适合作纺织原料。第十四章中包括的主要是植物材料，而不是纤维，即使其中有列名的纤维，但不适合做纺织纤维，也不归入本章。

### （二）麻纱线的归类

本章纱线的归类与纱线细度有关，对于较粗的纱线（类注三的规定）应作为“线、绳、索、缆”归入品目 5607，不符合十一类类注三细度要求的纱线才能归入第五十三章。本章的纱线不论是否供零售用，也不论是否漂白、染色、印色（苎麻纱线除外）。

**1. 亚麻纱线归入品目 5306**

亚麻纱线包括用品目 5301 的亚麻纤维粗纱经纺制而成的单纱及股线。

**2. 黄麻纱线或其他纺织用韧皮纤维纱线归入品目 5307**

黄麻纱线包括用品目 5303 的黄麻或其他纺织用韧皮纤维梳条纺制而成的单纱或股线。

**3. 其他植物纺织纤维纱线、纸纱线归入品目 5308**

其他植物纺织纤维纱线包括用品目 5302 的大麻、品目 5304 或 5305 的植物纺织纤维或不归入第十一类的植物纤维（特别是第十四章的纤维，如木棉或短龙舌兰纤维）纺制而成的纱线，不论是单纱或是多股纱线。

纸纱线是将潮湿的纸条或涂料纸条纵向搓捻或摩擦加捻而得的单纱及股线，不论是否供零售用，也不论是否为线、绳、索、缆状，均归入品目 5308，但编结的绳、索或缆归入品目 5607。

### （三）麻机织物的归类

归入本章机织物的幅宽应超过 30 厘米，否则按狭幅机织物归入品目 5806。并且，起绒机织物（如灯芯绒）、毛巾织物及纱罗等应按特种机织物归入第五十八章。归入本章的机织物应为除了第五十八章特种机织物以外的普通机织物。

本章的机织物不论织物组织和每平方米的重量如何，但与纤维含量和表面特征有关。如果是混纺的，应按十一类类注二的规定办理。

**1. 亚麻机织物归入品目 5309**

亚麻机织物可用于制作夏服、床单、被套等，也用于制褥垫套、袋子、油布、船帆等。其中，亚麻帆布有防水性，可作帐篷、炮衣、坦克罩、背包等。

**2. 黄麻或其他纺织韧皮纤维机织物归入品目 5310**

黄麻织物用于制麻袋或用做包装材料、油漆布的底、家具布等。

**3. 其他纺织用植物纤维机织物、纸纱线机织物归入品目 5311**

这些织物主要用于包装、帐篷、油布、袋子、桌布、地席或油漆布的底布等。

纸纱线机织物也归入品目 5311，但用纸条交织而成的机织物不归入品目 5311，应按编结材料制品归入品目 4601。

# 第五十四章　化学纤维长丝；化学纤维纺织材料制扁条及类似品

## 一、本章商品范围

本章包括的化学纤维分为两类，一类是合成纤维，包括聚酰胺纤维、聚酯纤维、聚丙烯腈纤维、聚丙烯纤维、聚氯乙烯纤维、聚氨酯纤维等；另一类是人造纤维，包括粘胶纤维、醋酸纤维、铜氨纤维、莱赛尔纤维等。本章化学纤维都是长丝状的，即由纺丝机的喷丝头的小孔喷出形成的连续纤维。

《协调制度》规定，品目 5402 至 5405 的一根长丝（单丝）或品目 5402、5403 的两根及以上长丝（复丝），不论是否加捻抱合的，都视为“单纱”。因此，本章的商品包括化学纤维长丝纱线和机织物，包括以化纤长丝为主的混纺纱线和混纺机织物，品目 5404 或 5405 的单丝和扁条及其机织物。

本章包括长丝丝束，但符合第五十五章注释一定义的长丝丝束不归入本章，两者用途不同。本章的长丝丝束一般用于生产香烟滤嘴，而第五十五章的长丝丝束则用于生产化纤短纤。

本章按加工顺序（纱线、机织物）编排品目，其结构规律如下：

长丝纱线……………………………………………………………5401～5406
长丝的机织物………………………………………………………5407～5408

## 二、本章商品归类方法

### （一）长丝纱线的归类

归入本章的纱线，其细度应不超过 10000 分特，否则根据十一类类注三，应按“线、绳、索、缆”归入品目 5607。本章纱线也不是第五十六章的特种纱线。

对于本章的化纤长丝纱线，在归类时首先需要判断其是缝纫线（按类注五的规定）还是其他纱线。缝纫线归入品目 5401，其他纱线归入品目 5402～5406。其次，需要判断其是否供零售用（按类注四的规定），供零售用的归入品目 5406，其他纱线归入品目 5402～5405。然后在确定其他纱线品目时，需区分是合成纤维还是人造纤维纺制及单丝的细度，子目归类时还需要根据纱线的细度、捻度来确定，以及区分高强力纱、变形纱线或其他普通纱线。

对于混纺纱线，要分清成分并按十一类类注二的规定确定构成主要特征的纤维，尤其当混纺纱线中同时有第五十四章和第五十五章及其他章的纤维时，应将第五十四章及第五十五章的纤维百分比相加后再与其他章进行比较。

**【例 1】**某非供零售用的纱线，按重量计，尼龙-6 长丝 35%，涤纶短纤 25%，精梳羊

毛 40%，捻度为 60 转/米

**【归类分析】**该纱线中的化纤长丝与短纤分别归入第五十四章和第五十五章，百分比相加后超过了羊毛的百分比，应按化纤归类。其中，尼龙-6 长丝的百分比高于涤纶短纤，所以该纱线应按尼龙-6 长丝纱线归入品目 5402，再根据捻度和纤维种类归入子目 5402.5110。

**1. 化纤长丝纺制的缝纫线归入品目 5401**

缝纫线应符合十一类类注五所规定的形状及条件，并根据类注四的规定确定供零售用或非供零售用。

**2. 非供零售用的化纤长丝纱线及细度在 67 分特以下的化纤单丝归入品目 5402 和 5403**

（1）高强力纱归入子目 5402.1、5402.2 或 5403.1

高强力纱需符合十一类类注六的规定。其中，聚酰胺纤维的高强力纱归入子目 5402.1，聚酯纤维的高强力纱归入子目 5402.2，粘胶纤维的高强力纱归入子目 5403.1。

（2）高强力纱以外的变形纱线归入子目 5402.3、5403.3 或 5403.4

变形纱线是指用机械或物理方法（例如，加捻、退捻、假捻、压缩、起皱纹、热定形或几种方法结合）对长丝纱线进行变形加工，改变其外观和结构，赋予其弹性或蓬松的特征。经变形加工后，长丝纱线中纤维由伸直的状态变成卷曲的状态，纱线具有良好的弹性或蓬松性。

变形纱线可以分为弹力丝和非弹性膨体纱两类。弹力丝是指变形后长丝纱沿轴向有伸缩性的变形纱，加工方法包括假捻变形、假编变形、刀口变形和填塞箱变形等。弹力丝又分为高弹丝和低弹丝两种，高弹丝以锦纶为主，用于弹力衫裤、袜类等；低弹丝有涤纶、丙纶、锦纶等，其中涤纶低弹丝多用于外衣和室内装饰布，丙纶低弹丝多用于织物和地毯。非弹性膨体纱是指长丝变形后仅有体积蓬松而无轴向伸缩性的变形纱，如喷气变形丝、腈纶膨体纱等。腈纶膨体纱是将高收缩率纤维与正常收缩率的腈纶按比例混合纺纱，经热松弛处理（蒸汽或沸水处理）后，高收缩率纤维产生纵向回缩（可收缩 17%~20%）形成纱线的中心，而低收缩率的纤维收缩小，弯曲蓬松在纱线的表面。膨体纱柔软蓬松，织成的产品不仅保暖性好，而且特别柔软，适用于针织内衣及绒线等。

合成纤维长丝的变形纱线（高强力纱除外）归入子目 5402.3；人造纤维长丝的变形纱线（高强力纱除外）在品目 5403 项下没有列名，按单纱或股线分别归入子目 5403.3 或 5403.4。

归类时要注意，十一类类注十三所称的弹性纱线与变形纱线不同，这些纱线（如氨纶）的弹性是由于其特殊的内部分子结构所决定的，并不是由后道工序加工而得到的，因此不属于变形纱线。

（3）合成纤维长丝普通单纱归入子目 5402.4、5402.5

除 5402.1~5402.3 外的合成纤维长丝单纱，根据捻度不同归类，其中捻度不超过 50 转/米的单纱归入子目 5402.4，捻度超过 50 转/米的单纱归入子目 5402.5。这类单纱还包括细度在 67 分特以下的合成纤维的单丝。

其中，子目 5402.4600 的部分定向聚酯纱线一般是扁平状，不直接用于织造成织物，还须经过拉伸加工成为全拉伸丝（Fully Drawn Yarn，简称 FDY），或者通过拉伸—变形加工成为拉伸变形丝（Drawn Textured Yarn，简称 DTY）。部分定向纱线也称为预取向丝

(Pre-Oriented Yarn，简称 POY)。

(4) 人造纤维长丝普通单纱归入子目 5403.3

除 5403.1 外的人造纤维长丝单纱，归入子目 5403.3。这类单纱还包括细度在 67 分特以下的人造纤维的单丝。

(5) 合成纤维及人造纤维长丝普通股线分别归入子目 5402.6 和 5403.4。

**3. 细度在 67 分特及以上的化纤单丝和纺织扁条归入品目 5404 和 5405**

化纤单丝可以是任何截面形状的，其截面尺寸不超过 1 毫米，且细度在 67 分特及以上。纺织材料制的扁条是扁平状的，直接挤压成形或用宽条或薄片切割成形，这类扁条的宽度小于 5 毫米。其中，合成纤维的单丝和扁条归入品目 5404，人造纤维的单丝和扁条归入品目 5405。多股的或绞花的扁条及类似品也归入上述两个品目。

需注意的是，截面尺寸超过 1 毫米的化纤单丝或表观宽度超过 5 毫米的扁条，应按塑料的单丝和扁条归入第三十九章相应的品目。

此外，供零售用的化纤长丝纱线归入品目 5406。

### (二) 长丝机织物的归类

归入本章机织物的幅宽应超过 30 厘米，否则按狭幅机织物归入品目 5806。并且，起绒机织物（如灯芯绒）、毛巾织物及纱罗等应按特种机织物归入第五十八章。归入本章的机织物应为除了第五十八章特种机织物以外的普通机织物。化纤长丝机织物的种类可参阅本类阅读材料。

本章的机织物不论织物组织和每平方米的重量如何，但与纤维含量和表面特征有关。如果是混纺的，应按十一类类注二的规定办理。

**1. 合成纤维长丝纱线的机织物归入品目 5407**

合成纤维长丝纱线的机织物及用品目 5404 的合成纤维单丝或扁条纺制的机织物，归入品目 5407，可用做服装面料和里料、窗帘布料、家具布、帐篷织物、降落伞织物等。

**2. 人造纤维长丝纱线的机织物归入品目 5408**

人造纤维长丝纱线的机织物及用品目 5405 的人造纤维单丝或扁条纺制的机织物，归入品目 5408。

# 第五十五章　化学纤维短纤

## 一、本章商品范围

本章包括短纤状或某些长丝丝束状的化学纤维，也包括短纤维经加工制得的普通纱线和普通机织物。化纤长丝或短纤的废料（包括落棉、废纱及拉松的废碎化纤布）也归入本章。

本章的产品按加工顺序编排品目，其结构规律如下：

化纤短纤……………………………………………………5501～5507
化纤短纤纱线………………………………………………5508～5511
化纤短纤机织物……………………………………………5512～5516

## 二、本章商品归类方法

### （一）短纤的归类

化学纤维短纤的生产通常分为两个阶段，首先是制得长丝丝束，即纺丝液从喷丝头挤压喷出，收集起来成为丝束，这些丝束可直接拉伸并切成短段，或经过洗涤、漂白、染色等加工后再进行拉伸并切成短段，成为长丝丝束。然后，再将长丝丝束切成长度为25毫米至180毫米之间的短纤维。

本章的短纤归类时要分清是合成纤维短纤还是人造纤维短纤，以及是否经过梳理。

**1. 化纤长丝丝束归入品目5501、5502**

长丝丝束是把由喷丝头喷出的长丝集成的丝束大约切成2米以上100米以下的一定长度的产品。但这些产品必须符合本章章注所规定的规格，即丝束的长度超过2米，捻度小于5转/米，每根单丝的细度小于67分特，丝束总细度大于20000分特，且合成纤维长丝丝束需经过拉伸处理。这些产品的主要用途是把它们再切成纺织上可使用的短纤维，它们只是生产化纤短纤的中间产品，应归入本章。其中，合成纤维的长丝丝束归入品目5501，人造纤维的长丝丝束归入品目5502。

需要注意的是，不满足章注对长丝丝束五条规定中任何一条的丝束都不能归入品目5501及5502。例如，总细度不超过20000分特的合成纤维长丝条和人造纤维长丝条，应按合成纤维纱线和人造纤维纱线分别归入品目5402和品目5403。各种细度的未拉伸化纤长丝也归入品目5402或5403。单丝细度在67分特及以上，截面尺寸不超过1毫米的化纤长丝条归入品目5404或5405，截面尺寸超过1毫米的则按塑料单丝归入第三十九章。每根单丝的细度小于67分特，但长度不超过2米的长丝丝束，应作为化纤短纤归入品目5503或5504。

**2. 未梳的化纤短纤归入品目5503、5504**

化纤短纤由化纤长丝丝束切短获得，其状态是杂乱无章的，尚未经过梳理，也包括长度不超过2米，每根单丝细度小于67分特的化纤长丝丝束。长度超过2米的合成纤维或人造纤维长丝丝束不能作为化纤短纤归类，丝束总细度不超过20000分特的作为长丝纱线归入品目5402或5403，丝束总细度超过20000分特的归入品目5501或5502。

**3. 化纤废料归入品目5505**

化纤废料包括化纤长丝的废料，各道加工工序中产生的短纤废料，如纤维卷、落绵、小碎片，断裂、打结缠乱的废纱线，拉松废碎化纤布而成的纤维。

**4. 已梳的化纤短纤归入品目5506、5507**

已梳的化纤短纤包括经粗梳、精梳或其他纺前加工的化纤短纤，为后续的加捻成纱线做准备。粗梳后可以获得蓬松的粗梳纤维条，经精梳后制得精梳条子。

### （二）短纤纱线的归类

归入本章的纱线，其细度应不超过10000分特，否则根据十一类类注三，应按“线、绳、索、缆”归入品目5607。本章纱线也不是第五十六章的特种纱线。

对于本章的化纤短纤纱线，在归类时首先需要判断其是缝纫线（按类注五的规定）还是其他纱线。缝纫线归入品目5508，其他纱线归入品目5509~5511。其他纱线在确定品目时，需分清以合成纤维短纤为主还是以人造纤维短纤为主（十一类类注二的规定），是供零售用还是非供零售用（类注四的规定）。子目归类时还需要根据纤维的含量、单纱还是股线加以确定。

**1. 化纤短纤纺制的缝纫线归入品目5508**

缝纫线应符合十一类类注五所规定的形状和条件。

**2. 非供零售用的化纤短纤纺制的纱线归入品目5509、5510**

这类纱线包括用品目5506或5507的合成纤维或人造纤维短纤的纤维条纺成的纱线（缝纫线除外），不论是单纱或多股纱线，也包括以合成纤维或人造纤维短纤为主的与其他纤维混纺的纱线。

**3. 供零售用的化纤短纤纺制的纱线归入品目5511**

“供零售用”的纱线应符合十一类类注四规定的形状或条件。

### （三）短纤机织物的归类

归入本章机织物的幅宽应超过30厘米，否则按狭幅机织物归入品目5806。并且，起绒机织物（如灯芯绒）、毛巾织物及纱罗等应按特种机织物归入第五十八章。归入本章的机织物应为除第五十八章特种机织物以外的普通机织物。

本章机织物的归类，涉及化纤短纤的百分比、织物重量、表面特征（未漂白、漂白、染色、色织、印花）、织物组织（平纹、三线或四线斜纹及其他）等。本章的机织物归入品目5512~5516，其中以合成纤维短纤为基本特征的机织物归入品目5512~5515，以人造纤维短纤为基本特征的机织物归入品目5516。

化纤短纤大部分用来与其他短纤混合后织制成混纺织物。混纺织物可以在原料阶段进行混合，或者用两根或两根以上不同纤维制成的条子进行混合并条，纺成混纺纱线，也可用两根或两根以上不同原料的纱并合成混合线，再经织造成混纺机织物。经纬纱以不同纤维的纱线织成的织物称为交织织物，实际上也是混合原料机织物的品种之一。混纺机织物的归类按十一类类注二的规定。

中长化纤织物是用两种或多种中等长度（50毫米~75毫米）化纤短纤混纺织制的仿毛型织物，可以利用略加改进的棉纺设备纺制，加工工艺比毛纺的简单，成本较低。其成分有涤粘混纺、涤腈混纺等，品种有平纹呢、华达呢、隐条呢、花呢及各种色织、提花织物，可做各种服装。

**1. 合成短纤在85%及以上的机织物归入品目5512**

这类机织物不论织物组织及每平方米的重量，但子目归类要根据纤维重量百分比及表面效果确定，并分清合成纤维的品种。这类机织物包括各式各样的服装面料、窗帘布料或其他家具布及桌布料、毯类、毛巾料等。

**2. 合成短纤在85%以下，主要或仅与棉混纺的机织物归入品目5513、5514**

这类机织物是指合成短纤主要与棉混纺的机织物，重量不超过170克/平方米的归入品目5513，重量超过170克/平方米的归入品目5514。子目的归类需区分织物的表面效果及织物组织。

**3. 合成短纤纺制的其他机织物归入品目5515**

这类机织物主要包括各类合成短纤混纺并以合成短纤为基本特征的机织物，如中长纤维的料子与仿毛中长纤维料子、腈毛混纺的毛料等。

**4. 人造纤维短纤纺制的机织物归入品目 5516**

这类机织物主要包括人造纤维短纤纯纺或混纺的机织物，如粘胶纤维短纤纺制的“人造棉”布料的机织物、粘毛混纺的毛料、粘棉混纺的布料等。

**【例】**涤纶短纤 30%、粘胶短纤 20%、棉 50%的混纺印花平纹机织物，每平方米重 150 克，幅宽 98 厘米

**【归类分析】**该机织物的幅宽超过 30 厘米，不归入品目 5806。该机织物为平纹织制，不属于第五十八章的特种机织物，应按普通机织物归类。该混纺机织物中有两种化纤短纤同在第五十五章，相加的百分比为 50%，与棉的百分比相等，根据十一类类注二的从后归类原则，应归入第五十五章。在两种化纤短纤中涤纶短纤的百分比多，所以，该机织物以涤纶短纤为基本特征且主要与棉混纺，重量不超过 170 克/平方米，应归入品目 5513，再根据印花效果和平纹组织归入子目 5513.4100。

# 第五十六章　絮胎、毡呢及无纺织物；特种纱线；线、绳、索、缆及其制品

## 一、本章商品范围

本章包括一些特殊的纤维产品，这些产品不是通过常规的纺纱和织造工艺加工而成，而是由纤维直接成网并适当加固制成，包括絮胎、毡呢和无纺织物。本章还包括利用特殊的原料、工艺制成的特种纱线，以及线、绳、索及其某些制品。本章的结构规律如下：

絮胎、毡呢和无纺织物……………………………………………5601～5603
特种纱线……………………………………………………………5604～5607
线、绳、索、缆结制的网料及其产品………………………………5608～5609

## 二、本章商品归类方法

传统纺织物的加工一般是通过纤维纺成纱线，再利用纱线织成机织物、针织物及编织物等。本章纺织物的加工方法与传统的纺织物明显不同，是利用纤维成网并适当加固而成，根据纤维之间结合力强弱分为絮胎、毡呢和无纺织物。因此，本章纺织物的归类需根据其加工方法和结构特征加以区分。

本章还包括特种纱线，由于特种纱线在纤维原料、加工工艺或结构等方面与第五十章至第五十五章的普通纱线明显不同，因此，特种纱线的归类需根据纱线的加工方法、细度及结构特征等与普通纱线加以区分。本章还包括一些由线、绳、索、缆加工的制品。

### （一）絮胎、毡呢和无纺织物的归类

絮胎、毡呢和无纺织物都是平面状的纺织物，与机织物和针织物利用纱线织成的传统加工方法不同，它们没有经过纺纱和织造的加工，而是利用纤维直接成网并适当加固。其中，絮胎归入品目 5601，毡呢归入品目 5602，无纺织物归入品目 5603。

除了品目5601包括部分的絮胎制品以外，品目5602的毡呢和品目5603的无纺织物只能是材料状态，而不具有纺织制品的特征，如成匹的或从大幅的毡呢及无纺织物裁剪下来但未经其他加工的矩形织物，不论是否折叠或包装（例如，作零售包装）。

**1. 絮胎、毡呢和无纺织物的区分**

絮胎是把粗梳纤维网或气流成网法形成的纤维网数层相叠，然后压紧以增强纤维的抱合力制得。与无纺织物相比，絮胎内的纤维之间结合较弱，很容易分离。絮胎一般由棉纤维或由人造纤维短纤加工而成。但是用胶粘剂处理并渗入其内层的絮胎，即使其内部纤维很容易分离，由于其加工方法符合无纺织物的加工，应按无纺织物归入品目5603。

毡呢是把数层纺织纤维网片相互叠层，经湿润（一般用蒸汽或热肥皂水处理）、施压及摩擦或打呢，利用动物毛的毡缩性使纤维相互纠缠联结，成为厚度均匀的呢片。毡呢远比絮胎结实，其纤维很难分离，而且明显不同于经纬交织的绒缩机织物。由于毡呢是利用动物毛的毡缩性加工而成的，其原料主要是羊毛或其他动物毛，或者是动物毛与其他纤维的混合纤维。

根据本章章注二的规定，无毡缩性的植物纤维或化纤短纤利用针刺方法加工的织物，以及通过缝编工序增强抱合力的纺织纤维网状织物，也按毡呢归入品目5602。

无纺织物即非织造布，是将纺织纤维定向或任意取向并黏合而成的片状或网状织物。无纺织物的加工详见本类阅读材料。

需要注意的是，作为无纺织物归类的针刺产品，仅限于以长丝为主的纤维网或者以其他黏合方法为主、针刺为辅所制得的短纤网。因此，短纤维网针刺法制得的纺织物不能作为无纺织物归类，应按毡呢归入品目5602。

**2. 无纺织物与纸的区分**

有些无纺织物在外观上近似于纸、纸板和纤维素絮纸，但纸张主要是用木质材料的纸浆加工而成，而无纺织物是用各种纺织纤维加工而成，并且纸张抄造中一般不需要加固，而无纺织物一般都需经过化学黏合、热压等加固处理以增强纤维之间的结合力。

**3. 毡呢、无纺织物与其他材料的复合材料的归类**

毡呢可以用各种塑料或橡胶浸渍、涂层、包覆、层压或加强（如用纺织纱线或金属丝加强），只要仍具有毡呢产品的基本特征（参照本章章注三的规定）。毡呢可以在一面或两面用纸、纸板、纺织物等覆盖，还包括通过正常毡合方法制成后再用焦油或类似物质浸渍制成的油毛毡。

根据本章章注三的规定，用各种塑料或橡胶浸渍、涂层、包覆或层压的无纺织物，只要仍具有无纺织物的基本特征，均应归入品目5603。但是，完全嵌入塑料或橡胶之内的无纺织物，以及两面均用塑料或橡胶涂布、包覆的无纺织物，应以塑料或橡胶为基本特征，分别归入第三十九章和第四十章。用纺织物或其他任何材料薄片通过胶粘、缝合等工艺覆盖于无纺织物的一面或两面，只要其具有无纺织物的基本特征，仍归入品目5603。

**【例】** 椰棕垫，以椰壳纤维为原料，通过机器将椰壳纤维均匀铺设、喷胶（使其固化）、硫化（使其具有一定的弹性）、切割而制成床垫，规格为190厘米×120厘米×20厘米，3千克/平方米。

**【归类分析】** 该产品虽为床垫，但不符合品目9404对床垫的描述，故不归入品目9404。该产品为椰壳纤维加工而成，加工中未经过纺纱和织造工序，而是由椰壳纤维经随机铺网并喷胶加固制成，属于无纺织物的加工方法，应归入品目5603。

## （二）特种纱线的归类

第五十章至第五十五章的纱线不包括品目5604~5606的特种纱线，这些特种纱线在第五十六章中有具体列名，因此它们不能归入第五十章至第五十五章的纱线中。

**1. 用纺织材料包覆的橡胶绳、处理过的纺织纱线归入品目5604**

这类物品包括：用纺织材料包覆的橡胶线（单股）及橡胶线制的橡胶绳（多股），如橡皮筋；用橡胶或塑料浸渍、涂布、包覆或套裹的纺织纱线及品目5404或5405的扁条及类似品。对于浸渍、涂布或包覆的纱线等，用肉眼应能辨出其经过浸渍、涂布或包覆的。这些产品可用于制造运动球拍、钓鱼线、带子、家具布、外科缝线、用塑料套裹纺织纱线制成的晒衣绳等。

**2. 含金属纱线归入品目5605**

含金属纱线归入品目5605，可以是由混有金属线或扁条的纺织材料纺成的纱线，也可以是用金属以电淀积法敷涂或黏合剂黏合一层金属粉的工艺制成的各种纺织纱线（包括单丝、扁条及类似品和纸纱线）。上述产品通常用于制造装饰带、花边、花式线绳、抗静电织物及防辐射织物等。

需要注意的是，并不是所有含金属的纱线都归入品目5605。根据十一类类注三，用金属线增强的纱线应归入品目5607，其中的金属线通常较粗，仅作增强用而无装饰用途；而品目5605含金属纱线中的金属丝条一般较细，可与任何纺织材料纺成纱线，主要作装饰用途。

**3. 粗松螺旋花线、绳绒线及纵行起圈纱线归入品目5606**

粗松螺旋花线通常以一根或数根纺织纱线为芯，用一根或数根其他纱线螺旋卷绕于该纱芯上制成。最常见的是纱芯完全用线包裹的，但有些纱芯是用线螺旋间隔绕裹的。用其他材料作纱芯的粗松螺旋花线，如具有纺织品的基本特征，仍可归入品目5606。粗松螺旋花线常用做装饰线或制装饰带。

绳绒线一般由两股或两股以上绞捻在一起的纺织纱线及其夹住的短纱线头构成，纱线与短纱线头几乎成直角。因此，外观看起来在整条线上都簇满了绒毛，类似于奶瓶刷子的结构。植绒绳绒线是把纺织短绒在高压静电场作用下使其附着在涂有胶水的纺织纱线的纱芯上制得的。绳绒线主要用于织造绳绒织物或各种装饰带。

纵行起圈纱线是用圆筒针织机纺制的空心纱线，扁平时宽度为1.5毫米~2毫米。这种纱线用于制造流苏及其他纺织附件，还可在普通织机上织造机织物。

需要注意的是，马毛粗松螺旋花线不归入品目5606，而应归入品目5110；含金属的螺旋花线归入品目5605。

**4. 线、绳、索、缆归入品目5607**

这类产品包括：线、绳、索、缆，不论是否编织而成，归类时应按十一类类注三的规定进行分析，以金属线加强的纺织纱线一律归入品目5607；编织或编结的线、绳、索、缆，通常是管状编带，且为紧密编织。

线、绳、索、缆可用做捆扎绳，或用于打包、牵引、装货等。

### (三) 线、绳、索、缆结制的网料和其他物品的归类

**1. 线、绳或索结制的网料，纺织材料制成的渔网及其他网归入品目 5608**

这类产品包括：

(1) 线、绳或索结制的网料，这些物品仅是一段段的网料，即手工或机械织造的网眼结织物，它们不同于用品目 5607 的线、绳或索制成的品目 5804 的网眼织物。

(2) 纺织材料制成的渔网及其他网，其网眼可以通过结制而成或用其他方式制成。制成的网可直接编制成形或用网料拼合而成。

需要注意的是，这类制成的网仅限于《协调制度》其他品目未列名的网，包括渔网、伪装网、购物网袋、网球网兜、足球网兜、吊床网布、防昆虫网等。但是，运动用网，如球门网、网球网、捞鱼网等应归入第九十五章。

**2. 用纱线、纺织扁条及线、绳、索、缆制成的其他物品归入品目 5609**

这类商品包括用纺织纱线、纺织扁条及品目 5607 的线、绳、索、缆制成的物品，但《协调制度》其他品目已具体列名的物品除外。例如，裁成段并在一端或两端制成环套的纱线、绳索等，或装有端头、环、钩等的纱线、绳索等（如鞋带、晒衣绳、拖缆）；船艇碰垫、卸货垫、绳梯、装货吊索等。

但是，具有其他章中所列货品特征的物品不归入品目 5609。例如，用编带制成的鞋带应归入品目 6307，体操吊环用绳作为体育用品归入第九十五章。

# 第五十七章　地毯及纺织材料的其他铺地制品

## 一、本章商品范围

本章包括使用时以纺织材料作面的地毯及纺织材料的其他铺地制品，也包括具有纺织材料铺地制品特征（如具有铺地制品的厚度、硬挺性及强度）但作其他用途（如挂在墙上、铺在桌面上或作其他装饰用途）的物品。

本章按各种加工方法制成的地毯编排，其结构规律如下：

| | |
|---|---|
| 结织栽绒地毯 | 5701 |
| 机织地毯 | 5702 |
| 簇绒地毯 | 5703 |
| 毡呢地毯 | 5704 |
| 其他地毯 | 5705 |

## 二、本章商品归类方法

根据本章章注一，本章包括的“地毯及纺织材料的其他铺地制品”是指使用时必须是以纺织材料作面的铺地制品，也包括具有纺织材料铺地制品特征但作其他用途的物品。因此本章不包括用其他材料作面的地毯，例如，塑料地毯（第三十九章）、橡胶地毯（第四十章）、植物材料的编结地毯（第四十六章）等不归入本章，应按材料归入相关的章。

本章的地毯及铺地制品的加工方法与普通机织物（第五十章至第五十五章）及某些特种机织物的加工方法相同，但地毯及铺地制品与机织物的根本区别在于厚度、硬度及牢度，它们只能作地毯及铺地制品的用途，可以是制成的（即直接制成一定尺寸、镶边、加衬、加穗、拼合等），呈小方地毯、床边地毯、炉边地毯形状的，或是呈供布置房间、走廊、过道或楼梯的毯料形状，不论是大段供剪裁的或是制成的。地毯还可以经浸渍或用机织物、无纺织物、海绵橡胶或泡沫塑料做衬背。

根据本类子目注释二（二）2 的规定，对由底布和绒面或毛圈面构成的纺织品，在归类时应不考虑底布的属性，而按绒面或毛圈面所用纤维的属性归类。因此，本章子目所列的纤维是指绒面的纤维属性。

本章的地毯及铺地制品若单独进口，即使其用途是装在汽车、轮船或飞机上的，也不按汽车、轮船或飞机的零部件归类，根据具体列名优先的原则，应按本章的地毯及铺地制品归类。

根据本章章注二的规定，本章不包括铺地制品衬垫，即置于地板与地毯之间的粗糙织物或毡呢衬垫，这些商品按其构成材料归类。本章也不包括品目 5904 的列诺伦（油漆布）及其他以织物为底布加以涂层或盖面的铺地用品、品目 5805 的手织装饰毯以及手工针绣嵌花装饰毯、品目 5602 的毡呢、第五十章至第五十五章中的粗厚的但不是地毯特征的机织物。

**1. 结织栽绒地毯归入品目 5701**

结织栽绒地毯是用绒纬至少在一根紧经上绕一圈打结或绞扭，嵌入的紧地纬将绒纬固定不动而成。这种打结或绞扭方式是结织栽绒地毯的特征，也包括把绒纬结织于疏松的机织底布上制成的某些地毯。这类地毯大多是按一定尺寸手工织成，用不同颜色的纬绒组成图案，但也有用机械织机制成的。

**2. 未簇绒或未植绒的机织地毯归入品目 5702**

机织地毯的表面是用附加经纱在织物正面形成毛圈，如毛圈不割绒，就形成具有毛圈的地毯；如割绒则成为绒头地毯。这类地毯的绒头是简单地圈在纬线之下，没有打结。此外，也可以使用一根共同绒线来织成两块织物，织成后割绒即得两块绒头地毯。

绳绒地毯（绒面使用绳绒线制作的地毯）、单层机织地毯（没有线圈或绒头，但比较厚实，明显用做铺地制品）、门蹭垫及蹭垫料、毛巾布垫及类似浴室垫等也归入品目 5702。

**3. 簇绒地毯归入品目 5703**

簇绒地毯是用簇绒机生产的，即用一套针和钩的设备把纱线插入预先织好的底布上以产生毛圈，割绒后可产生簇绒。形成绒头的纱线通常用橡胶或塑料涂层的方法固定，并在涂层干燥以前用稀松机织材料辅助衬背，或用泡沫橡胶衬底。簇绒地毯与品目 5802 簇绒织物的区别在于其硬挺性、厚度和强度必须适合于作铺地用。

**【例】**人造草坪，以聚丙烯为基底，以聚丙烯人造草（表观宽度 5 毫米以下的）为叶片通过簇绒加工制成，主要用于铺设足球场，如图 11-8 所示

图 11-8 人造草坪

**【归类分析】** 该草坪所用材料是宽度 5 毫米以下的聚丙烯扁条，属于品目 5404 的纺织材料扁条，因此该草坪以纺织材料做面，根据本章章注一应作为铺地制品归入第五十七章。根据簇绒加工归入品目 5703，并根据材料归入子目 5703.3000。

**4. 未簇绒或未植绒的毡呢地毯归入品目 5704**

毡呢是按品目 5602 的加工方法形成，这类地毯包括毡呢瓦，通常用羊毛或其他动物毛制成。针刺毡呢制的纺织材料铺地制品，一般在背面用橡胶或塑料涂布或浸渍以提高产品强度或使其具有防滑性能。

**5. 其他地毯归入品目 5705**

本章未列名的地毯及纺织材料铺地制品归入品目 5705，包括：

（1）粘绒地毯，即将绒面粘合于底基上或者直接将黏合剂作为底基粘合起来构成的地毯。

（2）无纺地毯，即将一层粗梳的纺织纤维通过有槽滚筒之间碾压卷曲毛圈，然后用橡胶、塑料等厚层涂布作为底基将毛圈加以固定，或者用类似的胶粘剂将毛圈粘于底布上制成的地毯。

（3）植绒地毯，即把纺织纤维垂直植于涂有橡胶、塑料等的纺织底布上制成的地毯。

（4）针织地毯及地毯料，这些地毯一般具有割绒地毯的外观，有时则像裘皮。

# 第五十八章 特种机织物；簇绒织物；花边；装饰毯；装饰带；刺绣品

## 一、本章商品范围

本章商品包括除第五十章至第五十五章的普通机织物以外的特种机织物、网眼织物、花边、装饰毯、编带、装饰带、刺绣品、被褥状纺织品及其他织物，这些织物的制造方法、表面特征等都与普通机织物和针织物不同。

除品目 5809 以外，本章所包括的各种纺织产品在品目范围内可以由任何纺织原料加工而成。归入本章的商品，主要包括材料状态的纺织物，也包括部分达到十一类类注七所述“制成”状态的纺织物。

本章商品的结构规律如下：

特种机织物……………………………………………………5801~5803
其他特殊织物及产品…………………………………………5804~5811

## 二、本章商品归类方法

本章商品的归类，需要区分特种机织物与其他织物，特种机织物归入品目5801~5803，其他织物归入品目5804~5811。本章的织物一般是成匹的材料状态，并非“制成的”，不属于纺织制品。如品目5802的毛巾织物，是材料状态，已制成的用于洗脸的毛巾、洗澡的浴巾，应作为盥洗用的织物制品归入品目6302。但品目5805的手工装饰毯，即使是制成品也可以归入品目5805。

### （一）特种机织物的归类

特种机织物虽然也是由经、纬纱线织成的，但它们与第五十章至第五十五章的仅由一系统经纱与一系统纬纱利用一般组织织成的机织物不同，本章的特种机织物往往由一系统经与二系统纬、二系统经与一系统纬、二系统经与二系统纬再加一系统经，经特殊的加工方法织成，因此，特种机织物具有特殊的表面特征及效果。如灯芯绒、平绒和丝绒织物表面有绒毛，毛巾织物表面有毛圈，纱罗织物表面有横向条状稀松孔眼。

**1. 起绒机织物及绳绒机织物归入品目5801**

起绒机织物由至少三组纱线构成，其中一组经纱和一组纬纱（地经和地纬）交织构成底布，另一组经纱或纬纱（绒经或绒纬）经割断后耸立在织物表面形成绒面。绒面可以是绒头，也可以是毛圈（与毛巾上的毛圈的加工方法不同），可以布满织物的整个表面或部分表面，或单面或双面。起绒组织的地组织用以固结毛绒根部和保证织物具有一定的强度。根据起绒毛纱线的属性不同，起绒机织物分为纬起绒织物和经起绒织物两类。

由绒纬、地纬两个系统的纬纱和一个系统的经纱交织，可以形成纬起绒织物。地经与地纬一般用平纹、斜纹等简单组织作地组织。绒纬具有较长的纬浮线。纬起绒织物在整理加工时割断绒纬形成毛绒。灯芯绒（又称条子绒）为常见的纬起绒织物（如图11-9所示），由于固结绒纬的位置相对集中从而在织物表面形成一条一条的绒毛。利用纬起绒也可以在织物表面形成布满绒毛的平绒和丝绒，只需在组织设计时使绒纬的组织点按一定的规律均匀排列，经浮点彼此错开。

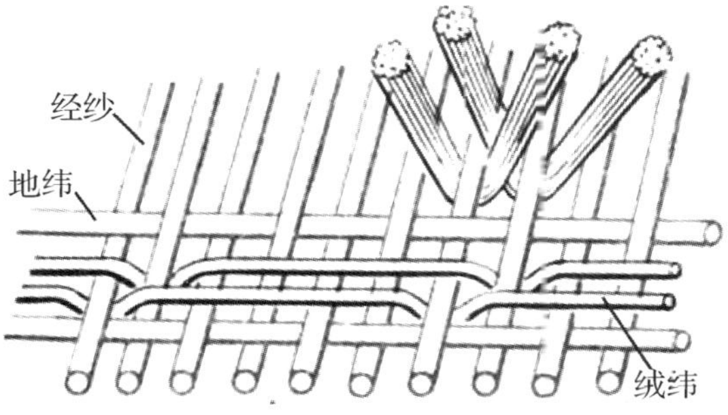


**图11-9 灯芯绒结构图**

织物表面由经纱形成绒毛的织物为经起绒织物。经起绒织物如果双层织制，绒经便接结在上下两层织物之间，然后从两层中间将绒经割断。被割断的绒经松散后构成毛绒，并且形成两幅独立的起绒织物（如图11-10所示）。经起绒织物也可用起毛杆单层织制，绒经在起毛杆上形成的毛圈被割断后形成毛绒（如图11-11所示）。常见的天鹅绒、长毛绒均用经起绒组织织制。

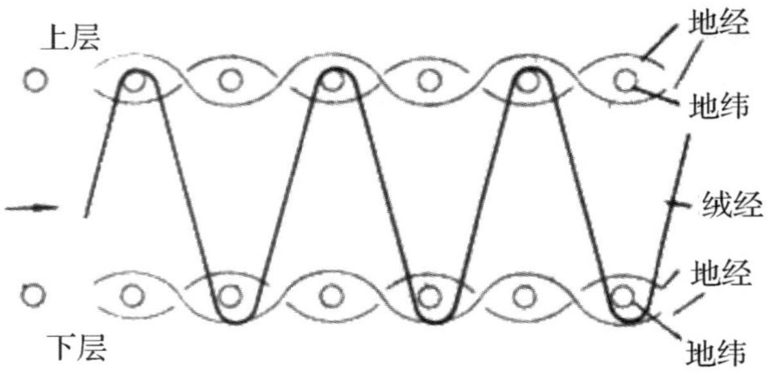


图 11-10 双层织制经起绒结构图

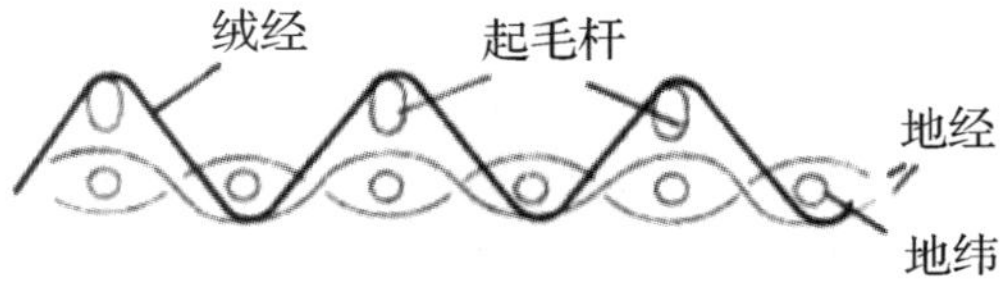


图 11-11 单层起毛杆织制经起绒结构图

根据本章章注二的规定，未将浮纱割断而使表面无竖绒的纬起绒织物也归入品目 5801。但经过磨绒或拉绒等处理的普通机织物，如绒布，不能按起绒机织物归入品目 5801，一般应按原织物归入第五十章至第五十五章。

绳绒织物与品目 5702 的绳绒地毯极为相似，其绒面（一般为双面）由绳绒纱线织造形成。一般是在织造底布时，通过在经纱中附加或插入一组不同长度和颜色的绳绒纬纱制成。

起绒机织物及绳绒织物有素面的或花式的，可经拷花加工、仿裘皮加工（仿羔羊皮、仿豹皮）。许多织物与品目 5702 的地毯生产方法相同，但品目 5801 的织物主要供装饰或衣着之用，而不作铺地制品用，所以用料精细，底布非常柔软。

**2. 毛巾织物及簇绒织物归入品目 5802**

毛巾织物是由毛、地两个系统的经纱与一个系统的纬纱交织而成。较紧的地经纱和纬纱交织构成底布，较松的毛经纱与纬纱交织，并通过特殊的打纬运动形成毛圈，即不是每纬都打紧定位，而是先将几根纬纱只打到离织口一定距离处，接着下一纬将几根纬纱打紧定位（如图 11-12 所示）。毛圈可均匀地覆盖织物的整个表面，或构成条纹、格子、菱形或复杂的图案，用于制毛巾、浴衣、睡衣、盥洗用品等。归入品目 5802 的毛巾织物是成匹的材料状态，而不是制成品。

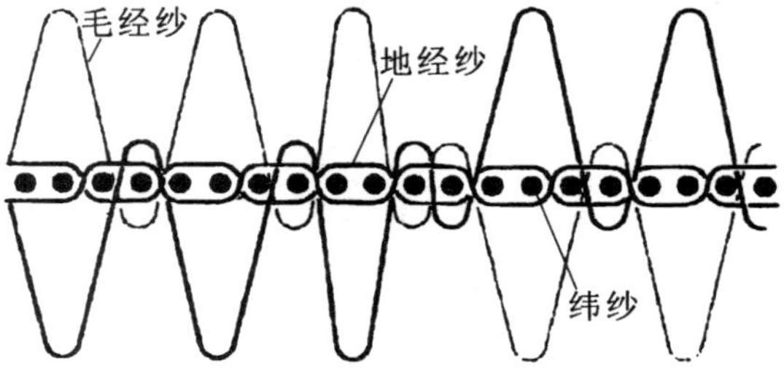


图 11-12 毛巾织物结构图

簇绒织物也归入品目 5802，它是通过一组针与钩的设备将纱线插入已织成的纺织底布上形成毛圈，经割绒后成簇绒织物。该织物与品目 5703 的簇绒地毯生产方法相同，但本品的硬挺性、厚度及强度都不如地毯，不适于作铺地制品。簇绒织物的底布可以是机织物、针织物或钩编织物、毡呢、无纺织物等。

**3. 纱罗归入品目 5803**

纱罗是由地、绞两个系统经纱和一个系统的纬纱用特殊综丝使经纱相互扭绞而交织的织物。其中，当绞经每改变一次左右位置仅织入一根纬纱的组织，称为纱组织；当绞经每改变一次左右位置织入三根或三根以上奇数根纬纱的组织，称为罗组织，如图 11－13 所示。

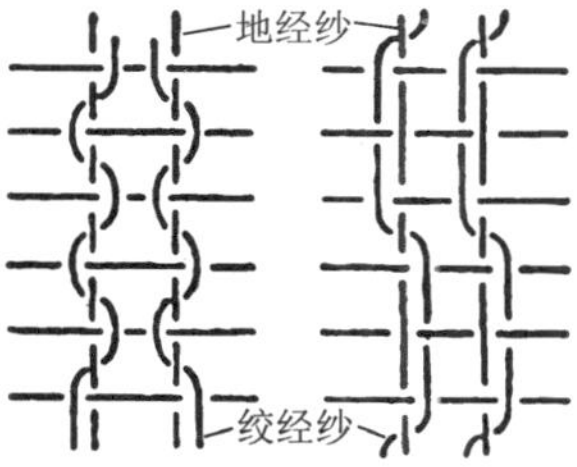


（a）纱组织　　（b）罗组织

**图 11－13　纱罗结构图**

用纱组织或罗组织作花纹织制的织物，称为提花纱罗织物。纱罗织物的表面具有清晰匀布的纱孔，织物轻薄，透气性好，适于做夏季服装、蚊帐、窗帘等。

## （二）其他特殊织物及产品的归类

**1. 网眼薄纱、其他网眼织物及花边归入品目 5804**

网眼薄纱及其他网眼织物不是利用机织、针织或钩编方法加工而成的，而是利用各种特殊的加工方法制成。例如，有由经纱与纬纱构成的，其一半纬纱与另一半纬纱各成斜角绕于每根经纱上形成网眼，如图 11－14（a）所示，网眼成六边形或菱形；也有由三组纱线构成的特种网眼薄纱，一组是经纱，一组是构成图案的纱，一组是绞经纱，如图 11－14（b）所示；还有由平行经纱、网眼纱及接经纱三组纱线构成的网眼织物，如图 11－14（c）所示。

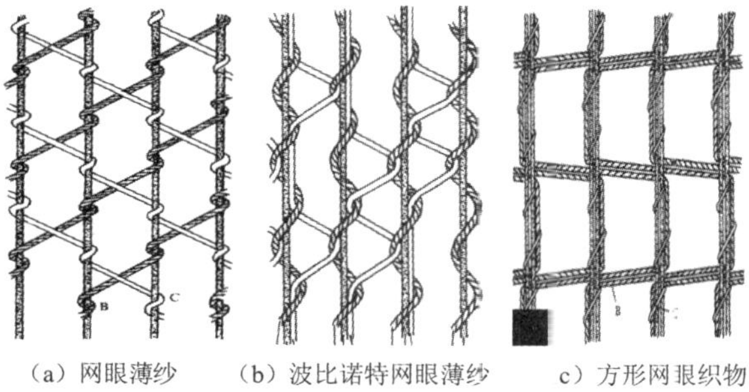

（a）网眼薄纱　　（b）波比诺特网眼薄纱　　（c）方形网眼织物

**图 11－14　网眼织物结构图**

网眼织物可用于制窗帘、床罩及家用装饰布、面纱、女式服装、刺绣品等。根据本章章注四的规定，用品目 5608 的线、绳、索结制的网状织物不归入品目 5804。

花边是一种无明显经、纬纱线的观赏或装饰用的透孔织物，其复杂图案是由纱线相互绞扭形成。花边的主要特征是图案不是在底布上加工而成的，与网眼薄纱、纱罗或其他疏松机织物不同，花边没有明显的经纱和纬纱，它织造时常使用单根纱线。如果不止使用一根纱线时，该纱线仍起同样作用。花边有手织的，也有机器加工的。

以手工或机器针织而成的任何透孔织物不归入品目 5804，而作为针织物或钩编织物归入第六十章。花边制品也不归入品目 5804，一般根据其基本特征归类，归入第六十二章或第六十三章，如花边黑丝披巾归入品目 6214，妇女衣着上的花边覆肩及衣领作为衣着零件归入品目 6217，花边台布作为餐桌用的织物制品归入品目 6304。

**2. 手织装饰毯及手工针绣嵌花装饰毯归入品目 5805**

手织的或在底布上手工针绣的装饰毯归入品目 5805，一般是具有完整、独立图案的成幅毯。

手织装饰毯是用织机把经纱绷紧，然后用不同颜色的纬纱与其交织，将其覆盖，从而产生图案并成为机织物。与普通机织物所用的工艺相反，它的各色纬纱的长度是按照所产生的图案来决定的，纬线长度并不超过整幅织物的宽度，经纱被一根根依次排列的各色纬纱所覆盖，纬纱的松线露于图案的背面。这一织法造成经纱上未经交织的间隙通常用线缝合加固。这类毯包括“哥白林”、“弗朗德”、“奥步生”或“波威”型装饰毯。

手工针绣嵌花装饰毯的特征是用织物作底布（通常为方格网眼帆布），在底布上用针绣法把大量五颜六色的纱线按设计图案绣上制成。与品目 5810 的刺绣品相反，本品的底布可能除了边缘以外，全部都被针绣纱线所覆盖。根据针绣方式的不同，针迹也有各种名称，如小针脚、粗针脚、十字绣、双十字绣等。

归类时需注意区分装饰毯与第五十七章地毯的区别。装饰毯是用各段长度及颜色不同的短纱线（有的长度小于装饰毯的宽度）作为纬纱，并按一定的组织织入经纱中，从而产生图案；而第五十七章的机织地毯的加工方法与普通机织物相同，其纬纱是同一根连续的纱线来回织入经纱中织成。由于加工方法不同，装饰毯在强度、厚度和结构上明显不适合作地毯之用，而地毯在厚度、硬挺度、强度和结构上明显适合做地毯之用，有些也可作装饰用途。

装饰毯主要作装饰之用，挂于墙上或铺于椅子软垫面上等。缝边、镶边、衬里等的装饰毯仍应归入品目 5805，但制成的物品，如晚会手提包、软垫、拖鞋等，均不归入品目 5805，而应按制成品的基本特征归类。

**3. 狭幅机织物归入品目 5806**

根据本章章注五的规定，符合如下规格的机织物应按狭幅机织物归入品目 5806。

（1）幅宽不超过 30 厘米的机织物。幅宽是指在织机上织成织物的宽度，两侧有织成的、胶粘的或用其他方法制成的布边。这类织物一般是用织带机织成的，通常几条带子同时织造，也可以是从宽幅机织物剪成并且两边都有假边，或一边是正常织边而另一边是假边。无假边的裁剪机织物不能作为狭幅机织物归类，仍按原机织物归类。

（2）压平宽度不超过 30 厘米的圆筒机织物。这类机织物是一次织造而成的，不是缝合或黏合形成的管状机织物。

（3）从机织物横向裁下的狭条构成的斜裁滚条布，未折边时的宽度不超过 30 厘米。由于这类织物是从宽幅织物上裁下来的，因而没有布边。

因此，只要幅宽不超过 30 厘米的机织物都应归入品目 5806（不包括第五十九章的纺织物)，包括幅宽不超过 30 厘米的第五十章至第五十五章的普通机织物及第五十八章的特种机织物。幅宽超过 30 厘米的机织物分别按第五十章至第五十五章的普通机织物及第五十八章的特种机织物归类。因此，机织物归类时必须明确其幅宽。但流苏状的狭幅织物归入品目 5808。

狭幅机织物主要是带子和带状织物，带子可用于内衣、女式衣着、帽子及花式衣领，也可用做勋章绶带、装饰性捆扎材料等；带状织物可用于鞍具、挽具，也可用于制带料、腰带或椅座等。

包扎匹头用带也归入品目 5806，其幅宽通常从几毫米到 1 厘米，用黏合剂粘制成有经纱而无纬纱的狭幅织物，主要用于捆扎包裹或制女帽帽鞭。

**4. 非绣制的纺织材料制标签及徽章归入品目 5807**

这类商品包括纺织材料制的标签（包括针织标签），即标有专门题词或花纹的有使用价值的标签，用做衣着、褥垫、帐篷、玩具或其他货品的标签。其还包括纺织材料制的徽章及类似品，包括通常缝在衣服外面的徽章、肩章等，如中国海关肩章。这些货品必须是非刺绣的，成匹或成条，或切成一定尺寸或形状成为独立件的，但未加工成制成品。

**5. 成匹的编带，非绣制的装饰带，流苏、绒球归入品目 5808**

编带是用纱线或第五十四章的单丝、扁条等沿对角线方向交织而成。在扁平编带中，其纱线沿着“Z”字形或其他更为复杂的方式成斜角从一边到另一边。在管状编带中，其纱线沿着螺旋形方向配置。管状编带可以有一条纺织纱芯。编带包括系带（如靴带或鞋带）、空心绳、饰带、装饰线、纺织丝带等，用于某些服装或装饰品的镶边或装饰。

这类编带不同于品目 5607 的编织品或编结品，它们编得较为松散，结构亦不够紧密。

棉芯丝绳及类似绳也归入品目 5808，其类似于粗松螺旋花线的嵌芯产品，但芯线更粗，由在螺旋编织加工过程中加捻的一束线或纺织粗线组成。棉芯丝绳用于装饰制成品、晨衣腰带、窗帘拉绳等。

各种尺寸、形状的流苏及装饰绳的花式端头、绒球等也归入品目 5808。

**6. 用于衣着、装饰及类似用途的金属线机织物及含金属纱线的机织物归入品目 5809**

用品目 5605 的含金属纱线织成的机织物及用第十四类或第十五类的金属线织成的机织物归入品目 5809，但这类织物必须用做衣料或用于装饰及类似用途，而且其他品目未具体列名。

金属线或含金属线与其他纺织纱线混合织成的织物，如果金属线或含金属线的重量超过所含任何一种其他纺织材料的重量，就应归入品目 5809。对此，含金属纱线应作为一种单一的纺织材料对待，其重量应以所含的纺织纤维及金属两者重量的总计作为其重量。

**7. 成匹、成条或成小块图案的刺绣品归入品目 5810**

刺绣品是用绣线在网眼薄纱、网眼织物、丝绒、带子、针织物或钩编织物、花边或机织物、毡呢或无纺织物的底布上进行加工，使底布上产生一种装饰性效果。绣线一般是纺织材料，也可使用其他材料，如金属丝、玻璃丝等。底布通常成为整个刺绣品的一部分，但在某种情况下，刺绣完成后用化学方法或剪去将底布去掉，仅留下刺绣图案。刺绣品有手工制品，也有机制的。参见本章章注六对刺绣品的规定。

归入品目 5810 的刺绣品主要有下列三种：

（1）不见底布的刺绣品，即把底布去掉的刺绣品，因此，其材料全部用刺绣图案构成。

(2) 刺绣后保留底布的刺绣品，其中绣线通常并不覆盖整个底布，而是仅覆盖图案表面或图案边缘。

(3) 贴花刺绣品，是在纺织物或毡呢底布上用刺绣针或普通针把珠片、饰珠或纺织材料或其他材料制的装饰用花纹图案缝上的物品，也包括把用编带、绳绒线或其他装饰带等在底布上形成的一种图案缝上的物品。

根据第十一类子目注释二（二）3 的规定，刺绣品在归类时应只考虑底布的属性，但不见底布的刺绣品及其制品应根据绣线的属性确定归类。例如，在棉布上用丝线刺绣的刺绣品，应按棉刺绣品归类，而无须考虑棉和丝的重量百分比。

但是，手工针绣嵌花装饰毯不归入品目 5810，而归入品目 5805。

**8. 被褥状纺织品归入品目 5811**

被褥状纺织品是由面料和胎料组成的成匹纺织产品，包括以下两种情形：

(1) 一层面料（通常为针织物、机织物或无纺织物）及一层胎料（如絮状的纺织纤维、毡呢、纤维素絮胎、泡沫塑料、海绵橡胶等）；

(2) 两层织物夹着一层胎料。

各层材料通常是以并排直线或装饰图案式地缝合起来，但缝合应主要起绗缝作用，所构成的图案并不使产品具有刺绣品的特征，也可用打结、黏合剂黏合、热黏合或其他方式结合在一起，但产品须有被褥效果，即具有类似于缝合或缝编被褥的鼓胀蓬松效果。

这类产品可经浸渍、涂布或包覆，或者其中的织物经浸渍、涂布或包覆，经过上述加工的被褥状纺织品不归入第五十九章。

这些材料通常用于生产绗缝外套、被褥、床罩、褥垫、衣服、窗帘、坐垫、台布内垫等。

这类被褥状的纺织品只能是材料状态，不包括用它加工的制品。例如，用被褥状纺织品制成的床罩应按制品归入品目 6304，制成被子和枕头则按寝具归入品目 9404。

# 第五十九章　浸渍、涂布、包覆或层压的纺织物；工业用纺织制品

## 一、本章商品范围

本章的纺织物经过了浸渍、涂布、包覆或层压等加工，赋予其特殊的物理性能，如防水、防火、防皱等性能。本章还包括专门技术用途的工业用纺织品（又称“产业用纺织品”）。

需要注意的是，不是所有的纺织物经浸渍、涂布等加工后都归入本章。根据本章章注一的规定，除条文另有规定的以外，本章所称“纺织物”仅包括第五十章至第五十五章的普通机织物、品目 5803 的纱罗、品目 5806 的狭幅机织物、品目 5808 的成匹编带或装饰带及品目 6002 至 6006 的针织物或钩编织物。上述纺织物经过浸渍、涂布、包覆或层压加工后才有可能归入本章，而其他纺织物即使经过浸渍、涂布、包覆或层压加工，均不能归入本章。

本章结构规律如下：

{浸渍、涂布、包覆或层压的纺织物…………………………………………5901～5907
工业用纺织制品……………………………………………………………5908～5911

## 二、本章商品归类方法

### （一）浸渍、涂布、包覆或层压的纺织物的归类

**1. 作书籍封面的用胶或淀粉涂布的纺织物、描图布、制成的油画布、作帽里硬衬布及类似硬挺纺织物归入品目 5901**

用胶或淀粉等涂布的纺织物，一般是在平纹机织物表面施涂一层厚胶或厚淀粉物质，用于制造书籍封面、小匣、眼镜盒或刀具盒、刀鞘等。

描图布是精细紧密的机织物，经过处理（如用天然树脂处理）后织物表面光滑，稍透明，适于供建筑师、制图员等描图之用。

制成的油画布，通常由亚麻、大麻或棉花制成，上浆后其一面涂有混入其他物质（如氧化锌）的亚麻子油混合剂。

作帽里的硬衬布及类似硬挺纺织物，是用轻质的疏松纺织物浸以黏合剂及填充料（如混有高岭土的胶或淀粉物质）制得的硬挺纺织物。

**2. 高强力纱制的帘子布归入品目 5902**

帘子布，不论是否以橡胶或塑料浸渍，用于制造轮胎，由一组并列的长丝经线在特定的距离以纬线加以固定组成。经线总是由十一类类注六规定的尼龙或其他聚酰胺、聚酯或粘胶纤维高强力纱线组成，而大间隔分布的纬线仅用于将经线固定下来，因而可由其他纱线组成。

**3. 用塑料处理的纺织物归入品目 5903**

用塑料浸渍、涂布、包覆或层压的非刚性纺织物归入品目 5903，不论每平方米重量多少及塑料的性质如何，还包括由品目 5604 的经塑料浸渍、涂布、包覆或套裹的纱线、扁条等制成的织物。

归入品目 5903 的纺织物必须符合本章章注二的规定。例如，用塑料对织物浸渍、涂布、包覆或层压，但如果用肉眼无法辨别出上述加工，即认为织物未经处理，这类产品不归入品目 5903，应按原织物归类。如用塑料浸渍、涂层后的纺织物是刚性的（15℃～30℃下，用手工将其绕于直径 7 毫米的圆柱体上会发生断裂）、纺织物完全嵌入塑料之中或在其两面均用塑料涂层或包覆等，应以塑料为基本特征归入第三十九章。

层压织物不应与用塑料黏合剂将各层简单黏合而成的织物相混淆，后者在其截面上看不到塑料，通常按原织物归类。

用塑料处理的织物可供各种用途，包括用做装饰材料，用于制造手提包及旅行容器、服装、拖鞋、玩具、电器用品等，还用于书籍装订和用做胶粘带等。

**【例】** 一种牛津布，用尼龙短纤织成平纹机织物，染成黑色，然后在其一面（此面作为背面）薄薄地涂上聚氨基甲酸酯（肉眼可见涂层）以防止雨水渗透，用于制作箱包

**【归类分析】** 该商品为普通机织物表面经过塑料涂层加工，并且仅单面涂层，应归入品目 5903。再根据涂层材料为聚氨基甲酸酯将其归入子目 5903.2090。

**4. 亚麻油地毡及以织物为底布经涂布或覆面的铺地制品归入品目 5904**

列诺伦，即亚麻油地毡，通过在一层纺织底布（通常为黄麻帆布）的一面涂上由氧化亚麻子油和树脂、胶及填充料（通常是软木粉）组成的浆料，可制成各种不同的厚度，用做铺地制品，也可用于覆盖墙壁、架子等。

以织物为底布加以涂层或盖面的铺地制品，是相当坚硬耐磨的材料，通过在纺织底布（包括毡呢）的一面施以涂层，将底布完全掩盖起来制成，所用的浆料通常由油与白垩组成，浆料涂布后再涂油漆。本品也可以由一层厚塑料层（如聚氯乙烯层），甚至仅直接在纺织底布上涂上几层油漆组成。

**5. 糊墙织物归入品目 5905**

糊墙织物需符合本章章注三的规定，是以纺织材料做面，固定在任何材料的衬背上或在背面上进行加工（浸渍或涂层以便于裱糊），适于装饰墙壁或天花板，且宽度不小于 45 厘米。

但是，用纤维短绒或粉末直接粘于纸上的糊墙品不归入本章，应归入品目 4814。由纺织纤维屑覆面机织物制成的糊墙品也不归入品目 5905，通常归入品目 5907。

**6. 用橡胶处理的纺织物归入品目 5906**

用橡胶浸渍、涂布、包覆或层压的纺织物归入品目 5906，重量超过 1500 克/平方米的，按重量计纺织材料含量在 50%以上；而重量不超过 1500 克/平方米的，则无纺织材料含量的要求。这类商品还包括由品目 5604 的用橡胶浸渍、涂布、包覆或套裹的纱线、扁条或类似品制成的织物，以及平行纺织纱线与橡胶胶合或轧合的无纬织物，用于制造轮胎、橡胶管、传动带或输送带等。以纺织物作底布的橡胶粘带，如电气绝缘带，也归入品目 5906。

用橡胶处理的织物主要用于制防水衣着、放射性特种防护外套、充气物品、野营设备、卫生用品等。

**7. 用其他材料处理的纺织物，作舞台、摄影布景用的已绘制画布，归入品目 5907**

用塑料及橡胶以外的其他材料浸渍、涂布或包覆的纺织物归入品目 5907，包括涂焦油、沥青等的织物，涂蜡织物，用天然橡胶和樟脑为成分的混合剂涂层或浸渍的轻薄织物，用以油为基料的制剂涂层或浸渍的织物，涂硅酸盐使之不易燃的织物，用一种均匀的油漆或金属粉整幅涂布的织物，表面用胶水、塑料、橡胶或其他材料涂布后喷洒一层纺织纤维屑、软木粉、玻璃粉末、云母粉屑等的织物，用凡士林作为基料的胶粘剂或用其他胶粘剂浸渍的织物等。

已绘制画布也归入品目 5907，包括画有室内或室外景色或具有装饰效果的油画布及类似的纺织材料，供舞台布景、肖像背景或电影摄影布景等用。这类商品可以裁切成形，也可以成卷或装配在木框架或金属框架上。

不归入品目 5907 的货品参照本章章注五规定。

## （二）工业用纺织制品的归类

**1. 用纺织材料制成的芯子，煤气灯纱筒及纱罩，归入品目 5908**

纺织材料制成的芯子包括灯芯、炉芯、打火机芯和烛芯等，通常是长条棉制扁、圆、管状纺织物，机织、针织或编结的。这类芯子不论是否切成一定尺寸或配有便于插入的铁丝或金属包头，均归入品目 5908。

煤气灯纱筒通常用苎麻、棉花或粘胶丝通过针织而成细网眼狭幅圆筒状织物，可用化学品浸渍（主要用硝酸钍及硝酸铈浸渍）。煤气灯纱罩，可以是半制成品（如短圆筒状或袋状织物）或是制成品。

**2. 纺织材料制的水龙软管及类似的管子归入品目 5909**

水龙软管（如消防水龙管）及类似用于输送液体的纺织材料制软管，通常是由棉花、亚麻、大麻或化学纤维织成或缝成管状的厚重紧密织物，可以用油、焦油或化学制剂涂层或浸渍，也可以用金属作护套或装上其他附件（例如，两管相接的紧固件、喷嘴等）。

**3. 纺织材料制的传动带或输送带及带料归入品目 5910**

这些传动带和输送带是用于传送动力或输送货品，通常用羊毛、棉花、化学纤维等经机织或编结制成，可由两层或多层经机织粘合成，可以用亚麻子油、松焦油等浸渍，也可以用清漆、铅丹等涂布。其还包括用纺织材料的绳、索制成的可即供使用的传动带，它们可以是环形的，也可以是两端装有扣件的。

根据本章章注六的规定，厚度在 3 毫米以下的带料不归入品目 5910，而应归入第五十章至第五十五章的普通机织物，或作为狭幅机织物归入品目 5806，作为编带归入品目 5808。但切成一定长度尺寸、两端首尾相接或装有扣件的传动带或输送带，不论其厚度多少，一律归入品目 5910。此外，用橡胶浸渍、涂布、包覆或层压的纺织物制成的或用橡胶浸渍、涂布、包覆或套裹的纱线或绳制成的带子及带料也不应归入品目 5910，应以橡胶为基本特征归入品目 4010。

**4. 专门技术用途的纺织产品及制品归入品目 5911**

归入品目 5911 的货品是专门技术用途的纺织产品及制品，必须符合本章章注七的规定，必须明显具有用于各种类型的机器、设备、装置或作为工具或工具零件的特征，特别适用于《协调制度》的有关条文明确规定应归入品目 5911 的纺织制品。

根据本章章注七，作专门技术用途的纺织产品及制品，只要不具有品目 5908 至 5910 产品的特征，均应归入品目 5911，而不归入第十一类的任何其他品目，即品目 5911 的商品在第十一类中优先归类。

这类产品既可以是材料状态，即成匹、裁成一定长度或仅裁成矩形（包括正方形），具体包括章注七（一）所规定的六种纺织产品，还可以是制成品，即章注七（二）所列的作专门技术用途的纺织制品，如泵、电动机等用的垫片、垫圈，擦鞋机或其他机器的圆盘、套筒及垫子，榨油机的纺织袋，真空吸尘器用袋，空气过滤装置用的滤袋，发动机用滤油器等。

# 第六十章　针织物及钩编织物

## 一、本章商品范围

本章所包括的纺织物，其加工方式不同于以经纱和纬纱交织而成的机织物，而是通过一系列相互串联的线圈制成的。这些织物可以染色、印花或色织而成。

本章的针织物或钩编织物是材料状态的，包括成匹（如圆筒织物匹头）或简单裁成矩形的针织物或钩编织物，但经进一步加工成制成品的不归入本章。针织或钩编的标签、徽章及类似品不归入本章，应归入品目 5807。针织地毯也不归入本章，应按地毯归入品目 5705。

本章结构规律如下：

起绒针织或钩编织物……………………………………………………6001
按宽度和弹性纱线比例区分的针织或钩编织物………………………6002~6004
其他经编织物……………………………………………………………6005
其他针织或钩编织物……………………………………………………6006

## 二、本章商品归类方法

针织物包括纬编针织物及经编针织物，其中经编针织物还包括缝编织物及经编机织成的织物。缝编织物的缝编工艺使用的机器与经编针织机相类似，通过尖头开口式导纱钩针及综丝进行工作。这些导纱钩针能在纺织纤维网、纱线层或底布（例如，一层机织物或塑料片）上利用织物的纱线形成线圈结构。经编机织成的织物，其经纱由一连串钩编线圈组成，该线圈能把纬纱定位，有时还构成花纹。

钩编织物是由手工通过钩针把一根连续长线钩成一系列的线圈，线圈与线圈相穿，按照线圈的不同编组方式而形成的素色织物或者具有紧密或透孔结构图案的装饰性织物。

针织或钩编织物也有各种组织，织物也可进行染整处理，具有未漂白、漂白、染色、印花、色织等表面特征。

**1. 针织或钩编的起绒织物归入品目 6001**

归类时要注意起绒针织物与品目 5801 起绒机织物及品目 5802 毛圈机织物的区别。起绒针织物是在线圈结构的针织物基础上利用纱线产生绒毛效果，一般织物的弹性较好，而 5801 及 5802 的产品为特种机织物，其基本结构是经纬纱线交织结构，一般无弹性。

还应注意，品目 6001 的起绒织物有时也称为“人造毛皮”，但同品目 4304 的人造毛皮是不同的，区别在于加工方法不同。品目 4304 的“人造毛皮”是用纤维、毛发通过缝合、黏合在底布上形成的，而品目 6001 的产品是通过针织加工由纱线形成绒毛。

**2. 弹性纱线或橡胶线含量在 5%及以上的针织物或钩编织物，根据宽度是否超过 30 厘米分别归入品目 6002、6004**

这类针织物或钩编织物必须含有 5%及以上的弹性纱线或橡胶线。其中，“弹性纱线”需符合本类注释十三的规定，这些纱线可拉伸至原长的三倍而不断裂，并在拉伸至原长两倍后五分钟内可回复到不超过原长度一倍半。

这类针织物或钩编织物中，宽度不超过 30 厘米的，规格类似于品目 5806 的狭幅机织物，归入品目 6002，而宽度超过 30 厘米的归入品目 6004。

**3. 宽度不超过 30 厘米的其他针织物或钩编织物归入品目 6003**

这类针织物或钩编织物不含弹性纱线或橡胶线，或者上述纱线含量在 5%以下，且宽度不超过 30 厘米。

**4. 其他经编织物归入品目 6005**

宽度超过 30 厘米的经编织物，不含弹性纱线或橡胶线，或者上述纱线含量在 5%以下，归入品目 6005。

**5. 其他针织物或钩编织物归入品目 6006**

本章其他品目未包括的针织或钩编织物归入品目 6006。如宽度超过 30 厘米的纬编针织物或钩编织物，不含弹性纱线或橡胶线，或者上述纱线含量在5%以下。

# 第六十一章 针织或钩编的服装及衣着附件

## 一、本章商品范围

本章的商品是针织或钩编的服装及衣着附件，包括大衣、西服套装、上衣、裤子、裙子、衬衫、内衣、T恤衫、背心、手套、袜子等，还包括服装和衣着附件的零件。但针织或钩编的胸罩、束腰带、紧身胸衣、吊裤带、吊袜带及类似品不归入本章，应归入品目6212。

本章品目编排是由外衣到内衣（品目6101至6108，在同一功能、款式范围内以先男装后女装排列），然后是T恤衫、套头衫、婴儿服装、运动服、特殊面料服装、其他服装、袜子、手套及其他衣着附件。

本章结构规律如下：

大衣至内衣的服装 ……………………………………………6101～6108
T恤衫、套头衫、婴儿服装、运动服及其他服装………………6109～6114
衣着附件和零件……………………………………………………6115～6117

本章的服装是由本类包括的各种纺织纤维加工而成，包括品目5809的金属线制织物。纺织纤维以外的各原料加工成的服装不归入本章，如塑料服装归入品目3926，橡胶服装归入品目4015，皮革服装归入品目4203，石棉服装归入品目6812，纸制服装归入品目4818。旧衣着也不归入本章，应归入品目6309。

## 二、本章商品归类方法

本章服装的归类一般按服装的功能和款式进行归类，但也有按用途归类的服装，如婴儿服装，还有按面料归类的服装，如品目6113所列的用塑料、橡胶或其他材料浸渍、涂布、包覆或层压的针织物制成的服装。

根据本章章注六的规定，婴儿服装在本章中优先归入品目6111，并且是第一优先。根据本章章注八的规定，用塑料、橡胶或其他材料浸渍、涂布、包覆或层压的针织物制成的服装（下文称之为“特殊面料制服装”）在本章中第二优先归类，归入品目6113。其他服装，则根据其功能和款式确定其基本特征分别归入品目6101～6110、6112及6114。其中，品目6101～6108是从外衣到内衣列名的服装，并区分男女式。品目6109、6110、6112分别为T恤衫、套头衫及开襟衫、运动服和滑雪服及游泳服，这三类服装是不区分男女式的。其他未列名的服装则归入品目6114。

针织或钩编的衣着附件及零件归入品目6115~6117。其中，袜子归入品目6115，手套归入6116，其他衣着附件（如披巾、围巾、手帕、领带等）归入品目6117，衣着零件也归入品目6117。

归类中需注意男女式服装的区别。根据本章章注九的规定，凡是门襟为左压右的服装，应视为男式；凡是门襟为右压左的服装，应视为女式。但式样已明显为男式或女式的服装无须考虑门襟的形式。对于无法区别男女式的服装，应按女式服装归类。

本章还包括各品目所列服装的不完整品或未制成品，只要这些产品具备了相应服装的基本特征，就可与完整品或制成品归类。但服装或衣着附件的针织或钩编的零件（品目6212的物品除外）应归入品目6117。如果经过某些加工（例如，缝边或形成领口）的针织物片或钩编织物片，准备用于制衣，但还未加工成服装或服装零件的，应按其他纺织制成品归入品目6307。

下面将根据服装归类的思路分别讨论各类服装的归类方法。

### （一）婴儿服装及衣着附件的归类

本章章注六对婴儿服装及衣着附件做出了规定，是指身高不超过86厘米的幼儿的服装及衣着附件。我国纺织行业标准FZ/T81014—2008对婴幼儿服装做出了规定，是指年龄在24个月及以内的婴幼儿使用的服装。归类中应注意两者的区别，前者是从婴儿身高加以限定的，而后者是根据婴幼儿的年龄加以限定的。显然，从身高角度加以区别更为合理。由于章注具有归类的法律效力，因此婴儿服装的归类应运用章注六，而不是我国的行业标准。

根据本章章注六，既可归入品目6111，也可归入本章其他品目的服装及衣着附件，应优先归入品目6111，而不归入其他品目。

**【例1】**全棉婴儿穿的袜子

**【归类分析】**尽管品目6115有袜子的具体列名，但该商品也可按婴儿的衣着附件归入品目6111。根据本章章注六，该商品应优先归入品目6111，而不能归入品目6115。再根据纤维材料归入子目6111.2000。

### （二）浸渍、涂布或包覆等处理过面料制成服装的归类

用品目5903、5906或5907的经塑料、橡胶或其他材料浸渍、涂布、包覆或层压的针织物或钩编织物制成的服装应归入品目6113。这类服装经过浸渍、涂布或包覆等加工后，往往具有防水、防皱、防火等功能。这类服装包括雨衣、潜水服（不带呼吸装置）及防辐射服等。

根据本章章注八的规定，既可归入品目6113，也可归入本章其他品目的服装，除品目6111所列的婴儿服装及衣着附件外，其余的应一律归入品目6113，即“特殊面料制的服装”应第二优先归类。因此，服装在归类中应明确其是否经过浸渍、涂层等加工，并以肉眼可辨别出作为标准。

需注意，如果用品目5903、5906或5907的三种面料加工成具有品目5811的被褥状纺织品后再制成的服装，不归入品目6113，一般作为防寒服装归入品目6101或6102。

**【例2】**男式上衣，用针织布经聚氨基甲酸酯涂层（肉眼可见涂层）的面料制成

**【归类分析】**尽管品目6103有男式上衣的列名，但该服装的面料是表面经过塑料涂层的针织物，即品目5903的面料，所以也可以归入品目6113。根据本章章注八，该服装应优先归入品目6113，而不归入品目6103，子目为6113.0000。

### （三）挡风御寒类外套的归类

这类服装一般是穿着在其他衣服外面用以挡风御寒等的针织或钩编的服装，包括大

衣、雨衣、短大衣、斗篷（包括雨披）、短斗篷、带风帽的防寒短上衣（包括滑雪短上衣）、防风衣、防风短上衣及类似品（如中大衣、厚重长大衣、带头兜斗篷、粗呢大衣、有腰带的双排钮大衣、风雪大衣、有胎料的背心）。男式的上述服装归入品目6101，女式的归入品目6102。用品目5811的成匹被褥状纺织产品所制的防寒外衣也归入品目6101、6102。

**【例3】**如图11-15所示的针织风衣，含涤纶52%、棉48%，针织起绒面料制成

**图11-15 针织风衣**

**【归类分析】**该服装由针织面料制成，应归入第六十一章。该服装的面料质地紧密，具有挡风御寒的特点，且门襟是左压右的，应按男式风衣归入品目6101，并根据十一类类注二混纺的规定，以涤纶为基本特征归入子目6101.3000。

## （四）上衣的归类

上衣是指人体上半身穿着的，前部全开襟，无扣或有扣（拉链除外），长度不超过大腿中部，不适于套在其他外套、上衣之上的服装。其面料除袖子、贴边或领子外，可由三片或三片以上布料（其中两片为前襟）纵向缝合而成。符合上述要求的上衣，男式的归入品目6103，女式的归入品目6104。

## （五）裤子及裙子的归类

裤子是穿于下半身的服装，一般由裤腰、裤腿、裤袋三部分组成。按裤管过膝与否，分为长裤、短裤。这里讨论的裤子主要是外穿类的长裤、护胸背带工装裤、马裤及短裤，不包括内穿类的内裤及三角裤。其中，针织面料制的长裤、护胸背带工装裤、马裤及短裤，男式的归入子目6103.4，女式的归入子目6104.6。

裙子是围穿于下半身的女式服装，一般由裙腰和裙体构成。归类中的裙子类服装包括连衣裙、裙子及裙裤、长衬裙及衬裙等。连衣裙是上衣与裙子连成一体的服装，可从肩部长至膝盖或以下。针织的连衣裙归入子目6104.4。裙子及裙裤归入子目6104.5。衬裙是穿于长裙内的装饰性内裙，比外裙略短，裙脚及胸部通常采用花边和刺绣等装饰，以衬托外裙，长衬裙及衬裙应按内衣类服装归入子目6108.1。

## （六）衬衫的归类

衬衫是指人体上身穿着并从领口处全开襟或半开襟的长袖或短袖衣服，其腰身以上可缝有口袋，有一衣领。男衬衫包括活络领衬衣、礼服衬衣、运动衫及普通衬衣。女衬衫包括罩衫、衬衣及仿男式女衬衫。衬衫从领口处前开襟，凡左襟搭在右襟上的视为男衬衫，反之为女衬衫。

根据本章章注四的规定，在腰围以下有口袋的服装、带有罗纹腰带及以其他方式收紧

下摆的服装或其织物至少在10厘米×10厘米面积内沿各方向的直线长度上平均每厘米少于10针的服装，不能作为衬衫归入品目6105、6106。无袖服装也不归入品目6105。

因此，在腰围以下有口袋的衣服应作为男式或女式上衣归入品目6103或6104，或作为开襟衫归入品目6110。带有罗纹腰带或以其他方式收紧下摆的衣服以及其织物至少在10厘米×10厘米面积内沿各方向的直线长度上平均每厘米少于10针的衣服应作为挡风御寒类服装归入品目6101或6102，或作为开襟衫归入品目6110。男式无袖服装，应归入品目6109、6110或6114。

### （七）内衣的归类

内衣是贴身穿的服装，包括内裤、三角裤、长睡衣、睡衣裤、浴衣、晨衣等，上述内衣，男式的归入品目6107，女式的归入品目6108。

但不是所有贴身穿的服装都按内衣归入品目6107、6108，如汗衫及内衣背心，由于在品目6109中具体列名，应归入品目6109。

### （八）T恤衫、套头衫及开襟衫的归类

T恤衫是指针织或钩编的内衣类轻质服装，用棉纤维或化纤织成的非起绒针织物制成，不论是否带衣兜，有紧身长袖或短袖，无领、无扣、领口无门襟，而且有各种不同的领口形状（圆形、方形、船形或V形领口）。这类服装可以印制、针织或用其他方法加上广告、图画或文字进行装饰，其下摆通常缝边，但绝不带束带、罗纹紧腰带或以其他方式收紧。T恤衫应归入品目6109，贴身穿的汗衫也归入品目6109。

套头衫是一种用于人体上半身穿着的，采用套头形式穿着的针织或钩编服装。开襟衫用于人体上半身穿着的针织或钩编服装，前胸全开襟或半开襟。套头衫和开襟衫一般穿在衬衫外及外衣内，也可当做外衣。套头衫及开襟衫归入品目6110。

需要注意的是，尽管T恤衫也是套头形式穿着，但T恤衫不能按套头衫归类。因为T恤衫是贴身穿的内衣类服装，而套头衫则不是贴身穿用的，这也是品目6109和品目6110的根本区别。此外，带帽的T恤衫已超出T恤衫的基本特征，且不具有本章其他品目所列服装的特征，应按其他服装归入品目6114。

**【例4】** 如图11-16所示的全棉针织服装

**图11-16 针织服装**

**【归类分析】** 该服装以针织物为面料，应归入第六十一章。该服装有领、有扣、开门襟，不符合T恤衫的要求，不能按T恤衫归类。该服装是半开襟的短袖服装，有衣领，未收紧下摆，符合衬衫的要求，应按衬衫归类。由于该服装的门襟是左压右的，故应按男式衬衫归入品目6105，并根据纤维原料归入子目6105.1000。

### （九）背心的归类

背心是无袖上衣，有贴身穿着的，也有外穿的，有套头式的，也有开襟的。针织背心的归类包括三种情形：针织羽绒背心应按防寒服归入品目 6101 或 6102，内衣类的背心应归入品目 6109，外穿的背心（如马甲）应归入品目 6110，如图 11-17 所示。

（a）羽绒背心　（b）内衣背心　（c）外穿背心

**图 11-17　各种针织背心**

### （十）套装的归类

根据十一类类注十四的规定，除了条文中有具体列名的成套服装外，不同品目所列的服装即使成套零售包装，仍应分别归入各自相应的品目。因此，成套服装的归类，首先要了解哪些套装是有具体列名的，如满足相应的归类条件，可以一并归类，否则应该分开归类。

套装是经过设计，上下装配套穿着的服装，一般由同色同料或造型格调一致的衣、裤、裙等相配而成。《协调制度》中涉及的套装包括西服套装、便服套装、睡衣裤、运动服、游泳服、滑雪服等。

**1. 西服套装和便服套装的归类**

西服套装及便服套装的归类规定如本章章注三（一）和（二）所述。西服套装由一件上半身穿着的外套或短上衣及一件下半身穿着的长裤、马裤、短裤、裙子或裙裤构成，还可以附带一件西服背心。上衣，除袖子外，衣身由四片或四片以上的面料经纵向缝合而成。西服背心的前片面料应与套装的面料相同，后片面料应与外套或短上衣的衬里料相同。便服套装由一件上半身穿着的衣服（套头衫及背心除外）及一件或两件不同的下半身穿着的长裤、护胸背带工装裤、马裤或短裤、裙子或裙裤构成。针织面料制的男式西服套装归入子目 6103.1，女式的归入子目 6104.1；男式便服套装归入子目 6103.2，女式的归入子目 6104.2。

**【例 5】**女式套装，其中包括一件涤纶针织上衣，一条全毛机织哔叽制裤子

**【归类分析】**根据本章章注三的规定，便服套装各件面料质地、款式、颜色及构成必须相同。该套装中的上衣是针织面料，裤子是机织面料，不符合便服套装的要求。根据十一类类注十四，上衣和裤子应该分别归类，上衣归入子目 6104.3300，裤子归入子目 6204.6100。

**2. 睡衣裤的归类**

睡衣裤由两件构成，即一件用于上半身穿着的睡衣和一条下半身穿着的睡裤，供睡眠或家居休息时穿用。其中，睡衣一般是全开襟的，有长袖和短袖两种。睡裤为裁剪简单的

长裤或短裤，裤腰嵌装松紧带。睡衣裤应按内衣类服装归类，男式睡衣裤归入子目6107.2，女式的归入子目6108.3。

**3. 运动服的归类**

品目6112列名的运动服应该是两件套的，一件上衣和一件下装。上衣是到腰或稍过腰的长袖上衣，袖口处以罗纹带或松紧带、拉链或其他方式收紧，下摆一般也以类似方式或束带收紧，如果前身开襟或半开襟，则一般以拉链闭合，可带风帽、衣领及口袋。下装是一条紧身或松身的裤子，裤腰以松紧带、束带或其他方式收紧，腰围处因不开口，故没有纽扣或其他扣紧装置。裤脚一般长至脚踝，裤脚可以罗纹带或松紧带、拉链或其他方式收紧。运动服不区分男女式，均归入子目6112.1。

**【例6】**如图11-18所示的男式篮球运动套装，由100%吸湿快干涤纶针织面料制成

**图11-18　篮球运动套装**

**【归类分析】**该套服装由针织面料制成，应归入第六十一章。该套装由两件构成，供运动时穿着，但上衣为无袖，不符合运动服中上衣必须为长袖的要求，故不能按运动服归类。根据十一类类注十四，该套装应该分别归类，上衣按内衣背心归入子目6109.9090，短裤归入子目6103.4300。

**4. 游泳服的归类**

游泳服是单件或两件套的游泳衣及游泳裤，不论是否有弹性，如图11-19所示。针织男式游泳服归入子目6112.3，女式的归入子目6112.4。

（a）单件游泳服　（b）两件套游泳服

**图11-19　游泳服**

**5. 滑雪服的归类**

根据本章章注七，从外观及织物质地来看，滑雪服主要是在滑雪时穿着的服装，可以是单件的滑雪连身服，除袖子及衣领外，可有口袋或脚带。其也可以是滑雪套装，即由两件或三件构成一套并作零售包装的下列服装：一件用拉链扣合的带风帽的厚夹克、防风衣、防风短上衣，也可附带一件滑雪背心，以及一条长裤、马裤或护胸背带工装裤。因此，单件的滑雪时穿着的上衣，由于不是连身服，不能作为滑雪服归类，往往按滑雪短上

衣归入品目6101或6102。

滑雪套装也可由一件连身服和一件可套在连身服外面的有胎料背心组成。

与其他套装类似，滑雪套装的各件面料质地、款式及构成必须相同，尺寸大小也须相互般配。但与其他套装不同的是，滑雪套装各件的颜色可以不同。

针织面料制的滑雪服归入子目6112.2。

### （十一）其他服装的归类

本章各品目未列名的针织或钩编服装归入品目6114，主要包括围裙、连身工作服、工作罩服及工人或外科医生等穿着的其他防护性衣服，教士或牧师的服装，专职人员或学者穿着的袍服，飞行员穿着的特种服装，某些运动、舞蹈或体操所需穿着的特种衣着（如击剑服、芭蕾舞裙、舞蹈练功紧身衣）。

### （十二）衣着附件的归类

**1. 袜子的归类**

针织或钩编的连裤袜、紧身裤袜、长筒袜、短袜、循序减压袜（如用以治疗静脉曲张的长筒袜）及其他袜类，均归入品目6115，无外绱鞋底的鞋类也归入品目6115。

但是，婴儿的袜子不归入品目6115，应作为婴儿的衣着附件优先归入品目6111；非针织或非钩编的袜子应归入品目6217。

**2. 手套的归类**

针织或钩编的各种手套，如分指短手套，露出部分手指的露指手套，仅把拇指分开的连指手套，防护手套及其他戴至前臂甚至上臂的长手套，均归入品目6116。但婴儿用手套应归入品目6111。

**3. 其他制成的针织或钩编的衣着附件和零件的归类**

本章其他各品目或《协调制度》其他各章未具体列名的针织或钩编衣着附件及零件归入品目6117。这类商品主要包括披巾、头巾、面纱、领带及领结、吸汗垫布、垫肩、各种腰带及肩带、手笼、衣袖护套、护膝布、服装的口袋、袖子、领子、手帕、头带、服装的可拆卸衬里等，也包括非裁切成形的标签、徽章、军衔符号及类似品（品目5810的小块图案刺绣品除外），但通过裁切制成的此类物品应归入品目5807。此外，品目6212所列物品的零件不归入品目6117。

# 第六十二章　非针织或非钩编的服装及衣着附件

## 一、本章商品范围

根据本章章注一，本章服装所用的面料是除絮胎及针织物或钩编织物以外的任何纺织物，包括第五十章至第五十五章的普通机织物、第五十六章的毡呢和无纺织物、第五十八章的特种机织物和第五十九章经处理的纺织物。但是，品目6212的胸罩、束腰带、紧身胸衣、吊裤带等可以是针织或钩编的。

本章品目编排规律与第六十一章基本相同，也是由外衣到内衣（品目6201至品目

6208，在同一功能、款式范围内以先男装后女装排列)，然后是婴儿服装、特殊面料服装、运动服、其他服装、手帕、围巾、领带、手套及其他衣着附件。很多服装的款式要求与第六十一章是相同或相似的，因此，第六十一章的有关内容适当修改后即可运用于本章，本章的有关叙述也适当简化。

本章结构规律如下：

| | |
|---|---|
| 大衣至内衣的服装 | 6201~6208 |
| 婴儿服装、运动服及其他服装 | 6209~6211 |
| 衣着附件和零件 | 6212~6217 |

## 二、本章商品归类方法

本章服装的归类一般也是按服装的功能和款式进行归类，但也有按用途归类的服装，如婴儿服装，还有按面料归类的服装，如品目 6210 所列的用毡呢、无纺织物，以及用塑料、橡胶或其他材料浸渍、涂布、包覆或层压的机织物制成的服装。

根据本章章注四，本章的婴儿服装及衣着附件第一优先归类，归入品目 6209。根据本章章注五，品目 6210 特殊面料制服装第二优先归类。其他服装，则根据其功能和款式确定其基本特征归入相应的品目。其中，品目 6201~6208 是从外衣到内衣列名的服装，并区分男女式。运动服和滑雪服及游泳服归入品目 6211，其他未列名的服装也归入品目 6211。

非针织或非钩编的衣着附件及零件归入品目 6212~6217。其中，胸罩、束腰带、紧身胸衣、吊裤带、吊袜带等归入品目 6212，手帕归入品目 6213，披巾、领巾、围巾、面纱等归入品目 6214，领带和领结归入品目 6215，手套归入品目 6216，其他衣着附件归入品目 6217，衣着零件也归入品目 6217。

下面将根据服装归类的思路分别讨论非针织或非钩编服装的归类方法。

### (一) 婴儿服装及衣着附件的归类

非针织或非钩编的婴儿服装及衣着附件第一优先归入品目 6209。

### (二) 浸渍、涂布或包覆等处理过的面料制成服装的归类

用毡呢、无纺织物，以及品目 5903、5906 或 5907 的经塑料、橡胶或其他材料浸渍、涂布、包覆或层压的机织物制成的服装应第二优先归入品目 6210。这类服装包括雨衣、油布雨衣、不带呼吸装置的潜水服及防辐射服。

需注意，如果用品目 5903、5906 或 5907 的三种面料加工成品目 5811 的被褥状纺织品后再制成的服装，不归入品目 6210，一般作为防寒服装归入品目 6201 或 6202。

**【例 1】** 涤纶无纺布制男式一次性浴衣

**【归类分析】** 一方面，该服装可以按男式浴衣归入品目 6207。此外，该服装是用品目 5603 的无纺织物加工而成，符合品目 6210 的描述。根据本章章注五，该服装应优先归入品目 6210，而不归入品目 6207，再根据纤维材料归入子目 6210.1030。

### (三) 挡风御寒类外套的归类

这类服装一般是穿着在其他衣服外面用以挡风御寒等的非针织或非钩编的服装，男式

的归入品目 6201，女式的归入品目 6202。用品目 5811 的成匹被褥状纺织产品所制的防寒外衣也归入品目 6201、6202。

### （四）上衣的归类

上衣的归类要求同第六十一章，男式的归入品目 6203，女式的归入品目 6204。

### （五）裤子及裙子的归类

非针织或非钩编的长裤、护胸背带工装裤、马裤及短裤，男式的归入子目 6203.4，女式的归入子目 6204.6。

非针织的连衣裙归入子目 6204.4，裙子及裙裤归入子目 6204.5，长衬裙及衬裙应按内衣类服装归入子目 6208.1。

**【例 2】** 如图 11-20 所示的真丝机织旗袍

**图 11-20　真丝旗袍**

**【归类分析】** 该服装以机织面料加工而成，应归入第六十二章。该旗袍长至膝部，已构成连衣裙的特征，因此，该旗袍应作为连衣裙归入子目 6204.4，并根据纤维原料归入子目 6204.4910。

### （六）衬衫的归类

非针织或非钩编的男衬衫归入品目 6205，女衬衫归入品目 6206。

在腰围以下有口袋的服装不能按衬衫归类，应作为短上衣归入品目 6203 或 6204。此外，男式衬衫不能是无袖服装，女式衬衫不能带有罗纹收紧下摆。

### （七）内衣的归类

男式内衣包括汗衫及其他内衣背心、内裤、三角裤、长睡衣、浴衣、晨衣等，归入品目 6207。女式内衣包括汗衫及其他内衣背心、长衬裙、衬裙、三角裤、短衬裤、长睡衣、浴衣、晨衣等，归入品目 6208。

### （八）背心的归类

这里的背心主要是外穿式的背心，包括两种情形：机织羽绒背心应按防寒服归入品目 6201 或 6202，其他背心（如西服背心）应作为其他未列名的服装归入品目 6211。

### （九）套装的归类

与第六十一章类似，非针织或非钩编的套装包括西服套装、便服套装、睡衣裤、运动服、游泳服、滑雪服等。这些套装应该一并归类，其他成套服装应分开归类。

**1. 西服套装和便服套装的归类**

西服套装及便服套装的归类规定如本章章注三（一）和（二）所述。机织面料的男式西服套装归入子目 6203.1，女式的归入子目 6204.1；男式便服套装归入子目 6203.2，女式的归入子目 6204.2。

**2. 睡衣裤的归类**

非针织或非钩编的睡衣裤由睡衣加睡裤构成，应按内衣类服装归类，男式睡衣裤归入子目 6207.2，女式的归入子目 6208.2。

**3. 运动服的归类**

非针织或非钩编的运动服应该是两件套的，归类要求同第六十一章。男式运动服归入子目 6211.3，女式运动服归入子目 6211.4。

**【例 3】** 如图 11-21 所示的男式运动套装，由 60%涤纶、40%棉机织面料制成

**图 11-21　运动套装**

**【归类分析】** 该套服装由机织面料制成，应归入第六十二章。该套装由两件构成，供运动时穿着，上衣为长袖，符合运动服的归类要求，归入品目 6211，并根据纤维原料归入子目 6211.3320。

**4. 游泳服的归类**

游泳服是单件或两件套的游泳衣及游泳裤，机织男式游泳服归入子目 6211.1100，女式的归入子目 6211.1200。

**5. 滑雪服的归类**

滑雪服可以是单件的滑雪连身服，也可以是滑雪套装。机织面料制的滑雪服归入子目 6211.2。

### （十）其他服装的归类

本章各品目未列名的非针织或非钩编服装归入品目 6211，主要包括围裙、连身工作服、工作罩服及工人或外科医生等穿着的其他防护性衣服，教士或牧师的服装，专职人员或学者穿着的袍服，飞行员穿着的特种服装，某些运动、舞蹈或体操所需穿着的特种衣着（如击剑服、芭蕾舞裙、舞蹈练功紧身衣）。此外，单独报验的非针织或非钩编的马甲也归入品目 6211。

### （十一）衣着附件的归类

**1. 胸罩、束腰带、紧身胸衣、吊裤（袜）带等货品的归类**

这类货品用以保持体形或作为某些其他衣着的支撑物，包括各种胸罩、束腰带、束腰

胸衣、紧身胸衣、吊袜带、吊裤带、背带、束袜带等。这类物品可用包括针织或钩编织物在内的任何纺织材料制，归入品目 6212。

**2. 手帕的归类**

手帕是正方形或近似正方形的，根据本章章注七的规定，其任一边长均不超过 60 厘米。手帕归入品目 6213，可以是普通手帕，也可以是作为包头、围脖或腰饰的方巾。这些手帕及领巾经折边、卷边、滚边或带有经纬线构成的流苏，有直边或荷叶边。因此，品目 6213 的手帕与品目 6214 的围巾的归类区别主要在于形状及尺寸。根据本章章注七，正方形或近似正方形的围巾，如果每边均不超过 60 厘米，应作为手帕归类。任何一边超过 60 厘米的手帕，应作为围巾归入品目 6214。

**3. 披巾、领巾、围巾、披纱、面纱的归类**

披巾，通常是正方形、三角形或圆形，其大小足以围裹头部及肩部。领巾及围巾，通常是正方形或长方形，用以围裹颈部。披纱，通常为网眼织物制的轻质披巾或领巾，妇女用以围裹头部及肩部。面纱，一般用轻薄、透明或网状的材料制成，也有用网眼织物制成的物品。上述货品归入品目 6214。

**4. 领带及领结的归类**

领带及领结归入品目 6215。裁剪成形供制造领带、领结用的织物由于具备了领带和领结的基本特征，也归入品目 6215。

**5. 手套的归类**

用非针织或非钩编的纺织物制成的分指手套、连指手套及露指手套归入品目 6216。

**6. 其他制成的衣着附件和零件的归类**

本章其他品目及《协调制度》其他章未具体列名的非针织或非钩编的衣着附件及零件归入品目 6217。这类货品包括吸汗垫布、垫肩及其他衬垫、各种腰带及饰带、手笼、衣袖护套、肩章、臂章、服装口袋、袖子、领子、单独报验的雨衣及类似服装的可拆卸衬里等。

# 第六十三章 其他纺织制成品；成套物品；旧衣着及旧纺织品；碎织物

## 一、本章商品范围

本章包括用任何纺织物制成而且在第十一类其他章或《协调制度》其他章未具体列名的制品，如毯子、床单、毛巾、台布、窗帘、床罩、包装袋、帐篷、旧衣物等。

本章结构规律如下：

其他纺织制成品……………………………………6301～6307
成套物品………………………………………………6308
旧衣着及碎织物……………………………………6309～6310

## 二、本章商品归类方法

### (一) 其他纺织制成品的归类

**1. 毯子及旅行毯归入品目 6301**

毯子及旅行毯是供御寒使用的，一般用羊毛、动物毛、棉或化纤制成厚重织物，表面常有丰厚毛绒。毯子四周的边缘通常以缝边或包边加固，或用流苏装饰。电暖毯尽管属于家用电热产品，但不归入第八十五章，应以毯子为基本特征归入品目 6301。

**2. 床上、餐桌、盥洗及厨房用的织物制品归入品目 6302**

床上用织物制品包括床单、枕套、被套、床垫套、毛巾被等。但有填充物的床上用品，如被子和枕头，不归入品目 6302，应作为寝具归入品目 9404。床罩也不归入品目 6302，其主要用途是罩在床上，按装饰用织物制品归入品目 6304。

餐桌用织物制品包括桌布、桌垫、台布、托盘垫布、餐巾、茶巾、餐巾袋、小垫布、杯垫等。但是，某些上述物品（例如，用花边、丝绒或锦缎等材料制成的台子中心的花饰垫布）不作为餐桌用织物制品归类，一般作为装饰用织物制品归入品目 6304。

盥洗用织物制品包括毛巾、浴巾、沙滩巾、方巾及盥洗用手套。这些物品一般都是用品目 5802 的毛巾织物加工成为制品。

厨房用织物制品包括擦盘巾、玻璃器皿揩巾。但是，用粗厚织物制成的擦地板布、擦盘子布、洗碗布、抹布及类似的清洁用布不属于“厨房用织物制品”的范围，应归入品目 6307。

**3. 窗帘、帐幔、帘帷或床帷归入品目 6303**

这些物品主要是用于窗户、床上的遮掩物，是用织物加工而成的制品，包括窗帘、帐幔、帘帷等。但是，蚊帐不归入品目 6303，应作为装饰用织物制品归入品目 6304；室外用的遮阳篷由于在品目 6306 有具体列名，故也不归入品目 6303。

**4. 其他装饰用织物制品归入品目 6304**

装饰用的织物制品包括家庭、公共场所、剧院、教堂等用的物品，以及用于船舶、列车车厢、航空器、篷车式挂车、汽车等的类似品。归入品目 6304 的物品应该是本章以上各品目及品目 9404 以外的纺织制品，包括壁布、典礼上用的纺织饰物、蚊帐、床罩、垫子套、家具套、装饰性台布等。

**5. 货物包装用袋归入品目 6305**

包装货物用袋通常是在货物的运输、储存或销售中使用的纺织包装袋，常用第五十三章的麻袋布制成及聚丙烯或聚乙烯机织物制成，可包装煤炭、谷物、面粉、土豆、咖啡等。品目 6305 的物品与品目 4202 的容器（也可用纺织材料做）是有区别的，品目 6305 的货物包装用袋是供装货运输使用，而品目 4202 的物品是日常用品。

**6. 油毡布、天篷及遮阳篷、帐篷、风帆、野营用品归入品目 6306**

品目 6306 的物品通常是用结实紧密的帆布制成的纺织品。油苫布一般用涂层的化纤织物制成或用厚实帆布制成，其四周经缝边并可配有洞眼、绳索、带子等。其他的天篷、帐篷、风帆等大都是化纤织物制成。野营用品包括帆布桶、水袋、盥洗盆、铺地布、充气床垫、充气枕、充气坐垫（品目 4016 的物品除外）、吊床等（品目 5608 的物品除外）。

**7. 其他制成品归入品目 6307**

品目 6307 的物品是第十一类其他品目或《协调制度》其他章未列名的纺织制成品。这类物品主要包括擦地布，救生衣及安全带，服装裁剪样，旗帜，家用洗衣袋，汽车、机器、网球拍等用的罩套，雨伞和阳伞的罩套，用织物作扇面制成的扇子，外科医生在手术时所戴的织物面罩等。

### （二）成套物品的归类

零售成套物品至少由一幅机织物与不论是否裁成一定长度的纱线（绣花丝线、毯绒纱线等）构成，用以制作小地毯、装饰毯、绣花台布、餐巾或类似纺织物品，该成套物品归入品目 6308。这些物品也可以带有如针、钩之类的附件。

需注意的是，品目 6308 仅指由机织物及纱线构成的零售成套物品，但还未制成小地毯、装饰毯、绣花台布、餐巾或类似纺织物品，因而与第五十七章的地毯、品目 5805 的装饰毯有区别。

### （三）旧衣着、旧纺织品及碎织物的归类

**1. 旧衣物归入品目 6309**

旧衣物应符合本章章注三的规定。其范围包括两类物品，一类是用纺织材料制成的下列物品：衣着和衣着附件及衣着零件（如服装、披巾、领巾、袜子、手套及衣领），毯子及旅行毯，床上、餐桌、盥洗及厨房用的织物制品，装饰用织物制品；另一类是用除石棉以外其他任何材料（如皮革、橡胶、纺织材料、植物茎秆或塑料）制成的各种鞋靴及帽类。上述物品必须明显看得出穿用过，并以散装、捆装、袋装或类似的大包装形式报验，方能归入品目 6309。

由于章注三对“旧衣物”的商品范围做了限定，所以其他的“旧物品”不能按“旧衣物”归入品目 6309。例如，旧的地毯应该与“正常”的地毯一样归入第五十七章，旧的装饰毯应该作为“正常”的装饰毯归入品目 5805，旧的弹簧床垫应该与“正常”的弹簧床垫一样归入品目 9404，旧的包装货物用袋、油苫布、帐篷等野营用品，应按“正常”物品归类。

**2. 碎织物及废线、绳、索、缆及其制品归入品目 6310**

碎纺织物包括不能再清洁或修补的旧损、脏污、破碎的装饰物、衣着或其他旧纺织品，以及新织物的小碎料（如裁缝时剪裁下的碎料），用过或未用过的废线、绳、索或缆，以及旧线、绳、索、缆和这类材料的破旧制品。

这些物品一般只适于供回收（如拉松）其纤维（一般供再纺），以及用于制造纸张或塑料、抛光材料或作为工业生产上用的揩布（如机器揩布）。但所有其他的纺织废碎料及下脚料均不归入品目 6310，应归入第五十章至第五十五章的有关“废料”或“回收纤维”的品目中。

# 思考与练习

**(一) 思考题:**

1. 简述混纺纱线的归类原则。
2. 表面有绒毛的纺织物如何归类?
3. 如何区别纺织面料和纺织制品?

**(二) 商品归类题:**

1. 克什米尔山羊绒原料
2. 经染色的棉纤维条
3. 把亚麻皮浸泡在水中,清除皮的杂质打成后所得的亚麻纤维
4. 精梳羊毛条
5. 绢纺染色线,非供零售
6. 绕成团,总重250克,羊毛55%、腈纶短纤45%混纺的精梳染色毛线,细度250特
7. 棉60%、亚麻40%混纺精梳二股线,每根单纱细度为200分特,非供零售
8. 棉40%、苎麻30%、亚麻30%混纺漂白精梳单纱,细度为240分特,非供零售
9. 腈纶长丝膨体纱,非供零售
10. 色织交织提花织锦缎,尼龙长丝50%、桑蚕丝50%,幅宽100厘米
11. 在机织平纹棉布上经蜡防印花处理的蓝花布,140克/平方米,幅宽90厘米
12. 蓝色三线斜纹布,涤纶短纤50%、棉50%,200克/平方米,幅宽110厘米
13. 单头棉花棒,棒头一端为棉絮,棒身为木杆,主要用于产品擦拭洁净
14. 聚乙烯与聚丙烯双组分纤维,纤维为皮芯结构,聚乙烯构成纤维的皮层,含量为65%,聚丙烯构成纤维的芯层,含量为35%,纤维长度约3毫米,与绒毛纤维素浆混合后用于制造纸尿布
15. 用涤纶短纤制的无纺布,布面上用尼龙粒涂布后成的无纺衬,20克/平方米
16. 棉纱线包覆橡胶线制橡皮筋
17. 细度为3000特的棉线
18. 丝制结织栽绒波斯地毯
19. 棉制成匹染色灯芯绒,已割绒,宽114厘米
20. 棉制毛巾织物,幅宽30厘米
21. 在棉布上用丝线制成的刺绣品
22. 用聚氯乙烯在涤纶机织物底布上单面涂布(肉眼可见涂层)后制成的人造革,成匹
23. 尼龙-6,6高强力纱制帘子布
24. 涤纶长丝制消防水龙软管
25. 布袋除尘器用滤袋,一种以聚苯硫醚为滤料,表面采用聚四氟乙烯浸渍处理的纺织滤袋,580克/平方米,直径130毫米,长8米
26. 棉制经编针织印花汗衫布,宽50厘米,成匹

27. 全棉针织婴儿内衣
28. 涤纶长丝机织物制男式羽绒背心
29. 涤纶无纺布制外科手术服
30. 印花机织物制正方形围巾，边长 60 厘米，按重量计，含棉花 50%、绢丝 50%
31. 棉氨混纺针织束腰胸衣，其中棉纤维 90%、氨纶长丝 10%
32. 羊毛针织分指手套
33. 正方形台布，涤纶短纤维无纺织物裁切而成（110 克/平方米），塑料袋装
34. 全棉蓝白格子色织机织物制床单
35. 粘胶长丝制提花软缎床罩
36. 编带制成的鞋带
37. 睡眠用眼罩，其外表面为黑色尼龙针织面料　内表面为棉制无纺布，内衬丁苯橡胶海绵，用于旅行或者日常休息时避免光线照射

# 阅读材料一：化纤的制造工艺

制造化纤通常要经过纺丝液的制备、纺丝和后加工三阶段。

**（一）纺丝液的制备**

依照原料的不同，其制备方法有熔体法和溶液法两种。熔体法是将固体高聚物加热使其融化成为黏性液体。溶液法是将纺丝原料高聚物用溶剂溶解成黏性的纺丝液。

**（二）纺丝**

溶液纺丝主要有湿法和干法两种。湿法纺丝是纺丝液从带有大量细孔的喷丝头中喷出后，在凝固液中由于溶剂扩散和凝固液渗透而固化成丝。其特点是喷丝头孔数多，纺丝速度慢。用此法纺丝的有粘胶纤维、腈纶、维纶、氯纶等。干法纺丝是纺丝液从喷丝头中喷出后，在热空气中因溶剂迅速挥发而凝固成丝，丝的质量较好，通常用于纺制长丝。

熔体纺丝是高聚物熔融液从喷丝头中喷出后，在空气或水中冷却凝固成丝。熔体纺丝过程简单，速度高，用于纺涤纶、锦纶、丙纶等合成纤维。

**（三）纺丝后加工**

纺丝所得的纤维为初生纤维，强度低，延伸度大，手感差，还不能供纺织使用，必须进行后加工处理。不同品种的纤维要经过不同的后加工。例如，供制造切段成短纤维的涤纶纤维要经过集束、拉伸、上油、卷曲、干燥定型、切断、打色等过程。长丝则一般须经过拉伸、加捻、后处理、包装等加工。

化学纤维经过拉伸，其内部大分子排列更为整齐，纤维的强力显著提高，而延伸度降低，与此同时，长度增加，纤度变细。纤维经拉伸后，还必须进行定形处理，否则遇热后分子运动加剧，已排列整齐的大分子会重新排列，纤维长度会缩短。高收缩纤维就是根据该原理制造的。拉伸后经过热定形处理的纤维，在以后遇到加热时，只要温度不超过定形时的温度，纤维内部结构不再变化，长度不再缩短，高强低伸性质可以保持下来，这种纤维叫做正规纤维。

化学纤维的长丝，主要用来加工纯纺织物或交织物。切段后的短纤维则大多用来制作混纺织物，如毛涤纶、粘锦华达呢、混纺毛毯、涤棉布、毛粘呢绒等产品，都是用两种或两种以上长度相当的短纤维混纺后制成的。

化纤短纤维由化学纤维的长丝按一定的规格切短后所得，一般分为毛型、棉型和中长型三种。毛型短纤维按羊毛长度切短，长度约 65 毫米至 120 毫米，可与羊毛或其他毛型短纤维混纺。棉型短纤维按棉花长度切短，长度约 30 毫米至 50 毫米，一般与棉或其他棉型短纤维混纺。中长型短纤维是介于毛型和棉型规格之间的，长度约 50 毫米至 75 毫米，中长纤维可与其他各种中长型短纤维混纺，并可利用原有的棉纺设备略加改进大量生产仿毛织物。

随着科学技术的发展，出现了很多特殊性能和功能的高技术纤维，可以满足人们的各种需要，如复合纤维、异形纤维、特种功能纤维等。

复合纤维又叫双组分纤维，是模仿羊毛的双边结构，由两种或多种成纤高聚物的熔体或浓溶液，利用配比、组分、黏度或品种不同，分别输入同一个纺丝组件，在适当的地方汇合起来，在同一纺丝孔中喷出，合成一根纤维。复合纤维的品种很多，有并列型、皮芯型、散布型等。复合纤维以湿法生产为多，也有用熔体法生产的，如锦/涤皮芯复合纤维。复合纤维通常具有立体卷曲，有高度的体积蓬松性、延伸性和覆盖能力，而且卷曲有可恢复性。

为了改善合成纤维织物的服用性，模仿天然纤维制成非圆形截面的合成纤维，称作异形纤维。异形纤维横切面通常有三角形、五边形、三叶形、多叶形、哑铃形、椭圆形、L形、藕形圆中空和异形中空等多种。三角形纤维具有闪光，用于制造闪光纱线。五边形纤维毛型感强，有抗起球性，可制银枪大衣呢。L形纤维保湿性较好。五叶形纤维像蚕丝，织物滑爽而没有蜡感，可制仿真丝绸。中空纤维轻而保暖，手感好，可仿鸭绒。异形纤维通常用异形喷丝孔的喷丝头制造，成纤过程中要求纺丝液迅速均衡地凝固。此外，也可采用熔体互粘、复合丝分离、后处理变形、中心吹气、复合异形或采用纤维表面变形等方法来制造。异形纤维可制成单丝、复丝、短纤维及弹力丝等。

特种功能纤维又叫智能纤维，是具有反渗透、分离混合气体、透析、吸附、离子交换、导光、导电等特殊功能的化学纤维。例如，以高透明度的聚合物为芯材，以透明含氟树脂为皮就可制成光导纤维，使光能在芯部沿其界面进行折射传导。再如，在化纤中混入石墨或铜、镍、硫化铜等导电性添加剂，就可制得有导电性和抗静电性的特种纤维，供做抗静电防爆作业服、带电作业服等。

## 阅读材料二：常见化纤的性质与加工

### （一）粘胶纤维

粘胶纤维是化学纤维中开发最早的品种，也是最常见的一种再生纤维素纤维。

粘胶纤维的生产原理是从植物材料中提取纯净的纤维素，经化学处理后制成纺丝溶液，采用湿法纺丝制造而成。由于纤维素不溶于常见的溶剂，也不熔融，因此必须先把纤维素与碱作用制成碱纤维素，再与二硫化碳作用生成纤维素黄酸酯，将纤维素黄酸酯溶于稀碱溶液即成为粘胶溶液，再将粘胶溶液经纺丝机的喷丝头挤入含酸凝固液中，在凝固溶液的作用下，纤维素黄酸酯凝固、分解，再生成粘胶细丝，经过洗涤、脱硫、漂白、皂洗、干燥等一系列后加工，制得所需要的纤维。通过切段工序也可以获得粘胶短纤维，有棉型粘胶纤维（人造棉）、毛型粘胶纤维（人造毛）及中长型粘胶纤维等种类。

普通粘胶纤维的横截面为不规则的锯齿形，有明显不均匀的皮芯结构。由于皮层和芯层在结构与性能上存在很大的差异，因此，通过工艺控制皮芯厚度的比例，可以生产出具有全皮层结构的粘胶纤维和全芯层结构的粘胶纤维。

粘胶纤维的吸湿性好，易于染色，织物柔软、光滑，透气性好，穿着舒适，染色后色泽鲜艳、色牢度好。

普通粘胶纤维的缺点是湿强度和湿模量低，缩水率高，织物易变形起皱。为了克服粘胶纤维的上述缺点，科学家们研制出高湿强度和高湿模量粘胶纤维。高湿强粘胶纤维，以提高粘胶纤维的结晶度为主要方式，形成全芯层结构的粘胶纤维，其主要代表产品有我国的富强纤维、日本的虎木棉或波里诺西克（Polynosic）。高湿模量粘胶纤维，以增加纤维的皮层结构和分子间的微晶物理交联作用，如高湿模量粘胶（HWM）、Vincel 和莫代尔（Modal）纤维等。强力粘胶，以提高分子的取向度和改善结晶颗粒尺寸与分布的方式，形成全皮层结构的粘胶纤维，如强力粘胶、Tenasco、Vistron 和 Tempra 等。

### （二）Lyocell 纤维

Lyocell 纤维是以 N—甲基吗啉—N—氧化物（NMMO）为溶剂，用于湿法纺制的再生纤维素纤维。1980 年由德国 Akzo-Nobel 公司首先取得工艺和产品专利，1989 年由国际人造纤维和合成纤维委员会（BISFA）正式命名为 Lyocell 纤维。英国 Courtaulds 公司生产的 Lyocell 纤维的商品名称为 Tencel，国内谐音商品名“天丝”，值得商榷，国家标准中译为“莱赛尔”。目前可工业化生产的还有奥地利 Lenzing 公司生产的 Lyocell 纤维和德国 Akzo-Nobel 公司生产的 Newcell 纤维。与其他合成纤维和再生纤维相比较，Lyocell 纤维最主要的特点是加工过程所用溶剂 NMMO 可接近 100%的回收，基本无污染。与现有的各种纤维素纤维相比，Lyocell 纤维比强度高，湿强损失低，手感柔软，悬垂性好。

Lyocell 纤维有原纤化倾向，纤维表面易发生分裂小纤维绒，但此缺陷可以得到控制和消除。当然也可利用此特征制造有桃皮绒感和柔软触感的纺织品。

### （三）聚酯纤维

根据国标的定义，聚酯纤维是由在分子链中至少含有 85%（质量分数）的对苯二酸二醇酯的线性大分子组成的纤维。《协调制度》中，聚酯纤维定义为：在高分子组成中，按重量计二醇与对苯二甲酸构成的酯至少为 85%的线性高分子纤维。两个定义基本上是一致的。显然，并不是含有酯基的高聚物纺成的纤维都是聚酯纤维。聚酯纤维是合成纤维的最大类属，其产量居所有化学纤维之首。这类纤维的主要品种是聚对苯二甲酸乙二酯纤维，我国的商品名是涤纶。

涤纶采用熔体纺丝，具有一系列优良性能，如强度大，弹性回复性好，耐酸、耐碱、耐腐蚀，不皱不缩，织物具有洗可穿性，故有广泛的用途。涤纶纤维的主要缺点是吸湿性差，在标准条件下的回潮率仅为 0.4%，导致涤纶染色性差。此外，涤纶纤维易燃烧，织物易起球。根据涤纶缺点研制的改性涤纶主要有亲水性涤纶和易染色涤纶，并有诸多改性、变形和同族纤维，如聚对苯二甲酸丁二酯（PBT）纤维、聚对苯二甲酸丙二酯（PTT）纤维、聚对苯二甲酸环己基-1,4 二甲酯（Kodel）纤维等。

### （四）聚酰胺纤维

凡分子主链由酰胺键（—CONH—）连接的合成纤维，统称聚酰胺纤维，我国的商品名是尼龙或锦纶，包括脂肪族聚酰胺纤维，含有脂肪环的脂环族聚酰胺纤维，含芳香环的脂肪族聚酰胺纤维，主要品种有聚酰胺 6、聚酰胺 66、聚酰胺 1010 等。我国首批聚酰胺 6 纤维产品是在辽宁锦西化工厂试制成功的，故定名为锦纶。芳香族聚酰胺纤维也是聚酰胺纤维的一种，由酰胺键或亚酰胺键连接芳香族基团所构成的大分子组成的纤维，我国商品名是芳纶，杜邦公司的商品名为“Kevlar”。芳纶具有超高强度、高模量、耐高温、耐酸耐碱、重量轻等优良性能，可用于防弹衣、头盔、航天材料、轮胎帘子线等。

锦纶具有一系列优良性能，其耐磨性居纺织纤维之冠，断裂强度高，伸展大，回弹性和耐疲劳性优良。因此，适用于运动类服装和伞、绳类用途。锦纶的缺点是吸湿及透气性差，耐光性和耐热性也较差。锦纶的初始模量比其他大多数纤维都低，因此在使用过程中容易变形，限制了锦纶在服装面料领域的应用。

### （五）聚丙烯腈纤维

聚丙烯腈纤维，我国的商品名为腈纶，因它的性质似羊毛，故通常又称为“合成羊毛”。它是由85%以上的丙烯腈和其他第二、第三单体共聚的高分子聚合物纺制的合成纤维。

腈纶强度较好，弹性好、手感柔软，耐日光和耐气候性特别好，染色性较好，故较多地用于针织面料和毛衫。腈纶的缺点是易起球、吸湿性较差，回潮率仅1.2%~2%，对热较敏感，耐酸碱性较差，属于易燃纤维。腈纶因其分子中的强极性氰基的作用，需加入其他单体改善其柔软性和染色性。腈纶具有许多的改性、膨松、共混、接枝的纤维，如与大豆蛋白、角蛋白、纤维素纤维的共混或混合，制备改性纤维；利用共混、不同牵伸及定形制成膨体纱等，是目前改性纤维中最为活跃的一支。

### （六）聚乙烯醇纤维

聚乙烯醇纤维的我国商品名是维纶（或维尼纶），生产原料为乙炔，与醋酸反应生成一种透明液体醋酸乙烯，经聚合后用烧碱处理，生成白色粉末状的聚乙烯醇，溶于热水中调制成胶液经纺丝即得聚乙烯醇纤维，其成本低，纤维吸湿性相对较好，有“合成棉花”之称。未经处理的聚乙烯醇纤维溶于水，用甲醛处理后可提高其耐热水性。狭义的维纶专指经缩甲醛处理后的聚乙烯醇缩甲醛纤维。

维纶的化学稳定性好，耐腐蚀和耐光性好，耐碱性能强，长期放在海水或土壤中均难以降解，但是，维纶的耐热水性能较差，弹性较差，染色性能也较差，颜色暗淡，易于起毛、起球，这也是其发展缓慢的最主要原因。但是，维纶良好的可溶性和纤维成形性，是作为其他原料共混或混合的重要的基本材料，如大豆蛋白改性纤维、角蛋白改性纤维、丝素蛋白改性纤维，大都用其作为载体。

### （七）聚丙烯纤维

聚丙烯纤维是用石油精炼的副产物丙烯为原料制得的合成纤维，我国的商品名是丙纶。其原料来源丰富，生产工艺简单，产品价格相对其他合成纤维低廉。聚丙烯纤维的比重小，仅为0.91克/立方厘米，比水小，是化学纤维中比重最小的。其不吸湿，标准条件下的回潮率接近于0，导致染色困难。聚丙烯纤维的强度较高，具有较好的耐化学腐蚀性，但耐热性、耐光性较差。

聚丙烯纤维常用做地毯、装饰布、各种绳索、渔网、吸油毡、建筑增强材料、包装材料和工业用布、滤布等。

### （八）聚氯乙烯纤维

聚氯乙烯纤维的我国商品名是氯纶，包括过氯乙烯和偏氯乙烯。由于氯纶分子中含有大量的氯原子，氯原子在一般条件下极难氧化，所以氯纶织物具有很好的阻燃性。氯纶的强度与棉接近，耐磨性、保暖性、耐日光性好。氯纶抗无机化学试剂的稳定性好，耐强酸强碱，耐腐蚀性能强，隔音性也好，但对有机溶剂的稳定性和染色性能比较差。氯纶因其特点主要用于装饰与产业用纺织品。

**（九）聚氨酯纤维**

聚氨酯纤维的我国商品名是氨纶，它是一种高弹性纤维。高弹性纤维是指在伸长率超过200%时，仍能很快地回复到原来长度的纤维，而氨纶纤维由易于弯曲的柔性部分（脂肪族聚酯或脂肪族聚醚）和刚性的结晶部分（氨基甲基酸酯—脲）嵌段组成，其弹性已达500%。它是利用聚氨基甲酸酯纺丝制得的，只有长丝状态。氨纶可供制造束腰带、紧身衣（游泳衣、体操衣等）、袜子、衣服罗口及外科手术用布等。

## 阅读材料三：纺纱工艺

纺纱是将纺织纤维加工成纱线的过程。“纺”含有将纤维组成条子并拉细加捻成纱的含义。纺纱按天然纤维分为棉纺、麻纺、绢纺和毛纺，工艺流程和设备不尽相同。化学纤维纯纺、混纺大多采用棉、麻、绢、毛纺纱工艺，也有一些专用工艺和设备。

**（一）棉纺**

棉纺的生产过程一般包括配棉、混棉、开棉与清棉、梳棉、精梳、并条、粗纱、细纱等工序。

**1. 配棉**

由于品种、产地、批号等不同，原棉的长度、细度、强力等性能存在差异。配棉就是根据纺纱要求，把各种不同品质的原棉，按一定成分和比例配合成为混合棉，以达到合理利用纤维、稳定质量和降低成本的目的。

**2. 混棉**

混棉就是把配好的各种不同品级的原棉混合均匀，以达到成纱的质量要求和品质稳定。

**3. 开棉和清棉**

开棉和清棉是不可分割的两个工序。对于经过打包压缩、将棉纤维压成很紧的原棉，开棉、清棉的作用是使纤维回复到蓬松舒展的状态，同时清除杂质、尘土及很短的纤维，使各原棉能均匀地混合在一起，形成厚薄较均匀的棉卷供应梳棉机，也可以直接以散状纤维块、纤维束用管道气流输送并分配给若干台梳棉机，后者称为清梳联合机。

**4. 梳棉**

梳棉机把纤维块或纤维束用针齿表面分梳成为单纤维状态，同时除去较细小的或黏附在纤维上的杂质，也除去一部分短绒，最后制成棉条输出。梳棉机输出的棉条，俗称生条，有规律地堆放在条筒中。生条中几乎不含杂质，纤维大部分呈弯钩状，需进一步加工。

**5. 精梳**

对品质要求较高或纺制高支纱的粗棉条，需要经过精梳工序，利用不同的针排分别对纤维的两端进行梳理，进一步清除棉条纤维中的短纤维和残余杂质，使纤维进一步伸直而有顺序地平行排列，制成精梳棉条。

**6. 并条**

并条工序是将棉条并合、牵伸并再成条。其中，牵伸可把在棉条中不平行的带弯钩的纤维抽直，是提高成纱品质的有效手段，可进一步提高棉条的均匀度，使纤维排列整齐，更加平行伸直。一般用 6~8 根棉条进行并条，通过并条机并合牵伸再成为棉条，并条制得的棉条俗称熟条。并条工序一般有 2~4 道。

由于并条时将几根棉条并列喂入，所以有混合作用。以不同的纤维条按规定比例在并条机上混合，称为条子混合，简称混条。

**7. 粗纱**

粗纱工序是将熟条通过牵伸、加以适当的捻度，使须条稍有捻紧抱合成为粗纱，最后将粗纱卷绕在纱管上或筒管上，供细纱机纺纱使用。

**8. 细纱**

细纱是成纱的最后一道工序，是将粗纱再经牵伸、加捻成细纱，使其具有良好均匀度及一定细度和强度。

细纱机纺成的棉纱都卷绕在细纱管上，称为管纱，也可以卷绕在纬纱管上，直接供织机使用，称为直接纬纱。管纱经络筒工序绕成直径大的筒子纱。筒子纱可以供机织、针织和编织用，也可以直接出售。根据纱的用途不同，筒子纱有的摇成绞纱，经小包机打成小包，再打成大包，称为件纱。有的则将两根纱先并列绕成并纱筒子，然后在捻线机上捻成股线，必要时再经过烧毛。股线还可多根并合复捻成较粗的缆线。

在棉纺机械上可以纺制化纤纱线或化纤与棉等其他纤维混纺纱线，也可以纺制包芯纱、包缠纱等各种花式纱线。

### （二）麻纺

麻纤维与棉纤维一样都属短纤维纺织原料，由短纤维纺成一根很长的有实用价值的纱，其纺纱工艺过程与棉纺基本相同。但针对麻纤维自身特有的性质和结构，在个别工艺环节中略有不同。麻纺依纤维种类可分为黄麻纺、苎麻纺、亚麻纺和叶纤维纺等四种纺纱过程。基本加工过程包括开松、梳麻、精梳、并条、粗纱、细纱。

### （三）毛纺

原毛中含有油脂、羊汗、砂土、草杂等物，须通过洗毛工艺除去油脂、羊汗和其余砂土杂质，碳化工序是利用羊毛耐酸不耐碱和植物耐碱不耐酸的特性，将羊毛浸于无机酸中，除去植物草杂，并经烘干成为净毛。山羊绒、驼毛、牦牛毛等洗净后要除去粗毛、皮屑等杂质。这些工序统称羊毛初步加工。

根据产品要求及加工工艺的不同，毛纺系统分为粗梳毛纺和精梳毛纺。

**1. 粗梳毛纺**

粗梳毛纺是把净毛经开松、梳理，分割成窄条、搓捻后直接纺纱的毛纺工艺，包括混合加油、梳理分条搓捻成粗纱，再牵伸加捻成细纱等过程。纺成的纱毛绒性较好，手感松软，富有弹性，支数较低，一般在 18 支以下，用于织造粗厚或有绒的呢绒，如麦尔登呢、大衣呢、法兰绒、粗花呢等。

（1）混合加油

粗梳毛纺使用的原料除各类净毛外，还包括精梳落毛、下脚毛、再生毛等各种回用毛和化学纤维等，有时也混用经过染色的纤维。因此，需要按产品设计的混毛比例进行混合，称合毛。为使纤维在梳理时减少损伤，和毛时须用喷雾方法加乳化油剂。在加工化学纤维时，还要加防静电剂。

（2）梳理、分条、搓捻

粗梳毛纺罗拉梳理机有2联、3联、4联、5联等系列，按原料和毛纱质量要求进行选用：纺较低支数毛纱时，可选用2联式；纱支高或质量要求较高，可选用多联式。经混合加油后的毛纤维送入第一联梳毛机进行梳理、去杂。毛网输出处装有轧辊式清洁器，清除粒状杂质。输出的毛网由过桥装置通过铺毛帘，将毛网折成带状，往复铺于运毛帘上，混合后进入下一联梳理机继续梳理，由最末联梳毛机输出的毛网经分条机构分成很多窄条，由搓皮板搓捻成粗纱后卷绕于粗纱轴上，以供纺细纱用。

（3）牵伸加捻

有环锭和走锭两种。走锭机是间歇运动，产量低，主要用于纺16公支以上的高级针织用纱，如羊绒纱、兔毛纱等，其特点是所纺毛纱柔软、丰满，表面较光洁。环锭细纱机一般纺2~16公支毛纱。

**2. 精梳毛纺**

洗净毛经梳理成条后，经过精梳及其前后的准备和整理过程，制成精梳毛条，然后纺成纱线，是为精梳毛纺。这个工艺过程包括梳毛、理条、精梳、整条和复洗、练条、粗纱、细纱等工序，主要分制条和纺纱两个阶段。

（1）制条

主要工艺流程是：（洗净毛）→混合加油→罗拉梳理→理条针梳（3道）→精梳→整条针梳和复洗烘干→（精梳毛条）。

散状净毛通过单锡林罗拉梳毛机制成毛条。毛条中纤维大部呈弯钩状，用交叉式针梳机将纤维反复梳直，然后喂入精梳机，梳去不符合工艺要求的短纤维和残存的草杂毛粒，通过复洗烘干，去除油污和染色条的浮色，并使纤维条定形不易回缩。复洗前后还要再经针梳机并合牵伸，最后制成符合标准单位重量的精梳毛条。在纺制精纺花呢用毛纱时，一般采用毛条染色。由于染色会使毛条中纤维的整齐度受到影响，还需通过复精梳，即将理条、精梳、整条工序重复一次。精梳毛条在纺纱前通常要经过一定时间的贮放，使其中纤维结构回复平衡状态。

（2）纺纱

主要工艺流程是：（精梳毛条）→混条→练条针梳（3~4道）→粗纱→细纱。混条是把不同种类或染色的毛条按比例搭配，在混条机上并合、牵伸成混合条。并合根数可达20~24根。混条机可由两台交叉式针梳机配合组成，也可由两道针梳梳箱构成专用机器。练条针梳进一步使毛条混合，纤维伸直平行，其中头道针梳机常配有牵伸自调匀整装置。

粗纱机是把针梳机梳下来的毛条拉细到一定程度，制成粗纱。粗纱分为有捻和无捻两类。有捻粗纱机采用锭翼加捻机构，使粗纱具有弱捻，有利于运输和减少意外牵伸，也有利于牵伸时控制纤维运动。无捻粗纱机采用搓捻机构，速度较高，粗纱截面圆而紧密，适宜纺细而卷曲多较短的纯毛纤维。

粗纱在环锭细纱机上纺制成细纱，称精梳毛纱。精梳毛纱除少量供纬纱使用外，一般都要经并纱、捻线、络筒加工为双股毛线。

由于选用纤维较长较细，经精梳后纤维条整齐度、均匀度较好，捻度较大，因此精梳毛纱的表面光洁，富有弹性，强力高。精梳毛纱支数一般为36~80公支，适用于织造精细的毛织物和混纺织物。这些织物一般较轻薄，织纹清晰，平整光洁，柔软细密，富有弹性，色泽柔和，经久耐穿等，如华达呢、哔叽、凡立丁、花呢、派力司等。

纺制绒线时，因纱支较粗，工艺流程在通过三道交叉式针梳机后，可不经过粗纱工序，直接在细纱机上纺成细纱，再捻合成线，并摇成绞线后进行染整加工；细绒线有的可以绕成团绒。

**3. 半精梳毛纺**

半精梳毛纺和精梳毛纺类似，但不经过精梳及其准备和整理加工。其工艺流程是：（洗净毛）→混合加油→梳理→针梳（3道）→粗纱→细纱。半精梳毛纺具有流程短、成本低的特点，但纱线质量比精梳纱略差，适宜纺制低支（2~12公支）纱和中支（30~40公支）纱。其产品大多是手工编结用纱、针织纱、地毯纱、工业和装饰织物用纱等，也可用以织制一般服装用料。

## （四）缫丝及绢纺

**1. 缫丝**

由一粒蚕茧抽出的单根长丝，十分细弱，细度约3旦，不能直接作为织造织品的原料，因此要集中若干粒蚕茧，同时进行抽丝加以胶合，成为多根蚕丝合并的生丝，这一生产过程称为缫丝。其主要工序为：原料——剥茧—选茧—煮茧—缫丝—复摇—整理。

缫丝有手工缫丝和机械缫丝两种，用手工缫丝的，品质较差，粗细不一致，其产品称为土丝，现正逐步被淘汰。机械缫丝是在缫丝厂中通过缫丝机进行缫丝，其产品称为厂丝，品质较好，粗细度比较均匀。

由二根或以上的厂丝（或土丝）并合加捻成纱。

**2. 绢纺**

绢纺是把养蚕、制丝、丝织中产生的疵茧、废丝加工成纱线的纺纱工艺过程。根据原料和成品性质，绢纺有绢丝纺和䌷丝纺两大类，产品包括绢丝和䌷丝。

（1）绢丝纺

绢丝纺是将绢纺原料经化学和机械加工纺成绢丝的过程。用做绢纺原料的桑蚕茧有疵茧、长吐、滞头和茧衣，柞蚕茧有柞丝挽手、扣和油烂茧，蓖麻蚕茧有剪口茧和蛾口茧。绢丝纺工艺依顺序分为精练、制绵和纺纱三阶段。

精练包括原料选别、脱胶、水洗、脱水、烘干等工序，目的是去除疵茧、废丝上的大部分丝胶及油脂和杂质，使纤维洁白柔软，呈现出丝素应有的光泽和手感，同时使纤维疏松，便于以后加工。原料选别是把原料按品质进行分类合并，并扯松除去杂质。脱胶，现在一般采用化学练法，在煮练液中加入适量的碱或酸和其他化学助剂起脱胶去脂作用。精练后纤维上残存的练液和悬浮物等杂质，需经水冲洗干净，再脱去水分，烘干成精干绵。

制绵包括精干绵给湿、配合称重、开绵、切绵、梳绵、排绵等工序，目的是把长而缠结的精干绵制成有一定范围长度适于纺丝的精绵。由于精干绵回潮率较低，所以采用乳化液给湿使丝纤维容易吸收水分，改善其柔软性和润滑性，有利于以后加工过程中减少纤维损伤和消除静电。配合称重是将种类繁多、品质不一的精干绵按比例搭配，称出一定重量后扎成球状。开绵机也称开茧机，把绵球开松，清除部分蛹体、蛹屑等杂质。切绵机把纤维切断成适合纺纱的长度，进一步梳松除杂，然后在圆梳机上梳理，除去短纤维、杂质和绵结，获得洁净而纤维平行伸直的精绵。圆梳机的滚筒落绵送到下道切绵机和圆梳机上再行加工。切绵和梳绵的道数一般为1～3道，分别制得头号精绵、二号精绵、三号精绵。末道落绵作为䌷丝纺原料。排绵是人工检查精绵的质量，剔除其中残存的杂纤维、并丝等，并分扯、折叠成一定宽度的精绵片。

纺纱包括精绵配合、延展、制条、并条、延绞、粗纱、细纱，以及并丝、捻丝、整丝、烧毛等工序。把各道圆梳机制得的精绵，依数量、质量和所纺产品支数的要求进行人工搭配。然后经两道延展机加工成一定长度的绵带，以便控制绢丝的支数；再经制条机做成连续的绵条；把绵条经3道并条机反复并合和牵伸进一步拉细，改善均匀度，使纤维更好地伸直平行。绵条经2道粗纱机制成粗纱，头道粗纱机称延绞机，具有针辊式牵伸机构和皮板搓捻装置，出来的延绞绵条盛入条筒中；二道粗纱机也具有针辊式牵伸机构，用锭翼加捻。环锭细纱机大多采用双皮圈摇架加压牵伸机构。

绢丝一般都采用两根细纱在并丝机上合并，在环锭捻线机上加捻成股线，再经过带有隔距片的整丝机或有电子清纱器的络筒机除去糙疵，通过1～2道烧毛机除去绢丝表面毛茸糙粒，使绢丝表面洁净，光泽增强，最后摇绞并打成小包。

传统的绢丝纺采用切绵、圆梳的方法制取精绵，称为圆梳工艺。制得的精绵绵粒少，纺出的绢丝外观光洁，但这种制绵工艺机械化程度低，工人劳动强度高，劳动生产率低。另一种方法是采用直型精梳机代替圆梳机，称精梳工艺。把经开绵机处理后的绵张喂入罗拉梳绵机制成绵条，用针梳机进行二次理条，送入直型精梳机做成精梳绵条，再经一道针梳机整条后继续纺纱加工。精梳工艺手工操作少，劳动强度低，但纺出的绢丝绵粒较多，洁净度较差。也有采用圆梳机和精梳机并用的工艺，例如采取一道圆梳，头号精绵直接用于纺纱，其落绵经精梳提取较长纤维制成绵条，进行纺纱，精梳机落绵则作为䌷丝纺原料。

天然丝纤维细长、柔软，富有光泽，吸湿性好，可以纺制高支（160～270公支）绢丝，织造轻薄的绢纺绸，是高级衣着用料；也可与化学纤维、生丝或毛纱等交织成外观优美、穿着舒适的织物。用绢丝也可制造针织物，以及缝纫丝线、刺绣丝线等。

（2）䌷丝纺

䌷丝纺是把末道圆梳机落绵或精梳落绵加工成䌷丝的过程。由于这些落绵的纤维长度短，整齐度差，含绵粒杂质多，因而只能采用粗梳系统纺制质地疏松、支数较低（10～30公支）的纱。

落绵先经绵箱给绵机、豪猪式开绵机等组成的开清绵联合机进行开松和除杂，然后混合给湿，再在具有自动喂绵机和过桥机构的双联式罗拉梳理机上梳理，经分条和搓捻机构制成粗纱，在环锭细纱机上纺成䌷丝，最后摇绞和成包。

用䌷丝制成的绵绸，柔软丰满，表面多绵粒，是一类别具风格的服饰用料。

### （五）化学纤维纺纱

化纤的纱有长丝和切段的短纤维纺纱两种加工。由多根长丝并合加捻后即成为实用的长的纱（再由二根或以上的纱并合加捻后可成为线）。短纤维（棉型、毛型、中长型）的纺纱实际上与棉纺、毛纺生产基本相同，先经梳理成纤维条，再加捻成纱。其中，棉型及中长型短纤维基本上在棉纺厂进行纺纱，毛型短纤维在毛纺厂进行纺纱，都可纺成较长的纱。

为了增加纺织物的花色品种，对纱线有不同品种的要求，把化纤通过各种不同的加工，可生产出各种形态和性质的纱线，以适应广泛的用途。利用合成纤维的热塑性，通过变形处理，改变其外观和结构，加工成的纱叫做变形纱（或变形丝），其主要特征是具有弹性或蓬松性。变形纱的主要原料为涤纶和锦纶，其次为腈纶等。现在生产的变形纱品种主要有高弹纱、低弹纱、卷曲纱、环圈纱、膨体纱等。变形纱比一般长丝纱具有较高的蓬松性、卷曲度、透气性和柔软度，有的还具有高弹性伸长的特性。由高弹性变形纱制成的针织内衣、袜类等，穿着时可适合不同体型伸缩自如。

# 阅读材料四：机织物的常见品种

利用不同的纤维原料、织物组织、经纬密度、染整加工，可以织造出丰富多彩的机织物。下面重点介绍丝机织物、棉机织物和化纤长丝机织物的常见品种。

## （一）丝机织物的常见品种

### 1. 绡类

绡类采用平织或透孔组织为地纹，经纬密度小，质地爽挺轻薄、透明，孔眼方正清晰。绡类经纬纱常用不加捻或加中、弱捻桑蚕丝制织，生织后再精炼、染色或印花整理，或者生丝先染色后熟织，织后不需整理。绡织物从工艺上可分为素绡、提花绡和修花绡等，主要用于做晚礼服、头巾、连衣裙、披纱、灯罩面料、绢花。

### 2. 纺类

纺类采用平纹组织，生织后再经练白、染色或印花，构成平整细密而又比较轻薄的花、素（以素色为主）、条、格织物，经纬一般不加捻。常见品种有电力纺、尼丝纺、富春纺、麦浪纺、绢格纺等。纺类织物用途广泛，中厚型纺绸可作衬衣、裙料用料，中薄型纺绸可作伞面、扇面、灯罩、绢花及彩旗用料。

### 3. 绉类

绉类是运用工艺手段和结构手段（如不同捻度、不同捻向的捻线织制，或利用经纬纱张力差异，或利用不同原料的收缩性能差异等），以丝线加捻和采用平纹或绉组织相结合织制的，生丝织成后经练白、染色、印花或经过后处理，使织物呈现绉效应，成为富有弹性的丝织物。其主要品种有双绉、乔其绉、香碧绉、留香绉等。绉织物主要用做服饰和装饰。

### 4. 绸类

绸类织物的地纹采用平纹或各种变化组织，或同时混用几种基本组织和变化组织。凡利用通常组织类的组织，无其他类特征的各类花（提花）、素（不提花）丝织物，均属于此类。其主要品种如塔夫绸、绵绸、双宫绸、珍珠绸等。

### 5. 缎类

缎类全部或大部采用缎纹组织。经丝熟织略加捻，纬丝除绉缎外，不论生熟织，一般均不加捻。缎类织物质地紧密柔软，绸面平滑光亮。常见的品种如绉缎、九霞缎、织锦缎、古香缎、软缎等。

织锦缎是丝绸织品中织制最精巧复杂的品种，经丝为生丝三根的捻合线，纬向用有光人造丝，采用八枚缎纹提花组织织成，彩色花纹，通常均在三色以上，有的达六、七色之多，豪华富丽、灿烂夺目。

古香缎也是缎纹地起绒花，它和织锦缎的主要区别仅是花和密度规格不同，织出的是各色各样富有民族风格的古雅花卉和山水风景、净地满碎花等，是我国特有的传统丝织工艺品。

软缎一般分为素软缎、花软缎和人丝软缎等。

**6. 锦类**

锦类是采用斜纹、缎纹等组织，经、纬无捻或弱捻，绸面精致绚丽的多彩色织提花丝织物。这类织物的外观五彩缤纷、富丽堂皇，花纹精致古朴，质地较厚实丰满，采用纹样多为龙、凤、仙鹤和梅、兰、竹、菊，以及文字“福、禄、寿、喜”、“吉祥如意”等民族花纹图案。锦采用精炼、染色的桑蚕丝为主要原料，还常与彩色人造丝、金银丝交织。其主要品种有蜀锦（四川省传统织品）、宋锦（苏州传统织品）、云锦（南京传统织品）、壮锦（广西壮族传统织品）。

蜀锦多用于室内装饰，如挂屏、床罩、被面及妇女袄面及少数民族衣料；宋锦现多用于装帧书画、制作礼盒及折扇边等；云锦多用于制作高级服装及装饰用品；壮锦用于做背包、壁毯等用品和艺术品。

**7. 绢类**

绢类采用平织或重平组织，经、纬线先染色或部分染色后进行色织或半色织套染的丝织物。绸面细密挺爽，光泽柔和。经纬线不加捻或加弱捻。绢织物一般用做服装，还可用做床罩、毛毯镶边、玲姐、帽花等服饰，常见的品种有天香绢、繁花绢、西湖绢等。

**8. 绫类**

绫类采用斜纹或变化斜纹为基础组织，表面具有明显的斜纹纹路，或以不同斜向组成山形、条格形及阶梯形等花纹的花、素丝织物。绫类丝织物丝光柔和，质地细腻，穿着舒适。中型质地的绫宜作衬衣、头巾、连衣裙和睡衣等用料，轻薄绫宜做服装里子或装裱书画经卷。其主要品种有辛格绫、牛仔绫、采芝绫等。

**9. 罗类**

罗类是全部或部分采用罗组织，即绞经在每织 3 梭或 3 梭以上奇数纬绞转一次的罗类丝织物。以罗组织织成的织物，其外观具有横条或直条形孔眼的特征，分别称为“横罗”和“直罗”。罗类织物紧密结实，身骨平挺爽滑，透气性好，花纹雅致，多用做服装面料、装饰用品和刺绣坯料。其主要产品包括杭罗、帘锦罗等。

**10. 纱类**

纱类是在地纹或花纹的全部或一部分采用绞纱组织，构成具有纱孔的花、素织物。纱类织物质地轻薄透明，具有飘逸感，透气性好，织物结构稳定，比较耐磨。素纱多为生织，如化妆面纱、萤波纱。花纱多为熟织，如莨纱、芦山纱等。

莨纱绸俗称香云纱，是我国广东的传统产品，也是我国特有的丝质拷胶夏季衣料。莨纱绸可分为两种，一种是利用大提花机在平纹地上以绞纱组织提出满地小花纹，并有均匀细密的小孔眼，经上胶晒制而成，称为莨纱；另一种用普通织机织造的平纹组织的绸坯，经上胶晒制而成，称为莨绸。莨纱绸穿着爽滑、透凉、舒适，容易散发水分，适宜夏季穿着，织物耐晒、耐穿、耐洗，干后不需要熨烫。

**11. 葛类**

葛类采用平纹、经重平、急斜纹组织，经纬用相同或不同种类的原料制织成的花、素丝织物。其一般为经细纬粗，经密纬疏，地纹表面少光泽，并具有明显横棱凸纹，主要品种有文尚葛、春光葛、印花葛等，用做春秋季或冬季棉衣面料、服装，以及坐垫、沙发面料等装饰用绸。

**12. 绨类**

绨类用粘胶长丝作经，棉纱、蜡线或其他低级原料作纬，以平纹组织交织而成。绨质地粗厚、缜密，织纹简洁清晰。大花纹的花绨，多用做被面或其他装饰品，小花纹的花绨与素绨常用做衣料。

**13. 绒类**

绒类表面具有绒毛或绒圈，采用桑蚕丝制织而成，质地柔软，色泽鲜艳光亮，绒毛、绒圈紧密。其一般采用复杂组织中的双层组织，织成后经割绒成为两块起绒毛的织物，主要品种如乔其绒、金丝绒、立绒、天鹅绒、利亚绒等，统称丝绒。丝绒可染色、印花。乔其绒绒面细密顺向；立绒绒毛密实，挺立不倒，绒短而平整；金丝绒经、纬丝都不加捻，绒毛浓密，绒长而略带倾斜。丝绒用于制作服装、帷幕、窗帘、装饰用品和工艺美术用品。

**14. 呢类**

呢类采用绉组织、平纹组织、斜纹组织或其他短浮纹联合组织，应用较粗的经纬丝线制织，质地丰厚，具有毛型感。其主要品种如大伟呢、丰达呢、丝毛呢、西湖呢、康乐呢等，适于中老年冬令服装用料。

## （二）棉机织物的常见品种

### 1. 平纹类

（1）平纹布

平纹布又称平布，一般所用经纬纱相同或差异不大，经纬密度也很接近。平纹布的经纬向强力较为均衡，结实耐穿，布面平整，但缺乏弹性。平纹布的主要品种有市布、粗布和细布，都是一上一下的平纹组织，三者的主要区别是所用的经纬纱粗细不同。市布一般采用21~30特的中号单纱作为经纬纱织成，粗布一般采用32特以上粗支纱织成，细布采用11~20特较细纱作经纬织成。

（2）府绸

府绸是平纹棉织物中的高档品种，有纱府绸、半线府绸（线经纱纬）和全线府绸三种，纱线较细，品质较高。府绸经密要高于纬密近一倍，结构紧密，滑爽柔软，有绸类特征，可作衬衫、外衣或绣花底布。府绸也有采用平纹变化组织织成条格的。

（3）麻纱

麻纱不是麻织物而是棉织物，是平纹变化组织的一种。其经纱中有一部分是双纱，有一部分是单纱，相互间隔排列，织物密度比较稀疏，布面有细小空隙，平挺爽滑，有麻布类的特征，所以取名麻纱，宜作夏季衣料、手帕和装饰用布。

（4）巴里纱

巴里纱也叫玻璃纱，是用细号棉纱织制的稀薄平纹织物，质地半透明，可作窗帘、夏服用。

**2. 斜纹类**

(1) 斜纹布

一般是二上一下的斜纹组织，倾斜的角度是45度，正面斜纹的纹路比较显著，反面似平纹状，一般称为单面斜纹。斜纹布的经密大于纬密，质地较平纹布紧密厚实，手感较平纹布柔软。

(2) 卡其

卡其有纱卡其和线卡其之分。纱卡其一般是三上一下斜纹组织，正面有斜纹纹路，斜向70度左右，其反面似平纹，故称单面卡。线卡其是二上二下的斜纹组织，有全线卡其和半线卡其（线经纱纬）两种，斜向65度左右，正反面纹路都很清晰，故称双面卡其。线卡其密度大，斜纹纹路明显突出，布身坚硬厚实。卡其可用于男女春秋服装，如经加工上防雨浆后，即成为防雨卡其布，可做风衣、雨衣等。

(3) 华达呢

华达呢也是二上二下斜纹组织，倾斜角为60度左右，密度比卡其小些，斜纹纹路比卡其略宽，可隐约看到纬纱，布身柔软适宜，适合做各种男女服装。

(4) 哔叽

哔叽也是二上二下的斜纹组织，有线哔叽和纱哔叽之分，一般以纱哔叽为多。其倾角均为45度左右。哔叽的密度小，纹路宽，布面纹路清晰，质地较松软，宜做男女儿童各种服装。

**3. 缎纹类**

贡缎采用缎纹组织。其中，采用经面缎纹的称直贡缎；采用纬面缎纹的称横贡缎，常经丝光处理。横贡缎纱支细密，经纱为14.5特，纬纱为10~14.5特，反光比直贡好，更像丝绸，它以印花为多，色彩鲜艳，宜做妇女儿童的外衣、衬衫、裙子等。

**4. 提花布**

提花布的织纹构成图案，有大提花和小提花两类。白织大提花织物多织成床单、台布、餐巾等，其小提花织物多是府绸、麻纱等。色织大提花织物多用做家具布，小提花织物则用做妇女、儿童衣料。

**5. 色织类**

色织布是用漂白或各种不同颜色的纱线作为经纬织成的织物，其花色品种、组织、规格繁多，用途广泛。

(1) 线呢

线呢是用染色或漂白的纱和线，按设计图案织成的色彩鲜艳的色织物，其多数是彩色条格，也有提花，还可以用绉线、环圈线、断丝线、松捻线、夹丝线、金银线等花式纱线，使成品具有毛织花呢的风格。线呢经纬一般均用18.2特双股线，有素花、条花、格花、提花、绉花、夹丝绉花等品种，可作各种外衣衣料，也可作装饰用布。

(2) 条格布

条格布是全纱色织布，以平纹、斜纹为主，利用色纱织出条子或格子的花纹及其他花纹，常用27特单纱作经纬，通常很少使用花式线，可作妇女、儿童衣料等。

(3) 劳动布

劳动布是用不同颜色的纱线织成的三线或四线斜纹色织物，包括破斜纹组织的色织物。这种色织物以经纱为面，经纱染成一种相同的颜色，纬纱未漂白或经漂白、染成灰色或比经纱稍浅的颜色。

（4）牛津布

牛津布是英国牛津地区首先生产的平纹或方平组织的精梳棉织物。其有小套格花纹或细条形花纹，漂白或匹染素色，色织时用色经白纬织或浅色平素织物或彩色条格，多用做夏季衬衣、运动服、睡衣等。

**6. 起绒类**

绒布是用较细的经纱和较粗的纬纱织成，纬纱捻度较松，纬密大于经密，经过4次拉毛，纬纱中的纤维尾端被拉出，布面形成丰满的绒毛。绒布有条子绒、格子绒、彩格绒、芝麻绒、衬绒、凹凸绒、台板绒、麂皮绒等品种，有单面起绒的单面绒和双面都起绒的双面绒。其除用做冬季内衣外，印花、色织、条格的绒布可作妇女、儿童外衣料。

**7. 起皱类**

泡泡纱在制造方法上有三种：第一种是用印花方式以浓碱收缩作用成泡的，一般称为泡泡纱；第二种是织成泡泡的，是利用一紧一松两只经轴，使张力不同的经纱相间排列，织成的织物也会呈现泡泡状皱状，一般称为织条皱布；第三种是采用机械轧出花纹泡泡的，一般称为轧纹布或凹凸布。泡泡纱采用平纹组织织成的细布经加工制成，有单色、印花和色织等品种，可做床罩、窗帘、台布及夏季服装等。

## （三）毛机织物的常见品种

毛机织物有粗梳毛织物和精梳毛织物两类。

**1. 粗梳毛织物**

粗梳毛织物的品种很多，现列举几种典型的粗梳毛织物。

（1）麦尔登类

大部分以二上二下斜纹组织，用细支羊毛12~16公支纱织成，经缩绒而不拉毛，重量在360克/平方米~480克/平方米。其结构紧密，表面有细密毛绒覆盖，手感丰厚，富有弹性，适宜制作西上装、中山装及披风等。

（2）大衣呢类

大衣呢是缩绒或缩绒再起毛的织物，组织变化复杂，有斜纹变化组织、纬二重、经二重及双层组织。大衣呢质地丰厚，保暖性强，有不同风格，如平厚大衣呢、立绒大衣呢、顺毛大衣呢、拷花大衣呢、花式大衣呢等。

（3）制服呢类

制服呢是粗纺呢绒中的大众化品种，包括海军呢、细制服呢、制服呢、向群呢、军服呢。其经纬纱一般用6~13公支的同支数单纱，多采用二上二下的斜纹组织，重缩绒，重量在每平方米四五百克或以上，以匹染上青色为主，适用于上衣或裤料等。

（4）女式呢类

女式呢一般用9~16公支毛纱织制，重量为230克/平方米~460克/平方米，以匹染为主，色泽鲜艳，手感柔软。有平素女式呢、立绒女式呢、顺毛女式呢、花式松结构女式呢四种，其中前三种经过缩绒和拉毛，松结构的则不经缩绒和拉毛。女式呢适于缝制妇女服装和童装。

(5) 法兰绒类

法兰绒由染色毛和原色毛混合纺成9~15公支毛纱，用平纹或斜纹织成呢坯，再经缩绒即成法兰绒，有深灰色和浅灰色，手感柔软，富有弹性，呢面有丰满细洁的绒毛，色泽是混色夹花，适于作裤料和制作风衣、妇女上衣、童装，薄型的可制作裙子、连衫裙等。

(6) 粗花呢类

粗花呢分为纹面花呢、呢面花呢、绒面花呢三类，利用单色纱、混色纱、股线、花式纱等，常用平纹、2/2斜纹，3/2斜纹及各种变化组织、联合组织、绉纹组织等织制，常用纱支在5~14公支，重量在250克/平方米~420克/平方米。

纹面花呢是以人字、条、格、圈、点及提花织制的粗花呢，表面花纹清晰，纹面匀净，身骨挺而有弹性，手感柔软。呢面花呢经缩绒或缩绒后轻起毛，由短绒覆盖，呢面平整均匀，质地紧密，身骨厚实。绒面花呢经缩绒后起毛（立绒或顺毛），表面有绒毛覆盖，绒面丰满，绒毛整齐，手感丰厚，柔软而稍有弹性。

粗纺呢绒还有些其他品种，如大众呢、粗服呢、劳动呢、制帽呢等。粗纺呢绒适合做男、女上装及大衣或童装等。此外，还有毯子、装饰等用的粗梳毛机织物。

**2. 精梳毛织物**

精梳毛织物包括：

(1) 凡立丁和派力司

这两种织物都是薄型精梳平纹织物。凡立丁是精纺呢绒中密度最小的品种，以52/2公支双股线作经纬纱，织后染色。派力司是精纺呢绒中最薄的，采用有色和原色毛条混条纺成，以58/2公支股线作经、40公支单纱作纬，呢面有纵横交错的有色细线条纹，质地细洁轻薄。两种织物都适于做夏季或春秋季的衣裤。

(2) 哔叽和啥味呢

这两种织物采用二上二下斜纹组织，有光面和毛面两种，适于做春秋季服装。哔叽为匹染，经纬密度较接近，多为光面。啥味呢用条染混色织成，呢面有夹花状条纹，多为毛面。

(3) 华达呢

华达呢采用二上二下斜纹组织，经密比纬密大一倍左右，斜纹的斜度比哔叽大，呈63度左右，正面为右斜，反面为左斜，织成后匹染，多做上衣、裤子、风衣等。

(4) 马裤呢

马裤呢是一种厚重的精纺呢绒，重量在400克/平方米以上，用36/2或40/2公支毛线以三上一下斜纹组织织成，呢面有粗壮的织纹，斜纹凸出，呈急斜纹状，织成后匹染，适于制作裤子、大衣、运动装等。

(5) 直贡呢

直贡呢是精纺绒中经纬密度很大又较厚重的品种，采用经面缎纹组织，经纬纱线较细，表面光洁，匹染。

(6) 花呢

花呢是精纺呢绒中花色变化最多的品种，多为条染产品，常利用各种不同色彩的纱线，如素色、混色、彩色、异色合股、花粗纱、花式捻线、竹节纱、彩点纱、反正捻纱等及各种不同嵌条线，并用各种不同组织织成，织物表面有丰富多彩的花色效果。

薄花呢重量小于195克/平方米，多为平纹，毛纱捻度较大，多为全线织物。中厚花呢重量在195克/平方米~315克/平方米，以二上二下斜纹及变化斜纹为主，有素花呢、条花呢、格花呢、夹丝花呢四类。厚花呢采用斜纹变化组织或二重组织，重量在315克/平方米以上，多为素色或条形。花呢适宜做套装、上衣和裤子。

（7）女衣呢

女衣呢是花色变化较多的品种，色泽鲜艳，松结构，经纬密度较稀，绉纹组织较多，有的提花构成各种图案，或凹凸的纹样，如绉纹呢、迭花呢等。其织纹清晰，手感柔软，有弹性，多用于妇女服装、上衣、连衫裙及童装等。

## （四）化纤长丝机织物的常见品种

### 1. 弹力织物

合成纤维长丝经过变形处理，形成卷曲、有弹性、蓬松、有纱型感的变形纱，可用来织造弹力织物。假捻弹力丝有高弹和低弹两种。高弹的紧缩伸长率在100%~300%，用于织制弹力袜、弹力游泳衣等。低弹的紧缩伸长率只有百分之几十，用于织制各种仿毛、仿丝、仿麻型的针织物和机织物。高弹织物多用锦纶、丙纶，低弹织物多用涤纶。腈纶/氨纶的包芯纱及棉/氨纶的包芯纱目前也大量织制弹力织物，如用经纬收缩率不同的弹力丝，可制成绉绸、泡泡纱、蜂巢凹凸花呢；经过起毛可制成海狸呢、苔绒或仿麂皮；经过缩绒可制成法兰绒、麦尔登等。

### 2. 仿真丝织物

化纤仿真丝可以从原料、纺织工艺和染整加工三方面入手。蚕茧双孔吐丝，单丝截面为三角形，细度为1旦左右。因此，仿丝型化纤采用1旦左右的单丝，截面呈三叶形、五星形、8~16多叶形，使织物光泽柔和，并增强丝感。化纤长丝采用微卷曲、多层卷曲变形及强捻合股，以增加织物的膨松度和丰满度。涤纶是仿丝织物的主要原料，采用强碱后处理能使涤纶丝的表面产生不规则的凹凸面，再经过弨捻合股，能使织物在手感丰满与光泽绚丽方面接近蚕丝。针织纬编仿丝织物适宜采用细针距、大块面花纹印花；机织仿丝织物适宜采用较密的经纬交织点和较短的浮长、低张力织造，并经抗静电处理，以改进织物的悬垂性和防污性。如果采用阳离子染料可染型的涤纶丝与其他化纤交编、交织，可以制成色谱多而色彩鲜艳的多色或异色织物。细旦、异形、收缩性不同的混纤丝，如涤/粘、涤/锦、锦/粘等可以改进仿丝织物的手感、外观、吸湿性和其他服用性能。

仿真丝织物品种有尼龙纺、雪纺、柔姿纱、涤丝绉、柳条绉、涤棉缬、闪光缎、软缎、塔夫绸、涤纶乔其纱、烂花乔其绒、凹凸立绒、金银丝绒、桃皮绒等。应注意，以特种加工方法制成的起绒类机织物归入品目5801。

### 3. 仿纱型织物

仿纱型织物是模仿短纤纱织物风格的化纤长丝织物。化纤长丝经过喷气变形，可使丝的表面具有类似短纤纱的毛茸状，有的还呈圈结、竹节状，能用于织制仿纱型织物，工艺过程比传统纺织为短，可提高经济效益。仿纱型织物适宜做套装、裤料、门窗帘、台布、沙发布、床罩等。仿纱型织物的风格可以仿棉、仿毛、仿麻，还可用机织、针织纬编或经编方法织制成花式纱线织物。原料可以选用涤纶、锦纶、腈纶、丙纶、粘胶丝、醋纤丝，也可夹入少量金银线。

### 4. 仿麻织物

选用规格接近麻纤维的化学纤维，可以纺织成具有硬挺、透气特点的轻薄型织物，再经过整理，织物外观接近麻织物，多做夏令服装用料，如珍珠麻、太子麻、奥丽麻、时装麻等。

**5. 人造麂皮**

人造麂皮是模仿动物麂皮的织物，表面有密集的纤细而柔软的短绒毛。人造麂皮以超细旦化纤（0.4 旦以下）为原料的经编织物、机织物或无纺织布为基布，经聚氨基甲酸酯溶液处理，再起毛磨绒，然后进行染色整理而成。采用的化纤纤度如细到 0.4~0.001 旦，则制成的人造麂皮质量较好。如采用橘形截面涤纶、锦纶复合丝制成的基布，起毛时一根复合丝能裂离成十数瓣小于 0.4 旦的超细绒毛。如基布的中间层采用涤纶长丝，表层和里层采用 0.1 旦腈纶超细纤维，可以制成三维结构双面起毛的人造麂皮。利用化纤仿制的麂皮，克服了动物麂皮着水收缩变硬、易被虫蛀、缝制困难的缺点，具有质地轻软、透气保暖、耐穿耐用的优点，适宜制作春秋季大衣、外套、运动衫等服装和装饰用品，也可用做鞋面、手套、帽子、沙发套、墙布以及电子元件的材料。

**6. 人造毛皮**

人造毛皮是外观类似动物毛皮的长毛绒型织物。绒毛分两层，外层是光亮粗直的刚毛，里层是细密柔软的短绒。织造方法有针织（纬编、经编和缝编）、长毛绒织机双层织造法和静电植绒法等，以针织纬编法发展最快，应用最广。针织时，织针抓取纤维后套入底纱编织成圈，由于绒毛在线圈中呈“V”形，且针织底布延伸度较大，必须再在底布背面涂黏合剂，使底布定形，不致掉毛。针织人造毛皮底布通常用棉、粘胶或涤纶长丝作原料，毛条大多使用腈纶或变性腈纶纤维。外层粗刚毛纤维的纤度在 10 旦~30 旦，多用异形截面，如腰子形、哑铃形、多角形等，有较好光泽；里层短绒毛纤维的纤度在 1.5 旦~5 旦，在沸水中收缩性较强。人造毛皮常用做大衣、服装衬里、帽子、衣领、玩具、褥垫、室内装饰物和地毯等。

## 阅读材料五：非织造布的加工

非织造布，又称无纺织物、无纺布、不织布，是不经过纺纱和织造制成的片状纺织物。但也有一些非片状的非织造产品，如各种非织造抛光轮、过滤筒、非织造复合材料。

非织造布的加工主要包括纤维成网、纤维网加固和后整理三个工序。

根据纤维成网方式的不同，非织造布可以分为干法非织造布、湿法非织造布和聚合物直接成网法非织造布。干法一般利用机械梳理成网，然后再加工成非织造布。湿法非织造布一般采用造纸法即利用水流成网，然后再把纤维网加工成非织造布。聚合物直接成网法是将聚合物高分子切片通过熔融纺丝直接成网，然后再把纤维网加工成非织造布。（如图 11-22 所示）

根据纤维网加固方法不同，非织造布可分为机械加固、化学黏合加固和热黏合加固等几种。

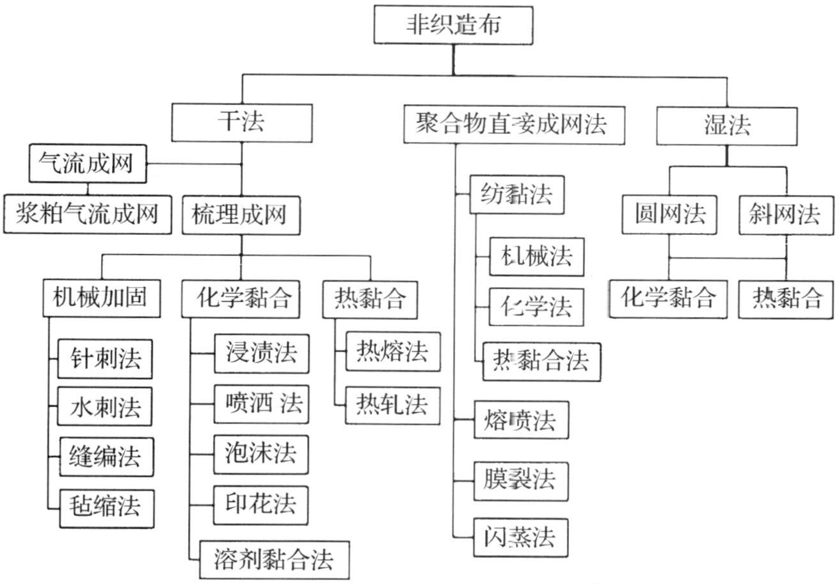


**图 11-22**

## （一）干法非织造布

在非织造的加工方法中，干法非织造布占较大的比例，其产品品种多，应用范围广。干法非织造布成网可分为浆粕气流成网和短纤维梳理成网。浆粕气流成网是用类似浆粕的极短纤维进行气流成网的一种新方法。短纤维梳理成网是把短纤维原料在棉纺或毛纺设备上开松、混合、梳理，制成纤维网，再经过加固制成非织造布。按其加固方法可以分为以下三种。

### 1. 机械加固法

利用机械力使纤维网进行缠结从而加固成布的方法，称为机械加固法。机械加固有针刺法、水刺法、缝编法和毡缩法四种。

针刺法是用刺针穿刺纤维网，使纤维网中的纤维互相纠结或连接在一起，从而达到加固纤维网的目的。其代表性产品有针刺棉、针刺地毯、针刺土工布、针刺合成革基布等。目前这种生产线占比较大，产品适用范围广，成本低。

水刺法也称射流喷网法，即用高压高速极细的水流来喷射纤维网，利用水流的机械力使纤维网中的纤维相互纠结，从而形成各种不同结构的水刺非织造布。水刺法的代表性产品有卫生材料、纱布、擦布和合成革基布等。

缝编法是在经编基础上发展起来的，利用缝编机上的钩针用纱线、长丝或纤维网本身的纤维对纤维网钩编的一种方法。其产品主要用于装饰产品、鞋材、滤材和衬料等。

毡缩法是利用动物纤维的毡缩性，在纤网中加以湿热和助剂，通过机械力的揉搓摩擦使纤维相互纠结而得以加固。其产品主要有工业用呢、密封垫、礼帽、抛光材料等。

### 2. 化学黏合加固法

化学黏合加固法是利用化学黏合剂加固纤网的一种方法，是较早的加固方法之一，包括喷洒法、饱和浸渍法、泡沫浸渍法、印花法、溶剂法等。

**3. 热黏合加固法**

利用合成纤维的热塑性，使纤网在热压条件下加固成布，包括热轧黏合法和热风黏合法，主要用于卫生巾、餐巾等。

### (二) 聚合物直接成网法非织造布

聚合物直接成网是近年来发展较快的一类非织造布成网技术。它利用化纤纺丝原理，在聚合物纺丝成形过程中使纤维直接铺置成网，然后纤网经机械、化学或热方法加固而成非织造布，或利用薄膜生产原理直接使薄膜分裂成纤维状制品。聚合物直接成网包括纺丝成网法、熔喷法和膜裂法等。

**1. 纺丝成网法**

纺丝成网法包括熔融纺丝直接成网法（又称纺粘法）、干法纺丝直接成网法（又称闪纺法）和湿法纺丝直接成网法。

熔融纺丝直接成网法是在熔融纺丝的同时，边抽丝边使连续的长丝铺网，再经加固而制成非织布。该法的工艺流程为：切片干燥→挤压纺丝→牵伸→分丝铺网→加固→卷绕。纺丝成网法主要以该法为主。

干法纺丝直接成网法是杜邦公司发明的一种新工艺，是将高聚物溶解在溶剂中，然后通过喷丝孔挤出，使溶剂迅速挥发而成为纤维，它同时采用静电分丝法使纤维彼此分离后凝聚成网，经热轧加固形成闪纺法非织造布。

湿法纺丝直接成网法是将高聚物纺丝溶液通过喷丝孔挤出，再进入凝固浴中形成纤维后得到纤维网，然后加固纤网制成非织造布。

**2. 熔喷法**

熔喷法是在抽丝的同时，采用高速热空气对挤出的细丝进行拉伸，使其成为超细纤维，然后凝聚到多孔滚筒或网帘上形成纤维网，再经自身黏合或热黏合加固制成。熔喷工艺流程为：聚合物喂入→熔融挤出→纤维形成→纤维冷却→成网→黏合加固→切边卷绕。

**3. 膜裂法**

膜裂法是将聚合物吹塑成纤维片状膜，再经一定的方法，如针割或刀切，让纤维片状膜形成孔洞。在牵伸时，把膜变成纤维状而成为膜裂纤网，也称原纤化技术成网法。

### (三) 湿法非织造布

和造纸法类似，湿法非织造布是从水槽沉集、悬浮的纤维而制成的纤维网，再加固纤维网而成的非织造布。纤维网的成形在湿态下进行，是非织造布生产中产量最高的一种方法，成本较低，产品大多用做卫生用品等，属“用即弃”产品。湿法非织造布源自长纤维造纸技术，沿用了许多造纸的工艺和设备，与纸的外观和某些性能十分相似，但所用的纤维长度比造纸的纤维长度要长，为5毫米~10毫米，最长可达20毫米以上。

湿法非织造布的具体生产方法有：采用传统的造纸设备和工艺；把水溶性纤维与其他纤维混合成网后，在湿态中经压辊轧压成形，烘干后成非织造布；纤维网在湿态中成形，经过加热和加压制成非织造布；采用溶剂处理，使某种纤维局部溶解而有黏性，黏合其他纤维，溶剂挥发后即成非织造布；利用黏合剂（常为乳液）对分散纤维加以黏合，而后经烘焙制成非织造布。

非织造布分薄型和厚型两大类。薄型重量一般为20克/平方米~100克/平方米，用做服装衬里、装饰布、手帕、卫生用品等；厚型的用做絮片、地毯、过滤材料、土工布（路基布）等，还可用以制成隔热、透气、耐热、耐磨、隔音、防震、防毒、防辐射等特殊用途的材料。

# 第十二类　鞋、帽、伞、杖、鞭及其零件；已加工的羽毛及其制品；人造花；人发制品

【内容提要】

鞋、帽、伞、杖等制品及其零件为人们日常生活中的常用品，在各国贸易往来中占有一定的比例。在本类中，将学习以下内容：

1. 熟悉此类商品在《协调制度》中的分类特点；

2. 常见款式鞋、帽等类似用品的归类。

其中，重点是部分常见鞋、帽的归类。

本类商品主要是用第七类的塑料、橡胶，第八类的皮革、毛皮，第九类的木材，第十类的纸（板）及第十一类的纺织品作为原料经加工后制得。本类包括四章，每章包括一类特征相同或类似的商品。其结构规律如下：

- 鞋靴、护腿和类似品及其零件……………………………………第六十四章
- 帽类及其零件……………………………………………………第六十五章
- 雨伞、阳伞、手杖、鞭子、马鞭及其零件………………………第六十六章
- 已加工的羽毛、羽绒及其制品；人造花；人发制品………………第六十七章

# 第六十四章 鞋靴、护腿和类似品及其零件

## 一、本章商品范围

本章包括除石棉外任何材料制的各种类型的鞋靴、护腿和类似品及其零件，但不包括用易损材料（纸、塑料薄膜等）制成的无外绱鞋底的一次性鞋靴罩或套，这些制品应按其构成材料归类；也不包括本章章注一所列的鞋靴。

本章的鞋靴主要由鞋面和鞋底材料组成，可经过压模、注射模型、中空模型、硫化定型、缝、铆、钉、旋、塞等方法加工而成。本章的鞋靴，不论其形状及尺寸如何或其式样是否适于专门用途，也不论其制造方法如何和用何种材料制成。

本章鞋靴主要按不同鞋底及鞋面材料的组合特征编排，其结构规律如下：

- 橡胶或塑料制外底及鞋面的防水鞋靴………………………………6401
- 橡胶或塑料制外底及鞋面的其他鞋靴………………………………6402
- 橡胶、塑料、皮革、再生皮革制外底，皮革或纺织材料制鞋面的鞋靴…… 6403~6404
- 其他鞋靴……………………………………………………………6405
- 鞋靴零件……………………………………………………………6406

## 二、本章商品归类方法

### （一）鞋靴的归类

鞋靴的款式有简单也有复杂，有仅由数条长短可调的条、带构成的凉鞋，也有做工比较精细复杂的长靴。其一般由鞋底和鞋面组成，通常可归入第六十四章，而不用考虑鞋靴的大小、颜色及款式等因素。

对于鞋靴的归类，首先要明确它是否是本章章注一项下所列的商品，如果是，则应归入其他相应的章及编号。如已穿过的以黄牛皮做面、橡胶做底的皮鞋（散装形式），不应归入品目 6403 项下，而应归入品目 6309 项下。

其次，归入本章的鞋靴要按构成其外底及鞋面的材料分别归入品目 6401~6405。如果鞋面或鞋底由两种及以上的材料构成，则按本章章注四的规定确定其中一种材料作为其基本特征的材料进行归类。鞋靴在归类时除了要分清鞋面及鞋底所用的材料外，还要分清鞋面是否用缝、铆、钉、旋、塞或类似方法固定在鞋底上；如采用注射模型法制成，鞋面、

鞋底材质均为橡胶的防水套鞋，应归入品目 6401 项下，而不是 6402 项下。

最后再根据鞋的款式归入相应的子目。如装有金属防护鞋头，皮革做面、橡胶做底的短统靴，应归入子目 6403.4000。

对于“运动鞋靴”，第六十四章有子目注释规定，仅限于子目注释上所提的范畴，即带有或装有鞋底钉、止滑柱、夹钳、马蹄掌或类似品的体育专用鞋靴，滑冰靴、滑雪靴及越野滑雪用鞋靴、滑雪板靴，角力靴，拳击靴及赛车鞋。这要特别引起注意，以免和市面上所称的“运动鞋”的鞋靴混淆起来，影响准确归类。另外，本章子目注释所称的“运动鞋靴”不包括类似的装有冰刀或轮子的滑冰鞋，它们应该根据本章章注一（六）归入品目 9506 项下 。

**【例 1】** 如图所示的 UGG 雪地靴（带毛绵羊皮翻转做面，橡胶做底）

**图 12-1**

**【归类分析】** 带毛的绵羊皮即为毛皮。因此，此款雪地靴应归入子目 6405.9010。

**【例 2】** 如图所示的牛皮做面、橡胶做底的运动跑鞋

**图 12-2**

**【归类分析】** 此款鞋带有鞋底钉，并专用于运动员跑步时穿着。对照本章子目注释对“运动鞋靴”的定义，以及对比图片，得出该运动跑鞋符合本章子目注释“运动鞋靴”的定义。再结合其鞋面、鞋底材质及其功能，该运动跑鞋应按照其他运动鞋靴归入子目 6403.1900。

### （二）鞋靴零件的归类

鞋靴零件应归入本章品目 6406 项下，但此处的“鞋靴零件”根据本章章注二的具体规定，它仅指构成鞋的必备品，如鞋面、鞋底、后帮、硬衬等，而不包括可有可无的商品，如鞋钉、护鞋铁掌、鞋带、鞋眼等。例如，皮鞋用拉链，根据本章的章注不应作为本章的“鞋靴零件”归入品目 6406 项下，而应归入品目 9607 项下。

# 第六十五章　帽类及其零件

## 一、本章商品范围

本章包括帽坯、帽身及帽兜，以及各种款式帽子，不论用何种材料（石棉除外）制成及用途如何（日用、戏剧用、化妆用、防护用等），还包括任何材料制成的发网和帽类专用的零部件。但根据本章章注一的规定，本章不包括品目 6309 的旧帽类、品目 6812 的石棉制帽类，以及九十五章的玩偶帽、其他玩具帽或狂欢节用品。

本章的帽类可带有各种材料（包括第七十一章所列贵金属）制成的各式各样的装饰物。

本章结构规律如下：

| | |
|---|---|
| 毡呢模制的帽类（半制成品） | 6501 |
| 编结的或用任何材料的条带拼制而成的帽半制成品 | 6502 |
| 编结的或用任何材料的条带拼制而成的帽类 | 6504 |
| 针织或钩编的及纺织物（条带除外）制成的帽类 | 6505 |
| 其他帽类（包括毡呢模制的帽类） | 6506 |
| 帽类零部件 | 6507 |

## 二、本章商品归类方法

### （一）帽子的归类

各种材料制的帽子主要归入本章，其中章注一所提的商品除外。本章包括的帽类不论大小、颜色、款式，但须分清制帽的方法及使用的材料。其中，毡呢制帽子的半制成品归入品目 6501，编结材料采用编结工艺或是任何材料的条带拼制而成的帽子的半制成品归入品目 6502。品目 5602 项下的毡呢纺织品经过进一步加工制成帽子归入品目 6505 项下，当然，品目 6505 还包括其他纺织材料制成的帽子及任何材料制的发网。品目 6502 的商品经过进一步加工成帽子后，则相应归入品目 6504 项下。品目 6506 则是其他帽类。

在此需要注意的是，品目 6501 的毡呢与品目 5602 的毡呢，虽然它们的材料都可为各种动物毛或是动物毛与其他纤维（包括化学纤维）的混合材料，但它们的状态与加工方法还是有区别的。品目 5602 项下的毡呢是成匹或成张的，可经过染色、印花、浸渍、涂布等加工，但未经其他进一步加工；而品目 6501 项下的毡呢是半制品状的，如帽坯、帽兜等，其一般是在帽模上加工而成，也可经过染色、印花等处理。

品目 6504 的帽类可直接用任何材料的纤维或条带（主要是秸秆、芦苇、棕榈纤维、酒椰纤维、西沙尔麻、纸条、塑料条或木片条）编结而成。这些材料可采用各种编结方法，包括将一组纤维或条带从帽顶的中心向外射出，与其他纤维或条带交织后螺旋盘绕的“织法”。品目 6505 的帽类主要由纺织纱线相互串套而成，在织物结构实际形成过程中，先形成旧线圈，然后新的纱线穿过旧线圈，形成新的线圈。同时，品目 6505 的帽类亦可由手工通过钩针把一根连续长线钩成一系列的线圈，线圈与线圈相穿而成的织物制成。

**【例 1】** 如图所示的由 ABS 塑料粒子制成的安全帽

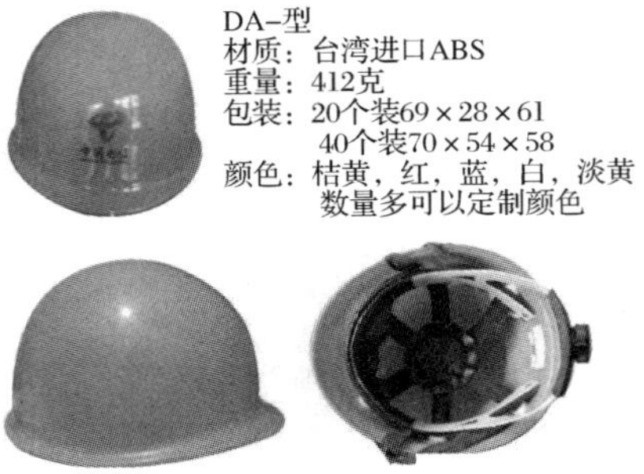


**图 12–3**

**【归类分析】** 该帽子的材质为 ABS，ABS 为一种塑料。因此，该塑料制的安全帽应该属于本章品目 6506 项下的商品，具体应归入子目 6506.1000。

### （二）帽子配件的归类

帽子的配件，如帽圈、帽衬、帽套、帽帮、帽顾家、帽舌及帽颏带，主要归入品目 6507 项下，但品目 6507 不包括帽子的帽坯、帽身及帽兜，也不包括标签、别针、徽章、扣子、羽毛及人造花等。

# 第六十六章　雨伞、阳伞、手杖、鞭子、马鞭及其零件

## 一、本章商品范围

本章包括用各种材料制的伞、杖、鞭等物品；但不包括丈量用杖及类似品（品目 9017），火器手杖、刀剑手杖、灌铅手杖及类似品（第九十三章），第九十五章的物品（例如，玩具雨伞及阳伞）。

本章结构规律如下：

- 雨伞及阳伞（包括手杖伞、庭园用伞及类似伞）……………………………6601
- 手杖、带座手杖、鞭子、马鞭及类似品………………………………………6602
- 品目 6601 或 6602 所列物品的零件及装饰品…………………………………6603

## 二、本章商品归类方法

### （一）雨伞及阳伞的归类

品目 6601 的伞的主要功能是遮雨及阳光，各种雨伞、阳伞（如仪仗用伞、伞式帐篷、手杖伞及带座手杖式伞，露天餐馆、市场、庭园用伞及类似伞）归入品目 6601，不论其各部分（包括配件及装饰物）用何种材料制成。例如，伞面可用纺织物、塑料、纸等制成，还可刺绣，饰以花边、流苏或其他装饰物。手杖伞为一种有一硬套，外表像手杖的物

品。伞式帐篷由一把大伞和一幅“围幕”构成，围幕可以固定在地上（例如，通过桩钉固定的钟罩形帐篷，或通过沙袋在其内部压住围幕的帐篷）。伞杆（杖）常用木头、藤枝、塑料或金属制成。庭园用伞包括非手持的固定在地面、台子或支架上的伞，如户外座椅、画架、庭园桌、测量台等用的伞及伞式帐篷。

明显专门用做玩具或用于狂欢节的伞不归入品目 6601，而应归入第九十五章。品目 6601 也不包括伞套及类似品，不论是否一同报验，但未套在伞上。不具有伞或伞式帐篷特征的海滩帐篷应归入品目 6306。

**（二）手杖、鞭子的归类**

手杖、鞭子等商品归入品目 6602，品目 6602 货品可用任何材料制成；除普通的手杖以外，还包括带座手杖，专供残疾人及老人使用的拐杖等；也包括由把手及鞭条结合构成的各种鞭子及通常由把手和短皮革圈（而不是鞭条）构成的马鞭。

品目 6602 的手杖，包括藤枝或木头经旋切、弯曲或其他加工制成的手杖半制成品，但不包括仅粗加修整或车圆，适于制手杖的藤枝或木料（品目 1401 或第四十四章）。品目 6602 也不包括未制成手柄的坯件（品目 6603），不包括高尔夫球棒、曲棍球杆、滑雪杖等（第九十五章）。

**（三）伞、手杖、鞭子等的零件归类**

伞、手杖、鞭子等的零件及装饰品归入品目 6603，但根据本章章注二的规定，品目 6603 不包括纺织材料制的零件、附件及装饰品，以及任何材料制的罩套、穗缨、鞭梢、伞套及类似品，它们即使与雨伞、阳伞、手杖等一同报验，只要未装在一起，就应分别归类。例如，布伞面，它是伞的零件，但不能归品目 6603，应按纺织制品归品目 6307。单独进口的尼龙布制伞套，也按纺织制品归品目 6307，但该伞套如套在伞上进口，则按伞归入品目 6601。

# 第六十七章　已加工羽毛、羽绒及其制品；人造花；人发制品

## 一、本章商品范围

本章包括对第五章中品目 0505 物品经进一步加工后的羽毛、羽绒及其制品，各种材料（除章注三所列材料外）制的人造花，人发、纺织材料制的假发、假胡须、假睫毛及类似品，但不包括本章章注一所列物品，如人发制滤布（品目 5911），花边、刺绣品或其他纺织物制成的花卉图案（第十一类），发网（品目 6505）等。

本章结构规律如下：

羽毛、羽绒及其制品等……………………………………………6701
人造花及制成的物品等……………………………………………6702
作假发及类似品用的人发、纺织材料…………………………6703
假发、假胡须及类似品等…………………………………………6704

## 二、本章商品归类方法

### (一) 羽毛、羽绒及其制品归类

羽毛、羽绒常用做填充物，如用于衣服或是被子等。其除了常规的消毒、清洗或防腐处理外，有时还根据需要进行漂白、染色或是卷曲等处理。前者一般归入品目 0505 项下，如在此基础上还经历了后者诸加工，则应考虑归入品目 6701 项下。如图 12-4 所示的经过消毒、清洗、漂白处理的鸭绒，应归入子目 6701.0000。

**图 12-4**

羽毛、羽绒制成的制品，除《协调制度》另有规定的以外（如本章章注二），一般情况也应归入品目 6701 项下，如装饰性羽毛制的扇子。

### (二) 人造花及其制品归类

人造花及其制成的物品主要用做装饰或用做帽、衣着等的饰物，可用纺织材料、毡呢、纸、塑料、橡胶、皮革、金属箔片、羽毛、贝壳或其他动物质材料等制成，除《协调制度》另有规定的以外（如本章章注三），其归入品目 6702 项下。

**【例 1】** 如图所示的玻璃制供室内装饰用的人造花

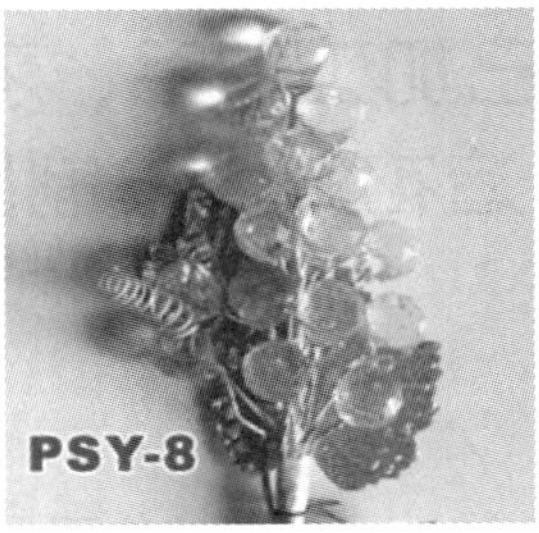


**图 12-5**

**【归类分析】** 根据六十七章章注三的注释，品目 6702 不包括玻璃制品。因此，该玻璃制的人造花不能归入品目 6702 项下，而应归入品目 7013 项下，具体子目为 7013.9900。

### (三) 假发、假胡须、假眉毛及类似品的归类

随着人们对美的追求及表演造型的需求，假发、假睫毛、假眉毛此类商品在人们生活中日益常见。此类商品绝大部分用人发、动物毛或纺织材料制成，对于做工具有一定的精度要求，常用于个人打扮或是专业工作需要。

假发、假睫毛、假眉毛此类商品，除《协调制度》另有规定的以外，一般情况下归入品目 6704 项下；至于子目的确定，则根据制作材料的纤维属性进行确定。

**【例 2】**如图所示的真人发制的整头假发

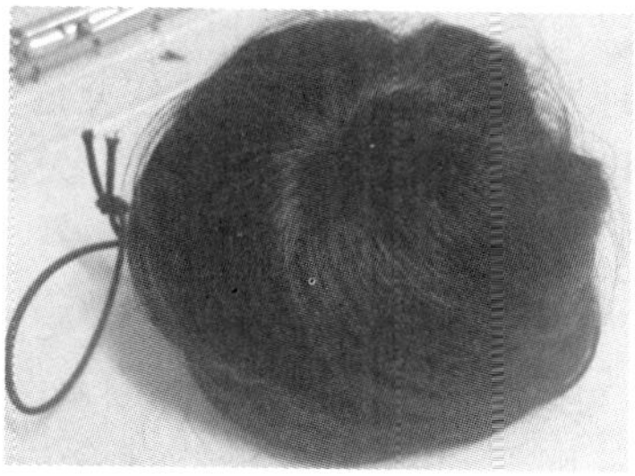

**图 12-6**

**【归类分析】**该假发的制成材料为真人发，根据归类总规则一，其应归入品目 6704 项下；再根据归类总规则六，将其归入子目 6704. 2000。

## 思考与练习

**商品归类题：**

1. 北京老布鞋，纺织材料做面，塑料做底
2. 一级头层黄牛皮制鞋面
3. 穿过的旧的皮鞋（蛇皮袋散装）
4. 带有鞋底钉的足球运动鞋，皮革做面，橡胶做底
5. 纺织材料做面，橡胶做底的体操鞋
6. 用秸秆编结而成的草帽
7. 不锈钢丝做的帽骨架
8. 无纺布（聚乙烯纺制）制护士帽
9. “天堂”牌折叠雨伞
10. 由木质把手、短皮革圈构成的马鞭
11. 不锈钢制的伞杆滑动件
12. 用于帽子装饰的单根染色羽毛
13. 经过卷曲处理，用于制造洋娃娃假发的涤纶短纤
14. 绢花（手工仿制花卉），人造丝制
15. 粘胶纤维制假睫毛

# 阅读材料一：鞋的制作工艺

中国的制鞋工艺在很长的时期内一直沿用手工缝合成型工艺。20世纪以来陆续从国外引进先进技术和专用设备，制鞋工艺得以飞速发展，大致可分为缝绱工艺、注塑工艺、模压工艺、黏合工艺、组装工艺等。

## (一) 缝绱工艺

缝绱工艺主要是将鞋帮和鞋底通过手工或机器缝合成型，是皮鞋和布鞋的传统成型法，这类工艺有手缝、机缝两种。手缝中的反绱、明绱、正绱是布鞋的传统方法，机缝中的压条缝和沿条缝是皮鞋的传统方法。

## (二) 注塑工艺

注塑工艺有4种方法：

1. 注塑法：以中等注射压力，机筒温度较高，将合成树脂塑料注入模具内，一次完成鞋底固化及帮底结合成型，多用于布鞋，现在皮鞋、塑料鞋、胶鞋也采用这类工艺。

2. 注胶法：将橡胶通过机筒塑化，再以较高注射压力注入模具内，同时完成制底及帮底黏合成型，常用于布鞋、胶鞋。

3. 浇注法：将定量的反应性原料液（如聚氨酯、聚酰胺等）的A、B组分，在混合头内高速搅匀后浇注到模腔内，使其在常（高）压下固化结合成型，现多用于生产胶鞋和少数布鞋。

4. 搪塑法：将塑溶胶倾入靴、鞋阴模腔中，边加热，边旋转模具，使一部分塑溶胶在离心力作用下附在模腔壁上凝成坯体，倒掉多余塑溶胶液，继续加热使坯体熟化成型，脱模后再放入鞋的里料，常用于胶鞋和塑料鞋。

## (三) 模压工艺

模压工艺是在已绷上楦的帮脚下（鞋帮下口）贴合鞋底、围条（用于胶鞋），将胶坯放入模具内，进行加热和加压，经硫化成型，多用于胶鞋、皮鞋和布鞋。

## (四) 黏合工艺

黏合工艺有3种方法：

1. 热硫化黏合法：鞋的各部件粘贴后送入硫化罐，用蒸汽间接加热或用空气、蒸汽直接加热，在胶制部件硫化的同时，使帮、底黏合成型。其中，外底、底后跟等部件预先模制成型再与其他部件粘贴送入硫化罐中加热硫化的称二次硫化法，是胶鞋生产的传统工艺，现在有些布鞋也采用此法。

2. 冷粘法：鞋帮、鞋底涂上胶粘剂，在室温下加压黏合成型，现多用于皮鞋、布鞋、胶鞋。

3. 粘缝法：鞋帮和鞋底冷粘后，鞋底的周沿再用线缝，以增强底和帮之间的牢度。

**（五）组装工艺**

组装工艺是将注模、模压或冲切制好的鞋部件装配成鞋，现多用于塑料拖鞋和胶拖鞋。

# 阅读材料二：帽子的相关知识

**（一）帽子的沿革**

原始人把兽皮、树叶盖在头上以保护头部，产生了帽子的雏形。《后汉书·舆服志》有“上古穴居而野处，衣毛而冒皮”的记载。中国古代的帽，主要有冠、冕、弁、巾帻、幞头、盔等品种。

世界其他各国帽的历史也很悠久。欧洲古代男子多戴兜帽和无边帽，女子多戴面纱和头巾。古代欧洲和小亚细亚农村，习惯戴家庭制作的草帽或其他植物纤维编的帽。雅典和罗马的传统手工艺者常戴椭圆形帽顶的毡帽。英国的圆顶硬礼帽，创始于1850年。19世纪后半叶美国流行软毡帽。在拉丁美洲和美国西部流行阔边帽，它是一种帽边在边缘处向上卷起的高顶毡帽或草帽。阿拉伯人传统头饰是色彩鲜艳的穆斯林头巾。

**（二）帽子的材料**

帽的材料有主料、辅料两大类。主料有毛皮（裘皮）、精梳羊毛、皮革、人造革、长毛绒、棉布、丝绸、各种化纤织物及网眼布、毛呢、毛线、毛毡、植物纤维、塑料、金属等。辅料有树脂衬、无纺布衬、布衬、纱衬、麻布衬、热熔胶衬、聚氨酯发泡复合材料、塑料板等。

**（三）帽子的规格**

帽号是表示帽尺寸的标志。中国根据全国范围内抽样调查的成年人的头长、头宽、头围数据，经计算制订出头型系列。按此系列，再加1厘米的围度余量，成为现在成年人帽号，一般分中号、大号、特大号三种。如春秋天戴的圆顶帽、前进帽的中号是51厘米~54厘米，大号是55厘米~60厘米，特大号为61厘米以上；冬季皮绒帽的中号是53厘米~55厘米，大号是56厘米~61厘米，特大号为62厘米以上。各种童帽、婴儿帽目前尚无统一的规定。

**（四）帽子的加工**

帽子有缝制、毡胎成型、针织、编织、注塑等多种加工工艺。

1. 缝制：以缝纫机缝制为主，是帽的主要生产工艺。其一般工艺过程依次为铺料、划皮、裁剪、缝制、整烫定型、缝缀装饰、成品检验。由于帽的品种不同，整烫定型的方法及工序繁简也不同。如以天然、化纤织物为材料缝制的圆顶帽、前进帽等，缝制后套在盔头上用电熨斗整烫，使帽的外形服帖，挺括美观。皮绒帽则把缝制好的帽里套在盔头上，通过加衬布、棉絮、刷浆、加热等方法，形成平整的帽里胎，再把缝制好的皮帽面套上，通过钉平、加热、烘干，形成帽胎与皮面组合在一起的定型帽顶，再缝上帽耳扇，最后成帽。

2. 毡胎成型：主要用于礼帽的生产。将羊毛梳理、制胎、漂染，然后根据款式采用相应的盔头进行整烫、压制成型。

3. 针织：采用针织机织成帽筒、帽片，再进行缝制、整烫等。与缝制工艺基本相同。

4. 编织：主要采用棒针、钩针等进行手工编织成型。

5. 注塑：通过注塑机将塑料注入帽模成型。其主要用于制作安全帽等。

# 第十三类　石料、石膏、水泥、石棉、云母及类似材料的制品；陶瓷产品；玻璃及其制品

【内容提要】

石材制品、陶瓷产品、玻璃及其制品是我们日常家居装修及相关建筑等领域运用量较大的产品，在国际贸易中也占有一定的份额。在本类中，将学习以下内容：

1. 石材制品、陶瓷产品、玻璃及其制品的加工；
2. 熟悉石材制品、陶瓷产品、玻璃及其制品在《协调制度》中的分类特点；
3. 石材制品、陶瓷产品、玻璃及其制品的归类。

本类包括三章，其商品的原料是第二十五章的无机矿产品，经加工、烧制、熔融处理制成的产品及制品，其加工程度都超出了第二十五章的加工程度。第二十五章章注一的规定可明确区分与本类商品在归类上的不同点。

本类结构规律如下：

石料、石膏、水泥等材料的制品……………………………………第六十八章
陶瓷产品……………………………………………………………第六十九章
玻璃及其制品………………………………………………………第七十章

第六十八章的产品和制品是用第二十五章的石料、石膏、水泥、石棉、云母及类似材料制成的，大都是通过成形、模制加工（未经烧制），其加工程度超出了第二十五章的加工程度。

第六十九章的产品是用第二十五章的矿物黏土、高岭土、硅质化石粉等先调制成坯泥，再经成形、干燥，而后烧制后加工而成（品目6804的陶瓷研磨制品除外）。

第七十章的产品是用第二十五章的矿物砂、石英等原料经高温熔融后，制成玻璃及其制品。

# 第六十八章　石料、石膏、水泥、石棉、云母及类似材料的制品

## 一、本章商品范围

本章包括石料、石膏、水泥、石棉、云母及类似材料的制品。

本章的产品和制成品大都是通过加工（例如，成形、模制），改变了原来形状，但没有改变其原料的性质。有些产品是通过黏聚加工制得的。例如，沥青制品或砂轮等某些产品，其中砂轮是将黏合材料玻璃化黏聚碾磨料而成的；其他一些产品则是在高压釜内硬化而成的，如灰砂砖。本章还包括经过加工后，原材料起了根本变化的某些产品（例如，经熔炼而成的矿渣棉、熔化玄武岩等）。

本章结构规律如下：

石料制品………………………………………………………6801~6803
研磨、摩擦制品………………………………………………6804~6805
其他矿物材料（沥青、石膏、水泥、石棉、云母等）制品……6806~6815

## 二、本章商品归类方法

### （一）石料制品（6801~6803）

**1. 天然石料制的铺地石**

天然石料（例如，砂岩、花岗岩、斑岩）常借助手工或机械方法将其进行切割、粗劈或切成块状，用于路面、阶梯等场所作为铺路石。砌石及扁平石的石面通常是矩形或正方形的，扁平石按其长度和宽度之比，厚度要薄些。砌石外观略呈立方形或斜截棱锥形。路

缘石可以是直的，也可以是弯的，其横截面通常是矩形的。上述天然石料制的长方砌石、路缘石、扁平石归入品目 6801 项下，但此品目不包括已加工的板岩及板岩或黏聚板岩的制品（应归入品目 6803 项下）。

此外，品目 6801 不包括用水泥、混凝土或人造石制成的路缘石等（归入品目 6810 项下）及陶瓷制的地砖（第六十九章）。另外，圆石子、卵石或未经成形加工的类似铺路石料应归品目 2517 项下，如图 13-1 所示的用于公园等场所铺路的天然鹅卵石。

**图 13-1**

**2. 已加工的碑石或建筑用石**

经加工的碑石或建筑用石制品通常是用品目 2515、品目 2516 的石料制成的，对于品目 6802 来说，其也可用除板岩以外的其他任何天然石料制成（板岩制的已加工碑石或建筑用石归入品目 6803 项下）。

品目 6802 包括已加工的碑石或建筑用石及其制品，这类石在经过劈、锯，粗切成块、片、板状（石面为方形或长方形）以外，还须经过进一步加工，它的加工程度超出第二十五章所列正常采石场产品的加工范围。其包括各种形状的石料、建筑用石料及其制品，如梯级、栏杆、梁托和支柱、门窗框架及过梁、门槛、窗台、石阶、壁炉台、界石、水槽、花瓶、碗、烟灰缸、十字架、动物雕刻像等。

【例 1】批量生产的花岗岩制墓碑雕刻廊柱，加工工序：荒料→锯切→研磨→造型→手磨→检验→包装

【归类分析】此廊柱为批量生产（非艺术品），材质为花岗岩，加工程度超过了第二十五章章注一的规定，应该归入第六十八章。其为已加工的碑石，归入品目 6802 项下。由于其加工工艺非简单的切削或锯开，而是花岗岩的雕刻制品，故应归入子目 6802.9319。

**3. 已加工的板岩及其制品**

板岩是具有板状结构，基本没有重结晶的岩石，其沿板理方向可以剥成薄片。板岩的颜色随其所含有的杂质不同而变化，通常为蓝灰色，但有时也为黑色或紫黑色。

天然板岩，如果为天然块状，或经劈、锯，粗切成块、板、片状的，均归入品目 2514。如其加工程度超过了第二十五章章注一所述的范畴，如锯或切成矩形（包括正方形）以外的形状，打磨、抛光、切斜角、钻孔、涂清漆、涂瓷釉、模制或作其他装饰，则应归入本章品目 6803 项下。

品目 6803 包括经加工的天然板岩，包括经抛光或其他加工的物品，如墙砖、石板（用于铺路、建房、建化学设备等）、石槽、石池、石盆、壁炉台等；还包括明显用于铺屋顶、贴墙面或作防潮层用的板岩，有的可制成特殊形状；其也包括黏聚的板石制品。

【例 2】如图 13-2 所示的铺地砖（将天然板岩经过切割、打磨、抛光等工序加工而得）

图 13-2

**【归类分析】** 该铺地砖是将天然板岩进行切割，然后再进行打磨、抛光而得，加工工序超过了第二十五章章注一的范畴，应归入子目 6803.0010。

**（二）研磨、摩擦制品（品目 6804～6805）**

***1. 石磨、石碾及类似品的归类***

石磨和石碾，常用于压碎、磨碎、制浆等。例如，碾磨谷物（由上下两件构成），将木料、石棉等物磨成浆状，造纸及混合颜料等用的石碾，此类商品归入本章品目 6804 项下。另外需要注意的是，品目 6804 项下的石磨和石碾，通常是规模较大的。与此同时，品目 6804 还包括刀具、工具等磨刃用的磨石，砂轮、磨头、磨盘、磨齿等，带柄或不带柄的抛光石、磨刀石、油石等类似品。

品目 6804 包括的石磨、砂轮等不得装有支架，如果装有支架，不论是手推或脚踏操作的，应归入品目 8205；如果是机动的，则应归入第八十四或八十五章。需要注意的是，本品目某些研磨工具在某些情况下并不归入本品目，而应归入第八十二章，第八十二章仅包括当附上磨料后，所具有的切齿、沟、槽等仍保持其原形和功能的工具（即这些工具不同于本品目的货品，即使不附磨料也能使用）。因此，切齿涂有研磨料的锯子应归入品目 8202。同样，用以将玻璃片、石英片等切成圆片的顶钻，如果其工作刃未涂研磨料时是光滑的，应归入本品目；如果工作刃口呈锯齿状的（不论是否涂有研磨料），则应归入品目 8207。

**【例 3】** 如图 13-3 所示的碾磨轮，由合金基座与研磨齿轮构成。其中，金属基座固定在研磨设备上，研磨齿轮则由一定规格的金刚石颗粒和树脂通过高温成型在金属底座上。该碾磨轮安装于高速电机上，研磨齿轮与放于工作平台上的晶圆背面接触；通过电机的高速旋转，研磨齿轮对晶圆进行研磨，打磨多余的硅层，使晶圆达到要求的厚度；合金基座无打磨功能，仅用于承载打磨齿轮

图 13-3

【归类分析】该碾磨轮由合金基座与碾磨齿轮构成，主要用于对晶圆进行研磨，打磨多余的硅层，其中合金基座无打磨功能，仅用于承载打磨齿轮。另外，由于碾磨齿轮由一定规格的金刚石颗粒和树脂通过高温成型在金属底座上，故应归入子目 6804.2190。

2. 砂布、砂纸及类似品的归类

将粉碎的天然或人造研磨料（如金刚砂、刚玉、碳化硅、石榴石、浮石、燧石、石英、砂子及玻璃粉）用胶水或塑料粘于纺织材料、纸、纸板、钢纸、皮革或其他材料之上制成的砂布、砂纸及类似品，一般情况下归入本章品目 6805 项下，其状态为成卷、剪切成形（片、带、条、盘、弓形等）、线状或绳状的。

品目 6805 的货品主要用于（手工操作或机械操作）金属、木料、软木、玻璃、皮革、橡胶（硬化或非硬化）或塑料的修光或清洁，也用于清漆、真漆表面的磨光，还用于磨尖梳棉机针布。另外需要注意的是，如果由具有一个坚实支座（例如，纸板、木、金属制的）及一层密实黏聚研磨料而不是用研磨粉或粒构成的砂轮，以及类似结构的手工工具，则不能归入品目 6805 项下，而应归入品目 6804 项下。

【例 4】抛光片，尺寸为圆盘形，直径 127 毫米，颜色为半透明；以塑料为底，上覆二氧化硅颗粒作为磨料。该抛光片用于研磨机上对光纤插芯及光纤阵进行研磨，起到使光纤插芯端面平滑，不沾污染物的作用，以提高光纤产品的合格率。该商品属于研磨机的耗材

【归类分析】该抛光片以塑料为底，表面覆二氧化硅颗粒作为磨料，用于研磨机上对光纤插芯及光纤阵进行研磨，起到使光纤插芯端面平滑，不沾污染物的作用，以提高光纤产品的合格率，属于砂布、砂纸的类似品，故该抛光片应归入子目 6805.3000。

### （三）石膏制品的归类

天然二水石膏（$CaSO_4 \cdot 2H_2O$）又称为生石膏，经过煅烧、磨细可得熟石膏。石膏是重要的工业原材料，在建筑、模型及其他相关领域应用非常广泛。除《协调制度》另有规定的外，生石膏和熟石膏归入品目 2520 项下。如石膏的加工程度超过了第二十五章章注一的规定，则此种石膏制品可考虑归入第六十八章品目 6809 项下。

品目 6809 包括着色或未着色的石膏或石膏材料制品。例如，灰泥（与胶水混合的石膏，模制后表面似大理石）、纤维灰泥（用短麻屑末等加强的石膏，一般与胶水混合）、明矾石膏（又称干固水泥），以及含有纺织纤维、木纤维、锯末、砂、石灰、矿渣、磷酸盐等的以石膏为基料的类似品。其也包括用于建筑或土木工程用镶板、平板、薄板或瓦，以及模制品（例如，镶件、塑像、圆花饰、圆柱、碗、瓶、装饰品、工业用型模等）。

但有些石膏制品根据其用途等特征，不归入品目 6809 项下，具体有：供零售用的石膏骨折绷带（品目 3005）及石膏骨折夹板（品目 9021）；品目 6806 或品目 6808 的用石膏黏聚制成的镶板等；品目 9023 所列专供示范用的解剖模型、晶体模型、几何模型，立体地及其他模型；裁缝用的人体模型等（品目 9618）；雕塑品原件（品目 9703）。

### （四）石棉制品的归类

石棉是天然的纤维状的硅酸盐类矿物质的总称，其纤维结构非常特别，有时有丝绢光泽，颜色差异甚大，通常为白色，也有为灰色、青色、蓝色或深棕色的，主要性能为耐热及耐酸。岩石状的天然石棉、天然石棉纤维及搅打或洗涤石棉纤维，不论是否按长度进行

分拣，归入第二十五章品目 2524 项下。如品目 2524 的石棉经过了进一步加工，如梳理、染色等，则此种石棉纤维及石棉制品，如石棉制的纱线、织物、衣服、帽类、鞋靴等，应归入本章品目 6812 项下。

**【例 5】** 如图 13-4 所示的以石棉布做面、橡胶做底的鞋

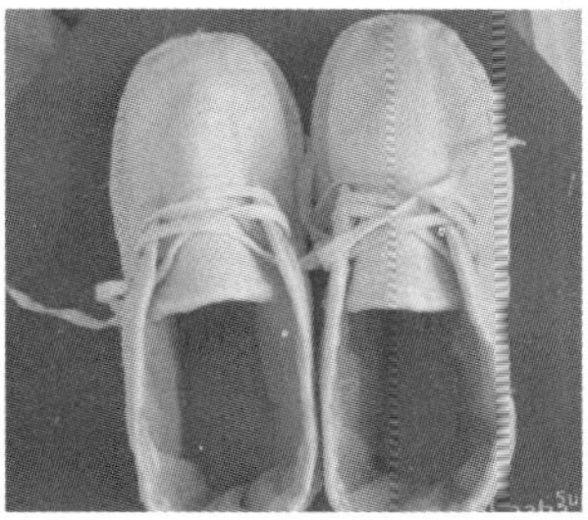

**图 13-4**

**【归类分析】** 根据六十四章章注一（四）规定，石棉制的鞋不能归入第六十四章。上图这款鞋应按石棉制品归入第六十八章，应归入子目 6812.9100。

但也有部分石棉制品不归入品目 6812 项下，举例如下：

（1）由石棉纤维和水泥或其他水硬性胶粘剂的均匀混合物组成的硬化物品（例如，屋顶用板和瓦，做家具用的薄板），归入品目 6811 项下；

（2）以石棉为基本材料制的未装配摩擦材料及其制品（例如，片、卷、带、盘、圈垫），归入品目 6813 项下，此类商品具有高摩擦系数及耐热、耐磨特性，可用做闸瓦、离合园盘等的材料，用于各种车辆、起重机、挖泥机或其他机器上。

## 五、碳纤维及其制品的归类

碳纤维（carbon fiber，简称 CF），是一种含碳量在 95%以上的高强度、高模量的新型纤维材料。它是由片状石墨微晶等有机纤维沿纤维轴向方向堆砌而成，经碳化及石墨化处理而得到的微晶石墨材料。它通常是有机纤维经固相反应转变而成的聚合物碳，主要以有机聚合物（聚丙烯腈、粘胶、沥青、酚醛、聚乙烯醇、聚氯乙烯等）纤维为原料，在惰性气体保护下经高温碳化，再经表面处理等工序制成。碳纤维及碳纤维制品，如碳纤维纱线、碳纤维织物、碳纤维板等，归入品目 6815 项下。

**【例 6】** 如图 13-5 所示的碳纤维布

**图 13-5**

**【归类分析】** 根据第十一类类注一（十六）的规定，碳纤维及其制品应该归入品目 6815 项下，故该碳纤维布归入子目 6815.9931。

# 第六十九章　陶瓷产品

## 一、本章商品范围

用坯泥成形后加以烧制是本章陶瓷产品的主要特征，可据此与第六十八章的不加烧制的矿物制品或石制品和第七十章的玻璃原料完全熔化制成的玻璃制品加以区分。

陶瓷产品可分为陶器、瓷器、炻器三大类。

陶器的原料是陶土和黏土，其主要成分为高岭石，含杂质较多。陶器质地较粗，多孔、不透明，断面有吸水性，没有清晰音响，烧成温度（950℃～1165℃）一般较瓷品低，分为施釉与不施釉两种。它又可分为粗陶，如盆、罐、砖、瓦、陶管等；精陶，如日用精陶、美术陶器、釉面砖等。

瓷器的原料是瓷土（即高岭土），含杂质较少，另加长石和石英。瓷器坯体致密，基本不吸水，音响清澈，洁白，较薄者呈半透明，多为施釉产品。瓷器又分细瓷，如日用细瓷、美术瓷、高压电瓷、高频瓷等；特种陶瓷，如氧化物瓷、压电陶瓷、磁性瓷、氮化物瓷、金属陶瓷等。其中，金属陶瓷及其制品不属于本章商品范畴，其应归入品目 8113 项下。

炻器又称半瓷器或仿瓷器，它介于陶器和瓷器之间。这类瓷坯体较致密，吸水率小，不太透明，如表瓷、卫生陶瓷、化工陶瓷、低压电瓷、地砖、锦砖等均属此类。半瓷器或仿瓷器不作为瓷器而应作为陶器归类。

本章产品的主要特征是成形后加以烧制。因此根据其成分和烧制工序分类，其结构规律如下：

{硅质化石粉或类似硅土制成的制品及耐火材料制品……………6901～6903
{其他陶器、瓷器产品……………………………………………6904～6914

## 二、本章商品归类方法

本章仅适用于成形后经过烧制的陶瓷产品。本章商品分为二个分章，第一分章的商品应优先归类，根据本章章注一的规定，品目 6904 至品目 6914（即第二分章的产品）仅适用于不能归入品目 6901 至品目 6903（即第一分章的产品）的产品。

### （一）耐火产品的归类

耐火产品一般是指能耐 1500℃及以上的高温，而且还能在此种温度下进行工作，具有特殊性能的烧制物品。

其中，制成的建材制品（如砖、瓦）归入本章品目 6902 项下，其他制品（如坩埚）归入本章品目 6903 项下，前者一般是永久性固定在建筑上的，而后者一般不是固定的。但因为管子、角管及类似的管子附件已经在品目 6903 列名，故即使它们是永久性安装在建筑物上的，也应归入品目 6903。

【例 1】如图 13-6 所示的瓷漏管，用于制造氢氰酸的反应器中，主要成分为高岭土

56%，氧化铝 38%，二氧化硅 6%，是耐火耐高温陶瓷，最高承受温度为 1500℃～1600℃。反应器生产流程：将混合原料（乙烯、氨气、氧气）由反应器上部进入罐体，经过导流系统和分配器的充分混合后通过过滤网棉并升高温度，在高温状态下经过放置在瓷漏管上部的带有均匀小孔的耐高温隔热砖（瓷漏管配件）到达瓷漏管中，在瓷漏管中经催化剂与特定温度（980℃～1050℃）和压力的作用下进行反应，生成粗制的氰化氢，然后通过精馏装置制成氢氰酸。瓷漏管主要用途：放置于反应器中，催化剂放置于其管内，通过分配器和上部配件的分配，使原料混合物能与催化剂充分接触，均匀反应。

**图 13-6**

**【归类分析】** 该瓷漏管用在制造氢氰酸的反应器中，主要成分为高岭土 56%、氧化铝 38%、二氧化硅 6%，为陶瓷产品；最高承受温度为 1500℃～1600℃且其工作环境亦为高温条件下，属于耐火陶瓷制品。相比本章的其他编号，品目 6901 至品目 6903 的产品具有归类优先性，且该商品固定放置于反应器中，符合品目 6902 的商品描述，故应归入子目 6902.9000。

### （二）陶瓷贴面砖的归类

陶瓷贴面砖多以水泥胶粘剂或其他材料贴于墙等的表面上，目前市场上区分陶瓷贴面砖不再限于是否上釉，而是将基于孔隙度基础上的吸水率作为唯一区分标准。上述用途的陶瓷贴面砖（铺地用途的不在此处讨论），不论是否上釉都应归入品目 6907 项下。

完成贴面的镶嵌砖（马赛克）及类似砖应归入子目 6907.30，完成贴面等工作最后工序所需的饰面陶瓷应归入 6907.40，其余陶瓷贴面砖可依据吸水率的不同分别归入子目 6907.21、6907.22、6907.23。

### （三）陶瓷制的铺地砖的归类

本章陶瓷制的铺地砖涉及两个品目：品目 6904 和品目 6907。品目 6904 的砖一般为建筑用砖、铺地砖、支撑或填充用砖等的非耐火陶瓷砖，如图 13-7 左图所示用于马路人行道的铺地砖。品目 6907 包括的贴面砖、铺面砖、炉面砖及墙面砖，从其表面规格来看，比品目 6904 建筑用砖要薄，如图 13-7 右图所示的家居卫生间用贴面砖。

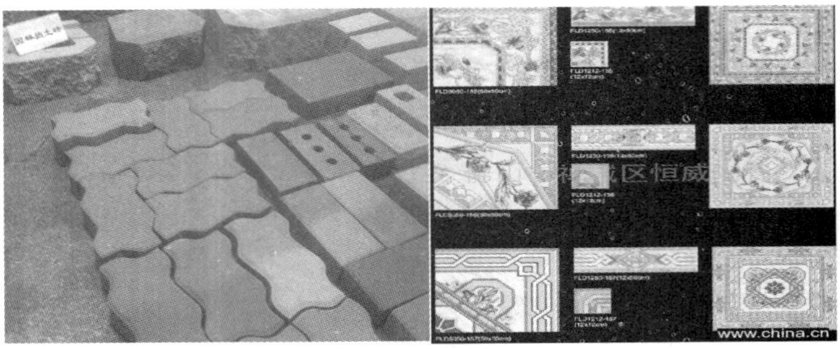


图 13-7

建筑用砖在建筑工程中起重要作用，构成建筑物的框架；贴面砖及铺面砖则多以水泥胶粘剂或其他材料贴于墙等的表面上。品目 6907 的物品是根据其形状和规格而不是根据成分归类的，因此那些既适于铺路又适于建筑的砖，不归入本品目，而应归入品目 6904。

### (四) 技术用途陶瓷器的归类

技术用途陶瓷器除了既有耐高温性能，又能在高温环境下作业的耐火材料制品外，其一般都归入品目 6909 项下。品目 6909 包括的陶瓷产品品种范围较广，除以上提及之外其他相当一部分的实验室、化学或其他技术用途的陶瓷器归入该品目。因此，部分非供高温工作用的陶瓷器件，即使是用耐火材料制成的，其仍应按非“耐火材料制品”归入品目 6909 项下。

另外，某些用于第十六类第八十五章的电子元器件的陶瓷制零部件，应按其特性和用途酌情归入其下的相应品目。例如，品目 8533 至品目 8538 的电器装置（开关、接线箱、熔断器等），品目 8546 或品目 8547 的绝缘子及绝缘附件等。

**【例 2】** 如图 13-8 所示的陶瓷导纱器（由三氧化二铝烧制而成）

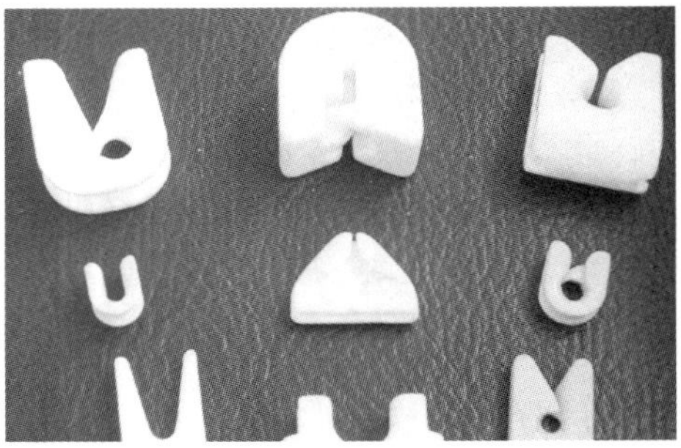

图 13-8

**【归类分析】** 该导纱器尽管是纺织设备的零件，但根据第八十四章章注一（二）“本章不包括陶瓷材料制的机器或器具（例如，泵）及供任何材料制的机器或器具用的陶瓷零件（第六十九章）”，故应按陶瓷制品归入第六十九章。该产品由三氧化二铝烧制而成，虽然其为耐火材料制品，能耐高温工作，但其实际用途不是作为耐火材料用的，为非供高温工作用的物品，因此不能按耐火材料归入品目 6903，而应按技术用途陶瓷器归入品目 6909。

### （五）陶瓷制卫生设备的归类

按照材质不同，陶瓷制卫生设备可分为陶制卫生设备和瓷制卫生设备。另外，根据是否可移动，又可将陶瓷制卫生设备分为固定的陶瓷卫生设备和非固定陶瓷卫生设备。固定的陶瓷卫生设备，如洗涤槽、脸盆座、浴缸、抽水马桶、小便池等，可归入本章品目 6910 项下，然后按照材质归入相应的子目。

但品目 6910 不包括小型浴室或卫生附件，如肥皂碟、海绵篮、牙刷架、毛巾钩、卫生纸架等，即使它们是固定在墙上的各种装置，也不包括便携式的卫生用品，如卫生桶、尿壶和便壶、痰盂、冲洗罐等。此类货品应根据材质（陶器或瓷器）酌情归入品目 6911 或品目 6912。

### （六）家用陶瓷制用具的归类

家用的陶瓷用具分为餐具、厨房用具及其他家用器具，如果此种器具是瓷制的，应归入本章品目 6911 项下；如果是其他陶瓷材料制的，如粗陶器、精陶器、仿瓷器，则应归入本章品目 6912 项下。

### （七）炻器及其制品的归类

炻器又称半瓷器或仿瓷器，它介于陶器和瓷器之间，这类瓷坯体较致密，吸水率小，不太透明。半瓷器或仿瓷器由于还不具有瓷器的基本特征，因此不能作为瓷器归类，而应按照陶器归类。

对于本章的绝大多数品目来说，并没有按陶制或瓷制进行区分（除品目 6911、品目 6912 外），而在子目方面则有部分税号是有区别的，如品目 6909 项下的 6909. 11 则是瓷制的。因此，如果是用于纺纱机上的炻器制成的引纱器，则应归入子目 6909. 1900。对于炻器制成的餐具、厨房用具及其他家用或盥洗用具，则应按陶制的归入品目 6912 项下。

# 第七十章　玻璃及其制品

## 一、本章商品范围

本章包括各种形状的玻璃及玻璃制品，但本章注释一所列物品除外。

玻璃是以不同比例的某种碱金属硅酸盐（硅酸钠或硅酸钾）与一种或多种钙或铅的硅酸盐相混合，并附加钡、铝、锰、镁等组成的一种熔融均匀混合物，经高温融熔、成型、冷却而获得的透明固体材料，其制作工艺流程如图 13-9 所示。

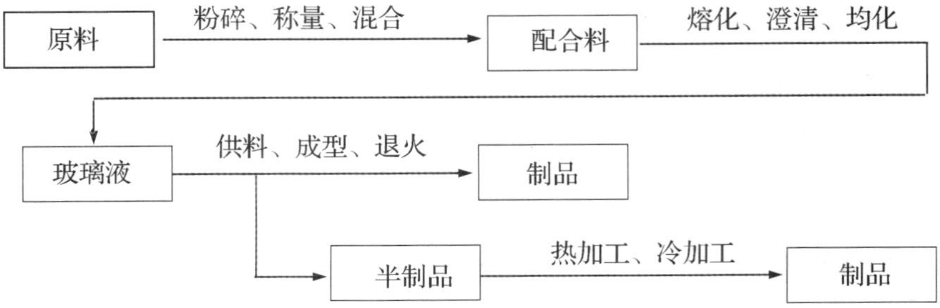


**图 13-9**

玻璃按其组分不同有许多品种，例如铅晶质玻璃、氧化铅玻璃等。这些不同类型的玻璃是非晶性（非晶质）的，而且是全部透明的。

本章还包括乳白玻璃或玻璃瓷、名为微晶玻璃的特征材料、具有低膨胀系数的玻璃。

协调制度所称“玻璃”，包括熔融石英及其他熔融硅石。

本章以加工顺序即材料至制品编排，其结构规律如下：

玻璃材料……7001~7008
玻璃制品……7009~7020

## 二、本章商品归类方法

### （一）玻璃球、棒及管的归类

实心玻璃球，一般通过模制或压制而成，或用双螺杆机制成，主要用做生产玻璃纤维的原料，也可用于制平版印刷板。玻璃棒或玻璃管，一般通过拉制或与吹制工艺相结合而成，其可有多种用途，如用于化学及工业装置；用于纺织工业；进一步制成温度计、安瓿、电灯泡和电子管或装饰品等。

未经加工的玻璃球，即直接模制或压制而成的，和类似的玻璃棒及玻璃管，即直接从拉制工序中制得或仅切割成段的（其端部可经简单磨平），归入本章品目 7002 项下。另外，本体加入荧光材料的玻璃管（不论是否切割成段），也归入品目 7002 项下。相反，如果玻璃球、棒及管不仅经过了拉制或吹制等相关加工，还经过了其他的进一步加工，制成了玻璃制成品或相关产品的零件，应根据产品特征及用途归入与其相应的品目（例如，品目 7011、品目 7017、品目 7018 或第九十章）。如已加工但不能确定其特定用途的，可归入品目 7020。

如压制成形后经过磨光，作某种瓶子的瓶塞用的玻璃球，则应归入品目 7010 项下；用于制作阴极射线管，两端进行过打磨处理且未封口的，管内涂有荧光材料硅酸锌的玻璃管，不归入品目 7002 项下，而是应归入品目 7011 项下。又如，可用于制造路标牌、反光标志及电影银幕，或用于清洁飞机喷气发动机或金属表面的微型玻璃球（微小圆珠，直径不超过 1 毫米），应归入品目 7018 项下。

**【例 1】**如图 13-10 所示的彩色玻璃玩具弹子

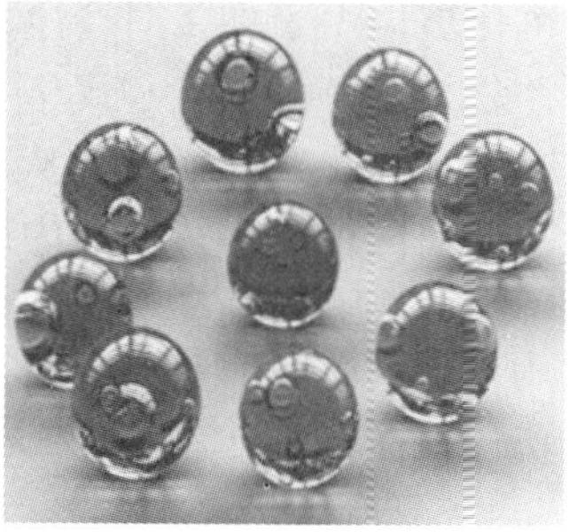

图 13-10

【归类分析】彩色玻璃玩具弹子虽为球状的玻璃制品，但其实为一种供人娱乐用的玩具，根据第七十章章注一（六）的规定，其应归入第九十五章，因此，该商品归入子目 9503.0089。

### （二）玻璃板材及类似品的归类

玻璃板材可根据其加工方法的不同分为铸制或轧制玻璃板材、拉制或吹制玻璃板材以及浮法玻璃板材。铸制或轧制的玻璃板、片归入本章品目 7003 项下，拉制或吹制的玻璃板、片归入本章品目 7004 项下，浮法玻璃板、片归入本章品目 7005 项下。此三个品目的玻璃板、片，不论是否有吸收、反射或非反射层，也不论是否着色或镶色，但都未经其他加工。对于如何理解“未经其他加工”，本章章注二对“已加工”做了相应的规定和解释。

品目 7003、品目 7004、品目 7005 的玻璃板、片可以在制造过程中制有孔眼，也可以嵌有金属丝。嵌丝玻璃几乎全都是将一层钢丝网嵌入正在被轧制的软玻璃中而制成的。对玻璃进行嵌丝加工，可以防止玻璃破裂或打碎时其碎片造成的危险，从而使其适合于建筑用途。夹丝玻璃在品目 7003、品目 7005 中都有具体列名，如 7003.20——夹丝玻璃板、片，7005.30——夹丝玻璃。经过表面研磨或抛光处理的玻璃板、片，无论其是铸制、拉制或是浮法成型的，都应归入品目 7005 项下。但如果其经过了弯曲、磨边、镂刻、钻孔、涂珐琅或其他加工，且未用其他材料镶框或装配的，则应归入品目 7006 项下。

在玻璃板或片上镀上一层极薄的金属或金属氧化物，经过此种加工，该镀层可以赋予玻璃板或片一定的性能。如果该镀层可以使玻璃吸收红外线等光线或可以提高玻璃的反射性能或是防止光线在玻璃表面的反射，经过此种加工的玻璃板或片，仍可酌情归入本章品目 7003、品目 7004、品目 7005 项下。如果是在玻璃的一面镀有金属（通常用银，有时用铂或铝），可使玻璃能清楚明亮地反照，该种商品则被视为“玻璃镜”，应归入本章品目 7009 项下。有关品目 7009 的玻璃镜，不论是否镶框，都是按玻璃镜归类。品目 7009 中包括“车辆后视镜”，这是指若单独进口的“车辆后视镜”，即使说明是装于车辆上的，仍归入品目 7009，但若“车辆后视镜”已经装于汽车上，则应按第八十七章中的汽车归类。

### （三）钢化和层压玻璃制的安全玻璃的归类

钢化玻璃可分为热钢化玻璃和化学钢化玻璃。热钢化玻璃，是通过将玻璃件再加热直到软化后（但软化程度还不足以使其变形）用适当方法使其迅速冷却制得。化学钢化玻璃，是用复杂的物理化学处理（如离子交换）使玻璃的强度、耐久性与挠性大大增强，这种处理可改变玻璃的表面结构。钢化玻璃由于加工时产生了均匀压应力，一旦制成便不能再进行加工了，因此，在回火前，总是按所需形状和规格直接制成成品。钢化玻璃的特点是撞击破裂后不会成为带锋利边缘的小碎块，或崩裂，从而降低了伤人的危险。

层压玻璃是制成夹层形状的，即在两片或多片玻璃中层夹上一层或一层以上的塑料制品，在高热、高下压黏合而成。塑料夹层通常由醋酸纤维素、乙烯基或丙烯酸产品的薄片构成。有时还用一种特殊胶粘剂喷在玻璃内层的表面上再进行压合。还一种方法是把塑料薄膜直接制在玻璃片上，然后加热加压使玻璃片黏合在一起。这种玻璃当被碎裂时，通常只有裂缝，无碎片飞出。

以上两种玻璃都不足以伤人，所以称为安全玻璃。它们主要用于汽车等交通运输工具的挡风玻璃和窗玻璃，工人或司机的护目镜，以及各种仪器、仪表、防爆窥视玻璃等。防弹玻璃也是一种特种类型的层压玻璃。

品目 7007“安全玻璃”一词只指钢化玻璃和层压玻璃，不包括如普通夹丝玻璃和选择吸收玻璃（例如，防眩玻璃、X 光防护玻璃）之类的防护性玻璃。

品目 7007 的安全玻璃，若装于其他物品上，构成了机器、用具或车辆零件的，应与有关机器、用具或车辆一并归类，若安全玻璃是单独进口的，即使说明是装于机器、用具或车辆上的，仍应归品目 7007。

**【例 2】** 如图所示的“层压玻璃”板（规格 1.5 米×1.2 米，用做小轿车的挡风玻璃）

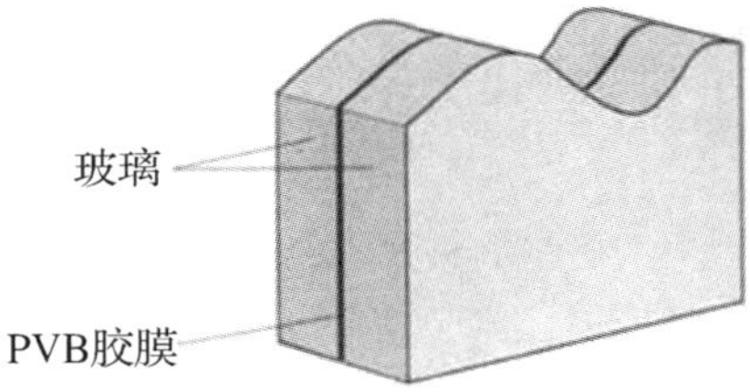


**图 13-11**

**【归类分析】** 该玻璃板为两片玻璃中加上一层 PVB 胶膜。PVB 胶膜化学名为聚乙烯醇缩丁醛薄膜，实为一种塑料薄膜。此种玻璃实为安全玻璃，符合品目 7007 对“层压安全玻璃”的定义，另外该玻璃规格 1.5 米×1.2 米，用做小轿车的挡风玻璃，因此该商品归入子目 7007.2190。

### （四）多层隔热、隔音玻璃组件的归类

多层隔热、隔音玻璃组件，最常见的是由两块或多块玻璃（片玻璃、板玻璃、浮法玻璃、锤痕玻璃或教堂玻璃）组成，片与片之间夹有一层干空气或惰性气体，有时中间还有多个间隔。这些玻璃片用金属、塑料或其他接合材料将其边缘密封，使其成为一个完全的密封件。另一种类型的多层隔热、隔音板是由两片玻璃夹有一层玻璃纤维构成的。

这些玻璃用于装配在窗户、屋顶等上，可以起到一定程度的隔热、隔音作用，还可减少冷凝作用。此种类型的玻璃组件归入本章品目 7008。

### （五）玻璃制容器的归类

玻璃制的容器，可根据其最终用途分别归入本章品目 7010、品目 7013 以及品目 7017 项下。品目 7010 包括的玻璃容器主要是商业上通常用于运输或盛装液体或固体产品的各

种玻璃容器，如盛装葡萄酒的玻璃瓶。品目 7013 包括的玻璃容器主要是餐桌或厨房用玻璃器皿中的容器、盥洗用品中的容器、办公室用玻璃器具中的容器等，如玻璃制的婴儿喝奶用的奶瓶。品目 7017 包括主要供实验室、卫生及配药用的玻璃容器，不论有无刻度或标量，如玻璃制的蒸馏瓶、培养瓶、特种烧瓶、洗眼杯、压舌板、便壶、痰盂、吸杯等。

但也有部分玻璃制的容器，不归入本章上述品目（品目 7010、品目 7013、品目 7017）。如保温瓶或其他保温容器用的玻璃胆（品目 7020），商店专用的玻璃展示瓶、罐（品目 7020），供香水喷雾器用的瓶子等（品目 7013）、香水喷雾器（品目 9616）和保温瓶及其他保温容器（品目 9617）等。

**【例 3】**如图所示的玻璃制的无铅水晶高脚杯

**图 13-12**

**【归类分析】**该水晶高脚杯为玻璃制，符合本章品目 7013 的规定，并且该高脚杯不含氧化铅，故应归入子目 7013.2800。

### （六）信号玻璃器及玻璃制光学元件的归类

信号玻璃器，供安装于能反光的路标或展览牌上，或用做自行车、汽车等的简单反射器。这类物品通常是凸面的、半球形的或是具有平行槽纹平面的，它们能将投射到它们身上的光线（如汽车前灯所投射的）加以反射，使人在黑暗中可以看到远处物体。未经光学加工的信号玻璃器归入本章品目 7014 项下。光学加工是指先用粗研磨料研磨表面，然后逐步地用越来越细研磨料对玻璃表面进行研磨，其加工顺序为粗磨、修整、磨平和抛光。经过光学加工的信号玻璃器则不能归入本品目，应按光学器件归入第九十章相应品目项下。

品目 7014 还包括在制作中虽未经光学加工，但能产生某种所需的光学效果的元件。这类元件主要包括汽车车头灯、停车灯、方向指示灯、自行车后灯、交通路灯、配电盘灯等的透镜及类似品，某些普通放大镜所用的镜片及类似品。但如果此类玻璃制光学元件已经过了光学加工，则亦不归入该品目，而应归入第九十章相应品目项下。呈弧面、弯曲、凹形或类似形状但未经光学加工的钟表玻璃及类似玻璃、视力矫正或非视力矫正眼镜用玻璃以及制造上述玻璃用的凹面圆形及扇形玻璃，同样属于玻璃制的光学元件，由于其在《协调制度》中有单独列名，应归入本章品目 7015 项下；同样，如其经过了光学加工，则应按归入第九十章的相应品目项下。

### （七）玻璃制建筑用块、砖、片、瓦及其制品的归类

有关建筑用及相关用途的块、砖、片、瓦及其制品可由不同的材料制成，它们的归类也不同。例如，水泥制块、砖、片、瓦及其相关制品应归入品目 6810；天然石料制块、

砖、片、瓦及其相关制品应归入品目 6801 或品目 6802；石膏制块、砖、片、瓦及其相关制品应归入品目 6809；用矿物黏合材料黏合植物材料或非木料等制的块、砖、片、瓦及其制品应归入品目 6808；石棉水泥制块、砖、片、瓦及其相关制品应归入品目 6811；耐火块、砖、片、瓦及其制品应归入品目 6901、品目 6902、品目 6903；普通建筑用砖、片、瓦及其制品应归入品目 6904、品目 6905；塑料制板、片、膜、带、扁条等应归入品目 3919、品目 3920、品目 3921；玻璃制的供建筑用的块、砖、片、瓦及其他制品，如建筑用玻璃装饰品（圆花窗、中柱等）、梯级及其竖板、栏杆球饰等，应归入本章品目 7016 项下。另外，品目 7016 还包括供镶嵌或类似装饰用的玻璃马赛克及其小件玻璃品。

**（八）玻璃纤维及其制品的归类**

玻璃纤维是一种性能优异的无机非金属材料，其应用领域非常广泛。玻璃纤维及其制品可归入本章品目 7019 项下，本品目的玻璃纤维及玻璃纤维制品可具有以下几种形状：（1）散装玻璃棉；（2）梳条、粗纱、纱线和短切纤维；（3）薄片、纤维网、席、垫、板及类似无纺产品；（4）机织物，包括狭幅机织物。

同时，本品目还包括帘、幕和其他玻璃纤维机织物制品。但下列玻璃纤维制品或是含有玻璃纤维的其他制品不归入本章品目 7019 项下，它们具体为：

1. 将玻璃纤维压制后，或将多层玻璃纤维层叠后，用塑料浸渍制成的半成品或制成品，由于它们具有结实坚硬的特征，因而失去了玻璃纤维制品的特性（第三十九章）。

2. 用玻璃纤维网或织物作为芯层，用沥青或类似材料完全包裹或两面覆盖制成的屋顶板（品目 6807）。

3. 夹有一层玻璃纤维的多层隔热、隔音玻璃（品目 7008）。

4. 品目 8544 的光缆，绝缘子（品目 8546）、绝缘材料制的附件（8547）。

5. 品目 9001 的光导纤维、光导纤维束及光缆。

6. 玻璃纤维制的玩偶假发（品目 9503），用人造树脂粘结玻璃纤维制成的钓鱼竿（品目 9507）。

7. 玻璃纤维刷子（品目 9603）。

**【例 4】**玻璃纤维丙苯墙体网（如图 13-13 所示），该产品为卷状（带卷芯），塑料膜包装，克重 60~300 克/平方米，门幅为 1~2 米，呈网格状，其基材为玻璃纤维机织物，将合成化工乳液（分别为丙苯乳液、丙苯纳米共聚乳液、丙苯高聚物阻燃乳液、丙烯高聚物压敏胶）浸渍在玻璃纤维机织物上，并行整形、烘干、定型处理，后通过印刷、裁切、包装成品。产品主要用于墙体结构的增强与保护，及其他建材制品的增强及大理石、花岗岩的表面保护。玻璃纤维墙体布用纱是根据不同客户的需要定的，它的内在性质分为抗碱、无碱、中碱，单纤维直径一般在 7~11 微米之间。纺织的工序是先整经，再进行织造，都是用国内的新一代剑杆织机进行织造，它区别于一般织物的组织形式，是绞结而成的。

图 13-13

**【归类分析】** 该商品加工方法为将合成化工乳液（分别为丙苯乳液、丙苯纳米共聚乳液、丙苯高聚物阻燃乳液、丙烯高聚物压敏胶）浸渍在玻璃纤维机织物上，并行整形、烘干、定型处理，后通过印刷、裁切、包装成品。产品主要用于建材制品的增强及表面保护。该商品基材为玻璃纤维布，这构成了该商品的主要特征。但由于玻璃纤维墙体布用纱是根据不同客户的需要定的，纺织的工序是先整经，再进行织造，区别于一般织物的组织形式，是绞结而成的。因此该织物非《协调制度》中所谓的经纱和纬纱垂直交织而成的“机织物”，而应是特种织物，故将其按照玻璃纤维的制品归入子目 7019.9021。

## 思考与练习

**商品归类题：**

1. 大理石制马赛克，规格：5 厘米×5 厘米
2. 模制而成的沥青板，规格：1 米×1.5 米
3. 水泥预制板，由混凝土、水泥、钢筋浇铸而成
4. 石棉制消防服
5. 经纸板贴面的石膏板
6. 人造石墨制的轴承
7. 由硅藻土烧制而成的砖
8. 用于装在屋檐上的陶制屋顶瓦
9. 瓷制的泵，用于排水系统
10. 种植盆景的陶制花盆
11. 釉面瓷制分体坐便器，品牌 TOTO
12. 陶制香炉
13. 玻璃切割过程中产生的玻璃碴
14. 经过压制而成的实心玻璃球，直径 15 厘米，可用于生产玻璃纤维
15. 水晶玻璃制烟灰缸
16. 带有反射层的铸制夹丝玻璃板，规格：2 米×1.5 米
17. 镶塑料框的车辆后视镜
18. 玻璃制的安瓿，容量 10 毫升
19. 玻璃制的假珍珠

# 阅读材料一：碳纤维

碳纤维是用聚丙烯腈基纤维、粘胶丝和沥青纤维作为原料在一定张力、温度下，经过一定时间的预氧化、炭化和石墨化处理等过程制得，是含碳量在90%以上的高强度高模量纤维（含碳量在99%以上的称为石墨纤维）。碳纤维具有元素碳的各种优良性能，如比重小、耐热性极好、热膨胀系数小、导热系数大、耐腐蚀性和导电性良好等，同时，它又具有一般纤维的柔曲性，可进行编织加工和缠绕成型。

碳纤维最优良的性能是比强度和比模量超过一般的增强纤维，它和树脂形成的复合材料的比强度和比模量比钢和铝合金的还高3倍左右。碳纤维复合材料应用在宇宙飞船、导弹和飞机上，可以显著减轻重量，提高有效载荷，改善性能，是航天工业的重要结构材料。近年来，碳纤维的应用已逐步扩大到民用工业上，如汽车工业和运动器材等方面。碳纤维继金属、有机物、陶瓷之后，成为第四种原材料。

# 阅读材料二：陶瓷加工及分类

陶瓷是以黏土及各种天然矿物为主要原料的各种制品。人们把一种陶土制作成的在专门的窑炉中高温烧制的物品叫陶瓷，陶瓷是陶器和瓷器的总称。由最粗糙的土器到最精细的精陶和瓷器都属于陶瓷的范围。由于它的主要原料是取之于自然界的硅酸盐矿物（如黏土、石英等），因此与玻璃、水泥、搪瓷、耐火材料工业等，同属于“硅酸盐工业”的范畴。

## （一）陶瓷工艺

**1. 淘泥**

高岭土是烧制瓷器的最佳原料，千百年来，多少精品陶瓷都是从这些不起眼的瓷土演变而来的。制瓷的第一道工序——淘泥，就是把瓷土淘成可用的瓷泥。

**2. 摞泥**

淘好的瓷泥并不能立即使用，要将其分割开来，摞成柱状，以便于储存和拉坯用。

**3. 拉坯**

将摞好的瓷泥放入大转盘内，通过旋转转盘，用手和拉坯工具，将瓷泥拉成瓷坯。

**4. 印模**

印坯拉好的瓷坯只是一个雏形，还需要根据要做的形状选取不同的印模将瓷坯印成各种不同的形状。

**5. 修坯**

刚印好的毛坯厚薄不均，需要通过修坯这一工序将印好的坯修刮整齐和匀称，修坯又分为湿修和干修。

**6. 捺水**

捺水是一道必不可少的工序，即用清水洗去坯上的尘土，为接下来的画坯、上釉等工序做好准备工作。

**7. 画坯**

在坯上作画是陶瓷艺术的一大特色。画坯有好多种方式，有在坯上直接画的，有贴好画纸勾画的，无论怎样画坯都是陶瓷工序的点睛之笔。

**8. 上釉**

画好的瓷坯，粗糙而又呆涩，上好釉后则全然不同，光滑而又明亮。不同的上釉手法，又有全然不同的效果，常用的上釉方法有浸釉、淋釉、荡釉、喷釉、刷釉等。

**9. 烧窑**

千年窑火，延绵不息，经过数十道工序精雕细琢的瓷坯，在窑内经受千度高温的烧炼，就像一只丑小鸭演变成一只美天鹅。根据加热方法不同，烧窑可分为气窑、电窑等。

**10. 成瓷**

经过几天的烧炼，窑内的瓷坯已变成了件件精美的瓷器，从打开的窑门中迫不及待地脱颖而出。

**11. 修补**

成瓷缺陷的修补，一件完美的瓷器有时烧出来会有一点瑕疵，用一定方式进行修补，可以让成瓷变得更加完美。

## （二）陶瓷分类

陶与瓷的区别在于原料土的不同和温度的不同。在制陶的温度基础上再添火加温，陶就变成了瓷。陶器的烧制温度在800~1000℃，瓷器则是用高岭土在1300~1400℃的温度下烧制而成。陶瓷制品的品种繁多，它们之间的化学成分、矿物组成、物理性质以及制造方法，常常互相接近交错，无明显的界限，而在应用上却有很大的区别。因此，很难硬性地归纳为几个系统。国际上还没有一个统一的分类方法，常用的有如下两种分类法。

**1. 按用途分类**

（1）日用陶瓷，如餐具、茶具、缸、坛、盆、罐、盘、碟、碗等。

（2）艺术（工艺）陶瓷，如花瓶、雕塑品、园林陶瓷、器皿、相框、壁画、陈设品等。

（3）工业陶瓷，指应用于各种工业的陶瓷制品。又可细分为以下4个方面：

①建筑卫生陶瓷，如砖瓦、排水管、面砖、外墙砖、卫生洁具等；

②化工（化学）陶瓷，用于各种化学工业的耐酸容器、管道、塔、泵、阀等；

③电器用瓷，用于电力工业高低压输电线路上的绝缘子、电机用套管、支柱绝缘子、低压电器和照明用绝缘子，以及电讯用绝缘子、无线电用绝缘子等；

④特种陶瓷，用于各种现代工业和尖端科学技术的特种陶瓷制品，有镁石质瓷、钛镁石质瓷、锆英石质瓷、锂质瓷，磁性瓷，金属陶瓷等。

**2. 按材料分类**

陶瓷按其所用材料，又可分为粗陶、精陶、炻器、半瓷器以及瓷器。原料是从粗到精，坯体是从粗松多孔逐步到达致密，烧结、烧成温度也是逐渐从低趋高。

（1）粗陶是最原始最低级的陶瓷器，一般以一种易熔黏土制造。在某些情况下也可以在黏土中加入熟料或砂与之混合，以减少收缩。这些制品的烧成温度变动很大，要依据黏土的化学组成所含杂质的性质与多少而定。

（2）精陶按坯体组成的不同，又可分为黏土质、石灰质、长石质、熟料质等四种。黏土质精陶接近普通陶器。石灰质精陶以石灰石为熔剂，其制造过程与长石质精陶相似，而质量不及长石质精陶，已很少生产，而为长石质精陶所取代。长石质精陶又称硬质精陶，以长石为熔剂，是陶器中最完美和使用最广的一种。

（3）炻器在我国古籍上称为“石胎瓷”，坯体致密，已完全烧结，这一点已很接近瓷器。但它还没有玻化，仍有2%以下的吸水率，坯体不透明，有白色的，而多数允许在烧后呈现颜色，所以对原料纯度的要求不及瓷器那样高。炻器具有很高的强度和良好的热稳定性，较适应于现代机械化洗涤，并能顺利通过从冰箱到烤炉的温度急变。

（4）半瓷器的坯料接近于瓷器坯料，但烧后仍有3%～5%的吸水率（真瓷器，吸水率在0.5%以下），所以它的使用性能不及瓷器，比精陶则要好些。

（5）瓷器是陶器发展的较高阶段。它的特征是坯体已完全烧结，完全玻化，因此很致密，对液体和气体都无渗透性，胎薄处呈半透明，断面呈贝壳状，用舌头去舔，感到光滑而不被粘住。

（6）特种陶瓷是随着现代电器，无线电、航空、原子能、冶金、机械、化学等工业以及电子计算机、空间技术、新能源开发等尖端科学技术的飞跃发展而发展起来的。这些陶瓷所用的主要原料不再是黏土、长石、石英，即使部分陶瓷坯体也使用一些黏土或长石，然而更多的是采用纯粹的氧化物和具有特殊性能的原料，制造工艺与性能要求也各不相同。

### （三）陶瓷纤维

陶瓷纤维（ceramic fibre）是指以三氧化二铝（30%～50%）和二氧化硅为主要成分且耐火度高于1580℃纤维状隔热材料的总称。陶瓷纤维制品是20世纪60年代初期发展起来的一种纤维状的轻质耐火材料。按其结构形态来说它属于非晶质（玻璃态）纤维。

陶瓷纤维是以硬质黏土熟料或工业氧化铝粉与硅石粉合成料为原料，采用电弧炉或电阻炉熔融，经压缩空气喷吹（或甩丝法）成纤而制成的，可经再加工成毯、毡、板、纸、绳等制品及各种预制块及组件等。

陶瓷纤维产品的特点主要包括，优良的热稳定性，优良的化学稳定性，导热率低，低热容，重量轻，不可燃，良好的吸音性，柔软而有弹性等。陶瓷纤维主要用于纤维制品（板、毡、异型件及纺织物）的原料、高温环境下的密封及隔热充填材料、工程结构的保温或隔热层喷涂原料等。

## 阅读材料三：玻璃的深加工

玻璃二次制品即深加工玻璃，它是利用一次成型的平板玻璃（浮法玻璃、普通引上平板玻璃、平拉玻璃、压延玻璃）为基本原料，根据使用要求，采用不同的加工工艺制成的具有特定功能的玻璃产品。经过二次加工的玻璃具有如下功能：

### （一）提高玻璃的强度和安全性

近几年来，人们为了改变钢化玻璃炸裂时碎片过小的现象，研制出一种叫热增强玻璃（半钢化玻璃）的新型产品。由于该产品不易自爆，更适合用于大型规格玻璃幕墙。

1. 夹层玻璃：它是用合成树脂将两片或者两片以上的玻璃粘结在一起而制成的一种安全玻璃。当它破损时碎片不会飞散。夹层玻璃的生产方式有干法和湿法两种，但干法生产是主流。夹层玻璃的种类很多，但主要有 PVB 膜片夹层玻璃、以固相水合硅酸钠膨胀层为防火中间层的防火玻璃、以 EN 膜片为中间层的真空一步法夹层玻璃。真空一步法夹层玻璃不仅可生产普通安全玻璃，而且可生产带饰物的装饰夹层玻璃。

2. 贴膜玻璃：贴膜玻璃是在平板玻璃表面贴上一种多层的聚酯膜，以改善玻璃的性能和强度，使其具有保温、隔热、防爆、防紫外线、美化外观、安全等功能。目前主要用于汽车和建筑门窗、隔断顶棚等。贴膜玻璃根据不同的膜材，可产生不同的效果。比如，不同颜色、光致变色、导电、加温，等等。

### （二）改变平板玻璃的几何形状

众所周知，平板玻璃一般是平整光滑的，但在使用中，人们往往需要一些具有弧度或曲面的玻璃，这就需要改变平板玻璃的几何形状。目前主要产品有圆弧弯曲玻璃、玻璃果盘、玻璃锅盖等，它们的成型机理大致相同。

圆弧弯曲玻璃，亦称热弯玻璃、弧弯玻璃，属于玻璃二次升温至接近软化温度时，按需用要求，经压弯变形而成。按弯曲程度又可分为浅弯和深弯。浅弯多用于建筑装潢、汽车、船舶挡风玻璃、玻璃家具装饰系列（如电视柜、酒柜、茶几）等；而深弯可广泛用于卧式冷柜、陈列柜台、观光电梯走廊、玻璃顶棚、观赏水族箱等。如果在热弯的同时进行钢化处理就是热弯钢化玻璃，玻璃锅盖属于此类。现在一些弧形玻璃幕墙为了保证其安全性，多采用热弯钢化玻璃。

### （三）可对玻璃进行表面处理

玻璃表面处理包括两个方面：一方面是丰富玻璃表面，即利用物理或化学方式在玻璃表面上制作出不同的花纹和图案；另一方面是对玻璃表面进行涂镀处理。

1. 磨光玻璃：在浮法玻璃产生之前，一些玻璃需要磨光才能达到两个表面呈完全平行的目的。磨光玻璃就是用金刚砂、硅砂等磨料对普通平板玻璃或压延玻璃的两个表面进行研磨使之平坦以后，再用红粉、氧化锡及毛毡进行抛光。而如今，浮法玻璃的诞生取代了磨光玻璃。

2. 彩绘玻璃：彩绘玻璃又称为绘画玻璃，是一种可为门窗提供色彩艺术的透光材料，一般是用特殊釉彩在玻璃上绘制图形后经过烤烧制作而成，或在玻璃上贴花烧制而成，制作方法有点像陶瓷。

3. 喷砂玻璃和蚀刻玻璃：是用 4~7 千克/立方厘米的高压空气将金刚砂等微粒喷吹到玻璃表面，使玻璃表面产生砂痕，它可以雕蚀出线条、文字以及各种图案，不需加工的部位用橡胶、纸等材料作为保护膜遮盖起来。如果在喷砂玻璃（全部喷砂）的基础上，再进行浸酸烧结，就会得到毛面蚀刻玻璃，也叫冰花玻璃。

4. 彩色釉面玻璃：彩色釉面玻璃是在平板玻璃的一个侧面烧结上无机颜料，并经过热处理后制成的一种不透明的彩色玻璃。根据不同的颜料，可生产出不同色彩效果的釉面玻璃。单一色彩可用于门窗，多彩的彩釉玻璃（又叫花岗岩玻璃或大理石玻璃）可用于建筑内外墙或地面。

5. 雕刻玻璃：人类很早就开始采用手工方法在玻璃上刻出美丽的图案，现已采用电脑数控技术自动刻花机加工各种场所用高档装饰玻璃。

以上属于利用物理或化学的方式丰富玻璃表面。对玻璃表面进行涂镀处理，是以平板玻璃为基板，在其表层施加一层或多层金属或非金属材料，从而使原来玻璃表面的性质发生改变。

镀膜玻璃：自 1835 年出现手工镀银制镜方法之后，20 世纪相继发明了各种物理的（真空喷涂、磁控溅射等）、化学的（水解沉积、热解沉积等）或物理—化学的镀膜方法。镀膜玻璃是在玻璃的一个或两个表面上，用物理或化学的方法镀上金属、金属氧化物等的薄膜而制成的玻璃深加工制品。不同的膜层颜色和对光线的反射率不同，使得用镀膜玻璃装饰的建筑物晶莹辉煌。热反射镀膜玻璃可以控制阳光的入射，减少空调能耗，而低辐射镀膜玻璃可限制室内热量向外辐射散失，在寒冷地区有显著的节能效果。

**（四）增加玻璃隔热、隔音功能**

众所周知，建筑物的门窗是保温隔热、节能的薄弱环节，为了满足人们对窗玻璃的隔热、隔音的需求，中空玻璃应运而生。随后便发展出充气中空玻璃和真空玻璃。

1. 中空玻璃：是由两块或多块玻璃板组成的，玻璃板之间有隔热、隔音的空隙。中空玻璃自 20 世纪 50 年代初形成机械化小批量生产以来，发展非常迅速，在经济发达的国家已得到广泛的应用。除用于建筑业外，还用于车船工业和家电业。中空玻璃的空隙最初是干燥的空气，目前多用热效率比空气低的其他气体制造中空玻璃。原片也从单一的普通平板玻璃发展为深加工玻璃，其隔框也从空腹薄铝型材发展为橡胶隔热条等。

2. 真空玻璃：自 1893 年保温热水瓶问世以来，就一直有人研究能否将真空技术用在玻璃上，但直到 1994 年才由华裔学者唐健正教授与悉尼大学科林斯教授在制造和应用上取得突破。真空玻璃是将两片平板玻璃四周密闭起来，将其间隙抽成真空并密封排气孔，两片玻璃之间的间隙为 0.1~0.2 毫米，真空玻璃的两片玻璃中一般至少有一片是低辐射玻璃，这样就将通过真空玻璃的传导、对流和辐射方式散失的热降到最低，其工作原理与玻璃保温瓶的保温隔热原理相同。

## 阅读材料四：钢化玻璃与玻璃纤维

**（一）钢化玻璃**

所谓的钢化玻璃：就是将普通退火玻璃先切割成要求尺寸，然后加热到接近软化点的 700℃左右，再进行快速均匀的冷却而得到。（通常 5~6 毫米的玻璃在 700℃高温下加热 240 秒左右，降温 150 秒左右；8~10 毫米玻璃在 700℃高温下加热 500 秒左右，降温 300 秒左右。总之，根据玻璃厚度不同，选择加热降温的时间也不同。）

钢化处理后玻璃表面形成均匀压应力，而内部则形成张应力，使玻璃的抗弯和抗冲击强度得以提高，其强度约是普通退火玻璃的四倍以上。

**1. 钢化玻璃的优点**

（1）安全性：当玻璃被外力破坏时，碎片会成类似蜂窝状的碎小钝角颗粒，不易对人体造成伤害。

（2）高强度：同等厚度的钢化玻璃抗冲击强度是普通玻璃的3~5倍，抗弯强度是普通玻璃的3~5倍。

（3）热稳定性：钢化玻璃具有良好的热稳定性，能承受的温差是普通玻璃的3倍，可承受200℃的温差变化。

**2. 钢化玻璃的缺点**

（1）钢化后的玻璃不能再进行切割和加工，只能在钢化前对玻璃进行加工至需要的形状，再进行钢化处理。

（2）钢化玻璃强度虽然比普通玻璃强，但是钢化玻璃在温差变化大时有自爆（自己破裂）的可能性，而普通玻璃不存在自爆的可能性。

（3）钢化玻璃的表面会存在凹凸不平现象，有轻微的厚度变薄。

**3. 钢化玻璃的应用**

随着产品的种类及加工技术的不断更新，钢化玻璃的应用范围也随之变的越来越广泛。通常钢化玻璃可以应用在以下几个行业：

（1）建筑、建筑模板、装饰行业（如门窗、幕墙、室内装修等）；

（2）家具制造行业（如玻璃茶几、家具配套等）；

（3）家电制造行业（如电视机、烤箱、空调、冰箱等产品）；

（4）电子、仪表行业（如手机、MP3、MP4、钟表等多种数码产品）；

（5）汽车制造行业（如汽车挡风玻璃等）；

（6）日用制品行业（如玻璃菜板等）；

（7）特种行业（如军工用玻璃）。

## （二）玻璃纤维

玻璃纤维是一种性能优异的无机非金属材料，种类繁多。其优点是绝缘性好、耐热性强、抗腐蚀性好、机械强度高、不燃烧、不腐烂；其缺点是性脆、耐磨性较差、导电性能差、不吸湿，在某些情况下，导热和传音性能也很差。玻璃纤维可用机械拉制法、离心拉制法及流体拉制法制得。

随着加工技术的不断进步，玻璃纤维的应用范围日益扩大。

1. 用于装潢或室内装饰（例如，室内装潢、墙帷、帘幕、蚊帐），为织物状，可以染色或印花。

2. 用于隔热（例如，用于屋顶、烟囱、锅炉、熔炉、蒸汽管道等的隔热），为散装纤维、结球、毡、垫、罩套（供管子用）或编带等（不论是否用胶水、沥青或其他物质浸渍，或用纸张、纺织材料或金属丝网支撑）。

3. 用于隔音（例如，用于公寓房间、办公室、轮船舱房、剧院等的隔音），为散装纤维、毡、垫或硬板等。

4. 供绝缘用（例如，用于电线、电缆或其他电器），为长丝、纱线、狭带、编带、织物等（不论是否用天然树脂、塑料、沥青等浸渍）。

5. 用做热塑性树脂和热固性树脂的加强材料，用于制造建筑业用的门面覆盖板、镶板、圆顶、平板或瓦楞板；用于制造储存和运输液体用的槽、罐和管子；用于制造工业或农业用的机器外壳和其他模制件；用于制造汽车保险杠、履带车辆设备、铁路车厢或飞机、船壳、雪橇、网球拍及其他体育用品等。

6. 用于制造其他杂项产品（例如，空调或化学工业用的过滤产品、刷子、灯芯及打火机芯、电影银幕）。

# 第十四类　天然或养殖珍珠、宝石或半宝石、贵金属、包贵金属及其制品；仿首饰；硬币

【内容提要】

随着人们生活水平的提高，珍珠、宝石、贵金属（金银等）及其制品消费日趋增长，其进出口业务也在逐年呈上升趋势。在本类中，我们将学习以下内容：

熟悉珍珠、宝石、贵金属及其制品在《协调制度》中的分布；

掌握不同加工状态的珍珠、宝石、贵金属的归类特征。

其中，重点是贵金属及包贵金属、珠宝首饰、金银器以及仿首饰的归类。

# 第七十一章　天然或养殖珍珠、宝石或半宝石、贵金属、包贵金属及其制品；仿首饰；硬币

## 一、本章商品范围

本章包括三部分：

（一）未镶嵌或未成串（不论是否加工）的珍珠、宝石；

（二）未锻造、半制成（如板、片等）或粉末状的贵金属、包贵金属；

（三）全部或部分用上述珍珠、宝石、贵金属制成的制品（如首饰、金银器等）。

其中，前两部分货品为未制成品或半制成品，后一部分货品为制成品。本章按货品的属性和加工程度排列，其结构规律如下：

- 原材料及半成品
  - 珍珠（未成串或镶嵌，天然或养殖的）……7101
  - 钻石（未镶嵌）……7102
  - 宝石或半宝石（未成串或镶嵌，天然或合成的）及其粉末……7103~7105
  - 银（未锻造、半制成或粉末状）及包银材料……7106~7107
  - 金（未锻造、半制成或粉末状）及包金材料……7108~7109
  - 铂（未锻造、半制成或粉末状）及包铂材料……7110~7111
- 贵金属或包贵金属的废碎料……7112
- 成品
  - 首饰及其零件……7113
  - 贵金属或包贵金属制的金银器、贵金属或包贵金属的其他制品……7114~7115
  - 珍珠、宝石或半宝石的制成品……7116
  - 仿首饰……7117
  - 硬币……7118

## 二、本章商品归类方法

### （一）珍珠、宝石或半宝石的归类

珍珠是珍珠贝、珍珠贻贝这类海水或淡水软体动物的一种病态产物，由于外来刺激而使该动物产生一种分泌物，日久层叠而成。珍珠具有发亮的外壳，基本上由一种角质物所包裹的多层碳酸钙所构成。珍珠分为天然的和养殖的两种。

钻石又称金刚石，是一种特殊的宝石，极其坚硬，为高折射率的碳的结晶同素异形体，常近于无色，是迄今为止所发现的矿物质中最硬的一种。

品目 7103 的宝石（包括半宝石），是指凡能满足工艺要求的单矿物晶体，其成分基本为含有各种金属离子的氧化铝、氧化硅等。宝石品种有红宝石、绿宝石、蓝宝石、翡翠、方解石、猫眼、孔雀石、刚玉、萤石、石榴石、晶石、玉石、玛瑙、水晶、石英等。

合成的宝石，是指用化工方法制成的具有与天然宝石基本相同化学成分和晶体结构的宝石，或不具有与相应天然宝石或半宝石相同化学成分和晶体结构，但由于其色泽艳丽、

结构稳定及其硬度，而被首饰匠、金银匠用以替代天然宝石或半宝石使用的宝石。

再造的宝石及半宝石，指通过将天然宝石或半宝石的碎屑（通常已碎成粉末）加以黏聚、压制或熔融（一般要借助于喷焊器）等方法制得的宝石。

天然或养殖珍珠、钻石、宝石或半宝石、合成或再造的宝石或半宝石、天然或合成的宝石或半宝石的粉末，其具体归类思路如下：

1. 未成串或未镶嵌的珍珠（不论是否加工或分级）归入品目 7101，已成串或已镶嵌的珍珠归入品目 7116，但为便于运输而暂时穿成串的珍珠仍归入品目 7101。

2. 未镶嵌的钻石（不论是否加工过或分级）归入品目 7102，但已镶嵌的钻石按制成品归入第三分章的相应品目。

3. 未成串或未镶嵌的（不论是否加工或分级）天然、合成宝石或半宝石（钻石除外）和暂时穿成串的未分级的天然、合成宝石或半宝石（钻石除外）归入品目 7103 或品目 7104，已穿成串的上述宝石或半宝石归入品目 7116。

4. 天然或合成宝石或半宝石的粉末归入品目 7105。

5. 天然或养殖珍珠、宝石及半宝石即使超过一百年仍归入本章。

**【例 1】**请对如图所示的天然珍珠、养殖珍珠、珍珠伪品分别进行归类

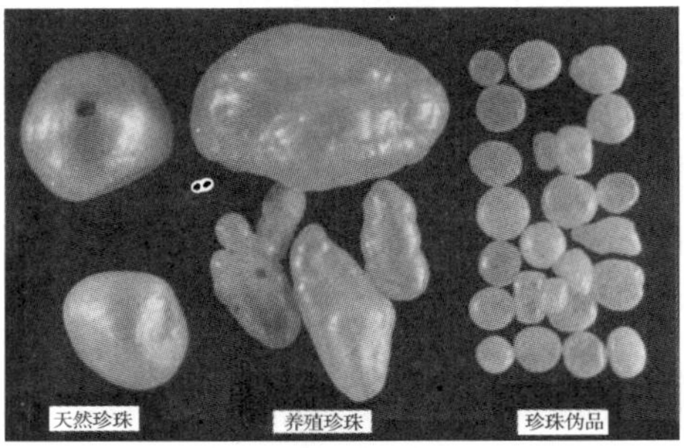


**图 14-1**

**【归类分析】**品目 7101 项下的天然和养殖珍珠，可以是未经加工的，也可以是经过简单加工的，如磨掉瑕疵、钻孔或锯切等。因此，上述天然珍珠应归入 7101.1 项下；养殖珍珠归入 7101.2 项下；珍珠伪品，则应按其材质归入其他相应的章及品目。

### （二）珍珠、宝石或半宝石制品的归类

由珍珠、宝石或半宝石制成，但又不含贵金属或包贵金属的物品，归入品目 7116。品目 7116 既包括珍珠、宝石或半宝石制成的个人装饰品及其他装饰品，例如用于手提包等的扣子和框架、梳子、刷子、耳环、链扣和饰扣及类似品；也包括全部或部分由珍珠、宝石或半宝石构成的其他物品，例如手镯、酒杯、小雕像和工艺品等，这类物品还可含有其他物料，包括作为小配件的贵金属或包贵金属。

需注意的是，仅是便于运输暂穿成串，未装配有金属或其他材料的未分级或已分级的珍珠和未分级的宝石或半宝石，不归入品目 7116，而应归入品目 7101、7103 或 7104。虽然品目 7116 的物品可含有作为小配件的贵金属或包贵金属，例如带有金搭扣的珍珠项链，但是对于所含贵金属或包贵金属超出了小配件范围的物品，例如带有金耳夹的耳饰，则不归入品目 7116，而应归入品目 7113。同时，经加工的宝石或半宝石制品，用于钟、表的零件，也不归入品目 7116，其应归入第九十一章相应品目。

## （三）贵金属合金的归类

贵金属指金、银和铂族金属（铂、铱、锇、钯、铑及钌）。

根据本章注释五的规定，含有贵金属的合金，只要其中任何一种贵金属的含量达到合金重量的2%，则应视为贵金属合金，并按以下规则归类：

（1）按重量计铂（或铂族）含量在2%及以上的合金，应视为铂合金（在此不考虑金或银的含量是否超过铂的含量）。

（2）按重量计金含量在2%及以上的合金，应视为金合金（在此不考虑银的含量是否超过金的含量，但铂或铂族含量要小于2%）。

（3）按重量计银含量在2%及以上的合金，应视为银合金（在此要求铂或铂族、金的含量要均小于2%）。

由此可知贵金属合金归类时需考虑如下优先顺序：

铂（或铂族）合金→金合金→银合金。

根据本章注释六的规定，贵金属还包括其合金，但不包括包贵金属或表面镀贵金属的贱金属或非金属。

因此，铂合金应归入品目7110，金合金应归入品目7108，银合金应归入品目7106。对于归入品目7110的铂合金，应按所含铂、铱、锇、钯、铑及钌中含量最大的一种金属归类。

而包贵金属则应视包覆的贵金属的具体属性归入品目7107、7109或7111，镀贵金属则应根据底料贱金属的属性归入相应的品目。

## （四）"未锻造"和"半制成"的贵金属的归类

"未锻造"和"半制成"的贵金属归入本章第二分章的有关品目。"未锻造"的贵金属与"半制成"的贵金属的加工程度不同，其中，"未锻造"包括贵金属的块状、粒状、锭状、铸条状、小球状等，"未制成"包括贵金属的条、棒、丝、板片及带、型材、管状等。

**【例2】**由金、银、钯组成的锭状合金，其中按含量计：金5%、银92%、钯3%

**【归类分析】**首先要判断该合金为何种贵金属合金，根据七十一章章注四，铂族合金包括钯；再根据七十一章章注五，钯含量为3%，超过了2%，因此，该贵金属合金为铂族合金。然后根据七十一章章注六的规定，贵金属合金应按贵金属进行归类。因此，该铂族合金应归入本章品目7110项下。由于该合金为锭状，属于"未锻造"状态，故应归入子目7110.2100。

## （五）包贵金属与镀贵金属的归类

《协调制度》所称的"包贵金属"指以贱金属为底料，在其一面或多面用焊接、熔接、热轧或类似机械方法覆盖一层贵金属的材料。

包贵金属还包括镶嵌贵金属的贱金属，如电气工业用的嵌有银条的铜板。

镀贵金属是在贱金属或非金属的表面通过电镀等化学方法覆盖一层贵金属制得的。

包贵金属与镀贵金属加工方式与归类的比较如表14-1所示。

表 14-1 包贵金属与镀贵金属加工方式与归类的比较

| 类别 | 加工方式 | 归类 |
|---|---|---|
| 包贵金属 | 通过焊接、熔接、热轧等机械方法制得 | 按所包的贵金属（外层材料）归类 |
| 镀贵金属 | 通过电镀等化学方法制得 | 按被镀的材料（内层材料）归类 |

### (六) 首饰与仿首饰及其零件的归类

1. “首饰”全部或部分由贵金属或包贵金属制成，归入品目 7113，但只适合于：

(1) 个人用小饰物（不论是否镶嵌宝石）。例如，戒指、手镯、项圈、饰针、耳环、项链、表链（它不同于品目 9113 的表带）和其他做装饰用的链，怀表链及饰物、垂饰、领带夹、袖扣、饰纽、纽扣等，宗教性十字架，奖章和勋章，帽饰（针、扣、环等），手提包装饰品，腰带、鞋等用的扣子和滑圈，发夹、头饰、发梳和其他类似发饰。

(2) 通常放置在衣袋、手提包或携带在身上的个人用品。例如，香烟盒、眼镜盒、香粉盒、口红管、小梳、口香丸盒、带链钱包、钥匙圈等。

品目 7113 的首饰所用材料适用于贵金属或包贵金属，以及由贵金属或包贵金属与珍珠、宝石或半宝石等材料组合或镶嵌的物品，所以金项链归入品目 7113，而珍珠项链归入品目 7116。

2. “仿首饰”不含珍珠、宝石或半宝石及贵金属或包贵金属，归入品目 7117，但其只适用于上述“首饰”中的第一项货品。如铜制的戒指、塑料制的项链均视为仿首饰归入品目 7117。

镀贵金属的物品或珍珠、宝石、贵金属仅作为小零件、小装饰品的上述“首饰”中的第（1）项货品不按首饰归类，但其仍可视为仿首饰。如镀金的铜制戒指仍按仿首饰归入品目 7117，而不按首饰归入品目 7113。但如果是上述“首饰”中的第（2）项货品，则不能视为仿首饰，不归入本章，如塑料制的眼镜盒应归入品目 4202。

**【例 3】** 如图所示的天然琥珀挂坠

图 14-2

**【归类分析】** 首先，根据第二十五章章注四，确定琥珀为非宝石，因此该琥珀挂坠不能归入本章品目 7116 项下。其次，根据本章章注十一的规定，该琥珀挂坠不含天然或养殖珍珠、宝石、半宝石（天然、合成或再造）及贵金属或包贵金属，且挂坠符合本章章注九（一）的款式。最后，根据本章章注九、十一，确定该琥珀挂坠为“仿首饰”。故该商品应归入子目 7117.9000。

3. 首饰零件，如由贵金属或包贵金属制成的，归入品目 7113 项下，如镶嵌在饰针上由黄金制成的小块图案；如由珍珠、宝石或半宝石制成的首饰零件，如果此零件具有了制成品的基本特征，则归入品目 7116 项下，如果是仅仅经过简单加工或分级，则应归入本章第一分章相应品目。对于仿首饰的零件，如该零件已具有了完整品的基本特征，则应归入品目 7117 项下；如不具有完整品的基本特征，则应按照材质归入相应的品目。

### （七）金银器的归类

贵金属或包贵金属制的金银器归入品目 7114，主要包括：

1. 餐具。例如，餐刀、切肉刀、汤匙、叉、长柄勺，盘子、碟和碗，水果盘，糖缸、咖啡壶、茶壶、茶杯或咖啡杯，酒杯，酒壶、酒具，装糕点、水果等的筐和架，鱼夹、糕点夹，冰酒桶，调味品瓶，糖钳，刀架、餐刀环，花饰瓶塞等。

2. 梳妆用具。例如，有柄镜、瓶和香粉盒（具有品目 7113 的香粉盒特征的除外）、刷子盒、衣刷、指甲刷、头发刷、梳等（品目 7113 的装饰性发梳、随身小梳及品目 9616 的香水喷雾器等除外）。

3. 办公室和写字台用品。例如，墨水瓶、墨水台、书档、镇纸、裁纸刀等。

4. 吸烟用具。例如，香烟盒、烟叶罐、烟灰缸、火柴盒架等（品目 9613 的香烟打火机和其他打火机和品目 9614 的烟斗、烟嘴等除外）。

5. 其他室内用品及类似物品。例如，室内装饰用的半身雕塑像、小雕塑像和其他雕塑像，珠宝盒，餐桌中心件、小花瓶、大花瓶，相框，灯具、灯台、烛台、枝形吊灯，壁炉台装饰品、装饰用碟盘、纪念章和大奖章（供个人佩戴的除外），体育比赛奖品，香炉等。

6. 宗教用品。例如，圣物箱、圣餐杯、荷花籽杯、圣体匣、耶稣十字架、烛台、灯具。

### （八）贵金属或包贵金属其他制品的归类

如前所述，贵金属或包贵金属制的首饰及其零件，归入品目 7113；贵金属或包贵金属制的金银器及其零件，归入品目 7114。除此之外，除了第七十一章章注二（一）及（三）所提到的商品外，其余贵金属或包贵金属制成的商品，应归入品目 7115 项下。

品目 7115 主要包括技术或实验室用的物品，例如，坩埚、烤钵和某些刮勺，作催化剂等用的铂或铂合金丝网布或格栅，未装配也不准备装配机械或热力设备的容器，电镀阳极。同时，还包括贵金属或包贵金属构成其基本特征的手提包等物品，这些物品也可镶嵌有珍珠、宝石、半宝石、玳瑁等制成的配件或装饰品。

### （九）贵金属或包贵金属的废碎料的归类

贵金属或包贵金属的废碎料归入品目 7112，主要包括：

1. 焚化照相用胶片、印刷电路板等产生的含有贵金属或贵金属化合物的灰。

2. 造币厂或金匠、银匠和首饰匠等在工场机械加工贵金属或包贵金属时产生的废料、残屑。例如，成形、钻孔等加工产生的地脚、粉末、锉屑、刨屑等。

3. 不能再作原用途的破旧器具（餐具、金银器、丝网催化剂等）的废料。本品目不包括需要经过或不需要经过整修便能重新再作原用途使用的物品，以及不经回收加工便能转作其他用途的物品。

4. 含有金属形态或化合物形态贵金属（例如，卤化银）的照相用硬片、软片、纸、纸板或纺织物的废碎料。

5. 含有贵金属（例如，金或银）的电子电路板及类似载体的废碎料。

6. 冶炼、电解或化学生产过程中所产生的含有贵金属的残渣（例如，电解精炼及电镀时产生的熔渣、淤渣，照相定影槽中的银渣）。

**（十）硬币的归类**

不论是贵金属制成的还是贱金属制成的硬币，均归入品目7118。

## 思考与练习

**商品归类题：**

1. 天然的钻石粉末
2. 实验室用刮勺，铂合金制
3. 铜制镀金手镯
4. 天然珍珠项链
5. 18K黄金制烟叶罐

# 阅读材料：宝石与黄金

## （一）宝石与半宝石的分类

在宝石学中，宝石一般分为贵重宝石和半宝石两类。贵重宝石主要有四种，即钻石、红宝石、蓝宝石和祖母绿，而其余的宝石属于半宝石。半宝石的品种很多，不同的半宝石都有不同的特性、鉴定方法，价值也各有不同。

主要的半宝石品种有：碧玺、水晶、青金石、托帕石（黄玉）、海兰宝、石榴石、橄榄石、虎睛石（木变石）、拉长石（月光石）、星光石、黑曜石、孔雀石、绿松石、红纹石、紫龙晶、东陵玉、萤石、玛瑙、玉髓、捷克陨石、欧泊、舒俱来石、锂辉石、方解石等。另外，有机宝石砗磲、琥珀、珍珠、珊瑚也归为半宝石。

需要引起注意的是，行业对半宝石的分类，与《协调制度》对宝石（包括半宝石）定义有一定的出入，在对其进行准确归类时要区别开来。

## （二）黄金的成色

黄金及其制品的纯度叫做“成”或者“成色”。

公元前200多年，希腊数学家阿基米德（Archimdes）曾为判断一顶皇冠是否由纯金做成的而发愁。他在浴盆里洗澡的时候发现了被后人称为“阿基米德定律”的浮力原理：浸入液体的物体受到向上的浮力，浮力的大小等于它排开液体的重量。从而成功证实了国王定做的皇冠是否由纯金做成的。那么，黄金的纯度究竟如何表达呢？

用“K金”表示黄金的纯度：在理论上我们把含量100%的金称为24K，所以计算方法为100/24。国家标准GB11887—89规定，每k（英文carat、德文karat的缩写，常写作“k”）含金量为4.166666%。9k = 100/24 × 9 = 37.5%（375‰）；14k = 100/24 × 14 = 58.333%（585‰），为方便标志，把它定为58.5%；18k = 100/24 × 18 = 75%（750‰）；22k = 100/24 × 22 = 91.666666%（916‰），为方便标志，把它定为91.6%。

在理论上100%的金才能称为24K金，但在现实中不可能有100%的黄金，所以中国规定：含量达到99.6%以上（含99.6%）的黄金才能称为24K金。以上几种K金含量为首饰的通用规格，国家规定低于9K的黄金首饰不能称之为黄金首饰。用文字表达黄金的纯度（有的金首饰上打有文字标记），其规定为：足金，含金量不小于990‰；千足金，含金量大于999‰。

中国对黄金制品印记和标志牌有规定，一般要求有生产企业代号、材料名称、含量印记等，无印记为不合格产品，国际上也是如此，但对于一些特别细小的制品可以允许不打标记。

# 第十五类　贱金属及其制品

【内容提要】

贱金属及其制品无论是在日常生活，还是在工业应用领域都具有举足轻重的地位。在本类中，将学习以下内容：

1. 熟悉此类商品在《协调制度》中的分布；
2. 了解贱金属加工工艺及其制品特征；
3. 各种常见贱金属及其制品的归类，如钢铁、铜等。

其中，重点是钢铁及其制品、贱金属制通用零件、贱金属制简单工具及制品的归类。

## 一、本类商品范围

本类包括贱金属及这些贱金属的大部分制品，按材料成分和制品属性分类，其结构规律为：

钢铁及其制品……………………………………………第七十二至七十三章
有色金属、金属陶瓷及其制品…………………………第七十四至八十一章
其他贱金属制品…………………………………………第八十二章至八十三章

前两部分包含未制成品和制成品，按金属的属性分章，同一章内按加工程度由低到高排列为：

初级形状（如浇铸的锭状、未锻轧的块状等）→半制成品（如各种毛坯、粗锻件等）→制成品。

其中将用途极为广泛的钢铁分为两章（第七十二章为钢铁的未制成品或半制成品，第七十三章为钢铁的制成品），其余均将同一贱金属的未制成品、半制成品与制成品列目于同一章内。

第三部分均为制成品，是按货品的功能及用途排列的。

## 二、本类商品归类方法

本类的贱金属大多是由第二十六章的金属矿砂经过冶炼等方法制得的，其合金、复合材料以及由其制成的通用零件、制品等归类方法如下：

### （一）贱金属合金的归类

贱金属相对于贵金属而言，是指那些比较常见又较易冶炼和提纯的金属，如铁、铜、铅、铝等。但本类所称的贱金属并不是指除了贵金属之外的所有金属，而是特指铁及钢、铜、镍、铝、铅、锌、锡、钨、钼、钽、镁、钴、铋、镉、钛、锆、锑、锰、铍、铬、锗、钒、镓、铪、铟、铌（钶）、铼及铊。相对来说，作为材料来使用，前面几种比较常见，后面几种比较少见。另外，《协调制度》所称的贱金属还包括贱金属合金（条文另有规定的除外）。

合金是指由两种或两种以上的金属元素组成的具有金属特性的物质。金属粉末的烧结混合物、熔炼而得的不均匀紧密混合物（金属陶瓷除外）及金属间化合物严格说不是合金，但依据本类注释五，它们也被视为合金。

**1. 贱金属与贵金属的合金**

此种合金中如果没有任何一种贵金属（金、银、铂）的含量达到合金重量的2%，那么按所含重量最大的贱金属归类。否则，应归入第七十一章。

**【例1】** 块状非焊接用锡银合金，其中锡含量为99%，银含量为1%

**【归类分析】** 此合金银含量为1%，没有达到2%，不能按贵金属合金归类，而应按锡合金归入第八十章。由于其为块状、非焊接用，故应归入子目8001.2090。

**2. 贱金属与贱金属的合金**

此种合金应按所含重量最大的一种金属归类。但另有规定的除外，如品目7202的铁合金［见第七十二章注释一（三）］及品目7405的铜母合金（见第七十四章注释三）。

**【例 2】** 如图所示的锭状铅锡合金，其中铅含量 75%，锡含量 25%

**图 15-1**

**【归类分析】** 由于该锭状合金为贱金属合金，其中铅的含量超过锡，故应按铅合金归入子目 7801.9900。

**3. 本类的贱金属与非金属或品目 2805 的碱金属、碱土金属、稀土金属等构成的合金**

此类合金中若本类贱金属的总重量等于或超过其他元素的总重量，则应按本类的贱金属合金归类，否则通常归入品目 3824。

### (二) 复合材料制品的归类

1. 含有两种或两种以上贱金属的制品，应按其所含重量最大的那种贱金属制品归类，品目另有规定的除外。例如，带铜头的钢铁钉应归入品目 7415，即使所含的铜不是主要成分。

2. 对于部分由非金属构成的制品，若按照归类总规则的规定计算各种金属的比例时，应考虑下列三点：

(1) 各种钢铁应视为同一种金属。例如，某种复合材料的管子中铜占 40%、不锈钢占 30%、硅锰钢占 30%，此时不锈钢和硅锰钢均属于合金钢，应合并计算，两者含量之和超过铜的含量，所以按钢铁管归入第七十三章。

(2) 作为某一种金属归类的合金，应视为一种金属。例如，由黄铜构成的铜制品应视为全部由纯铜构成。

(3) 品目 8113 的金属陶瓷，应视为一种贱金属。金属陶瓷是指金属与陶瓷成分以极细微粒不均匀结合而成的产品。金属陶瓷包括硬质合金（即金属碳化物与金属烧结而成）。

### (三) "通用零件"的归类

贱金属制的"通用零件"在归类中要引起注意，即使它们做成了机器用的专用零件，也不能按机器零件归类，而应按贱金属制品归入第十五类相应章及相应品目，这点在第十六类类注一（七）、第十七类类注二（二）等地方均有规定。《协调制度》所称"通用零件"范围如下：

1. 品目 7307 的钢铁管子附件，品目 7312 的钢铁绳、缆等，品目 7315 的钢铁链，品目 7317 的钢铁制的钉、平头钉、图钉等，品目 7318 的钢铁制的螺钉、螺栓、螺母、铆钉、销、垫圈等及其他贱金属制的类似品。

2. 品目 7320 的贱金属制弹簧及弹簧片，但钟表发条除外（归入品目 9114）。

3. 品目 8301 的各种锁及钥匙，品目 8302 的用于家具、门窗等的贱金属附件、架座，小脚轮等，品目 8308 的用于衣着、鞋等的贱金属制的扣、钩、环等，品目 8310 的贱金属制的各种标牌、铭牌及品目 8306 的贱金属制的框架及镜子等。

**【例 3】** 如图所示的铬钢管套，其中铁含量 78%，铬含量 20%，碳含量 1%，其他元素含量为 1%，用于汽车发动机

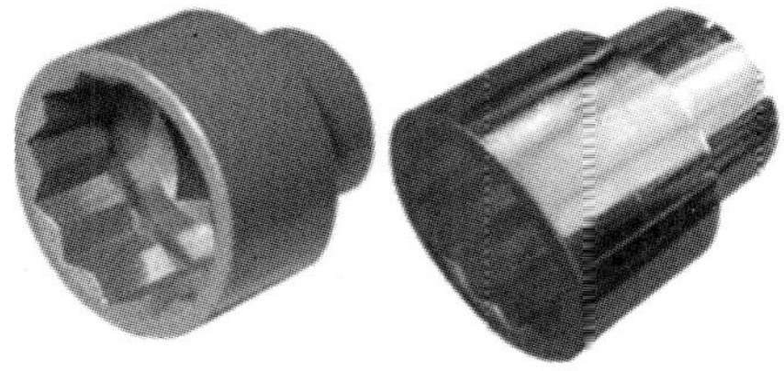

**图 15-2**

**【归类分析】** 该铬钢管套为管子的附件，根据其元素含量，可判断其为不锈钢制；根据第十五类的类注二可判断其为“通用零件”；再根据第十六类的类注一（七），该铬钢管套即使用于汽车发动机，也不能按发动机零件归入品目 8409。因此，该铬钢管套应归入子目 7307.2200。

**（四）贱金属制品的优先归类原则**

具有第八十二章、第八十三章货品特性的贱金属制品优先按货品的属性归入这两章相应品目，而不按材料属性归入第七十三章~第八十一章内（见第十五类注释二）。如铝合金制的易拉罐盖优先按货品属性归入品目 8309，而不按材料属性归入第七十六章。

**（五）贱金属废碎料的归类**

在金属生产或机械加工中产生的废料及碎屑以及因破裂、切断、磨损及其他原因而明显不能作为原物使用的金属货品才按废碎料归类；对于还能用做原物使用的金属货品不能按废碎料归类。

# 第七十二章　钢　铁

## 一、本章商品范围

本章包括生铁、镜铁、铁合金及其他冶炼钢铁的金属原料，锭状及其他初级形状产品、半制成品，用初级形状产品、半制成品经进一步加工制得的各种钢材（平板轧材、条、杆、丝、角材、型材及异型材等）。但本章不包括各种管材，管材应归入第七十三章。

本章按材料属性及加工程度（由低到高）分类，其结构规律如下：

- 原料，粒状及粉状产品……7201~7205
- 铁及非合金钢……7206~7217
- 不锈钢……7218~7223
- 其他合金钢，合金钢或非合金钢的空心钻钢……7224~7229

## 二、本章商品归类方法

### (一) 生铁、镜铁及铁合金的归类

**1. 生铁、镜铁的归类**

生铁是指把铁矿石放到高炉中冶炼而成的产品，主要用来炼钢和制造铸件，是无实用可锻性的铁碳合金。其按重量计含碳量≥2%，并可含有一种或几种下列含量范围的其他元素：铬≤10%，锰≤6%，磷≤3%，硅≤8%，其他元素合计≤10%。

镜铁指按重量计含锰量在6%~30%的铁碳合金，其他方面符合生铁中所列的标准。

初级形状且符合上述元素含量的生铁、镜铁归入品目7201，生铁和镜铁的颗粒与粉末归入品目7205。

**2. 铁合金的归类**

铁合金指铁与其他元素的合金，按重量计铁含量≥4%，并含有下列一种或几种元素：铬>10%，锰>30%，磷>3%，硅>8%，除碳以外的其他元素合计>10%，但最高含铜量≤10%。铁合金一般无实用可锻性，通常用于其他合金生产过程中的添加剂或在黑色金属冶炼中作除氧剂、脱硫剂及类似用途。

(1) 对于只有一种元素超出本章注释一（三）规定的最低百分比的铁合金，应作为二元合金归入相应的子目。以此类推，如果有两种或三种合金元素超出了最低百分比的，则可分别作为三元或四元合金。其中，铁的含量不一定要超过其他金属的含量，只要在4%以上就可以。

若铁合金中只有硅的含量超出本章注释一（三）规定的最低百分比（假设硅含量40%，即超过了8%），则称此铁合金为硅铁二元合金，归入子目7202.2900；若铁合金中有硅和锰两种元素超出本章注释一（三）规定的最低百分比（假设硅含量超过了8%，锰含量超过了30%），则称此铁合金为硅锰铁三元合金，归入子目7202.3000。

**【例1】** 如图所示的块状硅锰铁合金，其中铁含量为8%，锰含量为58%，硅含量为30%，含碳量为1.8%，其他元素为2.2%

**图15-3**

**【归类分析】** 根据本章章注一（三）的规定，该合金为铁合金；根据本章子目注释二，该合金为三元合金。因此，该商品应归入子目7202.3000。

(2) 在运用本规定时，本章注释一（三）所述的未列名的“其他元素”，按重量计单项含量必须超过10%。

若铁合金中除硅的含量超出本章注释一（三）规定的最低百分比外，其他元素中只有钨含量超过了10%，则称此铁合金为硅钨铁三元合金，归入子目7202.8020。

**3. 生铁、镜铁、铁合金各元素含量的比较**

生铁、镜铁、铁合金含有铬、锰、磷、硅等一种或多种元素，但它们的含量范围不同，具体见表15-1。

**表15-1 生铁、镜铁、铁合金各元素含量比较表**

| 元素 | 生铁 | 镜铁 | 铁合金 |
|---|---|---|---|
| 铬 | ≤10% | ≤10% | >10% |
| 锰 | ≤6% | 6%~30% | >30% |
| 磷 | ≤3% | ≤3% | >3% |
| 硅 | ≤8% | ≤8% | >8% |
| 其他元素合计 | ≤10% | ≤10% | >10% |

### （二）铁及非合金钢的“初级形状”及“半制成品”的归类

“初级形状”的范围：主要包括锭块、方块、团块、熟铁棒、板桩及熔融状态的钢等，这些产品是由冶炼好的熔融的钢水制得的。

“半制成品”的范围：主要包括大方坯、小方坯、圆材坯、厚板坯、薄板坯、外观粗糙的粗锻件（这些产品是由品目7206的初级形状产品经进一步加工制得的），角材坯、型材坯、异型材坯及所有通过连续铸造制得的实心产品。

**【例2】**一种称之为“钢锭”的产品，由废铁熔化后经锻轧而成，其还需进一步加工成成品轧材。该“钢锭”规格为115毫米×115毫米×6000毫米，其成分为铁98%、锰0.8%、硅0.5%，碳0.2%，其他元素0.5%

**【归类分析】**该产品虽名为“钢锭”，实为已经锻压的方坯，结合其成分和形状，应将其归入子目7207.1100。

### （三）平板轧材、条、杆、角材、型材、异型材、丝的归类

钢铁的主要原料为生铁、镜铁、铁合金等，其根据是否含有其他金属元素可分为非合金钢和合金钢。钢铁可通过热塑成型或冷塑成型加工成平板轧材、条、杆、角材、型材、异型材、丝等制品，也可在此基础上经过进一步的表面处理。

本章结构分为四个分章，第一分章主要为原料，第二分章主要为非合金钢制的，第三和第四分章为合金钢制的，其中由于贸易环节不锈钢使用的频繁性，把不锈钢制的单独设为一分章，即为第三分章。由于第二、三、四分章税目编排具有一定的相似性，现以非合金钢制的为例，讨论本章相关品目编排的规律。

**1. 非合金钢制平板轧材归入品目7208~7212**

符合条件：截面为矩形（正方形除外）且不符合《协调制度》中“半制成品”条件的实心轧制产品，外观为层叠的卷材或平直形状，但平直形状有如下尺寸要求：若其厚度<4.75毫米时，必须满足宽度大于厚度的10倍；若厚度≥4.75毫米时，必须满足宽度>

150 毫米，并且至少为厚度的两倍。

当产品有凸起式样（如凹槽、肋条形、格槽、珠粒、菱形）及穿孔、抛光或制成瓦楞形时不影响归类。归类时考虑的因素：轧材的宽度，厚度，轧制方式（热轧还是冷轧），报验状态（卷材还是平直形状），表面有无镀层、涂层、包覆，是否经进一步加工等。

对于矩形或正方形除外的其他规格的非合金钢平板轧材，可视为其宽度≥600 毫米的产品，但不具有其他品目所列产品的特征。其具体归类方法如图 15-4 所示。

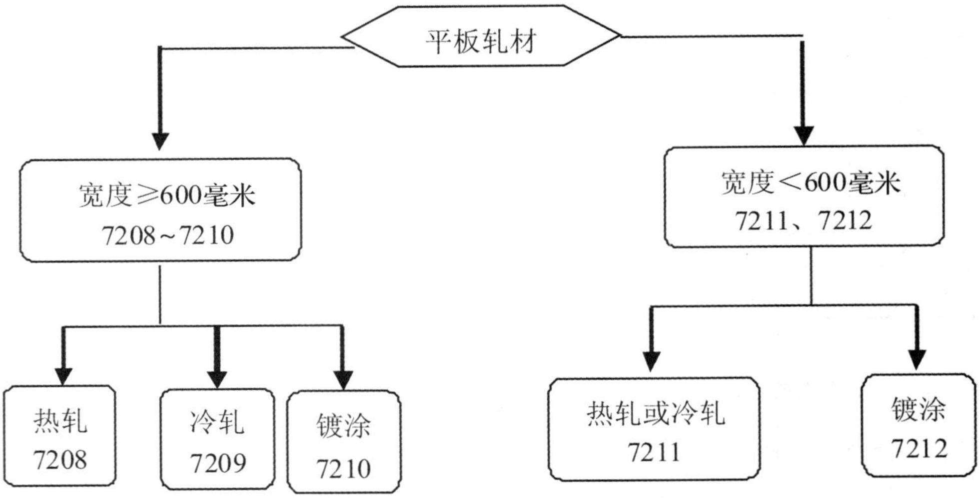


**图 15-4 非合金钢制平板轧材归类方法**

**2. 非合金钢制条、杆归入品目 7213~7215**

非合金钢制的不规则盘绕的热轧条、杆归入品目 7213。符合条件：经热轧加工、不规则盘绕（非直条状）的实心产品，其截面不一定为圆形，也可是扇形、椭圆形、矩形（包括正方形）、三角形或其他外凸多边形（包括相对两边为弧拱形，另外两边为等长平行直线的“扁圆形”及“变形矩形”）。

非合金钢制的其他条、杆根据加工方式不同归入品目 7214~7215。符合条件：其全长截面呈圆形、扇形、椭圆形、矩形（包括正方形）、三角形或其他外凸多边形形状，且全长截面完全相同的非盘绕的（呈直条状或折叠捆状）条杆。若带有轧制过程中产生的凹痕、凸缘、槽沟或其他变形（钢筋）或轧制后扭曲的，不影响其归类。

品目 7214 与品目 7215 的主要区别是加工方式的不同：品目 7214 的产品均为热成形加工，如热轧、锻造、热拉拔等，而品目 7215 的产品均为冷成形加工，如冷轧、冷挤压等。

**3. 非合金钢制的角材、型材及异型材归入品目 7216**

符合条件：不符合本章章注（九）、（十）、（十一）、（十二）款或“丝”的定义，但其全长截面均为同样形状的实心产品。

角材、型材及异型材通常是通过对大方坯或小方坯进行热轧、热拉拔、热挤压、热锻造或锻造制得，也可经冷成形或冷加工制成，例如通过冷拉拔等；同时，也可在辊式机器中制得的或在压力机中对片、板或带加工成形制得。

归入品目 7216 最常见的型材是宽边工字、工字、丁字、Ω 形、Z 形、U 形（包括槽形)、钝角、锐角、直角等形状的钢铁；其内角可以是方的，也可是圆的；突出的边缘可以是对称的，也可以是不对称的；可以是球缘的，也可以是非球缘的。

**4. 非合金钢制丝归入品目 7217**

符合条件：全长截面均为同样形状，且不符合平板轧材定义的盘卷冷成形实心产品。

钢铁丝大部分是将品目 7213 的热轧条、杆通过拉丝模拉制而成的，但也可通过任何其他冷成形加工制得，例如冷轧。已经加工的钢铁丝，例如已卷曲的，仍应归入品目 7217，只要它不具有其他品目所列制品或产品的特征。

钢铁丝的用途广泛，例如，制围篱、金属丝网布、金属网料、钉子、绳索、别针、针、工具及弹簧等。

**【例 3】**非合金钢丝，盘卷状，经冷轧成型、镀锌、抛光制得，其截面为圆形，全长截面均相同（实心）

**【归类分析】**该非合金钢丝，盘卷状，经冷轧成型制得，截面为圆形且均相同，符合本章章注一（十四）对“丝”的定义；同时，其是经过冷轧成型、镀锌、抛光加工制得。因此，该非合金钢丝应归入子目 7217.2000。

**5. 条杆类钢材中盘卷条杆、其他条杆、丝的区别与归类（见表 15-2）**

**表 15-2 部分条杆类钢材的区别与归类一览表**

| 序号 | 钢材类别 | 成形或轧制方式 | 报验状态 | 归类 |
|---|---|---|---|---|
| 1 | 不规则盘卷的条杆 | 热轧 | 不规则盘卷 | 7213 |
| 2 | 其他条杆 | 热成形 | 笔直状态或折叠捆状 | 7214 |
| 3 | | 冷成形、冷加工 | | 7215 |
| 4 | 钢丝 | 冷成形 | 盘卷状态 | 7217 |

### （四）电解沉积法、压铸法或烧结法所得的钢铁产品的归类

用电解沉积法、压铸法或烧结法所得的钢铁产品，可视为类似热轧产品，并按其形状、成分及外观归入本章的相应品目。

### （五）空心钻钢的归类

符合条件：最大外形尺寸在 15~52 毫米之间，最大内孔尺寸小于最大外形尺寸的1/2，适合钻探用的各种截面的空心条、杆。对于由合金钢或非合金钢制造的符合上述条件的产品归入品目 7228，不符合以上条件的产品则归入品目 7304。

# 第七十三章　钢铁制品

## 一、本章商品范围

本章只包括钢铁制品，是由第七十二章的产品经进一步加工制得的，主要包括钢铁的

结构体、管及管子附件、部分钢铁的通用零件及其制品（不包括第八十二章、第八十三章中具体列名或其他章列名的钢铁制品），其结构规律如下：

板桩、铁道用钢材、钢铁结构体……7301、7302、7308
管、管子附件、空心异型材……7303～7307
钢铁制的各种容器……7309～7311
钢铁丝制品（绳、缆、网等）……7312～7314
钢铁链及锚……7315、7316
钢铁制的工业用零件（如钉、针、螺栓、螺钉、螺母、弹簧及片）…7317～7320
钢铁制家用器具（如加热炉、厨房、餐桌及卫生器具制品）……7321～7324
钢铁的铸造制品……7325
其他未列名的钢铁制品……7326

## 二、本章商品归类方法

### （一）钢铁管及管子附件、空心异型材的归类

管指内、外表面形状相同，全长横截面也相同且只有一个闭合空间的同心中空产品。其截面可以是圆形、椭圆形，也可以是矩形（包括正方形）、等边三角形或其他规则外凸多边形。

空心异型材指内、外表面形状不同的空心产品（不符合《协调制度》“管”和“空心钻钢”的定义）。

**1. 钢铁管的分类**

按加工方式的不同可分为铸铁管、无缝钢管、焊接管及铆合管等。

铸铁管是在铸模中浇铸而成，或通过离心铸造制得的；无缝钢管是通过热轧钢锭得到空心坯件，然后再进行热穿孔和挤压等处理制得的；焊接管及铆合管是用平板轧材预先制成未闭合的管状，然后再通过焊接或铆合方法制得的。焊接管按焊缝的形式分为纵向的直焊缝和螺旋焊缝。

法兰为管子的附件，指管道上突出的边、缘或环圈，用于管道的连接。

**2. 钢铁管及管子附件、空心异型材的归类**

（1）钢铁管及管子附件归入品目7303～7307，其中归入品目7305的钢铁管的外径必须大于406.4毫米。全长边角已经磨圆的横截面非圆形的产品及带有法兰形端部的管子都可按管归类。这些产品不论是否两管相接、钻孔、缩腰、胀口、成锥形或装法兰、颈圈或套环，都可以经抛光、涂层、弯曲（包括盘管）、攻丝处理。

（2）子目7305.11的纵向埋弧焊接管与子目7305.12的其他纵向焊接管的区别：

纵向埋弧焊接管是通过在压力机中成形或通过滚轧，然后用金属及防止金属在熔融时氧化的助熔剂进行电弧埋焊而制得的管，此种管焊接后有凸起的金属焊珠，且在成品管的外表面可以清楚地看到；其他纵向焊接管是通过用一系列成型轧辊将盘卷钢材连续成型后，不用焊料进行电阻焊接或电感焊接制得的管，焊接后的成品管外表面没有凸起的焊珠。

（3）品目7307的对焊件指通过焊接法连接的管子附件。

（4）装有龙头的管子附件不归入品目 7307，而按龙头归入品目 8481。

（5）本章不包括品目 8307 的钢铁制软管（它是由成形的金属带螺旋盘绕制成的或将表面平滑的管子经变形加工制得的）。

**【例 1】**如图所示的通过热轧钢锭得到的非合金钢制无缝钢管，规格：长 5 米，外径 8 厘米，内径 7.5 厘米，截面圆形，用于铺设下水管道

**图 15-5**

**【归类分析】**该商品为经过热轧钢锭制得的无缝钢管，非合金钢制，根据其规格判断，不符合七十二章的“空心钻钢”的定义；其为无缝钢管，应归入品目 7304 项下；根据其制作材质（非合金钢）、加工方式（热轧）和圆形截面，归入子目 7304.3990。

**【例 2】**如图所示的通过纵向埋弧焊接的铁质输油管道，规格：长 10 米，外径 0.8 米，内径 0.76 米，截面圆形，用于石油的管道输送

**图 15-6**

**【归类分析】**该管道材质为铁，经纵向埋弧焊接制得，截面为圆形，外径为 0.8 米，用于石油的管道输送，应归入子目 7305.1100。

### （二）钢结构体的归类

归入品目 7308 的钢结构体一般是由第七十二章的型材通过焊接制得的。除本品目所述的结构体及其部件外，本品目还包括井架及上层结构，可调或伸缩支柱、管状脚手架及类似设备，水闸门，船用桅杆、舷梯、栏杆、隔板等，阳台及走廊，百叶窗、门、拉门，已装配的围栏及栅栏，道口栏路杆及类似栏障，暖房构架及培育架，在商店、工厂、仓库等装配后作为固定设施的大型货架，摊架及搁物架，由金属片、角材、型材或异型材制成的机动车道防护栅栏等。

对于已加工（如钻孔、弯曲、开槽口）供构件用的部件（如经加工的平板轧材、带材、角材、型材、异型材及管），虽未焊接仍归入本品目。但下列两种产品不能归入本品

目：具有模具特征用于浇注混凝土的格板（归入品目 8480），明显作为机器零件的结构件（归入第十六类）。

**（三）钢铁容器的归类**

1. 供商品运输、包装货物或固定安装在工厂等地盛装物料用的钢铁囤、柜、罐、桶、盒及类似容器归入品目 7309 和品目 7310，这些容器一般不用于家庭。但前者的容积要超过 300 升；后者的容积不超过 300 升且易于移动或搬动，常用于商业运输和包装货物。

2. 装压缩气体或液化气体用的钢铁容器归入品目 7311。

3. 钢铁制的手提箱归入品目 4202。

4. 家庭或厨房用的粗腰饼干桶、茶叶罐、糖听及类似容器归入品目 7323。

5. 供个人或专业用的钢铁制香烟盒、粉盒、工具箱及类似容器归入品目 7325 或品目 7326。

6. 钢铁制的保险柜、保险箱、档案柜及类似物品归入品目 8303 或品目 8304。

7. 钢铁制的首饰盒归入品目 8306。

**（四）“钢铁钉”的归类**

普通钢铁钉、平头钉、图钉等归入品目 7317，但订书机用的订书钉归入品目 8305。

带有铜或铜合金钉头的钢铁钉、平头钉不应按钢铁制品归入品目 7317，而归入品目 7415，在此不考虑按重量计含铜量是否超过含铁量。

钢铁制螺钉、普通铆钉（实心的）等归入品目 7318，但对于管形铆钉和开口铆钉（这些产品主要用于衣着、鞋帽、帐篷、皮革制品等和工程技术上）则要归入品目 8308。

**（五）“针”的归类**

1. 手工缝针、手工织针、引针、钩针、刺绣穿孔锥及类似品归入品目 7319。

2. 安全别针、普通别针和大头针归入品目 7319。

3. 针织机、编带机、刺绣机等用的针归入品目 8448。

4. 缝纫机针归入品目 8452。

5. 鞋匠用的无眼锥子及皮革加工、办公室等用的穿孔锥型穿刺工具归入品目 8205。

6. 医疗、外科、牙科或兽医用的针归入品目 9018。

# 第七十四章　铜及其制品

## 一、本章商品范围

铜一般是从硫化铜矿砂中提取获得的。在提取过程中，必要时可将矿砂研成粉并对精选过的矿砂进行焙烧，然后再置于炉中熔炼出铜锍（由铜和铁的硫化物构成的产品）或粗铜块。铜锍经过转炉处理，可去除大部分的铁和硫，成为“泡铜”（因其表面粗糙起泡而得此名）。泡铜再经反射炉精炼，可得到炉精炼铜。炉精炼铜再经进一步电解精炼，可得到高纯度的铜。

本章包括铜冶炼的初级产品（铜锍或未精炼铜等）、铜粉、精炼铜及铜合金的半制成品、铜材以及结构较简单的铜制品。按加工程度由低到高排列，其结构规律如下：

铜的初级产品（如未锻轧的铜）及废料…………………………………7401~7406
各种铜材（条杆、丝、板、箔等）…………………………………7407~7410
铜制品………………………………………………………………7411~7419

## 二、本章商品归类方法

### （一）沉积铜与铜粉的归类

沉积铜（泥铜）指通过沉淀（置换沉淀）制得的产品，大多作为添加剂加入熔炉中，制取铜锍，有时也用于防污漆和农用杀菌剂。沉积铜是一种含有氧化物及不溶性杂质的极精细黑色粉末，归入品目 7401。

铜粉是一种不含任何杂质的粉末，归入品目 7406。

### （二）常见铜合金的种类与归类

1. 铜锌合金（黄铜）指铜与锌的合金，按重量计含锌量应大于其他各种元素的单项含量，含镍量低于 5%，含锡量低于 3%，不论是否含有其他元素。

2. 铜锡合金（青铜）指铜与锡的合金，按重量计含锡量应大于其他各种元素的单项含量，含锡量≥3%时，含锌量可大于含锡量，但必须小于 10%，不论是否含有其他元素。

3. 铜镍锌合金（德银）指铜、镍、锌的合金，按重量计含镍量≥5%，不论是否含有其他元素。

4. 铜镍合金（白铜）指铜与镍的合金，按重量计含锌量≤1%，若含有其他元素时，按重量计含镍量应大于其他各种元素的单项含量。

以上铜合金如未锻轧的，归入品目 7403；如制成条、杆、型材、丝、板、片、带、管及管子附件等形状时，其归类思路与合金钢制相似。

### （三）铜母合金的归类

铜母合金指按重量计含铜量超过 10%且含有其他元素（其他元素的含量不一定必须低于含铜量）的铜合金。该合金无实用可锻性，通常用做生产其他合金的添加剂或用做冶炼有色金属的脱氧剂、脱硫剂及类似用途。

铜母合金归入品目 7405，但按重量计含磷量超过 15%的磷化铜则归入品目 2848。

### （四）铜板、片、带、箔的归类

铜板、铜片通常是将未锻轧的精炼铜经过热轧或冷轧制成，铜带可轧制而成或用铜片纵切制成。铜箔由铜加上一定比例的其他金属通过滚轧、锤锻或电解制成，其呈极薄的片状。根据厚度不同，铜板、片、带（厚度超过 0. 15 毫米）归入品目 7409，铜箔（厚度不超过 0. 15 毫米）归入品目 7410。

归入品目 7409、品目 7410 的铜板、片、带、箔的条件与钢铁的“平板轧材”有所不同。即，成卷或非成卷的平面产品（品目 7403 的未锻轧产品除外），截面均为厚度相同的实心矩形（不包括正方形），不论边角是否磨圆（包括相对两边为弧拱形，另外两边为等长平行直线的“变形矩形”），并且符合以下规格：

1. 形状为矩形（包括正方形）的，要求厚度不超过宽度的1/10；
2. 形状为非矩形或正方形的，无尺寸要求（但不具有其他品目所列产品的特征）。

# 第七十五章　镍及其制品

## 一、本章商品范围

本章包括镍的初级产品（镍锍及镍冶炼的中间产品）、未锻轧的镍、镍材及镍制品。按加工程度由低到高排列，其结构规律如下：

镍的初级产品及废料……7501～7504
各种镍材……7505～7506
镍制品……7507～7508

## 二、本章商品归类方法

镍是一种相当坚硬的银白色金属，具有磁性、延展性和韧性，强度高且耐腐蚀和抗氧化，主要用于生产多种合金（特别是合金钢），通过电沉积法作为其他金属的镀层，经锻轧的非合金镍则广泛用于制造化工设备，镍及镍合金还常用于铸币业。

有关镍材及镍制品的归类原则和方法与第七十四章的铜相似。

# 第七十六章　铝及其制品

## 一、本章商品范围

本章包括铝、铝合金及其部分结构较简单的铝制品。按加工程度由低到高排列，其结构规律如下：

铝的初级产品及废料……7601～7603
各种铝材……7604～7607
铝制品……7608～7616

## 二、本章商品归类方法

### （一）铝的提炼、性能及用途

铝主要是从铝土矿（一种天然水合氧化铝）中提炼而得。提炼分两个阶段：第一阶段是把铝土矿变成纯氧化铝（即先将磨碎的铝土矿煅烧后用氢氧化钠处理，生成铝酸钠溶液，滤去溶液中的不溶杂质，再经煅烧制成白色粉末状的纯氧化铝）。第二阶段是通过电解法，从氧化铝中提炼出金属铝（又称电解铝）。通过反复电解，可获得几乎完全纯净的铝。

铝是一种蓝白色金属，质轻，具有较好的延展性，易于滚轧、拉拔、锻造、模压，也可用于铸造等。铝是一种热和电的良导体，也是一种极好的反射体。

铝及铝合金广泛用于飞机、汽车或船舶制造业，建筑业，电力工业（制电缆）；铝及铝合金还可用于制造各类容器（罐、槽、箱及桶等），生产家庭或厨房用具，制造铝箔等。

**（二）铝及其制品的归类原则**

1. 归入品目 7607 的“铝箔”的厚度（衬背除外）要求小于 0.2 毫米，这与铜箔的要求不同（厚度小于 0.15 毫米）。但衬有铝箔（即铝箔形成容器的内表层的），用于供牛奶、果汁或其他食品包装容器且保持纸或纸板基本特征的，应归入品目 4811。

2. 用铝箔切成的亮晶片应归入品目 8308，而不按铝的片状粉末归入品目 7603。

3. 铝制容器的归类

供商品运输、包装货物或固定安装在工厂等地盛装物料用的铝制囤、柜、罐、桶、盒及类似容器，归入品目 7611 和品目 7612，这些容器一般不用于家庭。但前者的容积要超过 300 升；后者的容积不超过 300 升且易于移动或搬动，常用于商业运输和包装货物。

装压缩气体或液化气体用的钢铁容器归入品目 7613。

家庭或厨房用的粗腰饼干桶、茶叶罐、糖听及类似容器归入品目 7615。

供个人或专业用的香烟盒、粉盒、工具箱及类似专用容器归入品目 7616。

铝制的装饰盒归入品目 8306。

4. 只有易拉罐和罐体归入品目 7612，而单独报验的易拉罐盖则要按贱金属的盖子归入品目 8309。

5. 只有非绝缘的铝制绞股线、缆，才归入品目 7614；而绝缘的铝制电线、电缆，应归入品目 8544。

# 第七十七章　空章（保留为将来所用）

# 第七十八章　铅及其制品

## 一、本章商品范围

本章包括铅、铅合金及其制品，其结构规律相对比较简单。按加工程度由低到高排列，其结构规律如下：

- 未锻轧铅……………………………………………………7801
- 铅废碎料……………………………………………………7802
- 其他铅产品……………………………………………7804～7806

## 二、本章商品归类方法

铅主要是从方铅矿中提炼而得的。铅是一种蓝灰色的金属，质重，延展性极好，易熔，柔软（可轻易地用指甲在铅上刮出痕迹），广泛用于制造电缆、蓄电池、颜料、铸字合金和防 X 射线等材料。

有关铅及其制品的归类较为简单，可参考其他贱金属类似货品的归类。

# 第七十九章　锌及其制品

## 一、本章商品范围

本章包括锌、锌合金及其制品，其结构规律相对比较简单。按加工程度由低到高排列，其结构规律如下：

锌的初级产品及废碎料……………………………………………7901～7903
各种锌材……………………………………………………………7904～7905
其他锌制品……………………………………………………………7907

## 二、本章商品归类方法

锌是一种蓝白色金属，在适当的温度下可以进行滚轧、拉拔、模锻、挤压等加工，还可用于浇铸。锌抗空气腐蚀较强，用于钢铁等其他金属的保护层（如热浸镀锌、电解镀锌等），也可以用于生产合金。

对于锌基合金制的焊条，要区分是否涂有焊剂，未涂有焊剂的焊条归入品目 7904，而涂有焊剂的焊条归入品目 8311。

用于树木、植物等的锌制“标签”，不带字母、数字或图案，或仅带有一些栏项，有关主要内容须日后填入的，归入品目 7907；对于已填好了所有主要内容的“标签”应归入品目 8310。

总的来说，锌及其制品的归类较为简单，可参考其他贱金属类似货品的归类。

# 第八十章　锡及其制品

## 一、本章商品范围

本章包括锡、锡合金及其制品，其结构规律相对比较简单。按加工程度由低到高排列，其结构规律如下：

未锻轧锡及废碎料…………………………………………………8001～8002
锡条、杆、型材及异型材或丝……………………………………8003
其他锡产品……………………………………………………………8007

## 二、本章商品归类方法

纯锡呈银白色，韧性不是很强，但具延展性，可用于铸造、锤锻、滚轧或挤压加工，抗大气腐蚀性能极强。锡主要用做钢铁等其他贱金属的镀锡（如制罐工业的马口铁）及制造合金（青铜等）、焊条、焊丝，纯锡或锡合金也可用于制造食品工业的器具及管子、蒸馏釜的顶盖、制冷设备、工业贮槽、贮罐、装饰品及餐具、玩具、锡箔或软管，等等。

焊锡一般情况下是一种铅锡合金，熔点低，主要用于连接强度要求较低的小零件（如仪器、仪表和电器零件等），一般成条状，由热浇注而成，所以从生产工艺和外观上看，属于未锻轧锡，应归入品目 8001；而锡条是经过辊轧机进行压力和延展加工所得一定形状的成品，属于锻轧锡，应归入品目 8003。

锡及其制品的归类较为简单，可参考其他贱金属类似货品的归类。

# 第八十一章　其他贱金属、金属陶瓷及其制品

## 一、本章商品范围

本章包括二十一种贱金属（钨、钼、钽、镁、钴、铋、镉、钛、锆、锑、锰、铍、铬、锗、钒、镓、铪、铟、铌、铼及铊）及它们的合金和制品，金属陶瓷及其制品。按原料的不同分类，其结构规律如下：

前十一种金属……………………………………………………8101~8111
后十种金属………………………………………………………8112
金属陶瓷…………………………………………………………8113

## 二、本章商品归类方法

归入本章的大多数金属一般常作为合金或碳化物使用，而直接使用纯金属的较少。这些合金的归类依据是本类注释五。

金属陶瓷是既有陶瓷成分（耐热、熔点高），又有金属成分的物质。其中，陶瓷成分通常为氧化物、碳化物、硼化物等，金属成分则为一种金属，如铁、镍、铝、铬、钴。金属陶瓷是通过烧结法、分散法或其他方法制得的。

金属陶瓷用于航空工业，核工业以及导弹的制造，制熔炉、金属铸件（如盛器、喷嘴、管）、轴承、闸衬等。

不论是未锻轧的金属陶瓷或制成《协调制度》其他品目未列名的金属陶瓷制品，均应归入品目 8113。

不归入本章的金属陶瓷：含有裂变或放射性物质的金属陶瓷，归入品目 2844；未装配的工具用金属陶瓷板、杆、刀头及类似品，归入品目 8209。

# 第八十二章　贱金属工具、器具、利口器、餐匙、餐叉及其零件

## 一、本章商品范围

本章包括具有工具、器具、刀具、餐具等性质的某些贱金属制品，共有15个品目，其排列结构不同于前几章（按加工程度，由低到高排列），而是按货品的功能、用途等属性排列（在此不考虑用何种贱金属构成）。其结构规律如下：

手工工具及成套手工工具……………………………………………8201~8206
手工工具等的可互换工具………………………………………………8207
机械器具用的刀及类似品……………………………………………8208~8209
手动机械器具（重量≤10千克）　…………………………………8210
生活和家用刀及利口器具……………………………………………8211~8215

## 二、本章商品归类方法

### （一）手工工具及成套工具的归类

**1. 手工工具的归类**

手工工具一般用手握持，是以人力或以人控制的其他动力作用于物体的小型工具。归入本章单独使用的手工工具，必须为贱金属制，可以装有齿轮、曲柄、活塞、螺旋装置或杠杆等简单机构，但不能配有动力装置。

按功能，手工工具可分为切削工具和装修辅助工具。按用途，手工工具可分为螺钉和螺母装配手工具，如扳手（归入品目8204）；建筑用手工具，如手工锯（归入品目8202）、钢锉、钳子（归入品目8203）；园艺用手工具，如镰刀、秣刀、树枝剪（归入品目8201）；木工用手工具，如刨子、凿子（归入品目8205）；焊接用手工具等。

对于装于工作台、墙壁等上的器具，或由于重量、规格等原因而装于底板、底座、支架上的器具，一般应归入第八十四章。如装于支座或支架上的钻机归入品目8459；配有支座的闸刀式剪切机，即使是手工操作也应归入品目8462（但钳式金属剪归入品目8203）。

**【例1】** 如图所示的野营用拔钉器，其用不锈钢铁线材料制成，木制手柄，长约15~20厘米，用于拔出固定帐篷用的地钉

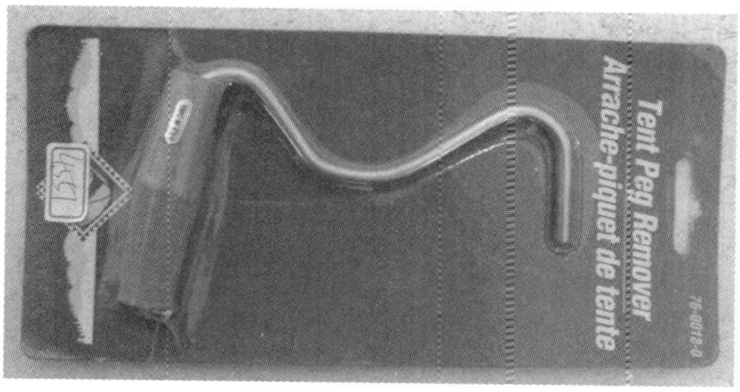


图 15-7

【归类分析】该野营用拔钉器为贱金属制的手工工具，且用于拔出固定帐篷用的地钉，因此该商品归入子目 8205.5900。

**2. 成套手工工具的归类**

由品目 8205 中不同种类的货品构成的成套货品仍归入该品目内（即子目 8205.9000），如由榔头、木工用刨子、凿子、螺丝刀构成的工具包，就应该归入子目 8205.9000 项下。

由品目 8202~8205 中两个或多个品目所列工具组成的零售包装成套货品归入品目 8206，如由手工锯（品目 8202）、老虎钳（品目 8203）、手动扳手（品目 8204）、榔头（品目 8205）、螺丝刀（品目 8205）构成的工具包，就单个而言它们分属本章不同的品目，但它们组成的成套货品应归入子目 8206.0000。

### （二）手工工具等的可互换工具的归类

可互换工具一般不能单独使用，但可装于手工工具或机床上使用。品目 8207 的工具可以是单件制品，也可以是组合制品。

单件工具主要用一种材料制成，而且一般是用合金钢或高碳钢制成。组合工具则是由一件或多件贱金属、硬质合金、金属陶瓷、金刚石、其他宝石或半宝石制成的工作部件通过焊接或镶嵌永久性地附于贱金属支架上，或作为可拆卸部件附于支架上构成的。

归入品目 8207 的可互换工具主要有锻压或冲压工具；锻模；冲孔或切割模、机床用冲头；攻丝工具，如丝锥及板牙、螺纹梳刀及螺纹梳刀盘；钻孔工具，包括钻头（麻花钻、中心钻等）、曲柄钻等；镗孔或铰孔工具，包括铰刀；铣削工具，如铣刀（平铣刀、螺旋铣刀、斜角铣刀）；齿轮滚铣刀等；车削工具，如车刀；等等。

【例 2】如图所示的金属磨头，该磨头为手提电动工具配件，由块状物和底座组成。块状物的材质是金属粉末，由 62%的铁粉末和 38%的钴粉末组成。生产工艺如下：按照比例添加这两种金属粉末，用专用搅拌机器搅拌均匀，按需要的重量量出均匀的粉末后装入石墨模具内，放入专用热压机炉内加热烧制，使这两种粉末有机地结合在一起，形成块状物品，待此块状物冷却后再使用焊接工具焊接在铁底座上。该金属磨头安装在手提电动工具上，用以加工、研磨各种天然石材和人造建筑材料

图 15-8

【归类分析】该金属磨头，安装在手提电动工具上，用以研磨各种天然和人造建筑材料，属于手提电动工具的可互换工具，因此该商品归入子目 8207.9090。

### (三) 机床上所用刀具的归类

机床上用的可互换性刀具（如车刀、钻头、铣刀、刨刀、铰刀、拉刀等），包括已装配的刀具（如镗刀、滚刀等），归入品目 8207，但铣床用的圆锯片归入品目 8202。

未装配的机床用刀具中又分两种：用金属陶瓷制得的未装配的板、杆、刀头及类似品归入品目 8209；用金属陶瓷以外的金属材料制得的未装配的刀及刀片归入品目 8208；用其他材料制得的，如合金钢制的机床用刀杆，归入品目 8466。

机床上所用刀具的归类见表 15-3。

表 15-3 机床上用刀具归类

| | 种 类 | 所用材料 | 归类 |
|---|---|---|---|
| 完整刀具（已装配） | 除锯片外的各种刀具 | 无材料限制 | 8207 |
| | 各种锯片 | 无材料限制 | 8202 |
| 不完整刀具（未装配） | 刀及刀片 | 除金属陶瓷外的金属材料 | 8208 |
| | 刀头、板、杆 | 只包括金属陶瓷 | 8209 |
| | 刀杆 | 合金钢 | 8466 |

### (四) 手动机械器具的归类

用于加工、调制食品或饮料的非电动机械器具，它们一般仅具有简单杠杆或活塞机构，通常为手工操作，其重量不超过 10 千克。此类商品一般情况下可归入品目 8210，而不能视为机械特征的商品归入第八十四章。

品目 8210 的手动器具必须满足三个条件：其一，必须是手动的（手工操作，不能带有动力）；其二，其重量必须不超过 10 公斤；其三，用于食品或饮料的加工与调制。若是非手动的手工工具，如带有电动或其他动力（风动或液压等），则归入品目 8467。

【例 3】如图所示的手动苹果削皮机（重 5 千克）

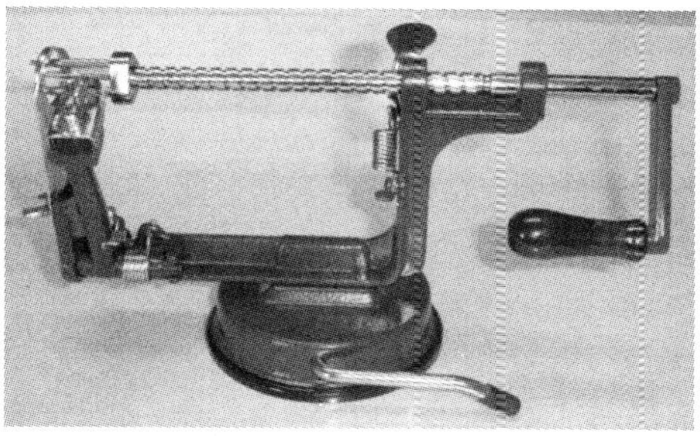

图 15-9

【归类分析】该 5 千克重的手动苹果削皮机，为手动工具，符合品目 8210 的规定，故应归入子目 8210.0000。

### （五）其他贱金属制刀具的归类

机器上用的未装配的刀及刀片（例如，供装于铣刀上的刀片，铡刀式剪切机用的刀片，木工机床用的刀片，绞肉机及切菜机用的刀片，农业上收割机、切草机用的刀片，切纸机用的刀片）归入品目 8208。

非机器上用的有刃口的刀及刀片（不论是否有锯齿，如各种非折叠式的餐刀、切菜刀、屠刀、水果削皮刀、制革用刀、补鞋用刀、园艺用的整枝刀、猎刀、各种折叠刀、带有几把可互换刀片的刀等）归入品目 8211。

普通切菜刀归入品目 8211，而品目 8214 的切菜刀与普通切菜刀不同，可单手操作，也可双手操作；非电动剃刀及其刀片归入品目 8212，电动剃须刀及其刀头、刀片和刀板归入品目 8510；由品目 8211 中不同种类的刀构成的成套货品仍归入此品目内（即子目 82111000）；由品目 8211 中的一把或多把刀具与品目 8215 至少数量相同的物品构成的成套货品，和由品目 8215 中不同种类的贱金属货品构成的成套货品，归入品目 8215。

# 第八十三章　贱金属杂项制品

## 一、本章商品范围

本章的货品全部为贱金属的制品，或称为贱金属的杂项制品，主要包括锁、架座、铰链、小脚轮、保险箱、档案柜、办公用品、铃、钟、锣、相框、软管、扣、钩、塞子、盖子、标志牌、焊条等五金件，共有 11 个品目，其排列结构按货品的功能、用途等属性排列（一般不考虑由何种贱金属材料制成）。

## 二、本章商品归类方法

### （一）本章制品的贱金属零件的归类

1. 这些制品的零件若属于第十五类注释二所列的通用零件（如弹簧、链条、螺母、螺钉、螺栓等）或其他章品目已具体列名的零件时，按具体列名归类；

2. 这些制品的专用零件与此制品一并归类，如铜制螺纹锁眼盖，属于贱金属锁的专用零件，应按贱金属锁一并归入品目 8301。

### （二）贱金属制机动车辆用附件及架座的归类

贱金属制的机动车辆用附件及架座主要有：制成的串珠饰带，脚踏板，扶手杆、条及把手，遮帘用的配件（杆、托架、紧固件、弹簧机构等），车内行李架，开窗机件，专用烟灰缸，后车厢板扣件等。它们常用于轿车、小客车、货车上。

如上所述的贱金属制附件及架座不能按机动车辆的零附件归入品目 8708，而应按贱金属制附件及架座归入品目 8302。但有些车辆外部的架座（如长途客车用外部行李架、牌照托架、保险杠、转向柱托架等）要按车身零附件归入品目 8708。

### （三）贱金属制支架小脚轮的归类

根据本章章注二的规定，品目 8302 的“脚轮”是指直径（若有胎，连胎计算在内）不超过 75 毫米的，或直径虽超过 75 毫米，但所装轮或胎的宽度必须小于 30 毫米的脚轮。

符合以上尺寸要求且必须带有贱金属支架的脚轮（轮子可用除贵金属以外的任何材料制得）归入品目 8302，不符合上述尺寸要求和条件的脚轮一般归入第八十七章。

**【例 1】** 如图所示的支架脚轮，其为铁支架上装有两个轮子，轮子的材质为铁制。该商品主要用于输送机上，承载 200 千克，起导向作用。该支架规格：外径 57.5 毫米，内孔 18.8 毫米

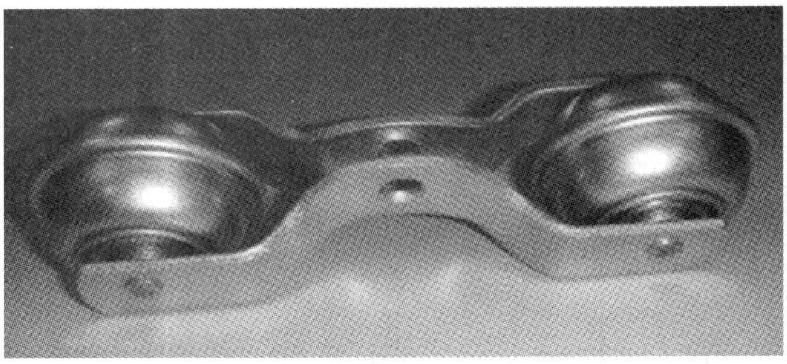

**图 15-10**

**【归类分析】** 该支架脚轮符合本章章注二“脚轮”的定义，故应归入子目 8302.2000。

### （四）归类时易错的货品

1. 贱金属的相框、画框及类似的框架归入品目 8306，不能按具体的某种贱金属归入相应的章。

2. 贱金属软管一般是由成形的金属带螺旋盘绕制成，或将表面平滑的管子经变形加工制成波纹状，常用做电缆或挠性传送管、橡胶管的保护层。这种软管归入品目 8307，它不同于普通的贱金属管，所以不能按普通贱金属管归类。

**【例 2】** 金属软管，该软管材质为金属钢铁，软管外部为防锈材料，两端带钢铁制接头，主要用于空气压缩机

【归类分析】该金属软管尽管主要用于空气压缩机，且两端带有钢铁制的街头，但由于符合品目 8307 税目条文的规定，故应归入子目 8307.1000。

3. 只有管形铆钉及开口铆钉（常用于衣着、鞋靴、帐篷、皮革制品等）才归入品目 8308，而非管形铆钉及开口铆钉则要按材料归入相应章。

4. 归入品目 8310 的“标志牌、铭牌或地名牌”上面必须印有基本内容，有些牌子除标有主要内容外，有一些具体项目需日后加上（如有些机器铭牌上面只有名称、型号、制造厂名，而机器序号、制造日期等需日后再加）仍归入本品目。但只印有次要内容而主要内容须日后用手或其他方法填入的牌、标签、标志及类似品，或没有字母、号码或图案的牌子不能归入品目 8311，而应按所属材料归类。

5. 未以焊剂涂面或未以焊剂为芯的贱金属丝、条、管、板、电极等不能归入品目 8311，而要按材料性质归类相应品目。只有涂有焊剂或带有焊剂芯的焊丝及焊条才归入品目 8311。

## 思考与练习

**思考题：**

简述合金钢、非合金钢制的平板轧材归类的异同点

**商品归类题：**

1. 含碳 0.5%的方坯条钢材
2. 宽 1.2 米、长 2.5 米、厚 1 毫米的马口铁板
3. 热轧工字钢，截面高度 10 厘米，未经进一步加工
4. 热轧，圆形实心截面，含铬 17%、碳 1%的直钢条，未经进一步加工
5. 空心圆截面钢管，外直径 40 毫米，内直径 15 毫米，适合钻探用
6. 含碳 0.5%、锰 1%、硅 1.5%为主的盘卷，冷轧，实心，截面为矩形 2 毫米×4 毫米的钢铁材料
7. 五边形热轧平板钢板，厚 4 毫米，未经进一步加工
8. 用于钢筋混凝土用的圆形实心截面、热轧盘卷钢条，表面轧制有螺旋凸缘
9. 宽 2 米、厚 2 毫米的热轧钢板卷材，经酸洗，未经进一步加工
10. 用狭平板钢板、螺旋形卷成并焊接成圆形截面，外径 50 厘米的石油管道
11. 钢窗
12. 铸铁制路边窨井盖
13. 不锈钢制煎锅
14. 截面外方内圆的无缝钢管
15. 焊接的截面为方形的钢管
16. 煤气灶
17. 圆截面、内径 70 厘米的下水道铸铁管
18. 超市用的钢铁制固定大型货架

19. 钢铁制带有螺母的螺栓，抗拉强度为900兆帕，杆径为20毫米
20. 黄铜（铜锌合金）屑，呈片状粉末
21. 铜制螺钉加工过程中产生的废碎料
22. 铜锌合金制水表接头，用途：采用螺纹连接自来水水管和水表
23. 铜镍锌合金制螺栓
24. 铜制擦锅器
25. 两端带有螺纹的铜镍合金制管子，平直状，长4米，外径为42毫米
26. 手动简易播种机
27. 用火加热的铁熨斗
28. 带塑料柄的安全剃刀
29. 手动小型简易不锈钢制果汁压榨机，单重6千克
30. 园艺用双手操作修枝剪刀
31. 零售包装，内有钳子、锤子、螺丝刀、扳手、凿子、白铁剪等工具
32. 铁皮制门牌
33. 写字台的抽屉锁
34. 窗户的铁制插销

# 阅读材料：钢铁的冶炼与加工

## （一）铁的冶炼

铁的冶炼是指通过化学还原反应将铁矿砂转变成生铁的过程。常见的炼铁法有两种：高炉法和直接还原法。

**1. 高炉法**

即将铁矿砂和焦炭在高炉中加热至熔化并转变成生铁的过程。从铁矿砂提取的铁大多数是通过高炉法炼得的。

采用这种方法炼得的铁呈熔融生铁状。这些熔融的生铁可用于炼钢厂直接炼钢，或用于铸造厂制成铁锭、块、铸铁管等，或制成不规则形状的团块，或注入水后成为铁粒。若把液状铸铁浇铸成铸件，则这种铸铁称铸铁件。

**2. 直接还原法**

即通过用气态或液态烃等还原剂处理铁矿砂，使其直接还原转变成海绵铁或铁团块的过程。在这些过程中，还原温度比较低，以致不需经熔融状态便可获得海绵状、预还原粒状或团块状产品（通常称作海绵铁）。海绵铁的含碳量通常比高炉法所得的生铁低，所以大部分海绵铁用在炼钢厂中，其经熔融后冶炼成钢。

## （二）钢的冶炼

炼钢的目的是把铁中的碳和杂质降低到所要求的范围内。炼钢的过程是用氧来氧化铁中的碳、锰、硅、磷、硫，并使其达到所要求的含碳量，最后添加合金元素以调整钢的含氧量和合金成分。炼钢的原料由熔融状或固体状的生铁或铸铁及直接还原法所得铁产品（海绵铁）与废碎铁混合组成。在这些原料中再加入生石灰、萤石、脱氧剂（例如镁铁、硅铁、铝）及各种合金元素等造渣添加剂。

炼钢方法主要分为两类：

“气体”法（我国又称转炉法），即向转炉中的熔融生铁中吹入氧气进行冶炼。只有原料为熔融生铁时才使用此法，所以此法不需外部热源。

“炉膛”法，即在平炉或电炉内进行冶炼。当原料为固体配料（例如废碎铁、海绵铁及固体生铁）时使用此方法，所以平炉炼钢法需要外加热源。热源由重油或气体供应或由电能提供。

## （三）钢的加工

冶炼好的熔融钢水可以在铸造厂中用模具铸成最终形状（钢铸件），也可在锭模中铸成锭块，锭块在初轧机或粗轧机（开板坯、开方坯等）中被轧成半制成品（大方坯、小方坯、圆钢、厚板坯、薄板坯），或者在锤击机或锻压机中被锻成半制成品。也可在连续浇铸机中直接把钢铸成半成品，其横截面形状在某些情况下可接近制成品的形状。

这些锭块产品通过热塑变形加工（热轧、锻造或热拉）和冷塑变形加工（冷轧、挤压、拉丝、光拔）成钢材（板材、条、杆、丝及各种型材）。有的还要经过进一步加工

(机械加工和镀、涂等表面处理或其他加工方法)。

冷加工产品与热加工产品的区别：冷加工产品的表面比热加工产品的光滑，没有一层鳞皮，尺寸公差小；而热加工产品的表面较粗糙，有一层鳞皮，尺寸公差大；一般情况下，薄扁产品（薄板、片及带）是通过冷加工制得的，而较为厚的锭状产品是通过热加工制得的。

相关名词解释如下：

轧制：将金属坯料通过一对旋转轧辊的间隙（各种形状），因受轧辊的压缩使材料截面减小，长度增加的压力加工方法，这是生产钢材最常用的方式，主要用来生产型材、板材、管材。它分为冷轧、热轧。轧制原理见图 15-11；由铁矿石到各种钢材的加工流程见图 15-12。

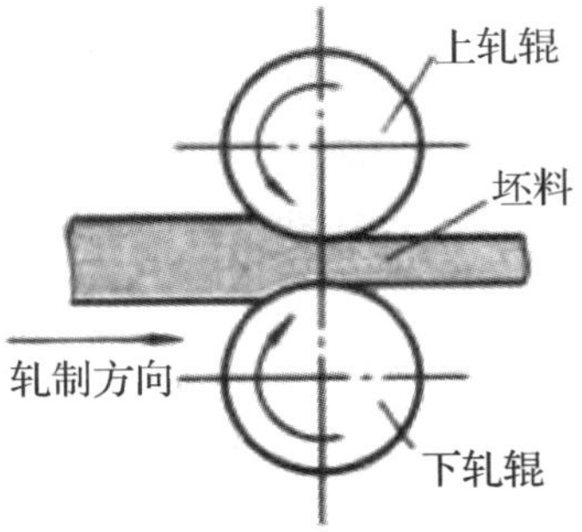


**图 15-11　轧制原理**

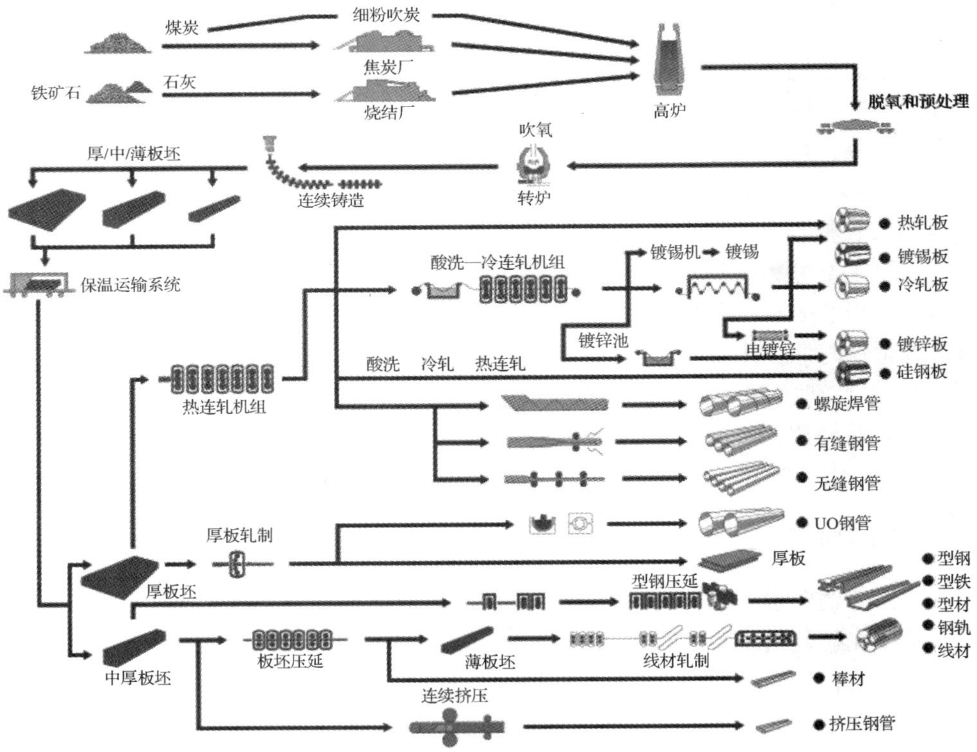


**图 15-12　由铁矿石到各种钢材的加工流程**

热轧：即在快速结晶点及开始熔化点之间的某一温度下轧制。一般情况下，热轧的最终工作温度约为900℃。

冷轧：在室温条件下（即低于再结晶温度）进行的轧制。

锻造：即利用锻锤的往复冲击力或压力机的压力使坯料改变成所需的形状和尺寸的一种压力加工方法，一般分为自由锻和模锻，常用做生产大型材、开坯等截面尺寸较大的材料。锻压成形的形式见图15-13。

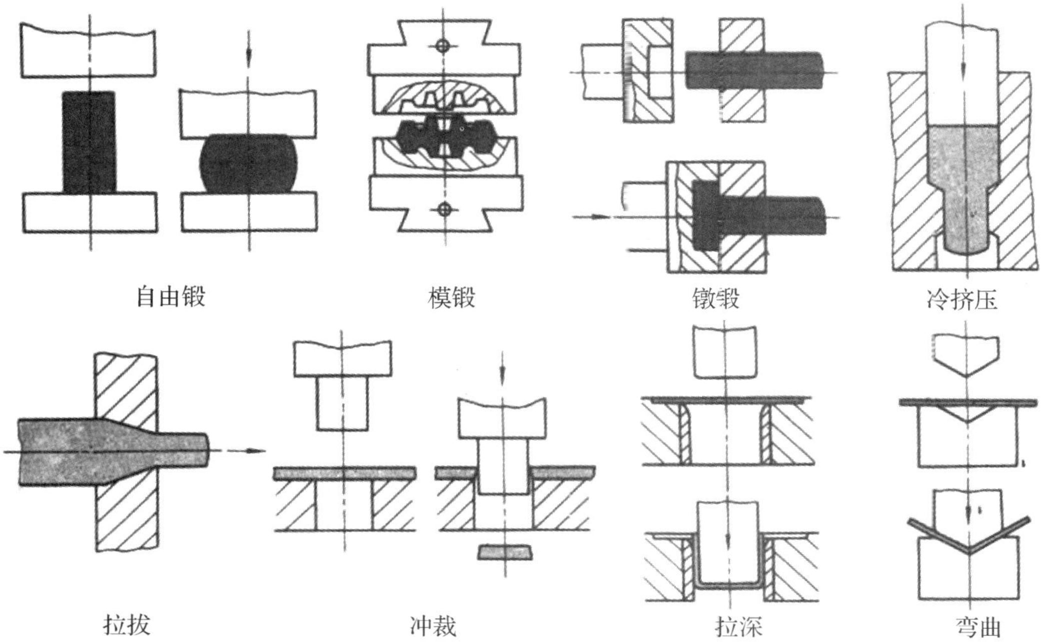


**图 15-13　锻压成形的形式**

拉拔：将已经轧制的金属坯料（型、管、制品等）通过模孔拉拔成截面减小长度增加的加工方法。

挤压：将金属放在密闭的挤压筒内，一端施加压力，使金属从规定的模孔中挤出而得到相同形状和尺寸的成品的加工方法，多用于生产有色金属材料。

拉丝：指高速拉拔不规则盘绕的条或杆，使其通过一个或数个模口，生产出直径更小的盘卷的钢铁丝。

机械加工：即车削、铣削、磨削、穿孔或冲孔、折叠、精压、剥皮等，但仅除去氧化皮的粗车削及粗修整不能作为引起归类变化的加工工序。

表面处理及其他加工：包括热处理，去皮、酸浸、刮面等，抛光、磨光、镀层、涂层等，包层，迭层等。除某些品目条文另有规定的以外，上述加工不影响货品的归类。

**（四）钢的分类**

钢分为非合金钢（又称碳钢）和合金钢，合金钢中常见的品种有不锈钢、硅电钢、高速钢、硅锰钢。

不锈钢指按重量计含碳量≤1.2%，含铬量≥10.5%的合金钢，不论是否含有其他元素。

硅电钢指按重量计含硅量0.6%~6%，含碳量≤0.08%的合金钢。硅电钢中还可含有铝（按重量计含铝量≤1%），但所含其他元素的比例并不使其具有其他合金钢的特性。

高速钢指按重量计钼、钨、钒中任意两种元素合计含量≥7%，含碳量>0.6%，含铬量3%~6%，不论是否含有其他元素的合金钢。

硅锰钢指按重量计同时含碳量≤0.7%，含锰量0.5%~1.9%，含硅量0.6%~2.3%的合金钢。所含其他元素的比例并不使其具有其他合金钢的特性。

# 第十六类　机器、机械器具、电气设备及其零件；录音机及放声机、电视图像、声音的录制和重放设备及其零件、附件

【内容提要】

本类第八十四章和第八十五章是机电商品归类的两大主要章节，涉及生产和制造的各个领域，在本类中，将学习以下内容：

1. 掌握机电商品基本的归类思路与方法；

2. 掌握类注中关于机电商品零部件、多功能机器和组合机器、功能机组等的归类原则；

3. 熟悉并掌握本类各章重要章注的相关规定和主要品目的编排特点；

4. 分小节学习和了解各类重要机电商品的归类方法及相关商品知识基础，如动力机械、制冷设备、机床、液晶成像原理及制造、通信设备、音频视频设备、印刷电路和集成电路及制造技术等。

商品进出口状态复杂，技术含量高，并不断有新商品涌现，这些是机电商品归类学习的重点和难点。

# 一、引言

## （一）机器的一般特征

机器是变换能量、材料和信息，以代替或减轻人的体力劳动和脑力劳动的装置。

按用途不同，机器可分为动力机器、加工机器、运输机器和信息机器等。动力机器可以将一种非机械能量变换成机械能，为后续设备的工作提供力的来源，例如电动机将电能转换成机械能，内燃机将热能转换成机械能，水轮机将水能转换成机械能等。加工机器主要利用机械能来完成各种加工操作，如金属加工机床可将金属表面加工成形，轧钢机用于钢铁材料的滚压，织布机用于织成布匹，包装机完成填充、封口、打包等包装工作。运输机器主要用于运输，如车辆、飞机、火车等。信息机器可进行数据的计算、处理等，如计数器、计算机等。

机器是由许多实物组成的组合体，机器各实物间有确定的相对运动，机器必须完成有用功和能量的转换。

机器通常由原动、执行、传动、操作控制等四大部分组成。

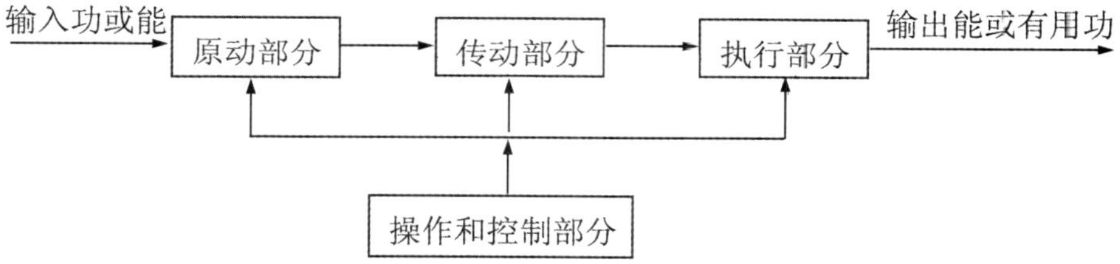


**图 16-1**

原动部分即机器的动力装置，产生力并驱动机器的运行，如机床中的电动机、汽车中的内燃发动机等。执行部分是机器完成某项功能作业的装置，如风扇的叶片、机床的刀架、洗衣机的滚筒等，一般认为，一台机器的基本功能主要由执行部分来完成。传动部分是机器中动力部分与执行部分的中间环节，负责传递动力，并且改变力的大小、方向和形式，如皮带传动、链传动、齿轮传动、螺旋传动装置等。操作和控制部分是调节、改变机器工作状态或工作范围的装置，如机器中的开关、变速机构、继电器等。

上述四大基本部分并非在任何设备中都具备。在大部分的机械设备中，上述四大部分均有体现。但是在电气设备中，各机构间不一定有明显的相对机械运动，机器主要依靠内在的电子运动或电磁波及其相互作用来完成特定的工作，例如微波炉利用微波的热效应加热物体。所以很多电气设备中，负责产生力的原动部分和传递力的传动部分并不是主要设计，甚至可以没有，商品的组成主要体现在执行部分和控制部分上，其基本功能同样在执行部分中能体现。不论是机械设备，还是电气设备，通常都视为机器，只是在机器的基本组成上侧重点有所不同。

## （二）机电商品归类的思维角度

由于机器是由许多不同材料实物构成的组合体，因此难以从原材料的角度去确定一台机器的归类，而真正体现机器基本特征的是其功能，即商品所具备的功效、作用。在税则中，本类商品主要从功能的角度来列名，部分商品将功能和用途相结合的方式来列名。所以机电商品的归类，应从功能（部分功能与用途相结合）的角度，来最终确定每个商品的归类，这是机电商品归类的特有思维角度。

### （三）新商品的归类

随着科技的迅猛发展，新商品层出不穷，对正确归类带来了一定的难度。难度之一是商品知识的了解。这个可以通过专业书刊、网络及实际接触等方式来深入了解商品。难度之二是怎样归类，即归类技术的运用。这个需要通过归类学习，例如学习了解归类总规则、相关章节的品目编排特点、特定报验状态下的归类方法（或思路）等，综合运用这些归类技术，可完成新商品的归类。

可见，新商品的归类是建立在对税则全面了解的基础上的。所以，初学者应该将学习重心放在对各章主要品目列目规律与特点的了解和掌握上，再根据新商品自身的功能特点，运用一定的归类技术，来对新商品进行归类。

## 二、本类商品范围

本类包括大部分用机械及电气方式操作的机器、器具及其零件。

本类共分两章：

机械设备……………………………………………………第八十四章
电气设备……………………………………………………第八十五章

但是受类注、章注的限制，下列机电商品不能归入本类：

（一）本类类注一排除的货品：如第十七类的运输设备，第九十章的医疗、检测仪器等物品，第九十一章的钟表及其他时间记录器，第九十五章的游艺、运动货品等。

（二）第八十四章及第八十五章章注一排除的货品：如非电热的钢铁制的家用炉、灶、空气加热器等（品目 7321、7322），电热家具（第九十四章）等。

## 三、本类商品归类方法

第十六类类注中，针对机器的复杂多样的进出口报验状态，明确了下列归类思维和方法。

### （一）本类机器零件的归类

第十六类类注二规定了机器零件的归类方法如下。

“除本类注释一、第八十四章注释一及第八十五章注释一另有规定的以外，机器零件（不属于品目 84.84、85.44、85.45、85.46 或 85.47 所列物品的零件）应按下列规定归类：

（一）凡在第八十四章、第八十五章的品目（品目 84.09、84.31、84.48、84.66、84.73、84.85、85.03、85.22、85.29、85.38 及 85.48 除外）列名的货品，均应归入该两章的相应品目；

（二）专用于或主要用于某一种机器或同一品目的多种机器（包括品目 84.79 或 85.43 的机器）的零件，应与该种机器一并归类，或酌情归入品目 84.09、84.31、84.48、84.66、84.73、85.03、85.22、85.29 或 85.38；但能同时主要用于品目 85.17 和 85.25 至

85.28 所列机器的零件，应归入品目 85.17；

（三）所有其他零件应酌情归入品目 84.09、84.31、84.48、84.66、84.73、85.03、85.22、85.29 或 85.38，如不能归入上述品目，则应归入品目 84.87 或 85.48。”

结合类注一的“本类不包括”条文和类注二的条文规定，可归纳出机器零件的归类步骤如下。

步骤一：类注、章注中已排除商品的归类——按排除条款归类。

这一条规定即是第十六类注释二的第一自然段，也是运用第十六类注释二的前提条件。对于在第十六类注释一、第八十四章与第八十五章注释一已排除的商品，不再运用下面的规定进行归类，或者说，只有未在第十六类注释一、第八十四章与第八十五章注释一排除的商品，才可依据第十六类注释二的相关规定确定归类。

步骤二：具体列名零件的归类——按列名归类。

这一条规定即是第十六类注释二（一），即凡是在第八十四章、第八十五章的品目中有列名的零件，均应归入相应的品目中。这一条要求归类人员必须熟悉第八十四章、第八十五章的列目结构，知道哪些商品属于列名的商品，哪些商品不属于列名的商品。例如，液体泵属于品目 8413 的商品、阀门属于品目 8481 的商品、电容器属于品目 8532 的商品等。

这里说的“列名”，泛指在《协调制度》的各章中有列名的零件货品。

这些列名均有共同的特点：从功能或材料的角度来列名，与零件本身的用途无关。因此，无论是用于锅炉中的阀门，还是净水设备中的阀门，即使大小、形状甚至内部构造均不同，只要符合商品阀门的基本特征，均可按品目 8431 的阀门来归类。

步骤三：专用零件的归类——与整机一并归类或归入指定的零件品目。

这一条规定即是第十六类注释二（二），即无法按照步骤二归类的零件，若明显专用于或主要用于某种机器或同一品目所列同类机器的零件，均应与有关机器一并归类。例如，汽油发动机中的气缸体（钢铁制），其在税则中找不到列名，只能按“专用于汽油发动机的零件”，归入品目 8409。

步骤四：非专用零件的归类——归入品目 8487、8548 或指定的零件品目。

这一条规定即是第十六类注释二（三），即在上述步骤二、三均无法归类时，本类商品中的非电气零件可考虑归入品目 8487“本章其他品目未列名的机器零件，不具有电气接插件、绝缘体、线圈、触点或其他电气器材特征的”，电气零件可考虑归入品目 8548“机器或设备的本章其他品目未列名的电气零件”。

可归入这两个品目的货品，通常是未列名的通用零件。

综上所述，机器零件的归类步骤简示如下：

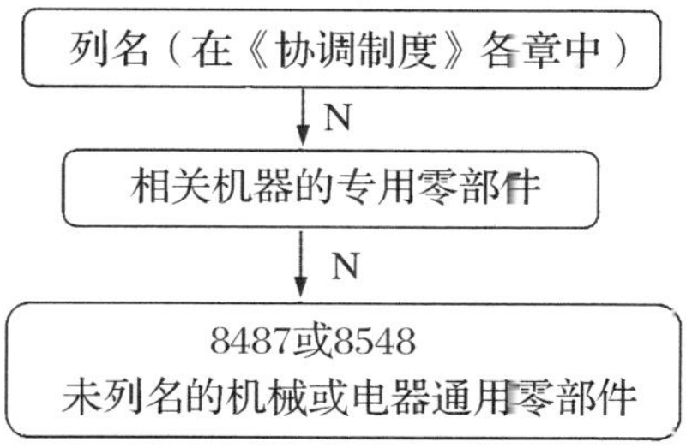


**图 16-2**

上述零件归类的规定不适用于下列品目所列货品的零件：品目 8484（密封垫等）、8544（绝缘电线电缆）、8545（电气设备用碳精制品）、8546（绝缘子）或 8547（线路导管）。上述品目所列货品的零件一般应按其构成材料归入相应的章内。

**【例 1】**直线导轨。某单位进口导轨，有 7 个系列，均可以通用于诸如机床、半导体制造设备、医疗设备等多个品目项下商品

**【归类分析】**该导轨属于设备零件，根据第十六类类注二关于机器零件的归类原则，由于其功能在第八十四章、第八十五章其他税目中无列名，且其通用于多个品目项下商品，故属机械通用零件。因此，将其按无电气器材特征的通用零件归入子目 8487.9000。

说明：直线导轨并非绝对归入品目 8487。只有在能够确定其是通用零件的情况下，才可按品目 8487 归类。若某些直线导轨从很多因素（如外形、结构、材质等）能够确定其专用性，则还是按某种机器的专用零件归类。

### （二）组合机器和多功能机器的归类

第十六类类注三规定如下。

“由两部及两部以上机器装配在一起形成的组合式机器，或具有两种及两种以上互补或交替功能的机器，除条文另有规定的以外，应按具有主要功能的机器归类。”

该条文主要规定了以下两类机器的归类：“组合机器”和“多功能机器”。这两类机器虽然在结构上有所不同，但是归类方法相同。

**1. 组合机器**

组合机器是由两台或多台不同类型的机器或器具装配成的一个设备，各台机器可同时或序贯执行各自的功能，这些功能一般是互补的，不同的功能列在第十六类的不同品目中。例如，配有加印名字或简单图案辅助机器的纸盒制造机器，配有起重或搬运装置的工业熔炉。

组合机器通常具有下列状态特征：

（1）一台机器装在另一台机器的内部或上面。

（2）两者装在同一个底座、支架上或同一个机壳内。但是，地板、混凝土底座、墙、隔板、天花板等，即使经过专门装配以备安装机器或器具，不能视为将有关机器连在一起的共同底座。

这些组合状态应作为一个整体，按组合机器来看待。

对于组合机器，各台机器必须永久性连在一起使用。临时组合或通常在结构上不视为组合机器的“机器组合体”不能作为一个整体，不视为归类中的“组合机器”。

**2. 多功能机器**

多功能机器通常也是一台设备，在形式上是一个不可分割的整体。也许在外观上不像组合机器那样，可从物理方位（上下左右前后内外等）上就能较明显看出其部件间的组合性，但是该类商品同样具有多种功能，这些多功能往往通过内在结构（或电路）上的一体化设计来体现。此类机器大多在外观上可看到一些不同的操作按钮，以实现各种功能的执行。例如，集放音、录音、收音为一体的 MP3 播放机，具有扫描、复印、打印多种功能的办公一体机。

**3. 组合机器和多功能机器的归类**

组合机器和多功能机器虽然是两种不同类型的机器，但是它们都具有共同的特点：整

体性和功能多样性。所以，两者运用相同的归类方法，即“除条文另有规定的以外，应按具有主要功能的机器归类”。

这个归类规定实质包含以下三个具体归类步骤。

步骤一：若条文另有规定的，按照条文规定来归类。当组合机器和多功能机器在某个特定品目有列名的，应按该列名归类，而不必考虑其主要功能。

例如，品目8525列名的“视频摄录一体机”，是一种集视频摄像（品目8525）和视频录制（品目8521）两种功能的多功能机器。所以这类设备（如家用摄录一体机）报验时，可直接按此列名归类，不需考虑其主要功能是视频摄像还是录制。

又如，品目8457列名的“加工中心”，是一种可以自动更换刀具，并且进行多种机械加工（如钻、刨、铣削等）的多功能金属加工机床。当这类设备报验时，可直接按此列名归类，不需考虑其主要功能是钻削（品目8459）、刨削（品目8461）还是铣削（品目8459）等。

步骤二：若没有条文的另行规定，则按机器的主要功能归类。归类时其主要功能视为唯一功能。

判断商品的主要功能时，要综合考虑机器的功能、结构、用途、价格等各项因素后，再确定其主要功能，不能只考虑其价格因素或功能因素来确定其主要功能。

例如，配有加印名字或简单图案辅助机器的纸盒制造机器，在无具体列名的情况下，由于其主要功能是纸盒制造，可按“制造纸制品的机器”的列名归入品目8441。

又如，手机，可以实现无线通话、短信息、上网、数码摄像、音乐、游戏等多种功能。因该种多功能机器没有具体列名，且当今通常视其无线通话为主要功能，故按“手持式无线电话机”的列名归入品目8517。

步骤三：若主要功能无法判定时，从后归类。该种状况的归类在本类注中没有提及，归类时可运用总规则三（三），在多个可归品目中，选择最后的一个品目归类。

例如，具有制冷和制热两种功能的家用型饮水机，采用半导体制冷方式制冷，采用电热方式制热。当无法判定哪种功能为主要功能时，考虑制冷功能可归入品目8418，而制热（电热）功能可归入品目8516，则从后归入品目8516。

上述3个步骤阐述可用以下逻辑简图表示：

**图 16-3**

### （三）功能机组的归类

第十六类类注四规定如下。

“由不同独立部件（不论是否分开或由管道、传动装置、电缆或其他装置连接）组成的机器（包括机组），如果组合后明显具有一种第八十四章或第八十五章某个品目所列功能，则全部机器应按其功能归入有关品目。”

根据类注四的规定：当一台机器（包括机组）由多个独立部件组成，如果组合后明显只为一种第八十四章或第八十五章的某个品目所列功能工作时，可运用该注释，整套设备应按有关功能归入其相应的品目，不论各个部件是否为了方便和其他原因彼此分开，或仅用管道、传动装置、电缆和其他装置连接起来。

例如，挤奶机器，配有的各个独立部件（真空泵、脉动器、奶头吸杯及奶桶）是由软管和管道加以连接，整套设备按照“挤奶机”的功能列名归入品目8434。

又如，由红外线灯、光电池、警铃及电线组成的防盗报警器，各部件之间用电线连接，可按“电气音响信号装置”的功能列名归入品目8531。

功能机组归类时需要注意以下的问题：

1. 所称“明显具有一种功能”的机器，仅包括在作为一个整体的功能机组中起主要功能的机器或机组，不包括执行辅助功能的机器和器具。

例如，酿酒设备，主要包括催芽机、麦芽压碎机、麦芽浆桶、滤酒桶及管道。整套设备可按“酿酒设备”的功能列名归入品目8438。但是辅助机器也一同进口报验时（如装瓶机、标签印刷机等），它们不是酿酒设备中必须要用到的设备，所以这些辅助机器不应一并归入该品目，而应从中分离出来，单独归入其他适当的品目中。

2. 没有功能列名的机组，应分别归入其所属的适当品目中。

例如，闭路电视监视系统，由数量不等的电视摄像机、视频监视器等组成，通过电缆与控制器、开关、音频接收器相互连接，必要时还可与电脑或视频录像机连接使用。由于该系统体现的功能在本类中没有列名，所以各组成部分分别归入各自的适当品目。

可见，并非多台机器设备一同进口就可以归在一起，对机器的不同报验状态（如组合机器、多功能机器、功能机组等）均有不同的归类规定，准确判断出不同的报验状态，结合归类条文规定，才能做出正确的归类。

### （四）第八十四章、第八十五章与第九十章商品的章际区分

总体上，本类两个章节的区分清晰，第八十四章主要是以机械方式完成工作的机器，第八十五章主要是以电气方式完成工作的机器，但是第九十章也有部分机电商品的列名，而且当前的机电商品，大部分是机电一体化产品（一个产品中既有机械机构，又有电气器件），归入哪个章是首先必须解决的问题。以下就此作些归纳。

**1. 第九十章中有列名的货品，不再归入第八十四章和第八十五章**

根据本类类注一（十二）“本类不包括第九十章的物品”，机电商品只要在第九十章中有列名，均应归入该章，不论其是否为机械、电气或机电一体化的装置。例如，医疗诊断、治疗装置（品目9018~9022）等。

**2. 除了第九十章货品之外，电动商品主要在第八十四章归类**

许多机器都装有电动机，由电动机将电能转换为机械动力，进而驱动整台设备做机械运动，最终完成一定功能的操作。这类商品有的用于家庭，通常轻便小巧，如家用电动食品加工机、电动剃须刀、电动风扇、洗衣机等。更多的电动设备则用于工业，它们通常为中大型机器，如金属切削机床，由内装的电动机驱动，进而带动机床上的执行部件（装有刀具的刀架）与被加工的工件作机械运动，完成对金属工件特定外形的切削加工。

在税则中，大部分的电动商品作为机械设备被编排在第八十四章。这是因为其体现功能的执行部件在做机械运动，故将这类商品视为机械设备。至于电动商品中的一些用电器件，如电动机、开关、电气自动调节控制装置等，都是围绕着基本机械功能体现而设计的辅助部件。

但是某些电动商品在第八十五章的品目有列名，不能误归到第八十四章中。例如，品目 8501 的电动机，品目 8508~8510 的真空吸尘器、某些家用电动器具和电动剃须刀，品目 8512 的自行车和机动车辆用的电动风挡刮水器等。

因此，在归类电动商品时，可先考虑是否可归入第八十五章的相关品目内，若不能，则需在第八十四章中查找。

**【例 2】** 家用电动榨汁机

**【归类分析】** 先在第八十五章中查找，发现该商品符合品目 8509（家用电动器具）的列名规定，故应归入品目 8509。

**【例 3】** 工业用电动榨汁机

**【归类分析】** 该商品虽然工作原理与家用的相同，但是用途不同，设计上不通用。因无法在第八十五章中找到其列名，因此在第八十四章中查找，归入品目 8435“制酒、制果汁或制类似饮料用的压榨机、轧碎机及类似机器”。

**3. 电热商品不都归入第八十五章**

电热商品是依靠某些器件的电热效应产生热量，以供人们利用的装置。电热商品广泛用于工业、实验室和家庭生活中。

电热商品利用电气特性来工作，符合电气设备的特点，归类时可考虑品目 8514~8516。

然而，在第八十四章中也有电热商品的相关列名品目，因此，不能将电热商品一概归入第八十五章中。例如，品目 8419“利用温度变化处理材料的机器、装置及类似的实验室设备，不论是否电热的（不包括品目 8514 的炉、烘箱及其他设备），但家用的除外”。

**【例 4】** 工业用电热谷物干燥器

**【归类分析】** 先考虑该商品能否归入品目 8514~8516 中，若均不是这些品目的列名商品，则可考虑品目 8419。

**4. 某些电气设备被编排在第八十四章**

电气设备主要在第八十五章。但是由于历史原因，某些电气的设备、器具，已在第八十四章有功能列名。例如，品目 8418 的电气的冷藏、冷冻箱及其他制冷设备（这些商品在行业上称为“家用电器”，但不能归入第八十五章），品目 8456 的特种加工机床（如用激光、超声波、放电、电化学法、电子束、等离子弧加工），品目 8470~8473 的办公机械（例如，计算机）等。

# 第八十四章　核反应堆、锅炉、机械器具及其零件

## 一、本章商品范围

本章的机器、器具主要以机械方式来操作。它们一般由各种零件、部件组成一个整体，利用各组成件间的相对机械运动。本章也包括由不同机器组合在一起的成套机组，如造纸机械、冶金机械等。

本章是《协调制度》中品目最多的一章，总体上由三大部分组成：通用机器、行业专用机器和通用机械零部件。

本章商品具体又可分为以下几部分：

第一，核反应堆（8401）。

第二，按功能列名的机器（8402~8424）：

锅炉及其他气体发生器……8402~8405
动力机器……8406~8412
液体、气体的输送设备……8413~8414
热能转换及利用机器……8415~8419
其他按功能列名的通用机器……8420~8424

按行业列名的机器、器具（8425~8478及8486）：

工程机械……8425~8431
农业、园艺及饮食制品加工机械……8432~8438
纸及纸制品加工机械，印刷机械……8439~8443
纺织、制革机械……8444~8453
金属冶炼及铸造机械……8454~8455
硬质材料加工机械……8456~8468
办公机械……8470~8473
其他列名的行业机器、装置（包括矿物处理加工机械、玻璃热加工机械、商业机器、橡胶、塑料、烟草加工机械等）……8474~8478
半导体器件、集成电路、平板显示器制造设备……8486

第三，本章未列名的机器、器具（8479）。

第四，通用机械零件（8480~8484及8487）：

列名的通用机械零件……8480~8484
未列名的通用机械零件……8487

## 二、本章商品归类方法

### （一）品目8486优先归类

章注九（四）规定："除第十六类注释一及第八十四章注释一另有规定的以外，符合品目84.86规定的机器及装置，应归入该品目而不归入本协调制度的其他品目。"

根据该章注规定，可以得出以下结论：

1. 品目8486归类优先度较高，其优先于本目录的其他品目。

2. 该品目归类并非绝对优先，若在第十六类注释一及第八十四章注释一中另有规定的，则不能归入该品目。

**【例1】**芯片检测器（检测集成电路芯片质量）

**【归类分析】**该设备的检测功能符合第九十章中的商品范畴，而在第十六类注释一（十二）中明确了不包括第九十章商品，因此该设备即使专用于芯片制造过程，也应归入第九十章。

## （二）品目 8401~8424 优先归类

当有的货品看似可以归入本章两个不同的品目时，章注二对此做了明确的归类规定：

“除第十六类注释三及本章章注九另有规定的以外，如果某种机器或器具既符合品目 84.01 至 84.24 或品目 84.86 中一个或几个品目的规定，又符合品目 84.25 至 84.80 中一个或几个品目的规定，则应酌情归入品目 84.01 至 84.24 或品目 84.86 中的相应品目，而不归入品目 84.25 至 84.80 中的有关品目。”

**【例 2】**整理轧布机，用于织物的后期滚压整理

**【归类分析】**若从行业的角度可按织物的后期染整机器归入品目 8451，若从机器的基本功能的角度，可按“滚压机器”的功能列名归入品目 8420。根据本章章注二“品目 8401~8424 优先于品目 8425~8480”的原则，该商品应归入品目 8420。

在机械商品的归类中，经常会出现上述因看待货品的视角不同而产生的归类分歧，运用该章注可以统一归类方法。由此可得出一个归类技巧：除了品目 8486 的设备外，在归类本章机械设备时，先从“功能”的角度，在品目 8401~8424 中查找适当的品目，若无法找到，再以行业为线索，在其余的的品目中查找。

在运用本章注释二时，需注意以下两个情况。

1. 上述归类方法只适用于单一功能的机器。如果是多功能的机器，因先运用第十六类类注三（多功能机器的归类），将多功能简化为单一功能的机器（择其主要功能）后，再运用本章注的规定来最终确定税号。

2. 注意该章注中“不包括”的货品（即第八十四章注释二的例外情况）。该章注规定如下。

“品目 84.19 不包括：
（一）催芽装置、孵卵器或育雏器（品目 84.36）；
（二）谷物调湿机（品目 84.37）；
（三）萃取糖汁的浸提装置（品目 84.38）；
（四）纱线、织物及纺织制品的热处理机器（品目 84.51）；
（五）温度变化（即使必不可少）仅作为辅助功能的机器设备。
品目 84.22 不包括：
（一）缝合袋子或类似品用的缝纫机（品目 84.52）；或
（二）品目 84.72 的办公室用机器。
品目 84.24 不包括：
（一）喷墨印刷（打印）机器（品目 84.43）；
（二）水射流切割机（品目 84.56）”

## （三）本章优先归类顺序

综合上述章注二、九，在归类第八十四章商品时，可归纳出以下的优先归类顺序：

品目 8486
↓N
品目 8401~8424
↓N
品目 8425~8480

### (四) 多用途机器的归类

章注七规定:“具有一种以上用途的机器在归类时，其主要用途可作为唯一的用途对待。除本章注释二、第十六类注释三另有规定的以外，凡任何品目都未列名其主要用途的机器，以及没有哪一种用途是主要用途的机器，均应归入品目 8479。”

注意，“多功能”与“多用途”二者不能混为一谈。《协调制度》中的“用途（purpose）”，是指具有一定功效的商品的使用领域；而“功能（function）”指的是一个商品所具备的功效、作用，它与该商品适用的领域无关。例如，一台机床，如果它既具有车削功能，又具有铣削功能，说明它是多功能机器；如果它既可加工金属材料，又可加工大理石等矿产品，说明它是多用途机器。归类中两个词义不同，归类方法也不同。

由于“多功能机器”的归类依据是本类类注三，而“多用途机器”的归类依据是本章章注七，若将两类机器混淆的话，会导致归类错误。所以，正确区分“功能”与“用途”是关键。

**多功能机器和多用途机器的归类区别**

| | 适用条文 | 归类 |
|---|---|---|
| 多功能机器 | 第十六类类注三 | 主要功能，或从后归类 |
| 多用途机器 | 第八十四章章注七 | 主要用途，或品目 8479 |

**【例】** 打孔机，可同时用于对纸张、纺织物、皮革、塑料打孔

**【归类分析】** 打孔机的功能是打孔，其用途即打孔的对象并不是单一的材料，而是纸张、纺织物、皮革、塑料不同对象，故属于多用途机器。根据本章章注七，由于该打孔机无法区分其主要打孔对象，即无法确定主要用途，故应归入品目 8479。

# 第一节　核反应堆

## 一、本节商品范围

本节商品仅包括核反应堆、核反应堆的未辐照燃料元件（释热元件）、同位素分离机器及装置。品目 8401。

## 二、本节商品归类方法

### （一）品目 8401“核反应堆”的商品范围

本品目所称的“核反应堆”，一般包括所有隔离于生物屏蔽范围内的器具和设备。生物屏蔽，指所设计的将辐射减到人类允许剂量水平以下的最外层屏蔽，通常指的是反应堆厂房，由钢筋混凝土制成，核电站的第一回路设备均安装在这一层屏蔽内。

然而，有些机器、装置，也可用于核反应堆系统，甚至在生物屏蔽隔离范畴内，由于其在其他品目有具体列名，不能归入本品目。如：

（1）热交换器（酌情归入品目 8404 或 8419）。

（2）泵（品目 8413）。

（3）更换或取出燃料元件的搬运设备，如移动式起重机（一般归入品目 8426）等。

### （二）品目 8401 的同位素分离机器

该品目包括所有专用于将某种化学元素或其化合物浓缩于该化学元素的一种同位素之中，或将各种同位素完全分离的设备，不论是否使用机械、热力或电气工作。应用最广泛的是用于生产重水（氧化氘）或浓缩铀-235 的机器或装置。

# 第二节　锅炉及其他气体发生装置

## 一、本节商品范围

本节商品主要是产生气体的装置及其相关的设备：

{锅炉（蒸汽锅炉、过热水锅炉、热水锅炉）及其辅助设备、零件…8402～8404
煤气发生器、其他水解气体发生器及其零件……………………………………8405

## 二、本节商品归类方法

### （一）蒸汽锅炉、过热水锅炉和热水锅炉的归类

利用燃料或其他能源的热能把水加热成热水或蒸汽的设备称为锅炉。

产生蒸汽（水蒸气和其他蒸汽）的锅炉称为蒸汽锅炉，用于驱动汽轮机或其他使用蒸汽动力的机器（如汽锤），或给加热、烹煮、消毒等设备供应蒸汽。蒸汽锅炉及其零件归入品目 8402。

产生过热水的锅炉称为过热水锅炉。“过热水”是指水在一定压力下受热，其蒸发点的温度远远超过常压下蒸发点的温度（180℃及以上），因而在未蒸发前水蕴含的热量已大大高于常压下蒸汽的热量。过热水既从锅炉内产生，最后又回到锅炉，在锅炉内进行闭路循环。这种锅炉的结构与蒸汽锅炉相似，也在品目 8402 中有列名。

在常压下，仅提供热水的锅炉称为热水锅炉。热水既从锅炉内加热产生，最后又回到锅炉，在锅炉内进行闭路循环。其主要用于生活供暖。任何尺寸的通过水循环集中供暖的

热水锅炉（也包括家用电热水锅炉）均归入品目 8403。

子目 8403.1010 家用型集中供暖用的热水锅炉是指其功率、受热面积一般供家庭使用的热水锅炉。这些锅炉可以使用任何燃料（例如，木柴、煤、焦炭、煤气或燃油），通过循环水向房屋、公寓等供暖，可装有压力调节器及压力表、水准器、旋塞、龙头、燃烧器及类似的零件或附件。

### （二）品目 8405 涵盖的商品

品目 8405 仅包括煤气发生器、其他水解气体发生器，不包括其他所有的气体发生器。

水解气体发生器，主要通过水作用于某些化学品上产生一定的气体的原理工作。例如，水解乙炔气体发生器将水作用于碳化钙后，产生乙炔气体。

# 第三节 动力机械

## 一、本节商品范围

动力机械是将非机械能量转换为机械能的机械装置。它们产生力带动其他机械机构作进一步的工作。来自自然界中的风、水、热、电等能量均属于非机械能量。

根据能量来源不同，本节商品包括：

- 将热能转换成机械能的机械
  - 汽轮机及其零件……………………………………8406
  - 点燃式往复活塞内燃机……………………………8407
  - 压燃式往复活塞内燃机……………………………8408
  - 专用于品目 8407、8408 的零件 …………………8409
  - 燃气轮机及其零件…………………………………8411
- 将水能转换成机械能的机械及其零件 ……………………………………………8410
- 其他将非机械能量转换为机械能的机械及其零件 …………………………8412

## 二、本节商品归类方法

### （一）动力机械的归类

1. 本节商品的共同特点是将非机械能转换成机械能，它们是一些产生力的机械或装置，这是判定一个商品是否可归入本节品目的重要特征。

动力机械的范围很广，从一些大功率的动力机械（如喷气发动机、火箭发动机等）至小型的原动机（如发条或简单驱动的原动装置）。

2. 必须注意，电动机将电能转换成机械能，属于动力机械范畴，但因其在品目 8501 有更具体的列名，所以不归入本节品目中。

3. 在本节中，出现了一些较为专业的机器列名。例如，点燃式往复活塞内燃发动机、压燃式往复活塞内燃发动机、燃气轮机等。对这些列名的理解将基于对相关商品知识（工作原理和基本结构）的了解，相关的商品知识在“商品知识阅读资料”中有介绍。

当前，应用最广泛的汽油发动机是点燃式往复活塞内燃发动机中的重要品种，归入品目8407；柴油发动机是压燃式往复活塞内燃发动机的重要品种，归入品目8408。

4. 子目8407.21“舷外发动机”是指一种推动小型船舶用的汽油发动机，它由汽油发动机、螺旋桨及操舵装置组成，所有上述部件构成一套独立的不可分割的装置，用以装在舷外，可以随意拆卸并调整。机器一经装上即可启动。

5. 子目8411.11“推力不超过25千牛顿的涡轮喷气发动机”中的“推力”是指每秒排气流量与排气速度和进气速度之间差额的乘积。

6. 子目8412.30的气压动力装置和子目8412.20的液压动力装置，主要包括液压（或气压）动力源、执行元件、控制元件和辅助元件等基本部分（详见“商品知识阅读材料”）。若其中的执行元件（如气压缸、液压缸）单独报验，虽然其是气压（或液压）动力装置的不完整品，但在归类上视为其具备了气压（或液压）动力装置的基本特征，依据归类总规则二（一），作为完整品归入上述子目项下。

### （二）动力机械的零件归类

动力机械的零件归类应依据本类类注二的规定。尤其是某些动力机械的零件在其他品目中已有具体列名，不能按相关机器的专用零件来归类。例如，动力机械中的喷油泵（品目8413）、空气、燃油过滤器（品目8421）、齿轮箱（品目8483），电启动和电点火装置（品目8511）等。

汽油发动机中的汽缸体，在其他品目中无具体列名，则按汽油发动机的专用零件归入品目8409。

# 第四节　液体、气体输送装置

## 一、本节商品范围

各种液体或气体物质经常需要从管道的一端输送到另一端，或从低处输送到高处，或由低压变成高压。液体、气体输送装置可以为液体或气体提供一定的能量以克服输送过程中的阻力，帮助物质运动以完成这些输送。

本节的商品有：

液体输送装置……………………………………………………………8413
气体输送装置……………………………………………………………8414

## 二、本节商品归类方法

### （一）液体输送装置的归类

品目8413包括液体泵及用以提升液体的设备。

液体泵是一类使液体增压并输送液体的机械。按工作原理的不同，可有容积式泵（包括往复式、回转式泵）、动力式泵（包括离心式、轴流式泵）和其他类型泵等。相关工作原理见“商品知识阅读材料”。

1. 品目 8413 的液体输送装置，既可以由手工操作也可以使用各种动力设备操作，因此手泵也归入该品目。

2. 子目 8413.1 的液体泵可以带有计量或计价装置。这些装置可以非常简单，也可以非常复杂。它们与泵一起构成组合机器或功能机组的形式，按第十六类类注三或四条文规定归类。

3. 品目 8413 的子目结构较为特殊：子目 8413.2～8413.4 按泵的用途来列目，子目 8413.5～8413.8 按泵的原理来列目。因此，若无法先按用途归入子目 8413.2～8413.4 的其他液体泵，可按工作原理归入子目 8413.5～8413.8 中。

## （二）气体输送装置的归类

品目 8414 包括气体泵、真空泵、气体压缩机、风机、风扇等。这些设备和装置可以通过手动或其他动力驱动。

### 1. 气体泵和真空泵

气体泵是一类使气体增压并输送气体的机械。其工作原理和分类与液体泵的相似。

气体泵中的空气泵多用于在一定压力下输送空气，这些空气通常作为气压装置的气源或直接给物质充气。

真空泵是将一处的气体全部输送至另一处，使该处获得和维持真空的特种气体泵，多用于在减压时使被抽真空物质加速沸腾、蒸馏或蒸发，或供电灯泡及灯管、保温瓶胆抽真空用。真空泵的工作原理与一般的泵不同，主要有容积式真空泵和动量传输真空泵等。(见商品知识阅读资料)

### 2. 气体压缩机

气体压缩机是把机械能转换为气体压力能产生高压气体的机械。其工作原理和分类与气体泵的相似，有往复式、回转式、离心式、轴流式压缩机等。气体压缩机的排气量较大，排气压力一般高于 1.5×104 帕，它在工作过程中会产生相当高的热量，一般采用水冷式的方式冷却，或通过空气散热翅片或其他装置散热。

气体压缩机可以压缩的“气体”包括空气在内的一切气体，例如二氧化碳、氢气、氮气等。

### 3. 风机

风机是通过机械运动来提高气体压力，并排送气体的机械。风机包括通风机和风扇，其工作方式与气体压缩机基本相似，主要有离心式、轴流式、斜流式和横流式等类型。风机与压缩机的不同之处在于：风机的气体流速较低，压力变化不大，一般把风机输出的气体作为不可压缩的流体来处理，用于气体循环。风机广泛用于工矿企业、家庭的通风、引风、冷却和排尘等方面。

本品目还包括装有风机的通风罩或循环气罩，不论是否带有过滤装置，如家用抽油烟机。

子目 8414.9011 的压缩机进、排气阀片并非采用通常的阀门结构，其多为薄片状金属片，进气阀片和排气阀片交替打开，实现膨胀、吸气、压缩和排气的四个功能。

# 第五节　热能转移及利用装置

## 一、本节商品范围

本节商品与热能的转移和利用有关。根据能量守恒定律，热量不会自己产生或消失，它会以某种非热量形式转化为热量，或是将热量从一个地方转移到另一个地方。在后一种情况下，由于热量的转移，失去热量的地方（或物质）温度降低，称作被“制冷”（或“冷却”），则完成这项工作的机械被叫做“制冷机械”（或“冷却机械”）；而相对的另一地方（或物质）获得了热量，其温度升高，称作被“制热”，则完成这项工作的机械被叫做“制热机械”。可见，“制冷”和“制热”是相对而言的，也就是说，可以利用制冷原理来完成制冷效果，同样，利用制冷原理也可以达到制热的效果。

本节列名的商品有：

- 热能转移机器
  - 空气调节器及其零件……………………………………………8415
  - 其他制冷设备，热泵及其零件…………………………………8418
- 热能产生及利用机器
  - 炉用燃烧器及其零件……………………………………………8416
  - 非电热的工业或实验室用炉或烘箱及其零件………8417
  - 利用温度变化处理材料的机器、装置及其零件……8419

## 二、本节商品归类方法

### （一）热能转移机器的归类

这类设备主要通过制冷原理来完成热能的转移。当前主要的制冷原理有压缩式制冷、半导体式制冷、电气吸收式制冷，相关原理请见“商品知识阅读材料”。其中，压缩式制冷是当前主要的制冷方式。下面简单介绍压缩式制冷的原理和结构：

压缩式制冷设备主要由压缩机、冷凝器、蒸发器等组成，如图 16-4。

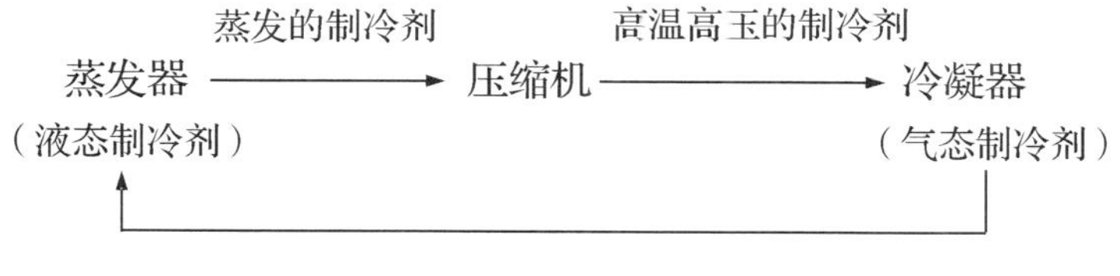


**图 16-4　压缩式制冷工作原理示意图**

液态的制冷剂在蒸发器中吸收蒸发器周围物体的热量后，在蒸发器中激烈沸腾蒸发，蒸发的制冷剂蒸汽被压缩机吸入，经压缩机作用后，成为高温高压的制冷剂蒸汽被排至冷凝器。制冷剂蒸汽在冷凝器中和外界低温物质进行热交换，制冷剂失去热量冷凝后变成流体经节流阀（或毛细管）节流降压降温，节流后的制冷剂液体再次进入蒸发器进行下一次的制冷过程。压缩机不断地工作，制冷循环不断地进行，蒸发器周围物质的热量逐渐被制冷剂带走，温度降低被制冷。在上述的制冷过程中，蒸发器周围的物质被制冷，而冷凝器周围的物质被制热。

压缩式制冷设备中，压缩机的输送作用保证了制冷剂在各部件中的顺利运行，它是整个制冷过程的核心部分。

品目8415和8418的列名商品均是通过制冷的方式，将热量从一处转移到另一处，失去热量的一处被制冷，而转移来热量的一处温度显著增高。例如，空气调节器（品目8415），冰箱、热泵、制冷机组（品目8418）等。

**1. 空调器的归类**

同时符合以下三个条件的商品，可按品目8415的空气调节器归类：

（1）装有风扇或鼓风机

（2）调温：可调节空气的温度（升温或降温）

（3）调湿：可调节空气的湿度（增湿或降湿）

俗称的“空调器”，虽然未配有独立的空气湿度调节装置，但可利用冷凝作用来同时达到空气水汽凝结而降湿的目的，符合上述三个条件，可按本品目归类。

仅能调节湿度的空气增湿机或减湿机，或未装有风扇的制冷设备（如冰箱），没有同时符合上述三个条件，不能归入该品目。

**2. 热泵的归类**

热泵是从低温热源（如地下水、地表水、泥土、空气）中吸热，再借助于辅助能源（如气体、电），将其转换成更强热源的装置。

热泵的工作原理与制冷设备的相似，有压缩式和吸收式两种类型。热泵通过制冷方式，将一端（冷端）的热量带走，再通过制冷器件的进一步工作，增加了热量后，将热量源源不断地供给需热的另一端（热端）。

可以说，热泵是一种利用制冷原理来实现制热的装置。通常仅在热端使用该商品，也被称为“不可逆式热泵”。

品目8418的列名商品均是采用制冷原理来工作（空调器除外），因此热泵也在其中有列名。

基于热泵的工作原理，既可在热端，也可在冷端使用的商品被称为“可逆式热泵”。该商品具有对空气既可制热也可制冷的双重功能。

可逆式热泵同时符合上述空气调节器归类的三个条件，按照品目8415的空气调节器归类。

**3. 分体式空调、集中式空调系统的归类**

商品介绍见“商品知识阅读资料”。这些设备或系统由若干个独立部件组成，若一同报验时，符合第十六类类注四中功能机组的描述，可一并按空气调节器的列名归入品目8415。

但是，集中式空调中的冷水机组单独报验时，由于其利用制冷原理对水进行制冷，而非直接对空气制冷，视为未具有空气调节器的商品特征，故按仅对水制冷的制冷设备归入品目8418。

**4. 不完整的制冷装置的归类**

下列形式的制冷设备，虽不具有完整的制冷设备结构，但归类上视为具有了完整品的基本特征，按整机归入品目8418：

将一个压缩机与冷凝器装配在同一底座上而组成的设备，不论是否装有蒸发器；

装有制冷装置中的蒸发器的箱、柜或其他专用家具的设备，不论是否配有搅拌器、混合器等辅助器具。

### （二）热能产生和利用机器的归类

1. 非电热的工业或实验室用炉及烘箱，归入品目 8417。而电热的工业或实验室用炉及烘箱，应归入品目 8514。

2. 利用温度变化处理材料的机器、装置及类似的实验室设备，归入品目 8419。

这些设备通过对材料（固体、液体或气体）的加热或冷却处理（例如，加热、烹煮、烘炒、蒸馏、消毒、巴氏灭菌、汽蒸、干燥、蒸发、气化、冷凝、冷却），简单地改变材料的温度，或主要因改变材料温度而使材料发生变化。

必须注意，该品目的商品可以使用电热的方式工作。

该品目排除了以下商品：

（1）家用的类似装置，不论是否电热的（品目 8516 等）。

（2）品目 8514 的电热的工业或实验室用的炉及烘箱。

（3）第八十四章章注二所列不归入品目 8419 的货品。例如，催芽装置、孵卵器或育雏器（品目 8436），纱线、织物及纺织制品的热处理机器（品目 8451）等。

3. 品目 8418 的“制冷设备”和品目 8419 的“冷却装置”的主要区别如下：

品目 8418 的制冷设备是指在主机内或成组的装置内，通过有源冷却元件连续循环，吸收物质在蒸发时所释放的潜能并产生低温的设备。如压缩式制冷方式、半导体式制冷、吸收式制冷方式等。

品目 8419 的冷却装置是指：

（1）冷却罐、槽等，其底部是双层的，配有冷却盐水等冷却媒质的循环装置，可冷却罐、槽内物体。例如，利用冰盐（冰上加盐可使冰在一段时间内维持相当低的温度）冷却其他物质的装置。

（2）热交换器，即装置内有一股热流体与一股冷流体在两条平行的通路中流过，但两者流向通常相反，两条通道由一层薄薄的金属壁隔开，这样，既可以使热流体冷却，同时又将冷流体加热。例如，各种热交换型的冷却器等。

可见，归入品目 8419 的冷却装置主要采用的是冷热交换原理来工作。

# 第六节　其他通用机器

## 一、本节商品范围

本节列名了下列通用机器：

- 滚压机器及其零件……8420
- 离心机、过滤净化机器及其零件……8421
- 容器的洗涤干燥机器和包装机器及其零件……8422
- 衡器及其零件……8423
- 喷射器具及其零件……8424

## 二、本节商品归类方法

### (一) 滚压机器的归类

滚压机器主要由两个或多个平行的滚筒组成。这些滚筒在旋转时，其表面较为紧密地接触，这样在滚筒的压力、摩擦或加热加湿相结合的作用下，可以把可塑材料喂入滚筒，轧成薄片（制糕饼、糖果等）；或者在薄片材料表面产生某种效果，如压平、上光、抛光，压花、起粒纹等；或者施料或在表面涂料；或者将织物黏合等。

这类机器应用于多种工业，而且在不同工业中会有不同的名称，如洗衣业中称“烫平机”，造纸业中称“高度研光机”，纺织业中称“整理轧布机”等。滚压机器不论其行业名称如何，若符合滚压原理，均按可归入品目 8420。

该品目不包括加工金属或玻璃用的滚压机器。这些机器的工作原理与滚压机器的相似，但其主要功能超出了单纯的滚压作用，不能误归入本品目。例如，面粉厂用的圆筒碾磨机（品目 8437），葡萄酒压榨机（品目 8435）等。

### (二) 离心机的归类

离心机是利用离心力分离混合物中各组分的机械。

归入品目 8421 的离心机，仅包括根据物质在比重上的差异，利用离心力全部和部分地将不同物质分离的机器。必须注意，某些机器虽然以离心原理工作，但是功能上超出了本品目的商品特点，不归入本品目。例如，液体离心泵（品目 8413），离心通风机（品目 8414），离心磨矿机（品目 8474），金属的离心浇铸机（品目 8454）等。

### (三) 液体及气体的过滤、净化装置的归类

液体过滤及净化装置通过一层多孔材料的薄片、薄膜或团块，利用各种方法从液体中分离出固体、脂肪、胶体等微粒。某些多孔材料（如陶瓷及木炭）可在过滤过程中去除细菌，如净水器就是利用此原理工作。

气体过滤及净化装置利用各种方法，将气体中的固体或液体微粒分离出来，以便于回收有价值的商品或除去有害物质。

液体及气体的过滤、净化装置归入品目 8421。该品目不仅包括工业上用的大型设备，还包括其他机器中的过滤净化零部件（如内燃发动机中的燃油过滤器）及小型家用器具。这些设备大部分是完全静止的，无任何运动部件，利用各种物理、机械、化学、磁性、静电等原理工作。

过滤漏斗、滤乳器及简单装有金属丝网或其他过滤材料制的容器或槽缸等，不归入本品目。

各种材料制（如陶瓷、纺织品、纸浆等）的过滤件，不作为本品目机器的零件归类，应按其构成材料归入适当品目，如纸浆制的滤块归入品目 4812。

**【例 3】**空气滤清器，主要由纸质滤芯、橡胶盖（上、下盖）和金属丝外网构成，用于小客车发动机的进气系统，如图 16-5 所示。工作时通过纸质滤芯过滤进入发动机的气体中的杂质

**图 16-5　空气滤清器**

【归类分析】该商品的主要功能是通过纸质滤芯过滤进入发动机的气体中的杂质，属于内燃发动机的进气过滤装置，虽然完整的空气滤清器还包括外壳，但该商品已具备完整商品的基本特征，归类上视为完整的进气过滤装置。同时，该装置作为汽油发动机的一部分，依据第十六类类注二机器零部件的归类原则，可按其功能归入子目 8421.3100。

### （四）包装机器的归类

包装机器包括对货品进行装填、密封、贴标签、封塑、打包等的机器。包装机器归入品目 8422。

某些包装机器在其他品目中已有列名，不归入本品目。例如：

1. 本章章注二排除条文中的机器：缝合袋子或类似品用的缝纫机（品目 8452），品目 8472 的办公室用机器。

2. 草料打包机（品目 8433）。

3. 废金属压包机（品目 8462）等。

### （五）衡器的归类

衡器，不论是机械式还是电气式的，均归入品目 8423，但感量为 50 毫克或更精密的天平（应归入品目 9016）除外。

砝码根据品目列名，一律归入本品目，即用于品目 9016 天平的砝码，当单独报验时也归入品目 8423。

衡器包括下列器具：

1. 用以直接确定物体重量的机器及器具，不论是通过电子操作，还是利用弹簧、杠杆、砝码或液压等方式操作，在机器的标尺或指示器上自动记录物体的重量。例如，弹簧秤、体重秤、天平等。

2. 利用物体重量，测定与重量相关的其他计量单位（例如体积、数量、价格或长度）作出自动记录的装置。例如，邮件包裹秤、电子计价秤等。

3. 设定重量的衡器，检验商品是否一样，标出次品或分拣货品。例如，校核秤、物料定量装袋用的秤等。

上述各种衡器可配有辅助的自动打印重量标签，记录及累计、投射或放大读数的装置。

### （六）喷射器具的归类

这类装置主要是将蒸汽、液体或固体材料（沙、粉末、颗粒、沙砾或金属研磨料等），以射流状、散射状或喷雾状进行喷射、散布或喷雾。

喷射器具归入品目 8424。其包括用手操作或脚踏的小型的喷射器具（如手持式灭火器），也包括固定式、移动式喷射机器（如喷枪、喷砂机、喷水机）及大型的喷射、喷雾系统（如灌溉系统、喷泉系统）。

本品目不包括香水喷雾器或类似的化妆用喷雾器及其座架、喷头（品目 9616）。

本品目归类时还应注意：

1. 某些利用喷射原理工作，但其基本功能超出了喷射功能的机器、器具，不能误归入本品目。例如：

（1）医疗仪器（如牙科用的喷射钻，品目 9018）；

（2）金属或金属陶瓷的热喷机器（品目 8515）；

（3）利用喷射方式清洁容器的机器（品目 8422）；

（4）将砂浆、混凝土或砾石散布或喷射在路面及类似表面的机器（品目 8479）等；

（5）水射流切割机（品目 8456）。

2. 喷头的归类。

（1）压力罐喷头，如某些罐装杀虫剂，罐内充有一定压力的物质，当喷头处的启闭件处于打开状态时，罐内压力大于外界压力，罐内的物质会从喷头喷射出来。这样的工作原理与阀门的类似，可将其作为阀门归入品目 8481。

（2）常压罐喷头，如消毒剂、驱蚊液、洒水器等用的喷头，罐内没有压力物质，通过一定装置（如活塞）的运动使罐内暂时增加压力，当内部压力大于外界压力时，内部物质顺着压力方向从喷头喷射。这种商品可归入品目 8424，但香水喷雾器或类似的化妆用的喷头除外（品目 9616）。

3. 子目 8424. 8910 家用型喷射、喷雾机械器具（农业或园艺用除外），是指主要用于家庭，但也可在办公室、工厂、饭店等公共场所使用的喷洒水、杀虫剂、杀菌剂等的器具。

4. 子目 8424. 2“喷枪及类似器具”与 8424. 3“喷汽机、喷砂机及类似的喷射机器”范围的确定：

（1）子目 8424. 2“喷枪及类似器具”

喷枪（如图 16-6）包含枪身、枪头。枪身和枪头通过连接机构连接；枪头包含喷嘴，该喷嘴内部塞焊有若干金属圆钢。喷枪可直接装涂料使用，即简单的喷枪；也可安装在自动化设备如自动喷胶机、自动涂胶机、自动喷漆机、涂覆机等中使用。

**图 16-6　喷枪**

单独报验的喷枪归入本子目；单独报验需装于喷涂设备上的喷枪部件，依据第十六类类注二机器零部件的归类原则，也归入本子目；若与喷枪结构外形等类似的喷射器具可以按本子目的“类似品”归类。

（2）8424.3“喷汽机、喷砂机及类似的喷射机器”

喷砂机及其类似品常常是重型结构，有时还装有压气机。这种设备可高压喷出砂或金属研磨料等，用以对金属制品进行除锈或清洁，或者在玻璃、石料等表面进行蚀刻或褪光处理。它们一般配有集尘器，用以清除残留的砂及灰尘。喷汽机用以除去金属机件上的油漆等。

本子目的机器都是重型机器，同时这些机器在喷射物质有限定，即仅为汽或砂，或类似品（如金属研磨料）。

**【例 4】**喷漆机

**【归类分析】**喷漆机喷射的是油漆，与子目 8424.3 的喷汽机、喷砂机及其类似品的喷射物质不同，因此不属于子目 8424.3 的商品范畴，应按其他喷射机器归入子目 8424.8。

# 第七节　工程机械

## 一、本节商品范围：

本节工程机械主要包括：

- 物料的搬运机械……………………………………………………8425～8428
- 土方机械……………………………………………………………8429～8430
- 上述工程机械的专用零件……………………………………………8431

## 二、本节商品归类方法

### （一）物料搬运机械的归类

物料搬运机械归入品目 8425～8428，主要包括起重、输送、装卸等机械。其中：

1. 轻小型起重搬运设备归入品目 8425，例如滑车、卷扬机、绞盘、千斤顶等。

2. 各类起重机归入品目 8426。跨车、吊运架的工作方式和起重机的相似，其归入本品目。装有起重机的工作车也归入本品目，这种设备配有轻型的起重机，装在搬运车的底盘上，该底盘成箱状结构，轮距较长，轮辙较宽，以保持平衡。这种设备在工厂、仓库、码头或机场供短距离搬运货物之用。但是起重车不归入本品目，应归入品目 8705。

3. 各种装有升降或搬运装置的工作车（包括叉车）归入品目 8427，但须注意装有起重机的搬运车在品目 8426 中有列名。

4. 其他升降、搬运、装卸机械一律归入品目 8428。

### （二）土方机械的归类

土方机械主要分为采掘机械和铲土机械两大类。

采掘机械包括用于泥土、石料的挖掘机、铁路道砟挖掘机，用于采矿、钻井、开挖隧道的凿岩机、刨煤机、截煤机、采石机、隧道掘进机、凿井机、钻探机等。

铲土运输机构包括铲运机、推土机、平地机、松土机、翻土机、刮路机、捣固机、压路机、扫雪机、吹雪机等。

这类机械有的是可以自行式（自推进式）进行工作，有的是须装在拖拉机等运输工具上进行工作，主要用于建筑施工、水利、道路、军事工程、采矿、钻井、开挖隧道等工程中。

土方机械归入品目 8429~8430。其中：

1. 某些机动的（自推进式的）土方机械，例如机动挖掘机、机动推土机、铲运机等，归入品目 8429。

2. 以下两类机械归入品目 8430：

（1）某些非机动的但具备了品目 8429 所列功能的土方机械，例如非机动的挖掘机。

（2）其他有功能列名的土方机械，不论其是否为自行式的。

必须注意，不是所有土方机械都可归入品目 8429~8430，某些土方机械在本段品目中没有功能列名，故不能归入其中。例如，某些公共工程用的机器，如摊铺泥浆和混凝土用的机器（品目 8479）、步行操纵的扫路机及划白线用的器具（品目 8479）等。

**（三）“自推进式工程机械”与“特殊用途车辆”（品目 8705）的区别**

各种工程机械中，有的是固定式工作的，有的是移动式工作的，或称为“自推进式工程机械”、“机动的工程机械”。

“自推进式工程机械”与品目 8705“特殊用途车辆”的区别在于：

有的工程机械（例如起重机、打桩机）常装于一部完整车辆的底盘上，这些车辆的底盘上至少具有以下重要部件：推进发动机、齿轮箱、换挡控制器、驾驶及制动装置。由上述装置组成的设备应作为特种用途的机动车辆归入 8705，不论工程机械仅仅是简单装在车辆上，还是与车辆组成一套完整的机械设备。

有的工程机械虽然装在一个有车轮的底盘上，但是上述的推进发动机或控制装置却是装在工程机械的驾驶室内，这种设备均按照“自推进式工程机械”归入品目 8429~8430。

**（四）多功能工程机械的归类**

许多工程机械具有多功能特点，如一台设备的工作头同时具有挖掘、平整、钻探、装卸等功能，或设备共用一个机身，更换不同的工作头就具有不同的功能。这些设备均视为多功能机器，运用本类类注三“多功能机器”的相关规定进行归类。

如果进口时工作头与原设计机身不符，例如进口挖掘机机身，其工作头仅是物料搬运装置，且工作头和机身的连接配合松垮，不配套。归类时，视这类设备的结构上不是一个整体，应将机身与工作头分别归类。

## 第八节　农、林业和食品加工机械

### 一、本节商品范围

本节商品包括：

农业机械是指在作物种植和畜牧业生产过程中使用的机械，包括土壤耕作、种植和施肥和作物收获等机械。

林业机械包括种子采集和处理、林地清理、整地、育苗、中幼林抚育和林业保护等作业的机械。

食品种类繁多，食品加工机械因不同食品加工过程不同，其加工机器也不同。例如，粮食加工机械、油料加工机械、蔬菜水果坚果的加工机器、糖类加工机器和乳品生产加工机器等。

## 二、本节商品归类方法

### （一）移动式农、林业机械的归类

农、林业机械可以由动物或车辆牵引，也可以装在车辆上。

由拖拉机拖带或推动，且这些机器可以在田间进行装配或调换的农、林业机械，根据第八十七章章注二，即使它们与拖拉机一同报验，仍应与拖拉机分开归类。但是，有些设备的牵引部分和机器本身已构成不可分割的一个整体（自推进式），则整套机器应归入本段品目中。

### （二）不归入本节的商品

通常，在食品（包括农副产品）的加工机械中，除了一些本行业专用的机器外，还有一些机器的功能已符合品目8401~8424机械的特性，在归类时应按本章章注二的规定来归类。例如：

1. 乳品或制糖机械中的冷藏设备（品目8418）。
2. 农副产品加工的过滤机、离心分离器、离心式干燥机等（品目8421）。
3. 各种食品加工中容器的洗涤机器（品目8422）。
4. 利用温度变化处理材料的机器（品目8419），如乳品、制酒加工用的冷却、消毒、灭菌及浓缩装置；制造膨化或焙烤食品中的汽蒸器、干燥器和烘烤设备等。

# 第九节　造纸、印刷、打印、传真及复印设备

## 一、本节商品范围

本节商品包括：

## 二、本节商品归类方法

### (一) 造纸机械的归类

造纸机械包括从原料准备、制浆、造纸、直到制成纸成品（卷筒或平张）的机器，还包括纸、纸板和纸制品的加工机器。其中，纤维素纸浆、纸及纸板的制造或整理机器归入品目 8439；书本装订机器归入品目 8440；其他制造纸浆制品、纸制品或纸板制品的机器归入品目 8441。

### (二) 印刷机械的归类

印刷是将被印刷的稿件（文字和图案）制成印版，然后由印刷机将油墨涂于印版，将油墨直接或间接地转印到其他承印物上（如纸张、纺织品、皮革、金属板、木板等），从而复制出和印版相同的印刷品。

印刷主要的工序包括排版、制版和印刷。其中，排版、制版机械归入品目 8442，印刷机械归入品目 8443。

### (三) 打印、传真、复印设备的归类

打印机、传真机、复印机及其组合机器归入品目 8443。子目归类时需要考虑两个因素：设备是具有打印、传真、复印中的单一功能，还是具有两种或两种以上的多功能；是否与计算机或网络连接使用。具体表示如下：

- 与自动数据处理设备或网络连接的设备
  - 多功能……………………8443.31
  - 单一功能…………………8443.32
- 不与自动数据处理设备或网络连接的其他设备…………………… 8443.39

# 第十节　纺织、皮革加工机械

## 一、本节商品范围

本节商品包括：

- 纺织机械及其专用零件……………………………………………8444~8452
- 皮革加工机械及其专用零件………………………………………8453

## 二、本节商品归类方法

### (一) 纺织机械的归类

纺织机械主要包括织前机械、织造机械及织后染整机械。

织前机械包括对纺织纤维的成形、预处理、纺纱、织前准备等机械。

织造机械是形成织物的机械，包括将纱线织成织物的机械，通常有机织、针织和特种织造（如缝编、刺绣、花边、无纺制造等）机械，机织和针织是目前最主要的织造方式。

织造机械还包括直接将纤维压成织物的机械，主要有毡呢、无纺布制造机械等。

织后染整机械是主要进行一些染整工作，如洗涤、漂白、熨烫、染色、干燥、上浆、涂布、卷绕、剪切等的机械。根据以上分类，可将它们归纳如下：

织前机械，归入品目 8444~8445；

织造机械，归入品目 8446~8447 和 8449；

专用于品目 8444~8447 机器的零件，归入品目 8448；

织后染整机械及其专用零件，归入品目 8450~8451；

缝纫机械，归入品目 8452。

归类时须注意：

1. 根据列名，品目 8451 不仅包括对织物的染整机械，还包括对纱线、纺织制品做类似处理工作的机器。

2. 若某些机器归类时涉及两个品目时，根据本章章注二及其排除条款归类。例如：织物的干燥处理机器，既可以归入品目 8419（利用温度变化处理材料的机器），又可以归入品目 8451（织物的热处理机器），根据本章章注二的排除条文，归入品目 8451。

3. 本段品目还包括非工业用的一些设备，如家用或洗衣房用的洗衣机、缝纫机及其特制家具。

4. 用于将两片或多片纺织品、皮革等缝合在一起的缝纫机归入品目 8452；除可进行普通缝纫之外，还能进行纯装饰性工作（例如，刺绣）的缝纫机也归入本品目。但专门用于刺绣的机器（包括抽纱机）应归入品目 8447。

**（二）皮革加工机械及其专用零件的归类**

皮革加工机械主要包括制革机械、皮革制品的制作及修补机器。皮革加工机械及其专用零件归入品目 8453。

某些用于皮革加工的机器，根据本章章注二，其功能在品目 8401~8424 中有列名，则不归入本品目。例如：

1. 将皮革轧平、上光、压纹等的滚压机器（品目 8420）。

2. 皮革干燥机（品目 8419）。

3. 染料、清漆的喷涂机（品目 8424）。

# 第十一节　金属或其他硬质材料的加工机械

## 一、本节商品范围

硬质材料包括金属、矿石、陶瓷、玻璃、骨、塑料、硬质橡胶等。通过一定的机械加工，可将它们制造成可以独立使用的制品或符合装配要求的零件。本节的硬质材料加工机械包括：

- 冶金机械及其专用零件……………………………………………………8454~8455
- 各类机床及其专用零件、附件…………………………………………8456~8466
- 装有动力装置的手提式工具及其零件………………………………………8467
- 非电气的焊接机器和装置、气体加温表面回火机器和装置，以及其零件……8468

## 二、本节商品归类方法

### (一) 冶金机械的归类

冶金机械是将金属矿砂中的金属提取出来，并初步成型的机械，包括对金属的冶炼、铸造、轧延过程中使用的各种设备。

冶炼是用高温将金属矿石冶炼成为一定纯度的金属，或者将几种金属和非金属配合，冶炼成为一定成分的合金。其主要设备包括炼铁炉、转炉和浇包等。

铸造是将熔炼后的金属液体浇入铸型里，经冷却凝固、清理处理后得到有预定形状、尺寸的铸件的工艺过程。铸造可以将熔融金属暂时铸成锭，或是直接铸成金属制品。

轧延是以轧机为主体，利用旋转的轧辊（一种特定结构的滚筒）辗压坯料，使金属按规定的要求产生塑性变形，同时改变金属结构，改善金属质量；主要有热轧和冷轧两种方式。

根据对金属矿砂和金属的不同处理，将金属的冶炼、铸造机械归入品目 8454；金属轧延机械（包括热轧和冷轧）归入品目 8455。

必须注意，品目 8454 仅列名了冶炼用的转炉和浇包，其他冶炼设备不能归入该品目，例如，高炉炼铁炉可按非电热的工业用炉归入品目 8417。

### (二) 机床的归类

#### 1. 机床的概述

机床是在铸造或轧制的基础上，对金属（或其他硬质材料）的坯料或工件进行加工，使之获得所要求的几何形状、尺寸、精度或表面质量的一类机械设备。各种形状的机械制品和零件通常是由机床加工出来，这些零件再装配起来成为一台新的机器，所以机床又常称为“制造机器的机器”。

机床的分类方式很多，归类时必须掌握以下两种分类方式：

第一种，按被加工的对象，分为金属加工机床、非金属加工机床。金属加工机床主要用于加工金属材料；非金属加工机床主要用于加工硬质的非金属材料，如木材、骨、玻璃、陶瓷、塑料或硬质橡胶等。

第二种，按加工方式，分为切削机床、非切削机床和特种加工机床。

(1) 切削机床

切削机床是采用切削工艺来完成加工的机床。切削工艺是用切削工具（包括刀具、磨具和磨料），将工件上多余的料层削去，使硬质材料表面成型的加工方法。任何切削须具备三个基本条件：切削工具、工件和切削运动。其中，切削工具应有刃口，其材质必须比工件坚硬；工件是指被加工的硬质材料；切削运动主要包括主运动、进给运动两种方式。

①主运动：切去工件上多余部分时起主要作用的运动。

②进给运动：刀具和工件作相向移动，使工件上未被切削的部分依次投入切削，从而加工出完整工件表面所需的运动；

此外，不同类型的机床还具有一些不同的辅助运动，如刀具或工件的快进快退、机床部件位置的调整、刀架转位、变速、换向等运动。

不同的刀具结构和切削运动方式构成不同的切削方式，常见的切削方法有车削、钻削、镗削、铣削、刨削、磨削等，对应不同名称的切削机床，如车床、钻床、镗床、铣床、刨床、磨床等。在机床的诸多运动方式中，主运动和进给运动的不同是区分不同切削方式的主要依据，下表是一些主要的切削方式及其运动方式的区分，据此可以判断出相应的机床种类。

**表 16-1 常见切削方式**

| 加工方法 | 示意图 | 表面形成运动 | |
|---|---|---|---|
| | | 主体运动 | 进给运动 |
| 车削 |  | 工件的旋转运动 | 刀具的直线运动 |
| 刨削 |  | 刀具（或工件）的往复直线运动 | 工件（或刀具）的间歇直线运动 |
| 铣削 |  | 刀具的旋转运动 | 工件的直线运动 |
| 钻削 | 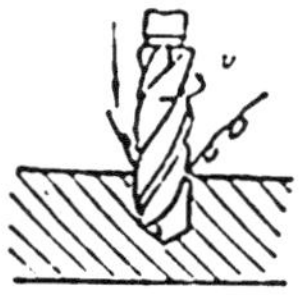 | 刀具（或工件）的往复直线运动 | 刀具沿其轴线方向的直线运动 |
| 磨削 | 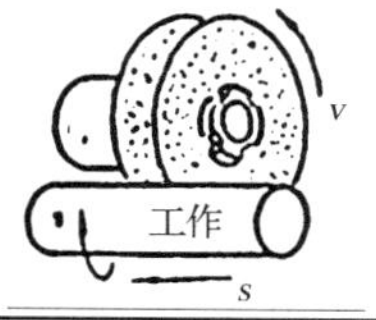 | 砂轮（或工件）的旋转运动 | 工件（或砂轮）沿轴线方向的往复直线运动和工件低速旋转运动 |

（2）非切削机床

非切削机床是主要采用压力，使硬质材料表面成型的一类机床，主要有锻造、冲压、剪切、折弯、冲孔等机床。

子目 8462.1 的冲压机床与子目 8462.4 的冲孔或开槽机床的区别：

子目 8462.1 的冲压机床是利用冲压方法充填金属模具（称为冲模）凹陷部分的一种金属锻压工艺，操作时需要压力，模具是完全包住工件的，对硬金属（如钢）需要加热，对较软金属可以不加热。子目 8462.4 的冲孔机或开槽机是利用两个工具（其中一个工具调节到刚好冲入另一个工具内，冲压工具叫冲头，而另一个工具叫冲模）对金属进行穿孔、切槽或切削加工，从而像剪切工艺那样将金属断裂，所获得孔眼的形状取决于工具的形状。

(3) 特种加工机床

特种加工机床的加工方法超出了传统的机械工艺，主要采用电热、电化学、电光等效应，使硬质材料表面快速成型，主要有激光加工机床、放电加工机床、超声波加工机床、电解加工机床、等离子弧加工机床等。

此外，本节商品还包括水射流切割机。这类机器利用以2~3倍于音速的速度喷射出的水射流或水加精细研磨剂的混合射流对材料进行加工。它们在3000~4000巴（1巴约等于一个标准大气压）的压力下进行工作，能对各种材料进行各种精密切割。水射流切割机一般用于比较柔软的材料（泡沫材料、软质橡胶、密封材料、金属薄片等）。水加研磨料混合射流切割机一般用于切割比较坚硬的材料（工具钢、硬质橡胶、复合材料、石料、玻璃、铝、不锈钢等。)

**【例5】**激光打标机，利用激光束直接在工业产品（包括金属产品和非金属产品）上进行生产日期、批号、商标等内容的打标。它主要由$CO_2$激光器、偏转驱动装置、多棱镜系统、镜头控制单元、操作键盘等构成。其工作原理为：将激光器发出的激光束以极高能量聚集在被加工产品的表面，将其气化，并通过其内部机械运动部件控制激光束的按一定程序指定的位移，精确地刻蚀出有一定深度凹痕的精致图案或文字

**【归类分析】**从激光打标机的功能和工作原理判断，它属于用激光加工和处理各种硬质材料的机床，应归入子目8456.1100。

**2. 各类机床及其专用零件、附件的归类**

机床（品目8456~8466）的品目编排规律：

特种加工机床；水射流切割机……8456
切削金属的加工中心、单工位组合机床及多工位组合机床……8457
其他金属切削机床……8458~8461
加工金属的无切削机床……8462~8463
加工其他硬质非金属材料的机床……8464~8465
专用于或主要用于上述各类机床的零件、附件；各种手提工具的工具夹具…8466

(1) 特种加工机床的归类

① 特种加工机床优先归类。第八十四章注释三规定，看似既可按特种加工机床归入品目8456，又可按其他机床归类归入品目8457~8465时，应按特种加工机床归入品目8456。例如，利用激光在金属上钻孔的机床，该机看似既符合品目8456（激光加工机床）的描述，又符合品目8459（钻床）的描述，根据本章章注三，应按激光加工机床归入品目8456。

②有些机器尽管采用激光、超声波、等离子弧等加工方式，但是如果其功能不属于机床范围，不能按照机床归类。例如，用激光等方式进行焊接的焊接机器，不论是否具有切割功能（品目8515）；工业清洁用的超声波清洗机（品目8479）等。

(2) 金属加工中心、单工位组合机床及多工位组合机床的归类

金属加工中心、单工位组合机床及多工位组合机床归入品目8457。

①归入品目8457机床的条件。本章章注四规定：“品目84.57仅适用于可以完成下列不同形式机械操作的金属加工机床，但车床（包括车削中心）除外：

（一）按照机械加工程序从刀具库中自动更换刀具（加工中心）；

（二）同时或顺序地自动使用不同的动力头对固定不动的工件进行加工（单工位组合机床）；

（三）自动将工件送向不同的动力头（多工位组合机床）。”

因此，归入品目 8457 的条件如下：

A. 上述机床用于加工金属，且均是独立的设备，不包括将几种机器连接起来，有输送机输送工件的传输生产线；

B. 上述机床必须能进行多种机械操作，这里的“多种机械操作”主要指一台机器中有多样的金属加工方式，例如，集刨削、钻削、铣削三种不同切削方式的机床。因此，只能使用一个刀具，或同时或顺序地使用多个刀具进行一种机械加工的机床，不属于本品目的商品范围，例如，多轴钻床（仅作钻削）、多刀铣床（仅作铣削）等，这种机床仍按照单一功能的钻床或铣床归入品目 8459。

C. 车削中心除外。车削中心机床主要用于车削加工，但附加一些特殊部件和附件后可以进行镗、铣、钻、刨等加工，具有多功能机器的特点。根据本章章注四规定，归类时，不必考虑其是否是加工中心、单工位组合机床和多工位组合机床，车削中心可以直接按车床归入品目 8458。

②加工中心、单工位组合机床、多工位组合机床的区别

A. 加工中心

根据本章章注四（一）的描述，加工中心是备有刀库并能自动更换刀具，对工件进行多种机械加工操作的机床。工件一次装夹后，能控制程序，自动选择和更换工具，依次完成工件各工序的加工。需人为更换刀具的数控机床，不能视为加工中心。

B. 单工位组合机床

单工位组合机床是工件被夹在机床上固定不动，不同的动力头（带动刀具工作的机构）移到相应的加工位置上作多种机械操作，通常能对各个加工部位同时或依次进行加工，尤其同时加工时能够保证各加工面的相互位置精度较高，适用于大、中型箱体件的加工。

C. 多工位组合机床

多工位组合机床是各动力头按照一定的工序，固定安装在一定的位置上，输送部件将工件依次送到各动力头下面，逐次进行多种机械加工。

多工位组合机床按工件的移动轨迹，一般分为旋转式和直线式两种。旋转式的几个动力头呈环状装在同一机座上，工件沿动力头排列方向移动；直线式的动力头呈直线装在同一机座上，工件沿直线由一头运行到另一头。

**【例 6】**五轴车铣复合加工中心。该机床五轴联动，自动换刀，刀库容量 40 把，用于加工混合动力车变速器壳体，可实现铣削、镗削、车削、钻削、攻丝、铰孔等功能，并能实现由立式到卧式加工的自动转换。如图 16-7 所示

**【归类分析】**该机床叫车铣复合加工中心，其功能以铣削、镗削、钻削为主，车削只属于辅助功能，所以不能按车削中心归类。该机床配有刀具库，可自动换刀，应按加工中心归入品目 8457 项下。由于该机床可实现由立式到卧式加工的自动转换，因此它既不属于立式加工中心，也不属于卧式加工中心。所以，按其他加工中心归入子目 8457.1091。

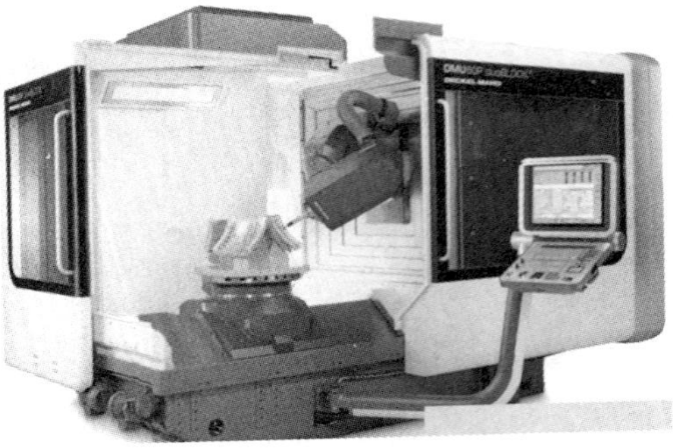

**图 16-7　轴车铣复合加工中心**

③其他多功能机床的归类。不符合“加工中心、单工位组合机床或多工位组合机床”这三种机器特征的其他多功能机床，不能归入品目 8457，可依据本类类注三“多功能机器”的归类原则来归类。

**【例 7】**金属钻、铣一体机床

**【归类分析】**：该机床用于加工金属，且有多种机械加工方式（钻和铣削）。首先，结合章注四的商品特征描述，考虑是否属于品目 8457 中的一种类型机床。其次，若不符合本章章注四条文描述，且其有多功能机器的特点，运用类注三“多功能机器”的归类原则，判定其主要功能，例如主要功能是铣削，可按铣床归入品目 8458。最后，若这些功能同等重要，主要功能无法判定，运用总规则三（三）从后归类，因做刨削的刨床列名最后，该机床按刨床归入品目 8461。

（3）数控机床的归类

数控机床是用数字代码形成的信息（程序指令）控制，按给定的工作程序、运动速度和轨迹进行自动加工的机床。数控机床主要由数控装置、伺服机构和机床主体三部分组成。

①数控装置。数控装置包括程序读入装置和由电子线路组成的输入部分、控制部分和输出部分等。

程序读入装置接收程序指令，输入部分输入各种数据，控制部分进行处理和运算，并且由输出部分输出各种控制指令。这些指令控制机床的伺服机构和各种执行机构，完成预定的动作。

数控装置作为数控机床不可分割的部分，可以直接装于机床中。在大型的机床中，它们也可以是分离的独立设备，如控制台、控制盘或控制柜。目前大多数数控机床采用具有微处理器的可编程序控制器。

②伺服机构。伺服机构是数控机床的特征机构，一般由比较线路、伺服放大线路、伺服马达、速度检测器和位置检测器等组成。

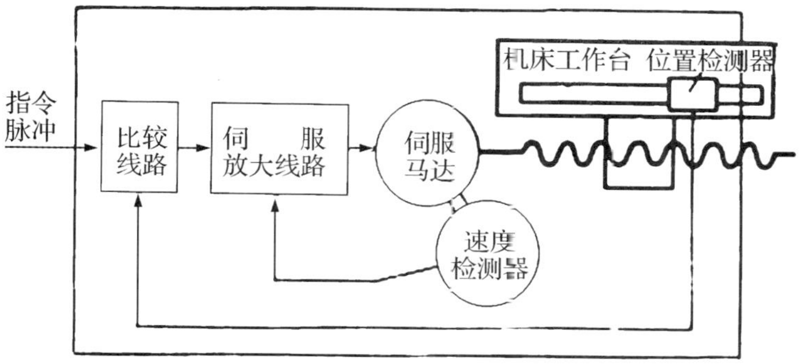


**图 16-8**

当数控装置发出工作脉冲指令后，经电子线路传给伺服马达（又称步进电动机），伺服马达将电信号转变成机械运动，即每一个脉冲信号使伺服马达转动一定的角度，进而推动工作台移动一定的距离，同时工作台旁的传感器（如位置检测器）测出实际位置的位移量，并将其转变成电信号后反馈给比较线路，在比较线路中反馈信号与原指令信号相比较，其差值信号经放大线路功率放大，再输入伺服马达，并带动工作台位置作进一步的调整。这种伺服机构的反馈精度高，多用于高精度和大型数控机床中。

另一种方式是位置检测器安装在伺服马达的端部，间接测出工作台的位置，并反馈给伺服机构，其精度较前者差，多数在中小型数控机床采用。

③机床主体。其基本结构与普通机床相似，但为保证机床有很强的工艺适应性和连续稳定的工作能力，数控机床与普通机床在结构设计上会有所差别，其特点是力求有足够的刚度、精度、抗震性、热稳定性和精度保持性。

数控机床有别于普通机床的主要特征是有数控装置和伺服机构。

品目 8457~8465 均包括各类数控机床。如果进口的数控机床不带有数控装置，只要它们具备数控机床的基本特征，例如有伺服机构中的一些特征部件，应视其为不完整品但具有完整品（即数控机床）的基本特征，仍按数控机床整机归类。

## （三）装有动力装置的手提式工具及其零件的归类

这些工具装有动力装置，如电动机、气压动力装置（气动机）、液压动力装置或内燃机等，它们产生机械力，带动工具的执行部件完成特定的功能操作。例如，同样是进行钻孔，若是内装电动机带动钻头钻孔，称为“电钻”；若内装气压（或液压）动力装置带动钻头钻孔，称为“气钻”（或“风钻”）。通常，以气压（或液压）为动力的气动工具又称“风动工具”。

装有动力装置的手提式工具及其零件归入品目 8467。

这类机器多采用切削或无切削的方式工作，其工作方式与机床类似，但具有“手提式”的特征。所称的“手提式工具”，是指用手提着进行操作的工具，也包括较重的手提式工具。特别在工作进行时，操作者可以用手提升搬动这些工具，并可用手工进行控制和导向。这些工具也可配有辅助性的支撑装置（例如，三脚架、气腿等）。常见的装有动力装置的手提式工具有钻机、攻丝机、镗孔机、扳手、刨削机、磨平机、锉机、锯切机等。

本品目不包括从重量、体积等方面明显不能用于手提式工作，或是配有底座或导轨，用以安装在墙壁、工作台或地板上面的工具（不论是否手提式），还不包括带轮的手推式或类似手扶式机器。

本品目的手提式工具与第八十二章的手工工具功能相似，主要区别是归入本品目的机器都有动力装置驱动，而第八十二章的工具仅用手工驱动。

#### (四) 非电气焊接机器和装置、气体加温表面回火机器和装置的归类

焊接是通过加热或加压，使两个工件产生原子间结合的一种加工工艺。

焊接机器和装置涉及两个品目 8468 和 8515。

品目 8515 为电气的焊接机器和装置，使用电为能量来源，通电后产生一些特定物质(如激光、等离子弧、电子束、超声波等)，利用这些物质内含的热量或振动波，来实现焊接，不论这些设备是否具有切割功能。例如，电弧焊、埋弧焊、激光焊、电阻焊、超声波焊、钎焊机器等。

品目 8468 为非电气的焊接设备、气体加温表面回火装置，例如气焊、摩擦焊等。

## 第十二节 办公机械

### 一、本节商品范围

本节的许多商品不仅用于办公，也用于个人的信息处理。

本节商品包括：

以计算为主要功能的机器（计算器、现金出纳机等）……………8470
自动数据处理设备及其部件、磁性或光学阅读机……………………8471
其他办公用机器……………………………………………………………8472
专用于上述机器的零件、附件……………………………………………8473

### 二、本节商品归类方法

#### (一) 以计算为主要功能的机器的归类

品目 8470 的机器均装有计算装置，且以计算为主要功能。

**1.“计算机器（品目 8470）”与“计算机（品目 8471）”的区别**

品目 8470 的“计算机器”指的是电子计算器，能实现简单数据计算，不论其是否可以编程，主要有袖珍式电子计算器和办公室用电子计算器。最简单的计算机只会进行加减运算；比较复杂的计算机能进行算术四则运算和其他多种运算（例如，开方根、三角函数运算等)。可编程序型计算器内有存储器可存放程序，操作时在键盘上输入程序后，仅按一个启动键即可执行整个程序，并能再次启动重复执行。

品目 8471 的“自动数据处理设备（ADP）”指的是计算机。“自动数据处理设备”必须同时符合本章章注五（一）中的四个条件：

（1）可存储处理程序及执行程序直接需要的基础的数据；

（2）可按照用户的要求随意编辑程序；

（3）可按照用户指令进行算术计算；

（4）在运行过程中，可不需人为干预而通过逻辑判断，执行一个处理程序，这个处理程序可改变计算机指令的执行。

由于计算机在各领域的重要性，下面对其组成作一简单介绍。

计算机的硬件，通常是由中央处理器、存储器、输入/输出、接口电路外围设备等部件组成。

（1）中央处理器

中央处理器，简称“CPU”，由运算器、控制器及其他必需的电路集成在一个芯片上，构成了计算机的核心。其主要功能是对指令进行解释并执行，以及完成执行指令所必需的算术逻辑运算、时序控制等。其中，运算器是对数据进行运算的部件，它能快速地进行加、减、乘、除等算术运算及逻辑加法、乘法等逻辑运算；控制器则协调机器各部分的工作，是整个机器的指挥系统。

（2）存储器

存储器通常分内存储器和外存储器。外存储器的存储容量大，有硬盘及硬盘驱动器、光盘及光盘驱动器等，它们都是外存的主要部件，但是外存的存取速度相对内存的来说慢。内存储器（简称“内存”），其存储容量比外存的小，但其存取速度比外存的快，一般把经常或当前正在使用的信息存在内存储器里，它以电路芯片组合的形式组装在主机板内，所以又称“内存条”。

（3）输入/输出接口电路

输入/输出接口电器是计算机与外部设备打交道的数据或电平转换电路，包括串行、并行接口、模数转换器等。

（4）外围设备

外围设备包括输入设备、输出设备、终端设备等。

输入设备：将待输入的信息（数字、文字、语声、图形图像、模拟量等）转换成能为计算机处理的数据形式的设备。计算机常用的输入设备有键盘、鼠标器、光笔、扫描仪等。

输出设备：可将计算的输出信息转换成可见的数字、文字、符号、图形和图像等，或记录在磁盘、磁带、纸带和卡片上，或转换成模拟信号直接送给有关控制设备，或转换成语声。计算机常用的输出设备有打印机、显示器和绘图机等。

终端设备：可以向计算机输入程序和数据，或接收计算机输出的处理结果。终端设备与计算机通过通信设施传递数据，所以终端设备主要由通信接口控制装置与专用（或选用）的输入输出装置组合而成。众多分散的终端设备经由通信设施与计算机连接的系统称为“联机系统”。

**2. 售票机**

品目 8470 的售票机指用以在售票（例如，电影票或火车票）的同时将票款加以记录并汇总的机器。有些售票机还可印制票券。

注意，某些也称为“售票机”的商品，由于在功能上不符合本品目的特点，不归入本品目。例如：

（1）小型的手提式票券打洞机或用纸卷印发票券的机器，例如公共汽车及有轨电车售票员使用的售票机，作为其他办公机器归入品目 8472。

（2）投币式售票机，例如地铁自动售票机，应作为“自动售货机”而归入品目 8476。

### （二）自动数据处理设备的归类

根据第八十四章章注五（二）“自动数据处理设备可以是一套由若干单独部件所组成的系统”的规定，自动数据处理设备可以是各部件在同一机壳内的独立整体，例如便携式电脑、独立的非便携式的一体机等；也可以是由一套若干单独部件组成的系统，例如台式微型机（PC 机）、服务器、小型机、中型机、大型计算机系统等。

### （三）自动数据处理设备部件的归类

自动数据处理设备部件也归入品目 8471。然而，作为计算机中的组成部分，能否在归类上视为“计算机部件”归入品目 8471，应依据第八十四章章注五（三）、（四）、（五）的规定。

结合上述章注条文规定，自动数据处理设备部件的归类步骤如下：

1. 符合本章章注五（四）描述的商品，不论是否装于计算机内，或是与计算机连接使用，均不按计算机部件归类。这些部件是：

（1）打印机、复印机、传真机，不论是否组合式；

（2）发送或接收声音、图像或其他数据的设备，包括有线或无线网络（例如，局域网或广域网）通信设备；

（3）扬声器及传声器（麦克风）；

（4）电视摄像机、数字照相机及视频摄录一体机；

（5）监视器及投影机，未装有电视接收装置。

因此，电脑打印机应归入品目 8443，电脑显示器应归入品目 8528，电脑扬声器应归入品目 8518，电脑网卡应归入品目 8517。

2. 其他部件，如果同时符合下列条件，即可作为“计算机部件”归入品目 8471：

（1）专用于或主要用于自动数据处理系统；

（2）可以直接或通过一个或几个其他部件与中央处理器相连接；

（3）能够以本系统所使用的方式（代码或信号）接收或发送数据。

计算机的中央处理部件、终端部件、硬盘/光盘驱动器、声卡、视频卡等均符合上述规定，应按计算机部件归入本品目。

此外，根据本章章注五（三）的规定，键盘、X-Y 坐标输入装置及盘（片）式存储部件，只要同时符合上述（2）及（3）规定，即可作为品目 8471 的部件归类。

### （四）自动数据处理设备零件、附件的归类

在计算机的零部件归类中，必须区分部件、零件和附件，因为它们归类不同。

一般来说，部件是在机器中有一定功能的组合体，由许多零件组合成。

零件是组成部件的基本单元，通常其不可分割且具有特定功能。

附件是可互换的零件及特定装置，这些装置装上后，可使机器适于进行某种特定的操作，或进行某种与机器主要功能相关的伺服操作，或扩大其操作范围。

但本品目不包括罩套、提箱及毡垫，这些货品应归入其相应的品目。本品目也不包括家具（例如，橱及桌），不论其是否为办公室专用（品目 9403）。但通常专用于品目

8470~8472 所列机器的台架，仍归入本品目。

自动数据处理设备的零件、附件，应根据本类类注二（第十六类机器零件的归类）的规定来归类。

【例 8】计算机用的贱金属制硬盘支架

【归类分析】硬盘支架安装在微型机和服务器机箱中，起到固定硬盘驱动器的作用。该商品已制成特定形状，具有零件特征，依据本类类注二的条文规定，应按计算机的专用零件归入子目 8473.3090。

### （五）装有自动数据处理设备，但却从事数据处理之外的某项专门功能机器的归类

本章章注五（五）规定：

“装有自动数据处理设备或与自动数据处理设备连接使用，但却从事数据处理以外的某项专门功能的机器，应按其功能归入相应的品目，对于无法按功能归类的，应归入未列名品目。”

【例 9】全自动绣花机

【归类分析】该商品是一台独立的设备，内装有微电脑，但却从事数据处理之外的某项专门功能——绣花，故应按绣花机归入品目 8447。

### （六）与自动数据处理设备连接使用，从事数据处理之外的某项专门功能机器的归类

报验时通常有以下两种情况：

**1. 自动数据处理设备和专门功能机器一同报验**

如果符合第十六类类注四关于“功能机组”的规定，则全部机器按功能列名归类；否则自动数据处理设备和专门功能机器应分别归入各自适当的品目。

【例 10】整套自动绣花设备，由计算机和绣花机两部分组成，一同进口，工作时分开放置，两者间由电线连接，绣花机根据计算机传来的工作指令完成绣花工作

【归类分析】整套设备构成了功能机组，依据第十六类类注四的规定，整套设备的功能体现为绣花，且在品目 8447 中列名，故整套设备归入品目 8447。

**2. 自动数据处理设备和专门功能机器分开报验**

自动数据处理设备和专门功能机器分开报验时，应分别归入各自适当的品目。

【例 11】单独报验的自动绣花设备

【归类分析】工作时该设备与计算机电线连接，根据计算机传来的工作指令完成绣花工作。依据本章章注五（五）的规定，该设备应按绣花机器归入品目 8447。

### （七）其他办公机械的归类

其他办公机械归入品目 8472。这里所称的“办公机械”，是指在办公室、商店、工厂、车间、学校、火车站、旅馆等场所用于办公室工作（即有关书信、文件、表格、记录、账目等的书写、记录、分类、归档等工作）的各种机器，包括自动柜员机、点钞机、打洞机、削铅笔机、碎纸机、订书机（用订书钉装订文件）及拆钉机等。

这些机器可用手工操作，也可以是用电动或其他动力驱动操作。

能归入本品目的办公室机械，必须装有底座以备安装或放置在桌上或台上等。

本品目不包括第八十二章所列未装有底座的类似手工工具。

本品目也不包括其功能在其他品目有具体列名的办公设备，如复印机（品目 8443）、传真机（品目 8443）、电话机（品目 8517）等。

# 第十三节　其他行业机器、装置

## 一、本节商品范围

本节商品包括：

- 矿物质的选矿、黏聚或成形机械及其零件……8474
- 玻璃及其制品的制造机械及其零件……8475
- 自动售货机器、钱币兑换机及其零件……8476
- 塑料、橡胶加工机器及其零件……8477
- 烟草加工制作机器及其零件……8478
- 未列名的具有独立功能的机器、机械器具及其零件……8479

## 二、本节商品归类方法

### （一）矿物质的选矿、黏聚或成形机械及其零件的归类

这些机械包括矿物质的分类、筛选、分离、洗涤、破碎、磨粉、混合或搅拌机器，粉状、浆状矿产品的黏聚或成形机器，铸造用砂模的成形机器。

这些机械及其专用零件归入品目 8474。有些矿物质的分选机器根据磁性或电气原理工作，同样根据功能列名归入本品目。

并非所有的矿产品加工机器都可归入本品目。本品目仅只限于对矿物质的选矿、黏聚或成形加工范围内的机械。其他矿产品加工机器应视其功能归入相应适当的品目，例如矿产品的抛光机器，应作为机床归入品目 8464。

某些用于上述用途的机器，其功能在品目 8401~8424 中已有列名，根据本章章注二，应优先归入上述品目中。例如，离心式分选机（品目 8421），砂芯式铸模烘干炉（品目 8419），滚压机（品目 8420）等。

### （二）玻璃制造及加工机器的归类

玻璃及其制品的制造及热加工机器归入品目 8475。该品目还包括灯管、灯泡、电子管等类似品的封装机器。

本品目所列的“玻璃加工机器”，是指对受热变软或变成液状的玻璃（包括熔融石英或其他熔融硅石）进行加工的设备。这类机器主要是用浇铸、拉伸、滚压、纺丝、吹制、仿形、模制等加工方法进行操作的。

本品目的“热加工机器”，包括在玻璃及其制品的成型、后加工等生产过程中，在加热情况下加工玻璃的设备，但不包括硬质玻璃（即使稍经加热以利于加工）的加工机器

（按玻璃的冷加工机床，归入品目 8464）。

某些玻璃的加工机器，在其他处已有具体列名，则不归入本品目。例如，将普通玻璃片放在加热板之间，然后突然冷却制成钢化玻璃的机器（品目 8419）；加工玻璃用的模具（品目 8480）；手工玻璃吹制工具（品目 8205）等。

### （三）自动售货机器的归类

自动售货机器归入品目 8476。

本品目包括各种在投币孔中投入硬币、纸币、辅币或一张磁卡后能供应某些商品的机器。本品目所称的“售货”是指购买者与机器之间进行“货币”交换以获得某项商品。

用于寄存个人物品的简单的投币开锁橱柜或容器，不应归入本品目（第十五类的钢铁制品或第九十四章的家具）

### （四）塑料、橡胶加工机器的归类

塑料、橡胶加工机器可归入品目 8477。

必须注意，归入本品目的必须是其他品目“未列名的”塑料、橡胶加工机器。有些塑料、橡胶加工机器，按其功能应归入其他品目。例如，塑料、硬质橡胶的表面成型加工机器（品目 8465），利用温度变化处理橡胶、塑料的机器（品目 8419）。

### （五）烟草加工制作机器的归类

烟草加工制作机器归入品目 8478。

必须注意，归入本品目的必须是其他品目“未列名的”有些烟草加工机器，按其功能应归入其他品目。例如，烟草加工中的干燥设备（酌情归入品目 8419），香烟的包装机（品目 8422）。

### （六）未列名的具有独立功能的机器及机械器具的归类

1. 在本章中，根据商品的功能、用途均无法在有列名的税号中归类的机械设备、机械器具，可归入品目 8479。

**【例 12】**电线剥皮机，主要用于剥同轴电线的外皮、屏蔽层及内绝缘体。其工作步骤为：第一步把同轴电线的强度、外径参数设定好；第二步剥掉同轴电线的塑料外皮，露出 3 毫米左右金属屏蔽线；第三步剥掉 2 毫米屏蔽层，露出 2 毫米塑料内绝缘体；第四步剥掉 1 毫米内绝缘体，露出 1 毫米导体，完成整个作业

**【归类分析】**该商品用于剥除同轴电线的两层绝缘层和一层金属屏蔽层，既处理金属，也处理绝缘材料；其结构不属于机床的范围，其用途也已超出了处理金属的范畴；具有独立的功能，且未在第八十四章其他品目列名，所以归入子目 8479.8999。

**【例 13】**氯化钾压实造粒设备，由辊压机、片料破碎机、粒料破碎机、筛上物料破碎机、片料筛分机、粒料筛分机等六部分组成，用于将氯化钾粉末加工成 2~4 毫米大小的颗粒

**【归类分析】**氯化钾属于化学肥料，不属于矿物肥料，故该商品是用于生产化学肥料的设备。因此，该设备不属于品目 8474 项下的设备。该商品组合后具有第八十四章品目 8479 项下所列名的轧碎、筛选机器所具有的功能，符合功能机组的定义，上述设备一并按

轧碎、筛选机器归入子目 8479.8200。

2. 可按本品目归类的货品，不仅包括未列名的机械设备、器具，也包括作为“机器零件”报验，但按本品目机器归类的货品。

通常，机器零件应按零件的归类原则归类（第十六类类注二）。但是，某些“机器零件”在归类中被视为“具有独立功能的装置”，且在其他处没有列名，可归入本品目。

“机器零件”能否按品目 8479 归类的判定标准在于：其是否具有独立功能。

下列机械装置可以视为具有“独立功能”：

（1）独立于其他机器设备之外执行其功能的机械装置。例如，单独报验的空气减湿器，即使准备安装在臭氧发生器上，但因其可以独立于臭氧发生器执行其功能，仍归入本品目。

（2）安装在另一台机器或器具上，或安装在一套较复杂的设备中才能执行其功能的机械装置。但其功能必须是：不同于所装机器设备的功能，在上述机器设备操作中并不起必不可少和不可分割的作用。例如，割线器装在工业缝纫机上，用于自动割线，它在缝纫机缝纫操作时并不起必不可少的作用，因而具有独立功能，在无法归入其他品目的情况下，可归入本品目；内燃机中的化油器（将燃油雾化并与空气混合），虽然其功能与内燃机不同，但是它在内燃机中起到必不可少的作用，所以单独报验的化油器不视为“独立功能”的机械装置，应作为内燃机的专用零部件，归入品目 8409；减震器（机械式或液压式），通常来说，它们构成了所装机器或器具的不可缺少部分，因此单独报验的减震器应作为所装机器或器具的专用零件归类。

# 第十四节　半导体单晶柱或晶圆、半导体器件、集成电路、平板显示器制造设备

## 一、本节商品范围

本节商品包括专用于或主要用于制造半导体单晶柱或晶圆、半导体器件、集成电路或平板显示器的机器、装置及其零件。

## 二、本节商品归类方法

### （一）品目 8486 设备的归类

根据本章章注九（四）的规定，只要是专用于或主要用于制造半导体单晶柱或晶圆、半导体器件、集成电路或平板显示器的机器及装置，一律优先归入品目 8486。

**【例 14】** 圆片磨削机，用于磨削晶体单晶柱，使其符合晶圆所需直径精度的标准

**【归类分析】** 尽管该机器可按品目 8464（矿物材料加工机床）归类，但根据本章章注九（四）的规定，应优先归入品目 8486。

但是第十六类注释一及第八十四章注释一另有规定的除外。例如，根据本类类注一（十二）的规定，如果是在半导体单晶柱或晶圆、半导体器件、集成电路或平板显示器生产中用于计量、检验、检查、化学分析的机器及装置不能归入品目 8486，而应该归入第九十章。

## （二）品目 8486 设备的加工对象

品目 8486 设备的加工对象是半导体单晶柱或晶圆、半导体器件、集成电路或平板显示器。其中：

单晶柱是将多晶硅经高温及提拉和冷却后，形成的一根圆柱体硅棒。

晶圆是指单晶硅棒被切割成很多一张张的薄片——即晶圆基片（Wafer），经研磨抛光后成为制作集成电路的衬底材料。

半导体器件是指能够归入品目 8541 的二极管、晶体管及类似的半导体器件，以及光敏半导体器件和发光二极管。

集成电路是指能够归入品目 8542 的商品。

平板显示器件主要有：液晶显示器（LCD）、有机发光显示器（OLED）、等离子体显示器（PDP）、场致发光显示器（FED）、表面传导电子发射显示器（SED）、电致发光显示器（ELD）、真空荧光显示器（VFD）、硅基液晶器（LCOS）、数字光处理器（DLP）等。当今主流商品是液晶显示器和有机发光显示器。

## （三）品目 8486 项下子目的确定

**1. 专用于制造半导体单晶柱或晶圆的设备归入子目 8486.10**

制造半导体单晶柱或晶圆的工艺属于完整集成电路生产工艺的前道工序。

制备半导体单晶柱或晶圆所用的设备主要有：从多晶硅中制备高纯硅的区熔炉；拉制单晶硅的单晶炉；对单晶柱（硅棒）和晶圆进行研磨与抛光的设备；单晶柱的切割设备；对晶圆进行干燥的离心设备和对晶圆进行清洗的设备等。

但是，从砂子中熔融制作多晶硅的设备，是一类通用设备，不作为品目 8486 的专用设备归类。

**2. 专用于制造半导体器件或集成电路的设备归入子目 8486.20**

子目 8486.20 所列的“制造集成电路”主要指晶圆的加工过程，是整个集成电路制造过程中最复杂的过程，也是技术含量最高的过程。晶圆加工的工艺主要包括：薄膜的形成、掺杂、光刻、刻蚀及晶圆切割等。

该子目正确归类的前提是对半导体器件和集成电路制作工艺的了解。参见“商品知识阅读材料”介绍。

**3. 专用于制造平板显示器的设备归入子目 8486.30**

根据本章章注九（二）“本条注释及品目 84.86 所称‘平板显示器的制造’，包括将各层基片制造成平板，但不包括玻璃的制造或将印刷电路板或其他电子元件装配在平板上。所称‘平板显示’不包括阴极射线管技术”的规定，“平板显示器的制造设备”实际指的是平板显示器生产工艺中前道的面板的生产设备，即包括上玻璃组件基板工艺、下玻璃组件基板工艺和将两个基板合二为一并中间灌注液晶的所有设备。但是，本品目不包括前期的玻璃制造和后道的电路装配工序（如背光模组装配、驱动印刷电路装配等）所需的设备。

该子目正确归类的前提是对平板显示器制作工艺的了解。参见“商品知识阅读材料”。

子目 8486.20 和子目 8486.30 项下不少本国子目条文相同，工作原理也完全相同的商品，但是由于被加工对象的材质、尺寸、品质要求各有不同，所以各类商品均具有明显的专用性。例如，子目 8486.2021 的“化学气相沉积设备”和子目 8486.3021 的“化学气相沉积设备”是无法通用的，通常前者的腔体是圆形的，而后者的腔体是长方形的，因此一般情况下可按实际用途归类。

**4. 辅助设备归入子目 8486.40**

根据本章章注九（三）的规定，以下设备不属于直接用于制造半导体单晶柱或晶圆、半导体器件、集成电路或平板显示器的机器及装置，但仍可归入本品目。

（1）制造或修补掩膜版及刻线的设备；

（2）组装半导体器件或集成电路的设备；

（3）升降、搬运、装卸半导体单晶柱或晶圆、半导体器件、集成电路及平板显示器的设备。

### （四）可能被误归入品目 8486 项下的商品

**1. 质检设备**

半导体单晶柱或晶圆、半导体器件、集成电路或平板显示器的生产工艺都属于高精尖技术，整个工艺流程对工件品质的要求都非常高，势必需要在整条流水线中安装大量的检测设备来保证产品质量。依据本章章注九（四）的“排除”条文，用于上述商品的计量、检验、检查、化学分析等的机器及装置，应按其特性归入第九十章，这其中包括光学检测设备、测电量的设备、物理特性（如硬度）检测设备等。

**2. 通用设备**

虽然半导体单晶柱或晶圆、半导体器件、集成电路或平板显示器制造所需的生产设备大多数的专业性很强、技术含量很高，但也有一些较为简单的通用设备。当某些设备（主要集中在封装工艺中）并不专用或主要用于上述行业时，应根据其功能、用途归入其他税目项下。例如，在半导体单晶柱或晶圆、半导体器件、集成电路或平板显示器的生产车间中，各个生产设备之间的物料运输有的是依靠手推车来实现的，上述手推车一般都带底盘，造型通用，应按非机械驱动车归入品目 8716 项下。

### （五）品目 8486 的设备零件的归类

尽管专用于或主要用于制造半导体单晶柱或晶圆、半导体器件、集成电路或平板显示器的机器及装置在本章中必须优先归类，但是必须注意，专用于或主要用于以上设备的零件没有条文规定其可优先归类。因此，专用于本品目商品的零件，应按照零件的归类原则（第十六类类注二）来归类。

**【例 15】**激光划片机中的激光发生器

**【归类分析】**激光划片机利用激光对晶圆中的芯片进行分割，其激光发生器是划片机中的零部件，根据机器零件的归类原则（第十六类类注二），激光发生器在品目 9013 中已有列名，即它属于第九十章的商品，在第十六类注释一（十二）已将第九十章的物品排出，因此，激光划片机中的激光发生器应归入品目 9013 而不能归入品目 8486。

# 第十五节　通用机械零件

## 一、本节商品范围

本节的商品应用机械原理工作，广泛用于各行各业中，通常被视为“通用机械零件”，包括：

- 型模及其相关部件……8480
- 阀门及类似装置……8481
- 轴承及传动零部件……8482～8483
- 密封件……8484
- 其他未列名的通用机械零件……8487

## 二、本节商品归类方法

### （一）型模及其相关部件的归类

型模、金属铸造用型箱、型模底板、阳模归入品目8480。

铸造用的铸型也称“型模”，是使液态材料在凝固过程中，保持预定的形状，成为固态铸件的容器。容器的内部称为“型腔”，其轮廓相当于所制铸件的外形。型模可将金属及硬质合金、玻璃（包括熔融石英或其他熔融硅石）或矿物材料（例如，陶瓷坯泥、水泥、石膏或混凝土等）、橡胶或塑料等材料模制成毛坯或成品。

金属铸造用型箱，通常为铸铁或钢制的长方形或圆形框架，用以围绕阳模将砂压紧形成砂型。

型模底板用以放在型模底部。

阳模主要包括在预制砂型时用到的一些装备，如模板、芯盒（芯箱）、型芯等。

但是下列型模不归入本品目：

1. 依靠强力冲击或压迫使材料成形的冲模（品目8207），如冲压金属薄板制品。

2. 金属铸锭用的锭模（品目8454）。

3. 根据本章章注一（一）、（二）、（三）的规定，陶瓷、玻璃、石墨制的模型，按构成材料归类。

### （二）阀门及类似装置的归类

用于管道、锅炉、罐、桶或类似品的龙头、旋塞、阀门及类似装置归入品目8481。

阀门是用以控制流体流量、压力和流向的装置，简称“阀”。被控制的流体可以是液体、气体、气液混合体或固液混合体。

归入本品目的阀门可由手工（按键、转轮等）操作，也可由动力装置（如电动机、螺线管、发条装置等）驱动。

**1. 阀门的基本构造**

阀门通常由阀体、阀盖、阀座、启闭件（如阀瓣、塞体、闸板、蝶板或隔膜等）、驱动机构（阀杆和带动它运动的驱动装置）、密封件（填料、垫片等）和紧固件组成（见下图）。阀门依靠驱动机构来驱使启闭件升降、滑移、旋摆或回转，以改变流通面积的大小，实现其控制功能。

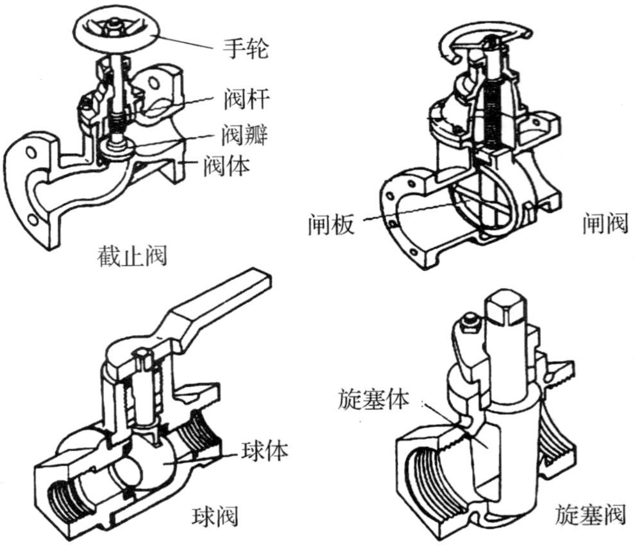


**图 16-9**

**2. 阀门的分类**

阀门的种类很多，按功能分类主要有：

（1）截断阀：主要用于截断流体通路，也称“闭路阀”。

（2）调节阀：起调节流量、压力、温度或液位的阀门。按照调节对象的不同，有节流阀、减压阀、温度调节阀等。

（3）止回阀：能自动阻止流体回流的阀门，又称“单向阀”。当出口侧工作压力高于进口侧工作压力时，在流体压力和本身重力作用下，阀瓣会自动地将通道关闭，阻止流体逆流。

（4）安全阀：用于防止设备或管道因超压而发生损坏的阀门。当被保护体内的流体压力达到略高于正常工作压力的某一规定值（即安全阀门的开启压力）时，安全阀门自动开启，排放部分流体，使压力下降；当压力降至略低于正常工作压力的某一规定值（即安全阀门的回座压力）时，安全阀门自动关闭，停止排放流体并保持密封。

（5）分流阀：用于分配流体的通路去向或将流体分离的阀门，主要有滑阀、多通阀、疏水阀和排空气阀等。

**3. 品目 8481 中子目的区分**

品目 8481 项下子目列名如下：

减压阀……………………………………………………………………8481. 10
油压或气压传动阀………………………………………………………8481. 20
止回阀……………………………………………………………………8481. 30
安全阀或溢流阀…………………………………………………………8481. 40
其他器具…………………………………………………………………8481. 80
零件………………………………………………………………………8481. 90

其中，子目 8481.20“油压或气压传动阀”指的是用于油压或气压传动中的阀门。它们可以是各种形式的（减压阀、止回阀等），在油压或气压系统中专用于传递“流体动力”，以加压流体（液体或气体）的形式提供能源。阀门归类时，依据第八十四章子目注释三，子目 8481.20“油压或气压传动阀”优先于品目 8481 的其他子目。

**【例 16】** 电磁换向阀，简称电磁阀，是用电磁铁的吸力来推动阀芯运动以变换流体流动方向的控制阀。该商品由阀体和两个电磁铁构成，阀体上带有四个通孔，阀芯有两个位置，属于二位四通阀，用于液压传动系统中改变液体的方向。如图 16-10 所示

**图 16-10　电磁换向阀**

**【归类分析】** 该阀门由阀体和两个电磁铁构成，用于液压传动系统中改变液体流动的方向，属于液压传动系统中的阀门，根据用途应归入子目 8481.2010。该阀门不能误归入子目 8481.8021，归入子目 8481.8021 的电磁换向阀必须是除用于液压传动系统以外的“电磁换向阀”。

**4. 阀门归类的其他注意事项**

由龙头、阀门与其他品目的物品（如测量、检验或自动控制装置等）组成的部件，如果其组合体依然具有本品目所列物品的基本特征，仍应归入本品目；若不符合，按该货品的基本特征（功能）归入相应的品目。例如，装有排水旋塞的液压表，按液压表归入品目 9026。

同理，装有完整阀门的某些机器零件，其基本特征已经超出了阀门的特征，应按有关机器零件归类。例如，内燃机的进气阀或排气阀（品目 8409），空气压缩机的进气阀或增压阀（品目 8414）等。

根据本类类注、本章章注的不包括范围，有些材料制的龙头、旋塞、阀门及类似装置，不归入本品目中。例如，非硬化橡胶制的（品目 4016），陶瓷制的（品目 6903 或 6909），玻璃制的（品目 7017 或 7020）等。

## （三）传动装置的归类

品目 8482 列名的传动装置包括：滚动轴承及其零件。

品目 8483 列名的传动装置包括：滑动轴承及轴承座；传动轴（包括凸轮轴及曲柄轴）及曲柄；齿轮及齿轮传动装置；滚珠或滚子螺杆传动装置；齿轮箱及其他变速装置，包括扭矩变换器；飞轮及滑轮，包括滑轮组；离合器及联轴器（包括万向节）。

这些传动装置的介绍见“商品知识阅读资料”。

1. 轴承分为滚动轴承和滑动轴承。滚动轴承归入品目 8482，滑动轴承归入品目 8483，支撑轴承的轴承座归入品目 8483。

2. 本章子目注释四，对滚针轴承的商品特点做了规定：“子目 8482.40 仅包括滚柱直径相同，最大不超过 5 毫米，且长度至少是直径 3 倍的圆滚柱轴承，滚柱的两端可以磨圆。”

3. 本章章注六对滚动轴承中的“抛光钢珠”尺寸做了规定：“品目84.82还包括最大直径及最小直径与标称直径相差均不超过1%或0.05毫米（以相差数值较小的为准）的抛光钢珠，其他钢珠归入品目73.26。”

4. 根据本章注释一（一）规定，石墨轴承和其他碳精轴承应归入品目6815。

5. 某些不具有传动作用的轴，不能作为传动轴归入品目8483。例如，“心轴”，仅单纯用以支撑旋转部件，如车辆的车轮轴、机床上装刀具（或工件）的短轴、仪器设备中装旋转部件的短轴。

6. 根据第十七类类注二（五）的条文规定，用于第十七类运输设备（如汽车、火车、飞机等）中的非动力装置的传动部件，不能归入本品目8483，应按相应运输设备的专用零件归类。例如，小轿车用的变速器、万向联轴器、非电磁式离合器等（品目8708）。

7. 电磁离合器，因有具体列名，不论用于何种机器或运输设备，均归入品目8505。

#### （四）密封垫的归类

符合以下条件的密封垫归入品目8484。

1. 用金属片与其他材料制成，或用双层或多层金属片制成的密封垫或类似接合衬垫。

用金属丝或金属丝网加固的其他材料密封垫及接头衬垫，不归入本品目，应按其主要材料归类。

2. 装于袋、套、盒等包装内，由各种材料（黏聚软木、皮革、纺织品、纸板、石棉等）制成的成套或各式密封垫或类似接合衬垫。

这些包装内的物品不能用同一种材料制成，例如包装盒内装有五个全部用纸板制的圆形接合衬垫，应按其材料归入品目4823。

不符合上述条件的密封垫或类似接合衬垫，一般按其构成材料归类。

#### （五）其他未列名的通用机械零件的归类

如果某种零件同时符合以下条件，则属于“其他未列名的通用机械零件”，应归入品目8487：

1. 具有机械工作特征；
2. 未列名；
3. 通用性，可适用于多个不同品目项下的商品；
4. 用于第十六类商品中。

例如，手轮、杠杆及手柄，安全防护罩及底板，油封环等，这些货品可确定为机器零件，但不能确定为任何一种机器的零件，故应归入品目8487。

## 第八十五章　电机、电气设备及其零件；录音机及放声机、电视图像、声音的录制和重放设备及其零件、附件

### 一、本章商品范围

第八十五章的商品是利用电气原理进行工作的各种电气设备、器具及其零件。

本章商品可分为以下六部分。

产生、变换、储存电能的装置 ……………………………………8501～8507
电能利用装置（包括某些电热、电动装置）……………………8508～8516
利用电信号进行信息传输的设备和装置：
(1) 声音、图像的录制、重放设备及记录媒体…………………8518～8523
(2) 通信设备，广播、电视及相关设备……………………8517、8525～8529
电气音响或视觉信号装置 ………………………………………8530～8531
其他未列名的电气设备 ………………………………………………………8543
通用电子、电力元器件 ……………………………………8532～8548（除8543）

## 二、本章商品归类方法

本章商品内容广泛，具体的归类方法在下述相关各节中阐述。但需要注意某些电气设备和装置不能归入本章：

### （一）可归入第九十章的物品

根据本类类注一的规定，如果按照其功能和用途可归入第九十章的商品不能归入本章，不论其是否利用电气方式工作。例如，电气的医疗诊断装置（品目9018），电气的自动调节控制装置（品目9032）。

### （二）本章章注一中已排除的物品

例如：
1. 供个人穿戴或就寝的电暖物品，如电暖毯、电暖衣服等；
2. 品目7011的玻璃制品；
3. 品目8486的机器及装置；
4. 电热家具（第九十四章）。

# 第一节 产生、变换、储存电能的装置

## 一、本节商品范围

本节包括具有产生、变换、储存电能的功能的装置，其结构规律如下：

产生电能：
- 电动机，发电机……………………………………………8501
- 发电机组……………………………………………………8502
- 上述机器的零件……………………………………………8503

变换电能：
- 旋转式变流机………………………………………………8502
- 旋转式变流机的零件………………………………………8503
- 静止式变流器………………………………………………8504
- 变压器………………………………………………………8504

储存电能：
- 电感器………………………………………………………8504
- 电磁铁、永磁铁，利用电磁效应工作的装置……………8505
- 原电池………………………………………………………8506
- 蓄电池………………………………………………………8507

## 二、本节商品归类方法

### (一) 产生电能的机器的归类

**1. 电动机**

电动机（图 16-11），是在电源供电的情况下将电能转换成机械能的装置。其工作原理是：通电导体在磁场中，在磁场和电流的作用下将产生机械力（物理学上的“左手定则”）。

**图 16-11　电动机**

按使用的电源分为直流电动机、交流（单相、三相）电动机和交直流两用电动机。

按电机品种分为同步电动机、异步电动机等。如果电机转子的实际转速与旋转磁场的转速相等，称为同步。若电机转子的实际转速高于（或低于）旋转磁场的转速，称为异步。实用的交流电动机多为异步电动机。

按产生的运动方式分为旋转电动机（产生旋转运动）和直线电动机（产生直线运动）。

电动机的额定功率，是指电动机在规定的工作制下所能承担而不至于引起电动机过热的最大输出机械功率，一般用瓦（焦耳/秒）、千瓦、兆瓦表示。

严格来说，电动机不属于产生电能的机器，它属于动力机械的范畴（将电能转化为机械能）。由于电动机和发电机的工作原理互逆，故《协调制度》将电动机与发电机一起在品目 8501 列名。

**2. 发电机**

与电动机相反，发电机（图 16-12）是在力的驱动下，将机械能转换成电能的装置。其工作原理是：导体受外力作用在磁场中做切割磁力线的运动，则在导体中将产生感生电动势，若导体与外接负载形成闭合回路，则将在回路中产生电流。（物理学上的“右手定则”）

**图 16-12　发电机**

发电机按产生电流的类型分为：直流发电机和交流发电机。交流发电机中又可分为同步发电机和异步发电机两种。现代发电站中最常用的是三相同步发电机。

发电机的额定容量也称为发电机的“额定功率”，指铭牌上规定的电机正常运行时的输出电功率，通常用千伏安表示。

发电机与电动机一般均按列名归入品目 8501，但是在其他品目中有列名的或有特殊用途的电动机和发电机，不再归入品目 8501。例如：

（1）内燃发动机电启动用的启动电机和附属于内燃机的发电机（品目 8511）。

（2）专供示范用的无其他用途的发电机（品目 9023）。

**3. 发电机组**

发电机组指由发电机与任何原动机（动力机械，但电动机除外）所组成的一套机组，主要用于发电。

例如，在热力发电中，用汽轮机为原动机，与发电机直接耦合，通过汽轮机将热能转换为机械能，再由发电机将机械能转换成电能，整个机组成了“汽轮发电机组”。

同理，还有“水轮发电机组”（水轮机和发电机的组合）、“内燃发电机组”（内燃发动机与发电机的组合）等形式。

**图 16-13　柴油发电机组**

发电机组按列名归入品目 8502，但是发电机组中的发电机和原动机必须组装成整套设备或装在同一底座上，并且同时报验，才能归入品目 8502。

## （二）变换电能的机器的归类

**1. 旋转式变流机**

旋转式变流机由一台电动机和一台发电机组成。电动机将某种电能转换成机械能后，输入至发电机，发电机接受机械能再转换成另一种电能。

旋转式变流机利用旋转电机的某些工作特性，来变换电流的性质或某些特性，如交—直流转换、频率变换、电压变换、相位变换等。例如，同步变频机，它由两台工作在不同频率下的同步电动机和发电机直接连接而成，电动机可将一种频率的交流电转换成机械运动，发电机再将其机械运动转换至另一种频率的交流电输出。

旋转式变流机归入品目 8502。

**2. 变压器**

变压器（图 16-14）是将两个或两个以上的线圈绕在铁芯上制成的，用于变换电压、电流和阻抗。变压器中没有任何运动机件，它的工作原理基础是电磁感应，主要构件是初级线圈、次级线圈和铁芯，其中：初级、次级线圈匝数比值 = 初级、次级线圈电压的比值。

图 16-14 变压器

变压器按使用的绝缘介质不同，分为油浸式、气体绝缘式和浇铸干式变压器等。其中油浸式就是子目 8504.2 所指的“液体介质变压器”。

变压器的“额定容量”是指变压器的额定视在功率，它表示变压器在长期连续输出这一视在功率时，其热温升不超过极限值时的千伏安（KVA）输出量。“额定视在功率”会在变压器的铭牌上标出。

变压器归入品目 8504。

**3. 静止式变流器**

所谓“变流”，是指利用电力电子器件使电能的性质（如电流、电压、波形、相数和频率等）发生变化。变流可以用于任何需要不同电性能的地方，例如直流电镀、机车交流牵引、蓄电池充电、家用电器变流等。

按变换功能分类，变流器主要有四种类型：

（1）整流：由交流转变为直流，通常电压也随之改变。

（2）逆变：由直流转变为交流。

（3）直流变换：由直流到直流的变流，可以改变直流电的电压。

（4）交流变换：由交流到交流的变流，可以改变交流电的频率或电压。

变流装置还可从其他不同角度来分类：

（1）按用途可分为电源型和开关型（有交、直流之分）。

（2）按组成器件可分为全控型和半控型等。

静止式变流器由基本的电力电子电路组成，通过一定的电路设计，使输出电能的某些性质发生改变，进而有效控制电路。电路的主体是不同类型的变流元件，如半导体二极管、半导体三极管、晶闸管（又称“可控硅”）、机械开关、整流电子管等，这些变流元件均具有导通和阻断两种工作特性。此外，为了构成一个完善的电路，还可装有各种辅助器件（如变压器、感应线圈、电阻、调节器等），共同组成静止式变流器。

静止式变流器与旋转式变流机同属于改变电性能（电流、电压、频率等）的装置，其变流效应相同。从结构组成来看，静止式变流器主要由电力、电子元器件组成，工作状态相对“静止”；后者则由旋转电机组成，故称为“旋转式”。由于半导体技术的发展，静止式变流装置逐渐成为主流。

静止式变流器归入品目 8504。很多装有分立元器件的电路（或模块），作为某种电气设备的零部件单独报验，若具有静止式变流器的特征，根据本类类注二的规定，应归入品目 8504。

**4. 不间断供电电源**

不间断供电电源又称 UPS。

UPS 在断电时，能实现不间断供电的电子式电源装置，主要由整流器、滤波器、蓄电池、逆变器、稳压器、转换开关等组成。其输入为市电（通常交流电压 220 伏），输出亦为市电。在正常工作状态时，市电经整流器、滤波器变成直流电后，一路向蓄电池供电，另一路经逆变器变成交流电后，向负载供电。一旦市电电网断电，UPS 内的蓄电池输出直流电经逆变器转换成交流电后，继续向负载供电，从而达到不间断供电的目的。

UPS 的结构特点和功能符合静止式变流器的列名，应归入品目 8504。

## （三）存储电能装置的归类

**1. 电感器**

电感器（图 16-15）是能够把电能转化为磁能而存储起来的元件。它通过自感现象，起到阻止电流突然变化的作用。当电流突然加大时（例如通电），电感器将电能转化为磁能存储起来，也在一定程度上限制了电流；当电流突然减弱时（例如断电），电感器将储存的磁能转化为电能释放出来，从一定程度上阻止了电流的突然减少。因此，电感器又称扼流器、电抗器、动态电抗器。

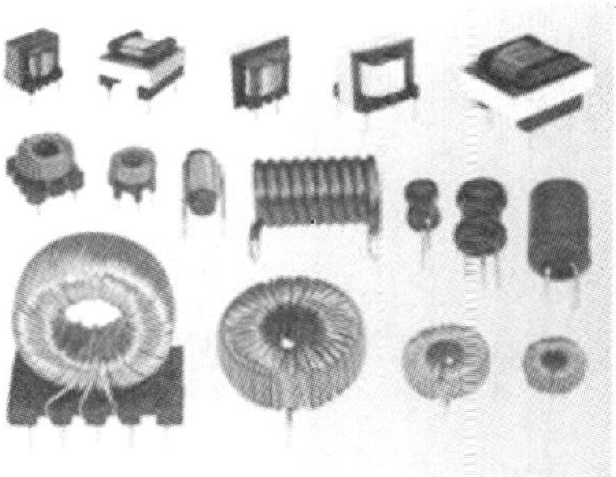

**图 16-15　电感器**

电感器主要由骨架、绕组、磁心或铁心等组成。将漆包线（或纱包线）环绕在骨架（塑料、胶木、陶瓷制）上，再将磁心或铁心等装入骨架的内腔，以提高其电感量。小型电感器一般不使用骨架，而是直接将漆包线绕在磁心上。也有空心电感器（也称脱胎线圈或空心线圈，多用于高频电路中）不用磁心、骨架等，而是先在模具上绕好后再脱去模具，并将线圈各圈之间拉开一定距离。

电感器归入品目 8504。

**2. 电磁铁、永磁铁及利用电磁效应工作的装置**

电磁铁主要由一个线圈绕制于软铁芯上而构成。当线圈通电时，线圈周围产生磁场，铁芯被磁化，产生电磁吸力。切断线圈电源后，铁芯磁性消失，失去电磁吸力。

永磁铁是指永久磁化的硬钢件、特种合金件或其他材料。永磁铁的形状各异，为了防止其退磁，马蹄形永磁铁常用一根铁棒（衔铁）附在其两极上。永磁铁的用途广泛，如扬声器、电话受话器中的永磁体，磁电系仪表、磁控管中的磁系统，发电机、永磁电机中的磁极，机器制造业所用的永磁吸盘等，磁选矿、磁净化水系统等。

利用电磁铁的吸附效应，可制成各种电磁吸盘和电磁夹具等；还可用于传递或隔断两轴间的机械联系，如用于电磁联轴器和电磁离合器中。此外，电磁铁还广泛可用于操纵、牵引一些机械装置，如用于制动器、牵引机器、起重机、电磁阀中等。

上述的电磁装置归入品目 8505。但是，品目 8505 的电磁装置，仅包括在该本品目中列名到的某些电磁装置，如磁铁卡盘、夹具及类似的工件夹具，电磁离合器及电磁制动器等。其他电磁原理工作的设备或装置，因在本品目中没有列名，不能归入该品目，应按商品的基本特征归类。例如，电磁阀门，在本品目中没有列名，可以按阀门归入品目 8481。

**3. 原电池、蓄电池**

（1）原电池

原电池是利用化学反应产生电能输出的装置，一般指化学电池。原电池的主要特点是难以有效地再充电，又称“一次性电池”。

原电池基本上由一个容器装入电解质（例如：氢氧化钾、氢氧化钠、氯化铵或氯化锂等)，再浸入两个电极构成。正极一般用二氧化锰（与碳粉混合）、氧化汞或氧化银等制成；负极用锌、锂、镁等制成。每个电极用接线柱或其他接头与外电路相连。

原电池按负极和正极物质的构成，可有锌锰电池、锌空气电池、锌银电池、锌汞电池、镁锰电池、锂氟化碳电池、锂二氧化硫电池等。锌锰电池（正极为二氧化锰）以氢氧化钾为电解质的，通常被称为碱锰电池，俗称“碱性”电池，是产量最大的一类原电池。原电池中的锂电池指的是锂金属电池，它是以锂金属或锂合金为负极材料，二氧化锰、亚硫酰氯、氟化碳等为正极材料，使用非水电解质溶液的，一次性使用的电池。因其具有能量高、电池电压高、工作温度范围宽、贮存寿命长等优点，常用于一些军事和民用小型电器中。

（2）蓄电池

蓄电池是通过充电将电能转变为化学能贮存起来，使用时再将化学能转变为电能释放出来的一种化学电池。蓄电池的特点是可以有效地再充电，充电与放电的循环过程反复进行，直到蓄电池寿命终止。

蓄电池主要由一个容器贮盛电解液，并将两个电极浸入电解液中，电极配有接线柱与外电路相连。

按所使用的电解质溶液不同，蓄电池分为酸性蓄电池和碱性蓄电池两大类。按正负极板使用的物质材料不同，蓄电池分为铅酸、镍镉、镍铁、银锌、镉银蓄电池等几种。其中，铅酸蓄电池为酸性电池，后四种为碱性电池。

蓄电池中的锂电池准确来说是锂离子电池，它是以碳材料为负极，以含锂的化合物作正极的锂离子电池，内充有有机电解质溶液。在充放电过程中，没有金属锂存在，只有锂离子，锂离子处于从正极→负极→正极的运动状态。锂离子电池的应用范围不断扩大，如用于移动电话、便携式计算机、摄像机、照相机等，并部分代替了传统电池，而锂金属电池的应用领域不断缩小。

原电池、蓄电池应分别归入品目 8506 和品目 8507。但废原电池、废蓄电池及其废碎料，应按列名归入品目 8548。

另外，太阳能电池由半导体材料制成，不属于本节商品范围，应按半导体光敏器件归入品目 8541。

## 第二节　电能利用装置

### 一、本节商品范围

本节商品包括：

- 电动装置……………………………………………8508～8510
- 有特定用途（如内燃发动机、车辆、个人用）的电气装置……8511～8513
- 电热效应工作的装置……………………………………8514～8516

### 二、本节商品归类方法

#### （一）电动装置的归类

**1. 真空吸尘器**

真空吸尘器，不论家用的还是非家用的，也不论抽吸的是干物质还是湿物质，均应归入品目 8508。

**2. 家用电动器具**

家用电动器具种类繁多，用途各异，主要有地板打蜡机、食品研磨机、食品搅拌器、水果或蔬菜的电动榨汁器、电动牙刷、电动磨刀器、电动削皮机、电动切片机、电动绞肉机、厨房废料处理器等。

本章章注三规定：

“品目 85.09 仅包括通常供家用的下列电动器具：

（一）任何重量的地板打蜡机、食品研磨机及食品搅拌器和水果或蔬菜的榨汁机；

（二）重量不超过 20 千克的其他机器。

但该品目不适用于风机、风扇或装有风扇的通风罩及循环气罩（不论是否装有过滤器，品目 84.14）、离心干衣机（品目 84.21）、洗碟机（品目 84.22）、家用洗衣机（品目 84.50）、滚筒式或其他形式的熨烫机器（品目 84.20 或 84.51）、缝纫机（品目 84.52）、电剪子（品目 84.67）或电热器具（品目 85.16）。”

从该规定可以得出以下结论：

不是所有家用的电动器具均可归入品目 8509。能按品目 8509“家用电动器具”归类的商品，首先，必须符合商品重量不超过 20 千克的规定（列名的地板打蜡机、食品研磨机及食品搅拌器、水果或蔬菜的榨汁器除外）；其次，某些家用电动商品已在第八十四章有列名，应归入第八十四章相应的品目。

**3. 与这些电动商品同时进口的可互换零件或辅助装置**

如果这些可互换零件及附件是用于上述有关机器，而且品种与数量正常，应一并归类。例如，切片机配有磨刀器等。在确定这些器具的重量时，外加的互换零件或可拆卸零件的重量不计在内。

### （二）有特定用途的电气装置的归类

1. 点燃式或压燃式内燃发动机用的电点火和电启动装置，附属于上述内燃发动机的发电机及其专用零件，归入品目 8511。

附属于内燃发动机的发电机，用于将发动机工作后产生的部分机械能转换成电能（交流或直流电）。这些电能既可以回馈给蓄电池充电，也可以输出至机器中的其他电气装置（如电气照明、电动刮水器等）以供使用。

子目 8511.3010“机车、航空器及船舶用”中的“机车”，不是“机动车辆”的含义，是指品目 8601～8602 中的车辆，这种车辆不载人不载货，在轨道上运行，起牵引作用（例如火车头）。

2. 自行车或机动车辆用的电气照明或信号装置、电动风挡刮水器、除霜器及去雾器，归入品目 8512。

3. 自供能源的手提式电灯，归入品目 8513。“手提式电灯”，仅指使用时握于手中或可随身携带的电灯。

### （三）利用电热效应工作的装置的归类

**1. 工业或实验室用电加热设备及其零件，归入品目 8514**

这些设备的加热方式多样，通常有电阻加热、感应加热、电弧加热、电子束加热、红外线加热和介质损耗加热等。电加热可以在电炉、电烘箱中进行，也可以在其他加热装置中进行。

电阻加热：由加热电阻器通电而发热。

感应加热：利用导体处于交变电磁场中产生感应电流（涡流）所形成的热效应，使导体本身发热。感应加热的物体必须是导体，多用于冶炼。根据不同的加热工艺要求，可采用的交流电源有低频（50～60 赫兹）、中频（60～10000 赫兹）和高频（高于 10000 赫兹）。这类设备通常由变频器和加热处理设备共同组成。

介质损耗加热：利用高频电场对绝缘材料进行加热，其主要加热对象是电介质。当电介质置于交变电场中，会被反复极化（即在电场力作用下，其表面或内部出现等量而极性相反的电荷现象），电荷的运动会释放能量，从而将电场中的电能转变为热能。介质加热设备通常由高频发生器和加热处理设备组成。在工业中用于对各种绝缘材料（如橡胶、纸张、木材、塑料、谷物等）的加热处理。

**2. 利用电能进行焊接的机器及其专用零件，归入品目 8515**

焊接基础知识见“阅读材料：金属或其他硬质材料的加工机械/（三）焊接机械”。

焊接中利用电能进行熔焊、压焊和钎焊的机器及器具，均可归入本品目。

不需要利用电能进行焊接的机器或器具，均归入品目 8468 的焊接机器中。

本品目还包括用于热喷金属的电气装置，这是一种电弧装置，能使金属或金属陶瓷熔化，并同时用压缩气体喷出。

**3. 某些电热器具及其专用零件，归入品目 8516**

本品目包括的电热器具种类繁多，用途各异，不仅有家用的电热器具，例如家用的微波炉、电炉或电热锅、烘烤器、咖啡机、电热消毒器具、电热杯等；也有可在非家庭范围内使用的列名的电热器具，例如电热快速热水器、电气空间加热器（包括电暖炉等）、电熨斗、电热的理发器具等。

本品目还包括加热电阻器，这是电加热设备中常用的发热元器件。加热电阻器不论其用于哪个设备或装置上，作为设备的零件，因其在本品目中有列名，均归入品目 8516，不按电阻器（品目 8533）归类。

子目 8516.1010 的储存式电热水器（不论是否压力型），是将水加热的固定式容器，它可以长期储存热水，并装有控制或限制水温的装置。这种热水器为配有浸入式加热元件的保温水箱，水可在其中逐渐得到加热。

子目 8516.1020 的即热式电热水器与储存式电热水器的区别在于前者没有储水容器。

# 第三节　声音、图像的录制、重放设备及记录媒体

## 一、本节商品范围

本节商品包括：

简单的音频处理装置（传声器、扬声器、耳机、音频放大器等）……8518
声音的录制、重放设备……8519
视频信号的录制、重放设备……8521
专用于或主要用于上述货品的零件、附件……8522
记录媒体……8523

但是，不是所有对声音、图像处理的电气设备都可归入本节品目，能归入本节的必须是其功能在本节中有列名的货品。下列对声音、图像处理的设备不归入本节品目。

1. 高、中频放大器，应视为未列名的具有独立功能的电气器具（品目 8543）；
2. 调音台及均衡器（品目 8543）；
3. 混音器（品目 8543）。

## 二、本节商品归类方法

### （一）简单的音频处理装置的归类

传声器、扬声器、耳机、音频扩大器及扩音机组，归入品目 8518。

1. 传声器：将声音的振动转变成相应的电流变化（或振荡）的装置，以便于传送、广播或记录声音。

2. 扬声器：其作用与传声器的相反，是将电流变化或振荡转变成机械振动并传入空气中，从而产生出声音的器件。

音箱，又称扬声器系统，主要由分频器、扬声器和助声箱构成。分频器是电子电路，将音频范围分为若干频段，分别送入相应的扬声器。音箱中的扬声器常见的有二个、四个

单元，各扬声器分别承担一个频段的放声。助声箱是用于实现低频重放的箱体。

3. 耳机和耳塞：其作用与扬声器的一样，可以把电信号转换成声音。与音箱不同的是，两者的功率不同，耳机与耳塞是一种用于产生低强度声音信号的电声接收机。

4. 音频扩大器：适用于在人耳所能适应的范围内对音频电信号进行放大。大多数音频扩大器使用晶体管、集成电路进行工作。其输出信号一般馈入扬声器，同时配有音量、音频的调节装置。通常，音频信号是低频电信号。在组合音响系统中，音频扩大机被称为“功放”。

5. 电气扩音机组：由传声器、音频扩大器及扬声器组成，广泛用于公共场所的娱乐、广播、广告或警告等。

### （二）声音的录制、重放设备的归类

这类设备一般是将声音录制在内部存储装置或媒体（例如磁带、光学媒体、半导体媒体或品目 8523 的其他媒体上），或从这些内部存储装置或媒体上加以重放。常见的商品有磁带录放机、激光唱机、MP3 播放器、录音笔、复读机等，无论它们是模拟式还是数字式的。

声音的录制、重放设备归入品目 8519，该品目包括声音录制、声音重放以及既能录制又能重放声音的设备。

### （三）视频信号的录制、重放设备的归类

视频信号是指在电视或雷达技术中，由图像转换成电信号的一种频率信号，其频率范围很宽，一般从零至数兆赫。

视频信号录制设备在电视图像的录制过程中，将与图像相对应的电信号、伴随图像的声音信号（模拟或数字信号）录制在同一媒体（如磁带、光盘）上。

视频信号的重放设备可将已录制在媒体上的信号（如磁信号、光信号等）转换成视频信号。这些信号将被传送到发射台向空间发送，或被传送到电视机中直接显示影像。

磁带式录像、放像机和录像放像一体机，激光视盘影碟机（如 VCD、DVD 等）均属视频信号的录制、重放设备。

这类设备归入品目 8521。

### （四）记录媒体的归类

媒体（media）指的是媒介，它们可以是卡片、标签或其他异形体状态。

记录媒体是用于记录声音、图像及其他信息（例如，数字数据、文本、软件等）的物品。通常制作成盘、片、带、条、片等各种形状，一般可在记录或阅读装置中插入或拔取，供各种设备录制和获取信息使用，并可将信息从一台记录或阅读装置转到另一台装置。记录媒体归入品目 8523。某些电子存储模块［例如，单列直插式内存模块（SIMM）及双列直插式内存模块（DIMM）简称“内存条”］，固定接插在设备（如电脑）插槽上，不再随意插拔，因此不作为品目 8523 的媒体来看待。例如，这些内存条作为电脑的零件归入品目 8473。

本品目的记录媒体包括从信息的原始记录、制作的中间商品、商业性复制品过程中涉及的各种记录媒体。

记录媒体归入品目 8523。

本品目媒体的特点是：在记录过程中有电信号参与转换、记录。因此，某些不需要电信号参与工作就能完成记录的媒体，不归入本品目，例如，第三十七章的感光材料（如胶卷、胶片）。

常见的有磁性媒体、光学媒体、半导体媒体等。

**1. 磁性媒体（子目 8523.2）**

常见的有磁带、磁条、磁卡、磁盘等。

但是，某些俗称“硬盘”的硬盘驱动器，因其除了有磁盘外，还有磁头读取组件、磁头驱动机构、主轴组件等，其商品构造已超出了磁盘的范围。因其功能主要是数据存储，可作为电脑的存储部件归入品目 8471。同理，移动硬盘的结构与硬盘驱动器相似，可依据第八十四章章注五（三）“……盘（片）式存储部件，只要符合上述注释（三）2 及（三）3 所列的规定，应一律作为品目 8471 的部件归类”，归入品目 8471。

**2. 光学媒体（子目 8523.4）**

常见的有光盘，如激光音乐唱片、影碟片、游戏/数据/软件光盘等。

注意：子目 8523.4910 的“激光音乐唱片”不要与子目 8523.8011 的“唱片”混淆，后者指的是电唱机中的密纹唱片。

**3. 半导体媒体（子目 8523.5）**

该类媒体均内置集成电路芯片。

第八十五章章注四（一）（二）对列名的“固态、非易失性存储器件”和“智能卡”分别做了商品说明，可见两类商品在内部结构、用途和外观上均有区别。

（1）子目 8523.51 列名的“固态、非易失性存储器件”

该存储器件又称“闪存卡”，其在同一机壳内包含一个或多个闪存（FLASH E2 PROM），以集成电路的形式装配在一块印刷电路板上，并装有与主机连接接口的器件，如各类记忆存储卡（例如，CF 卡、SD 卡、记忆棒 Memory Stick 等）；还可以带有以集成电路形式的电容、电阻及微型控制器，例如 U 盘等。

这些器件作为媒体，可以方便、快捷地与各种电子装置做数据交换，即可从外部数据源（如计算机）记录数据，又可向移动电话、数码相机、个人计算机或导航等电子设备提供数据。

（2）子目 8523.52 列名的“智能卡”

这种卡内有一个或多个集成电路［微处理器、随机存取存储器（RAM）或只读存储器（ROM）］芯片，可带有触点、磁条或嵌入式天线（通过电磁感应，完成与读卡器的数据交换），但不包含任何其他有源（例如半导体器件）或无源（电阻、电容器等）电路元件。常见的有：内置 IC 的门禁卡、房卡、校园一卡通、城市交通卡、第二代身份证、社保卡、移动电话 SIM 卡、电子标签、银行卡等。

（3）子目 8523.59 其他半导体媒体

不符合上述两种媒体描述的其他半导体媒体，均可归入本子目中。

须注意，当本品目的记录媒体与设备、物品一同报验时，运用归类总规则三，若构成零售的成套货品，一并按构成货品基本特征的部件或物品归类；若不符合零售的成套货品的条件，则应分别归类。例如，激光打印机与其配套的打印驱动程序光盘一同报验，构成了零售的成套货品，其基本特征是打印机，故整套货品按打印机归入品目 8443；激光打印机与电脑游戏光盘一同报验，它们不符合零售的成套货品的条件，打印机和游戏光盘即使一同进口，一同销售，也应分别归类。

**（五）含有声音、图像处理功能的“组合机器或多功能机器”的归类**

声音、图像处理的设备种类繁多，变化多样。对于具有多种功能的“组合机器或多功能机器”可运用第十六类类注三“组合机器或多功能机器”的归类方法来进行归类。

【例1】具有收音功能的MP3播放器

【归类分析】该商品主要有品目8519（声音的录制、重放）的功能，又有品目8527（无线电广播接收）的功能，由于该装置具备的功能（录音、放音、收音）在品目8527“无线电广播接收设备，不论是否与声音的录制、重放装置或时钟组合在同一机壳内”中已有列名，即品目8527的品目条文已有规定，所以不再依据第十六类注释三按主要功能归类的规定，而是依据品目条文归入品目8527。

【例2】与电话机组装成一体的录音电话机

【归类分析】由于该商品具有录音（品目8519）和电话（品目8517）两大功能，在归类上可视为多功能机器，依据第十六类类注三，按其主要功能（电话通信）归入品目8517。

说明：子目8519.50的“电话自动应答机”，指的是与电话机连用，但不组成一体，装有录音装置，可以录制打电话者留下的信息，并且重放预先录制的信息的装置。

【例3】与DVD机（或磁带放像机）组装在一起的电视机

【归类分析】由于该商品具有视频重放（品目8521）和电视接收（品目8528）两大功能，这些功能在品目8528“电视接收装置，不论是否装有声音、图像的录制和重放装置”中有列名，故应归入品目8528。

# 第四节　通信、广播、电视及相关设备

## 一、本节商品范围

本节商品主要包括：

- 通信设备及其零件 ……………………………………………………8517
- 广播、电视类设备 …………………………………………8525、8527~8528
- 其他摄像、显示设备（包括摄像机、监视器、投影机等） ……8525、8528
- 利用无线电技术工作的设备（包括雷达、无线电导航、无线电遥控） …8526
- 品目8525~8528货品的专用零部件……………………………………8529

## 二、本节商品归类方法

**（一）通信设备的归类**

“通信”是指用一定的方法，通过某种媒质将消息从发信者（信源）传送给收信者（信宿）的过程。利用电磁系统传输信息的方式，称为“电信”。

通信传送的信息包括声音、图像、数据、字符等，不论是个人的或公共的。其中，广播信号主要是声音信息，电视信号主要是声音和图像的复合信息。

按信号的不同处理方式，分为模拟通信和数字通信两类。

按传输媒质（信道）不同，分为有线通信和无线通信两类。

有线通信：电磁波在金属导体（电线、电缆）或光纤等传输媒介中传送信息。

无线通信：利用电磁波在大气、水或土壤等传输媒介中传送信息。例如，中、长波通信，短波通信，微波通信等。

在通信过程中，体现出一个商品通信特征的是其“发送”和“接收”功能，在税则中，正是以这两大功能为主线来列名的。

**表 16-2　电信设备的编排特点**

| 信号种类 | 信号传送方式 | 品目 |
|---|---|---|
| 声音、图像或其他数据（广播、电视除外） | 发送或接收 | 8517 |
| 广播 | 发送，可兼有接收 | 8525 |
| | 接收 | 8527 |
| 电视 | 发送，可兼有接收 | 8525 |
| | 接收 | 8528 |

从上述编排特点可见：

1. 如果是广播、电视信号的发送和接收设备，可考虑归入品目 8525～8528（8526 除外）。

（1）广播的发送和接收。无线电广播是将声音信号转换成电信号后，通过发送设备以无线电波方式传送出去，由收音机等接收设备接收信号，并恢复成声音的过程。

在无线广播系统中，利用发射机和天线将广播节目播送出去。发射机产生高能量的射频（高频）载波，对广播节目信号调制后，馈送给发射天线。广播发射机是无线电广播中的重要设备，按调制方式分为调幅和调频广播发射机；按工作频段可分为长波、中波、短波、超短波广播发射机；按声道数可分为单声道和双声道立体声广播发射机等。

接收无线电广播的设备主要是收音机。

（2）电视的发送和接收。电视不仅传送声音，而且传送图像，它不仅可以无线传播，还可以进行有线传送。

电视的发送：电视台将节目的图像、声音一并处理成全电视信号后，送至电视发射机，发射机对信号调制、放大等一系列信号处理，最后经电视发射天线以高频电磁波的形式发射出去。

电视的接收：电视机和机顶盒是电视节目的主要接收设备。其中，电视机将天线接收到的高频电视信号还原成视频（中频）图像信号和低频伴音信号，分别输送到显像器显示图像，由扬声器重放声音。机顶盒就是子目 8528.71 所指的“在设计上不带有视频显示器或屏幕的”电视接收装置。

电视机按其显像器件的类型不同，分为液晶（LCD）电视机、等离子电视机和显像管（阴极射线管 CRT）电视机、有机发光二极管（OLED）电视机等。

注意，品目8528条文中的“电视接收装置”，也包括不带有显示器的电视接收装置。例如，卫星电视接收器、用于接收数字电视节目的机顶盒等。

2. 其他信息（包括声音、图像或其他数据）的发送和接收设备，均可归入品目8517。

这些设备通过在有线网络中传送的电流、光波，或在无线网络中的电磁波实现两点（或两地）间的通讯，传输的信号为模拟信号或数字信号。

上述网络包括有线电话网、电报网；无线电话网、电报网、局域网及广域网。

通信终端及发送、接收用设备均可归入其中，例如有线/无线式电话机、电话交换机、调制解调器、编解码器、路由器、网络集线器、网卡、发射机、接收机或光纤通信中的光电转换器等。

但是，下列商品在其他地方有列名，不按通信设备归类。

（1）归入品目8443的传真机；

（2）归入品目8802的通讯卫星。

### （二）其他摄像、显示设备的归类

这些商品包括摄像机、数码相机、监视器、投影机等。它们不以发送和接收为主要功能，严格上讲它们不属于通信设备的商品范畴，但是它们在电视信号发送的前期制作中会涉及，如电视摄像机、视频摄录一体机。数码相机因其拍摄原理与摄像机相似，也在品目8525中列名。同样，监视器、投影机与电视机都具有图像的显像功能，一并在品目8528中列名。

**1. 摄像及相关设备**

这些设备主要有电视摄像机、视频摄录一体机、数字式照相机等。它们均可捕获光学图像并将其转换为电信号。

电视摄像机将电信号传输到设备外的某个位置，例如可由监视器显像后观察图像，或可由录像机进行录像。传统的摄像机主要是由摄像管（电子管的一种）来作为光电转换的元件，而现代的摄像机主要使用光电半导体作为光电转换的元件，其中又以CCD和CMOS最为常见。CMOS的感光度通常比CCD低，图像质量较差，但能耗低，主要用于较低端的摄像机中；CCD图像质量高，是当前数码相机和高端摄像机均采用的摄像器件。

注意：这里的“电视摄像机”中的“电视”，含有动态画面的含义，因此民用的、专业用的、电视演播用的摄像机均属于此范畴，并非专用于电视信号的摄制。

视频摄录一体机在摄像机的基本结构上，还增加了录制装置，将信号记录在媒体（磁带、光盘、半导体存储器）中。

数码相机采用了半导体CCD传感器放在聚焦成像平面，取代传统的感光胶片成像，CCD传感器上的每一个感光点称为一个像素，它将投射到其上的光线变为电信号，再经模/数（A/D）转换成数字信号后，记录到相机内的存储盘（卡）上。

**2. “摄像”和“摄影”的区分**

将图像（光学信号）经镜头聚焦后，在光电转换器件中转换成电信号的过程，视为“摄像”。符合摄像原理的电视摄像机、视频摄录一体机和数字式照相机均归入品目8525。

将图像（光学信号）经镜头聚焦后，通过光化学反应在胶片上感光（曝光）以记录影像的，视为“摄影”。此过程不具有电气效应，作为光学装置列名归入品目9006“照相机”和品目9007“电影摄影机”。

**3. 子目 8525.8022 单镜头反光型数码相机**

不论是数码相机还是传统胶卷相机，光学聚焦在 CCD 上或胶片上之前，都须经过光学取景的过程。按取景方式不同，光学取景可分为平视旁轴取景式、单镜头反光式和双镜头反光式。平视旁轴取景式多用于低端的傻瓜相机中；单镜头反光式主要用在民用高端照相机和专业级相机中，其成像质量高；双镜头反光式上下并排有两个镜头，分别用于拍摄和取景，在 20 世纪 80 年代之前广泛使用。单镜头方式反光型数码相机（简称单反数码相机）是采用单镜头反光取景器的数码照相机。

**4. 显像设备**

电视机、监视器和投影机均作为显像设备归入品目 8528。

这三种设备都可以接受与影像相关的电信号，并且通过显像器件将影像显示出来，观看到图像。要清楚三者的区别和联系就需要首先了解电视机的工作原理。

彩色电视机的工作原理见图 16-16。

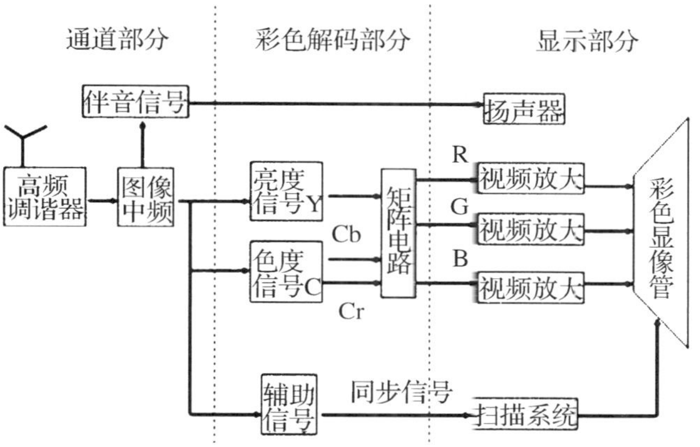


**图 16-16　彩色电视机的基本工作原理**

天线接收发送过来的射频电视信号，由高频调谐器（俗称“高频头”）从中选出所要收看的频道，然后把这极微弱的高频信号放大，经滤波将调制在载频上的复合中频视频信号（图像和伴音）取出，再经信号放大后，送入检波器将视频信号（图像中频）和音频信号分离出来。解码器将视频信号分解为亮度信号（Y）和色度信号（C），色度信号又再分解成两个色差信号（Cb 和 Cr），它们与亮度信号一起通过解码矩阵电路还原出红（R）、绿（G）、蓝（B）三基色的图像信号，使显示器显示彩色图像。伴音信号经音频放大等处理后，推动扬声器发出声音。

为了实现接收端与发送端扫描的同步，电视台除了发送图像信号外，还要送出同步信号，由同步分离电路负责从电视信号中分离出同步信号，电视机的扫描系统受同步信号的控制，使电子束能按电视台发射信号的顺序和速度在荧光屏上扫描，以得到完整的图像。

电视机和监视器在外观上极为相似，两者的主要区别在于接收的信号源不同，因而内部电路构成有差别。电视机的信号来源是载有视频信号（由电视台发出）的无线电波（也叫“射频信号”，是一种高频信号源）。监视器则直接接收来自视频重放设备（如 DVD、录像机等）或摄像机输出的视频信号（中频信号）。由于监视器接收的不是高频的无线电波，因此不需有天线、高频调谐器等射频电路装置。信号可以直接进入图 16-17 的中频放大电路，直至显示出图像。监视器可通过电线、电缆直接与电视摄像机、录像机、计算机主机等相连接，多用于闭路电视系统（飞机场、火车站、钢铁厂、医院等）的监控，也用于电视台节目制作时的监看，或家庭或娱乐场所的视频观看。计算机中用到的显示器也应按监视器归入品目8528。

投影机同样接收与图像相关的视频信号，并将图像信息以光的形式投影到屏幕上。它可以接收视频重放设备或摄像机输入的视频信号，也可以接收电脑处理后的R、G、B三原色信号，后者是一类专用于计算机的投影机。

**5. 专用于品目8471自动数据处理系统的监视器与其他监视器的区别**

自动数据处理系统专用的监视器，直接接收经电脑处理过的解码放大后的红（R）、绿（G）、蓝（B）三基色的图像信号，即信号直接进入图16-17中的R、G、B放大电路，由显像器件成像。它作为电脑的输出部件，不能重放某一广播制式（NTSC，SECAM，PAL，D-MAC等）相一致的复合视频彩色信号，不带有音频电路，具备的接口形式为RS-232C接口、DIN或SUB-D接口、DVI接口。其他监视器则通常带有复合视频接口、HDMI高清接口、DP高清接口等。

子目8528.42或子目8528.52的“可直接连接且设计用于品目84.71的自动数据处理设备的”是指只要能与电脑相连的监视器，不论是否带有复合视频接口、HDMI高清接口等，均可归入这两个子目；而子目8528.49或子目8528.59所包括的监视器是指不能与电脑相连的监视器。

**6. “投影机”和“投影仪”的区别**

“投影机”和“投影仪”两者接收的信号来源不同。

投影机接收的是电信号。来自摄像机、录像机、DVD机输出的视频信号，或是来自计算机的R、G、B三原色电信号，通过投影机的显像，都转换成光线投射在屏幕上成像。

投影仪的信号来源是物体影像的光学信号。这些光信号进入投影仪后，经过一系列光学镜片的折射、反射后，改变了光路，最后光点被转移到了屏幕上，可以在屏幕上看到图像，例如幻灯仪。

投影机的工作过程中必须有电信号参与，因此具备了电气设备的特征，归入品目8528；投影仪的工作过程中无需电信号参与，仅仅是光路的变化，具有光学仪器的特征，归入品目9008。

### （三）利用无线电技术工作的设备的归类

雷达、无线电导航、无线电遥控设备归入品目8526。这些设备是无线电技术在国防、科研、航空等领域中的具体运用。

**1. 雷达设备**

雷达是利用电磁波探测目标的电子设备。它发射电磁波对目标进行照射并接收其反射波，由此获得目标至雷达的距离、方位、高度等信息。

雷达天线将发射机提供的电磁波能量射向空间某一方位，电磁波碰到该方位的物体反射，这些反射波载有物体的信息并被雷达天线接收，送至雷达接收设备进行处理，将有用的信息由显示器显示出来，通常这些信息显示在阴极射线荧光屏上。

现代雷达的应用极为广泛。它不仅可以作为武器装备应用于军事，成为目标搜索、跟踪、测量和武器引导、控制及敌我识别等的不可缺少的设备，而且在民用和科学研究方面也有十分重要的作用，如机场和海港的管理、空中交通管制、天气预报、导航及天文研究等都需要使用雷达。

**2. 无线电导航设备**

无线电导航是利用无线电技术对飞机、船舶或其他运动物体进行定位和导航，主要通过对角度和距离的测定来实现连续的定位。

无线电导航设备种类繁多，而且较为复杂。大部分无线电导航设备不盲目单独工作，必须依靠导航发射台（站）。发射台（站）大都设在地面，也有装在卫星或飞机上。

无线电导航设备归入品目 8526，例如 GPS 接收机。其他导航设备均归入品目 9014。

**3. 无线电遥控设备**

无线电遥控是对被控对象进行远距离控制和监测，其控制信号通过无线电波传送到被控端。

### （四）专用于上述设备的零件的归类

专用于或主要用于品目 8525~8528 所列装置或设备的零件，归入品目 8529。

归类时注意：

1. 第十六类类注二（二）规定，“能同时主要用于品目 85.17 和 85.25 至 85.28 所列机器的零件，应归入品目 85.17”。

2. 子目 8529.9042 非特种用途的取像模块，由光学镜头、CMOS/CCD 图像传感器及初级信号处理电路（如 A/D 转换器）构成，不包括数字信号处理电路（DSP）。

如所进口的取像模块带有数字信号处理电路（DSP），则构成了摄像机整机的基本特征（参见“商品知识阅读材料——CCD 摄像机结构”），应归入子目 8525.80。

# 第五节　其他电气设备

## 一、本节商品范围

本节商品包括：

- 电气音响或视觉信号装置及其零件……………………………………8530~8531
- 其他未列名的电气设备、装置及其零件……………………………………8543

## 二、本节商品归类方法

### （一）电气音响或视觉信号装置的归类

这些商品通电之后，最终产生声音（音响）或图像（视觉），以起到提示、警示、安全管理等信号作用。它们包括：

1. 品目 8530：铁道、电车道、道路或内河航道、停车场、港口或机场用的电气信号、安全或交通管理设备。例如，信号灯、交通灯、道岔遥控设备等。

2. 品目 8531：其他电气音响或视觉信号装置。例如，电铃；电蜂音器；电喇叭；显示板（或显示器），用于办公室、电梯、房间、车站、赛场等；防盗、防火报警器等。

归类时须注意：

1. 品目8530所列货品的工作原理均是通过电气效应来产生音响或视觉信号的。如果仅是用机械操作（包括电动操作）的，则不能归入该品目，而应归入品目8608。

2. 装在自行车或机动车辆上的电气照明或信号设备，例如车喇叭、车用防盗报警器、倒车雷达等，由于符合品目8512的规定，并且品目8531条文中已经将符合品目8512或8530的货品排除在外，因此不归入品目8531。

3. 静态的标志，即使使用电气照明（例如，用做方向标志的发光板、灯等），也不能视为交通管理设备或其他信号设备归类，应视具体情况归入品目8310（贱金属制的标志牌、铭牌、地名牌及类似品等）、9405（其他未列名的照明装置）等。

4. 品目8531“装有液晶装置的显示板”与品目9013“液晶装置”的区别。

品目9013的“液晶装置”是品目8531“液晶显示板”中的成像部件。即，品目8531的商品是完整品，而其液晶装置是它的零部件。

品目9013的液晶装置，是仅由两片玻璃或塑料片中间夹有液晶层而成，可装有电气连接件，不论其用途、形状如何。作为液晶显示器的零部件，依据零部件的归类原则，该商品在品目9013有列名，故归入该品目。

### （二）其他未列名的电气设备、装置及其零件的归类

未列名的具有独立功能的电气设备、装置及其零件，归入品目8543。

本品目的归类方法请参见第八十四章第十三节中关于品目8479“未列名的具有独立功能的机器及机械器具的归类”。本品目与品目8479的区别只在于：本品目是未列名的电气装置，而品目8479是未列名的机械装置。

# 第六节　通用电子、电力元器件

## 一、本节商品范围

电子、电力元器件是构成电子、电力设备的基本单元，这种单元不能从总体上进一步分割，否则就会失去其使用特性。它们通常不单独使用，但是具有某种独立功能。

这些元器件通常可以分为有源元件和无源元件两类。

有源元件（Active Component），或称“主动元件”，是指电子电路中，当获得能量供给时，可以发挥放大、振荡等主动机能的零件。例如，二极管、发光二极管、晶体管，集成电路、真空电子器件等。它们除了输入信号外，还必须要有外加电源才可以正常工作。

无源元件（Passive Component），又称“被动元件”，其特点是在电路中无须加电源即可在有信号时工作。无源元件主要有：电路类元件，例如电阻器、电感器、电容器、开关、按键等；连接类元件，例如连接器、插座、电缆、印刷电路板等。

电子、电力元器件品种繁多。在本节中，主要列名了以下元器件：

电容器、电阻器、印刷电路……………………………………8532～8534
电路的开关、保护、连接及控制用电气装置……………………8535～8538
电光源……………………………………………………………8539
真空电子器件……………………………………………………8540
半导体器件………………………………………………………8541
集成电路…………………………………………………………8542
绝缘电导体和通信光缆…………………………………………8544
电气设备用的石墨和碳精制品…………………………………8545
绝缘子、电气绝缘零件…………………………………………8546～8547
其他未列名的通用电气零件……………………………………8548

## 二、本节商品归类方法

### （一）电容器、电阻器、印刷电路的归类

**1. 电容器**

电容器是以储存电荷为特征，能隔断直流而允许交流电通过的电子元件，在电子电路中起到耦合、旁路、滤波、调谐、储能等作用，广泛用于各类电子设备中。电容器由两个金属电极板，中间夹有绝缘材料（介电材料）构成。介电材料有空气、纸、云母、油、树脂、橡胶、塑料、陶瓷或玻璃等。

按电容量在使用中能否改变，分为固定电容器和可变电容器（包括微调电容器）两类。按介电材料的不同，可分为气体介质电容器（如空气电容器）、液体介质电容器（如油浸电容器）、固体介质电容器（如云母、陶瓷、纸、有机薄膜、玻璃釉、电解电容器等）。

片式电容器，又称贴片式电容器，是一种不带插入式引脚而通过表面贴装技术装配的电容器。如图 16-17 所示。

**图 16-17**

电容器归入品目 8532。

**2. 电阻器**

电阻器是用电阻材料制成的，能在电路中限制电流通过，是电路中应用数量最多的元件。电阻器的主要作用是稳定和调节电路中的电流和电压。电阻器的阻值不能改变的称为固定电阻器；阻值可以改变的称为可变电阻器（包括电位器和变阻器）。

电阻器归入品目 8533。

某些电阻器不能归入品目 8533，例如：

（1）加热电阻器，因其显现电阻效应的同时，更体现出显著的电热效应，在品目8516中已列名；

（2）光敏电阻器，由半导体材料制成，具有半导体器件的特征，可归入品目8541的光敏半导体器件中。

**3. 印刷电路**

印刷电路主要用于安装和互连各种电子元器件，可以减少设备的体积和重量，提高设备的可靠性。因此，在电子工业中广泛使用印刷线路代替普通导线的互连。

印刷电路按层数（即导电层的数目）分为：

（1）单面印刷电路：仅在绝缘基材的一面有印刷导体图形。

（2）双面印刷电路：在绝缘基材的两面都有印刷导体图形。

（3）多层印刷电路：三层以上的印刷导体图形，层间以绝缘材料黏合并用金属孔完成层间电气互连。

大型计算机和导航系数等需要采用层数较多（多达20层以上）的印刷电路，而一般的电子手表、收音机、收录机和电视机等采用单面或双面印刷电路。

本章章注六规定：

“品目85.34所称‘印刷电路’，是指采用各种印制方法（例如，压印、覆镀、腐蚀）或采用‘膜电路’工艺，将导线、接点或其他印制元件（例如，电感器、电阻器、电容器）按预定的图形单独或互相连接地印制在绝缘基片上的电路，但能够产生、整流、调制或放大电信号的元件（例如，半导体元件）除外。

所称‘印刷电路’，不包括装有非印制元件的电路，也不包括单个的分立式电阻器、电容器及电感器，但印刷电路可配有非经印刷的连接元件。

用同样工艺制得的无源元件及有源元件组成的薄膜电路或厚膜电路应归入品目85.42。”

由该章注规定可以归纳作为“印刷电路”归类的条件：

（1）电路制作工艺：各种印制方法（例如，压印、覆镀、腐蚀）或“膜电路”工艺（“印制方法”和“膜工艺”介绍参见商品知识阅读材料）。

（2）电路基片：绝缘基片。

（3）电路中的器件种类：导线、接点或其他印制元件（例如，电感器、电阻器、电容器）。

特别强调电路中不能有：

①非印制元件的电路：例如集成电路（采用微电子工艺制作）。

②单个的分立式电阻器、电容器及电感器（采用传统制作工艺制成单独的器件）

③可以产生、整流、调制或放大电信号的有源元件，如二极管、三极管等。

这些不包括器件的规定，保证了印刷电路作为安装和互连电子元器件的商品特性。

（4）若电路中的全部器件（也包括连线、结点等）均采用膜工艺来制作，则商品符合“膜集成电路”的特征，应作为集成电路归入品目8542。

**（二）电路的开关、保护、连接及控制用电气装置的归类**

1. 电路的开关、保护或连接用的电气装置归入品目8535~8536。常见的商品有：主令开关、负荷开关、隔离开关、继电器、断路器、熔断器、接线器、插头、插座、插槽、光纤连接器等。其中，用于电压超过 1000 伏线路的装置归入品目 8535；用于电压不超过 1000 伏线路的装置归入品目 8536。

2. 用于电气控制或分配的盘、板、台、柜及其他基座，装有多个品目 8535、8536 所列的装置，以及数控装置，归入品目 8537。

这些装置可以是仅装有几个开关和熔断器等的小型配电盘，也可以是供机床、发电站、无线电台等用的复杂的电气控制盘、板、台、柜及其他基座等，例如数控机床使用的装有自动数据处理机的数字控制板，家用电器的程序控制板、可编程序控制器等。因此，该品目商品适用面很广。

必须注意：根据本品目的列名，除了有电气控制的电路组件外，还必须装有品目 8535 或 8536 所列的装置（有时还可配有仪表），才符合本品目构成的条件。

这些电气控制或分配信号通常需要人为发出操作指令。例如，洗衣中按动“洗涤”或“脱水”键后，洗衣机接收了操作指令，根据相应洗衣程序输出连续的控制信号来完成洗衣的过程。

具有自动控制和调节功能的电气装置不归入本品目，这种设备一般不需要人为干预，它带有自动检测的部件（例如传感器、测量装置等），将检测来的信号反馈至比较器，与设定值相比较，进而输出差值控制信号，以便对后续机构的工作状态（如位置、速度、温度等）作出精度调节以达到设定值。这类货品构成了品目 9032“自动调节或控制装置”的基本特征，归入品目 9032。品目 8537 与品目 9032 的归类区别详见第九十章第六节的相关内容。

### （三）电光源的归类

电光源是将电能转换成光能的器件或装置，归入品目 8539。

各类发光装置中的灯管、灯泡，应作为点光源归入品目 8539。

灯具不是本品目的商品范畴。它们除了带有灯管或灯泡外，还有灯座、灯罩、镇流器、连线插头、开关等。

但是，弧光灯作为一种发光装置，在本品目中有列名。弧光灯是在电极两端产生电离弧光的电光源的总称，是气体放电中最强烈的一种自持放电。弧光灯发光时显现弧形白光柱，产生高温（几千至上万度），并有明亮的电极斑点。必须注意，这里的弧光灯与本品目所列的其他光源不同，它不仅仅是简单的发光元件（灯管或灯泡），而是一套复杂的照明装置。弧光灯不但发光效率高，而且光色接近日光，用做电影照明时，可以保证彩色影片色彩的正确还原。

本品目还不包括在其他处已有列名的灯管、灯泡。例如，照相用的闪光灯装置及闪光灯泡（品目 9006）。

发光二极管（LED）构成的灯泡（管）仍归入品目 8539。

### （四）真空电子器件的归类

真空电子器件又称为“电子管”，利用阴极在真空（或气体）中发射出来的电子效应完成工作。它们都具有真空密封管壳和若干电极，有些器件抽真空后再充进所需成分和一定压强的气体。

真空电子器件及其零件归入品目8540。

按照阴极产生电子的方式，真空电子器件可分三大类。

1. 热电子管：其阴极必须加热后才能发射出电子。

2. 光阴极管：其阴极在光的作用下激发出电子。

3. 冷阴极管：其阴极在强电场作用下或电子轰击下产生电子。

品目8540“热电子管、冷阴极管或光阴极管”的列名与上述分类方式相同。

按照功能的不同，真空电子器件分为电子束管、光电管、微波电子管、静电控制电子管、充气管、X射线管等品种（见“商品知识阅读资料”）。品目8540项下的子目按电子管的功能来列名。

但是本品目不包括在其他品目已有列名的商品。例如：

1. 单独进口的阴极射线管外壳的荧光屏及玻璃圆锥（品目7011）。

2. X射线发生管（品目9022）。

### （五）半导体器件、已装配的压电晶体的归类

半导体器件的材质为半导体材料，这些材料的主要特点是在室温下其电阻率介于导体（金属）与绝缘体的电阻率之间。这些材料主要有以下物质：四价化学元素（锗、硅等）或化学元素的化合物（例如，砷化镓、锑化铟等三价及五价化学元素的化合物）。

含有四价化学元素的半导体材料一般是单晶体，在纯净时不能使用，必须掺入极微量（以百万分之几计）的特定“杂质”（掺杂剂）之后才可使用，掺入的“杂质”为五价化学元素（磷、砷、锑等）或三价元素（硼、铝、镓、铟等）。前者可得到带多余电子（带负电）的n型半导体；后者可得到所带电子不足，也就是说以空穴（带正电）为主的p型半导体。

本品目的半导体器件一般在p型与n型半导体材料之间含有一个或多个“结”（PN结）。

半导体器件归入品目8541。包括：

**1. 二极管、晶体管及类似的半导体器件**

第八十五章章注九（一）条文规定：

“‘二极管、晶体管及类似的半导体器件’，是那些指依靠外加电场引起电阻率的变化而进行工作的半导体器件。”

这些器件主要包括：半导体二极管（子目8541.10）、晶体管［PNP型三极管、NPN型三极管、金属氧化物半导体（MOS）场效应管等］（子目8541.20）、可控硅晶闸管等（子目8541.30）。

子目8541.10的二极管，不包括发光二极管（子目8541.4010）或光敏二极管（子目8541.4020）。

某些半导体器件不能归入本品目。它们不是依靠外加电场引起电阻率的变化而进行工作，而是主要利用温度、压力等进行工作。例如，非线性半导体电阻器（热敏电阻器、变阻器、磁电阻器等）（品目8533）。

**2. 光敏半导体器件**

这些半导体在可见光线、红外线或紫外线的作用下，利用其内在光电效应，引起电阻

率的变化或产生电动势，主要包括：光电管（光敏电阻器）、光电池、光电二极管、光电耦及光电继电器等。

子目 8541.4020 太阳能电池，包括不论是否装在组件内或组装成块的太阳能电池。但本品目不包括配有元件，直接为电动机、电解槽等供电的电池板及电池组件，不论所配元件如何简单（例如，用于控制电流方向的二极管），由于其构成已超出了“太阳能电池”的范围，故应归入品目 8501。

**3. 发光二极管和激光二极管**

子目 8541.4010 的发光二极管，又称电发光二极管，是一种可把电能变成可见光线、红外线或紫外线的半导体器件。发光二极管结构是一个 PN 结，正向电流通过时，注入的少数载流子靠复合而发光，可以发出绿光、黄光、红光和红外线等。

如果使高效率的半导体发光管的发光区处在一个光学谐振腔内，则可以得到激光输出，该器件称为半导体激光二极管。

该子目除了包括传统的发光二极管（LED）和激光二极管，还包括有机发光二极管（OLED）和聚合物发光二极管（PLED）。由多个发光二极管以非半导体工艺（如焊接、印刷）组合在一起的 LED 装置，不再视为元器件，这个装置视其功能归入其他相应的品目。

**4. 已装配的压电晶体**

已装配的压电晶体归入品目 8541。

压电晶体有压电效应，即沿一定方向切割的压电晶体，当受到机械力作用时，将产生与应力成正比的电场或电荷，这种现象称为正压电效应；反之，当压电晶体受到电场作用时，将产生与电场成正比的应变，这种现象称为逆压电效应。正、逆两种效应合称压电效应。

压电晶体主要由石英晶体、钛酸钡、锆酸钛酸铅或品目 3824 所列的其他晶体制成，已装配的压电晶体一般为板、棒、片、环等形状，必须配有电极或电接头。压电晶体上面可以有涂层，或装在支座上，常装有一个外壳（如金属盒、玻璃壳），用于传声器、扬声器、超声波装置、稳频振荡电路等。

如果还装配了其他器件（如有附加晶体，构成了晶体振荡器），整件货品则超出了“已装配的压电晶体”商品范围，通常成为了相关装置的零件。例如，传声器用的压电元件；电子表中的石英振荡器等。

## （六）集成电路的归类

集成电路（Integrated Circuit，简称“IC”），是利用半导体工艺、膜工艺，将电路所需的元件、器件和互连线集成制作在同一基片上，并按电路要求相互连接起来，使其成为具有一定功能的电路。它是继电子管、半导体器件之后出现的电子器件，其特点是体积小、重量轻、功耗低、性能好、可靠性高、成本低等，广泛应用于各类电子产品中。

集成电路归入品目 8542。

**1. 集成电路的判定标准**

第八十五章章注九（二）规定：

“‘集成电路’是指：

1. 单片集成电路，即电路元件（二极管、晶体管、电阻器、电容器、电感器等）主要整体制作在一片半导体材料或化合物半导体材料（例如，掺杂硅、砷化镓、硅锗或磷化铟）基片的表面，并不可分割地连接在一起的电路。

2. 混合集成电路，即通过薄膜或厚膜工艺制得的无源元件（电阻器、电容器、电感器等）和通过半导体工艺制得的有源元件（二极管、晶体管、单片集成电路等）用互连或连接线实际上不可分割地组合在同一绝缘基片（玻璃、陶瓷等）上的电路。这种电路也可包括分立元件。

3. 多芯片集成电路是由两个或多个单片集成电路实际上不可分割地组合在一片或多片绝缘基片上构成的电路，不论是否带有引线框架，但不带有其他有源或无源的电路元件。

4. 多元件集成电路（MCOs），由一个或多个单片、混合或多芯片集成电路及下列至少一个元件组成：硅基传感器、执行器、振荡器、谐振器或其组件所构成的组合体，或者具有品目 8532、8533、8541 所列货品功能的元件，或品目 8504 的电感器。其像集成电路一样实际上不可分割地组合成一体，作为一种元件，通过引脚、引线、焊球、底面触点、凸点或导电压点进行连接，组装到印刷电路板（PCB）或其他载体上。”

从上述章注可见，视为“集成电路”的商品，有其特定的制作工艺和构成方式，因此，在归类某一微型电路是否是集成电路时，可根据其制作工艺和构成方式来判断。这些制作工艺见相关阅读材料。

**2. 单片集成电路、混合集成电路、多芯片集成电路和多元件集成电路的区分**

| | 单片集成电路 | 混合集成电路 | 多芯片集成电路 | 多元件集成电路 |
|---|---|---|---|---|
| 工艺/器件 | 半导体工艺：制作所有器件 | 半导体工艺：制作有源器件<br>膜工艺：制作无源器件 | 多片的单片集成电路封装 | 集成电路 + 特定元件 |
| 基片 | 硅片 | 绝缘基片 | 绝缘基片 | 硅基或绝缘基片 |

其中，多元件集成电路中的“特定元件”是指硅基传感器、执行器、振荡器、谐振器或其组件所构成的组合体，或者具有品目 8532、8533、8541 所列货品功能的元件，或品目 8504 的电感器。如图 16-18 所示。

**图 16-18 多元件集成电路**

多元件集成电路应具备的四个条件：必须包括集成电路（Must include an integrated circuit），必须是多元件（Must be multi-component），必须是不可分割的（Must be indivisible），必须用于安装在印刷电路板上或其他承载物上（Must be for assembling onto a PCB or other carrier）。

其中，硅基传感器是由在半导体材料内部或表面制作的微电子或机械结构组成，具有探测物理量和化学量并将其转换成电信号（因电特性变化或机械结构位移而产生）的功能。“物理量或化学量”与现实世界的现象相关，例如，压力、声波、加速度、振动、运动、方向、张力、磁场强度、电场强度、光、放射性、湿度、流量及化学浓度等。硅基执行器是由在半导体材料内部或表面制作的微电子或机械结构组成，具有将电信号转换成物理运动的功能。硅基谐振器是由在半导体材料内部或表面制作的微电子或机械结构组成，具有按预先设定的频率产生机械或电振荡的功能，频率取决于响应外部输入的结构的物理参数。硅基振荡器是有源器件，由在半导体材料内部或表面制作的微电子或机械结构组成，具有按预先设定的频率产生机械或电振荡的功能，频率取决于这些结构的物理参数。

**3. 本品目不包括的商品**

（1）带有集成电路的卡（又称“智能卡”）、固态非易失性存储器件及其他媒体（品目 8523）。

（2）完全由无源元件构成的膜电路，其具有印刷电路的基本特征，应归入品目 8534。

**4. “集成电路板”的归类**

“集成电路板”是在印刷电路基板上面焊有多个集成电路芯片，还可见一些分立元件（如电容器、电阻器等）焊接其上，由于其组成已远远超出了集成电路的制作方法，不能视为“集成电路”来归类。

这类具有一定功能的电路板，通常用于电气设备或装置中，可视为设备的零部件，应依据第十六类类注二“机器零部件归类”的规定来归类。

## （七）绝缘电导体和通信光缆的归类

绝缘电导体指的是绝缘电线和电缆，它们与通信光缆均归入品目 8544。

**1. 绝缘电线与电缆的区分**

电线是包覆绝缘层的导电线。

电缆由多根相互绝缘的导电线置于密封护套中构成，如图 16-19 所示。电缆要比电线尺寸更大、结构更复杂。

图 16-19 电缆

**2. 品目 8544 的光缆与品目 9001 的光缆的区分**

品目 8544 的光缆由每根被包覆的光纤组成，另有增强件和护套，主要用于光纤通信。品目 9001 的光缆在结构和用途上与通信光缆不同，其每根光纤并不被包覆，很多光纤扎成一束，外面包覆多个绝缘层，这种光缆通常用于光学成像，而不用于通信。

## （八）电气设备用的石墨和碳精制品的归类

电气设备用的石墨和碳精制品归入品目 8545。

碳电极、碳焊条、碳刷、灯碳棒、电池碳棒、传声器中的碳精零件等都是较常见的电气设备用的石墨和碳精制品。通常，这些物品选用基体材料，如天然碳、炭黑、气态碳、焦炭、天然和人造石墨等，配以黏合剂、金属粉末等其他物质形成混合物，通过挤压、模制，并经热处理而制成。凡可以从形状、尺寸或其他特征确定为电气设备用的石墨或炭精制品，不论是否含有金属，均归入本品目。

**（九）绝缘子、电气绝缘零件的归类**

绝缘子归入品目 8546，俗称“瓷瓶”，用于支承、悬挂带电导体并使其绝缘的电器元件，一般由瓷、玻璃等材料制成。其外表非常光滑，以防止非绝缘物质沉积在绝缘子上。绝缘子常呈碗形、手风琴形、裙形、槽形、圆筒形或其他形状。见图 16-20。

柱式绝缘子

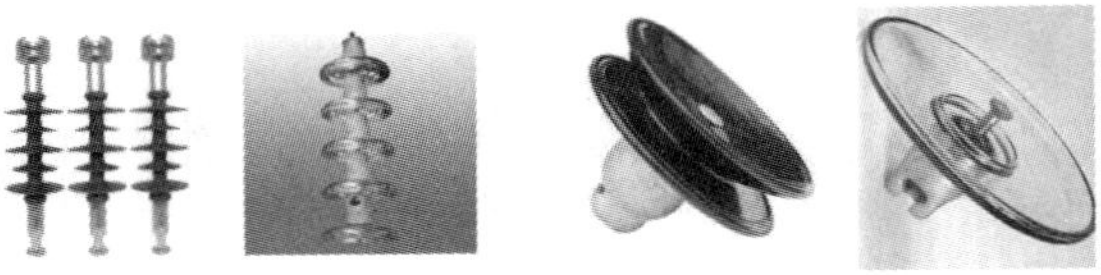

悬式绝缘子

**图 16-20**

电气设备或装置用的绝缘零件归入品目 8547。

**（十）未列名的电气零件的归类**

未列名的电气零件归入品目 8548。

根据第十六类类注二（机器零件归类原则），归入该品目的零件必须同时符合以下条件：

1. 具有电气特征；
2. 其他品目未列名；
3. 通用性，即可适用于多个不同品目项下的商品；
4. 用于第十六类商品中，即用于第八十五章电气设备或第八十四章机械设备中的电气零件。

## 思考与练习

**（一）思考题：**

1. 机器零件的归类原则是什么？
2. 何种报验状态的机器设备在归类上被视为“功能机组”？其归类依据和方法是什么？
3. 哪类形式的机器报验时可运用第十六类类注三来归类？归类方法是什么？
4. 多功能机器和多用途机器的区别是什么？归类原则分别是什么？

5. 第八十四章机器归类中，优先归类的是哪些品目？归类依据是什么？

**（二）商品归类题：**

1. 小客车用汽油发动机，排气量 2000 毫升
2. 小型船舶柴油发动机中的活塞
3. 汽油发动机中的汽油泵，输出功率 90 马力
4. 家用 239 升冷冻—冷藏型双门冰箱，压缩式制冷
5. 家用空调用的压缩机，电动机驱动额定功率 1 千瓦
6. 离心式家用干衣机（干衣量 5 千克）
7. 垂直升降的载客电梯
8. 乳制品高温消毒灭菌机器
9. 纱线染色机
10. 加工金属的卧式数控车床
11. 便携式计算机，重量 1.5 千克
12. 用于计算机的液晶显示器
13. 自动柜员机
14. 全自动家用滚筒式洗衣机，内装有微电脑，洗涤、脱水程序自动完成，干衣量 5 千克
15. 平板显示器制造用的化学气相薄膜沉积装置
16. 聚四氟乙烯包覆垫片（内夹石棉），塑料袋装
17. 用于机床的摩擦式离合器
18. 带有硒鼓的单色静电感光复印机
19. 手提式电动剪刀
20. 加工金属的数控模锻机
21. 主要由高频发生器、激光焊枪组成的激光焊接装置
22. 直流电动机，输出功率 500 瓦，医院用
23. 可充电的锂离子电池
24. 附属于小客车汽油发动机的交流发电机
25. 家用电动榨汁机
26. 家用电饭锅
27. DVD 影碟机，带有三张 DVD 影碟片
28. 家用单反式（单镜头反光型）数码相机
29. 手机，兼有摄像、短信息、上网、游戏、MP3 等功能
30. 没有录制过信息的 U 盘
31. GPS 无线电导航仪，手持式
32. 用于微波炉中的磁控管
33. 家用型卤钨灯泡
34. 光纤连接器
35. 带有接头的同轴电缆，额定电压 1000 伏

# 阅读材料一：核反应堆

## (一) 反应堆系统简介

反应堆系统是利用核反应堆产生的热能转变为动力的各种设施的总称。

反应堆系统主要包括核反应堆、蒸汽发生器、主冷却系统及其辅助系统。反应堆系统的类型有单回路、二回路、三回路。

在图 16-21 所示的核电站的二回路反应堆系统中：

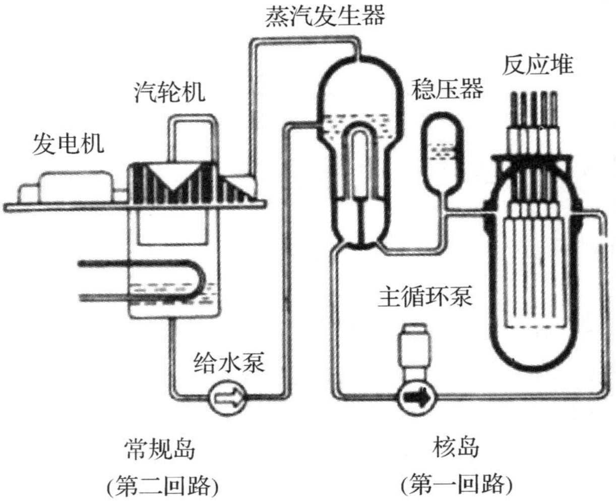


**图 16-21　核电站的二回路反应堆系统示意图**

第一回路：冷却剂由主循环泵送至反应堆，在反应堆中冷却剂吸收核燃料裂变时释放的热量后，进入蒸汽发生器，使蒸发器内的水受热汽化，产生蒸汽，进入第二回路的汽轮机中。而冷却剂与蒸发器中的水热交换后失去热量冷却，又流回主循环泵，重新送入反应堆，不断循环工作，从而构成一个密闭的循环回路。第一回路的压力控制主要由稳压器来完成。

第二回路：蒸汽发生器中的水，吸收了第一回路的热量后变成蒸汽，然后进入汽轮机，汽轮机将蒸汽的热能转变为机械能，带动发电机发电，作功后的水汽排入到凝汽器，凝结成水，再由给水泵重新送入蒸汽发生器。

## (二) 裂变核反应堆

核反应堆是核反应系统中，核燃料在原子反应堆内裂变，产生热能的装置，是核反应堆系统中的关键部分。其主要由核燃料元件、控制棒及其驱动机构、慢化剂、冷却剂、生物屏蔽等组成。

### 1. 核燃料元件

作为核燃料“燃烧”的主要是三种可裂变核素铀—233、铀—235 和钚—239 中的一种或几种混合物。广泛使用的核燃料是铀。一般采用金属或石墨将燃料包覆起来，制成棒状、片状或环状，也可装配成组件，各元件之间用定位架定位，并有一个共同的端头，目前运行的压水堆、重水堆、沸水堆都采用这种燃料组件。

**2. 控制棒及其驱动机构**

核燃料裂变反应时释放的是快中子，控制棒是在反应堆中起调节中子反应性能及紧急停堆的作用。控制棒由具有高度吸收中子能力的材料（如硼、镉）或这些材料的合金或化合物制成。

**3. 慢化剂和冷却剂**

慢化剂用于慢化快中子，维持核反应。应用最多的慢化剂是石墨、重水和轻水。

冷却剂是唯一既在堆芯中工作又在堆外工作的一种反应堆物质，用于除去反应堆的热量。重水是较好的冷却剂，但其价格昂贵。较常用的冷却剂有金属、气体、有机冷却剂和轻水等，冷却剂的选择按工作要求来决定。

**4. 生物屏蔽**

生物屏蔽指所设计的将辐射减到人类允许剂量水平以下的最外层屏蔽，通常指的是反应堆厂房，由钢筋混凝土制成，核电站的第一回路设备均安装在这一层屏蔽内。

# 阅读材料二：锅炉及其他气体发生装置

## （一）蒸汽锅炉

利用燃料或其他能源的热能把水加热成热水或蒸汽的设备称为蒸汽锅炉。

**1. 类型**

通常，用于工业生产的蒸汽锅炉，常称为“工业锅炉”，其中用于火力发电的，常称为“电站锅炉”，与汽轮机、发电机组成发电站的主机。

蒸汽锅炉按照水和烟气的流动路径，可分为火管锅炉、水管锅炉和混合锅炉。（见图16-22）

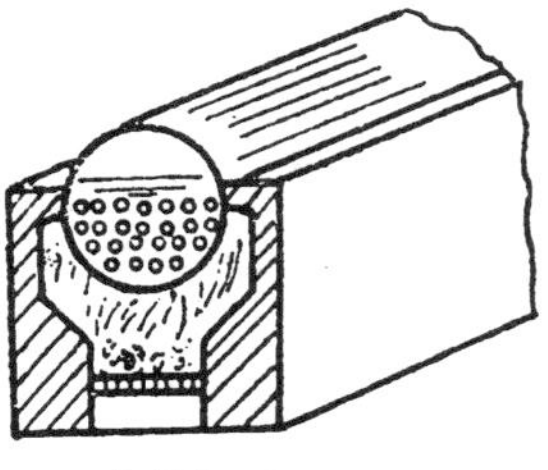

火管锅炉

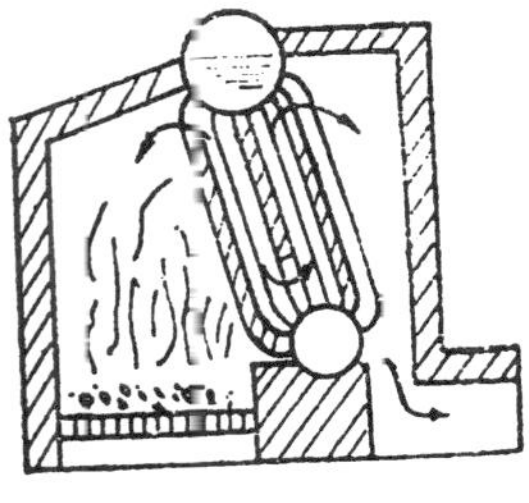

水管锅炉

**图 16-22 水、火管锅炉示意图**

（1）火管锅炉：有许多管道横贯炉身，烟气从管道中通过，加热管外的水。

（2）水管锅炉：锅炉内部有一组水管，水管周围充满烟气。水在管内流动吸热，烟气在管外冲刷流动放热。

（3）混合锅炉：由上述两种类型的锅炉结合而成。

**2. 蒸汽锅炉的基本构成**

蒸汽锅炉的整体结构包括锅炉本体和辅助设备两大部分。

本体部分是产生蒸汽的核心部分，由炉膛、锅筒、燃烧器、水冷壁、炉身构架和炉等构成；辅助部分主要是指用于调节蒸汽输出量或热效率的装置，如省煤器（节热器）、空气预热器、过热器、除灰器、气体回收器、送风机、水泵等。

以自然循环锅炉为例（见图 16-23），从锅炉的水循环和烟气余热利用两方面，阐述其基本构成部件在蒸汽锅炉中的作用。

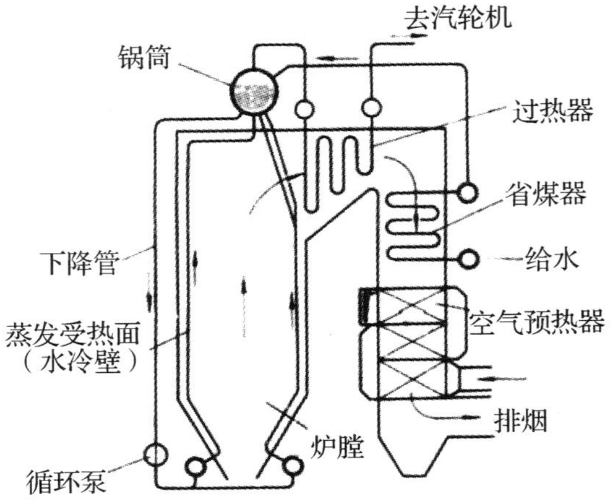


**图 16-23 自然（辅助）循环锅炉**

### （二）热水锅炉

热水锅炉产生循环的热水，其出水温度低于正常工作压力下的饱和温度，以保证不发生汽化，热水从锅炉中产生，又循环留回锅炉再加热，用于生活采暖和生产工艺中的供暖。

热水锅炉有自然循环式和直流式两种。其结构与蒸汽锅炉相似，由于不汽化，无过热器，不存在汽水分离的问题。

### （三）煤气发生器

煤气发生器有发生炉煤气发生器和水煤气发生器两种。发生炉煤气发生器通常由一个内装有炉箅的封闭圆桶组成，当厚厚的燃料在炉箅上燃烧时，通过空气流的调节，使燃烧不充分，以产生一氧化碳、氢与氮的混合物，即发生炉煤气。水煤气发生器的结构与发生炉煤气发生器的相似，不同的是空气和水（或蒸汽）交替地喷入发生器中，喷水时产生的气体为氢和一氧化碳的混合物，即水煤气。

## 阅读材料三：动力机械

### （一）动力机械

动力机械是将非机械能量转换为机械能的机械装置。发动机、汽轮机、水轮机、电动机等都属于动力机械的范畴。

动力机械按非机械能量的来源不同，主要有：

**1. 热力发动机**

将热能（蒸汽和燃烧等的能量）转变为机械能 驱动其他机器工作的机械，简称“热机”，它是人类所利用的主要动力机械。

按燃料的燃烧方式分为：

（1）内燃机：燃料在发动机内部燃烧的热力发动机。常见的内燃机有活塞式内燃发动机（如汽油发动机和柴油发动机）、燃气轮机、火箭喷气发动机等。

（2）外燃机：燃料在发动机外部燃烧的热力发动机。常见的外燃机有汽轮机。

**2. 风力机械**

风力机械是将自然界中的风能转变为机械能，驱动其他机器工作的机械。例如，风轮机、气压动力装置等。

**3. 水力机械**

水力机械是将自然界中的水能转变为机械能，驱动其他机器工作的机械。例如，水轮机、液压动力装置等。

## （二）汽轮机和水轮机

汽轮机是将蒸汽的能量转换为机械能的一种旋转式热力动力机械（见图 16-24）。

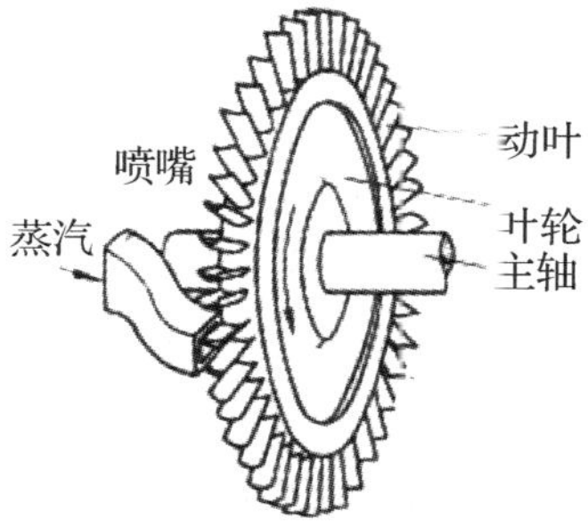


**图 16-24 汽轮机工作原理见图**

蒸汽通过汽轮机的喷嘴后形成了高速流动的膨胀蒸汽，作用于汽轮机的叶轮上，推动转盘转动，从而带动主轴将转变后的机械功输出。汽轮机的关键部件是调节机构（即调节器），其作用是调节轮机中水蒸气和其他蒸汽的供给，以适应汽轮机的负荷，并使汽轮机保持匀速。

水轮机的工作原理与汽轮机相似，不同的是能量来源是水力而不是蒸汽。

## （三）活塞式内燃发动机

活塞式内燃发动机的燃料直接在发动机内部燃烧，产生热能，燃气膨胀后推动发动机中的活塞作进一步的运动，从而将热能转换成机械能输出。

内燃机热效率高，功率和转速范围宽，配套方便，机动性好，所以其获得了广泛的应用，世界上多种类型的汽车、船舶以及小型飞机都由内燃机来推动，各类行业机器、小型移动电站等也都用内燃机作为动力，它在人类活动中占有非常重要的地位。

活塞式内燃发动机按活塞运动方式的不同，有往复活塞式和旋转活塞式两和。前者的活塞在发动机中作往复直线运动，是长期以来广泛应用的一种内燃机品种；后者的活塞受到燃气推动，在发动机中绕着一支点作旋转运动，其具有功率高、振动小、运转平稳、结构简单等优点，但由于其只适于高转速且其燃料经济性能不佳和排气性能不理想，故其未获得广泛使用。以下主要介绍往复活塞式内燃机的工作方式和基本构造。

**1. 往复活塞式内燃机的分类**

按所用燃料分为：柴油发动机、汽油发动机、煤气发动机等。

按点火方式分为：压燃式内燃机、点燃式内燃机。

按完成工作循环的冲程数分为：四冲程内燃机、二冲程内燃机。

按冷却方式分为：水冷式内燃机、风冷式内燃机。

按用途分为：车用、船用、航空内燃机等。

按气缸数分为：单缸机、多缸机等。

**2. 往复活塞式内燃机的工作方式**

活塞置于气缸中，通过连杆与曲轴相连。当活塞作往复运动时，连杆使曲轴作旋转运动；反之，曲轴旋转时，则可使活塞在气缸中作往复直线运动。如图 16-25 所示。

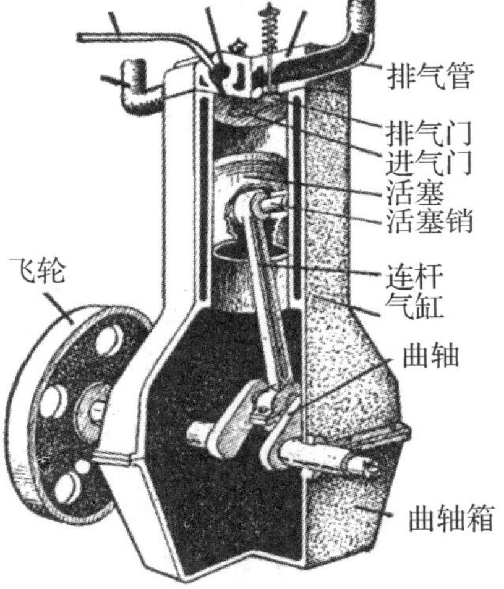


**图 16-25 往复活塞式内燃机中的气缸组件**

往复活塞式内燃机的工作是通过进气、压缩、工作（燃烧及膨胀）、排气四个过程来实现的。在气缸内每进行一次这样四个连续的过程，称为内燃机的一个工作循环。

以柴油发动机为例：工作时首先由启动装置带动曲轴转动，曲轴再带动活塞由上向下移动，这时进气门打开，空气经进气门进入气缸；由于曲轴的运动惯性，又带动活塞上移，这时气门关闭，气缸内空气受到活塞的压缩，当压缩至一定程度时，柴油通过进油管经喷油器喷入燃烧室，与被压缩的高温空气接触而燃烧，燃气膨胀后产生的巨大压力推动活塞向下运动，并通过连杆使曲轴再作旋转，巨大的旋转力通过一定机械机构对外输出，最后由于曲轴旋转惯性，活塞由下向上移动，这时排气门打开，将膨胀后的废气排出气缸。

上述发动机利用气缸内压缩后的高温空气，使喷入气缸的燃料自行燃烧，因而又称作“压燃式往复活塞内燃机”。柴油发动机是常见的一种类型。

“点燃式内燃机”与“压燃式”的工作过程相似，不同在于在进气过程中，进入气缸的是空气和燃油（雾状）的混合气，混合气被压缩后 由火花塞产生的电火花强制点燃混合气体，使其燃烧。汽油发动机是常见的一种点燃式内燃机。

**3. 往复活塞式内燃机的常用术语**

（1）冲程

活塞离曲轴中心最远处，即活塞最高位置，称上止点。

活塞离曲轴中心最近处，即活塞最低位置，称下止点。

活塞从上止点到下止点的距离，称为活塞的冲程。

凡活塞往复运动四个冲程完成一个工作循环的内燃机，叫做四冲程内燃机；活塞往复两个冲程完成一个工作循环的内燃机，叫做二冲程内燃机。

（2）气缸排量（气缸容积）

上、下止点间气缸的容积，称为气缸排量（气缸容积），其单位为“升”。

对于多缸发动机，各缸的气缸容积之和称为发动机的气缸排量。

**4. 往复活塞式内燃机的总体基本构造**

往复活塞式内燃机是一种比较复杂的机器，它由许多机构和系统组成，这些机构和系统共同保证内燃机很好地进行工作循环，实现能量转换，并使其能正常连续地工作。

内燃机通常由下列几大系统组成：

（1）曲柄连杆机构

曲柄连杆机构的作用是将活塞的往复直线运动转换成曲轴的旋转运动，或者将曲轴的旋转运动转换成活塞的往复直线运动。其包括活塞组、连杆组、曲轴、飞轮组等主要运动构件。

（2）气缸体

所缸体由气缸盖、气缸本体、气缸垫、曲轴箱等组成，是内燃机的骨架，所有运动和辅助系统都支承和安装在它的周围。水冷式发动机的汽缸体和曲轴箱通常铸成一体，风冷式发动机则将气缸体和曲轴箱分开铸造

（3）进、排气系统

进、排气系统的作用是按一定要求，定时排出废气、吸入新鲜空气或可燃混合气，其由配气机构及进排气组件组成。

配气机构用于适时控制气体进出气缸，由进、排气门组及传动组（包括挺柱、推杆、挂臂、凸轮轴、正时齿轮等）组成。

进排气组件由空气滤清器、进气管、排气管与消声器等组成。

如果在该系统中增加一个涡轮增压器就构成了涡轮增压发动机。涡轮增压的主要作用就是提高发动机进气量，从而提高发动机的功率和扭矩，让车子更有劲。涡轮增压器实际上就是一个空气压缩机。它是利用发动机排出的废气作为动力来推动涡轮室内的涡轮（位于排气道内），涡轮又带动同轴的叶轮，叶轮就压缩由空气滤清器管道送来的新鲜空气，再送入气缸。当发动机转速加快，废气排出速度与涡轮转速也同步加快，空气压缩程度就得以加大，发动机的进气量就相应地得到增加，就可以增加发动机的输出功率了。

（4）燃料供给系统

压燃式内燃机的燃料供给系统的作用是定时、定量、定压地向燃烧室喷入燃料，其由燃油箱、输油泵、燃油滤清器、喷油泵、喷油器及调速器等组成。

点燃式内燃机的燃料供给系统的作用是根据工作要求，将燃油与空气按一定的比例形

成可燃混合气，连续供给气缸。它由燃油箱、输油泵、汽油滤清器、化油器等组成。其中，化油器是将一定比例的汽油与空气混合的机械装置，为了使配出的混合气混合的比较均匀，化油器还具备使燃油雾化的效果，以供机器正常运行。

电喷发动机是由电子系统控制将燃料由喷油器喷入发动机进气系统中的发动机。它取代了传统的机械系统（如化油器）来控制发动机的供油过程。电喷系统通过各种传感器将发动机的温度、空燃比、油门状况、发动机的转速、负荷、曲轴位置、车辆行驶状况等信号输入电子控制装置，电子控制装置根据这些信号参数，计算并控制发动机各气缸所需要的喷油量和喷油时刻，将汽油在一定压力下通过喷油器喷入到进气管中雾化，并与进入的空气气流混合，进入燃烧室燃烧，从而确保发动机始终在最佳状态下工作。电喷发动机按喷油器数量可分为多点喷射和单点喷射，发动机每一个气缸有一个喷油嘴，称多点喷射；发动机几个气缸共用一个喷油嘴，称单点喷射。

（5）润滑系统

润滑系统将机油（润滑油）送到内燃机各运动件的摩擦表面，起减摩、冷却、净化、密封、防锈等作用，保证内燃机正常工作并延长使用寿命。它主要由机油泵、机油滤清器、各种阀门及润滑管道等组成。

（6）冷却系统

冷却系统用以保证内燃机工作时温度正常，不致因过热而损坏机件。

按所用冷却介质的不同，可分为水冷却系统和空气冷却系统两类。

水冷却系统主要由冷却水套、水泵、风扇、散热器、节温器等组成。

空气冷却系统主要由散热片、导流罩、风扇等组成。

（7）点火系统

点火系统是点燃式内燃机特有的一个系统，其作用是在预定的时刻，及时产生电火花，点燃气缸内的工作混合气。

点火系统主要由蓄电池、点火线圈、分电器（包括断电器）、火花塞等组成。见图16-26。

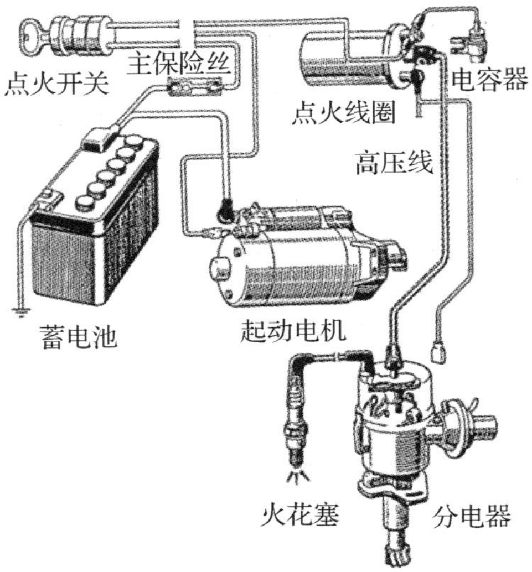


**图 16-26　蓄电池点火系统**

蓄电池是点火系统的电源，电压一般为 6 伏~24 伏的直流电。点火线圈由初级线圈、次级线圈和铁芯组成，它相当于一个升压变压器，将蓄电池的直流电进一步升压。分电器又名“断电—配电盘”，它包括断电器和配电器两个装置。断电器由凸轮和触点组成，用来接通和断开点火线圈初级线圈的电流，这样一方面将直流电转变为交流电，另一方面迅速变化的磁场又使点火线圈的次级线圈产生更高的感应电动势，产生更高的电压；配电器的任务是分配电流，即将断电器产生的高压交流电按照内燃机的点火顺序，轮流送入各个气缸内的火花塞上，促使火花塞产生电火花。在多缸发动机中有多个火花塞，分别点燃各气缸内的混合气体。（图 16-26 中只画出了一个火花塞的工作情况）

（8）启动系统

发动机由静止状态自行转入工作状态，必须先用外力转动发动机的曲轴，使气缸内吸入可燃混合气体并燃烧膨胀，工作循环才能自动进行。

### （四）燃气轮机

燃气轮机是一种将燃气的热能转换为机械能的旋转式动力机械。它以燃烧燃料产生的燃气直接推动涡轮作功。燃气轮机转速可高达数万转/分，其效率也较高，多用做发电机组、船舶、机车、飞机和电机的动力。

燃气轮机主要由压气机（即空气压缩机）、燃烧室和燃气透平（即燃气涡轮）三部分组成。见图 16-27。

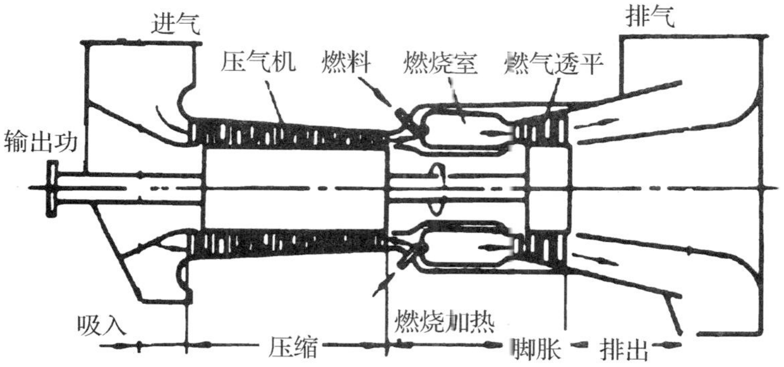


**图 16-27　燃气轮机构成简图**

燃气轮机的工作过程：压气机将大气连续不断地吸入并压缩，压缩后的空气进入燃烧室与喷入的燃料混合燃烧，形成高温燃气，随即流入锥状的燃气透平中，其所具有的动能推动燃气透平的叶轮旋转，由于透平装置和压气机装在同一输出轴上，带动压气机一同旋转工作，即将燃气的热能转换成机械能由输出轴输出，输出的力可为后续其他机构的运动提供力。另外，燃气轮机由静止到启动时，需用启动电机（如电动机）带动压气机旋转工作，待压气机能独立运行后，启动机才能脱开。

涡轮喷气发动机是一种常见的燃气轮机。除上述普通燃气轮机所具有的三大部分外，涡轮喷气发动机还另有一收敛的喷管，装在透平后的排气管内，通过透平的热气经过喷管变成高速气体喷出，产生的反作用力可以推动飞机飞行。

### (五) 液压、气压动力装置

**1. 液压动力装置**

液压动力装置是将液体的压力能转换成机械能的装置。其工作原理如图 16-28 所示。

基本的液压动力系统由下列组成：

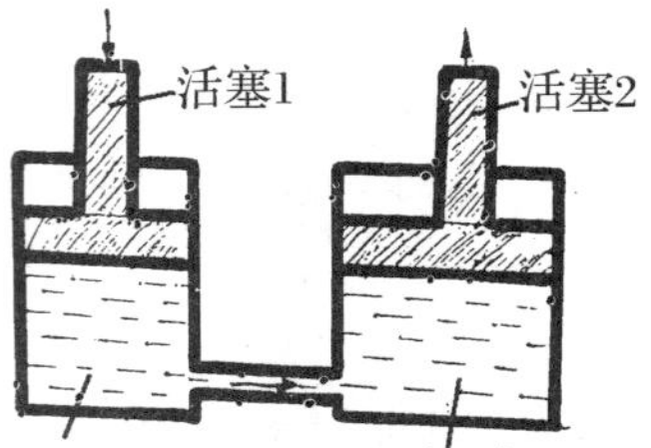


**图 16-28 液压动力工作原理图**

(1) 液压动力源

液压动力源是产生液体压力能的装置，如各种的液压泵或装有活塞 1 的油缸。油缸中的活塞 1 受辅助力（或启动力）往下运动，进而压缩油缸中的液体。

(2) 执行元件

执行元件是将液体的压力能转换成机械能的装置，如各种液压马达或液压缸。液压马达将压力能转换成机构间旋转的机械运动，进而带动负载旋转；液压缸受油缸的液压驱动，推动活塞 2 向上运动，将压力能转换成直线形式的机械运动，进而带动负载作往复直线运动。

(3) 控制元件

控制元件是控制和调节液压系统中各部分液体的压力、流量和运动方向的装置，如各种压力、流量、方向控制阀等。

(4) 辅助元件

辅助元件包括油箱、滤油器、密封件、冷却器、蓄能器、管道等。

**2. 气压动力装置**

气压动力装置与液压动力装置相似，用于将动力源产生的气体压力通过执行元件转换成机械能，相应的动力元件有气体泵、气体压缩机等，相应的执行元件有气动气缸、气动马达等，此外，还须有控制元件和辅助元件等。

## 阅读材料四：液体、气体输送装置

### (一) 泵

泵是一类使液体（或气体）增压并输送液体（或气体）的机械。

泵按输送的物质不同，可分为液体泵、气体泵两大类。

泵通常按工作原理的不同，可分为容积式泵、动力式泵和其他类型泵。

以下主要介绍液体泵的工作原理，气体泵的工作原理与其相似，不同的是输送的不是液体而是气体。

**1. 容积式泵**

容积式泵是依靠工作元件在泵缸内作往复式或回转运动，使工作容积交替地增大或缩小、实现液体的吸入和排出。

工作元件作往复运动的称为往复式泵。工作元件作回转运动的称为回转式泵。

(1) 往复式泵

以活塞泵为例（见图 16-29），其工作原理是：活塞由动力机械（如电动机）带动向右运动时，泵腔内的工作容积增大，缸内压力降低，单向吸入阀开启，液体被吸入缸内；当活塞向左运动时，工作容积缩小，缸内压力升高，使单向吸入阀封闭，液体冲开单向排出阀向外排出。

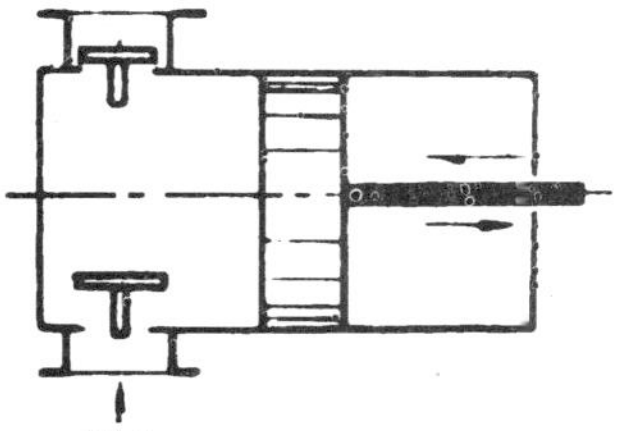


**图 16-29　活塞泵工作原理简图**

常见的往复泵品种有：

①活塞泵：主要的工作部件是活塞。活塞泵主要用于给水，手动活塞泵是一种应用较广的家庭生活水泵。

②柱塞泵：主要的工作部件是柱塞。柱塞泵用于提供高压液源，如水压机的高压水供给。

③隔膜泵：依靠隔膜片来回鼓动达到液体的吸入和输出。隔膜泵有良好的密封、隔离性，适合于输送有剧毒、放射性、腐蚀性、贵重的液体。

(2) 回转式泵

回转式泵通过齿轮、螺杆、叶形转子或滑片等工作元件的旋转作用，改变泵腔内的工作容积，迫使液体从吸入侧转移到排出侧。

以齿轮泵为例（见图 16-30），其工作原理是：一对相互啮合的齿轮将泵的吸入腔和排出腔隔开；齿轮按图示方向转动时，吸入腔侧轮齿相互脱开处的齿间容积逐渐增大，压力降低，液体在压差作用下进入齿间；随着齿轮的转动，齿间的液体被带至排出腔，这时排出腔侧的轮齿啮合处的齿间容积逐渐减小，压力增大，而将液体排出。

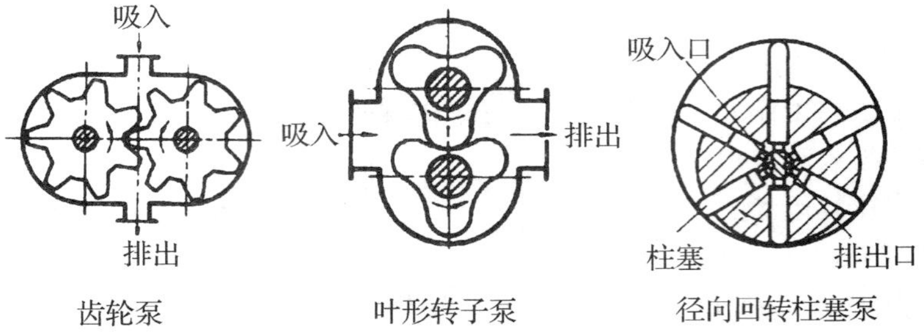


**图 16-30　回转式泵**

回转式泵适宜输送有润滑性的清洁的液体和气液混合物，特别是黏度大的液体，主要用于油品、食品液体的输送和液压传动方面。

**2. 动力式泵**

动力式泵依靠快速旋转的叶轮对液体的作用力，使液体动能增加，再通过泵缸将大部分动能转换成压力能而实现输送。动力式泵适宜输送黏度很小的清洁液体（如清水），主要用于给水、排水、灌溉、电站蓄能、液压传送和船舶喷射推进等。

动力式泵又称“叶轮式泵”或“叶片式泵”，主要有离心泵和轴流泵两种类型，其工作原理见图 16-31。

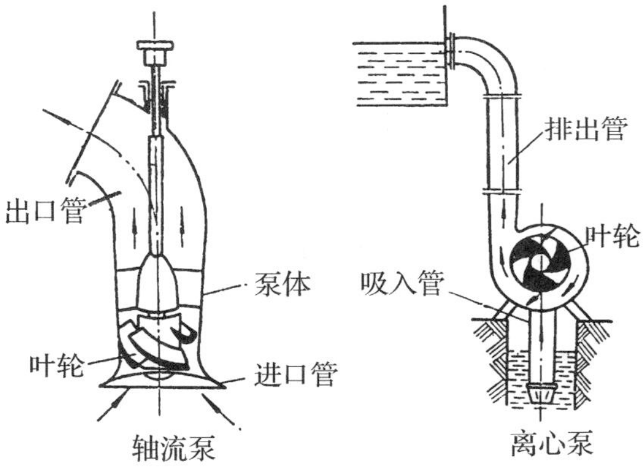


**图 16--31　动力式泵工作原理简图**

离心泵依靠叶轮旋转时产生的离心力输送液体，是最常见的动力式泵。当叶轮旋转时，叶轮内的液体受到叶片的推动而与叶片共同旋转，旋转产生的离心力使液体由中心向外运动，并获得动能增量，在叶轮外周，液体被甩出去至蜗形流道中，致使部分动能被转换成压力能，从而克服排出管道的阻力，将液体输送到高处。

轴流泵的工作方式与离心泵的相似，所不同的是：离心泵中的液体流动方向与旋转轴垂直，而轴流泵中的液体通过叶轮时，液体流动方向与旋转轴平行。

**3. 其他类型泵**

其工作原理多种多样，例如：

（1）喷射泵

利用高速喷出的工作流体（气流、水流等），对需要输送的流体产生吸力和夹带效应，从而完成输送。

(2) 水锤泵

利用流动中的水被突然制动时产生的能量，使其中的一部分水压力升高，并完成输送。

(3) 电磁泵

使通电的流体金属在电磁力作用下产生流动而实现输送。

(4) 气体升液泵

通过导管将压缩气体送至液体的最底层处，底部形成较管外液体轻的气液混合流体，再借管外液体的压力将混合流体压升上来。见图 16-32。

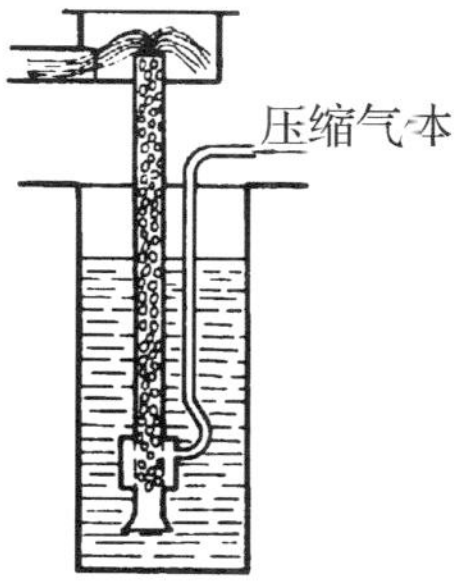


**图 16-32　气体升液泵工作原理**

(5) 真空泵

真空泵主要有容积式真空泵和动量传输真空泵两种类型。

容积式真空泵的工作方式与容积式液体泵的相似，其吸入口与被吸容器相连，吸走容器内空气，使容器达到真空状态。

动量传输真空泵利用高速蒸汽射流的夹带作用使被抽气体分子贮存在泵内，获得被抽处的真空。常见获得高真空的有油扩散泵、涡轮分子泵、低温泵等。

## (二) 发动机用增压器

发动机用增压器可提高发动机进气总管的压力，在子目 8414.8030 中有列名。

根据驱动增压器所用能量来源的不同，主要有三类：

第一类是机械增压器，此类增压器由发动机曲轴通过齿轮（或链条、皮带等）直接驱动，机械增压器常用罗茨式压气机或离心式压气机，增压压力不超过 160~170 千帕，一般用于小功率的内燃机。

第二类是废气涡轮增压器，此类增压器是用内燃机的废气推动涡轮机来带动压气机（压缩机），以压缩空气达到进气增压的目的。废气涡轮增压器除了有单级压气机及单级涡轮两个主要部分外，还装配有轴承装置、密封装置、润滑及冷却系统。涡轮增压可达 140 千帕~300 千帕。

# 阅读材料五：热能转移及利用装置

## （一）制冷原理

液体蒸发时要吸收周围的热量，从而使周围物质温度降低，这种现象被用来制冷。制冷的方法很多，应用最广泛的方法是利用物态变化制冷。进行物态变化的物质，称为制冷剂（又称“冷媒”）。制冷剂的特点是沸点低、蒸发量大，没有腐蚀性，不易燃烧和爆炸。目前常用的制冷剂有氨、氟利昂、溴化锂等。

以下介绍几种常见的制冷原理。

### 1. 压缩式制冷

压缩式制冷是当前应用最广泛的制冷方法，约有90%的制冷设备是压缩式制冷机械。压缩式制冷设备主要由压缩机、冷凝器、蒸发器和节流机构等组成。其工作原理在第八十四章第五节中已有介绍，这里不赘述了。

### 2. 半导体制冷

半导体制冷是利用半导体的热—电效应进行制冷的方式。

利用导体连接一个N型半导体和一个P型半导体，接通直流电，则一个接点处温度降低，向外界吸热，称为冷端；另一个接点处温度升高，向外界放热，称为热端。如果不断地移走热端的热量，为了保持一定的温度差，则冷端温度将不断降低，进而对其周围的物质制冷（见图16-33）。

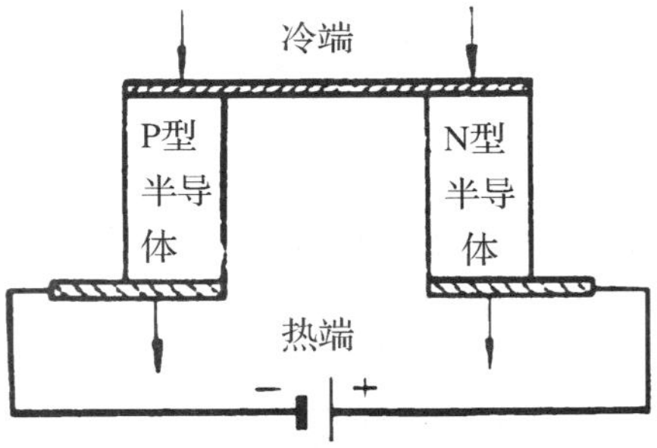


**图16-33　半导体制冷原理**

一对半导体热电元件产生的温差和冷量都很小，实用的半导体制冷器由许多对热电元件串联或并联组成，也称为热电堆。单级热电堆温差可达600℃，冷端的温度可达-10℃至-200℃。

半导体制冷无噪声、无振动、不需制冷剂、冷量易于调节，而且体积小、重量轻，但是其制冷效率较低，主要用于电子设备中某些元件的冷却，近年来也应用于小型冰柜、医疗、日常生活等。

### 3. 吸收式制冷

吸收式制冷主要由发生器、吸收器、蒸发器、换热器（如冷凝器、溶液换热器等）和二元溶液来组成。其工作过程见图16-34。

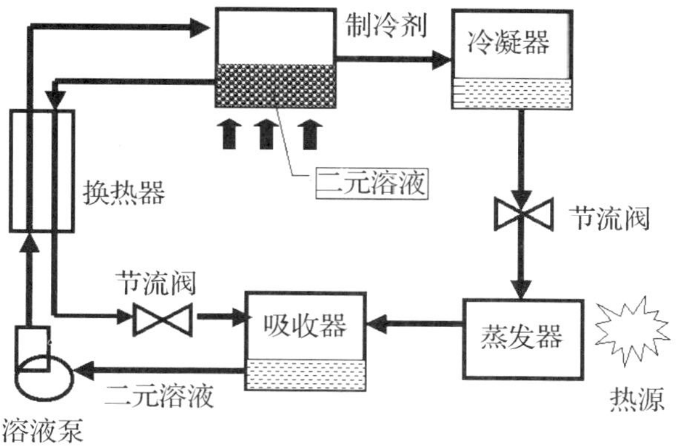


**图 16-34　吸收式制冷工作过程简图**

二元溶液由两种组分的液体组成，如氨水和水、溴化锂和水。二元溶液中的低沸点组分（如氨水或溴化锂）作为制冷剂；高沸点组分（如水）作为吸收剂。

吸收式制冷的工作过程：二元溶液在发生器中被加热，其中低沸点的制冷剂吸热成为蒸汽进入冷凝器，冷凝成液体，经节流阀降压后送入蒸发器与被冷却物质作热交换，蒸发器周围的物质失去热量被制冷，而制冷剂吸收了外界热量，又成为制冷剂蒸汽，进入吸收器；同时，发生器中残留的吸收剂组分，反向流经溶液换热器被冷却，并经节流阀降压后进入吸收器，与从蒸发器来的制冷剂蒸汽相混合，吸收这些蒸汽再次形成二元溶液，再由液体泵升压后输送到溶液换热器进行热交换，进一步形成稳定的液体后，进入发生器循环使用。（见图 16-35）

从组成来看，吸收式制冷与压缩式制冷不同的是：压缩机被“发生器——吸收器组”替代，其工作介质为二元溶液。

### （二）家用冰箱

家用冰箱大多用压缩式制冷方法来制冷。

通常，电动机和压缩机装在箱体下方；冷凝器用铜管绕成，布置在箱体的背面；蒸发器在冷藏箱的上部，制冷剂在各部件间流动，这些主要部件组成了冰箱的制冷系统。此外，冰箱还有箱体（外壳、内胆、隔热材料和箱门）及控制系统；控制系统用于控制冰箱的温度，保证安全运转及自动除霜等。

### （三）空气调节器

空气调节设备简称“空调器”，是对指定空间的空气进行处理，使其保持规定的温度和湿度的设备。

空调器有分散式空调器和集中式空调器两大类。

**1. 分散式空调器**

分散式空调器适用于小空间的区域制冷，通常每个房间单独使用，它可以调节空气的温度和湿度，并能实现冷—热转换。

这种空调器的分类多样，如：

按组成形式分为窗式机、柜式机、壁式机（又称“穿墙机”）、吸顶式机型等。

按结构分为独立式机和分体式机型等。

按功能分为冷风除湿型、冷风热泵除湿型、热泵辅助电热型等。

以独立窗式空调器为例（见图 16-35），其工作过程是：

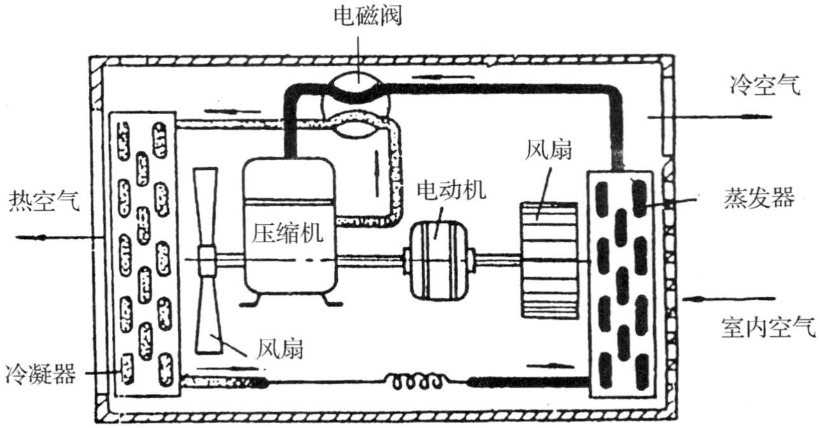


**图 16-35 独立窗式空调器工作过程图**

制冷时，电动机带动压缩机启动后，吸热蒸发的制冷剂气体被吸入压缩机内，经压缩后形成高温高压气体被送入冷凝器，借助冷凝器处的风扇作用，将高温高压气体的热量排至室外，而制冷剂失去热量冷凝成了液态，流经毛细管（或节流阀后），压力降低，到达蒸发器中吸收由蒸发器处风扇运转而带来的室内空气中的热量，制冷剂再次蒸发为气体，蒸发器周围的空气失去热量，室内空气被冷却。

当空气流经蒸发器时，由于蒸发器表面的温度较低，空气中的水蒸气急剧降温冷却成水，冷却水由排水管引至室外，从而达到降低室内湿度的目的。

制热时，在空调器的管路上装有电磁换向阀。需要制热时，电磁换向阀将制冷剂的流向调至与图中的方向相反，这时蒸发器与冷凝器的作用互换，机器按热泵方式工作，可达到室内制热的目的。所以，能冷热两用型的空调器又称为“冷风热泵除湿型”空调器，简称“热泵型空调器”。

分体式空调的工作方式与独立式的相同，只是结构上将部分部件（如蒸发器、风扇）组装在一个机壳中，作为室内机；部分部件（如压缩机、冷凝器等）组装在一起作为室外机，室内机和室外机用管道连接，管道内传输的是制冷剂。一个室外机可以同时控制一个或几个室内机工作，或者几个室外机可以同时控制一个室内机工作。

**2. 集中式空调器**

集中式空调器集中调节空气，再由一些风道将处理后的空气送入各个区域，主要用于大型车间、剧院、商店或楼房、建筑群等。

这种设备常见的有两种类型：

（1）水冷式集中空调器

该设备由冷水机组、风机和管道等组成。由蒸发器、压缩机、冷凝器组成的压缩式冷水机组，直接冷却建筑物冷却塔集中供应的冷却水，冷却水再与周围须处理的热空气作热交换，被冷却的空气由风机集中再送入各个房间。

（2）风冷式集中空调器

这种设备较大且集中，主要用于大型车间，尤其是对温度、湿度要求较高的场所。

风冷式集中空调器由空气处理室（包括过滤器、加热器、喷雾室）、制冷水机、通风机、风道和散流器等组成，如图 16-36 所示。其中，空气处理室是最主要的设备。

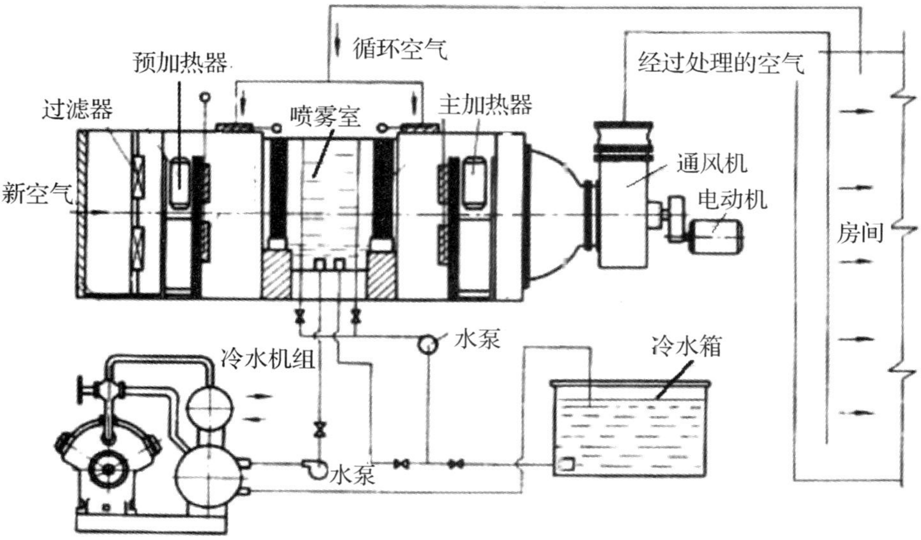


**图 16-36　风冷式集中空调器**

在夏季，室内的空气需要降温减湿，处理过程是先将外界新鲜空气与一部分循环空气（由通风机将室内的部分空气吸入空气处理室）混合，经冷水喷雾进行降温减湿，再与源源而来的另一部分循环空气混合（若混合后空气温度偏低时尚须加热）后送往各室内。夏季喷雾用的冷水由制冷机组供给。

在冬季，室内需要增温增湿，处理过程是先将外界新鲜空气预热进入喷雾室，与一部分循环空气混合，再用常温下的水进行喷雾，使之增湿，然后与另一部分循环空气混合后，经主加热器加热后送往各室内。加热用的水蒸气由锅炉供给。

## （四）其他冷藏、冷冻设备

这些设备广泛应用于需要冷量的各行各业，如冷藏食品或物品；在低温下进行产品性能试验和科学研究试验；在工业生产中实现某些冷却过程，如制冰、巧克力速冻、石油精炼等。

制冷方式主要有两种：

**1. 直接冷却**

将制冷机的蒸发器设在制冷装置的箱体或建筑物中，利用制冷剂的蒸发直接冷却其中的空气。这种冷却方式冷却速度快，系统比较简单，因而得到普遍应用。

**2. 间接冷却**

通过制冷机蒸发器中的制冷剂的蒸发，使载冷剂（如盐水）冷却，再将载冷剂输入制冷装置的箱体或建筑物内，通过换热器的热交换，冷却其中的空气。这种冷却方式速度慢，系统较复杂，只用于较少场合，如盐水制冰和温度要求恒定的冷库等。

# 阅读材料六：工程机械

## （一）起重机械

起重机械是吊运或顶举重物的物料搬运机械，主要用于搬运成件物品，配备抓斗可搬运散状物料，配备盛桶可吊运钢水等液体物料。

起重机械按结构可分为轻小型起重设备和起重机。

### 1. 轻小型起重设备

轻小型起重设备主要包括起重滑车、普通绞车（又称“卷扬机”）、千斤顶。这些设备大多体积小、重量轻、使用方便，适用于工作不繁重的场合。

起重滑车由定滑轮和动滑轮组成，并带有吊运件，可以单独使用，在起重安装作业中应用广泛。

绞车由棘轮卷筒缠绕钢丝绳或链条以提升或牵引重物。绞车可以单独使用，也可作为起重、筑路和矿井提升等机械中的组成部件。绞车有手动和电动两种。

千斤顶是顶举重物的轻小型起重设备。如螺旋千斤顶利用螺旋传动使螺杆上升，从而顶起重物；液压千斤顶通过液压系统传动，用缸体或活塞作为顶举件顶起重物。

电动葫芦是轻小型起重设备，由电动机、传动装置和卷筒或链轮组成，用以提升重物。除了电动葫芦外，手动葫芦用人力拉动链条或扳动手柄来提升重物，往往作为轻小型起重设备单独使用。

### 2. 起重机

起重机是在一定范围内垂直提升并且水平搬运重物的多动作起重机械。起重机的工作特点是作间歇性运动，即在一个工作循环中交替地完成取料、运移、卸载三个基本动作。

通常按结构，起重机分为臂架型和桥架型两类。

臂架型起重机（见图 16-37），通过外伸的长臂架可将重物搬运到离机座较远的地方，适用于车、船的装卸作业。

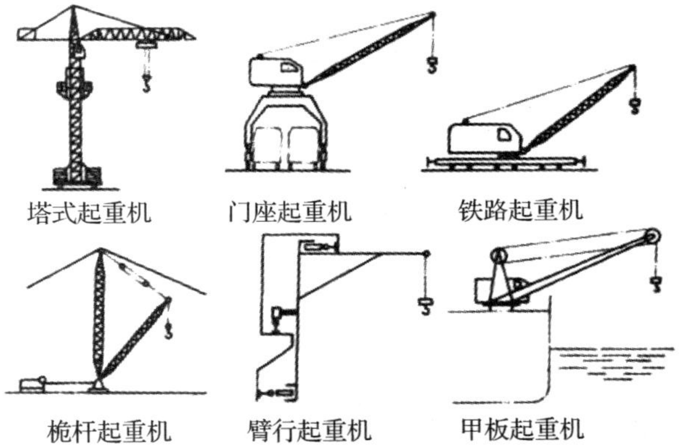


图 16-37 各种臂架型起重机

桥架型起重机（见图 16-38）具有水平桥架，能越过地面障碍物吊运重物或完成一定的吊运操作，它广泛应用于机械制造或冶金等部门的车间和室内外仓库。

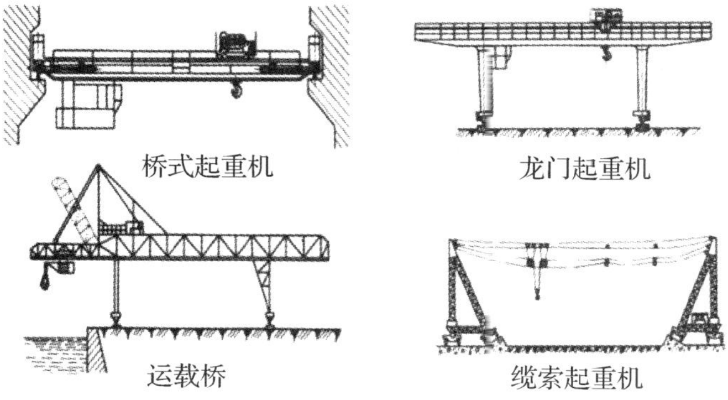


**图 16-38　各种桥架型起重机**

## （二）其他升降、输送、装卸机械

### 1. 升降机械

升降机械包括升降台、电梯、料斗提升机等，可以连续运送货物和人流。有的升降机利用滑轮、卷扬机、千斤顶等机构工作，并带有大量的固定式钢铁结构件。图 16-39 是三种形式的升降台。

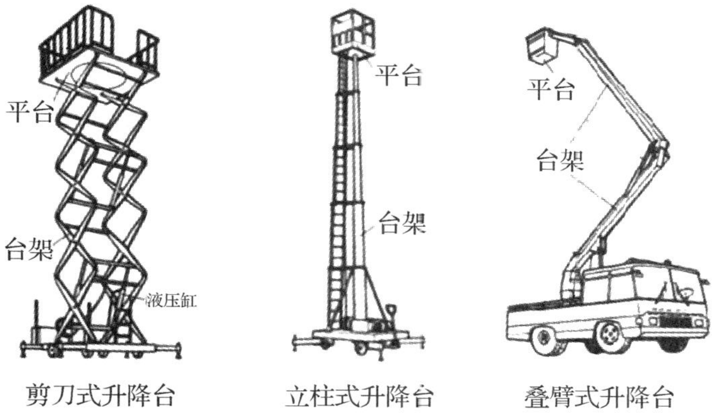


**图 16-39　三种形式的升降台**

### 2. 输送机械

输送机械是在一定的线路上连续输送物料和人的搬运机械。输送机可进行水平、倾斜和垂直输送，也可组成空间输送线路。

输送机一般按有无牵引件分为两类：

（1）利用牵引件的连续运动来输送物料的输送机，主要有斗式和板式输送机、刮板输送机、自动扶梯、自动人行道等。

（2）没有牵引件的输送机。其利用工作构件的旋转运动或往复运动，或利用介质在管道中的流动使物料向前输送。这类输送机有辊子输送机、螺旋输送机、振动输送机、气力输送装置、水力输送装置等。

### 3. 装卸机械

常见的装卸机械有：

（1）叉车

叉车的车体前方装有升降货叉，车体尾部装有平衡重块，货叉可以沿立柱上下滑动。图 16-40 是两种类型的叉车。

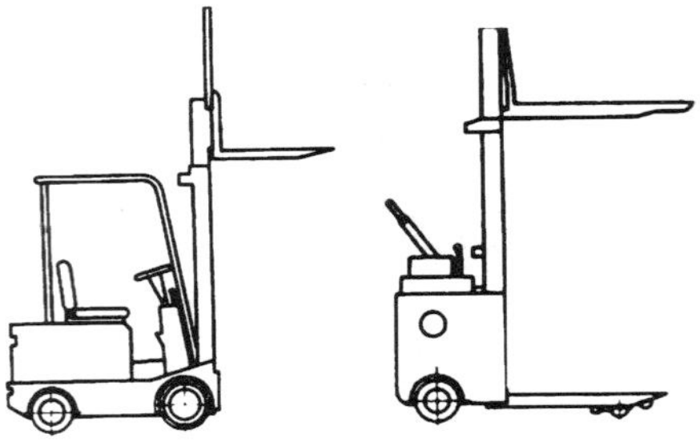

**图 16-40　叉车**

（2）跨车

跨车的车体跨在货物的上方，利用专用的夹紧装置将货物提起，作短距离搬运后再将其放下。一般在工厂、仓库、码头、机场等场合用于搬运较长货物（型材、树干、木材等），或用于堆放集装箱。有些跨车相当高大。

跨车（见图 16-41）由一个跨式底盘组成，一般配有可伸缩的垂直构件，用以调节高度。该底盘一般装在四个或更多的胶轮上，这些轮子使跨车在小范围内移动。

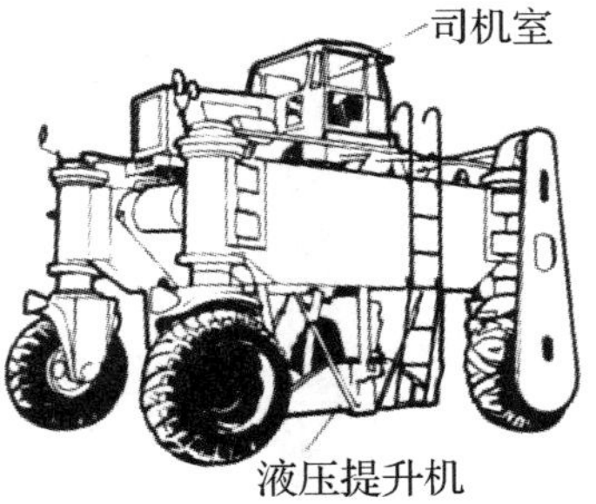


**图 16-41　通用跨车**

（3）吊运架

吊运架为简单的门架结构，见图 16-42。多数吊运架由两个垂直构件支撑一根横梁组成，支撑构件有时是可以收缩的，每个支撑构件均装有一组车轮。

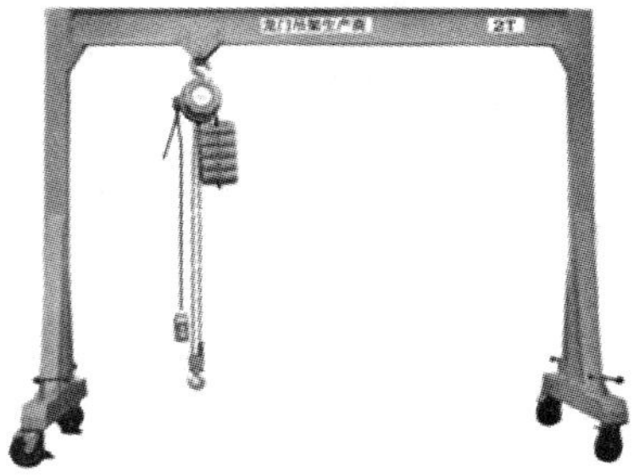

**图 16-42　吊运架**

吊运架专供搬运集装箱之用，它可以自动推进，但只能停稳不动时进行操作。

# 阅读材料七：农、林业和食品加工机械

## （一）农业机械

农业机械是指在作物种植和畜牧业生产过程中使用的机械，也包括农、畜产品初加工和处理过程中所使用机械。

**1. 土壤耕作机械**

（1）土壤的基本耕作机械

对土壤进行翻耕、松碎、深松或碎土的机械，主要为各种犁和旋耕机。

（2）土壤表土的耕作机械

对翻耕后的碎土进行平整，收获后的浅耕灭茬和松土除草，主要为各式耙（圆盘耙、钉齿耙和水田耙等）。

中耕机用于作物生长期间的松土、除草、开沟、培土等作业。

**2. 种植和施肥机械**

按照种植对象和工艺过程的不同，分为播种机、栽种机和移植机。

（1）播种机

种植对象是作物的种子。按播种的方式又分为撒播机、条播机和穴播机三种类型。

（2）栽种机

种植对象是作物的种块和种段（如马铃薯、甘薯、葱头、甘蔗等）。大多数栽种机为专用作物的栽种机。

（3）移植机

种植对象是水稻、棉花、烟草、蔬菜、果树、花卉等作物的秧苗。移植机有半机械化、机械化和自动化三种。自动化移植机仅由人工把成盘的秧苗装到机器的秧盘架上，机器在行进中自动完成全部的栽植工序。

**3. 作物的收获机械**

不同农作物收获方式不同，所用的机械也各不相同。有的机器只能进行单项的收获工序，如切割稻、麦、玉米和甘蔗等的茎秆的机器；挖掘薯类、甜菜和花生等地下部分的机器；采摘棉花、茶叶和水果的机器；拔取亚麻和黄麻等的机器。

联合收获机是能一次完成全部或多项收获工序的机器，如作物联合收割机可以把谷物收割、脱粒、分离、清选并卸下。

## （二）食品类加工机械

不同食品由于其加工过程不同，涉及的加工机器也不同。以下通过一些典型食品（或农副产品）的加工过程的介绍，了解生产过程中所用到的机器功能。

**1. 粮食加工机械**

将原粮除去杂质、调节水分、脱壳、去皮或碾磨，最后加工成符合不同质量标准的粒状（或粉状）的成品粮的加工机械。主要的成品粮品种有白米、米粉、麦粉、玉米粉、粟和各种淀粉等，是制作各种食品的基本原料。

此外，焙烤、膨化是两类常见的食品加工。

(1) 焙烤食品加工

焙烤食品加工是指以小麦等谷物粉作基本原料，通过发面、高温焙烤等过程而熟化的一类食品，如面包、饼干、糕点等。这些食品的加工工序一般为：面团调制—成型（冲印、滚压或切块）—焙烤—冷却—包装。

(2) 挤压食品加工

挤压食品加工是指将谷物和油料种子用挤压工艺制成的一类食品。挤压食品分膨化和非膨化食品两类，产品有通心粉、小吃食品、即食商品、面条、粉丝等。

挤压食品的生产经过：原料和配料的混合—破碎—蒸煮—灭菌—挤压成型—部分脱水等工序。其主要的工作机械是挤压机。

**2. 油料加工机械**

不同的制油工艺采用不同的机械设备，但制油前的原料都必须先经过清洁、去壳，并用胚乳机制成胚料。制油工艺主要有浸出法和压榨法。用浸出法时，将胚料浸在溶剂中把油浸出，经过滤、蒸发和汽提等设备使油与溶剂分离；用压榨法时，将炒熟的胚料送入榨油机挤压出油。

浸出或压榨出的毛油再由精炼设备过滤、水化、碱炼、酸炼、脱色和脱臭等工序制成精制油和成品油。

**3. 蔬菜、水果、坚果的加工机器**

(1) 蔬菜的加工

蔬菜的加工过程一般为：原料挑选—清洗（多用滚洗机）—去皮和修整（多用化学方法）—热烫—分选和装罐—排气密封。各工序都由相应的机器来完成。

(2) 水果的加工

水果的加工方法有：将水果直接脱水的干制法；用食糖腌制的糖藏法；将水果加工成罐头的罐装法；将果实发酵的酿制法等。不同的加工方法均由不同的机器来完成。

(3) 坚果的加工

坚果加工成果仁的工艺过程为：原料处理（拣选、洗涤、干燥、分级）—去壳—脱皮—分级—包装。有的坚果整粒再加调味料炒制而成。

**4. 糖类的加工机器**

以甘蔗和甜菜为原料制取各种食糖。制糖的生产过程包括：处理、清净、蒸发、结晶、分蜜和干燥等工序。成品有蔗糖、葡萄糖、果糖、麦芽糖和乳糖等。

糖果是以砂糖、糖浆为主要原料，添加香料、果料、乳制品、凝胶剂等辅料制成的固体甜食品。糖果的制造工艺需经过配料—溶糖—过滤—熬煮成为糖坯，再加入调味料等调和—成型—冷却—挑选包装。

巧克力是以可可豆和可可脂为主要原料，配以适当的砂糖、奶粉、表面活性剂和香料等辅料，经混合、研磨、精炼、调温、成型等工艺制成的。

**5. 乳品加工机器**

以牛乳为原料可以制作多种食品，如消毒牛乳、炼乳、乳粉、酸乳、干酪、奶油和冰淇淋等。

大多数乳制品都需要经过原料验收和预处理。预处理是通过离心和过滤净乳，去除外来杂质，然后立即冷却到5℃～100℃中，以抑制微生物的繁殖，再用稀奶油或脱脂乳与原乳进行调配，使其达到一定标准。

各种乳制品的生产工艺都有不同，大部分乳品加工机器是依靠热交换原理工作的，如巴氏灭菌、加热灭菌或消毒、乳的冷凝或干燥装置等。

### （三）林业机械

林业机械包括种子采集和处理、林地清理、整地、育苗、中幼林抚育和林业保护等作业的机器。其中，常用的有采种机、割灌机、挖坑机、筑床机、插条机、起苗机、植树机和修枝机等。

种子采集常用采种机，用马达驱动振动头，产生振落效果而不损伤采种树。

筑床机、插条机和起苗机主要用于苗圃育苗。筑床机能同时完成整地、筑床两道工序；插条机（又称插穗机）将穗条抛至开沟器开出的栽植沟中，随即用压实轮压实插穗周围的土壤；起苗机按要求从深度切开苗木根部的土壤并将苗木挺起。

植树机是机械化植树造林的主要设备，多与拖拉机配套使用。工作时，开沟器切开、破碎和推移土壤形成栽植沟，苗木按规定的深度和株距被植入沟内，覆土压实轮随即推拥苗木周围的土壤并压实。

## 阅读材料八：造纸、印刷、打印、传真及复印设备

### （一）造纸机械

造纸机械按照工艺流程，主要有备料制浆设备、造纸机、纸张整饰加工和纸制品生产设备等四大类。

**1. 备料、制浆设备**

备料设备指对造纸的原料进行预处理和加工的设备，主要有木材纤维备料设备（如剥皮机、削片机等）及非木材纤维备料设备（如切草机、切苇机、甘蔗除髓机等）。

制浆设备是将植物原料分离成纤维的过程中使用的设备。制浆的方法有化学法、机械法和化学—机械法，相应的制浆设备有蒸煮机、磨木机、洗浆机、漂浆机、打浆机及回收设备。

**2. 造纸机**

造纸机指使纸浆形成纸幅的设备，包括流浆箱、网部、压榨部、烘干部、压光部、卷纸机以及传动部等主体部分。

流浆箱将适当浓度的浆料均匀稳定地喷射到网部，在网部上形成湿纸页并进行脱水；造纸机因网部的结构不同而分为长网、夹网和圆网造纸机等种类；压榨部将网部出来的湿纸页的水分挤出，提高纸页的干度，同时消除网痕，增加平滑度、紧度和强度；经过压榨后的湿纸页进入烘干部进一步脱水，使纸页收缩，增加强度；随后经压光部压光后提高纸页的平滑度、光泽度和紧度，使纸页全幅厚度一致；最后由卷纸机将纸幅卷成纸卷。

**3. 纸张整饰加工机器**

由各种不同功能的机器来完成，如涂布机、绉纸机、压纹机、划线机、瓦楞纸型机等。

### （二）印刷机械

印刷主要的工序是：排版、制版和印刷。

**1. 排版和制版**

这是印刷的前期准备工作，只有制成了印版，才能置入印刷机完成印刷工作。

（1）印版的种类

常见的印版有凸版、凹版、平版和孔版。

①凸版

印版表面图文部分凸起，空白部分凹下。印刷时凸出部分涂上油墨，在压力作用下将油墨转印到承印物表面。

②凹版

版面图文部分凹下，空白部分凸起。印刷时油墨被聚集在凹下部分，再在压力下转印到承印物上。

③平版

版面的图文和空白部分几乎处于同一平面上，印刷时利用油、水相斥的原理，先在版面上洒水，空白部分抗油亲水，水聚集在空白部分；再在版面上涂上油墨，图文部分抗水亲油，油墨聚集到图文部分。在压力作用下，使着墨部分（图文部分）的油墨转印到承印物上。

④孔版

版面为网状或有一定弹性的薄层，图文部分通透，印刷时油墨通过印版漏印到承印物上。

在孔版中，丝网印版是主要的品种。它用丝网绷紧在框上，用一些方法在丝网上制成由通孔部分和胶膜填塞部分组成的图像印版。印刷时网框内的油墨可以从通孔部分漏印到承印物上。

（2）排版、制版

排版、制版的技术发展至今，主要采用激光照相排版制版方法，以键盘输入的方式将字符数字化，根据排版指令，在计算机中排成一定的版面，然后通过电光调制器，将数字信息转换成激光束，曝光至感光材料（感光胶片或涂有感光胶的金属版）上，形成制版用感光底片或直接制成照相平版。由于采用了计算机控制，这种排版原理已经超越了传统的照相排版工艺，但仍沿袭用“照相排版”的名称。

对于规范化的文字和图案，也可以采用制版照相机拍摄，直接形成照相底片后再制成印版；有的图案是彩色的，需用电子分色机先将彩色图文制成印刷用的青、品红、黄、黑四色（又称 CMYK）的分色底片，然后制成不同的分色印版，用于彩色画面的套印（在同一承印物上逐次完成四种分色的印刷，构成有各种彩色图文的印刷品）。

**2. 印刷机器**

印刷机将油墨涂于印版，让油墨直接或间接地转印到其他承印物上（如纸张、纺织品、皮革、金属板、木板等），从而复制出和印版相同的印刷品。现代印刷机器一般由装版、涂墨、压印、输纸（包括折叠）等部分组成。

（1）按印刷机器的工作结构（压印形式）分类，一般有平压平式、圆压平式和圆压圆式印刷机。

（2）按照印刷工艺分类，通常有凸版、凹版、平版、孔版印刷机（孔板印刷机又称为丝网印刷机）及特种印刷机。

根据上述对凸版、凹版、平版、孔版等印版的介绍，可知相应的印刷机的工作方式，它们是传统的印刷方式。其中：

平版印刷机发展迅速，品种繁多，而且采用了计算机控制装置，技术上日趋先进。其中尤以“胶印机”具有代表性。“胶印”是将金属印版上的图文墨迹先印到印刷机滚筒表面的橡皮布上，再由橡皮布转印到纸张上去的一种间接的印刷方法。胶印机印刷速度快，印品质量好，保存时间长。

柔性印刷又称柔版印刷，使用具有弹性、可弯曲的印版，故称为柔版印刷。柔版印刷由早期的苯胺印刷发展而来，因苯胺染料油墨有毒，之后开始使用大家公认且可以接受的色料药剂，更名为柔版印刷。印刷时柔版粘固在机器滚筒上，由一根雕刻的金属网纹辊供墨，进行轻压印刷。由于柔性版有很大弹性，能将油墨转移到几乎所有类型的材料上，柔性版印刷被广泛应用。

随着印刷技术与设备的发展，出现了一些特种的印刷方式，如喷墨印刷、热转印印刷和热熔印刷等。

喷墨印刷机由计算机控制喷墨系统，把微小的墨滴从喷嘴直接喷射到承印物上。其喷射速度快，且可在多种平面或非平面承印物上喷印。

热转印印刷机是热印刷机中的一种。它先将油墨印在纸张等材料上，制成转印物，然后将转印物与承印物接触，通过加热使转印物上的油墨融化，并转印到承印物上；也可以在转印物背面加热、加压，使图文转印到承印物上。

热熔印刷机先将特种配方的油墨印制在承印物上，趁油墨未干时在承印物上撒上树脂粉末，使其黏附在墨迹上，然后通过加热使树脂粉末熔融并固化在墨迹上呈微凸状。这种机器多用于印制请柬、贺卡、名片等要求形成浮雕状的印刷品上。

## （三）打印机

打印机按其打印方式分为针式打印机、喷墨打印机、激光打印机等。

### 1. 针式打印机

针式打印机是利用机械和电路驱动原理，使打印针撞击色带和打印介质，进而打印出点阵，再由点阵组成字符或图形来完成打印任务的。

针式打印机的优点为结构简单、技术成熟、性价比高、消耗费用低，其缺点为噪声较大、分辨率较低、打印针易损坏。

### 2. 喷墨打印机

喷墨打印机是利用控制指令来控制喷墨打印头上的喷嘴孔，让喷嘴孔喷出定量的墨水，进而打印在纸张上。

按喷墨打印头喷墨控制方法的不同可分为热气泡式喷墨打印机、压电式喷墨打印机两种。

热气泡式喷墨打印机以惠普、佳能、利盟为代表，此种类型的打印机喷嘴上装有许多的微加热原件，利用加热空气后产生膨胀的方式，让墨嘴中的墨水迅速达到沸点，墨水沸腾时所产生的气泡会产生极大压力，将墨水自喷头挤压而出，落在需要打印的纸张上。此种打印机具有高喷嘴密度及成本低的优点，但由于喷嘴时冷时热，容易造成喷墨打印头老化的现象。因此，这种类型打印机多将喷嘴建在墨水盒中，更换墨水盒的同时，更换掉墨嘴。

压电式喷墨打印机以爱普生为代表，其与热气泡式喷墨打印机不同的地方在于：控制喷墨的介质不是空气，而是一个晶体。打印机的喷嘴内含微小的晶体，当电流通过晶体的同时，使晶体产生膨胀，将墨水自喷嘴内挤压而出，从而打印在纸张上；而没有电流通过时，晶体管便会收缩，于是打印头就会停止打印。

**3. 激光打印机**

激光打印机是由计算机发出打印指令送给微处理器，微处理器控制各组件协调运行。一方面由高压发生器产生静电，对硒鼓表面进行均匀充电；另一方面经微处理器调制的激光发射器，发出与字符信息相关的非连续的激光束，通过扫描马达和光学组件，对均匀转动的硒鼓表面进行逐行扫描。受激光照射的硒鼓表面，原先附着的静电消失，从而形成由电荷组成的静电潜像，该潜像对应的是字符信息。之后利用静电作用将显影辊上的炭粉吸附在硒鼓表面，从而在硒鼓表面形成由炭粉组成的字符图形。当打印纸快贴近硒鼓时被充上高压静电，打印纸上的静电电压高过硒鼓上的静电电压，将硒鼓表面由炭粉组成的字符图形吸附到打印纸上。最后，带有由炭粉组成的字符图形的打印纸进入加热定影组件，将炭粉牢牢地固定在打印纸上，形成了精美的稿件，完成打印过程。激光打印机的打印原理见图 16-43。

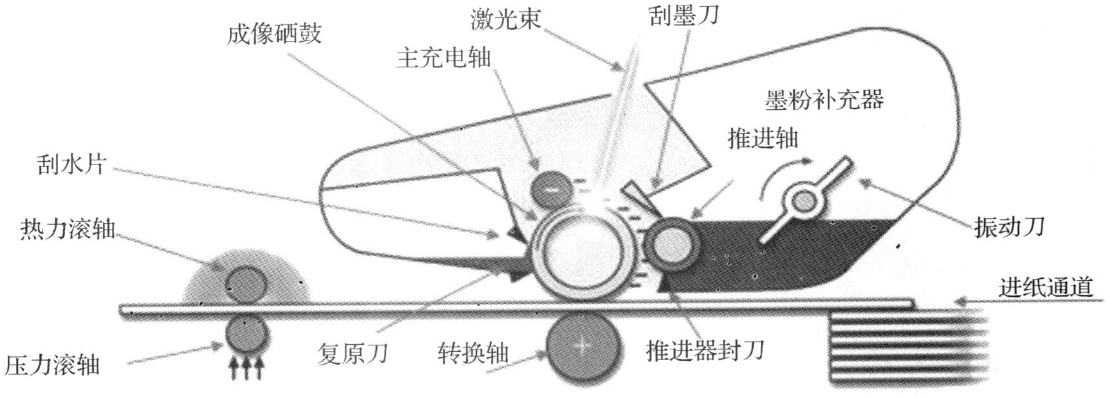


**图 16-43　激光打印机的工作原理**

可见，激光打印机的核心技术是静电成像，这与传统的静电感光复印机的成像原理相似。两者最主要的不同是图像信息来源不同。激光打印机将图文经过光电转换成数字信号，再由激光器做电光转换，调制出激光信号（该光信号与字符信息相关），使硒鼓产生静电潜像；而传统复印机直接将原信息（如图像）曝光至硒鼓上形成静电潜像。另外，激光打印机给硒鼓充的是负电荷，碳粉带的是正电荷；而传统复印机给硒鼓充的是正电荷，碳粉带的是负电荷。

## （四）复印机

复印机是指利用各种复印技术由书写、绘制或印刷的原件复制出副本的装置。

**1. 复印机的分类**

复印机的分类如下：

- 复印机
  - 感光式复印机
    - 静电复印机
      - 直接式静电复印机
      - 间接式静电复印机
    - 光化学复印机
      - 带光学系统的光化学复印机
      - 接触式光化学复印机
  - 热敏复印机

复印机根据其工作原理不同，可分为感光式和热敏式两种。其中，复印时有曝光过程的为感光式复印机；通过热敏反应得到复印件的为热敏复印机。

感光式复印机根据感光方式的不同，可有静电感光式和光化学式两种。静电感光式采用静电成像原理，主要有直接式静电感光复印机和间接式静电感光复印机。直接式静电感光复印机将图像直接成像、显影在复印纸（如氧化锌纸）上；间接式静电感光复印机则是先成像并显影在光导鼓上（如硒鼓），然后再转印在普通纸上。后者是我们应用最广泛的一种。

光化学式又称化学试剂涂层式，可直接对涂有光敏乳剂的复印纸曝光，通过光化学反应显影而得到复印件。根据有无光学系统可分带有光学系统的光化学复印机式（即非接触感光）和接触感光式光化学复印机。接触式光化学复印机没有光学系统，原稿和复印纸的感光面直接曝光接触而完成复印，故所得的复印品与原稿大小等倍；非接触式光化学复印机内有一套光学系统，可将原稿图像放大或缩小后，再曝光到复印纸上，因此所得的复印件与原稿大小不同。

热敏复印的工作原理是在复印纸上涂有热敏乳剂，当用红外光照射原稿的黑色部分（图像）时，黑色部分因吸收光照而产生热量，使复印纸上的乳剂色调变深，从而得到复印品。

另外，复印机按处理的介质不同，分为模拟式复印机和数字式复印机。上述介绍的感光式复印机和热敏式复印机均为模拟式复印机（传统式复印机），只能如实进行文稿的复印；数字式复印机可将影像转换成数字信号后，传输至计算机，一方面可实现图像的存储、传输以及编辑排版（图像合成、信息的增加与删除、局部放大或缩小、改错）等多种功能，另一方面通过激光打印的原理（打印机中详述）在纸上成像，实现复印的效果。

**2. 间接式静电感光复印机的原理和构造**

（1）工作原理

在复印前先给光导体（硒鼓）充电，使之带上正电荷。原稿经光学系统曝光后，光线透过原稿空白部分到达光导体（硒鼓），光导体被曝光的部分正电荷消失，未曝光的部分仍聚集着正电荷，形成了由静电荷组成的潜像，成为“静电潜像”，其正电荷的分布与原稿的非空白部分（图文部分）是一致的。然后让带负电荷的碳粉吸附在光导体的正电荷部分，并经转印将碳粉移到普通纸上后，热滚定影使碳粉中含有的树脂熔化粘结在纸上，从而得到复制品。

该种复印机采用了静电成像技术，先在中间体（硒鼓）上形成潜像，然后在转印到普通纸上，故成为“间接式静电感光复印机”。直接式静电感光复印机将图像直接成像、显影在复印纸（如氧化锌纸）上，因此与“直接式”相比，其复印纸的成本大为降低被广泛使用。

（2）构造

间接式静电感光复印机主要有三部分组成：

光学部分（原稿的照明和光学聚焦成像部分）、光导体（硒鼓）上形成潜影像并显影部分，以及复印纸的进给、转印和定影部分。其中硒鼓是其关键零部件。

静电复印机的结构见图 16-44。

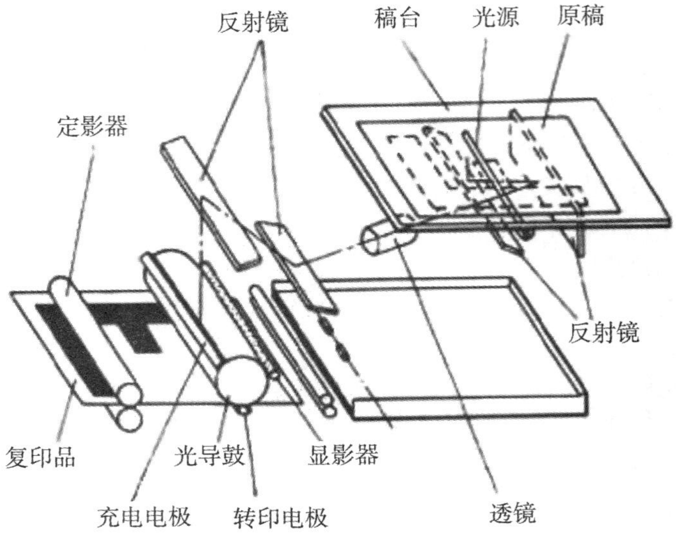


**图 16-44　间接使静电复印机的结构**

彩色静电复印设备（间接法）又称多色复印设备，在复印机中采用红、绿、蓝三色滤光镜将彩色原稿图分解为三原色，感光鼓需经过三次分色曝光，每一次分色曝光后形成的静电潜像，用含有该原色的补色色调剂显影，每次显影后的粉末图像顺次转印到同一张复印纸上。转印后，通过定影步骤使三色粉末粒子熔固在纸上，产生与原稿一致的全彩色复印品。

### （五）传真机

传真机指能实现远距离图文传送的装置，它能将文档、图片等信息转换为电信号，然后沿电话线发送出去。传真机的发送部件能够识别画面颜色的深浅，并把它们转换成不同强度的电信号传送出去；其接收部件把接收到的电信号经过一系列处理，把它转换成原来的图画和文字。

常见的传真机可以分为四大类：

1. 热敏纸传真机（也称为卷筒纸传真机）；
2. 热转印式普通纸传真机；
3. 喷墨式普通纸传真机（也称为喷墨一体机）；
4. 激光式普通纸传真机（也称为激光一体机）。

这四类传真机在接收到信号后的打印方式是不同的。

热敏纸传真机通过热敏打印头将打印介质上的热敏材料熔化变色，生成所需的文字和图形。热敏纸传真机在复杂或较差的电信环境中的兼容性相当好，传真成功率比较高，是最常见的传真机品种。但是热敏传真机的功能单一，仅有传真功能，有些也兼有复印功能，硬件设计简单，不能连接到电脑。

热转印普通纸传真机从热敏技术发展而来，它通过加热转印色带，使涂敷于色带上的墨转印到纸上形成图像。

激光式普通纸传真机是利用碳粉附着在纸上而成像的一种传真机，其工作原理主要是利用机体内控制激光束的一个硒鼓，凭借控制激光束的开启和关闭，从而在硒鼓产生带电荷的图像区，此时传真机内部的碳粉会受到电荷的吸引而附着在纸上，形成文字或图像图形。

喷墨式普通纸传真机的工作原理与点矩阵式列印相似，其是由步进马达带动喷墨头左右移动，把从喷墨头中喷出的墨水依序喷布在普通纸上完成列印的工作。

**（六）多功能一体机**

鉴于喷墨/激光成像方式可以实现复印、打印和传真，相对于热敏纸传真机功能单一的缺点，喷墨/激光传真机可以体现出功能的多样性。它们除了有普通的传真和复印功能，还可以连接电脑进行打印和扫描的操作，还可将传真保存到电脑中，这样更能节省纸张和墨水。这种基于喷墨/激光传真为设计，通过静电成像或喷墨成像技术来完成传真、打印、复印等多种功能的机器，被称作“多功能一体机”。

## 阅读材料九：纺织、皮革加工机械

**（一）纺织机械**

纺织机械主要包括织前机械、织造机械及织后染整机械。

**1. 织前机械**

织前机械指织物织造之前的加工处理机械，包括对纺织纤维的成形和处理、纺纱、织前准备机械等。

（1）化学纤维的成丝机器

通常将天然的或合成的高分子物制成纺丝熔体或溶液，经过过滤、计量，由喷丝头挤出液态细流，接着凝固成纤维。这时的纤维力学性能很差，不能直接应用，必须对纤维进行拉伸和热定型，以提高纤维的力学性质和尺寸稳定性。

喷丝头是化学纤维纺丝机上的精密机件，其形状一般为帽子形、圆板形和瓦楞形，面上由许多大小一致的孔眼。喷丝头、分配板和过滤材料等合在一起组成喷丝头组件。

将喷出的液态细流凝固成纤维有多种方法，如通过化学凝结剂凝固；冷风和冷水凝固；热气流凝固，即细流遇到热空气，溶剂挥发，细流中高聚合物固化成纤维。

（2）其他纺织纤维的预处理和纺纱机械

除了化学长纤维之外，其他纺织纤维（如天然纤维和化学短纤维）在纺前需对原料作预处理，如开松、混合、去杂、梳理等，将纤维原料松解成单根纤维状态，再制成纤维条。有的纤维条还需梳理除去部分疵点。

通常将几根纤维条合并、牵伸，使纤维条中的纤维进一步伸直平行，然后逐步拉细，先纺成粗纱，再纺成细纱。有的纤维条可以直接纺成细纱。

细纱机是纺纱的主要机器。各种细纱机基本上都由喂入机构、牵伸机构、加捻和卷绕机构组成。喂入机构的作用是将粗纱抽引出来并喂入牵伸机构，经牵伸后的须条由“罗拉”（有“辊”的含义）输出，随后加拈成纱并卷绕在纱管上。细纱机的种类较多，其中以环锭细纱机和气流纺纱机应用最多。

①环锭细纱机

环锭细纱机是一种由锭子、钢领和钢丝圈组成加拈、卷绕机构的细纱机。

锭子（见图 16-45）是纺纱机上加拈、卷绕的主要部件之一，粗纱机、细纱机和拈线机上都有锭子，完整的纺纱机就是由许多锭子并排配置而成。细纱锭子由锭杆、锭盘、支撑部件、锭脚及制动器等组成。锭杆和锭盘组成回转体，纱线筒管套在锭杆上端回转，完成加拈和卷绕；锭脚是锭子的支座，并作贮油之用；制动器用以制动锭子和纱管以便接头操作。

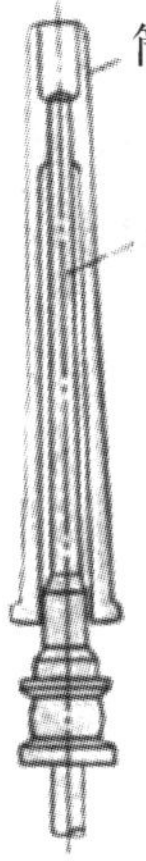


**图 16-45 锭子**

钢领（见图 16-46）是一种钢制的圆形机件。锭子转动时，钢丝圈被纱条带动沿着钢领内侧圆弧面旋转。钢丝圈每转一转，就给牵伸后的须条加上一个拈回。同时，由于钢丝圈的转速滞后于锭子转速，遂产生卷绕，绕成一定形状的管纱。

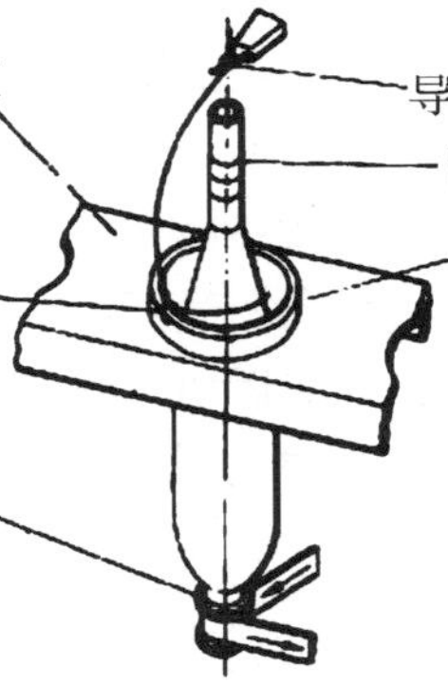


**图 16-46 钢领**

②气流纺纱机

气流纺纱机是新型纺纱机的一种，又称“转杯纺纱机”，其主要部件有转杯、给棉机构、分梳辊、引纱管和阻拈器等。

机器工作时，纤维条被分梳辊开松成单纤维，随气流输送到高速回转的转杯内壁，在离心力的作用下，凝聚成环行的须条，并引出至阻拈器。由于阻拈器的摩擦作用，使阻拈器端的纱线与转杯中的纱线有速度差，进而产生捻度。加捻后的纱线被引出，直接绕在纱线筒子上。

气流纺纱机纺纱速度快，卷绕容量大，劳动环境大为改善。

（3）织前准备机器

织前准备机器主要有络纱机、整经机、浆纱机、穿经机和卷纬机等。

络纱机：将管纱、绞纱等重新卷绕在各种形式的筒子上的机器。筒子将安装于织机上。

整经机：将一定根数的经向纱线（经纱）按规定的长度和宽度平行卷绕在织机的经轴上的机器。经过整经的经纱供浆纱和穿经之用。

浆纱机：在经纱上施加浆料以提高其可织性的机器。

穿经机：将经轴上的经纱依次穿入织机中的经停片、综和筘的机器。

卷纬机：将用做纬纱的管纱、筒子纱重新卷绕成适合装入梭子内腔的纡子中的机器。

**2. 织造机械**

织造是将纱线织成织物的工艺过程。织造工艺分为机织、针织和特种织造（如缝编、刺绣、花边、无纺制造等），其中机织和针织是目前最主要的织造方式。

（1）机织机械

以纱线作经、纬交织形成织物的工艺，称为机织。用于机织的机器，称为织机（见图16-47）。

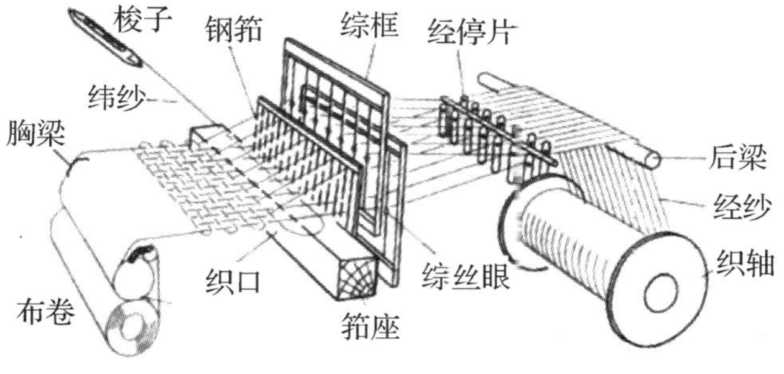


**图 16-47　织机**

织机的工作过程：经纱从织机的织轴（即“经轴”）上引出，绕过后梁，穿过停经片、综眼和筘到达织口；综框分别作上、下运动，使穿入综丝眼中的经纱分成两层，形成梭口，以便把纬纱引入梭口；纬纱由梭子引入，经过纱层后，由筘座上的筘把它推向织口，完成经纬交织形成织物；织物绕过胸梁，在卷布辊的带动下，卷绕到卷布辊上。

综上所述，织机由五个基本机构组成：送经、开口、引纬、打纬和卷取机构。

其中，开口机构是将经纱分成上下两层形成梭口的机构。这些机构通过一定的机械部件来控制棕框的升降及其顺序，以形成各种织物组织。如多臂开口机构有16~32页综框，可以织造各种小花纹织物；提花开口机构则可织造大花纹织物。

除了上述的五个基本机构外，织机上还可有多种辅助装置，如经纬纱断头自停装置、护经装置、飞梭防护装置等。

无梭织机是用压缩气流或高压水流引导纬纱穿过织口的织机。用压缩气流引纬的称喷气织机；用高压水流引纬的称喷水织机。这些织机的引纬系统主要由空气压缩机、喷射泵、喷嘴、储纬机构、夹纬机构和割纬刀等组成。

(2) 针织机械

利用织针将纱线构成线圈，再经串套连接成织物的工艺，称为针织。

织针（见图 16-48）是针织机上主要的成圈机件，由钢丝或钢带经机械加工制成。常用的织针有槽针、钩针、舌针和复合针等。

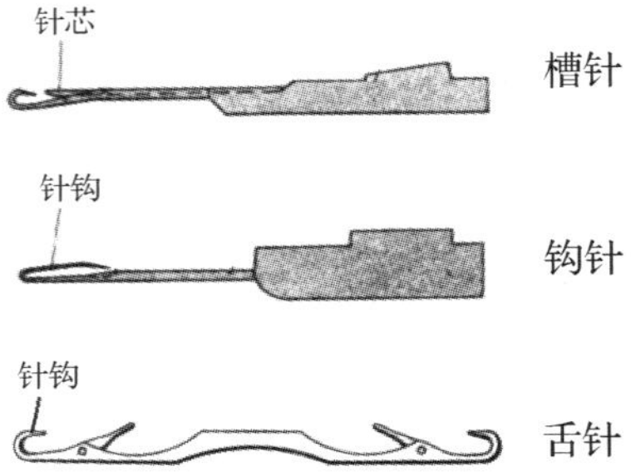


**图 16-48 织针**

针织可以分为经编和纬编两大类。每根纱线沿纬向顺序各自垫放在针织机的各织针上，可形成纬编织物；每根纱线沿纵向顺序各自垫放在针织机的各织针上，可以形成经编织物。

织针配置在圆形针筒上，用以生产圆筒形织物的针织机，称为“圆形针织机”；织针依次平列配置在平板型针床上，用以生产成形衣片、衣坯和平幅坯布的针织机，称为“平形针织机”。

**3. 织后染整机械**

这类机器主要进行以下染整工作：

(1) 对织物进行洗涤、漂白、绞拧、清洁、熨烫、染色、干燥等处理。

(2) 对织物进行上浆、浸渍、涂布或整理（例如，剪毛、缩绒、上光等），使其具有某种特性或改善其外观。

(3) 对织物进行卷绕、折叠、剪切等处理。

## (二) 皮革加工机械

皮革加工机械主要包括制革、皮革制品的制作及修补机器。

**1. 制革机器**

制革工艺是指除去毛和非胶原纤维，使真皮层胶原纤维适度松散，固定和强化，再加以整饰等的一系列化学、机械处理过程，通常分为准备、鞣制和整饰三个阶段（具体制革过程请参见第四十一章的内容）

制革过程中使用最多的装置是转鼓。制革中的浸水、浸灰、脱毛、软化、浸酸、鞣制、染色、乳液、加油等工序都要在转鼓中完成，通过转鼓的机械作用，促进各种化工材料的均匀渗透，完成制剂对皮的化学作用。

**2. 皮革制品的制作及修补机器**

这类机器包括切片或削皮机、皮革冲压机、穿孔机、刺孔机、制鞋靴机器。其中，制鞋靴机器包括切槽机、楦鞋机、连续敲打机、填塞机、贴边机、上底机、磨光整理机、鞋靴拉撑机等。

# 阅读材料十：金属或其他硬质材料的加工机械

## （一）冶金机械

冶金机械是在金属的冶炼、铸锭、轧制过程中使用的各种机械和设备。

冶金工艺相对复杂，相应的机械结构庞大、能耗大，生产连续化，设备成套性强。

**1. 冶炼机械**

冶炼是用高温将金属矿石冶炼成为一定纯度的金属，或者将几种金属和非金属配合，冶炼成为一定成分的合金。

冶炼机械主要包括各种炉、窑和配套的上料、出料及铸锭等设备。

（1）高炉

高炉炼铁时，从炉顶不断地装入铁矿石、焦炭、熔剂，从高炉下部的风口吹进热风（1000℃～1300℃），喷入油、煤或天然气等燃料。装入高炉中的铁矿石，主要是铁和氧的化合物。在高温下，焦炭中的碳燃烧生成一氧化碳，进而将铁矿石中的氧还原出来，得到生铁。铁水从出铁口放出，铁矿石中的脉石、焦炭与加入炉内的石灰石等熔剂结合生成炉渣，从出渣口排出。

（2）转炉

用于吹炼或精炼金属（例如铁炼成钢）。最常见的是氧气顶吹转炉，通常对炉内高温的物质吹入纯氧（或空气），使大部分杂质氧化成气体排出或形成炉渣沉淀，因此从转炉中倒出的是有一定纯度的熔融金属。

（3）浇包

用以盛接熔炉内的熔融金属，并将其倒入转炉或铸模的装置。

**2. 铸造机械**

铸造是将熔炼后的金属液体浇入铸型里，经冷却凝固、清理处理后得到有预定形状、尺寸的铸件的工艺过程。铸造是现代机械制造工业的基础工艺之一。

“铸型”是使液态金属成为固态铸件的容器，其内部称“型腔”，轮廓相当于所制铸件的外形。

铸造可以将熔融金属暂时铸成锭，或是直接铸成金属制品。

铸造成形的方法很多，这里不赘述。以下是连续铸锭机的工作示意图（见图 16-49）。其工作过程：钢水通过结晶器后被连续拉出成锭，锭材又受到喷射水的二次冷却而完全凝固，当锭料被拉至一定长度时，由切割机切成段料，供进一步加工使用。

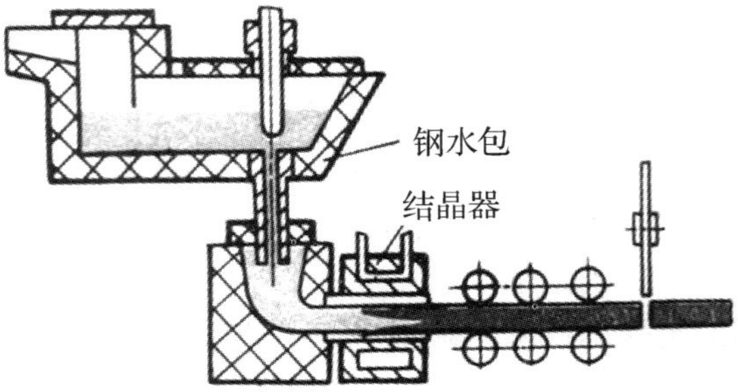


图 16-49 连续铸锭

3. 轧延机械

轧延以轧机为主体，利用旋转的轧辊辗压坯料，使金属按规定的要求产生塑性变形，同时改变金属结构，改善金属质量。轧延是生产率最高、成本最低的金属成型方法，主要有热轧和冷轧两种方式。

热轧是在轧件加热的条件下进行轧延，以降低轧延压力；冷轧是在室温下进行，可使轧件得到很高的形状尺寸精度和表面光洁度，并改善轧件的机械性能。

轧机可用于：将金属材料压薄，并使其长度增加；将钢坯、钢块等轧成具有持定截面的材料，如条、杆、棒、(异）型材、钢轨等；滚轧管材；滚轧车轮坯等。

轧辊是轧机中用于滚压的重要部件，用铸铁、铸钢或锻钢制成，表面通常经淬火处理，并经精密加工，其尺寸精度很高。轧辊可以是光面的，也可以开有各种形状的槽口，用于滚轧成各种截面形状。

（二）机床

机床是对金属（或其他硬质材料）的坯料或工件进行加工，使之获得所要求的几何形状、尺寸、精度或表面质量的一类机械设备。

机床的种类很多，从不同的角度有以下几种分类方式：

按被加工的对象分为：金属加工机床、非金属加工机床。

按加工方式分为：切削机床、非切削机床和特种加工机床。

按控制方式分为：普通机床、仿形机床、程序控制机床和数控机床等。

按加工成形体分为：齿轮加工机床、螺纹加工机床和花键加工机床等。

按加工精度分为：普通精度机床、精密机床和高精度机床等。

以下从加工方式的角度，介绍机床的基础知识。

1. 切削加工机床

切削加工即指用切削工具（包括刀具、磨具和磨料），将工件上多余的料层削去，从而获得合格零件的加工方法。切削加工是机械制造中最主要的加工方法。

切削加工的基本运动方式以及常见的切削方法在第八十四章第十一节“机床归类概述”中已有介绍，这里不再重复了。

常见切削加工机床有：

（1）车床

车床是做车削运动的切削机床。

车削成形效果见图 16-50。车削时，车刀做直线运动（走刀），工件做旋转运动，切削去多余的料层，从而获得合格零件。

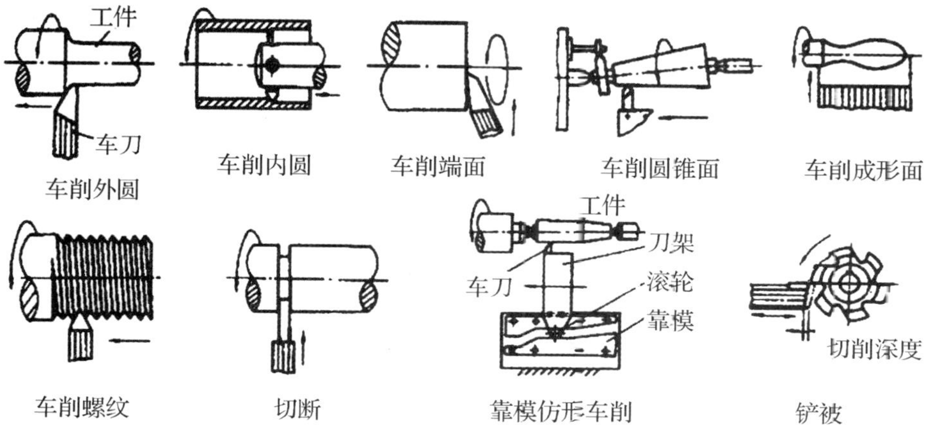


**图 16-50 车削成形效果**

车床主要用于加工轴、盘、套类和其他具有回转表面的工件，是机械制造中使用最广的一类机床。

通过车削运动，可以将工件加工出多种外形效果。（见图 16-50）

车床按控制方式可分为：普通车床、自动车床（包括仿形车床和数控车床）。

车床按其结构可有：卧式车床、立式车床、转塔车床、回转车床等。（图 16-51）

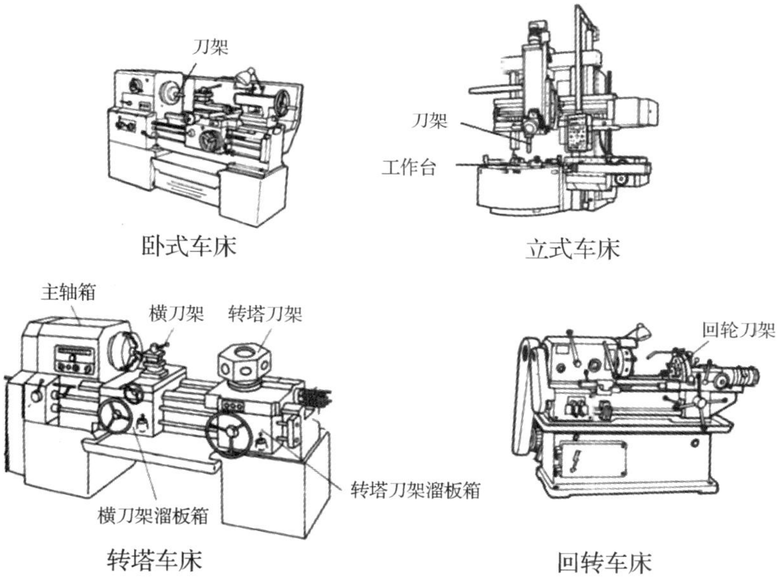


**图 16-51 各类车床**

卧式车床的主轴（机床上带动工件或刀具旋转的轴）水平布置，做旋转主运动，大刀架沿床身做纵向运动，可车削各种旋转体和内外螺纹等，是使用范围较广的车床。立式车床是指主轴竖直布置，工作台在水平面内旋转，刀架作垂直或斜向进给的车床，适用于加工较大、较重、难于在卧式车床上安装的工件。转塔车床是具有回转轴线与主轴轴线垂直的转塔刀架，并可顺序转位切削工件的车床。

（2）钻床

钻床是指主要用钻头对工件进行钻孔的机床，其相应的切削运动是钻削。钻削方式有两种：

①工件不动，钻头做旋转运动和轴向进给运动。

②工件旋转，钻头仅做轴向直线运动。

图 16-52 是各类常用钻头的外形图。

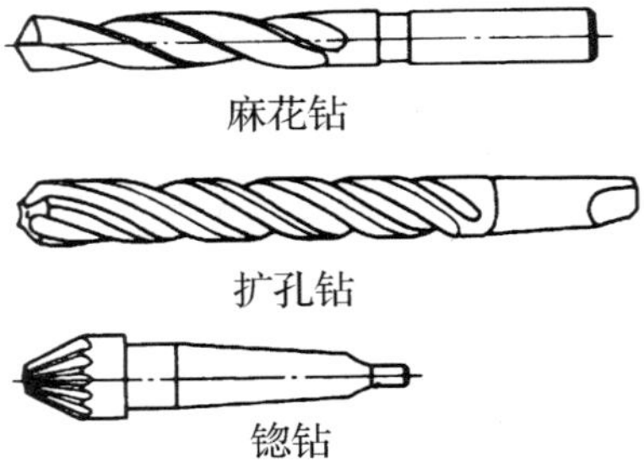


**图 16-52　几种常用钻头**

钻床按结构不同有台式钻床、立式钻床、摇臂钻床等（图 16-53）。

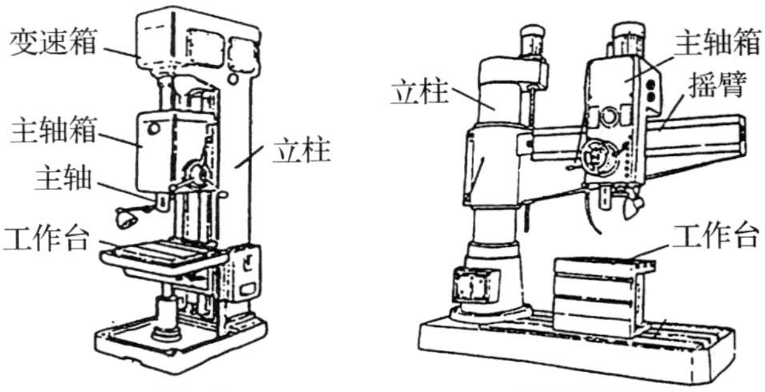


立式钻床　　摇臂钻床

**图 16-53　立式钻床、摇臂钻床**

台式钻床简称“台钻”，外形与立式钻床相似，但它安装在钳工台上使用，由皮带拖动，没有自动进给，常用于加工小型工件。立式钻床简称“立钻”，工作台和主轴箱可在立柱上垂直移动，一般齿轮变速，有自动进给，用于加工中、小型工件。摇臂钻床主轴箱能在摇臂上移动，摇臂能回转和升降，工件固定不动，适用于加工大、重且多孔的工件。

（3）镗床

镗床是指主要用镗刀对工件已有的孔进行镗削使之达到精度要求的机床。镗削（见图 16-54）时，工件安装在机床工作台或机床夹具上，镗刀装夹在镗杆上，由主轴驱动旋转，同时工作台做直线进给。镗削主要用于加工工件上的圆柱孔、螺纹孔、孔内沟槽和端面。

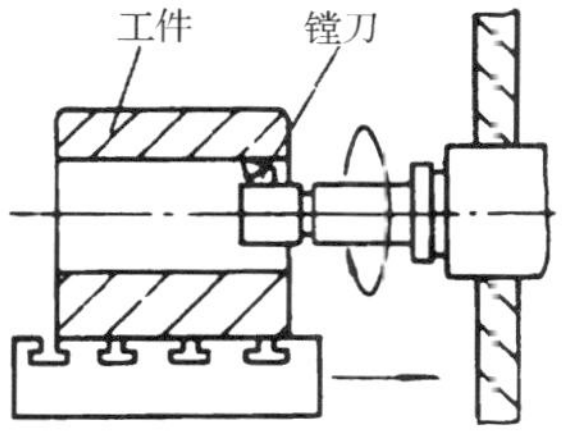


图 16-54 镗削圆柱孔示意图

按镗床的构造，可分为卧式镗床（图 16-55）和落地镗床。

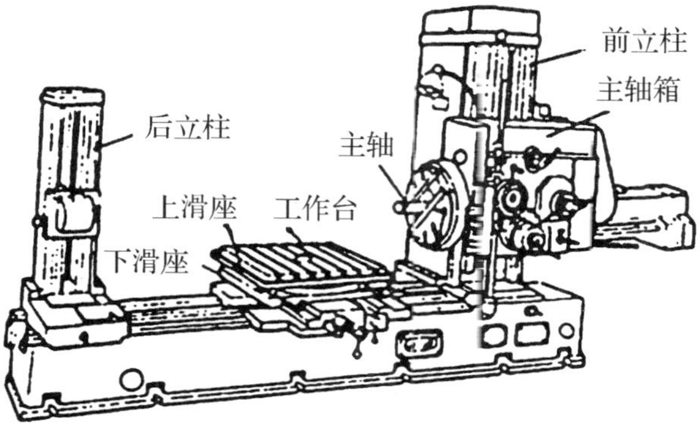


图 16-55 卧式镗床

集镗、铣削功能为一体的落地镗铣床是一种重要的重型机床。

（4）铣床

铣床是指用铣刀对工件进行铣削加工的机床。铣削工作时，铣刀旋转，工件做直线运动投入切削。铣削适用于加工平面、沟槽、各种成形面和模具的特殊形面等（见图 16-56）。

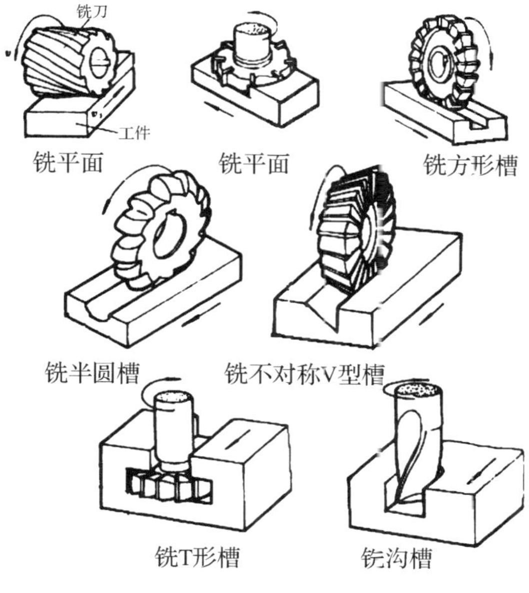


图 16-56 几种常见的铣削效果

铣床种类很多，按布局形式有升降台铣床、龙门铣床、单臂铣床等。以下主要介绍前两种应用广泛的铣床。

升降台铣床是工作台可做纵向、横向和垂直进给运动的铣床，主要有万能式、卧式和立式三种。万能式升降台铣床（见图 16-57）的床身与底座相连，升降台沿床身垂直升降，滑鞍可沿升降台上的导轨做横向进给。机床有两层工作台，下工作台装于滑鞍之上，能在水平面内正负 450 范围内回转一定的角度。上工作台供安装工件之用，可沿下工作台的导轨做纵向进给，这样各部件相互配合工作，完成工作台纵向、横向和垂直运动。

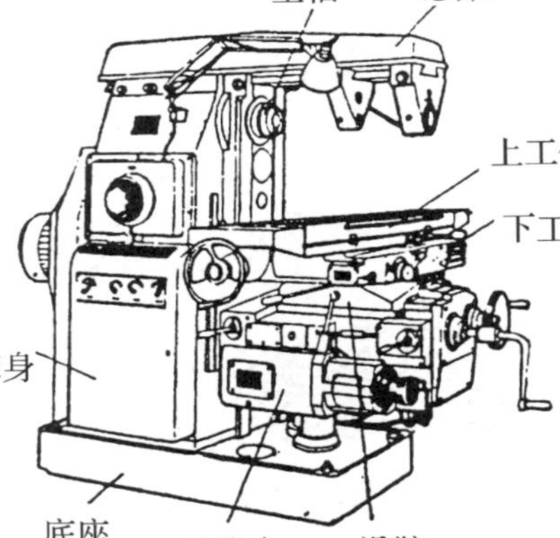


**图 16-57　万能式升降台铣床**

卧式升降台铣床的工作台不能回转，其余则与万能式升降台铣床相同。

立式升降台铣床的主轴是垂直设置的，其余与卧式相似。

龙门铣床是具有门式框架和卧式长床身的铣床（见图 16-58）。立柱和顶梁构成门式框架，横梁可沿两立柱导轨做升降运动，横梁上的垂直铣头可沿横梁导轨做横向运动；两立柱上还可分别安装一个水平铣头，它可沿立柱导轨做升降运动。这些铣头可同时加工几个表面，每个铣头都可由单独的动力、传动装置来控制。龙门铣床适合在成批和大量生产中加工大型工件的平面和斜面。

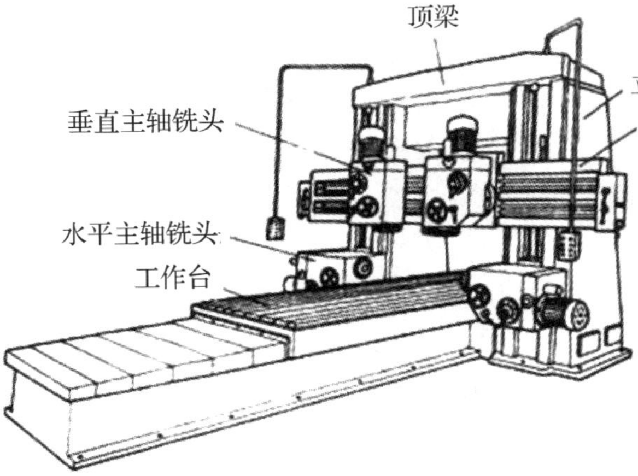


**图 16-58　龙门铣床**

（5）刨床

刨床是用刨刀对工件进行刨削的机床，适用于工件的平面、沟槽或成形表面的加工。

刨削工作时，刨刀与工件均在水平方向上做相对直线往复运动。

刨床主要有牛头刨床和龙门刨床。牛头刨床（图 16-59）因滑枕前端的刀架形似牛头而得名，主要用于单件小批量生产中小型工件上的刨削。龙门刨床（图 16-60）是具有门式框架和卧式长车身的刨床，其工作台带着工件通过门式框架做直线往复运动，主要用于刨削大型工件，也可在工作台上夹装多个工件同时加工。

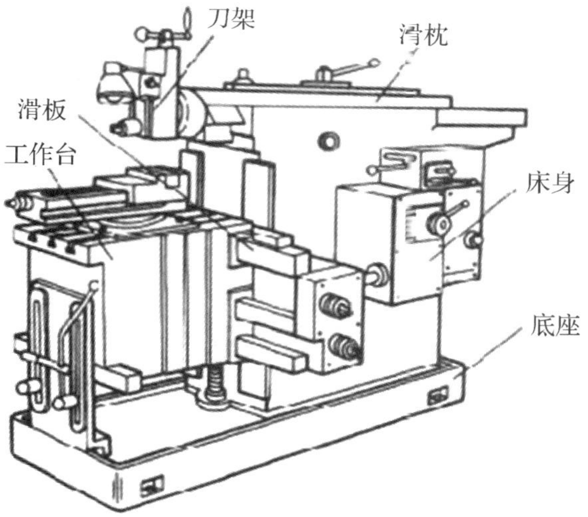


**图 16-59　牛头刨床**

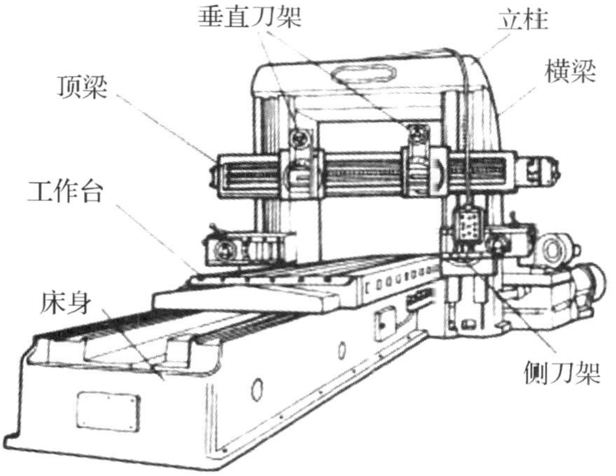


**图 16-60　龙门刨床**

（6）磨床

磨床是指利用磨具对工件表面进行磨削加工的机床。

磨削工作时，磨具与工件做相对运动（旋转或直线），加工工件表面。

图 16-61 是几种常见磨削方式。

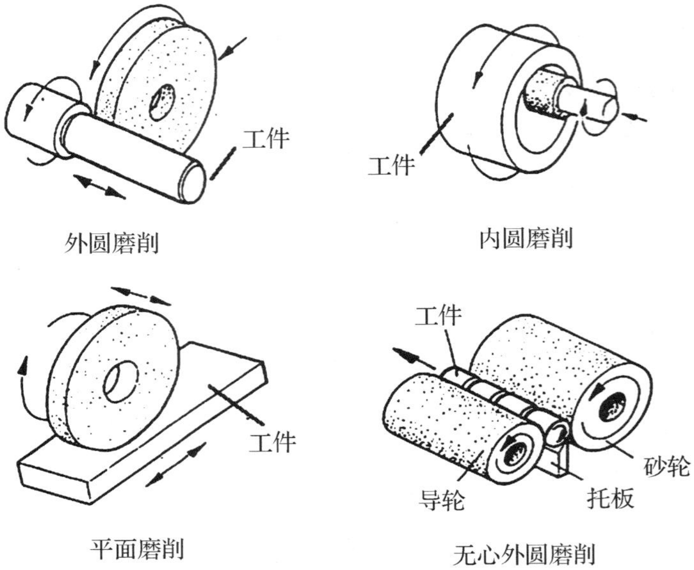


**图 16-61　几种常见磨削方式**

按照使用磨具的不同，常见的磨床有：

①使用高速旋转的砂轮和环形纱带的磨床

这类磨床中又有外圆磨床、内圆磨床、平面磨床、无心磨床、砂带磨床等。图 16-62 是卧式平面磨床。

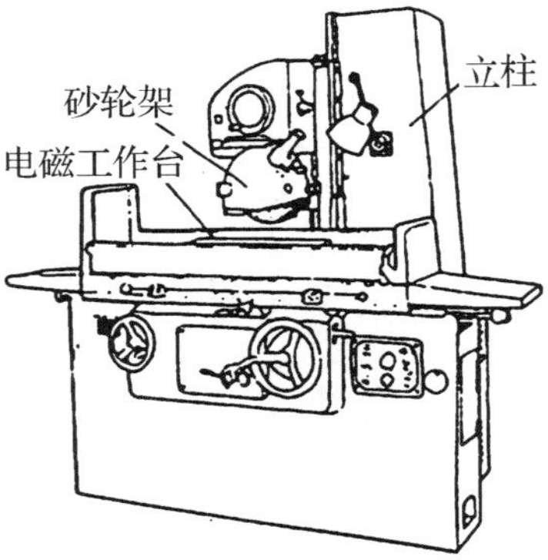


**图 16-62　卧式平面磨床**

②研磨机

研磨机是对工件表面进行研磨加工的磨床。工作时，用涂敷（或压嵌）在研具上的磨料颗粒，通过研具和工件在一定压力下的相对运动，对工件表面进行精整加工，它可加工各种金属和非金属，主要用于研磨工件中高精度的各种型面。

常用的双盘式研磨机（见图 16-63）工件置于上、下研磨盘之间，由传动装置带动做平面平行运动，下研磨盘旋转，上研磨盘可以不转（或反向旋转），并可上下移动压紧工件，完成研磨工作。

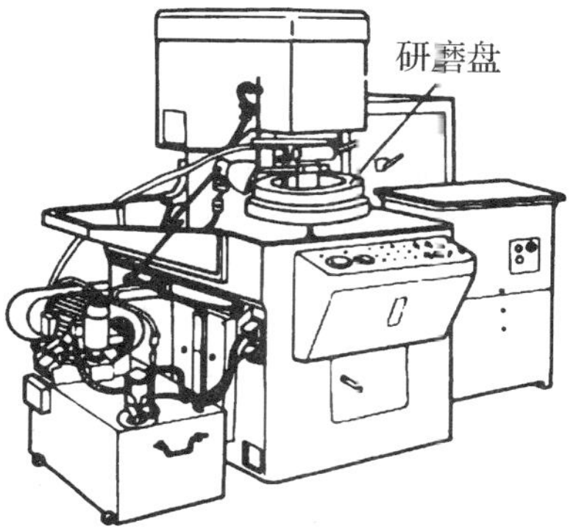


图 16-63　研磨机

③珩磨机

珩磨是用镶嵌在磨头上的油石对工件表面进行的精整加工。机器中的油石是用磨料和黏合剂等制成的条状固结磨具，可以手工打磨，也可以装于珩磨机中。油石有人造和天然的两类。

珩磨机主要用于加工孔径为 5 毫米～500 毫米或更大的圆柱孔，如缸筒、阀门、连杆孔和箱体孔等，孔深和孔径之比可达 10，甚至更大。

珩磨机有立式（见图 16-64）和卧式两种。立式珩磨机中嵌有油石的珩磨头由竖直安置的主轴带动旋转，同时受液压驱动做垂直往复进给运动，其工作行程较短。卧式珩磨机的工作行程较长，珩磨头水平安置不旋转，只做轴向往复运动，工件由主轴带动旋转，完成打磨。

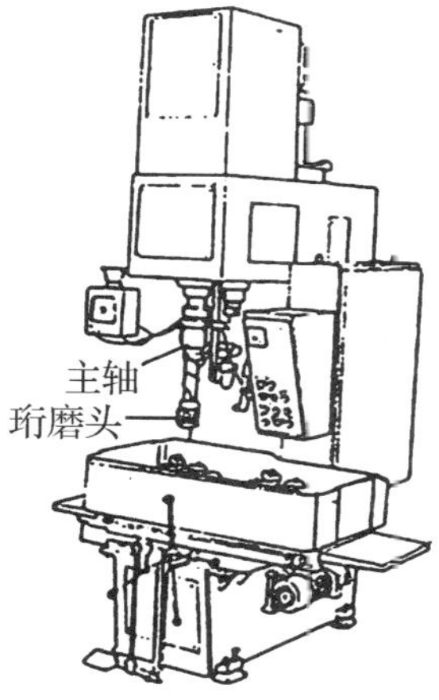


图 16-64　立式珩磨机

④抛光机

抛光机通常以抛光轮作为打磨工具，以得到光滑表面或镜面光泽。抛光轮一般用多层帆布、毛毡或皮革叠制而成，两侧用金属夹板夹紧，其轮缘涂敷由微粉磨料和油脂等均匀混合的抛光剂。

（7）插床

插床是利用插刀的竖直往复运动插削键槽和型孔的机床。插床见图 16-65。插削工作方式与刨削相似，但是插刀可以深入孔中做竖直的往复运动，向下是工作行程，向上是回程。

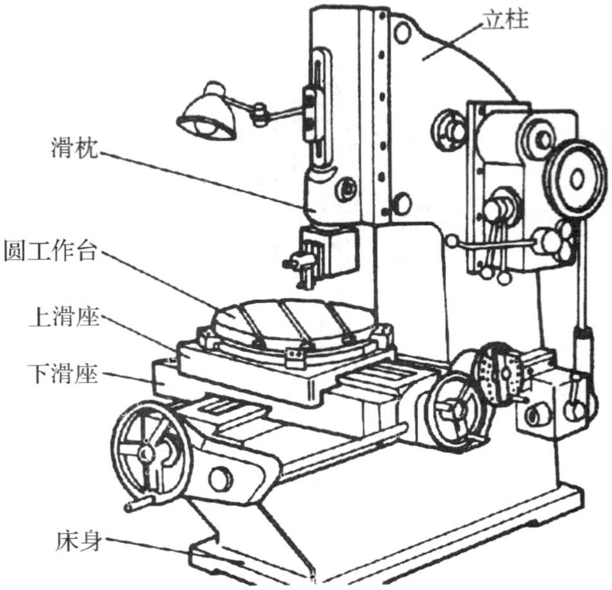


**图 16-65　插床**

插床一般用于插削单件、小批生产的工件，加工的效率和精度不高，批量生产中常用铣削和拉削代替。

（8）拉床

拉床是用拉刀作为刀具加工工件通孔、平面或成形表面的机床。拉削（图 16-66）过程中，当拉刀相对工件做直线移动时，工件的加工料层由拉刀上的刀齿（逐齿递增尺寸）依次切除，通常一次工作行程即能加工成形。

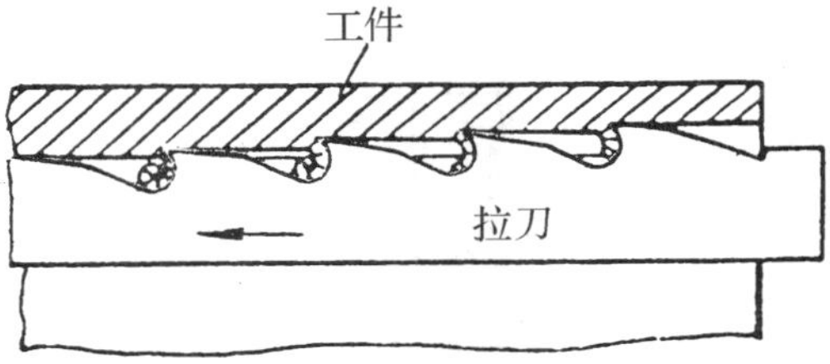


**图 16-66　拉削**

拉削能获得较高的尺寸精度和较小的表面粗糙度，生产率高。

拉床按加工表面不同，可分为内拉床和外拉床。内拉床用于拉内表面，如花键孔、方孔等。

**2. 非切削机床**

这里的“非切削”，是指除了上述切削加工方式之外，其他对各种硬质材料进行表面成形的机械加工方式。

属于非切削的方式有：锻造、冲压、弯曲、矫直、折叠、剪切、冲孔、开槽、拉拔、滚压等。

其中，锻造和冲压是两种主要的非切削方式，合称“锻压机械”。

（1）锻造机械

锻造是在高温及压力下使金属坯料变形的加工方法。通常将待加工的金属制成钢锭、

方钢坯、薄板坯等半制品形状。锻造主要有两种方法

①自由锻造

将加热好的金属坯料放在锻造设备的平砧之间或简单工具之间，利用锻锤的压力使金属变形。常用的自由锻造设备有空气锤、蒸汽锤、水压机。

②模锻

将加热的金属坯料放入模膛内，锻模施加外力作用于金属，使之获得与模膛形状一致的锻件。主要设备有模锻机和摩擦压力机。

（2）冲压

冲压是利用冲模对板料加压使其产生分离或变形，从而获得所需零件的加工方法。冲床是进行冲压的基本设备。

冲压件与铸件、锻件相比，具有薄、匀、轻、强的特点，全世界的钢材消耗中，有70%是板材，大部分经过冲压制成成品。

**3. 特种加工机床**

特种加工机床是指直接利用电能、热能、声能、光能、电化学能等，对工件进行加工的机床。特种加工中以采用电能为主的电火花加工和电解加工应用较广，俗称“电加工”。

常见的特种加工方式有：

（1）电火花加工（electrical discharge machining）

电火花加工又称“放电加工”或“电蚀加工”，英文简称EDM。加工时，工件和工具电极分别接脉冲电源的两极，并浸入工作液中。工具电极间隙地向工件进给，当两极间的间隙达到一定距离时，两极间施加的脉冲电压将工作液击穿，产生电火花，温度达1万摄氏度以上，压力也急剧变化，从而使这一点工件表面局部微量的材料立即熔化、气化，并飞溅到工作液中凝固，被工作液带走。紧接着下一个脉冲电压又重复上述过程，因此每秒有成千上万次脉冲放电作用，就能去除较多的硬质料层，具有一定的生产率，并能加工出各种复杂的型面。

（2）电解加工（electrical chemical machining）

电解加工是利用金属在电解液中产生电化学阳极溶解的原理对工件进行成形加工，又称“电化学加工”，英文简称“ECM”。

可利用电解加工进行磨削、抛光、去毛刺、刻印等复杂加工。

（3）超声加工［ultrasonic（wave）machining］

超声加工利用超声波发生器产生的小振幅超音频振荡，使悬浮于液体中的磨料对工件的被加工表面产生撞击作用，并使加工表面逐步破碎而达到加工目的的一种特种加工。英文简称“USM”。

超声加工可用于穿孔、切割、焊接、套料和抛光。

（4）激光加工（laser beam machining）

激光加工是利用高功率、高密度的激光束照射工件，使材料熔化、气化，进行穿孔、切割和焊接的特种加工，英文简称“LBM”。

由于激光束能聚焦成极小的光点，因此，激光加工特别适用于微细加工（如微孔和小孔）。激光加工速度极快，生产率高。

（5）电子束加工（electron beam machining）

电子束加工是利用高功率、高密度的电子束冲击工件时产生的热能使材料熔化、气化

的特种加工方法，英文简称“EBM”，适用于微小型面和硬质材料的加工。

（6）等离子弧加工（plasma arc machining）

等离子弧加工是利用等离子弧的热能对硬质材料进行加工的特种加工方法。

等离子弧是由电子、离子及部分原子和分子组成的混合物，通过高压电磁脉冲发生器产生的电流使气体发生强电离获得。等离子弧温度高，有效热利用率高，主要用于切割、焊接、熔炼和表面成形加工。

**4. 数控机床**

数控机床是用数字代码形成信息（程序指令）控制，按给定的工作程序、运动速度和轨迹进行自动加工的机床。目前进口的机床主要是数控机床。

数控机床主要由数控装置、伺服机构和机床主体三部分组成。

工作前，首先将工作程序输入数控装置，可通过控制器上的十进位开关、刻度盘、键盘等将数据手工输入，或是通过计算机将数据输入。

（1）数控装置

它包括程序读入装置和由电子线路组成的输入部分、控制部分和输出部分等。

程序读入装置接收程序指令，输入部分输入各种数据，控制部分进行处理和运算，并且由输出部分输出各种脉冲控制指令。这些指令控制机床的伺服机构和各种执行机构，完成预定的动作。

数控装置作为数控机床不可分割的部分，可以直接装于机床中。在大型的机床中，它们也可以是分离的独立的设备，如控制台、控制盘或控制柜。目前大多数数控机床采用具有微处理器的可编程序控制器，随着科技的迅速发展，数控系统将日趋小型化和多功能化，并具备完善的自诊功能，普遍实现自动编程，可靠性也大大提高。

（2）伺服机构

这是数控机床的特征机构。一般由比较线路、伺服放大线路、伺服马达、速度检测器和位置检测器等组成。(见图 16-67)

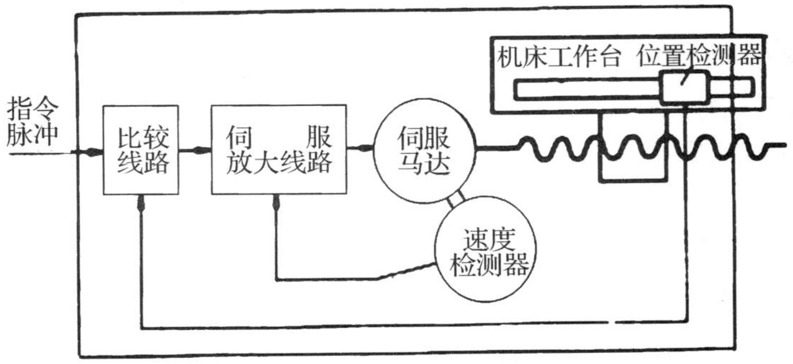


**图 16-67 闭环伺服机构基本组成**

当数控装置发出工作脉冲指令后，经电子线路传给步进电动机（又称“伺服马达”），步进电动机将电信号转变成机械运动，即每一个脉冲信号使伺服马达转动一定的角度，进而推动工作台移动一定的距离，同时工作台旁的传感器（如位置检测器）测出实际位置的位移量，并将其转变成电信号后反馈给比较线路，在比较线路中反馈信号与原指令信号相比较，其差值信号经放大线路功率放大，再输入步进电机，并带动工作台位置作进一步的调整。这种伺服机构的反馈精度高，多用于高精度和大型数控机床中。

另一种方式是位置检测器安装在步进电机的端部，间接测出工作台的位置，并反馈给伺服机构，其精度较前者差，多数在中小型数控机床采用。

伺服机构中的检测器和步进电机均是数控机床的特征部件。

（3）机床主体

数控机床的机床主体基本结构与普通机床相似，但为保证机床有很大的工艺适应性和连续稳定的工作能力，数控机床与普通机床在结构设计上会有所差别，其特点是力求有足够的刚度、精度、抗震性、热稳定性和精度保持性。

### （三）焊接机械

焊接是通过加热或加压，使两个工件产生原子间结合的一种加工工艺。焊接时可由手工进行操作，也可以是全自动或半自动操作。焊接应用广泛，既可用于金属也可用于非金属，可焊的工件小至微型电子元件，大到数千吨的海洋钻井平台。

金属焊接主要分为熔焊、压焊和钎焊三大类：

**1. 熔焊**

在焊接过程中，用一定的热源将工件接口处迅速加热熔化，形成熔池。熔池在不加压力的情况下，冷却后形成连续的焊缝而将工件连接在一起。

熔焊根据使用的热源不同，可有：

（1）气焊

利用气体燃烧的火焰作为热源。最常用的可燃气体是乙炔。气焊有手工和机器操作两种方式。

（2）电弧焊

利用电弧作为热源。电弧可由两电极间触发产生，也可用手工操纵焊条，焊条与工件各为一个电极，电弧引燃于其间。

为了避免在焊接过程中大气对金属的影响，常用另外一些气体（如氩、二氧化碳气体等）隔绝大气，以保护电弧和熔池，提高焊接质量，这种焊接称为“气体保护电弧焊”。

（3）埋弧焊

电弧在焊剂层下燃烧进行焊接。焊剂是颗粒状的焊接材料，在焊接时它能熔化形成液态熔渣和气体，覆盖电弧，保护熔池。焊接时，焊丝和金属各为导电电极，电弧引燃于其间。

埋弧焊的焊接效率高，焊缝光洁，无飞溅，无电弧闪光，应用较为广泛。

（4）电渣焊

以电流通过焊剂的熔渣所产生的电阻热作为热源。主要用于大型金属构件的厚板焊接。

此外，熔焊根据热源的不同，还有电子束焊、等离子弧焊、激光焊等。

**2. 压焊**

又称“固态焊接”，它是在加压条件下，使两工作在固体状态实现原子间的结合。各种压焊共同特点是在焊接过程中施加压力。

压焊种类很多，主要有：

（1）电阻焊

当电流通过两工件的连接端时，该处因电阻很大而温度上升，当加热至塑性状态时，在压力作用下使工件连结为一体。电阻焊是常用的一种压焊工艺。

(2) 摩擦焊

利用工件端面相互摩擦产生的热量使之达到塑性状态，然后施加压力，完成焊接。

(3) 超声波焊

利用超声波的高频振荡能量对工件接头进行局部加热和表面清理，然后施加压力实现焊接。

**3. 钎焊**

钎焊是用较低熔点的填充金属（钎料）填充工件接口而使金属焊件连接的一种焊接方法。常见的电烙铁焊接就是钎焊中的一种。钎焊变形小，接头光滑美观，适用于焊接精密、复杂和由不同材料组成的构件，如印刷电路板、透平叶片、蜂窝结构板等。

# 阅读材料十一：办公机械

## （一）自动数据处理设备

根据八十四章章注五（一），税则中的“自动数据处理设备”指的是“计算机”，它不仅可以进行数值运算、数据处理，还可以进行计算机辅助设计（CAD）与人工智能等。

计算机的硬件，通常是由中央处理器、存储器、接口电路、输入和输出设备等部件组成。

**1. 中央处理器。**

中央处理器简称“CPU”。由运算器、控制器及其他必需的电路集成在一个芯片上，构成了计算机的核心。其主要功能是对指令进行解释并执行，以及进行完成执行指令所必需的算术逻辑运算、时序控制等。其中，运算器是对数据进行运算的部件，它能快速地进行加、减、乘、除等算术运算及逻辑加法、乘法等逻辑运算；控制器协调机器各部分的工作，是整个机器的指挥系统。

**2. 存储器**

存储器通常分内存储器和外存储器。

外存储器容量很大，有硬盘驱动器、软盘驱动器、光盘驱动器等，它们都是外存的主要部件，但是外存的存取速度相对内存来说较慢。内存储器的存储容量比外存小，但存取速度较快，一般把经常或当前正在使用的信息存在内存储器里，简称内存，它以电路芯片组合的形式组装在主机板内，所以又称“内存条”。

**3. 输入/输出接口**

输入/输出接口是计算机与外部设备打交道的数据或电平转换电路，包括串行、并行接口，模数转换器等。

**4. 外围设备**

(1) 输入设备：将待输入的信息（数字、文字、语声、图形图像、模拟量等）转换成能为计算机处理的数据形式的设备，常用的输入设备有键盘、鼠标器、光笔、扫描仪等。

(2) 输出设备：可将计算的输出信息转换成可见的数字、文字、符号、图形和图像等，或记录在磁盘、磁带、纸带和卡片上，或转换成模拟信号直接送给有关控制设备，或转换成语声的设备。计算机常用的输出设备有各种打印机、显示器和绘图机等。

（3）终端设备：可以向计算机输入程序和数据，或接收计算机输出的处理结果的设备。终端设备与计算机通过通信设施传递数据，所以终端设备主要由通信接口控制装置与专用（或选用）的输入输出装置组合而成。

### （二）磁性或光学阅读机

磁性或光学阅读机用以阅读特殊形式的字符，并将其转换成电信号（脉冲信号），机器可用这种电信号直接转录或处理代码信息。

**1. 磁性阅读机**

这种设备是先用特种磁性墨水将字符磁化，再用读出磁头将其转换成电脉冲，然后通过与寄存在存储器的数据比较或用一般为二进制的数字码对这些脉冲信号加以识别。

**2. 光学阅读机**

这种阅读机无需使用特种墨水，它是由一组光电管直接阅读字符，并将其译成二进制代码。本组还包括条形码阅读机。这些设备通常使用光敏性半导体装置（例如激光二极管），并作为输入单元与自动数据处理设备或其他设备（例如现金出纳机）连接使用。它们可以是手提式或台式，也可以装在机器上使用。

### （三）将数据以代码形式转录到数据记录媒体的机器

这类机器包括：将代码信息从一种媒体转录到另一种媒体或转录到同类型的其他媒体上的机器，同类媒体转录机器包括将主磁带、主磁盘或主光盘上的数据全部或部分地复制在新磁带、新磁盘或新光盘（例如 DVD、CD-ROM）上所用的复制机；将固定程序输入集成电路的机器（程序编制器），这些机器用于将存于程序编制器的内存储器的数据以代码形式转到集成电路上。

## 阅读材料十二：单晶柱或圆片、半导体器件、集成电路、平板显示器制造设备

### （一）半导体器件和集成电路制作工艺简介

集成电路的制作是在半导体器件制作的基础上发展起来的，它们在制作工艺上均要经过三个阶段：晶圆准备，芯片制造和电路测试、封装。

在晶圆制备阶段，将开采来的半导体材料（如沙子）按半导体标准提纯，然后进行晶体生长，再被切割成为晶圆的薄片。

在芯片制造阶段，在晶圆表面上形成器件或集成电路。在每个晶圆上通常可形成200~300个同样的器件，也可多至几千个。在晶圆上由分立器件或集成电路占据的区域叫做芯片。

在测试和封装阶段，每个芯片都需要进行电测来检测是否符合要求。晶圆上合格的芯片被分割开，然后封装起来，保护芯片免于污染和外来的伤害，并提供坚固耐用的电气引脚以和电路板或电子产品连接。绝大部分的芯片是被单个封装起来的。

## （二）晶圆制备

集成电路中的所有元器件都是制作在硅晶圆（Wafer）基片上的，在制作前要先将硅晶圆基片制备好，所以我们首先了解硅晶圆片的制作过程：

砂子→多晶硅块→单晶硅棒→硅晶圆片

砂子中的硅经过提纯提炼后得到多晶硅，然后多晶硅在一种叫“单晶炉”的设备中经高温及硅晶的提拉和冷却后，形成一根很粗的圆柱体，即单晶硅棒。单晶硅棒被打磨至所需直径后切割成很多与一张信用卡厚度相当的薄片——晶圆基片，经研磨抛光，成为制作芯片的衬底材料。这样加工好的晶圆基片可直接用于制作集成电路。晶圆的直径随着半导体工艺水平的提高，一直在增大，直径越大，一次制作的芯片就越多，一个300毫米的晶圆能生产三百多个微处理器（包含有上亿个晶体管）。已加工的晶圆见图16-68。

**图16-68　已加工的晶圆**

## （三）芯片制造

集成电路芯片有成千上万的种类和功用，然而，它们都是由为数不多的基本结构（双极型结构和MOS结构）和生产工艺制造出来的。制造企业使用4种最基本的工艺方法，通过大量的工艺顺序和工艺变化制造出特定的芯片。这些基本的工艺方法是增层、光刻、掺杂和热处理。

**1. 增层**

增层是在晶圆表面形成薄膜的加工工艺。这些薄膜可以是绝缘体、导体或半导体。

增层主要的工艺技术是：

（1）热氧化

通过热氧化可从晶圆的表面生长出二氧化硅层。二氧化硅是一种绝缘材料，它可以用来处理硅表面，做掺杂阻挡层、表面绝缘层，以及作为器件中的绝缘部分。

（2）化学气相沉积

化学气相沉积（Chemical Vapor Deposition，简称CVD）是半导体工业中应用最广泛的用来沉积材料的技术。这种技术可沉积出集成电路中的大多数薄膜，如绝缘层（二氧化硅、氮化硅）、半导体层（多晶硅、外延单晶硅），主要原理是将两种或两种以上的气态原材料导入到一个反应室内，然后它们之间发生化学反应，形成一种新的材料，沉积到晶片表面上。

化学气相沉积按压力分为：常压CVD（APCVD）、低压CVD（LPCVD）和等离子增强CVD（PECVD）。

（3）物理气相淀积

物理气相沉积（Physical Vapor Deposition，简称 PVD）技术主要用于形成金属层（钨、铝、铝铜合金等）。主要的 PVD 技术又分为蒸发和溅射两种。

蒸发是通过加热某种材料（通常是金属或金属合金），使其从固态变为气态，并沉积在晶圆表面的工艺。

溅射是用高能粒子从某种物质的表面撞击出原子的物理过程，从而在晶片上形成薄膜。溅射方法是在大规模集成电路生产中，用来沉积不同金属（包括铝、铝合金、钛、钨钛合金和钨）的应用最为广泛的技术。

金属层有三个功能：形成器件本身的接触线、形成器件间的互连线、形成焊盘。

**2. 光刻**

光刻是通过一系列的生产步骤，除去晶圆表面薄膜的特定部分的工艺。它是 4 个基本工艺中最关键的，通过光刻可以根据电路设计要求，在晶圆表面的正确位置生成尺寸精确的特征图形。

光刻需要先在掩膜版上形成所需要的图形，然后将所需的图形转移到晶圆表面的每一层。

电路设计工程师将设计好的集成电路版图转移到晶圆上之前，必须经过一个重要的准备环节——制版。制版就是要产生一套分层的版图掩膜，以便把设计的版图转移到晶圆上。光学掩膜版是一种涂着特定图形的玻璃板，每个团都包含有不透明和透明的部分，用来阻挡和允许光线通过，每一块掩膜板对应一块 IC 的一个工艺层，通过光线的投射来对光刻胶进行曝光。光刻掩膜版上图案的制作材料可以是乳剂、铬、氧化铁、硅等不透光的材料。

目前常用电子束扫描法（E-Beam Scanning）制作掩膜，将电脑设计好的电路图转移到掩膜版上。

接下来的光刻是要将掩膜版上的图形转换成晶圆上的器件图形。通常分两步来完成：

（1）光刻第一步：图形被转移到光刻胶层

工艺流程为：涂光刻胶→曝光→显影与后烘→刻蚀→去除光刻胶

涂光刻胶：使用旋涂技术对晶圆涂光刻胶。光刻胶一般分为正性和负性。正性光刻胶受光或紫外线照射后感光的部分发生分解反应，可溶于显影液，未感光的部分显影后仍然留在晶圆的表面，它一般适合做窗口结构，如接触孔、焊盘等；负性光刻胶的未感光部分溶于显影液中，而感光部分显影后仍然留在基片表面，它一般适合做长条形状，如多晶硅和金属布线等。

曝光：可将掩膜上的图形转印到涂有光刻胶的晶圆上，这一过程又称为“光刻”。

①常见的光刻设备有：

- 接触式光刻机：曝光时掩膜与晶片接触。
- 接近式光刻机：曝光时掩膜与晶片之间有一小间隙。
- 扫描式光刻机：采用投影技术，对掩膜版与圆片的一条连续运动的狭缝进行曝光。
- 分步重复光刻机：采用投影技术，每次曝光圆片的一部分。可将掩膜版缩小或 1∶1 地对圆片进行曝光。

显影与后烘：即在曝光之后进行显影、定影、坚膜等步骤，形成版图图形。

（2）光刻第二步：从光刻胶层到硅片层

在光刻胶上形成了所需的图形后，就可以利用这层光刻胶作为屏蔽掩膜对其未被屏蔽的材料进行选择性腐蚀，目的是将光刻掩膜版上的图案精确地转移到晶圆表面，以制作不同的器件结构，如线条、接触孔、晶体管、栅等。

工艺流程为：刻蚀→去除光刻胶

刻蚀工艺分为两大类：湿法刻蚀和干法刻蚀。

①湿法刻蚀：是一种液体刻蚀沉浸的技术。将被刻蚀材料浸泡在腐蚀液内进行腐蚀，通过化学反应过程去除待刻蚀区域的薄膜材料。

②干法刻蚀：以气体为主要媒体的刻蚀技术，晶圆在干燥的状态进出系统，不需要液体化学品和冲洗。有三种干法刻蚀技术：等离子体磨蚀、离子束磨蚀和反应离子刻蚀（RIE）。

刻蚀之后，图案成为晶圆表层永久的一部分，作为刻蚀阻挡层的光刻胶就不再需要了，而要从表面去掉。传统的方法是用湿法化学工艺将其去除。

**3. 掺杂**

掺杂是将特定量的杂质通过开口引入晶圆表层的工艺过程，目的是制作N型或P型半导体区域，以构成各种器件结构。掺杂分为热扩散掺杂和离子注入法掺杂。

热扩散：最早使用也是最简单的掺杂工艺，在高温下（10000℃左右）注入气体，用以将掺杂剂掺入圆片表面。

离子注入法掺杂：电离的杂质离子经静电场加速打到晶圆表面，并穿过表层实现掺杂。该技术已成为当今各种半导体掺杂注入的主流技术。离子注入法掺杂也分为两个步骤：离子注入和退火再分布（退火在“热处理”中介绍）。通常，离子注入的深度较浅且浓度较大，必须使它们重新分布。同时，由于高能粒子的撞击，导致硅结构的晶格发生损伤，所以在离子注入后要进行退火处理，在退火的同时，掺入的杂质向半导体体内进行再分布。

**4. 热处理**

热处理是简单地将硅片加热和冷却来达到特定结果的制程，采用方法有：热对流、快速加热、红外线加热。

**5. 晶圆制造实例**

综合运用以上4大基础工艺，可以制造出半导体器件和集成电路芯片。图16-70按顺序展示了构成一个简单的MOS型晶体管结构所需要的基础工艺。MOS型晶体管的基本结构如图16-69。

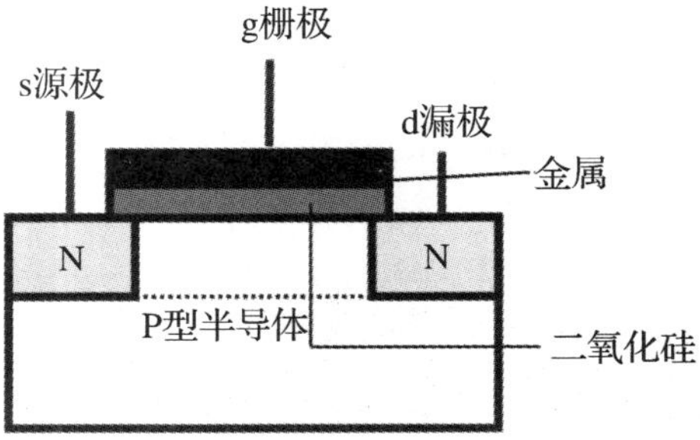


**图16-69　MOS型晶体管基本结构**

为获得这种晶体管的结构，需要用以下 12 步工艺流程来制造。

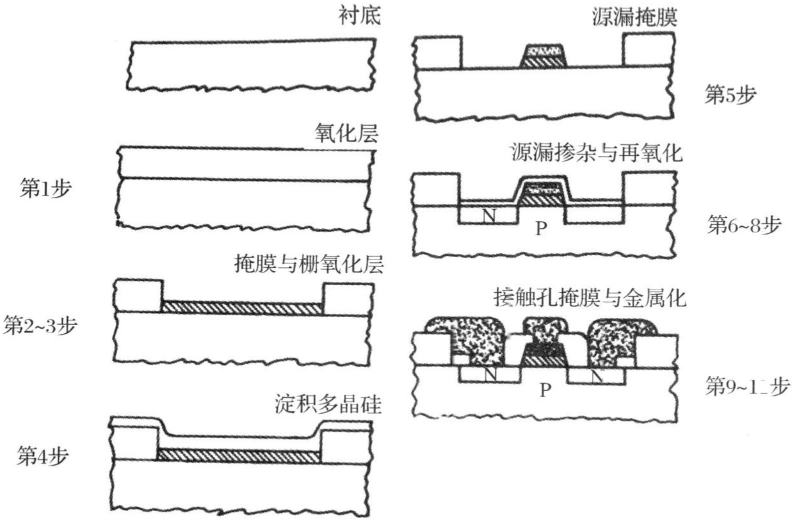


**图 16-70　制造 MOS 型晶体管的基础工艺**

每一步工艺生产的说明如下：

第 1 步：增层工艺。对晶圆表面氧化以形成一层保护薄膜，它可作为掺杂的屏障。

第 2 步：光刻工艺。在氧化层上开凹孔以确定晶体管的源极、栅极和漏极的特定位置范围。

第 3 步：增层工艺。在硅片表面进行氧化加工，生成一层二氧化硅薄膜，它可作为栅极的氧化层。

第 4 步：增层工艺。在晶圆上沉积一层多晶硅作为晶体管的栅极。

第 5 步：光刻工艺。在氧化层/多晶硅层按电路图形刻蚀出两个开口，它们是晶体管的源极和漏极区域。

第 6 步：掺杂工艺：在源极和漏极区域再掺杂杂质，以形成两个 N 阱。

第 7 步：增层工艺。在源极和漏极区域生长一层氧化膜。

第 8 步：光刻工艺。分别在在源极和漏极区域刻蚀形成孔（接触孔）。

第 9 步：增层工艺。在整个晶圆表面沉积一层导电金属（通常是铝的合金），作为源极和漏极的电极图形基础。

第 10 步：光刻工艺：按照电路图形除去某些不需要的金属层，剩下的金属部分将芯片中的每个元件准确无误地按照设计要求互相连接起来。

第 11 步：热处理工艺。晶圆在氮气环境下进行加热工艺，使金属与源、栅、漏极进一步熔合，获得更好的电性能接触连接。

第 12 步：增层工艺。生成最后一层保护层，通常被称为防刮层或钝化层（在图中没有列出）。它的用途是使芯片表面的元件在电测、封装及使用时得到保护。

这个 12 步的工艺流程阐述了 4 种最基本的工艺方法是如何应用到制造一个具体的晶体管结构的。电路所需的其他元件（二极管、电阻器和电容器）也同样在电路的不同区域内构成，它们也同样是由这 4 种最基本的工艺方法加工而成的，只是所用材料和工艺流程有所差别。

### （四）集成电路的封装与测试

在整个集成电路设计制造的流程中，封装与测试是后道工序。集成电路封装就是采用一定的形式将集成电路芯片封装起来。集成电路测试是对集成电路的功能和电气指标进行测量。一般每片集成电路在封装前均要测试。

集成电路的封装工艺与测试流程简述如下：

一是划片。首先对晶圆进行划片，即将晶圆上的阵列方式芯片用机械或激光切割，使芯片一颗颗分开。

二是分类。如果多种芯片以多项目晶圆的方式制作在一片晶圆上，划片后则需要对它们进行分类。

三是管芯键合。利用管芯键合机，先将加工好的焊料或聚合物粘接剂涂覆在引线框架或陶瓷管壳内，然后将芯片压放在涂有焊料或粘接剂的位置上。

四是引线压焊，又称绑定（Bonding），利用手工或自动压焊机，将铝丝或金丝等金属丝或金属带的一端压焊在芯片输入、输出、电源、地线等焊盘上，另一端压焊在引线框架上的引线金属条上，实现芯片与框架引线的电连接。

五是密封。密封以利于同外界的水汽和化学污染物实现隔离。

六是管壳焊接，作为腔体型载体，需要利用盖板（管帽）实现对封装芯片的（密封）包围。

七是塑封，将模塑化合物在一定温度下压塑成型，实现对芯片的无缝隙包围。

八是测试，包括对密封和外观等封装性能质量的测试和封装后芯片电性能的测试。

### （五）液晶显像原理

液晶显示器（LCD）的种类很多，当前主流商品是薄膜晶体管液晶显示器（TFT-LCD）。它的核心采用类似于一块“三合板”的组织机构，两块玻璃基板中间充斥着运动的液晶分子。两块上、下层玻璃板上贴附着两片偏光板，方向互为 90 度，玻璃板层间制有沟槽和电极，其中上层的沟槽是纵向排列，而下层是横向排列的，上下夹层的沟槽排列方向与偏光板的透光角度相同。当上下两块玻璃之间没有施加电压时，液晶的排列会依照上下两块玻璃的沟槽而定，由于上、下沟槽的角度差为 90 度，所以液晶分子的排列会由上而下自动旋转 90 度。

液晶材料本身并不发光，入射光线从左至右照射时，经过偏光板 1 的偏光效应，通常只有一个角度的光线能够穿透出来，并导入到左部沟槽中。光线通过液晶分子时，由于液晶分子的排列已旋转了 90 度，所以当光波到达右层偏光板时，光波的方向恰好转了 90 度，与下层偏光板的透光角度一致，光线便可以顺利地通过，在显示屏上出现白色（见图 16-71）。

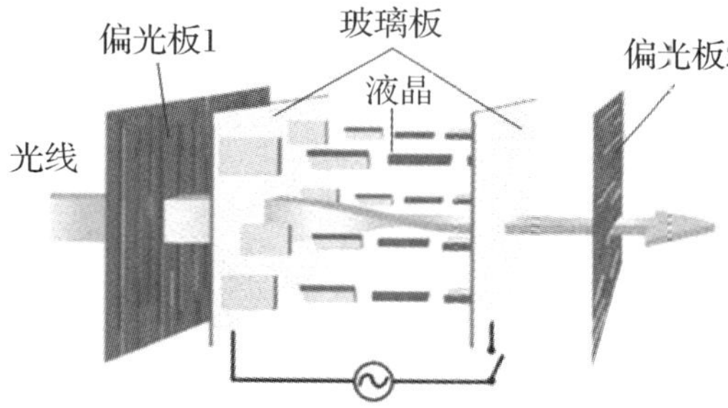


**图 16-71　液晶透光原理图**

当液晶层施加某一电压时，由于受到外界电压的影响，液晶会改变它的初始状态，不再按照正常的方式排列，而变成竖立的状态，与第二层偏光板的方向不一致，因此经过液晶的光会被第二层偏光板遮挡而呈现不透光的状态，在显示屏上出现黑色（见图 16-72）。

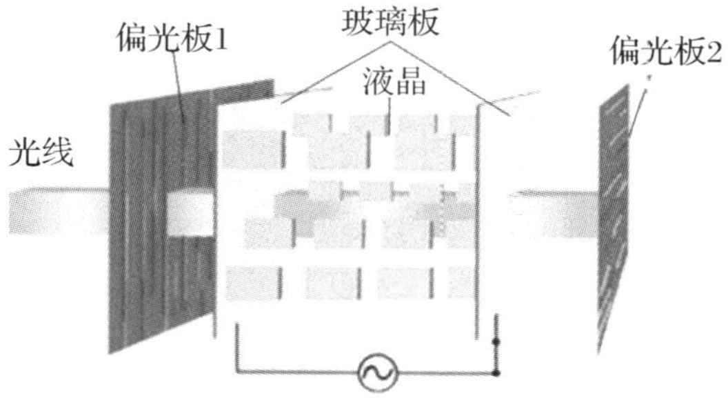


**图 16-72　液晶遮光原理图**

在 TFT- LCD 技术中，采用薄膜晶体管（TFT）和共通电极代替原来上下夹层间的电极，并采用背光源，让入射光线从上层玻璃进入，再从下层玻璃透出。

薄膜晶体管（Thin Film Transistors，简称“TFT”）是利用薄膜微电子技术制作的晶体管，它是一种半导体开关元器件，信号电压直接控制薄膜晶体管的开关，在 TFT 导通或关断时，液晶分子的排列状态受外加电压的影响会发生改变，从而产生遮光和透光的效应，以达到显示图像的目的。

一个完整的显示屏由众多像素点构成，如果一台 LCD 的分辨率可以达到 1280×1024，代表它有 1280×1024 个像素点可供显示。在下基板上对应的每一像素都有一薄膜晶体管。晶体管作为开关，选通的像素为开态，未选通的像素为关态，使液晶旋转方向在电场作用下改变，达到透光和遮光的目的。

为了具有彩色显示，屏中每一个像素又被分为三个子像素，分别对应着红、蓝、绿三基色彩色滤光膜（彩色滤光膜被有规律地制作在一块大玻璃基板上），每个子像素的光线都由一个 TFT 控制，因此晶体管的数目要增加 3 倍，即假如有一块面板的分辨率为 1280×1024，则它实际拥有 1280×3×1024 个晶体管及子像素。三个子像素的光强分别进行调制，通过加法混色获得一个像素彩色显示。

## （六）薄膜晶体管液晶显示模块（TFT-LCD）的制作工艺

### 1. TFT-LCD 基本结构

一般地，TFT-LCD 由上基板组件、下基板组件、液晶、驱动电路单元、背光灯模组和其他附件组成。见图 16-73。

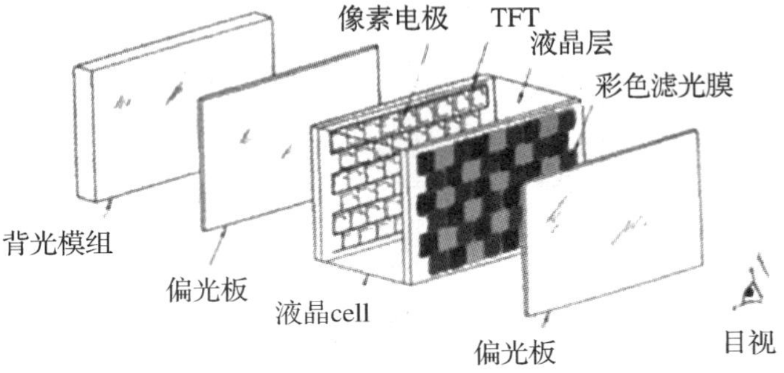


图 16-73 TFT-LCD 基本结构

其中，上基板组件由上玻璃基板、滤光器组件和配向膜组成。滤光器组件制作在上玻璃基板的内侧面，其上布满了三基色（红、绿、蓝）滤光单元和黑点，黑点用于阻止光线从像素点之间的缝隙泄露，它由不透光材料制成，呈矩阵状分布。滤光单元上再覆有一层透明的导电玻璃材料（通常采用氧化铟锡材料，简称 ITO），它作为公共电极与下基板上的众多导电微板形成一系列电场。配向膜涂在滤光器组件上，为液晶分子提供呈均匀排列的界面条件，让液晶依照预定的顺序方向排列。

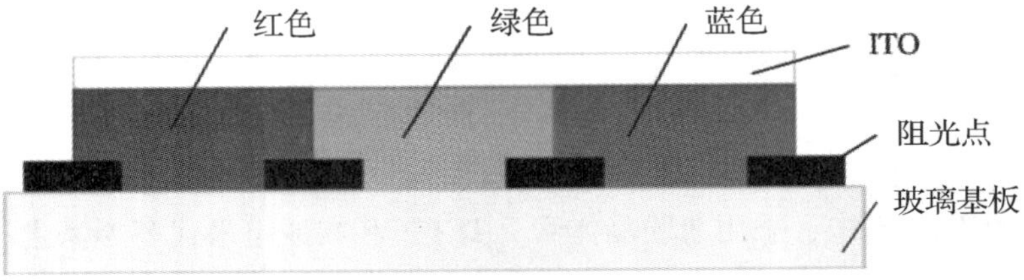


图 16-74 上基板组件剖面示意图

下基板组件主要包括下玻璃基板、TFT 阵列和配向膜。在下玻璃基板的内侧面上，布满了一系列与显示器像素点对应的导电微板、TFT 半导体开关器件、连接半导体开关器件的纵横线等。

液晶填充于上、下基板形成的空隙内。

在上基板和下基板的外侧面上均敷着一层偏振光板，因为 LCD 本身不会发光，故需要背光模组为 LCD 提供光源。背光灯模组主要包括三部分，分别是光源、导光板和光学膜。光源就是灯管。导光板的作用是将线光源雾化成面光源。光学膜的主要作用是凝聚光线，提高亮度。

**2. TFT-LCD 制作工艺**

彩色 TFT-LCD 制造工艺流程主要包含 4 个子流程：上玻璃基板组件工艺、下玻璃基板组件工艺、单元装配工艺和模块装配工艺。见图 16-75：

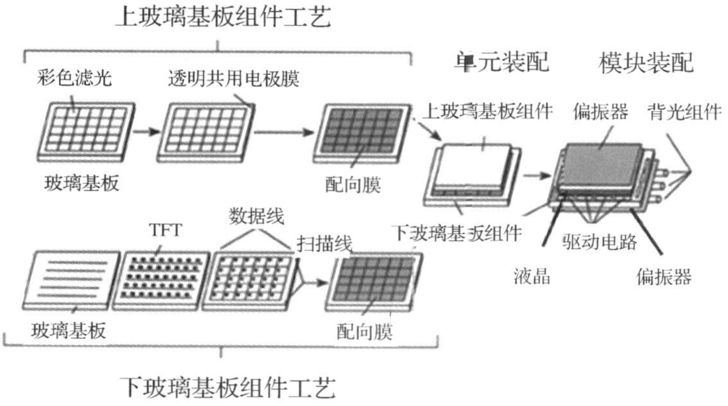


**图 16-75 TFT-LCD 工艺流程图**

（1）上玻璃基板组件工艺

该工艺主要形成精确排列的彩色滤光层、透明电极和配向膜。

先在玻璃基板上用沉积、光刻、刻蚀等工艺加工出阻光器（图 16-76a、b）；再通过彩色光刻胶涂覆、曝光、显影等光刻工艺制作出红、绿、蓝三种滤光器（图 16-76c、d、e）；最后在滤光器层上沉积一层导电玻璃氧化铟锡（简称 ITO），形成滤光板的公共电极［图 16-76（f）］。

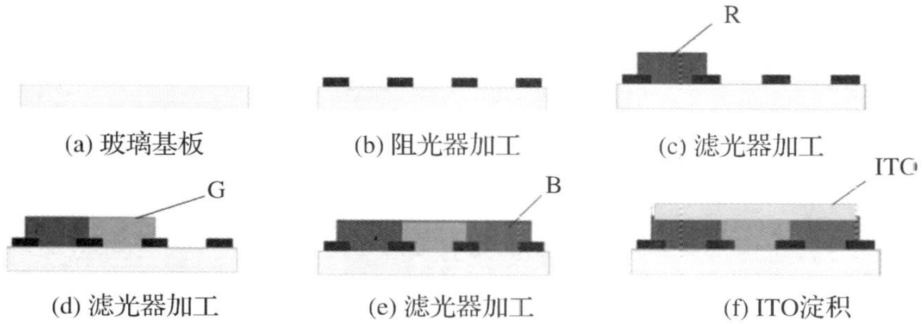


**图 16-76 滤光器组件的形成过程**

在滤光器组件表面涂布一层 PI（polyimide）材料作为配向膜，并用布做特定方向摩擦，好让 PI 的表面分子依照固定而均一的方向排列。

（2）下玻璃基板组件工艺

在下玻璃基板上形成 TFT 开关元件、电极阵列和配向膜。TFT 和电极阵列均由沉积、光刻、刻蚀等微电子工艺制造形成。工艺通常利用 5 块掩膜，经过 5 道图形转移工艺，形成连续膜层完成 TFT 元件和电极阵列的制作。

TFT-LCD 的典型阵列工艺步骤见图 16-77。

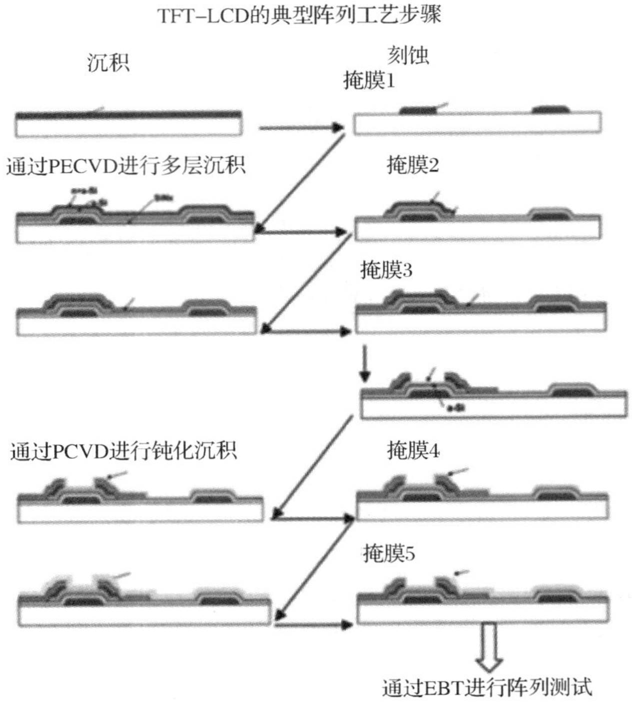


**图 16-77　TFT-LCD 的典型阵列工艺步骤**

(3) 单元装配

又称“成盒工艺”，将两块基板合二为一，中间注入液晶材料。

(4) 模块装配

最后组装偏光片、背光组件及驱动电路，制造出 TFT-LCD 模块。

## (七) TFT-LCD 制造的主要设备

### 1. 氧化、扩散、退火及其他热处理设备

氧化、退火及其他热处理设备广泛应用于各种平板显示器制造过程中的坚膜、固化取向层、固化密封胶等各种热处理工艺，例如扩散炉、电烤箱等。

### 2. 光刻胶涂布设备

在制造下基板组件的电极和 TFT 阵列中，该设备主要用于在 ITO 导电玻璃层面上均匀涂上一层光刻胶。由于 ITO 玻璃和晶圆的表面是完全不同的两种物质，所以用于平板显示器生产的光刻胶涂布设备和用于半导体生产的同类产品（旋转涂胶机）虽然功能相同，但在结构、工作原理等多个方面存在着很大的不同，不存在通用性。

### 3. 光刻胶剥离设备

该设备用高浓度的碱液（NaOH 溶液）作脱膜液，将玻璃上余下的光刻胶剥离掉，从而使 ITO 玻璃上形成与光刻掩膜版完全一致的 ITO 图形。

### 4. 将电路图投影到感光半导体材料上的装置

一般指在生产平板显示器时，将电路图投影到感光半导体材料所涂覆的光刻胶上的光刻机。该子目与子目 8486.203 的区别在于全部工艺是在玻璃基板表面而不是晶圆表面完成。

**5. 薄膜沉积设备**

制造液晶显示器的薄膜形成工艺采用与半导体制造技术相类似的 CVD 及 FVD 等工艺技术，但在结构、尺寸上具有明显的专用性，极易区分。

（1）化学气相沉积设备

主要采用等离子增强化学气相沉积设备。该设备用于沉积制造薄膜晶体管所用的各种膜，如多晶硅（α-Si）、栅绝缘层等。

（2）物理气相沉积设备

主要采用溅射设备。该溅射设备用于溅射 ITO 膜（氧化铟锡，一种透明导电膜）、制造薄膜晶体管所用的膜及晶体管间的各种金属连线等。

**6. 显影设备**

该设备用化学方法使受紫外线（UV）光照射部分的光刻胶溶于显影液中，即用显影液处理玻璃表面，将经过光照分解的光刻胶层除去，保留未曝光部分的光刻胶层。

**7. 刻蚀设备**

（1）湿法刻蚀设备

该设备用适当的酸液将无光刻胶覆盖的 ITO 膜刻蚀掉。

液晶显示器生产常用的刻蚀设备为湿法刻蚀设备。

（2）等离子干法刻蚀设备

该设备利用高能的等离子体将无光刻胶覆盖的 ITO 膜刻蚀掉，从而去掉裸露表面的材料。

**8. 取向膜涂布设备**

该设备用于涂布取向层，即将有机高分子取向材料涂布在玻璃的表面。涂布常用的方法有三种：旋涂法、浸泡法、凸版印刷法，其中凸版印刷法应用更为广泛。

**9. 取向膜摩擦设备**

该设备用绒布类材料以特定的方向摩擦取向层表面，以使液晶分子将来能够沿着取向层的摩擦方向排列。

**10. 超声波清洗设备**

一定频率范围内的超声波（20KHz~80KHz）作用于液体介质，可以达到清洗的作用。该设备用纯水、超声波等清洗平板显示器面板的积点及由化学物质形成的污染物。

清洗设备用于不同阶段，如溅射 ITO 膜前要清洗、涂光刻胶前要清洗、在显影后要清洗、安装偏光板前要清洗等。

**11. 电极印刷机**

该设备将电极浆料按丝网图案印刷在基板上成膜。

**12. 液晶注入设备**

该设备用于将调好的液晶灌入空盒内。

# 阅读材料十三：通用机械零件

## （一）铸造用型模

铸造是将熔炼后的金属或非金属（液态或粉末状）浇入铸型里，经冷却凝固、清理处理后得到有预定形状、尺寸的铸件的工艺过程。

铸造用的铸型也称“型模”，是使液态金属成为固态铸件的容器。容器的内部称为“型腔”，其轮廓相当于所制铸件的外形。铸型的应用十分广泛，基本上是单件生产，技术要求高，是机械制造水平发展的重要标志之一。

铸型根据其选用的材料，有砂型、金属型、陶瓷型、石墨型等。其中，砂型铸型是应用最广泛的一种型模。

一个完整的铸型，通常由两个“半型”组成，也有整体的。型腔内可放置型芯，还要有引入铸件液体的管道，即“浇注系统”，以及为铸件液体补缩的“冒口”空腔。普通砂型铸型为了承受液体浇注时的冲击压力，通常要用铁或金属做的箱体（型箱）套在外面，以免铸型破裂，也有的铸型可以不用箱体。此外，铸型还需要底板、顶出装置等配合组成部分。

### 1. 铸型的制造

常用砂型造型（即“预制砂型”）的方法来制造铸型（见图 16-78）。图中的模板由底板、模样、浇注系统、定位销等组成，通过定位销与砂箱配合定位。其中，模样是模拟铸件形状、形成铸型型腔的工艺装备，用木材、塑料、金属等材料制成，由于金属冷却后体积会收缩，所以模样的尺寸应比成品铸件的尺寸大一些。

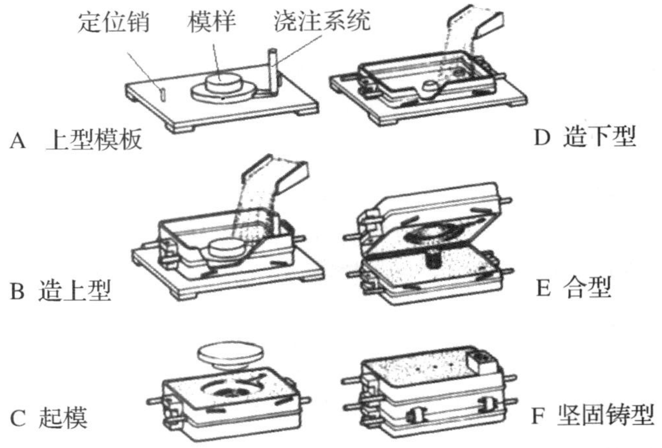


图 16-78 砂型造型过程示意图

此外，铸型中的型芯（即铸芯）可由造芯机铸出，通常先制作出“芯盒”，芯盒的内腔轮廓与型芯外形一致，然后通过造芯机将型砂注入芯盒中，铸出型芯。

### 2. 铸件的制作

通过铸型（即“型模”）可以铸造出许多金属或非金属的铸件。铸型按被加工材料的不同，主要有金属铸造用型模、塑料用型模、橡胶用型模、玻璃用型模、矿物材料（陶瓷、混凝土、石膏、灰泥、砂等）用型模等。

### （二）阀门

阀门是用以控制流体流量、压力和流向的装置，简称“阀”。被控制的流体可以是液体、气体、气液混合体或固液混合体。

阀门的用途很广泛，在日常生活中大量使用着各种阀门（如自来水管用的龙头、煤气灶用的减压阀等），尤其在各种工业管道上的使用最为广泛。在某些特定机器或装置（如内燃机、压缩机、车辆、飞机等）中，阀门作为控制流量的部件，也起着必不可少的作用。

阀门的基本构造和分类在第八十四章第十五节“阀门的归类”中有介绍，这里不重复。

### （三）轴承

轴承是支持和约束轴的旋转和摆动的机械零件，用以保持轴的准确位置并承受由轴传来的力。

不同机器对轴承有不同的要求，如轧钢机要求承载能力大，高速旋转机器要求运转稳定，机床主轴要求旋转精度高，仪器仪表要求摩擦力矩小和灵敏度高，所以，不同的机器需选用不同的轴承。

轴承按摩擦性质可分为滚动轴承和滑动轴承。

**1. 滚动轴承**

用一组滚动元件将两相对运动表面隔开，在滚动摩擦下工作的一类轴承。滚动元件有球、各种滚子和滚针（见图 16-79），它们的大小、形状和数量决定了轴承的承载能力和工作特征，滚动轴承按滚动体形状分为球（滚珠）轴承、滚子轴承和滚针轴承。

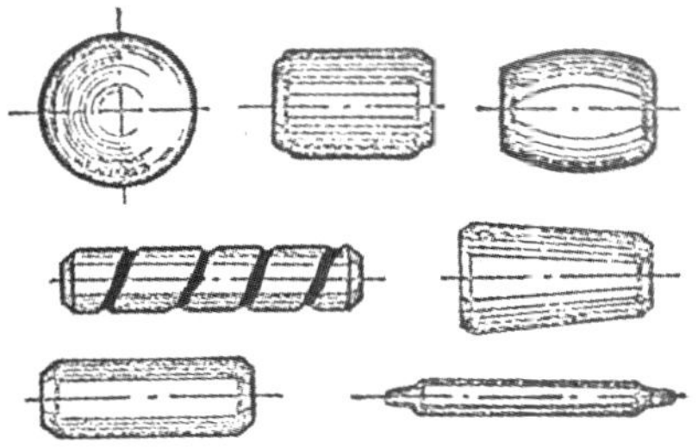

**图 16-79　滚动轴承中的滚动体**

滚动轴承（见图 16-80）按承载方向又可分为：向心轴承、推力轴承。向心轴承主要承受径向力，也能同时承受不大的轴向力；推力轴承只能承受轴向力。

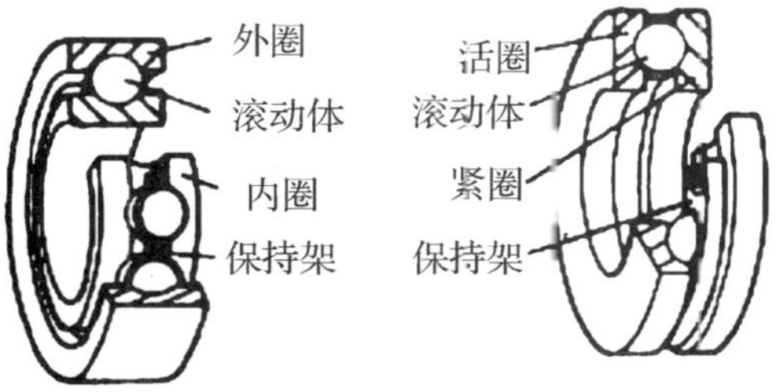


**图 16-80　向心轴承和推力轴承**

向心轴承一般由外圈、内圈、一组滚动体和保持架组成。内圈通常与回转轴紧装在一起随轴一起转动;外圈通常装配在轴承座或机壳上,多数固定不动,起支承作用;滚动体在内圈和外圈之间滚动,由保持架隔开,避免相互摩擦。

推力轴承分紧圈和活圈两部分,紧圈与轴套紧,活圈支承在轴承座或机壳上。同样由一组滚动体和保持架组成。

滚动轴承目前已广泛应用于各个领域,与滑动轴承相比,它的优点是摩擦阻力小,回转精度极高,功耗小,灵敏,启动容易,并且它是标准件,容易实现大批量生产,使用和更换十分方便;滚动轴承的缺点是抗冲击能力差,高速转动时声响大,工作寿命较短。

**2. 滑动轴承**

在滑动摩擦条件下工作的一类轴承,用来承受径向载荷的称为径向滑动轴承,用来承受轴向载荷的称为推力滑动轴承。

图 16-81 为径向滑动轴承。通常轴被轴承支承的部分称为轴颈,与轴颈相配的零件称为轴瓦,有的轴瓦做成圆筒形,被称为“轴套”。轴瓦装在由轴承盖和轴承座组成的壳体中。

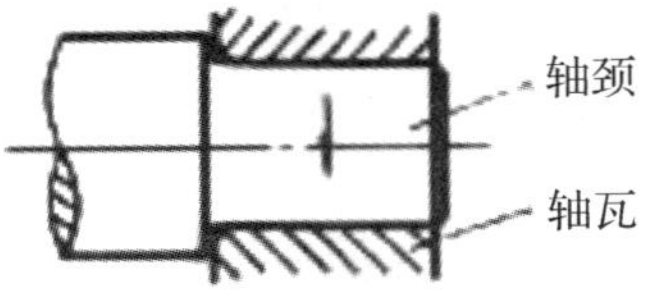


**图 16-81 径向滑动轴承**

使用中,多数情况是轴承固定,轴在轴承中旋转。工作时轴颈与轴瓦的接触面会因摩擦而发热、磨损,因此必须用减磨性良好的材料制造轴瓦,用润滑剂对摩擦表面进行润滑。

滑动轴承常用液态或固态润滑物质来减少摩擦,也可以用水、气体、电磁效应等使两摩擦面脱离接触,减小摩擦阻力,所以滑动轴承按润滑剂的种类主要有:油润滑轴承、脂润滑轴承、水润滑轴承、气体润滑轴承、磁流体润滑轴承、电磁润滑轴承。

滑动轴承按轴瓦材料分为:青铜轴承、铸铁轴承、塑料轴承、粉末冶金轴承、宝石轴承和自润滑轴承(用石墨、尼龙等有自润滑性能的材料制造)等。

与滚动轴承相比,滑动轴承工作平稳,耐冲击,抗高速,无噪声,适于在高精度、高速、重载等场合使用。因此汽轮机、离心式压缩机、内燃机、大型电机中多采用滑动轴承,此外润滑油膜还有一定吸振作用,故在低速带有冲击的机器中也常采用滑动轴承。

## (四)传动轴

传动轴是支承旋转零件(如齿轮、带轮等)并与之一起旋转,以传递动力扭矩的机械零件。传动轴多为圆柱形金属杆,各段可有不同的直径,支承在轴承上。

按轴线形状的不同,可有直轴和曲轴两大类(见图 16-82)。

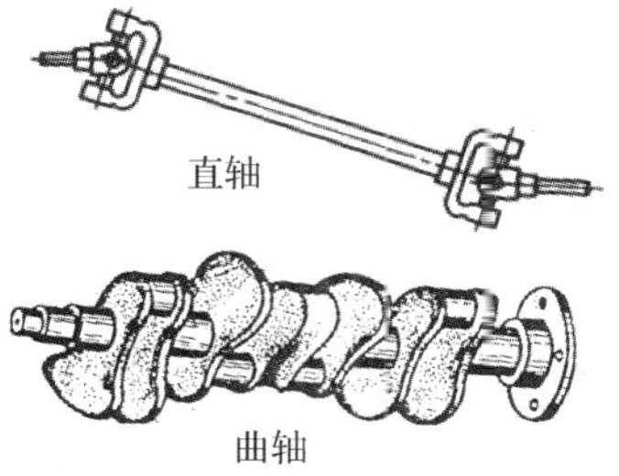


图 16-82 传动轴

此外，还有一种刚度很小、可自由弯曲的轴，称为“挠性轴”，它是由几层卷绕在一起的钢丝层或弹簧构成，用于连接不在同一轴线或不在同一方向并有相对运动的两轴，以传递旋转运动和扭矩，多用于手提式工具、仪器仪表中。

## （五）传动装置

通常，机器需要通过传动装置将动力机械产生的动力和运动传递到机器的其他工作部分。此外，有些机器的工作部分需要改变速度，有些机器的动力部分输出的是回转运动，而执行部分需要其他运动形式（如直线运动、螺旋运动和间隙运动等），有些机器需要一台动力机带动若干台工作机工作，这些都可以通过传动装置来改变速度、运动形式或是分配动力。

以下介绍一些常见的传动装置：

**1. 基本的传动装置**

（1）齿轮传动装置

齿轮传动装置由多个齿轮组成，各齿轮的齿互相啮合，将旋转运动从一个齿轮传递到另一个齿轮。按各个独立齿轮的齿数不同，可以完成同速、加速或减速传动；按齿轮种类及其啮合角度不同，可改变传动方向，或将旋转运动变成直线运动等。（见图 16-83）

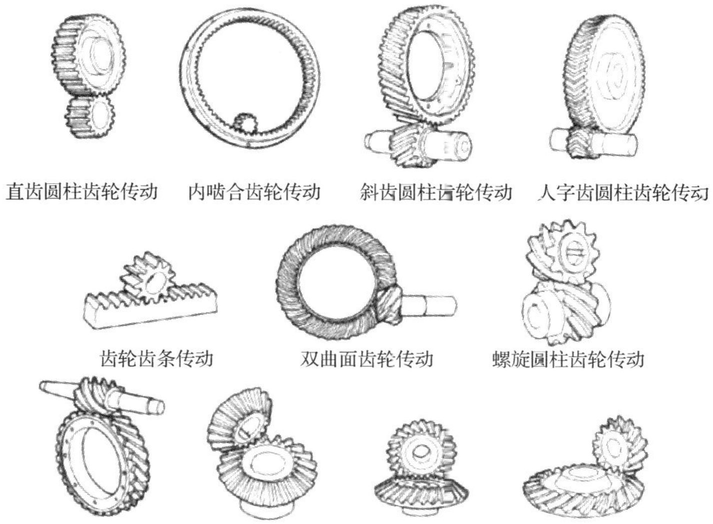


图 16-83 齿轮传动

(2) 链轮传动装置

链轮传动是利用链和链轮轮齿的啮合来传递动力和运动的一种机械传动方式。(见图16-84)

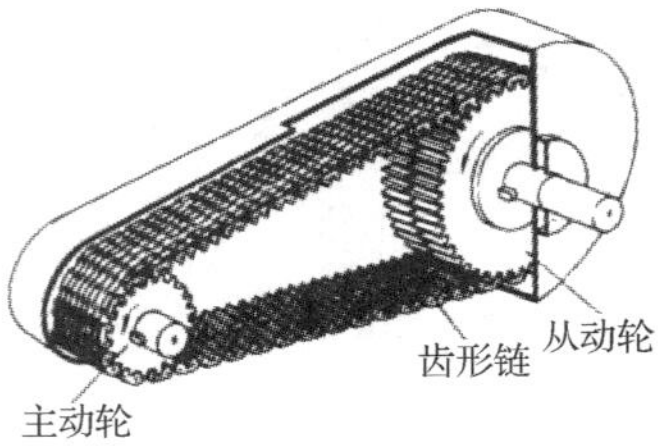


**图 16-84 链轮传动**

链轮传动效率高,轴间距离较大,一般只能作平行轴间的传动。

(3) 螺旋传动装置

螺旋传动装置是利用螺杆和螺母的啮合来传递动力和运动的一种机械传动装置,主要用于将旋转运动转换成直线运动,将转矩转换成推力。

滚珠螺杆传动在螺杆和螺母之间设有封闭循环的滚道,滚道之间充以钢珠,使滑动摩擦变为滚动摩擦,其摩擦损失小、间隙小,可将旋转运动变成直线运动,反之亦然。

(4) 摩擦轮传动装置

摩擦轮传动是利用两个或两个以上互相压紧的轮子间的摩擦力传递动力和运动。各种摩擦传动见图 16-85。

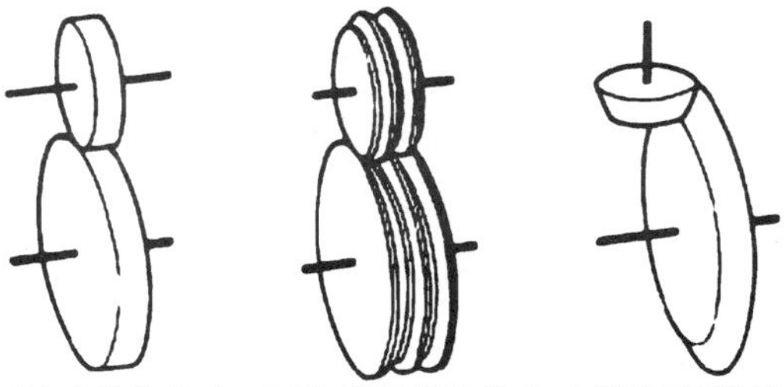

圆柱摩擦轮传动　圆柱槽摩擦轮传动　圆锥摩擦轮传动

**图 16-85 摩擦轮传动**

**2. 变速装置**

(1) 齿轮变速器

齿轮变速器能固定或分档改变输出轴和输入轴传动比的齿轮传动装置,又称"变速箱"。

变速器由传动机构和变速机构组成,两者可合装在同一壳体内或制成单独机构。传动机构大多采用普通齿轮传动,变速机构一般通过滑移齿轮和离合器等配合使用来实现变速。

变速器广泛用于机床、车辆和其他需要变速的机器上。机床主轴常装在变速箱内,所以也叫"主轴箱";在机床上用以改变进给量的变速箱称为"进给箱"。

(2) 无级变速装置

能连续无级地改变输出轴和输入轴的传动比的装置,称为无级变速装置。

①机械式无级调速装置

机械无级调速大多利用摩擦传动实现变速。图 16–86 是圆盘式无级变速器工作原理示意图。

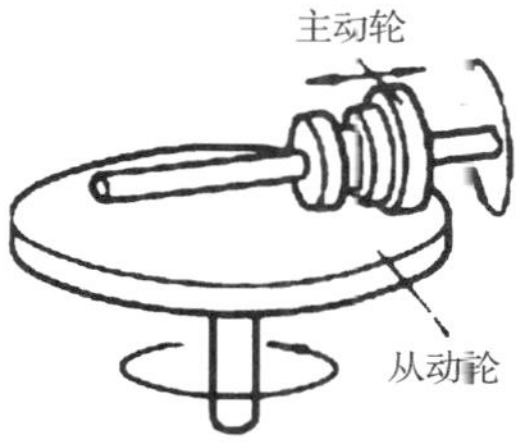


**图 16–86 圆盘式无级变速器工作原理图**

图中，主动轮旋转并按箭头方向沿着圆盘的轴线从一端移动至另一端。圆盘（从动轮）受其摩擦力作用影响，其旋转的角速度随着主动轮的移动不断地变化，使从动轴的转速也发生相应的变化。

②液力无级变速装置

以液体为工作介质的一种无级变速，一般通过液力变矩器（见图 16–87）来实现变速。

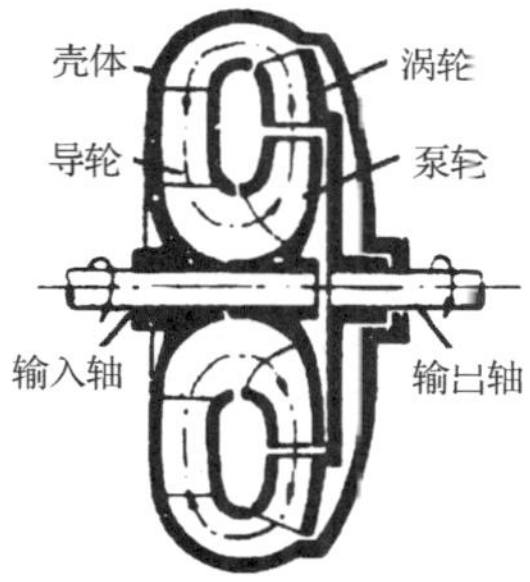


**图 16–87 液力变矩器**

液力变矩器有一个密闭工作腔，液体在腔内循环流动，其中泵轮、涡轮和导轮分别与输入轴、输出轴和壳体相连。当动力机（内燃机、电动机等）带动输入轴旋转时，带动泵轮工作，液体被离心式泵轮甩出至涡轮。高速液体推动涡轮旋转，将能量传给输出轴。因此，液力变矩器依靠液力与泵轮、涡轮的叶片相互作用产生动量矩的变化来传递扭矩，使输出轴旋转。壳体上的导轮对液体起导流作用，可使液力变矩器的输出扭矩高于或低于输入扭矩，因而称为“变矩器”。在液力变矩器中，液体从离心式泵轮流出，顺次经过涡轮、导轮再返回泵轮，周而复始地循环流动。

与机械式变速装置相比，液力变矩器的输入轴和输出轴之间没有刚性连接，靠液体联系，其主要特点是能消除冲击和振动，过载保护和启动性能好，有良好的自动变速性能。

**（六）联轴器**

联轴器是连接主动轴和从动轴，使之共同旋转，以传递动能和扭矩的机械零件。

联轴器由两部分组成，分别与主动轴、从动轴连接，并连接成一体。

联轴器类型很多，通常有刚性联轴器和弹性联轴器两大类。

刚性联轴器有固定式和可移式两种。固定式联轴器（图 16–88）结构简单，制造容易，连接的两轴瞬时转速相同，但要求所连的两轴保持在同一轴线上无相对位移。

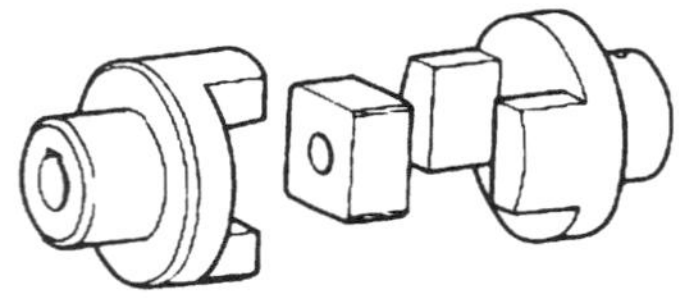

图 16-88　固定式联轴器

机器在运转过程中因零件受载变形、机座下沉或热变形等原因，两轴间可能出现相对位移，采用可移式联轴器可以保证动力的传输，经常选用的是万向联轴器（图 16-89），其由两个叉形零件和一个十字形零件组成，叉形零件的两端可以分别连接两根轴，用于轴线相交的两轴连接，两轴轴线夹角可达 450°。当两轴线相交时，若主动轴作等速旋转，从动轴的瞬时速度在一定范围内是有规律地变化的。为了克服上述缺点，通常利用一根中间轴连接两个万向联轴器，并使主、从动轴与中间轴的夹角相等，而且两端的叉形零件处于同一平面，这样就能使主、从动轴获得相同的瞬时转速。这种联轴器广泛用于机床、汽车、精密机械和重型机械中的传动。

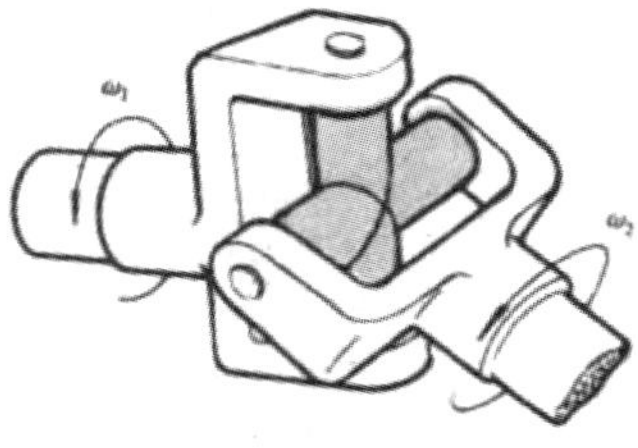

图 16-89　万向联轴器

## （七）离合器

离合器是能根据工作需要，随时将主动轴与从动轴接合或分离的机械零件。离合器两端分别与主动轴和从动轴连接，当离合器接合时，离合器将主动轴的运动传递给从动轴，进而带动从动轴旋转；当离合器分离时，它将切断两轴的运动传递，使从动轴后面的工作部件停止工作。所以，在机器的启动、停止、换挡和变速中均需配合离合器使用。

控制离合器接合或分离的方法很多，总体上有操纵式和自动式两种，操纵式的有嵌入离合器、摩擦离合器、空气柔性离合器、电磁转差离合器等，自动式的有超越离合器、安全离合器和离心离合器等。

### 1. 嵌入式离合器

通过外力，由牙、齿或键的啮合来传递扭矩，结构简单，外形尺寸较小，可传递较大扭矩。（见图 16-90）

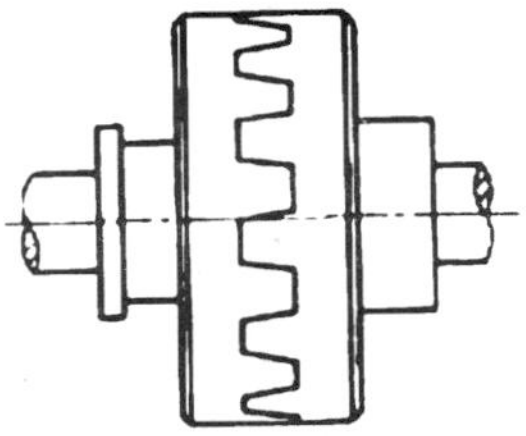

图 16-90　嵌入式离合器

**2. 摩擦式离合器**

利用摩擦力传递扭矩的离合器。接合时，离合器中的主、从摩擦件在一定压力下压紧，主动轴转动时，接合面间产生足够大的摩擦力，带动从动轴转动。分离时压紧力消失，接合面分离，摩擦力随之消失，从动轴不动。这种离合器的优点是分离迅速。

**3. 超越离合器**

图 16-91 是滚柱式超越离合器。

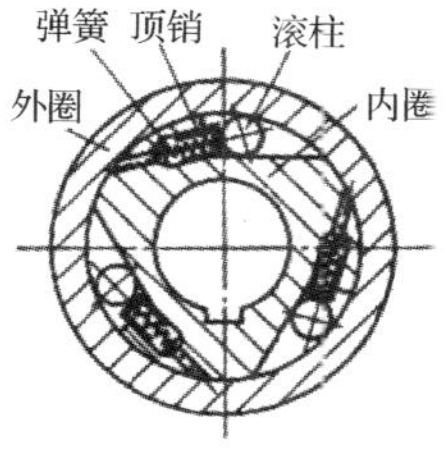


**图 16-91 滚柱式超越离合器**

滚柱式超越离合器一般内圈为主动件，外圈为从动件。当内圈逆时针转动时，滚柱被楔紧而带动外圈转动，离合器接合；当内圈顺时针转动时，滚柱推入宽槽部位，不和外圈接触，外圈则不动，离合器分离。如果外圈由另一系统带动与内圈同向转动，当外圈转速低于内圈时，离合器自动接合；当外圈转速高于内圈，离合器则自动分离。这种离合器磨损比较均匀，但内圈制造工艺较复杂，安装精度要求较高。

在超越离合器中，除了利用滚柱的楔紧，还可以利用齿轮的啮合或楔块的楔紧作用来完成以上的工作，常用的是滚柱式超越离合器。

## （八）机械密封件

这种密封件较广应用于旋转轴在壳体中旋转时的密封，是一种接触式动密封。（见图 16-92）

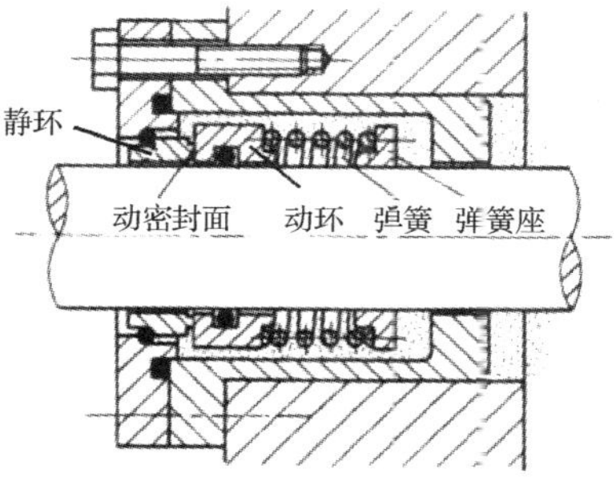


**图 16-92 机械密封**

机械密封的静环通常固定在壳体上，动环通过弹簧、弹簧座与轴一同旋转。静环与壳体、动环与轴形成的间隙用成型填料密封。在动环和静环接触的端面形成相对滑动面，即动密封面。动环受弹簧力和被密封的流体压力作用紧贴静环，达到密封效应。由于动环与轴通过弹簧相连，动环和静环间的贴合性受轴的振动和摆动影响较小。

机械密封性能可靠，泄漏少，寿命长，体积小，不需要经常维修，在结构上采取相应措施后，它可用于高温、高压、高真空、高速和腐蚀性工作场合。

# 阅读材料十四：声音、图像的录制、重放设备及记录媒体

## （一）磁性媒体读取信息原理

磁性媒体包括磁带、磁条、磁盘等。

以磁带为例，磁头（见图 16-93）是一种电磁转换器件，用绕圈绕制在环形铁芯上。

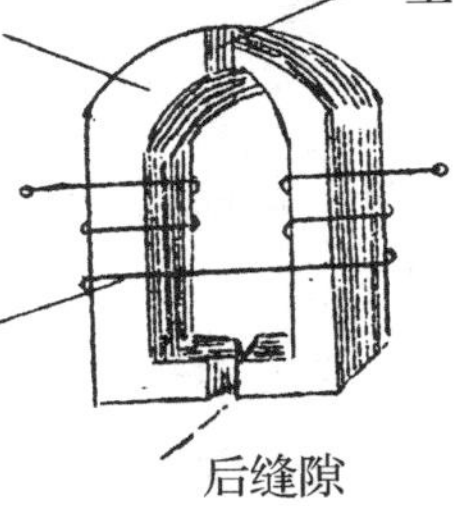


**图 16-93　磁头**

录音时，从话筒送来的音频电流经录音放大电路放大，通过录音磁头线圈，感应出随音频信号变化的磁力线。当磁头缝隙与磁带紧贴时，就形成了回路，这一小段磁带被磁化，形成按音频变化的剩磁波形（即磁迹），将录音以磁信号的形式保存下来。模拟式磁带录、放音机的磁迹是连续变化的，数字式磁带型录、放音机的磁迹是断续变化的。

放音时，有一定磁迹的磁带经过磁头的工作缝隙时，磁带的剩磁便会通过磁头的铁芯构成一个回路，由于磁通量的变化，绕在磁头上的线圈便会感应出一个随磁通变化的感应电动势，将磁信号转换成电信号，该音频信号经过放音放大电路放大后，驱动扬声器重放声音。

磁带型录音、放音机主要由磁头组件（包括录音、放音、抹音磁头）、磁带驱动机构、录音/放音放大电路、超音频振荡器组成。其中，超音频振荡电路提供录音时的交流偏磁电流和抹音时的交流抹音电流。磁带驱动机构包括电动机、主导轴系统、收/供带及辅助机械。

磁带式录像、放像机主要由磁头系统、磁带传送系统、视频信号处理系统、音频信号处理系统、伺服系统、控制系统及电源等组成，按用途可分为广播级和非广播级两种类型，两类录像机的主要技术指标明显不同，产品价格相差较大。

## （二）激光媒体读取信息原理

激光声像设备（例如激光唱机、影碟机等）的核心部件是激光读取（或拾取）装置。该装置由半导体激光发生器、光学透镜、反射镜和光电二极管等组成。激光器产生激光束，发射后经光学系统（光学透镜、反射镜等）到达光盘。光盘上有一系列凹坑表示不同的声音信息，激光束在光盘上扫描，到达光盘凹坑上的某些光线被散射而不反射，其他光线根据反射特性，反射回来后集中到检波器上。检波器使用光电二极管，将光信号转变成电信号。这样，在 CD 唱片上的一系列平台和凹坑，就在光检测器中产生了一系列的“开”和“关”的脉冲信号。

激光唱机中，激光读取装置产生的脉冲电信号再输入至放大电路、解调电路（将同步控制信号分离）和信号处理电路进一步处理，然后由数/模转换器将数字信号转换成连续变化的模拟信号，经滤波电路处理后得到通常的音频信号，将此信号再经音频放大器放大，得到可供输出的音频信号，若连接扬声器，可听到音乐声。

激光视盘机（例如影碟机）除了光学拾取系统外，还有机械系统、信号解调系统、伺服系统和操作控制系统等部件。机械系统带动激光影碟按要求稳定转动，同时带动光学拾取系统按指令移动；信号解调系统从光学拾取系统送来的信号中，解调出彩色图像信号、立体声伴音信号（左声道信号和右声道信号）和各种伺服信号；伺服系统是一种自动调节系统，保证光学拾取系统正确跟踪、扫描激光碟的信号面，取出正确的信号，保证影碟按规定转速稳定转动，消除影碟因中心孔偏离、碟片变形翘曲等缺点而引起的跟踪误差；操作控制系统是激光碟机的指挥中心，它接收操作者发出的操作指令，经微处理器处理后，指挥相应电路和机械系统完成各项动作，进入操作者所需要的工作状态，操作控制系统由微电脑、数据缓冲放大器、红外遥控接收/发射器、多功能显示屏和操作按钮等部件组成。

### （三）半导体媒体读取信息原理

以 MP3 播放器为例，当数字音乐文件在计算机上被创建和下载时，计算机会对文件进行压缩处理，文件变小，被制成 MP3（WMA 或 ACC）格式。被压缩后的歌曲文件，将被传输到 MP3 播放器的存储器中。播放音乐时，根据播放指令，存储介质中的数据须传输至播放器的数字信号处理器（DSP）中进行解压，解压后的音乐文件传送到数字—模拟解码器，将二进制数字信息转换成模拟音频信号，该信号再驱动耳机或扬声器形成音乐。有的播放器还带有小型的功率放大电路，在音频信号到达耳机前加强声音效果。

### （四）记录媒体概述

常见的记录媒体类型有：

**1. 磁性记录媒体**

在基片上涂有磁性物质，使之被选择性地磁化，以实现记录信息的媒体。

磁带、磁卡、软/硬磁盘是市场上较常见的磁性记录媒体。

磁性记录媒体不仅能记录声音、图像，还能记录其他已转换成电脉冲的信息，如各种检测仪器传来的分析参数（如温度、压力、速度、位移量等）。

**2. 激光记录媒体**

激光盘采用数字方式来记录信息。激光记录媒体利用激光束将代表声音、图像或类似信息的信号刻录在光盘上，使得光盘的表面有许许多多的凹坑和平面，用来表示各种数据信息。读数时，激光发生器发射出的光束照射到光盘表面，凹坑散射光，而平面反射光，反射光被光电检测器（如光电二极管）接收，产生相应的电信号，从而读出光盘上的数据。

目前光盘的主要品种有：CD、DVD、软件、数据程序、游戏等光盘。

**3. 半导体记录媒体**

半导体媒体是内置集成电路（简称“IC”）的媒体。按不同的媒体形态，常见的半导体记录媒体有：

(1) 固态非易失性存储器件

又称“闪存卡”，其主要特点是内置了快速闪存 ROM（Flash E2PROM）芯片，用以存储二进制数据，见图 16-94。

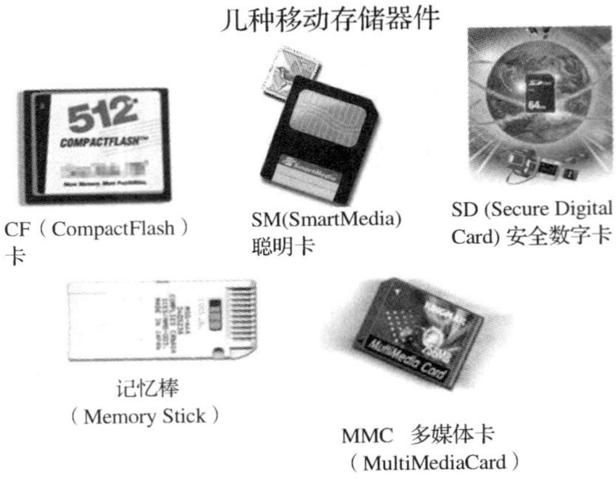


**图 16-94　几种移动存储器件**

易失性是指在断电后所储存的数据会自动消失，如随机存储器 RAM；而非易失性是指在断电后所储存的数据依然存在，常见的有只读存储器 ROM（Read Only Memory），这种存储器预先将信息写入存储器中，在操作时只能读出，不能写入，它结构简单，断电后信息也不会丢失，常用于存放固定的资料和程序。

ROM 器件按存储方式的不同可分为：

- 固定 ROM
- 可编程 ROM
  - 一次可编程 ROM（PROM）
  - 紫外线擦除可编程 ROM（EPROM）
  - 电擦除可编程 ROM（E2PROM）
  - 快速闪存 ROM（Flash E2PROM）

固定 ROM 所存储的信息由生产厂家在制造芯片时采用掩膜工艺固化在芯片中，使用者只能读取数据而不能改变芯片中的数据内容，它又称为掩膜 ROM。

可编程 ROM 可根据用户需要自己编程写入数据。

一次性编程 ROM（PROM，Programmable ROM）在使用前无信息，只能将编辑的程序写入一次，一旦写入后不能被重写。

紫外线擦除可编程 ROM（EPROM，Erasable PROM）是一种可擦写的 PROM，用户只需用个人 EPROM 编程器（写入器）便可对 EPROM 编程或写入程序，如果要对 EPROM 重复使用或重复编程，则可使用 IC 顶部特设的石英窗口，将紫外光（UV）直接照射到 EPROM 芯片上的窗口大约 5 分钟左右，即可重新写入。

电擦除可编程 ROM（E2PROM 或 EEPROM，Electrically Erasable PROM）可用电的形式擦除，把其放在电路板上，就能对其进行擦除或重新写入程序，但重写时只能一次 1 个字节。EEPROM 的数据可以至少保持 10 年的时间，擦写次数达 10 万次以上。

快速闪存 ROM（Flash E2PROM）是对 E2PROM 的改进，它也可在电路板上重写程序，但它可使整个芯片被擦除或重写程序，不像 E2PROM 那样一次只能重写 1 个字节。

快速闪存是近年来发展迅速的可移动存储介质，又称移动存储卡（器），具有可擦除、可重写、可编程等优点，数据记录在闪存存储芯片中，功耗低，密度高，体积小，可靠性高，广泛应用于数字式电子商品中，如数码相机、电脑、数码摄录机、数码音频播放器、数码录音笔、GPS 等。快速闪存形状各异，大多为卡型和香口胶型，种类主要有 CF 卡、SM 卡、MMC 卡、SD 卡、XD 卡、记忆棒和使用闪存芯片的 U 盘等。这些品种不管结构如何，基本都是以晶体管为存储单元的闪存芯片，只是不同的商品，其遵循的协议和相应的接口、控制机构、存储容量、形状尺寸、所应用设备、兼容性等方面会有所不同，使用者可根据特定的设备和要求来选用。

（2）IC 卡

IC 是集成电路的简称，又称集成电路卡、智能卡（Smart card）或称智慧卡、聪明卡等，是指粘贴或嵌有集成电路芯片的一种便携式塑料卡片，见图 16-95。

**图 16-95** IC 卡

IC 卡卡片包含了微处理器、I/O 接口及存储器，提供了数据的运算、访问控制及存储功能，卡片的大小、接点定义目前是由 ISO 规范统一。常见的 IC 卡有电话 IC 卡、身份 IC 卡，以及一些交通卡和存储卡。

IC 卡内嵌的集成芯片通常非常薄，在 0.5mm 以内，直径大约 1/4 厘米，一般成圆形，方形的也有，内部芯片一般有 CPU、RAM、ROM、EPROM。

按所嵌的芯片类型的不同，可分为三类：

① 存储器型：内置芯片为电可擦除可编程只读存储器 EEPROM，以及地址译码电路和指令译码电路。这种卡片存储方便，使用简单，价格便宜，在很多场合可以替代磁卡。但该类 IC 卡不具备保密功能，因而一般用于存放不需要保密的信息。

②逻辑加密卡：该类卡片除了具有存储卡的 EEPROM 外，还带有加密逻辑。加密逻辑电路可在一定程度上保护卡和卡中数据的安全，但只是低层次防护，无法防止恶意攻击，例如第二代身份证、门禁卡、房卡、校园一卡通、电话卡、公共事业收费卡、不带 CPU 的城市交通卡等。

③CPU 卡：该类芯片内部包含微处理器单元（CPU）、存储单元（RAM、ROM 和 EEPROM）、和输入/输出接口单元。RAM 用于存放运算过程中的中间数据，ROM 中固化了片内操作系统 COS（Chip OperatingSystem），而 EEPROM 用于存放持卡人的个人信息以及发行单位的有关信息。CPU 管理信息的加/解密和传输，严格防范非法访问卡内信息，发现数次非法访问，将锁死相应的信息区（也可用高一级命令解锁）。CPU 卡的容量有大有小，价格比逻辑加密卡要高，但 CPU 卡良好的处理能力和上佳的保密性能，使其成为 IC 卡发展的主要方向。CPU 卡适用于保密性要求特别高的场合，如移动电话用 SIM 卡，上海世博门票、有 CPU 的城市交通卡、CPU 银行卡、军事密令传递卡等。

按交换界面，IC 卡又可分为：

① 接触式 IC 卡：该类卡是通过 IC 卡读写设备的触点与 IC 卡的触点的接触进行数据的读写。

② 非接触式 IC 卡：该类卡与 IC 卡设备无电路接触，而是通过非接触式的读写技术进

行读写（如光或无线技术）。使用无线射频识别技术的卡又称射频卡，卡内嵌芯片除了CPU、逻辑单元、存储单元外，增加了射频收发电路，成功地解决了无源（卡中无电源）和免接触这一难题，是电子器件领域的一大突破，主要用于公交、轮渡、地铁的自动收费系统，也应用于门禁管理、身份证和电子钱包等。

### （五）无线射频识别技术

简称 RFID（Radio Frequency IDentification）技术，是自动识别技术的一种，工作原理是阅读器（Reader）发射一特定频率的无线电波能量给应答器（Transponder），用以驱动应答器电路将内部的数据送出，此时阅读器便依序接收解读数据，进而送给应用程序做相应的处理。

一套完整的 RFID 系统，由三部分组成：

应答器：由天线、耦合元件及芯片组成，一般来说都是用卡/标签作为应答器，每个卡/标签具有唯一的电子编码，附着在物体上标志目标对象。

阅读器（Reader）：由天线、耦合元件、芯片组成，读取（有时还可以写入）标签信息的设备，可设计为手持式 RFID 读写器或固定式读写器；

应用软件系统 ：是应用层软件，主要进一步处理收集的数据，并为人们所使用。

射频识别 IC 卡又有主动式和被动式之分。主动式卡是指卡片需要主动靠近读卡器，用户需要将卡放在读卡器的读卡区内读取，卡上信息才完成数据交换；被动式卡不用出示卡片，只要走过读卡器的范围，即可读取卡上的信息，完成交易，这类卡广泛应用于物流管理领域。

## 阅读材料十五：通信、广播、电视及相关设备

### （一）通信基础

通信是指用一定的方法，通过某种媒质将消息从发信者（信源）传送给收信者（信宿）的过程。利用电磁系统传输信息的方式，称为“电信”。

信源设备→发端设备→传输媒介→收端设备→信宿设备
（信道）
↑
噪声源

图 16-96　基本的通信系统

**1. 基本的通信系统组成**

信源设备：将来自信源的消息（声音、图像等）转变为电信号的一类设备。如电话机、电报机、传真机或数据末端设备等。

发端设备：经编码、调制、放大和发射后，使信息被处理从而适合在传输媒介中传输的一类设备。如语音编码器、调制器、复用设备、发射设备等

传输媒介：用于传输电信号的物质，也叫“信道”。传输媒介可以是电线、电缆、光缆或大气空间等。

收端设备：接收信道送来的电信号，将其逆向处理成适合末端设备接受的电信号的一类设备。如解码器、解调器、分路设备、接收设备等。

信宿设备：将电信号恢复成为原始信息（声音、图像等）的一类末端设备。如电话机、电报机、传真机或数据末端设备等。

噪声源：包括在通信系统中所有使通信质量下降的因素。

因此，本节的通信设备应包括处于基本通信系统中的所有设备（噪声源除外）。

**2. 通信分类**

（1）按信号的不同处理方式，通信可分为模拟通信和数字通信两类

模拟通信系统中传输的基带信号为模拟信号。模拟信号在时间上是连续变化的（如电话机转化而成的电信号）。

数字通信系统中传输的基带信号为数字信号。数字信号在时间上是断续变化的（如电报信号、计算机数据信号）。

（2）按传输媒质（信道）不同，通信又可分为有线通信和无线通信两类

有线通信利用电磁波在金属导体（电线、电缆）或光纤等传输媒介中传送信息。

无线通信利用电磁波在大气、水或土壤等传输媒介中传送信息，如中、长波通信，短波通信，微波通信等。

（3）按信息传递的方向与时间关系，通信可分为单工通信、半双工通信、双工通信

单工通信：消息只能单方向传输的工作方式，例如广播、遥测、遥控、无线寻呼等就是单工通信方式的例子。

半双工通信：通信双方都能收发消息，但不能同时进行收和发的工作方式，例如使用同一载频的对讲机、收发报机等。

双工通信：是指通信双方可同时进行收发消息的工作方式，例如普通电话、手机、计算机数据通信等。

**3. 有线通信和无线通信**

（1）有线通信

有线通信是利用金属导体或光导纤维作为传输媒介，传递信息的通信方式。有线通信的信号不受外界干扰，保密性强。

在有线通信中，根据不同信道的要求，经常会采用有线载波和光纤传输方式来完成通信。

有线载波通信是在有线信道上利用频率分割原理实现多路复用的通信方式，将代表声音、字符、图像或其他信息的电信号调制到某一特定频率的电波（载波）上，使各路信号搬移到不同的频带后，同时在同一线路中传输。收信端对线路信号放大后，用滤波器分开各路信号，并将各路信号解调，恢复原来的信息。有线载波通信主要用于传输多路电话，也可同时传输电话、电报、传真、数据、广播电视等多路信息。

光纤通信通过光导纤维传输信息。将数字通信中的数据信号经过电—光转换成光信号，然后通过光纤传输到接收方，接收方经过光—电转换、放大、均衡等处理还原数据信号。基本的光纤通信系统见图 16-97。

数据信号 —电信号→ 光发送端机（电—光转换） —光信号→ 光中继机 —光信号→ 光接收端机（光—电转换） —电信号→ 数据信号

**图 16-97　基本的光纤通信系统**

光端机是完成光—电相互转换的光通信设备，包括光发送端机和光接收端机；光中继机用以发送、接收光路并且有效提高光传输能力，包括光发送机、光接收机、波分复用(使多个不同波长的光载波共用一个光路光传输的设备）等。

（2）无线通信

无线通信是利用无线电波在空间传输而进行的通信，它不需架设传输线路，十分机动灵活，已成为军事、航空、航海、宇航、移动车辆等的基本通信方式。

基本的无线通信系统见图 16-98。

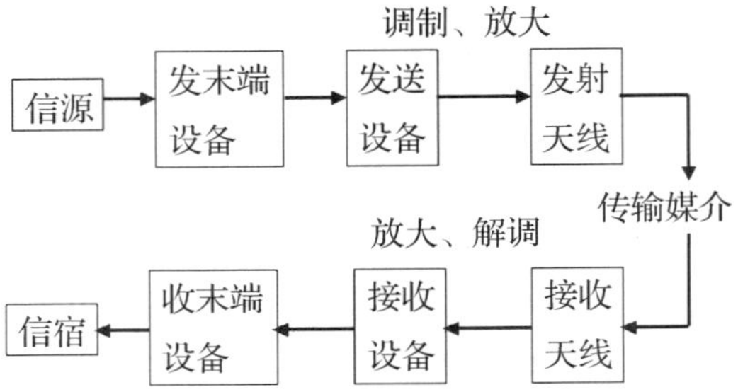


**图 16-98 基本的无线通信系统**

在无线电通信系统中，必须通过一定的设备（发末端设备）将各种要传输的信息变换为电信号，为了使这种信号能以电磁波的形式在空间进行传输，在发送设备内需要用高频振荡电流对这种电信号进行调制，并经功率放大器将已调信号放大后送到发射天线。天线是一种换能器，它将发射机提供的高频信号转换成高能量的电磁波并送入空间。收信端通过接收天线接收电磁波，并将其转换成高频电信号送入接收设备，接收设备对微弱的高频信号进行选择、放大、解调等处理，复原成原来的电信号，并转换成相应的文字、图像等信息。

**（二）通信基本技术**

为了完成基本的通信，必须采用一定的通信技术有效地传递信息。以下是基本的通信技术过程（图 16-99）：

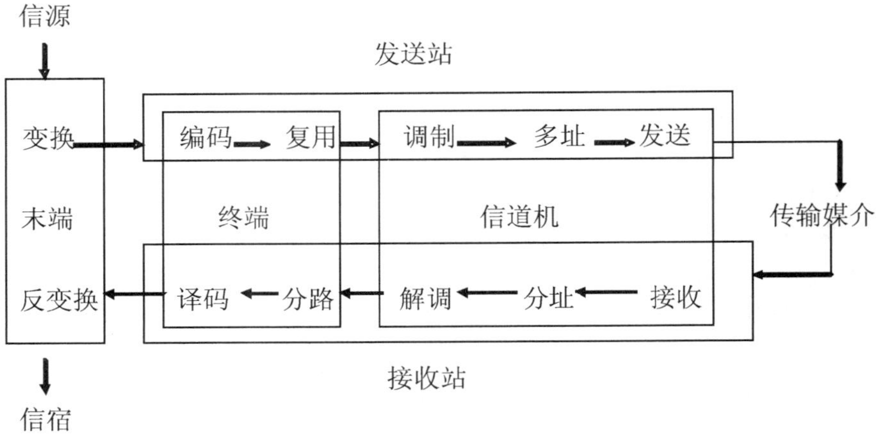


**图 16-99 基本的通信技术过程**

**1. 变换和反变换**

将信源发出的各种物理量表示的消息（如声的强度、光的亮度）变换成电信号。

在接收端，通过反变换将电信号还原成各种信源消息给信宿。

通常，将完成变换和反变换的设备统称“末端设备”。这种装置可以是声电变换，如电话机、收音机等，也可以是光电变换，如摄像机、电视机、传真机等。

**2. 编码和译码**

编码是将模拟信号（经变换得到的电信号）转变为数字信号的技术，用于数字通信中。常用方法有脉码调制（即“脉冲编码调制”）和增量调制。

所谓脉冲编码调制（PCM），是将语言、图像等模拟信号每隔一定时间取样，从而变成一系列离散的电脉冲信号，将每一段离散的信号的幅度量化为一定的量值，并对各量值进行二进制编码，就形成了相应的数字信号，然后按照需要，将这些数字信号通过载波进行一定的调制，调制后的信号可以通过一定的传输媒介传送出去。

在接收端，通过译码技术将编码信号转换成原始模拟信号即译码。

**3. 复用和分路**

复用是采用适当的措施使各路信号不重叠，以便共用同一信道传输的技术。

复用技术用于多路通信系统中，在发信端从若干个入端口输入互不相关的各路信号，利用复用技术作合并后送入信道；在收信端则将合成信号还原成彼此不相干扰的各路信号即“分路”，再由不同的端口输出。各路信号在公共信道中传输之所以互不干扰，是因为发信端输出的各路信号的某些参量已经有所区别。

常用的复用技术有频分多路、时分多路和码分多路等几种。

频分多路（FDM）：将公共信道可传输的频带分割成若干较窄频带，各路信息分别调制到不同频率上，占有不同频带，再合起来在线路上传输。在接收端可用滤波器来分路，分别解调出各路信号。

时分多路（TDM）：各路信号在时间上轮流使用公共信道进行传输。通过发信端、收信端的多路电子开关循环地、同步地输出或接收各路信号，以保证各路信号在时间上的不重叠。

码分多路（CDM）：利用正交化技术，使各信号得以区别，共同在公共信道上传输。

通常，完成编码和译码、复用和分路技术的设备统称为“终端设备”。

**4. 调制和解调**

在通信系统中为了适应不同的信道情况（如数字信道或模拟信道、单路信道或多路信道），常常需要在发信端对原始信号进行调制，得到便于信道传输的信号，然后在收信端完成调制的逆过程——解调，恢复出原被调制信号。

通常，未被载波调制的待传信号称为基带信号，它所占的频带称为基带；将基带信号的频谱搬移到较高的频带（用基带信号对载波进行调制）再传输，则称为通带传输。

调制技术是各种通信系统的重要基础，在有线和无线通信中都有广泛运用。

调制通常有模拟调制（如调幅、调频和调相等）和数字调制（如移幅键控、移频键控和移相键控等）（见图 16-100 和图 16-101）。

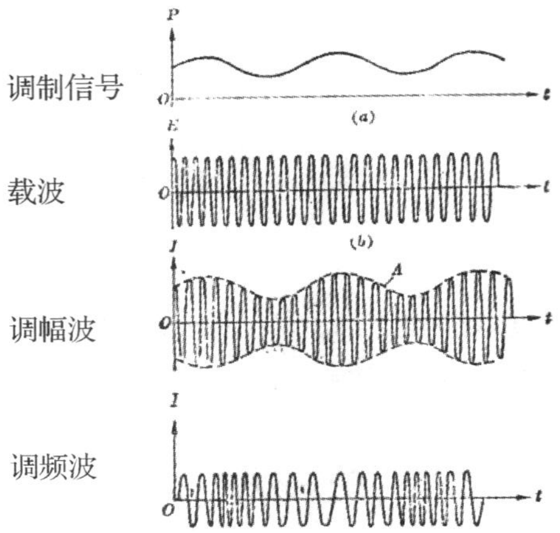


图 16-100 模拟调制

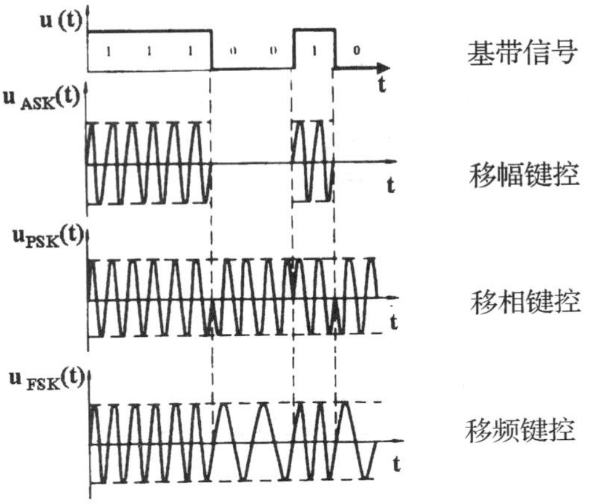


图 16-101 数字调制

5. 发送和接收

对已调制信号进行放大（包括变频至有关频段）等处理，以适应各种信道的传输要求，并且发送信号（有线或无线信号）。有的还采用一些抗干扰技术，如扩频技术等，保证发送信号的质量。

到达接收端的微弱信号（有线或无线信号）须经选择、放大、变频或解扩等接收处理，再送入后续设备对信号作进一步还原。

通常，完成调制和解调、发送和接收技术的设备统称为“信道机”。

6. 传输媒介

一般分为有线和无线两类。

总之，通信是一个复杂的信息传输过程，但是，并非所有通信都需要经过上述全部技术过程，而是可以根据通信容量、距离和传输媒介等差异，采用不同的组合，以满足不同的要求。

### （三）通信网概述

多个通信点相互通信，单靠线路直接连接很不经济，也不现实。所以，实际中是通过由中间节点构成的通信网络，将信息从源地发送到目的地，以此来完成通信。这些中间节点不关心信息内容，其实质是一些交换设备，负责信息的传送。

各种不同形态的通信网见图 16-102。

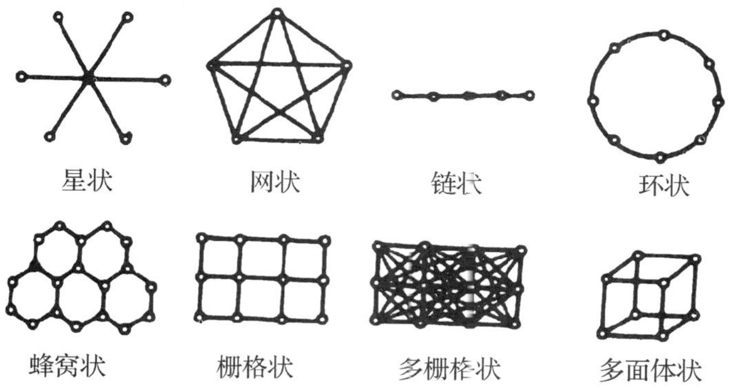


**图 16-102　通信网络基本形态**

移动通信中，选用的是蜂窝通信网，其频率利用率最高。

**1. 通信网的分类**

按业务分：电话网、电报网、图像网、数据网等。

按地区规模分：农村网、市内网、长途网、国际网。

按处理信号分：模拟网、数字网。

**2. 通信网的组成**

通信网在设备方面由三部分基本组成：

（1）末端设备

又称“用户设备”，用户与通信网之间的接口设备，可把用户的消息和收发的电信号相互转换。

（2）传输设备

传送电信号的信道，包括有线、无线等线路。

（3）交换设备

在终端之间和局间进行路由选择、接续控制的设备。交换设备是通信网的枢纽。主要的交换技术有电路交换和储存转发交换两种。

①电路交换

电路交换通过网络中的节点（交换设备）在两个站之间建立一条专用的通信线路。一旦线路建立，则在线路连接期间用户一直占用该信道，其他用户不能使用该信道，只有等某个信息传送结束后，才中止连接，释放专用资源。电路交换的优点是信号的传递时延小，适于语音通信之类的交互式实时通信，电话通信一般采用这种方式；缺点是线路利用率低，线路建立和拆除都需要一定的时间。

数字式程控电话交换机使用计算机，按照预先编制好的程序来控制线路的接续。

电话交换机按使用范围可有：用户小交换机、市内交换机、长途交换机和国际交换机等。其中，用户小交换机专用于机关、学校、工矿企业等。

②储存转发

储存转发交换不需要在两个站之间建立一条专用的通信线路。当信息传到一个站时，先将信息存储在节点（交换设备）中并排队等候，直到先来的信息发完，有线路时可供本信息发送时再继续往前传，即存储—转发。这种交换方式又有报文交换和分组交换两种。

报文交换对整条报文集中处理，一般选用大容量的计算机来存储送入的报文，同时要求在报文正文外加入一些附加信息（如报文的起始标志、目的站地址等），使报文交换设备还具有路由选择、判别各报文的起始点、误码检测及某些特殊的控制功能，提高传输可靠性。报文交换的优点是线路利用率高，许多报文可以共享一条到节点的通道；缺点是信号通过网时的时延较长，不能用于要求快速响应的交互式实时通信，通常用于电报及电传交换。

分组交换首先将信息分解成固定长度的分组（比报文要小），每次以一个分组为单位进行传输，各分组可以同时在网络内分别沿不同的路径进行传输。当所有分组都传到目的节点后，再将各分组按发送的顺序重新组装起来传送到目的站用户。由于网路中任意两点间可以有几条通道，因此大大缩短了信息通过网络的时间，时延较小，可以进行准实时通信；同时采用路由选择法将网络的业务均匀分配给整个网络，保证了所有信道较高的利用率。这种交换通常用于计算机的数据通信。

### （四）移动通信系统概述

移动通信是通信双方（或至少一方）在运动中进行信息交换的通信方式，包括移动体与移动体之间、移动体与固定点之间的通信等，其基本的工作方式就是无线电通信，广泛用于机动车辆、船舶、飞机、火车及个人移动通信领域。

移动通信的种类繁多，按使用要求和工作场合不同可以分为集群移动通信、蜂窝移动通信、卫星移动通信、无绳电话等。

1. *集群移动通信*

即无线专用调度通信系统，主要由控制交换中心、调度台、基站、移动台及与市话网相连接的若干条中继线所组成（图 16-103）。控制交换中心是系统的核心，主要作用是鉴权、控制和交换。无论是移动台呼叫调度台，还是调度台呼叫移动台，或移动台呼叫市话用户，都要在控制交换中心内进行交换，并根据业务需要分配信道。

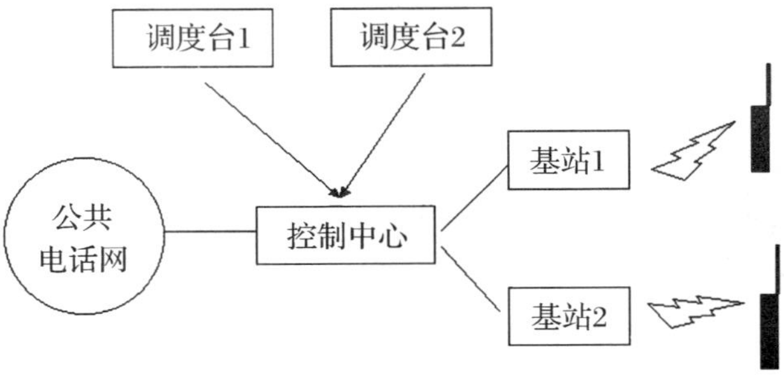


**图 16-103　单区集群移动通信系统**

集群移动通信是一种大区制的通信，其每个基站都有一个被称为覆盖区的服务范围。用户数约为几十至几百，可以是车载台，也可是以手持台，它们可以与基站通信，也可通过基站与其他移动台及市话用户通信，基站与市站有线网连接。集群通信广泛地用于公安、消防、交通、防汛、电力、铁道、金融等部门，作为分组调度使用。

### 2. 蜂窝移动通信

也称小区制移动通信，见图 16-104。它的特点是把整个大范围的服务区划分成许多小区，每个小区设置一个基站，负责本小区各个移动台的联络与控制，各个基站通过移动交换中心相互联系，并与市话局连接。利用超短波电波传播距离有限的特点，离开一定距离的小区可以重复使用频率，使频率资源可以充分利用。每个小区的用户在 1000 以上，全部覆盖区最终的容量可达 100 万用户。

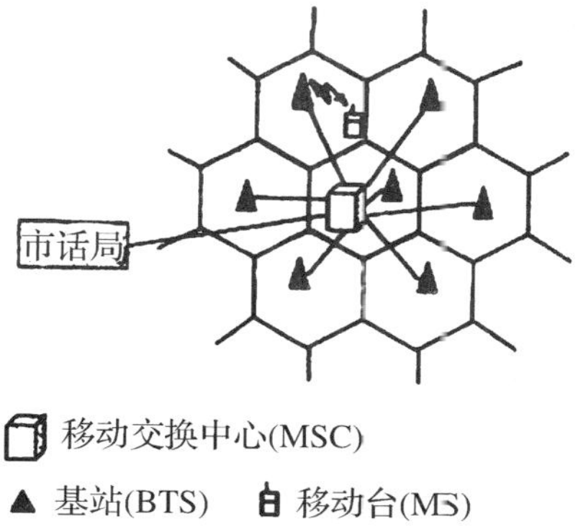


**图 16-104 蜂窝移动通信简图**

（1）蜂窝移动通信技术的发展

①1G：第一代模拟制式蜂窝移动通信

得益于 20 世纪 70 年代的两项关键突破——微处理器的发明和交换及控制链路的数字化，第一代模拟制式蜂窝移动通信采用 FDMA 技术实现语音通信。

②2G：第二代数字式蜂窝移动通信

20 世纪 80 年代末开发，除提供话音之外，还增加了部分数据业务，如接收电子邮件和网页，数字化技术使通话质量和系统容量得以提升。2G 有两种：一种是 900/1800MHz 的 GSM 移动通信，无线接口采用 TDMA 技术；另一种是 800MHz 的 CDMA 移动通信，无线接口采用 CDMA 技术。

③3G：第三代移动通信技术（3rd-generation，3G）

3G 是将无线通信与国际互联网等多媒体通信结合的新一代移动通信系统，支持高速数据传输，速率一般在几百 kbps 以上，采用 CDMA 为主流技术。3G 与 2G 的主要区别是在传输声音和数据的速度上的提升，它能够在全球范围内更好地实现无线漫游，并处理图像、音乐、视频流等多种媒体形式，提供包括网页浏览、电话会议、电子商务等多种信息服务，同时与第二代系统的兼容性良好。

国际上 3G 存在四种标准：CDMA2000（美国版）、WCDMA（欧洲版）、TD-SCDMA（中国版）及 2007 年接受的 WiMAX。

国内 3G 有中国电信的 CDMA2000、中国联通的 WCDMA 和中国移动的 TD-SCDMA。

④4G：第四代移动通信技术

4G 是真正意义的高速移动通信系统，用户速率 20Mbps。4G 支持交互多媒体业务、高质量影像、3D 动画和宽带互联网接入，是宽带大容量的高速蜂窝系统，该系统采用 4X4 天线 MIMO 技术和 VSF—OFDM 接入技术。

⑤相关术语

多址是指多个用户直接利用公共信道相互通信的方式，广泛用于移动通信网、卫星通信网和计算机区域网路，主要有：

频分多址（FDMA）：各站发出的信号在指定频带内互不重叠地排列，共同使用一个射频信道传输信号。

时分多址（TDMA）：信道按时隙顺序分配给不同的用户，各站信号都使用相同的载频，而在每瞬时只有一个站的信号在信道中传输。

码分多址（CDMA）：以不同的代码序列将各站信号区分开来，以便实现多用户共享频率和同时入网接续。CDMA 具有系统容量大、通信质量好、频带利用率高、手机发射功率低、频率规划灵活、适合多媒体信息的传输等优点。

（2）蜂窝移动通信系统的基本组成

蜂窝移动通信系统一般由移动台（MS）、基地站（BS）、移动业务交换中心（MSC）及相连的中继线等组成。

移动业务交换中心的主要功能是信息的交换和整个系统的集中控制管理。

移动台（如车载台、手机）和基地站设有收发信机和天馈线等装置，负责两者之间的无线通信。每个基地站都有一定可靠服务的范围，该范围的大小主要由发射机功率和基地站天线的有效高度等决定。服务面积可分为大区制和小区制。大区制是指在一个服务区域内有一个基地站，并由它负责移动通信的联络与控制。小区制是将整个服务区域划分为多个小区，每个小区分别设置一个基地站，负责本区内移动通信的联络和控制，由移动交换中心统一控制所有基地站，实现小区间移动用户通信的转接。

移动业务交换中心再通过中继线与市话网（PSTN）就能实现移动用户与固定市话用户之间的通信，从而构成一个有线和无线相结合的复杂的通信网。

蜂窝移动通信系统有模拟式（FDMA）和数字式（TDMA、CDMA）两类。

图 16-105 为数字式移动通信系统的基本构成。

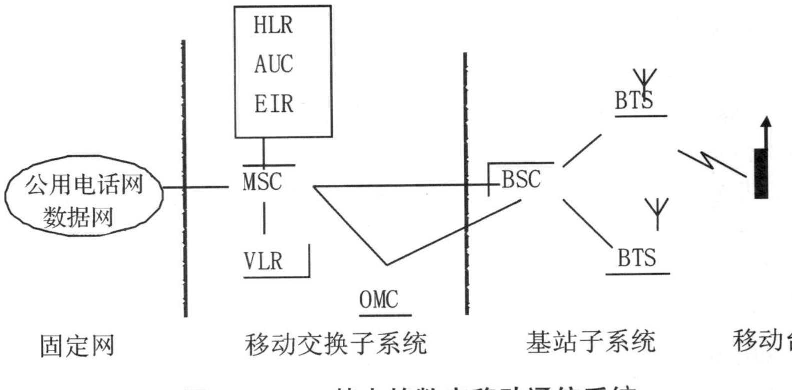


**图 16-105　基本的数字移动通信系统**

①移动台（MS）

由移动终端（手机或车载机）和用户识别卡（SIM 卡）组成。

手机完成语音和信道的编码和解码、信息的加密、信息的调制和解调、信息的发送和接收。

②基站子系统（BSS）

基站子系统包括：

BTS：基站收发信机。主要负责与移动台的无线传输，无线信道加密、调频等功能。基站由基站控制器控制。

BSC：基站控制器。对一个或多个 BTS 进行控制，主要负责无线网络资源的管理、小区配置数据管理、功率控制、定位和切换等。基站控制器由移动交换中心控制。

③交换子系统（NSS）

主要完成交换功能，用户数据库、移动性管理、安全性管理所需的数据库功能。

MSC：移动交换中心，提供移动系统与公共电话网的接口，完成移动台与移动台、移动台与市话网用户之间的交换，还有计费、辅助无线资源管理等功能。

AUC：鉴权中心，产生用于鉴权、加密的三参数（随机号码 RAND、符合响应 SRES、密钥 Kc）的设备。鉴权的作用是确定移动用户的身份，拒绝假冒合法用户的“入侵”，保护移动网络的合法客户。加密的作用是对呼叫信息的保密。

HLR：归属位置寄存器，是一个数据库，存储用于移动用户管理的数据。它主要存储两类信息：一是有关用户的参数（包括鉴权中心产生的三参数），每个移动用户都应在 HLR 中注册登记；二是有关用户目前所处位置的信息，以便建立至移动台的呼叫路由，例如 MSC、VLR 地址等。

VLR：拜访位置寄存器，也是一个数据库，存储 MSC 所辖区域中拜访用户的通话呼叫所需检索的信息，例如用户号码、所处位置区域的识别、向用户提供的服务等参数。

此外，在对移动用户身份的鉴权和呼叫加密的过程中，VLR 接收 HLR 传送来的三参数，将其中的 RAND 号码传送给用户手机，与手机中的 SIM 卡配合，用一些特殊的算法产生另外一些特定的参数，回传给 VLR 作身份鉴定或者对手机的数据流加密，防止别人非法获得信息和参数。

EIR：设备识别寄存器，也是一个数据库，存储有关移动台设备参数，主要完成对移动设备的识别、监视、闭锁等功能，防止非法移动台的使用。

④操作维护子系统（OMC）

主要对整个 GSM 网络进行管理和监控，能实现对网络内的各种功能部件的监视、报告状态、诊断故障等功能。

**3. 卫星移动通信**

在人烟稀少地区和经济不发达地区，每隔十几公里就建立一个基地站是不太经济的。因此，可以依靠卫星来为这些地区服务，利用卫星转发信号来实现移动通信。对于车载移动通信可采用赤道固定卫星，而对手持终端，采用中低轨道的多颗星座卫星较为有利。卫星使用宽波束天线，只要少数几个波束就可以覆盖很大面积，是一种大区制的通信方式。很多用户集中在一个服务区，共用信道多，信道利用率高。但是星载发射机的输出功率大，互调也较为严重。

基本的卫星通信系统见图 16-106。

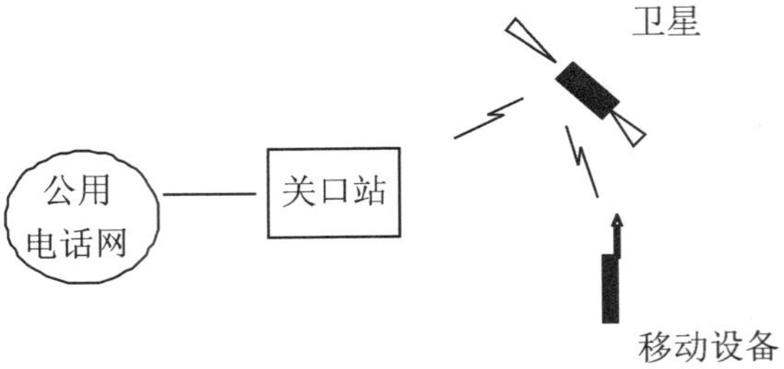


**图 16-106 基本的卫星通信系统**

**4. 无绳电话**

对于室内外慢速移动的手持终端的通信，则采用小功率、通信距离近的、轻便的无绳电话机。它们可以经过通信点与市话用户进行单向或双方向的通信。

### （五）摄像器件及摄像机

**1. 摄像器件**

摄像器件是摄像机的心脏，其主要作用是利用某种光电效应，使输入的景物光像转换成电视图像信号。摄像器件可分为电子束摄像管和固体摄像器件两类。

（1）摄像管

各种摄像管都有一个真空玻壳，里面装有靶面和电子枪。被摄景物透过玻壳上的窗成像于靶面，利用靶面的光电发射效应或光电导效应将靶面各点的照度分布转化为相应的电位分布，将光图像变成电图像。摄像管按光敏靶的种类又分为：

①光电导摄像管（又称视像管），管子经光照后，内部电导率变化而产生电荷，具有内光电效应。光电导摄像管有氧化铅管、硒砷碲管等。这类管子过去使用最多，也是摄像管的基础。

②光电发射式摄像管（又称移像管），光电面受光照后在真空中发射光电子，产生外光电效应。例如超正析摄像管、硅增强靶摄像管、次级电子导电管等。

（2）固体摄像器件

它们是半导体材料制成的光敏器件，因体积小、重量轻、不受磁场影响、具有抗震动和撞击之特性而被广泛应用，并替代摄像管，代表器件有电荷耦合器件（CCD）和互补金属氧化物半导体（CMOS）。

CCD 中有几十万个器件单元（微小电容或光电二极管）排列成阵面，表层具有光敏特性。被摄景物成像于阵面，各单元存储的电荷量和照度成正比。利用时钟脉冲和移位控制信号，将阵面各单元信号按一定顺序移出，即可得到强度随时间变化的图像电信号。

**2. 摄像机的分类**

摄像机的分类方式很多。

（1）按摄像质量的不同有民用级摄像机、专业级摄像机、广播级摄像机

民用级摄像机应用在图像质量要求不高的场合，价格最便宜，如一些掌中宝型摄像机。民用级摄像机除了家庭使用外，也用于一些特殊条件下的拍摄，例如体育的特技摄像，小型摄像机机头可安装在主裁判的保护面罩上；国际摩托车比赛，小型摄像机安装在摩托车上，从运动员角度进行摄像等。

专业级摄像机（又称业务用摄像机）应用在广播电视以外的专业视领域中，如教育领

域、科教宣传、工业生产、医疗卫生领域等。这种摄像机强调摄像机的轻便、价钱便宜，图像质量低于广播专用的摄像机，如用于夜晚的摄像机（对红外线有高灵敏度）、医疗方面的摄像机（对X光有高灵敏度）、水下拍摄使用的摄像机、拍摄体育运动的高速摄像机等。

广播级摄像机主要有演播室使用的摄像机、电子新闻采访（ENG）摄像机、现场节目制作（EFP）摄像机。

（2）按信号方式不同有模拟式摄像机和数字式摄像机

模拟摄像机采用模拟信号处理方法，输出的是模拟信号。数字式摄像机内部采用数字信号处理方法，输出的是数字信号。

（3）按摄像器件不同有摄像管摄像机和CCD摄像机

按内部摄像器件的数量不同，在摄像管摄像机中，按管子的数量可分为单管、两管、三管；CCD摄像机中，按使用CCD数量可分为单片、三片式摄像机。

选用三个摄像器件（三管、三片）的彩色电视摄像机，通过物镜（拍摄镜头）与摄像器件之间的滤光片和分色棱镜系统，将入射光束分解成红、绿、蓝三种电视基色光，分别投射到三组摄像器件的靶面上。广播电视系统都采用三管或三片摄像机，其彩色还原好、清晰度高，图像质量好。

**3. CCD摄像机基本构成**

CCD摄像机将被摄物体的光像传播到镜头，经镜头聚焦到CCD芯片上，CCD根据光的强弱积聚相应的电荷，经周期性放电，产生表示一幅幅画面的电信号，经过滤波、放大、编码等电路处理后输出一个标准的复合视频信号。这个信号可以录像或输入到电视机上观看。

CCD摄像机由CCD摄像器件、时序脉冲发生器及驱动电路、视频的采样与保持电路、视频处理电路、同步信号发生器、电源变换电路等构成。

（1）CCD摄像器件：其作用是进行光电转换，输出视频信号。

（2）时序脉冲发生器及驱动电路：其作用是产生CCD摄像器件进行光电转换时所需的各种脉冲信号，并实行信号放大输出。

（3）视频的采样与保持电路：其作用是消除CCD输出的视频信号中的各种不应有的信号，经该电路处理，使视频信号变成数字的视频信号。

（4）视频处理电路：视频信号经视频处理电路处理后，形成标准的全电视信号①。

（5）同步信号发生器：主要产生视频处理电路所需的脉冲信号。

（6）电源变换电路：为简化CCD摄像机的供电，一般从外部只输入一种电源（12V），而机内其他各种电压值的电源都由电源变换电路获得。

## （六）显像器件

显像器件能够把包含着图像信息的电信号变换成图像、文字等光信号，是电视机、监视器等中的主要成像部件。

---

① 全电视信号：在彩色电视系统中把视频信号（图像信号）、复合同步信号和复合消隐信号复合在一起，形成全电视信号，广播电视传送的就是这种信号。接收机解调出全电视信号后，用一定的方法分离出同步信号。

显像器件的种类很多，有显像管、液晶显示器、等离子显示器、FED 等，以下介绍一些重要显像器件的工作原理。

**1. 显像管显像**

显像管又称阴极射线管（CRT），是一个真空器件，它大致由电子枪、荧光屏和偏转线圈三大部分组成，其显像管理参见本章第六节商品知识阅读材料“真空电子器件”。

**2. 液晶显像**

液晶显像原理和制造在第八十四章第十四节“集成电路、平板显示器制造设备”的商品知识阅读材料中介绍。

**3. 等离子显像**

等离子显像（PDP：Plasma Display Panel）的原理如图 16-107：

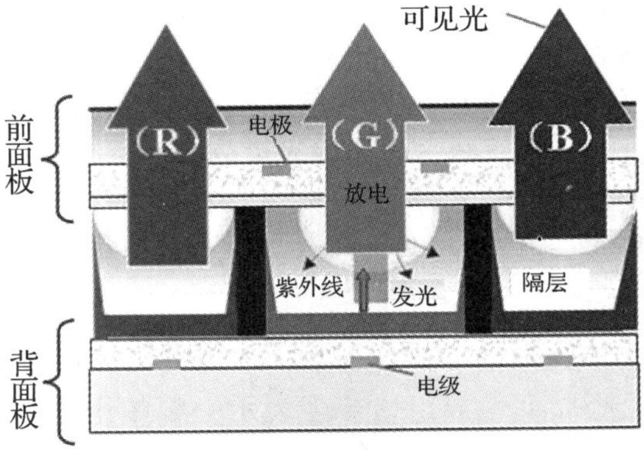


**图 16-107　等离子显像原理图**

等离子显示器的两块玻璃板之间是像素宽度空间（放电单元），里面密封着放电气体。当地址电极和显示电极之间加有电压时，放电单元就会产生等离子体放电而发出紫外线，紫外线照射到放电单元内所涂敷的荧光体上，荧光体便会发光。

等离子体显示的荧光体有红、绿、蓝（R、G、B）三种颜色，并排配置，它能够显示出与彩色显像管一样的颜色。

## 阅读材料十六：通用电子、电力元器件

### （一）电容器、电阻器、印刷电路

**1. 电容器**

电容器是以储存电荷为特征，能隔断直流而允许交流电通过的电子元件，在电子电路中起到耦合、旁路、滤波、调谐、储能等作用，广泛用于各类电子设备中。

电容器由两个金属电极板、中间夹有绝缘材料（介电材料）构成。介电材料有空气、纸、云母、油、树脂、橡胶、塑料、陶瓷或玻璃等。当介电材料被置于两块带有等量异性电荷的平行极板间的电场中时，由于极化而在介质表面产生极化电荷，使束缚在极板上的电荷相应增加，维持极板间的电位差不变，这就是电容效应。

电容器的种类很多，分类方法各有不同：按电容量在使用中能否改变，分为固定电容

器和可变电容器（包括微调电容器）两类，可变电容器通过调节两极板间的距离和位置来改变电容量；按介电材料的不同，可分为气体介质电容器（如空气电容器）、液体介质电容器（如油浸电容器）、固体介质电容器（如云母、陶瓷、纸、有机薄膜、玻璃釉、电解电容器等）。图 16-108 是一些常见电容器的外形图。

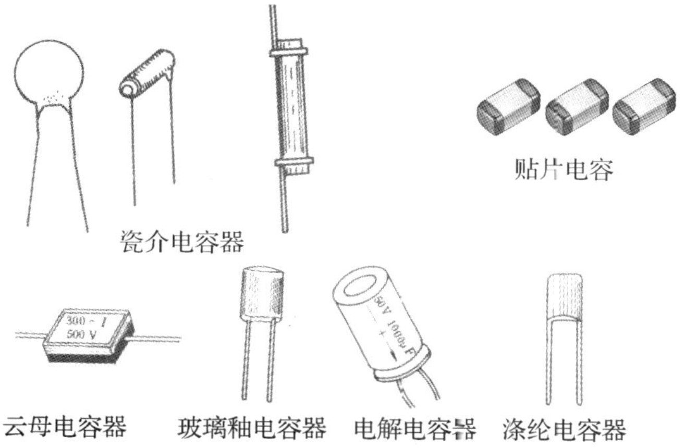


**图 16-108　常见电容器**

贴片电容（chip capacitor）是一种新型结构瓷介电容器是用成膜工艺（碾压法、流延法和喷涂法等）制作生坯陶瓷薄膜，并在其上涂以电极浆料，将若干片叠合后一次烧成一块不可分割的整体。由于陶瓷介质很薄（可达 0. 1mm 以下），叠合紧密，因此贴片电容比一般的电容器的比容大。贴片电容的电极材料用金、银、铂等贵金属材料，以便与陶瓷材料一次烧成。贴片电容在外观上一般呈长方体，不带引 脚，没有树脂包封。

电解电容器以铝、钽金属为正极，以其表面上形成的一层氧化膜为介质，与负极金属箔一起构成铝电解电容器和钽电解电容器，其特点是电容量很大，有正、负极之分，使用时不能反接。这两种电容器若在负极金属箔上也形成氧化膜，可制成双极性电解电容器，引出端便不再有正、负极之分，可应用于极性经常变换的脉动电路中。

**2. 电阻器**

电阻器是用电阻材料制成的，能在电路中限制电流通过，是电路中应用数量最多的元件。

电阻器的主要作用是稳定和调节电路中的电流和电压。理想的电阻器是线性的，即通过电阻器的瞬时电流和电压成正比。一些特殊的电阻器，如热敏电阻器、压敏电阻器和敏感元件，其电压和电流的关系是非线性的。

阻值不能改变的电阻器称为固定电阻器，阻值可以改变的称为可变电阻器（包括电位器和变阻器）。

（1）固定电阻器

主要包括：

①线绕电阻器：用合金丝（镍铬、镍铜、锰铜等）缠绕在陶瓷骨架上制成，外部覆以玻璃釉或漆等涂料保护层。

②实心电阻器：采用炭黑、有机树脂和填料混合，模压成圆柱形实体。

③薄膜电阻器：有碳膜、合成碳膜、金属膜、金属氧化膜、氮化钽膜等电阻器。其中，碳膜电阻器通过真空高温分解出碳膜沉积在圆瓷体上构成，其阻值范围宽，稳定性

好，成本较低，是薄膜电阻器中产量最大的品种。金属膜电阻器通过合金粉在真空中蒸发或溅射，沉积在陶瓷基体上形成，其阻值范围较宽，各项电性能较好，是精密型电阻器的主要品种。

④厚膜电阻器：将金属玻璃釉膜以丝网印刷到绝缘基片上，经烧结制成平面形电阻体，其阻值范围宽，稳定性好，工艺简单，广泛用于平面化电路。该产品又谓之“贴片电阻”。

⑤金属箔电阻器：将合金箔粘贴在绝缘基片上，用光刻法蚀刻成平面形精细条制成片状电阻体。

⑥热敏电阻器：其阻值随温度改变而显著变化，由金属或半导体制成。

⑦压敏电阻器：当施加特定电压值时，其阻值会急剧变小，压敏电阻器由半导体制成。

图 16-109 是常见电阻器外形图。

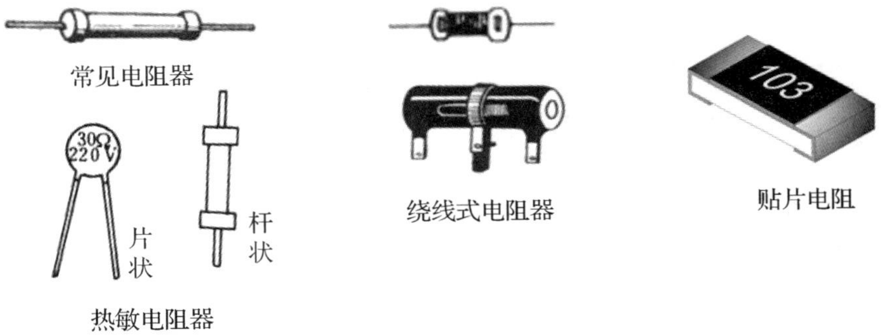


**图 16-109 常见电阻器**

（2）可变电阻器和电位器

可变电阻、电位器二者从材料、一般结构上并无严格差别，可变电阻有直线滑动与旋转调节两种，电位器也有直线滑动（如音量电位器）与旋转调节（一般音量旋钮）两种，它们均用于经常调节的场合。

二者从连接方式来说，基本都有三端引线，其中两端间的电阻值是固定的，第三端滑动端与其余两端之一间的电阻值可以在固定值范围内任意调整。

作为可变电阻（或半可变电阻）使用，一般只使用一个固定端与滑动端（另一固定端可与滑动端短路连接）串联在电路中，以改变串联电路的电阻值，可能要承受较大的电流；而作为电位器使用，则两固定端接到某一电压源上，而从一个固定端与滑动端之间取得不同的电压（不同的电位），一般承受的电流不大（见图 16-110）。

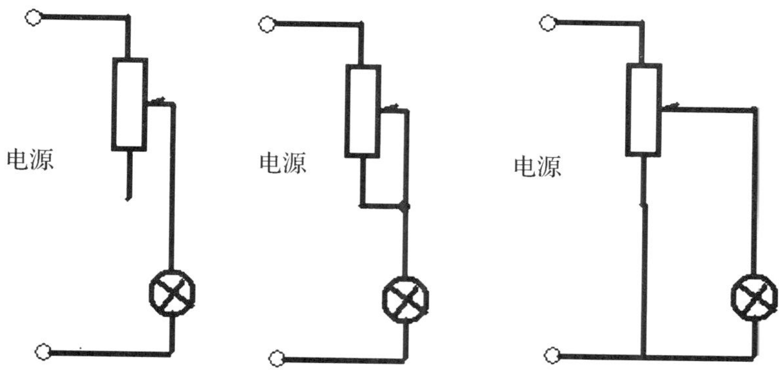


**图 16-110 变阻器与电位器的电路接法示意图**

图 16-111 是电位器的一些常见外形图。

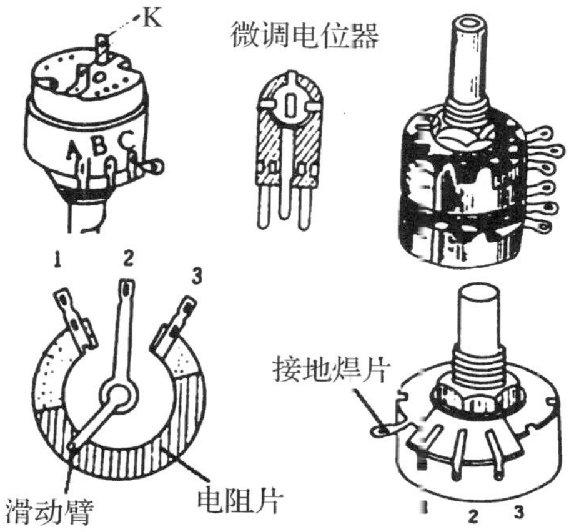


**图 16-111 常见电位器外形**

**3. 印刷电路**

印刷电路是指采用各种印制手段将导线、接头或其他印制元件（如电容器、电阻器、电感器等）印刷在绝缘基片上所形成的电路，主要用于安装和互连各种电子元器件，可以减少设备的体积和重量，提高设备的可靠性，因此，在电子工业中广泛使用印刷线路代替普通导线的互连。

印刷电路中的印制元件不包括能够产生、整流、检波、调制或放大电信号的有源元件，如二极管、三极管等。

印刷电路制作时，根据电路的布线图在绝缘基片上印刷导体图形，形成一定的电气线路（见图 16-112）。传统的印制工艺有减成法和加成法两种。

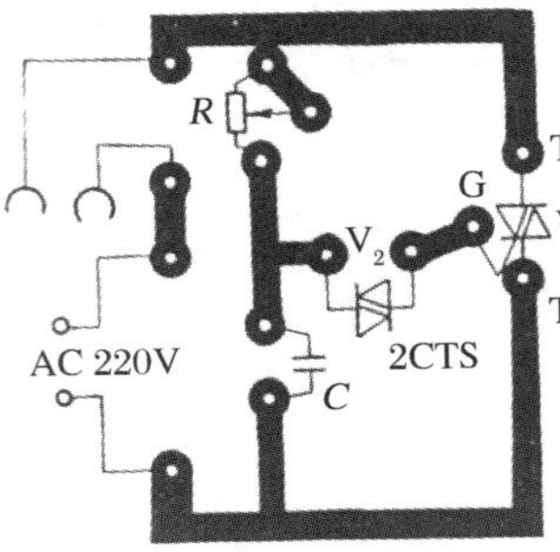


**图 16-112　印刷电路**

减成法（蚀刻法）是在覆铜箔的绝缘基板上用光刻法（光化学反应）或丝网漏印法形成抗蚀保护膜图形，然后用蚀刻液蚀刻未被保护的铜箔而形成导体图形。

加成法是在无铜箔的绝缘基板上用化学沉积或与电镀结合的方法形成导体图形，也可以形成金属化孔。

当前，印刷电路板的制作技术趋向印制技术与膜技术的结合。在制作过程中同时用“膜工艺”（微电子技术工艺之一，见阅读材料“六：集成电路”中的“膜集成电路”介绍）在绝缘基片上制作一些薄膜或厚膜状的无源元件，如电阻、电容和电感等，形成印刷电路；或是所有的导线、接头或其他印制元件（如电容器、电阻器、电感器等）都采用膜工艺制成全膜化的电路。

### （二）电路的开关、保护、连接及控制用电气装置

#### 1. 电路开关装置

用于接通、分断、切换电路的电器，可用于家庭和工业，主要有各种主令开关、负荷开关、隔离开关、切换开关、继电器等。

主要商品有：

（1）主令开关

是一类发布命令的开关电器，用于闭合、断开和切换控制电路。常用的主令开关电器有按钮、微动开关、行程开关、限位开关、接近开关等。

（2）负荷开关

是一种能在正常工作状态下接合和切断负载电流、励磁电流、充电电流等的开关电器。负荷开关按使用电压可分为高压负荷开关和低压负荷开关。低压负荷开关又称“开关熔断器组”，适用于交流电路中，以手动操纵触刀不频繁地切断有载电路，并可由熔断器实现线路的过载和保护。

（3）隔离开关

主要用于设备或线路的检修和分段时进行电气隔离，没有专门的灭弧装置。

（4）继电器

继电器在自动装置中，起到控制和转换电路的作用。即输入端的物理量（电量或非电量）达到规定值时，继电器的触点动作，自动接通或切断与触点相连的输出电路以完成下一步操作。继电器是现代自动控制系统中最基础的电器元件之一。

继电器一般由输入感测机构和输出执行机构两部分组成。以电磁继电器（如图 16-113）为例，其输入感测机构由铁芯、线圈、衔铁、弹簧组成，用于接收输入量的变化；

其输出执行机构是簧片，触点 1、2，在其他类型的继电器中也可以利用半导体元件实现电流的导通和阻断。

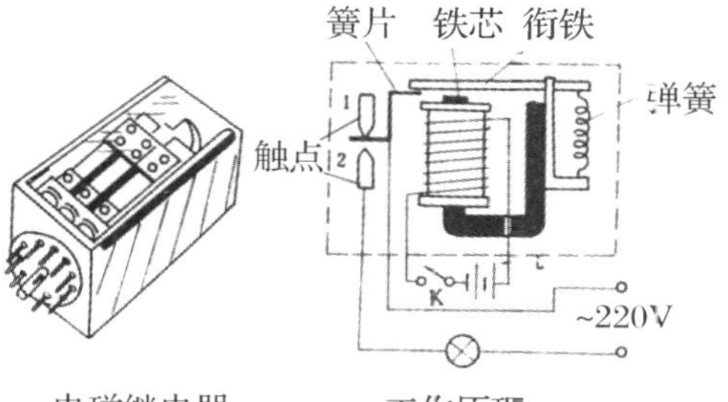


**图 16-113　电磁继电器外形和工作原理**

电磁继电器的线圈未通电时，衔铁在弹簧的拉力作用下，簧片紧靠触点 1，断开了输出回路；线圈通电后，铁芯中产生磁通，衔铁与铁芯间产生电磁吸力，衔铁克服弹簧的拉力吸向铁芯，使簧片与触点 2 接触，从而接通了输出回路；当线圈断电后，电磁吸力消失，衔铁又返回到原来的位置，再次断开输出回路。

由此可见，继电器可以用小电流去控制大电流或高电压的转接变换，实现自动接通和切断电路的功能。

**2. 电路的保护装置**

用于保护电路的电器，如熔断器、断路器、避雷器、限流电抗器、电压限幅器等。

(1) 断路器

电气系统中起控制和保护作用的电气设备，在电力设备或线路发生故障时，通过电流互感器和继电保护系统发出的分闸信号，使断路器自动分断，将故障迅速切除，保证电力系统无故障部分的正常运行，内有灭弧装置，可以迅速、可靠地熄灭电弧，使电路最终断开。

(2) 熔断器

熔断器是一种装有（或可以装上）一段保险丝的器件。它插入电路后，当电流增强造成危险时，保险丝会熔化，从而切断电路。

(3) 电涌抑制器

是线圈、电容器的组合体，以串联或并联的方式插入线路中，用以吸收高频电涌。

**3. 电路的连接装置**

用以将电路的各部分连接起来的电器，主要有接线器、插头、插座、插槽等。

**4. 光纤连接器**

光纤连接器是光纤与光纤之间进行可拆卸（活动）连接的器件，它是把光纤的两个端面精密对接起来，以使发射光纤输出的光能量能最大限度地耦合到接收光纤中去，并使由于其介入光链路而对系统造成的影响减到最小，这是光纤连接器的基本要求。光纤连接器通常应用在通信、局域网（LAN）、光纤到户（FTTH）、高质量视频传输、光纤传感、测试仪器仪表、CATV 等中。

**5. 电气控制装置**

可编程序控制器是当前重要的电气控制装置。

可编程序控制器（如图 16-114），简称“可编程控器”（programmable controller），是

一种数字式的程序控制装置。可编程序控制器由具有运算和控制功能的中央处理单元(CPU)、存储器、输入/输出单元等部分组成，是一种用微型计算机技术制成的装置。运行前，用编程器根据生产工艺的要求编制程序，并把程序贮存在贮存器中。运行时，中央处理单元从贮存器中逐条地读出程序，并逐一执行。输入单元可以以数码的形式输入数字量信号，也可以接收来自温度、压力等传感器的模拟量信号，可编程控器按生产工艺规定的程序进行逻辑运算、顺序控制、计时、计数、数值运算和数据处理，然后产生相应的输出信号，由输出单元驱动继电器、电磁铁或阀门等执行元件去控制后续的各种机械产生相应的动作。

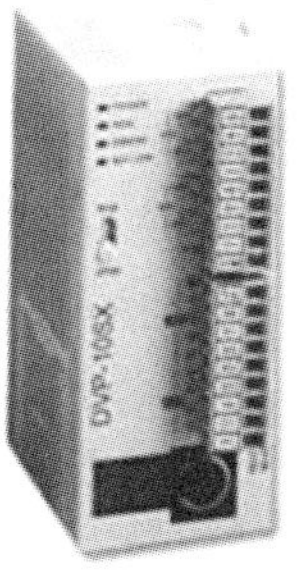


**图 16-114　可编程序控制器**

可编程控器与计算机相比，结构简单，体积较小，成本较低，对使用环境无特殊要求，而且程序编制更为简单方便，它所使用的不是计算机的高级语言和汇编程序，而是一种特殊的电气控制系统中广为熟悉的流程图式语句，易于学习和使用。它的指令系统十分简单，一般只有16~32条指令，而微型计算机却有上百条指令。对于各种复杂功能（如数值运算、数据处理、模拟调节、检查诊断等），可编程控器在制造时已将相应的各种程序编好，并固化成软件模块放入中央处理单元中。

但是，可编程控器的数值运算和数据处理能力比微型计算机差，所以只适用于功能要求不是很高的工业控制领域中。

## （三）电光源

电光源是将电能转换成光能的器件或装置。

电光源一般可分为照明光源和辐射光源两大部分。照明光源是以照明为目的，主要辐射出人眼能视觉感知的光源，其规格品种繁多，功率从0.1w到20kw，产量占电光源总产量的95%以上；辐射光源不以照明为目的，能辐射大量的紫外光谱和红外光谱。

### 1. 照明光源

照明光源通常分为热辐射光源和气体放电光源两大类。前者是利用电加热物体至白炽而发光，后者是利用气体放电过程中原子受到激发而发光。

（1）热辐射光源

常用的热辐射光源有白炽灯，包括卤钨灯。

白炽灯是将灯丝通电加热到白炽状态，利用热辐射发出可见光，其灯丝常用钨制成，灯泡内抽成真空或再充进惰性气体。灯头可以是螺旋式或卡式的，便于安装在灯座上。白炽灯的外形多种多样，例如球形、梨子形、火焰形、管形等各种花式。

卤钨灯是在白炽灯的充填惰性气体中加入微量的卤素或卤化物形成。由于卤钨灯具有体积小、发光率高、几乎无光衰、寿命长等优点，问世以来已逐步显示出取代普通钨丝白炽灯的趋势，广泛在照明、摄影、仪器、汽车等中使用。

（2）气体放电光源

气体放电发光的原理：放电灯通电后阴极发射出的电子被外电场加速，快速运动的电子与灯内气体原子碰撞，使气体原子被激发，将自由电子的动能转化为气体原子的内能，受激气体原子从激发态返回基态，将获得的动能以光辐射的形式释放出来，上述过程重复进行，灯就持续发光。一定种类的气体原子只能辐射某些特定波长的光谱线，某些情况下，放电灯的内壁涂有荧光粉，可将辐射出的紫外线光谱变成可见光（如荧光灯）。

各种气体放电灯都由泡壳（或管壳）、电极和放电气体构成，基本结构大同小异。泡壳与电极之间是真空气密封接，泡壳内充有放电低压气体，放电时可发光，或装有某种物质，放电时可产生类似光的蒸汽（钠或汞蒸汽灯）。气体放电灯不能单独接到电路中，必须与触发器、镇流器等辅助电器一起接入电路才能启动和稳定工作，有些灯使用高压电，有些灯则使用低压电。

例如日常生活中常用的节能灯就是一种气体放电光源。节能灯实际上就是一种紧凑型、自带镇流器的日光灯。工作时首先经过电子镇流器给灯管灯丝加热，灯丝端发射电子（在灯丝上涂了一些电子粉），电子碰撞充装在灯管内的氩原子，氩原子碰撞后获得了能量又撞击内部的汞原子，汞原子在吸收能量后跃迁产生电离，灯管内构成等离子态。灯管两端电压直接经过等离子态导通并发出253.7nm的紫外线，紫外线激起荧光粉发光。由于荧光灯工作时灯丝的温度约在1160K左右，比白炽灯工作的温度2200K～2700K低很多，所以它的寿命较白炽灯也有大进步，它运用效率较高的电子镇流器，不存在白炽灯那样的电流热效应，所以节约电能。

常用的气体放电光源有荧光灯（低压汞灯）、霓虹灯、高压汞灯、高低压钠灯、金属卤化物灯等。

气体放电光源比热辐射光源效率高、寿命长、光色品种繁多，其外形有简单的直灯管或曲灯管，还有涡卷形、字母、数字图案等复杂的外形，广泛用于各类照明中。

**2. 辐射光源**

常用的有紫外线灯管和红外线灯泡。

紫外线灯管用于医疗、实验、杀菌或其他用途，通常是有水银的熔凝石英灯管，有些也被称为黑光灯管。

红外线灯泡是一种专门用于产生红外线的白炽灯泡。在许多情况下，灯泡的内壁镀有铜或银的反射层。红外线灯泡可用于医疗、工业上作热源用。

## （四）真空电子器件

真空电子器件是借助电子在真空或者气体中与电磁场发生相互作用，将一种形式的电磁能量转换为另一种形式的电磁能量的器件。通常，这类器件利用阴极在真空（或气体）中发射出来的电子效应完成工作，它们都具有真空密封管壳和若干电极，有些器件抽真空后再充进所需成分和压强的气体。

真空电子器件以阴极产生电子的方式可分三大类：热电子管、光阴极管和冷阴极管。热电子管的阴极必须加热后才能发射出电子，光阴极管的阴极在光的作用下激发出电子，冷阴极管的阴极在强电场作用下或电子轰击下产生电子。

真空电子器件按照不同的功能，主要有电子束管、光电管、微波电子管、静电控制电子管、充气管、X 射线管等品种。

**1. 电子束管**

利用聚焦的电子束来实现光、电信号的记录、存储、转换和显示的真空电子器件。税则中的“阴极射线管”是电子束管中的主要品种。

（1）电子束管的种类

①将电信号转变为可见图像（光信号）的电子束管，主要有：显像管、示波管、定位管、存储管、投影管等。

显像管显示彩色图像，用于电视接收机、计算机显示器中；示波管用于示波器、超声探伤和诊疗仪中，可显示快速脉冲波形、缓慢变化的非周期性电量波形；定位管又名雷达指示管，装于雷达设备中用来显示目标的位置和距离；存储管有存储性能和高亮度；投影管用于大屏幕的显示。

②将光信号转变为电信号的电子束管，主要有：摄像管、像增强管和变像管等。

摄像管用于电视摄像机，将图像转变为电视信号。

像增强管和变像管能将光信号先转变为电信号，再转变为更强的光信号。像增强管能够将微弱的可见光图像增强，使之成为明亮的可见图像；变像管可以将人肉眼无法辨认的光（如红外线辐射图像、紫外线辐射图像）转变为可见光图像。这些电子管广泛用于国防、公安、科学研究等领域。

（2）电子束管的组成

电子束管主要由玻壳、电子枪、偏转系统、荧光屏或靶组成。

①玻壳，即玻璃管壳，壳内保持一定的真空度。

②电子枪，除了像增强管和变像管外，其余的电子束管都有电子枪，电子枪由发射系统和聚焦系统组成，用以产生电子束并且聚焦。

例如，黑白电视显像管（图 16-115）中的电子枪，其发射系统由阴极、调制极、加速极组成，聚焦系统由聚焦极和阳极组成。阴极用以发射电子；调制极控制阴极电子的发射量（强度），改变它的电位就能够改变光点亮度；加有数百伏电压的加速极和加有高压的阳极吸引电子向屏幕飞去，形成束状电子流——电子束；聚焦极使电子束收聚成一细束，集中打在屏幕上，由电子束冲击荧光粉形成光点。

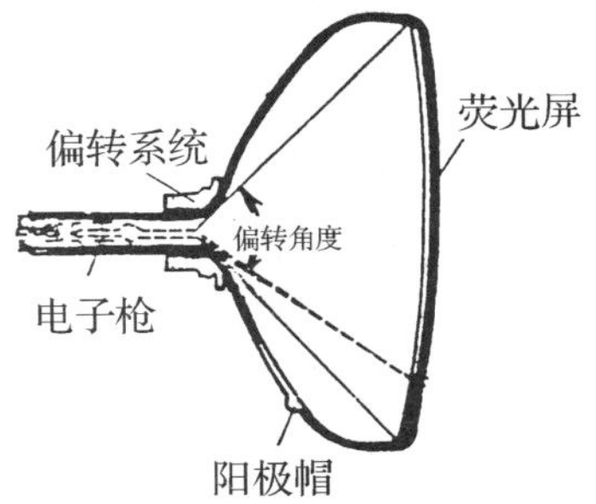


**图 16-115　黑白电视显像管**

同样，示波管中的多枪示波管，可显示多个波形（电子枪最多的示波管是 10 枪示波管，可同时显示 10 个波形）。

③偏转系统，分静电偏转、磁偏转系统两种。

静电偏转系统由两对相互垂直的偏转板组成，一对使电子束水平偏转，另一对使电子束垂直偏转。示波管、存储管采用静电偏转方式。

磁偏转系统采用两对相互垂直的偏转线圈产生磁场，利用磁场对运动电子的电磁力作用产生偏转。显像管、定位管、摄像管均采用磁偏转方式。

像增强管和变像管没有偏转系统，它们主要采用光电管的原理来工作。

④荧光屏和靶，荧光屏涂有受电子束激发而发光的荧光粉层，彩色显像管荧光屏上的三基色荧光粉（红粉、绿粉、蓝粉）受到电子束的激发，产生的光分量不同，就能形成自然界的各种色彩。观察用示波管常用发绿光的荧光粉，供摄录的示波管则采用蓝色荧光粉。

示波管、定位管、显像管均有显示波形和图像的荧光屏。

这一类主要由电子枪、偏转系统、管壳和荧光屏构成的电子束管，又称“阴极射线管”。

靶主要用于摄像管和存储管中，它与电子枪共同作用，将光信号转变成电信号。例如光电导摄像管（图 16-116）中的靶面和电子枪，工作时，被摄景物的光亮照射于靶的一面，电子枪发射出电子束慢速地扫描靶的另一面，利用靶面的内光电效应将靶面各点的照度分布转化为相应的电分布，即在靶面上建立起与景物照度分布相对应的电位图像，并通过信号电极，将靶面的电位（即视频信号）输出。

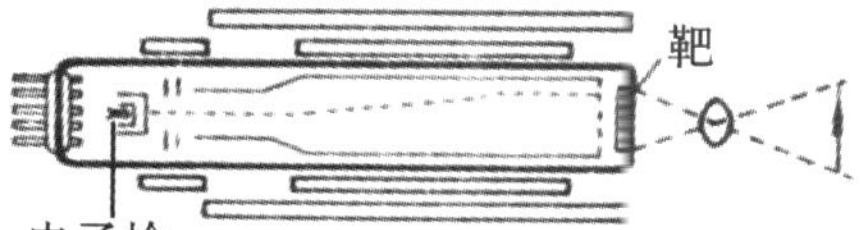


**图 16-116　光电导摄像管**

## 2. 光电管

这是一类阴极受光照激发产生电子运动效应的真空电子管。因此，从电子发射的角度，上述的摄像管、像增强管和变像管也可以看做是光电管中的品种，除此之外，属于光电管器件的还有光电管、光电倍增管等。

光电管由真空管壳内的光电阴极和阳极构成（图15-117），阳极相对阴极电位较高。当光或辐射照射阴极时，阴极发射电子，电子在电场的作用下到达阳极，在电路中产生电流。

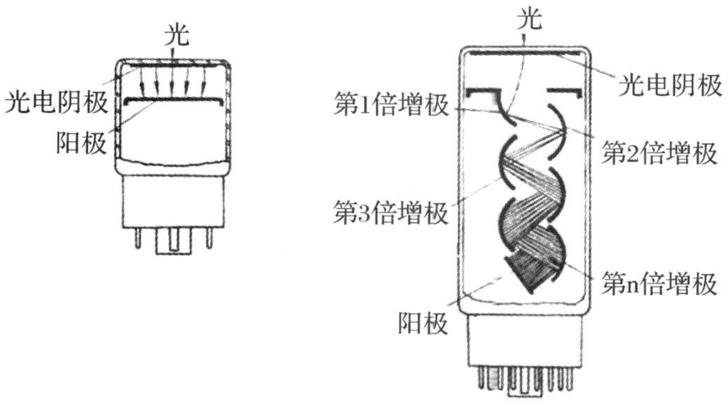


**图 16-117　光电管和光电倍增管**

光电倍增管由真空管壳内的光电阴极、阳极及位于其间的若干倍增极构成（见图16-116），工作时在各电极间加上规定的电压。当光或辐射照射阴极，阴极发射电子，电子在电场的作用下逐级轰击次级发射倍增极，在末级倍增极形成数量为光电子的106~108倍的次级电子。众多的电子被阳极收集，在阳极电路中产生可观的输出电流。

**3. 微波电子管**

微波电子管是工作于微波波段的真空电子器件。

微波是指波长从1米~0.1毫米，频率从300兆赫到3000吉赫的电磁波，其主要特点是似光性、穿透性和非电离性。似光性是指它与频率较低的无线电波相比，更能像光线一样地集中和传播；穿透性是指它与红外线相比，照射介质时更易深入物质内部；非电离性是指它与其他物质相互作用时，量子能量不足以改变物质分子的内部结构。利用微波的这些特点，其主要应用于雷达、通信、遥感，工农业生产、生活、科研、医学等的测量和加热等方面。

微波电子管是产生微波频率的装置之一，是微波设备和系统中不可缺少的组成部分。它以电子流为媒介，通过速度调制、密度调制和能量交换三个过程将直流能量转换成微波能量，主要有速调管、行波管、磁控管和回旋管等。

磁控管利用阴极、阳极间的电子流和外加磁场、谐振腔的共同作用产生电子振荡，发出微波，其脉冲输出功率和连续波输出功率大，常用于大功率脉冲发射机或微波加热设备中。

速调管工作在厘米波段，是一种靠周期性地调制电子的速度来实现电流放大和振荡功能的微波电子管，其输出功率大，工作稳定，应用于微波通信、卫星通信地面站，电视发射、雷达、导航、微波工业加热等方面。

行波管是靠连续调制电子的速度来实现放大功能的微波电子管，其特点是频带宽、增益高、动态范围大和噪声低。现代行波管已成为雷达、电子对抗、通信、导航、遥感、遥测等电子设备的重要微波电子器件。

### （五）半导体元器件

半导体是室温下导电性能介于导体和绝缘体之间的固体材料。主要的半导体材料有：硅、锗、砷化镓、一些硫化物和氧化物等，现在用得最多的半导体材料是硅。

半导体物质以共价键结合为主，结构较为稳定，所以纯度很高的半导体材料在常温下电阻率很高，是电的不良导体，常称为“本征半导体”。但是若在高纯半导体材料中掺入适当杂质，由于杂质原子破坏了某些区域的共价键结构，产生了一些不稳定态的载流子，在一定电场力的作用下，载流子定向移动，使半导体的电阻率大为降低，即半导体有了导电性能。例如，在硅中掺入亿万分之一的硼，就能使其电阻率减少为原来的万分之一。半导体中可移动的载流子主要是电子和空穴，电子是带负电荷的粒子，空穴是带正电荷的准粒子。

半导体材料中掺入微量五价元素（如磷、砷或锑）后，主要的载流子是电子，由电子导电的半导体称为“N型半导体”（见图16-118）。

半导体材料中掺入微量三价元素（如硼、镓或铝）后，主要的载流子是空穴，由空穴导电的半导体称为“P型半导体”（见图16-118）。

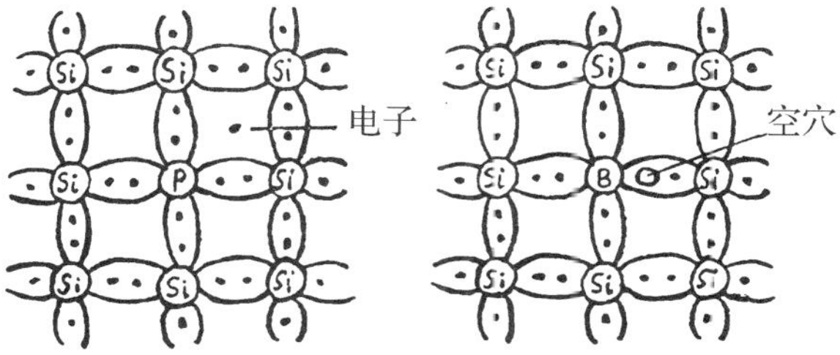


N型半导体　　P型半导体

**图 16-118　N 型半导体和 P 型半导体**

N 型半导体和 P 型半导体连接在一起，其交界面会形成一个 PN 结。

当在 PN 结上外加一正向电压（正极接 P 型的一边，负极接 N 型的一边）时，电流可以顺利通过；当在 PN 结上外加一反向电压时，电流不能通过。因此，PN 结有单向导电性，交流电通过 PN 结后，其输出端只有正向电流，没有反向电流，这种特性通常用于整流。

当反向电压加到一定程度时，反向电流突然增大，PN 结被击穿，这时的电压称作击穿电压。基本的击穿有两种，即隧道击穿和雪崩击穿。此时虽然电流变化很大，而 PN 结上的电压变化很小。利用这种特性可以制作成稳压元件。

PN 结是许多半导体电子器件的基本构成单元。

常见的半导体器件有：

**1. 半导体二极管（又称晶体二极管）**

半导体二极管是一种半导体两端器件。

绝大部分的二极管的基本结构是一个 PN 结。根据 PN 结的基本电流—电压特性可以制作出多种功能的二极管，常用的有：整流二极管、开关二极管、稳压二极管、变容二极管、雪崩二极管、隧道二极管、光电二极管、发光二极管等。

图 16-119 是二极管的表示符号及常见外形。

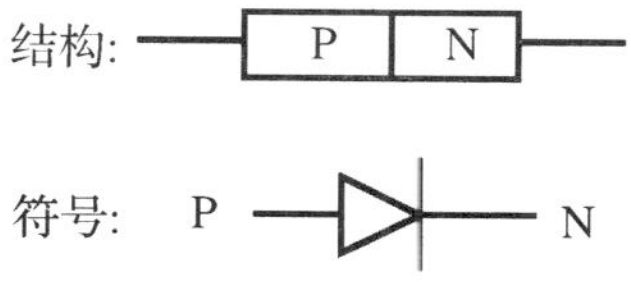


**二极管的结构和表示符号**

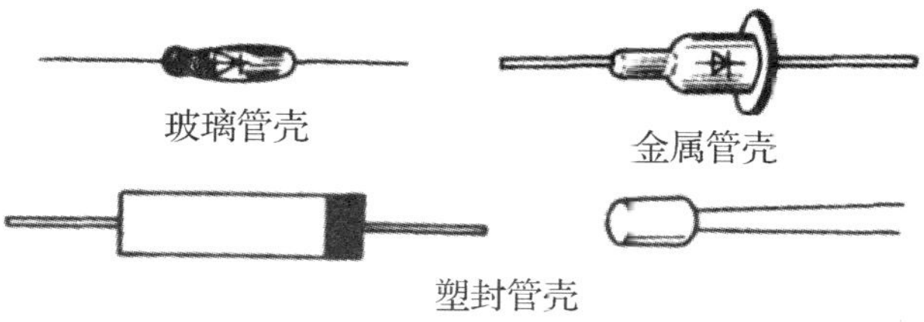


**常见二极管外形**

**图 16-119　二极管的结构、表示符号和常见外形**

2. 晶体三极管

晶体三极管是由半导体材料制成的有源三端电子器件。晶体三极管具有放大、整流、振荡、开关等功能，是电子设备中重要的分立器件，也是集成电路的基础和关键器件。

图 16-120 是三极管的几种常见外形。

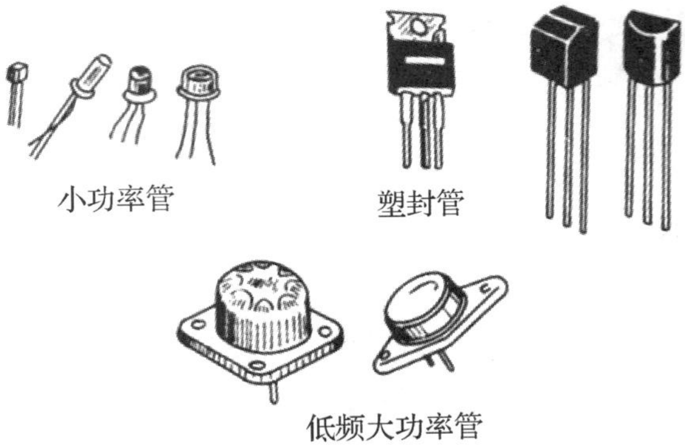


**图 16-120　三极管的几种常见外形**

晶体三极管包括结型晶体管和场效应晶体管两大类。

（1）结型晶体管

结型晶体管是由电子和空穴两种载流子共同参与导电的晶体管，故又称为双极型晶体管。

结型晶体三极管有 PNP 和 NPN 两种结构形式（见图 16-121）。它由三个区域构成，含有两个 PN 结（两个结位置靠得很近），分别称为发射结和集电结，两个结之间的一薄层半导体材料称为基区。接在发射结一端和集电极一端的两个电极分别称为发射极和集电极，接在基区上的电极称为基极。

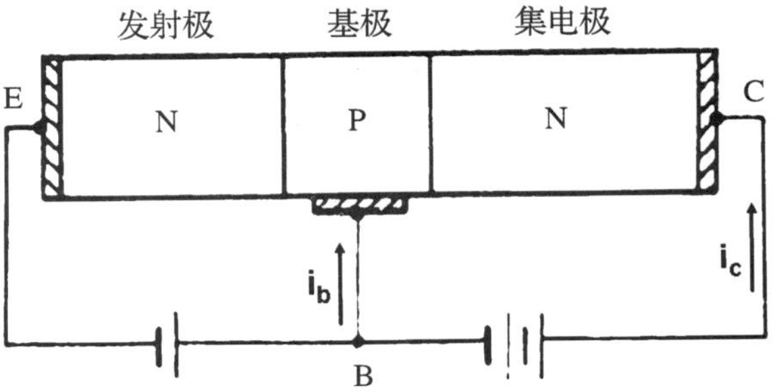


**图 16-121　NPN 晶体管**

以 NPN 晶体管为例，在正常工作条件下，对发射结施加正向电场（正向偏置）、集电结施加反向电场（反向偏置）后，通过发射结的电流使大量的少数载流子（电子）注入基区里，这些少数载流子中的极少量在基区内与空穴复合而形成基极电流 ib，大部分载流子靠扩散迁移到集电结而形成集电极电流 ic，而且集电极电流（输出电流）将大于发射极电流（输入电流），因此结型（双极型）晶体三极管是一种用较小的电流控制较大电流输出的元件，具有电流放大能力。

结型晶体三极管按功率耗散能力大小可分为小功率管、中功率管、大功率管。

结型晶体三极管按工作频率的高低可分为低频管、高频管、微波管等。

（2）场效应晶体三极管

场效应晶体三极管是只有一种载流子（电子或空穴）参与导电的晶体管，又称单极型晶体管。场效应管是改变外加垂直于半导体表面上电场的方向或大小，以控制半导体导电层（沟道）中的多数载流子的密度和类型的一类晶体管，它是一种电压控制元件。

场效应管晶体管主要分为结型场效应晶体管（JFET）、金属—氧化物—半导体场效应晶体管（MOSFET）、绝缘栅型场效应晶体管（IGFET）和肖特基势垒场效应晶体管（MESFET）。其中，MOSFET 在 MOS 型集成电路中应用广泛，用砷化镓材料制成的 MESFET 是计算机、超高速集成电路的关键器件。

场效应晶体管通常有三个电极，称为栅极 G、漏极 D 和源极 S。图 16-122 是金属—氧化物—半导体场效应晶体管（MOSFET）的结构示意图。

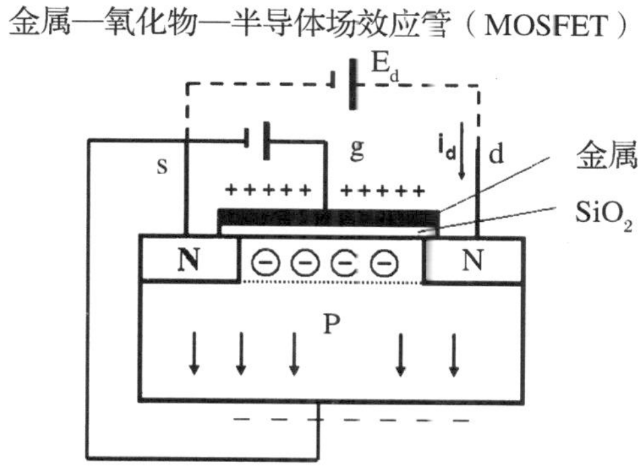


**图 16-122 金属—氧化物—半导体场效应晶体管**

MOSFET 在 P 型半导体上有两个高掺杂的 N+区，其上引出两个接触电极，分别称为漏极 D 和源极 S。漏—源极之间覆盖一层很薄的绝缘膜（如 $SiO_2$），膜上沉淀金属（如铝）形成栅极 G。栅极在无外加电压时，漏—源极之间不导通。

若在栅—源极间加上一定电压，金属层（如铝层）与 P 型半导体相当于形成了一个以 SiO2 为介质的电容器，在栅源电压的作用下，介质中产生了一个垂直于半寻体表面的由栅极指向 P 型衬底的电场，使 P 型半导体中的少数载流子（电子）受电场力的吸引汇集到表面层来，从而在 P 型半导体表面形成一个 N 型半导体（多数载流子为电子）薄层，由于这是由栅源电压感应产生的，所以也称 N 型感应沟道。N 型感应沟道将原来被 P 型衬底隔开的两个 N+区（多数载流子为电子）连在了一起，因此，在正向的漏极电压 ED 作用下，电子定向运动，将有漏极电流 id 产生。

一般来说，只要几伏的栅极电压，就可以产生 105～106v/$cm^2$ 数量级的强电场，有较强的电流放大作用。

场效应晶体管与结型晶体管相比，其特点是输入阻抗高、噪声低、动态范围大、温度性能好、抗辐射能力强等，而且制造工艺简单，开关速度快，广泛应用于各种电子线路和集成电路中。

**3. 可控硅晶闸管**

可控硅晶闸管以硅单晶为基本材料，是有 PNPN 四层结构和三个电极的半导体器件，由于最初应用在可控整流方面，所以又称“可控硅”。

图 16-123 是可控硅的结构、符号示意图。可控硅的三个电极分别是：阴极 K、阳极

A 和门极（控制极）G。

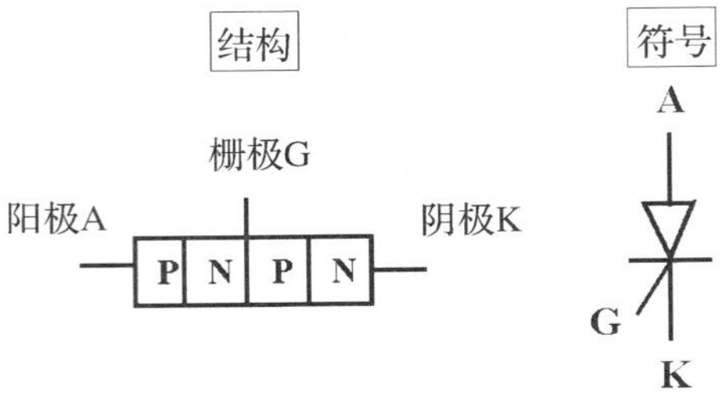


可控硅的结构、符号

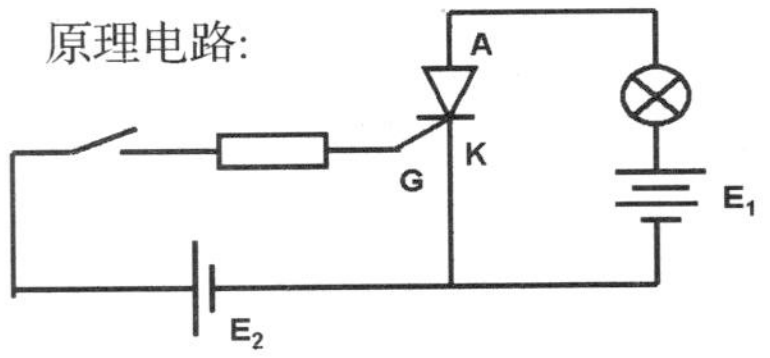


可控硅应用电路

**图 16-123　可控硅的结构、符号及应用电路**

在性能上，可控硅不仅具有单向导电性，而且还具有可控制性。它只有导通和关断两种状态，多用做开关器件。

图 16-123 是采用可控硅简单开关控制灯泡的电路。可控硅的阴极 K 接电源 E1 的负极，阳极 A 接电源 E1 的正极，控制极 G 通过电阻和开关接电源 E2 的正极，由此构成两个电路回路。当开关未合上时，灯泡不亮，所以可控硅与二极管不同，它在控制极未有控制信号时，具有正向阻断能力。当开关合上时，在控制极上加上了正向的 E2 电压，控制极产生适当的控制电流（通常称“触发”）时，灯泡就亮了，即可控硅导通。导通后，如果将开关拉开，使得控制电流为零，这时灯泡仍然亮，即可控硅一经触发导通后，就可以自己维持导通状态。只有降低电源 E1 的电压，灯泡的亮度才逐渐变暗，当电压小到无法维持可控硅的导通状态时，可控硅关断，灯泡熄灭。

可控硅可以用极小的触发电流去控制极大的机电设备，其体积小，寿命长，开关动作迅速，可用于电压调节、频率变换、功率调节、逆变电压的输出等方面。

**4. 光电子半导体器件**

光电子半导体器件是利用半导体的内光电效应，将光能转换成电能，或是将电能转换成光能的半导体器件。

内光电效应是当物质受到光的照射后，电子吸收光的能量发生跃迁，在物质内部产生光生载流子（光电子）的运动，引起电阻率的变化或产生感生电动势。内光电效应是一切光电子接受和能量转换器件的基础。常见的光电子半导体器件有：

（1）光敏电阻器，又称光电管，选用半导体材料（如硫化铅、硫化镉等），受光照后其电阻值随光照强度而变化。

（2）光电二极管。

在 PN 结上施加反向偏压时，光照射在 PN 结上，产生光生载流子，形成较大的电流。光电二极管的外壳是半透明的，以便于透光。

上述两种器件均是将微弱的光信号转换成电信号的器件，然后经过信号放大器放大，从而达到检测光信号的目的，多用于光电探测、摄影、光电阅读、自动精密测量用的曝光装置等方面。

（3）光电池。

当光线投射到一个PN结上时，由光激发的电子—空穴对受到PN结附近的内在电场的作用而向相反方向分离，因此在PN结两端产生一个电动势，成为光电池。将日光转换成电能的日光电池是常见的品种。

## （六）集成电路

集成电路（Integrated Circuit，简称“IC”）是利用半导体工艺、膜工艺，将电路所需的元件、器件和互连线集成制作在同一基片上，并按电路要求相互连接起来，使其成为具有一定功能的电路。它是继电子管、半导体器件之后出现的电子器件，其特点是体积小、重量轻、功耗低、性能好、可靠性高、成本低等，广泛应用于各类电子产品中。

集成电路的分类方式很多，如从功能的角度分类有：

- 通用的IC、特定的IC
- 逻辑电路、记忆电路和微处理器
- 模拟IC和数字IC

从外观上分类有：

- SIP（双列式封装）
- PGA（阵列式引脚封装）

从结构的角度分类有：

- 单片IC和混合IC
- 双极型IC和单极型IC

集成电路的主要器件是晶体管，利用微电子工艺技术（半导体平面技术、膜工艺）可以在基片的一层（或几层）上同时制作很多个晶体管和连线，进而构成一个完整的功能电路。若电路中的晶体管是双极型（NPN型、PNP型）的，则称为双极型IC，若电路中的晶体管是单极型（MOS型场效应管）的，则称为单极型IC，或称MOS集成电路。

**1. 单片集成电路**

单片集成电路，又称半导体集成电路，即采用半导体平面工艺，将电路元件（二极管、晶体管、电阻器、电容器、电感器等）整体制作在一片半导体材料或化合物半导体材料（例如硅、砷化镓、硅锗或磷化铟）基片的表面，并不可分割地连接在一起的电路。通常采用硅晶片作为基片材料。

半导体平面工艺主要有增层、光刻、掺杂、热处理等四个基础工艺。集成电路中所有的元器件均由这四种工艺不同组合、多次重复制成。

对上述制作工艺的进一步阐述参见第84章第十四节“集成电路、平板显示器制造设备”的阅读材料。

由于单片集成电路的体积小、可靠性高，适于大批量生产，因此目前世界上集成电路的产品，绝大多数是单片集成电路。但是单片集成电路不能制作电感元件，制作电阻、电容之类的无源元件时，其参数范围和精度均有一定的限度。

2. 混合集成电路

混合集成电路，即通过薄膜或厚膜工艺制得的无源元件（电阻器、电容器、电感器等）和通过半导体工艺制得的有源元件（二极管、晶体管、单片集成电路等）用连接线不可分割地组合在同一绝缘基片（玻璃、陶瓷等）上的电路。这种电路也可包括分立元件(芯片状元件)。

由于半导体平面工艺对阻容性的元件有一定的限定，而用膜工艺也不易做出高质量的有源元件，所以，混合集成电路采用半导体平面工艺制有源元件，采用膜工艺制无源元件而形成功能电路。

混合集成电路的主要构成方式是：在同一绝缘基片上制作膜式无源元件和互连线，并在上面组装分立的半导体芯片或单片集成电路芯片，有时根据电路的特殊需要，可加装另外制作的功率较大、阻抗较高的薄片状无源元件，共同封装后形成完整的的电路。

混合集成电路大多数采用陶瓷为衬底，高性能混合集成电路可以使用氮化铝（AlN）、碳化硅（SiC）或是钻石衬底。

混合集成电路按成膜技术可有：薄膜混合集成电路和厚膜混合集成电路两类。

（1）薄膜集成电路及成膜技术

薄膜集成电路利用蒸发、溅射等薄膜工艺技术，将不同材料的电路元件和互连线以薄膜的形式制作在同一绝缘基片上，形成集成电路。薄膜厚度一般小于1μm。

成膜技术有：真空蒸发工艺，即将固体材料（导体、介质、磁性或半导体材料）置于高真空环境中加热，使之升华或蒸发并淀积在特定的衬底上，以获得薄膜的方法；溅射工艺，即以一定能量的粒子轰击固体表面，使固体表面的原子或分子获得足够大的能量而最终逸出固体表面，获得沉积薄膜的方法。

（2）厚膜集成电路及成膜技术

厚膜集成电路是采用印刷中的丝网漏印技术制作，将制备的导电膜、电阻膜等涂料按丝网上的图形漏印到陶瓷等底板上，再经过烧制形成集成电路。厚膜厚度一般为25μm。

厚膜材料是一类涂料或浆料，由一种或几种固体微粒（0.2～10微米）均匀悬浮于载体中形成，载体在烧结过程中逸出。厚膜浆料主要有五类：导体、电阻、介质、绝缘和包封浆料。

总的来说，膜工艺制得的元件参数范围宽、精度高、稳定性好，可以制作出高精密度的无源元件。但是膜式有源器件的制作尚未成熟，全膜化的电路还在进一步研究，因此，膜技术多应用在混合集成电路和印刷电路的制作中。

相对于单片集成电路，混合集成电路的优点是结构上坚固，元件间的绝缘性能好，设计灵活，工艺方便，便于多品种小批量生产，缺点是此类电路通常比其他集成电路有更低的密度和更高的成本。

3. 多芯片集成电路

多芯片集成电路是由两个或多个单片集成电路不可分割地组合在一片或多片绝缘基片上构成的电路，不论是否带有引线框架，但不带有其他有源或无源的电路元件。

这种模块电路将多个芯片安装在同一衬底上，使占用空间大大减少，减少了封装体所有引脚的累积阻抗和电路通路的长度。

多芯片集成电路通常为以下构造：两个或多个单片集成电路并排安装，两个或多个单片集成电路一个堆叠在另一个之上，由三个或多个单片集成电路按上述构造组成的组合件。

单片集成电路相互连接地封装在一个单体内，也可以其他方式加以包装，构成一类微型电路。单片集成电路之间可以通过黏合剂、丝焊或“倒装晶片”等微电子组装工艺不可分割地组合在一起，尽管在理论上其中某些元件是可以取出更换的，但这样做时间长、难度大，在正常生产条件下是不经济的。

### （七）绝缘电导体和通信光缆

**1. 绝缘电线**

绝缘电线是包覆绝缘层的电线，可分为电磁线和通用绝缘电线两类。

电磁线特指制作线圈或绕组的绝缘电线，又称绕组电线。例如，漆包线是绕组电线的一种，它在导体外涂以相应的有机或无机绝缘漆溶液，再经溶剂挥发和漆膜固化、冷却形成。

通用绝缘电线包括各种连接线、安装线等，其导体由单股或多股绞合而成，外面包覆绝缘物质，可作为传输电能的导线和电器制造的连接线，主要品种有橡皮绝缘电线、塑料绝缘电线、橡皮塑料绝缘软线、塑料绝缘屏蔽线等。

**2. 电缆**

电缆由一根或多根相互绝缘的导电线置于密封护套中构成，用于传输、分配电能和电信号。电缆与普通绝缘电线的区别在于电缆尺寸较大，结构较复杂。

电缆的基本组成在第八十五章第六节“绝缘电导体”中已有介绍，请参阅。

电缆按用途可分为电力电缆（如绝缘架空电缆、地下铠装电缆等）、通信电缆和控制电缆等。通信电缆中常用的有同轴电缆（见图 16-124）和双绞线电缆。双绞线电缆的导电芯由绞合在一起的一对导线组成；同轴电缆的内导体是一根导线，外导体是一个圆柱面，两者之间有填充物绝缘，内、外导体是同轴线的，外导体能够屏蔽电磁场对内导体的干扰，并将电磁场集中在同轴线内传输，以防辐射出去。同轴电缆在抗电磁干扰方面，要比双绞线强得多。

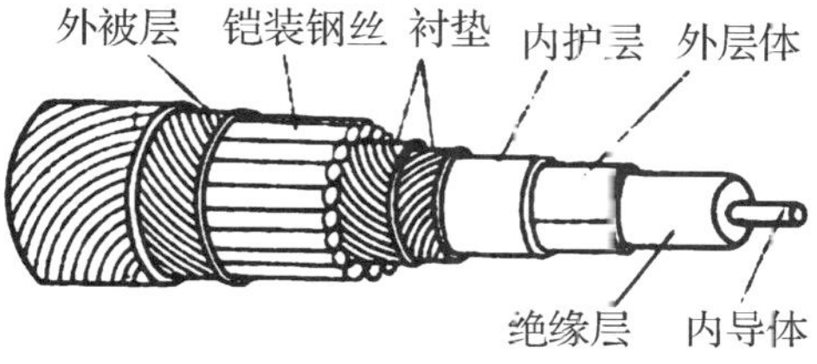


**图 16-124　同轴电缆**

**3. 通信用的光缆**

这种光缆主要由光纤（纤芯和包层）、包覆层、增强件和护套构成。

光纤是由成同心圆的双层透明介质构成的一种纤维，内层介质称为纤芯，外层介质称为包层，内层介质的折射率高于外层介质。使用最广泛的介质材料是石英玻璃（$SiO_2$），通过在石英玻璃中掺入不同的杂质可调节纤芯和包层的折射率。每个光纤外面都有塑料被覆层，与电信号相对应的光信号可以沿着光纤传输（见图 16-125）。各种光缆中都有增强件，用以承载拉力，由高弹性模量和高强度材料制成。光缆的护套结构和材料视使用环境和要求而定，与同样条件下的电缆基本相同。

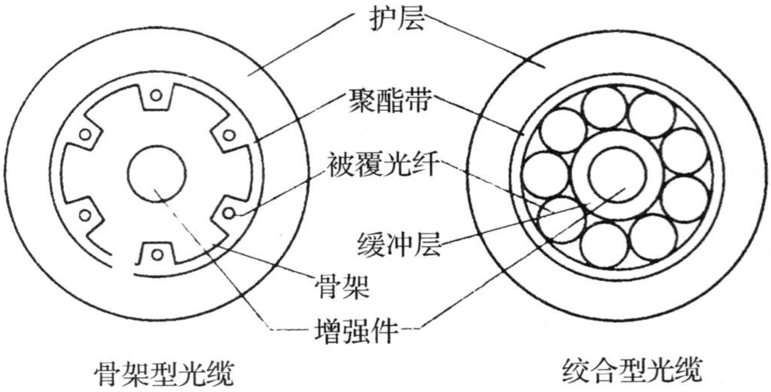


**图 16-125　通信用的光缆结构**

光缆有紧结构和松结构两类。图 16-125 中的骨架型光缆是一种典型的松结构，光纤埋在骨架外周的螺旋槽中，有活动余地，其隔离外力和防止微弯损耗的特性较好。绞合型光缆是一种典型的紧结构，被覆光纤被紧包于光缆结构中，成缆工艺简单，性能良好。

通信用光缆与电缆相比，通信容量大，保密性好，信号衰减低，不受外界电磁场的干扰，而且原料资源丰富（主要是石英），价格低廉，可节省大量铜材。

# 第十七类　车辆、航空器、船舶及有关运输设备

【内容提要】

本类主要介绍常见运输设备（车辆、航空器、船舶等）的列目结构，汽车的构造，机动车辆整车的归类，汽车零件的归类，其他运输设备及其零件的归类。其中，重点和难点是汽车零件的归类。

## 一、本类商品范围

本类商品包括各种运输设备，既有陆地上行走的，也有空中飞的或水中游的。其中，陆地上行走的又要区分为有轨道的和无轨道的。

陆地上有轨道的运输设备包括各种铁道或电车道用的机车、车辆等，陆地上无轨道的运输设备包括各种汽车、拖拉机、摩托车、自行车等；空中飞的运输设备包括各种航空器（如飞机等）、航天器等；水中游的运输设备包括船舶及浮动结构体等。

本类商品同时还包括与这些运输设备相关的某些具体列名的货品，例如集装箱，某些铁道或电车道轨道固定装置及附件和机械（包括电动机械）信号设备，以及降落伞、甲板停机装置等。

本类共分为四章（第八十六章至八十九章），并按照陆路→航空→水路的顺序排列，其结构规律如下：

- 陆地走的
  - 轨道车辆及其零件、附件…………………………第八十六章
  - 其他车辆（无轨道）及其零件、附件……………第八十七章
- 空中飞的（航空器、航天器及其零件、附件）……………第八十八章
- 水中游的（船舶及船舶及浮动结构体）…………………第八十九章

## 二、本类商品归类方法

在实际进出口业务中，有些运输设备是以零件、部件的形式报验，在这些零部件中，有些属于第十七类的商品，有些则属于其他类的商品。如何界定它们之间的区别是我们归类时必须考虑的主要内容，因而决定了运输设备所属零件的归类是本类的重要内容之一。

### （一）运输设备“零件及附件”的归类

运输设备“零件及附件”归类的主要依据是本类注释二和注释三。

其中，注释二属于排他条款，即在该注释二（一）至二（十一）中已列名的商品不能再归入本类；注释三规定了专用于或主要用于运输设备的“零件及附件”及多用途“零件或附件”的归类原则。

**1. 本类注释二所排除的零件及附件的归类**

本类注释二所排除的零件及附件依据排除条款确定归类。例如：

（1）依据本类注释二（一），任何材料制成的垫片、垫圈及类似品，按其构成材料归类或归入品目8484。

（2）依据本类注释二（二），贱金属制的螺栓、螺母、垫圈、销、弹簧，第八十三章的锁、车身配件及附件等通用零件应归入第十五类，上述零件及附件若是由塑料制成的则应按塑料制品归入第三十九章。

（3）依据本类注释二（三），车辆用的扳手、钳子、锤子、螺丝刀等维修工具应归入第八十二章。

（4）依据本类注释二（五），品目8407～8412的各种发动机及其零件，品目8413的泵，品目8414的压缩机及风扇，品目8415的空气调节器，品目8481的散热器用放水龙头、内胎气门等，品目8482的滚动轴承，品目8483的发动机内部零件（曲轴、凸轮轴、

飞轮等）都不能归入第十七类。

注意，类注二（五）的条文中，后面括号的内容“这些物品是构成发动机或其他动力装置所必需的”只修饰品目 8483，品目 8481 或 8482 的物品不受它的限制。即对于品目 8483 项下所列的商品，如果不是构成发动机或其他动力装置所必需的零件（或者说它不是发动机或其他动力装置的组成部分），就不属于排除的商品，仍要归入本类而不能归入品目 8483 项下。

**【例 1】** 汽车用变速器

**【归类分析】** 汽车用变速器属于“变速装置”，但由于它不是构成发动机或其他动力装置所必需的零件，不属于类注释二（五）所排除的商品，所以它不能误归入品目 8483 项下，仍应归入第十七类的品目 8708 项下。

**【例 2】** 汽车发动机用曲轴

**【归类分析】** 汽车发动机用曲轴是构成发动机所必需的零件，属于类注释二（五）所排除的商品，所以应归入品目 8483 项下。

由于品目 8481 或 8482 的物品不受括号内容的限制，所以对于汽车用的“滚动轴承”不论是否是构成发动机所必需的零件，均属于类注释二（五）所排除的商品，均应归入品目 8482 项下。

（5）依据本类注释二（六），品目 8505 的电磁铁、电磁离合器，品目 8507 的蓄电池，品目 8511 的内燃机用的点火或电启动装置（如火花塞、电动启动机等）和内燃机用发电机，品目 8512 的自行车或机动车辆用的电气照明及信号装置、电动风挡刮水器、除霜器及去雾器，品目 8531 的其他车辆（如火车）、航空器或船舶用的电气音响或视觉信号装置等不能归入第十七类。

（6）依据本类注释二（七），品目 9029 的转数计、车费计、速度计、转速表等第九十章的仪器、仪表不能归入第十七类。

**【例 3】** 货车悬架用的钢板弹簧（如图 17-1 所示）

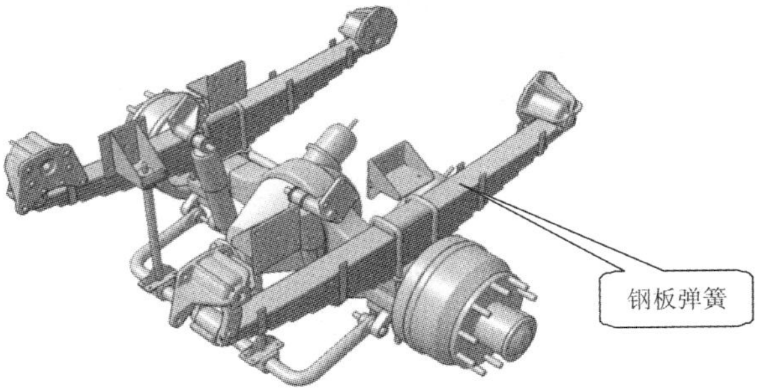


**图 17-1　货车悬架中的钢板弹簧**

**【归类分析】** 钢板弹簧属于贱金属制弹簧的一种，同时它也属于第十五类注释二的通用零件的范围，在第十七类注释二（二）中已将贱金属制的通用零件排入第十五类，所以该钢板弹簧虽然是属于货车车辆的零件，但不能归入第十七类，应归入第十五类的第七十三章的品目 7320，并按汽车用的片簧归入子目 7320.1020。

**2. “其他品目列名更为具体”的零件及附件的归类**

有些零件及附件能确定用于本类所列的运输设备，虽然它们未在第十七类注释二中排除，但却是在本协调制度其他品目列名更为具体的商品，此时不归入本类，应归入其他相应品目。例如，品目4008的硫化橡胶制汽车车窗密封用密封条，品目4010的硫化橡胶制传动带，品目4011~4013的橡胶轮胎、内胎，品目7009的车辆用后视镜，品目9401的车辆座椅等。

**3. “专用于或主要用于”运输设备的零件的归类**

能确定“专用于或主要用于”第八十六章~八十八章设备的零件及附件按专用零件及附件归入相应品目或与整车一并归类。例如，专用于品目8701~8705所列机动车辆的零件归入专用的零件及附件品目8708，专用于短距离运输货物的机动车辆的零件与整车一并归入品目8709，只是它们的子目不同。

专用零件一般具有特定的功能、用途、尺寸、规格、型号等，不具有通用性。按“专用于或主要用于”本类设备的零件及附件归类时必须同时满足三个条件：

（1）它们不属于本类注释二所排除的商品范围。

（2）它们必须是专用于或主要用于第八十六章~第八十八章所列运输工具的零件及附件。非专用于或非主要用于第八十六章~八十八章设备的零件及附件，不能归入上述各章。

（3）它们必须是未在HS其他品目内列名更为具体的商品。

**【例4】**重型载货车用传动轴（车辆总重量12吨，柴油发动机，如图17-2所示）

**图17-2 重型载货车用传动轴**

**【归类分析】**“传动轴”属于品目8483的条文中具体列名的商品，在本类注释二（五）中已将品目8483的商品排除，但由于该“传动轴”不是构成发动机或其他动力装置所必需的零件，不属于本类注释二（五）所排除的商品，所以不能误将该传动轴归入品目8483。从商品的功能、用途上判断，它具有专用性，所以按机动车辆的专用零件归入品目8708项下，又从其车辆类型（货车）、内燃机的点火方式（柴油机为压燃式）和车辆总重量（12吨），可知其整车属于子目8704.2230的机动车辆，然后根据其所属的车辆部位（底盘）和所属车辆归入子目8708.9949。

**4. 可归入两个或多个品目零件及附件的归类**

（1）可归入本类中的两个或多个品目的零件及附件的情况

依据本类注释三，可归入本类中的两个或多个品目的零件及附件，应按其主要用途归入相应运输工具零件及附件的有关品目内。例如，制动器、转向系统、车轮、车轴等是适用于多种运输工具（汽车、航空器、摩托车等）的零件，应按其主要用途归类。

（2）可归入不同类中的两个或多个品目的零件及附件的情况

对于既可归入第十七类，又可归入其他类的零件或附件应按其主要用途归类。例如，第八十四章某些工程机械用的转向机构、制动系统、车轮及挡泥板等，与第八十七章货车用的几乎完全相同，因它们主要用于货车，所以应按货车零件及附件归入本类，而不再归入第八十四章。

**5. 船舶、结构浮动体零件及附件的归类**

除船体外的所有船舶或浮动结构体的零件及附件均不能归入第八十九章，即使这些零件及附件确定为船舶专用，仍应归入其他章的相应品目。这一点不同于第八十六章~八十八章的规定（即专用于这些章的零件及附件与整个设备归入同一章内）。

### （二）几种多用途运输工具的归类

既可在道路上又可在轨道上行驶的车辆，归入第八十七章的相应品目。

水陆两用的机动车辆，归入第八十七章的相应品目。

可兼作地面车辆使用的航空器，归入第八十八章的相应品目。

水陆两用的气垫运输工具，归入第八十七章的相应品目。

### （三）具有运输工具类似特征而不归入本类的商品

某些可移动的工程机械，其主要功能不是运输，不能归入本类，应归入品目 8426 ~8430。

供示范用的模型（如汽车模型、轮船模型），其主要功能是展示，而不是运输，不能归入本类，应归入品目 9023。

玩具火车、玩具船及玩具飞机等属于玩具的范围，应归入品目 9503。

长雪橇、平底雪橇等冬季运动设备应按体育用品归入品目 9506。

碰碰车、卡丁车等游乐场专用的车辆应按游乐场的娱乐设备归入品目 9508。

# 第八十六章　铁道及电车道机车、车辆及其零件；铁道及电车道轨道固定装置及其零件、附件；各种机械（包括电动机械）交通信号设备

## 一、本章商品范围

本章商品包括各种铁道或电车道（包括窄轨铁道、单轨铁道等）用的机车、车辆及其零件，以及某些轨道固定装置及附件；与铁道运输设备相关的货品，例如集装箱，各种机械（包括电动机械）信号、安全或交通管理设备（包括用于港口、机场、内河航道等的设备）等。

本章共有 9 个品目，其结构规律如下：

- 机动的
  - 电动机车……………………………………………………………8601
  - 其他动力机车…………………………………………………………8602
  - 客车、货车、敞车……………………………………………………8603
- 非机动的
  - 客车；行李车、邮政车等……………………………………………8605
  - 货车（有篷或无篷）…………………………………………………8606
- 特种用途（维修或起重等）车辆，不论是否机动 …………………8604
- 上述铁道机车或车辆的零件 ……………………………………………8607
- 轨道固定装置及附件；机械信号装置等 ………………………………8608
- 集装箱 ……………………………………………………………………8609

## 二、本章商品归类方法

机车，又称火车头，是牵引或推动其他铁路车辆的自推进车辆。机车按牵引动力的不同，可分为电力机车、柴油机车、蒸汽机车等。

电力机车是指由牵引电动机驱动车轮的机车。

柴油机车，又称内燃机车，是指以柴油发动机为动力来源的铁路机车。柴油机车中最常见的是柴油电力机车，是指由柴油机带动发电机发电，再由牵引电动机驱动车轮运转的机车。

蒸汽机车是由蒸汽机（利用煤燃烧时加热的蒸汽推动活塞往复运动的机器）驱动车轮运转的机车。

### （一）铁道车辆整车及未制成铁道车辆的归类

铁道车辆整车归类时主要考虑的因素有车辆本身有无牵引动力、动力装置的类型和用途，即有无牵引动力，动力装置类型是电力驱动、内燃机驱动还是其他动力驱动，如果是电力驱动，还应判断是由外部电力驱动还是由蓄电池的电能驱动。

下列未制成铁道车辆应按具有整车特征的铁道车辆归类：

未装有动力装置、测量仪器、安全装置或维修设备的机动车辆；

未安装座位的客车；

已装有悬架及车轮的货车底架。

但是，未装在车架上的铁道或电车道用机动客车、货车、敞车的车身不能视为车辆的未制成品，应作为铁道或电车道机车、车辆的零件归入品目 8607。

### （二）铁道车辆零件的归类

本类注释二中所排除的铁道车辆用零件及附件不能归入本类，只有确定是铁道车辆专用的零件后才可归入品目 8607。品目 8607 主要包括本章注释二所列的商品，例如轴、轮、行走机构、金属轮箍、轮圈、毂，车架、底架、转向架，轴箱，制动装置，车辆缓冲器，联结器及车厢走廊联结装置，车身等。

但是，对于某些贱金属制的角材、型材、异型材、薄板、厚板、管及车架的其他部分，如果不能明显确定为铁道车辆专用的零件，不能归入本章，应归入第十五类。

### (三) 轨道固定装置及附件、机械信号及交通安全控制设备的归类

轨道固定装置及附件、机械信号及交通安全控制设备归入品目8608。

其中，轨道固定装置及附件主要包括已装配的轨道（若是未装配的轨道则按钢铁制品归入品目7302）、转车台、月台缓冲器和量载规等。

机械（包括电动机械）信号、交通安全控制管理设备不仅包括供铁道、电车道用信号设备，而且还包括供道路、内河航道、停车场、港口或机场用的机械信号设备。但是，若为电气信号（铁道、电车道、道路或内河航道、停车场、港口或机场用）则应归入品目8530，不能误归入本章。

# 第八十七章　车辆及其零件、附件，但铁道及电车道车辆除外

## 一、引言

汽车主要由四部分构成：发动机、底盘、车身、电器设备。(图17-3为轿车的构造示意图)

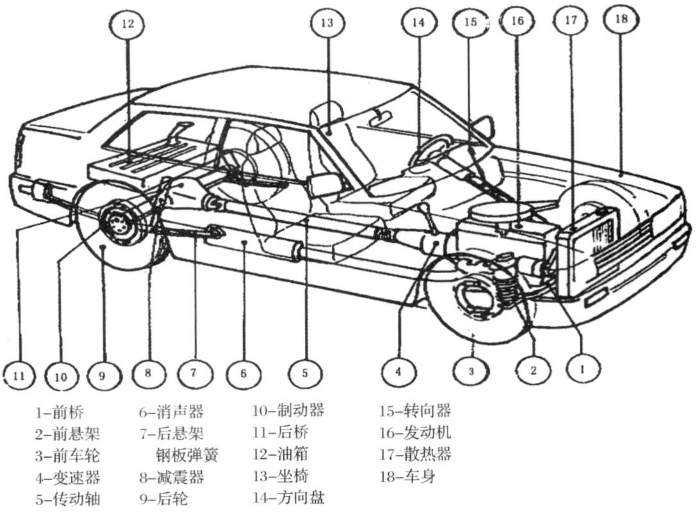


**图17-3　轿车构造**

### (一) 发动机

发动机是提供动力的装置，并通过底盘的传动系统驱动汽车行驶。发动机分类及构造详见第八十四章第四节。

### (二) 底盘

底盘是汽车的基础部分，用来接受发动机的动力，使汽车产生运动，同时还用于支承其他各部件。底盘共由四部分组成：传动系统、行驶系统、转向系统、制动系统。

1. 传动系统

其功能是将发动机的动力传递给驱动轮，主要由离合器、变速器、传动轴、万向节、驱动桥等部件组成。对于后轮驱动的车辆，动力的传递路线一般为发动机→离合器→变速器→传动轴→差速器→半轴→驱动轮（如图 17-4 所示）；若是四轮驱动，还要配有分动器，将发动机的动力分配给前后四个车轮。

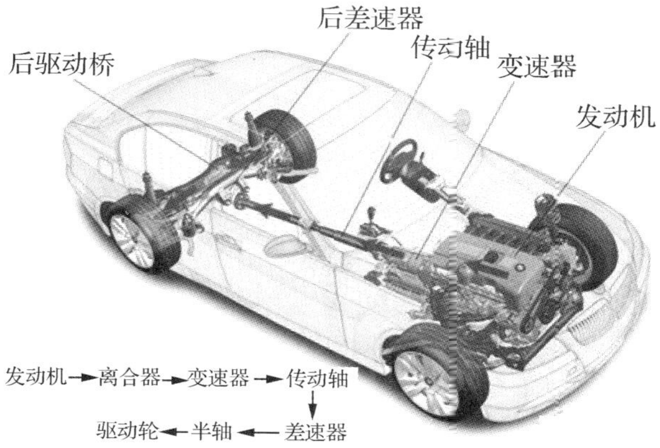


图 17-4　轿车的传动系统

（1）变速器

变速器又称变速箱，是用来改变输出轴和输入轴传动比的变速传动装置。变速器由传动机构和变速机构组成。传动机构一般由许多直径大小不同的齿轮组成，用来传递动力和扭矩。变速机构由滑移齿轮和拨叉等组成，一般通过滑移齿轮实现变速，如图 17-5 所示。变速器按操纵形式可分为手动变速器（MT，Manual Transmission）和自动变速器（AT，Auto Transmission）。

图 17-5　变速器

（2）差速器

差速器的功用是把相同大小的驱动力分配给两个转速不同的轴，以实现车辆转弯时内侧车轮不打滑。它由四个锥形齿轮组成，左右两个锥齿轮（又称太阳齿轮）分别与左右两侧的半轴相连，中间的两个锥齿轮（又称行星齿轮）则像行星一样在左右两个锥齿轮间运转。差速器的构造示意图如图 17-6 所示。

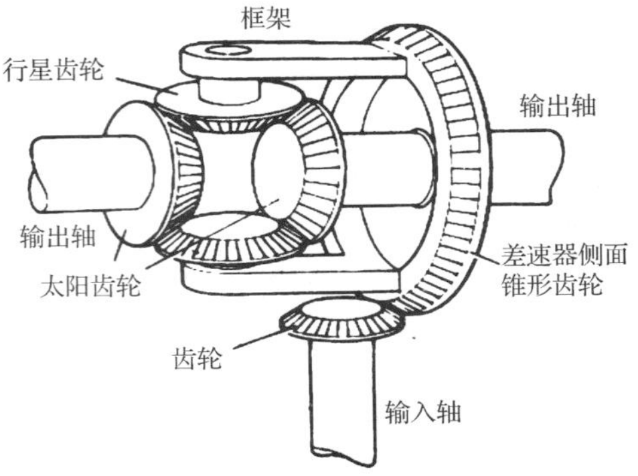


**图 17-6　差速器**

(3) 离合器

离合器是用于在发动机和变速器之间分离与接合传递动力的装置，按操纵结构又分为机械式和液压式两类。离合器的构造示意图如图 17-7 所示。

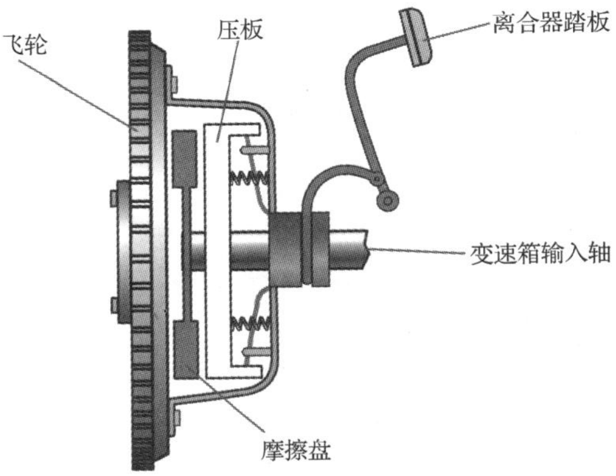


**图 17-7　离合器**

(4) 驱动桥

驱动桥用来将驱动力分给两车轮，主要由桥壳、主减速器、差速器、半轴等组成。图 17-8 为不含桥壳的驱动桥。

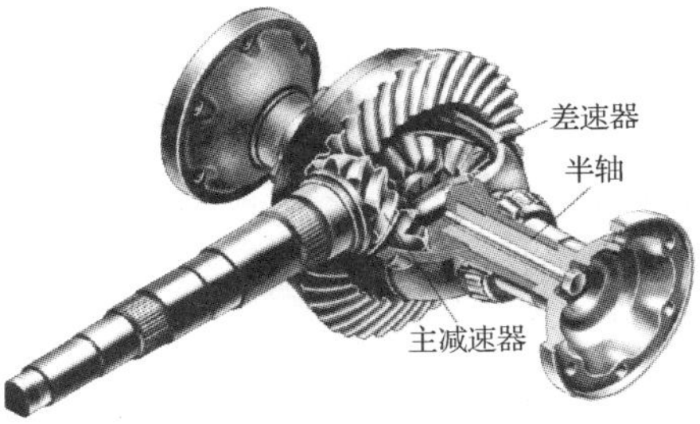


**图 17-8　不含桥壳的驱动桥**

**2. 行驶系统**

行驶系统用来承担全车重量，传递和承受路面的各种力和力矩，吸收振动和缓和冲动，保证汽车正常行驶，一般由车架、车桥、悬架、车轮和轮胎等组成。

（1）车架

车架作为车辆的基体，用来支承连接车辆的各零部件并承受来自车内外的各种载荷。

（2）车桥

车桥即左右车轮之间的横梁，分为驱动桥和非驱动桥。驱动桥为装有差速器的车桥，因其中间装有差速器，所以它的中间是断开的，其车轴由两个半轴组成；非驱动桥不含差速器，其车轴由一整根的刚性轴组成。

（3）悬架

悬架（在 HS 中又称为悬挂）指车架与车桥之间的连接机件，一般由弹性元件、减振器和导向机件组成，有的还装有辅助弹性元件横向稳定器。目前较为先进的车辆采用电控悬架系统。悬架可分为独立式悬架和非独立式悬架两类。

非独立式悬架的结构特点是两侧的车轮由一根整体式车桥相连，车轮连同车轿一起通过弹性悬架悬挂在车架（或车身）下面。独立式悬架的结构特点是每一侧的车轮单独地通过弹性悬架悬挂在车架（或车身）的下面。

独立式悬架与非独立式悬架如图 17-9 所示。

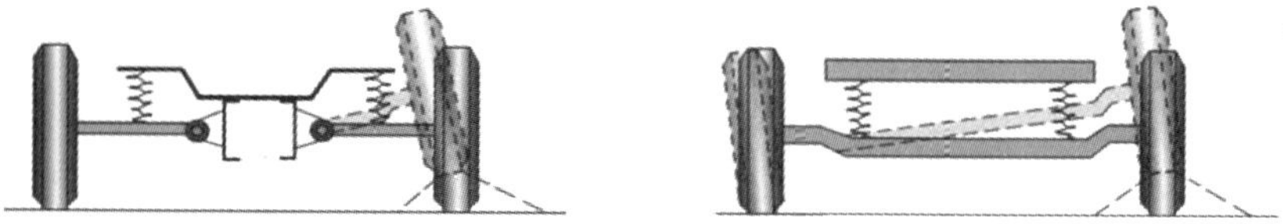

(a)独立悬架　　(b)非独立悬架

**图 17-9　独立式悬架与非独立式悬架**

**3. 转向系统**

转向系统用于使汽车改变方向，由转向器和转向传动机构组成。其中，转向器由方向盘、转向轴、啮合传动副、转向臂轴和壳体等组成；转向传动机构由转向垂臂、转向节臂、横拉杆、左右梯形臂等组成。由于汽车转向时要消耗较大的体力，所以目前中高档轿车大多采用机械助力转向。转向按助力方式可分为液压助力转向和电动助力转向。液压助力转向就是通过液压动力来帮助驾驶员实现转向，电动助力转向就是通过电动机的旋转力来帮助驾驶员实现转向。图 17-10 为机械液压助力转向系统。

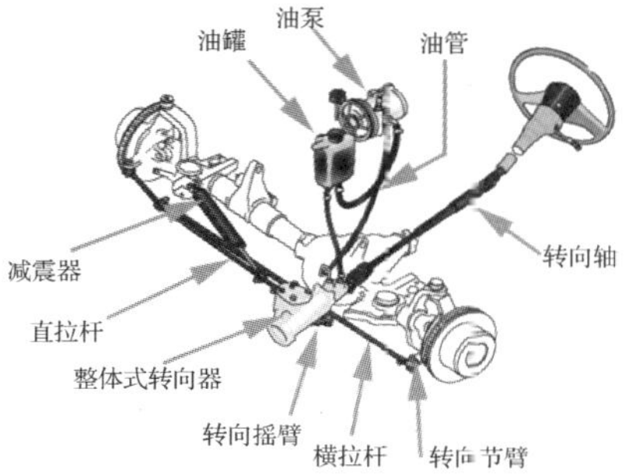


**图 17-10　机械液压助力转向系统**

**4. 制动系统**

制动系统是用来使汽车减低速度或停止行驶或使已停驶的汽车保持不动的装置。制动系统主要由供能装置、控制装置、传动装置和制动器等组成，目前中高档轿车大多采用 ABS 防抱死制动系统（其相关知识详见“商品知识与阅读材料”）。制动系统按其作用可分为行车制动、驻车制动。行车制动按制动形式又分为鼓式制动和盘式制动两种，如图17-11 所示。

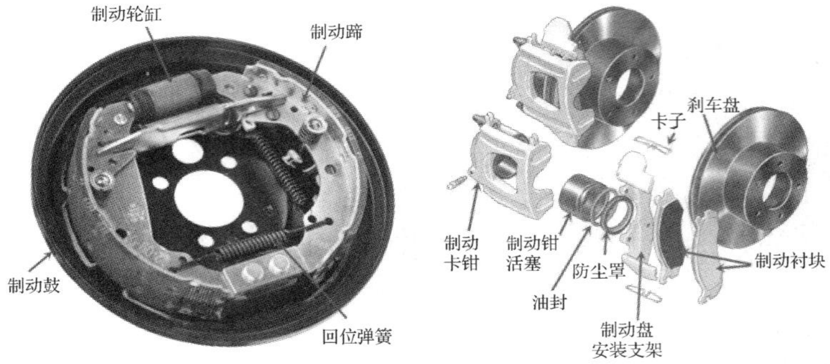


(a)鼓式制动　(b)盘式制动

**图 17-11　鼓式制动和盘式制动**

**（三）车身**

车身安装在汽车底盘车架上，主要用来保护驾驶员、乘客和装运货物。根据车身骨架的不同，车身可分为承载式车身和非承载式车身。承载式车身又称为没有大梁的车身，它没有刚性车架，发动机、前后悬架、传动系统等一部分总成部件装配在车身上，车身负载通过悬架装置传给车轮；非承载式车身又称为有大梁的车身，它有一刚性车架，发动机、传动系统、车身等总成都固定在车架上，车架通过前后悬架装置与车轮连接。

车身覆盖件是车身的一部分，主要由发动机罩、行李箱盖、顶盖、车门、侧围、前围、后围、车门等组成，如图 17-12 所示。

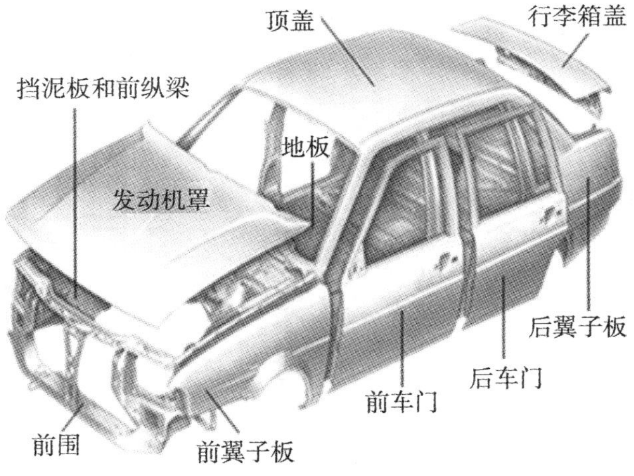


**图 17-12　车身部分覆盖件**

**（四）电器设备**

电器设备是汽车的电源和电器装置，如发动机的启动系统、点火系统、电动刮水器，汽车的照明、信号，汽车的空调、音响等。

随着电子技术及通信技术的发展，目前在中高档车辆上还装有电控自动变速器、电子转向助力系统、防抱死制动系统、电子制动力分配系统、电控悬架系统、发动机的电控燃油喷射装置等，这些系统或装置都含有电气设备。

## 二、本章商品范围

本章商品包括除铁道及电车道外的所有陆路车辆和水陆两用的机动车辆，既有机动的（例如汽车、摩托车等），也有非机动的（例如自行车、挂车等），既有正常人使用的车辆，也有残疾人用车、婴儿车等。

本章共有 16 个品目，其结构规律如下：

- 整车
  - 牵引车、拖拉机……8701
  - 载人车辆
    - 10 座及以上的车辆……8702
    - 10 座以下的车辆……8703
  - 载货车辆……8704
- 特种车辆（不以载人或载货为目的）……8705
- 底盘、车身
  - 含发动机的底盘……8706
  - 车身……8707
- 上述车辆的零件、附件……8708
- 其他专有用途车辆
  - 短距离运货车辆及零件……8709
  - 坦克、装甲战斗车及零件……8710
- 摩托车、自行车、残疾人用车及零件
  - 摩托车……8711
  - 自行车……8712
  - 残疾人用车……8713
  - 零件、附件……8714
- 婴儿车及零件……8715
- 挂车、半挂车；其他非机动车及零件……8716

品目 8701 至 8705 为机动车辆的整车，依据其功能（牵引、载人或载货、特种功能）列目；品目 8706 至 8708 为机动车辆的底盘（含发动机）、车身、专用零件、附件；品目 8709 至 8710 为专有用途的车辆及其零件、附件；品目 8711 至 8714 为摩托车、自行车、残疾人用车及其零件、附件；品目 8715 为婴儿车及其零件；品目 8716 为挂车、半挂车，其他非机动车辆及其零件。

其中品目 8703 项下在 2017 版内新增了新能源车。其列目规律如下：

- 雪地行走专用车、高尔夫球车及类似车辆 8703.1
- 仅装有发动机的
  - 仅装有点燃式内燃机的 8703.2
  - 仅装有压燃式内燃机的 8703.3
- 混合动力的
  - 非插电式
    - 同时装有点燃式内燃机与电动机的 8703.4
    - 同时装有压燃式内燃机与电动机的 8703.5
  - 插电式
    - 同时装有点燃式内燃机与电动机的 8703.6
    - 同时装有压燃式内燃机与电动机的 8703.7
- 纯电动的（仅装有驱动电动机的） 8708.8
- 其他 8708.9

## 三、本章商品归类方法

### (一) 本类的运输设备与其他类的自走式机器及其他移动式机器的区别

将机器设备（特别是第十六类所列的机器设备）安装在第十七类的车辆底盘或浮动底座上构成自走式机器或移动式机器，其中这些机器的底座种类、结构特征是决定商品归类的主要因素。具体情况参见第八十四章第七节的有关内容。

### (二) 机动车辆整车的归类

在《协调制度》中，机动车辆整车主要分为三大类：牵引车、普通车辆和特种车辆。牵引车主要是用于牵引或推动其他车辆、器具或重物的车辆；普通车辆指以载人或载物为主要目的车辆；特种车辆指不以载人或载物为主要目的车辆。

**1. 牵引车的归类**

牵引车（包括拖拉机）归入品目 8701，它们可以是轮式也可以是履带式，它们可配有装运工具、种子、肥料或其他货品的辅助装置，也可装有作业工具以进行辅助性工作，但其主要功能还是牵引功能。在拖拉机上若是装有可互换的农业机械（犁、耙、锄等），即使在报验时已经装在拖拉机上，也只有拖拉机本身归入品目 8701，其他可互换的农业机械不能归入品目 8701，而应归入其他相应品目。

**2. 普通车辆的归类**

用于载人的车辆根据座位数归入品目 8702（10 座及以上的车辆）或 8703（10 座以下的车辆）。确定归入品目 8702 的车辆再根据内燃机的点火方式和座位数归入不同子目，确定归入品目 8703 的车辆再根据其用途、内燃机的点火方式和气缸容量归入不同子目。

用于载货的车辆归入品目 8704，然后再根据其用途、内燃机的点火方式和车辆总重量归入不同子目。

对于子目 8704.1 项下的“非公路自卸车”一般应满足一定的条件，详见阅读材料。

在确定子目时所涉及相关参数的含义如下：

（1）座位数

座位数指包括驾驶座在内的座位数，并且不仅包括固定座位数，还包括折叠座。

（2）气缸容量

气缸容量又称排气量，指气缸由最下端移动到最上端所排出气体的体积。若是多个气缸的发动机，则单个缸的气缸容量乘以缸数便是整个发动机的气缸容量。

（3）车辆总重量

车辆总重量是指油箱装满燃油时的车辆自重、最大设计载荷、驾驶员及装满燃油的油箱重量的总和。

**【例 1】**东风 SUV 车。该车发动机为 QD32T 压燃式活塞内燃柴油发动机，排气量为 3200 毫升，四轮驱动，限 5 人乘坐，长宽高为 4580 毫米×1840 毫米×1820 毫米，油箱容量为 68 升，分配式 VE 燃油泵，变速器形式为 5MT（5 挡手动变速），速度表最高显示刻度为 200 千米/小时，电动后视镜，中控门锁，ABS 防抱死系统，盘式前制动器，鼓式后制动器，双叉臂独立式前悬架，五连杆螺旋弹簧非独立式后悬架，动力转向系统，四辐条可调式方向盘，子午线轮胎。该车结构和相关指标参数符合越野车的条件（参见阅读材料中“按‘越野车’归类的条件”）

【归类分析】该车为四驱多功能乘用车，属于载人的机动车辆，座位数为5座，应归入品目8703项下，然后根据点火方式（柴油发动机为压燃式活塞内燃发动机）且仅装有压燃式内燃机和排气量（3200毫升）归入子目8703.332，最后根据车的类型（越野车）归入子目8703.3322。

【例2】解放牌J6L中型卡车

该车为柴油发动机，最大输出功率为160马力，排量为4升，汽缸排列形式为直列4缸，车辆总重量为15.5吨，驱动形式为4X2。

【归类分析】该车为载货车，应归入品目8704项下，由于它不满足“非公路用自卸车”的条件，所以不能归入子目8704.1项下，然后根据点火方式（柴油发动机为压燃式活塞内燃发动机）和车辆总重量（15.5吨）归入子目8704.2240。

注：驱动形式为4X2表示，该车装有四个车轮，其中两个为驱动轮。

**3. 特种车辆的归类**

（1）不以载人、载货为主要目的特种车辆归入品目8705。如机动拖修车，救火车，清扫车，洒水车，粪罐车，起重车，移动式钻机，混凝土搅拌车，流动发电机组车，流动放射线检查车，探照灯车，户外广播车，电报、无线电报或无线电话收发车，雷达车，赛马赌金计算车，流动实验室，测试车，野外厨房车，流动银行车，流动图书馆车等。

（2）对于以载人、载货为主要目的特殊用途的车辆不能按特种车辆归类，而相应归入品目8702~8704。如以载人为主要目的的特殊用途车辆有囚车、警车、赛车、雪地行走专用车及装备较简单的救护车等，归入品目8702或8703；以载货为主要目的的特殊用途车辆有冷藏货车、液罐车、自动装卸货车（装有绞车、提升机等装置，但主要用途是运输）等，归入品目8704。

【例3】电视转播车

该电视转播车是由VOLVO FH12改装而成，其车厢进行了整体结构化布线，整个车厢被分为若干个工作区，装配了各种转播设备。该车改装后可以实现流动电视台转播间的功能。

【归类分析】该车辆不以载人或运货为主要目的，属于特种车辆的范围，所以归入品目8705项下，然后比较该品目项下的各级子目，将该电视转播车归入子目8705.9090。

## （三）机动车辆底盘的归类

装有发动机的机动车辆底盘归入品目8706。

装有驾驶室和发动机的机动车辆底盘，应按相应的整车归入品目8702~8704（依据本章注释三）。

未装有驾驶室和发动机的机动车辆底盘按机动车辆的零件归入品目8708。

## （四）机动车辆零件、附件的归类

品目8701至8705所列机动车辆的零件、附件一般归入品目8708。但归入该品目的零件必须符合三个条件：

它们必须是第十七类注释二中未排除的商品；

它们必须是专用于或主要用于品目8701至8705所列货品的零件及附件；

它们必须是未在本协调制度其他品目内列名更为具体的货品。

**1. 五、六位子目的确定**

品目 8708 项下的五、六位子目主要是根据零件所在车辆的部位列目的，所以，如果符合品目 8708 的条件，确定归入品目 8708 后，在确定其五、六位子目前必须明确所归零件属于车辆的哪个部位。品目 8708 项下五、六位子目的列目结构如下：

- 车身零件
  - 缓冲器及其零件……8708.1
  - 其他
    - 坐椅安全带……8708.21
    - 其他……8708.29
- 制动器及其零件……8708.3
- 变速箱及其零件……8708.4
- 驱动桥、非驱动桥及其零件……8708.5
- 车轮及其零件……8708.7
- 悬挂系统及其零件……8708.8
- 其他 8708.9
  - 散热器及其零件……8708.91
  - 消声器、排气管及其零件……8708.92
  - 离合器及其零件……8708.93
  - 转向系统及其零件……8708.94
  - 安全气囊及其零件……8708.95
  - 其他……8708.99

子目 8708.1 至 8708.2 为车身的零件，子目 8708.3 至 8708.8 为具体列名的专用零件，子目 8708.91 至 8708.95 为具体列名的专用零件，子目 8708.99 为其他子目未列名的品目 8708 项下的兜底子目。

归入子目 8708.2 的车身零件、附件主要有车身底板、车身侧板、车门、发动机罩、行李舱、带框玻璃窗、玻璃升降器、天窗、叶子板、仪表板等。该子目不包括品目 8302 项下贱金属制机动车辆用的附件及架座，不包括品目 8707 项下的完整的车身。

其他品目已列名的商品不能误归入本品目，例如，电磁制动器不能误按制动器归入子目 8708.3（应归入品目 8505），电控悬挂系统用的控制器不能误按悬挂系统的零件归入子目 8708.8（应归入品目 8537）。

**【例 4】** 轿车用半轴

**【归类分析】** 轿车用半轴是差速器与驱动车轮之间传递扭矩的实心轴，属于装有差速器的驱动桥的零件，所以应归入子目 8708.5 项下。

注意：在此如果不能确定该半轴属于车辆上的哪个部位，就无法确定其相关子目。

**2. 七、八位本国子目的确定**

本国的七、八位子目大多是根据所属车辆类型来列目的，所以在确定本国的七、八位子目之前必须首先确定整车所在的品目和子目。本国子目的列目规律见表 17-1。

**表 17-1 本国子目的列目规律**

| 序号 | 子目条文 | 对应的整车 |
|---|---|---|
| 1 | 品目 8701 所列车辆用 | 牵引车用 |
| 2 | 子目号 8702. 1091 及 8702. 9010 所列车辆用 | 30 座及以上的大客车用 |
| 3 | 子目号 8704. 1030 及 8704. 1090 所列车辆用 | 非公路自卸车用 |
| 4 | 子目号 8704. 2100 、8704. 2230 、8704. 3100 及 8704. 3230 所列车辆用 | 轻型货车（车辆总重量小于 14 吨的柴油车或小于 8 吨的汽油车）用 |
| 5 | 子目号 8704. 2240 、8704. 2300 及 8704. 3240 所列车辆用 | 重型货车（车辆总重量在 14 吨及以上的柴油车或 8 吨及以上的汽油车）用 |
| 6 | 品目 8705 所列车辆用 | 特种车辆用 |
| 7 | 其他 | 其他车辆用 |

**【例 5】** 传动轴（中型货车用，柴油发动机驱动，车辆总重量为 8 吨）

**【归类分析】** 该传动轴用于车辆的传动系统，属于底盘的零件，所在车的部位可参见图 17-4。它不属于第十七类注释二所排除的商品，所以应按车辆的专用零件归入品目 87. 08 项下，然后逐级确定各级子目：

（1）确定一级子目：比较该品目下的一级子目，“传动轴”均不属于子目 8708. 1 至 8708. 8 的条文中所描述的零件，所以确定一级子目归入子目 8708. 9“其他零件、附件”项下。

（2）确定二级子目：比较一级子目 8708. 9 项下的二级子目，“传动轴”也不属于二级子目 8708. 91 至 8708. 95 的条文中所描述的零件，所以确定二级子目归入子目 8708. 99“其他”项下。

（3）确定三级子目：比较二级子目 8708. 99 项下的三级子目，这些三级子目是按车辆的类型列目的，所以在确定三级子目之前，先要确定该车辆整车属于哪个品目和子目，根据该车辆装有柴油发动机（属于压燃式内燃发动机）、车辆总重量为 8 吨的条件将该车辆整车归入子目 8704. 2230，再查看相应的三级子目，可知三级子目 8708. 994 的条文列目有“子目 8704. 2230 所列车辆用”，故确定三级子目归入 8708. 994 项下。

（4）确定四级子目：比较三级子目 8708. 994 项下的四级子目，由于“传动轴”不属于“车架”，所以最终确定归入四级子目 8708. 9949。

注意：该传动轴不能误按“具体列名”归入子目 8708. 9992。因为子目 8708. 9992 的“传动轴”是指除了子目 8708. 991 至 8708. 996 所列车辆以外的“传动轴”。子目 8708. 9992 是一个四级子目，在三级子目未确定之前，不能确定四级子目。

### （五）短距离运输机动车辆的归类

短距离运输机动车辆归入品目 8709，归入该品目的车辆必须同时满足三个条件：

1. 车辆结构及其主要设计特点不适于在马路或其他公用道路上载运客货。
2. 满载时其最高速度一般不超过 30~35 公里/小时。
3. 转弯半径约等于车辆本身的长度。

例如，火车站月台上用于运送行李的牵引车即属于品目 8709 的车辆。

## (六) 摩托车、自行车、残疾人用车及其零件、附件的归类

摩托车、自行车、残疾人用车及其专用零件、附件归入品目 8711 至 8714。其中，品目 8711 的商品必须装有动力装置，属于机动的；而品目 8712 的商品不能装有动力装置，属于非机动的；品目 8713 的残疾人用车可以带有动力装置，也可以不带有动力装置。

1. 普通两轮摩托车和未装有汽车驾驶系统及倒挡装置的三轮摩托车归入品目 8711。

2. 装有汽车驾驶系统及倒挡装置的三轮摩托车，因其已具备普通汽车的特征，所以不能归入品目 8711，而归入品目 8703。

3. 普通自行车及特殊结构和用途的自行车，如双人自行车、三轮运货脚踏车、独轮脚踏车、比赛用自行车等归入品目 8712。在确定本国子目时还应确定自行车车轮直径。例如，16 英寸的自行车即指其车轮直径为 16 英寸。

自行车车轮直径指将轮胎装在相应的轮辋上，充气到推荐气压，在不加载状态下的外直径。

4. 电动自行车属于装有辅助动力的脚踏车，已超出了普通自行车的范围，不能归入品目 8712，而应归入品目 8711。品目 8712 项下的自行车必须是“非机动的脚踏车”。

5. 根据第八十七章注释四，儿童乘骑的两轮带链条自行车（不论后轮轮毂上是否装有辅助支地轮，见图 17-13）仍具有自行车的基本特征，属于缩小比例的自行车，仍归入品目 8712；而供儿童乘骑的无链条三轮脚踏车（见图 17-14）等应按玩具归入品目 9503。

图 17-13　两轮带链条自行车

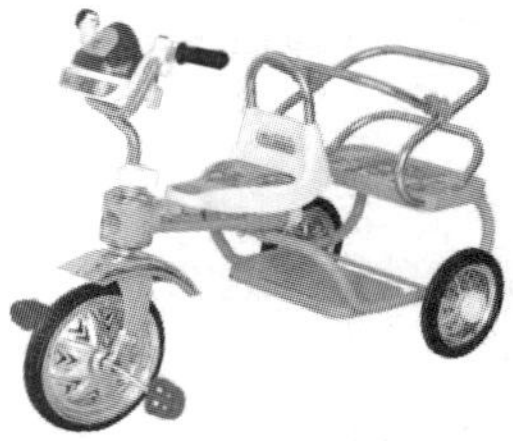

图 17-14　三轮脚踏车

6. 归入品目 8714 的摩托车、自行车、残疾人用车的零件必须是专用的，必须是本类注释二未排除的零件，例如摩托车发动机的零件不能归入该品目。

【例 6】摩托车用汽缸盖（铝制），如图 17-15 所示。

图 17-15　摩托车用汽缸盖

【归类分析】该汽缸盖属于摩托车的零件，但同时它也属于摩托车发动机的零件，摩托车发动机属于本类注释二（五）已排除的商品，所以该汽缸盖不能误归入品目 8714，应归入品目 8409。

### （七）婴儿车的归类

婴儿车归入品目8715。该品目只包括由成人推动的手推车，不论是否为折叠式，不包括婴儿学步车（应按坐具归入品目9401）。

### （八）挂车、半挂车的归类

挂车及半挂车归入品目8716。

挂车指用特殊挂钩装置专门挂接在其他车辆上的车辆，如图17-16所示。

图17-16 挂车

半挂车指仅装有后轮，其前部靠在牵引车的平板上，用一种特殊挂钩装置连接起来的挂车，如图17-17所示。

图17-17 半挂车

### （九）非机动车辆购物车的归类

购物车通常在超市等大型自选商场中使用，供顾客用于暂时存放所选商品，一般属于品目8716的非机械驱动车辆。例如，图17-18、图17-19所示的超市购物车和图17-20所示的可以爬楼梯的购物车，属于品目8716的“非机动车辆”的范围，可归入子目8716.8000；但商场用小型带轮购物容器（例如，带轮塑料购物篮，如图17-21所示），不属于品目8716的“非机动车辆”的范围，应按塑料制品归入子目3926.9090。

图17-18 超市购物车一

图17-19 超市购物车二

图 17-20　可以爬楼梯的购物车

图 17-21　外拉杆式超市购物篮

# 第八十八章　航空器、航天器及其零件

## 一、本章商品范围

本章商品主要包括航空器、航天器及其零件和相关装置及其零件，其结构规律如下：

- 航空器、航天器及其零件
  - 无动力的（如气球、滑翔机等）……8801
  - 含动力的（如航空器、航天器及运载工具）…8802
  - 航空器、航天器等的专用零件……8803
- 相关装置
  - 降落伞等……8804
  - 航空器的发射装置、甲板停机装置等……8805

## 二、本章商品归类方法

### （一）气球及飞艇和滑翔机等无动力航空器的归类

归入品目 8801 的气球及飞艇属于比空气轻的航空器，主要包括探测气球、导向气球、测云气球及机动飞艇等。但儿童用的玩具气球不归入此品目，而应按玩具归入品目 9503。

归入品目 8801 的滑翔机属于比空气重的航空器，且不能装有发动机。装有发动机的滑翔机应归入品目 8802。

滑翔机是一种利用气流停在空中且比空气重的航空器。

对于航空器的各种模型（不论是否完全按比例制成）均不归入品目 8801。例如，装饰用航空模型按所用材料归入品目 4420 或 8306，专供示范用的航空模型归入品目 9023，娱乐用的玩具航空模型归入品目 9503。

### （二）其他航空器、航天器的归类

其他航空器（例如直升机、飞机）、航天器（包括卫星）及其运载工具、亚轨道运载工具归入品目 8802。

在确定子目时主要是依据空载重量。空载重量指航空器在正常飞行状态下，除去机组人员、燃料及非永久性安装设备后的重量。

航天器是一种能在地球大气层外运行的载运飞行器（如无线电通讯卫星便是一种航天

器)。

航天器运载工具指具有将一个给定有效载荷送上绕地球运行的轨道或使其在地球以外的重力场作用下降落功能的运载工具。

亚轨道运载工具是在地球大气层外沿一抛物型轨道运行的运载工具。这种运载工具的特点是通常带有科研或其他技术用途的仪器设备，不论其有效载荷是否可回收。

**（三）气球及飞艇和航空器所属零件的归类**

气球及飞艇和航空器的专用零件归入品目 8803。

品目 8803 包括的零件主要有：

1. 气球及飞艇的专用零件，包括吊篮、吊舱，承载铁环，稳定器及方向舵，飞艇的推进器等。

2. 航空器的专用零件，主要包括飞机机身，机身体段，机身的内部或外部零件，机翼及其部件，机舱、整流罩、发动机吊舱及吊架，起落架，轮子，螺旋桨、直升机及旋翼飞机的水平旋翼，螺旋桨叶及旋转机翼，操纵杆，油箱及副油箱等。

# 第八十九章　船舶及浮动结构体

## 一、本章商品范围

本章包括船、艇及其他各种船舶、浮动结构体（如潜水箱、浮码头、浮筒等）、用各种材料制成的船体。但本章不包括单独报验的除船体外的所有船舶或浮动结构体的零件及附件（即使它们可明显确定为船舶或浮动结构体的零件及附件）。这一点与第十七类其他各章的零件、附件的规定不同。

本章共有 8 个品目，其结构规律如下：

- 客运及货运船舶 ……………………………………………8901
- 特殊用途的船
  - 捕鱼船……………………………………………………8902
  - 娱乐或运动用船…………………………………………8903
  - 拖船及顶推船……………………………………………8904
  - 不以航行为目的船（如起重船、消防船等） …………8905
  - 其他，包括军舰及救生船………………………………8906
- 浮动结构体 …………………………………………………8907
- 供拆卸的船舶 ………………………………………………8908

品目 8901 的船舶是以客运或货运为主要目的船舶，品目 8902 至 8906 属于特殊用途的船舶，品目 8907 为浮动结构体。

## 二、本章商品归类方法

**（一）客运及货用船舶的归类**

以载客和载货为主要目的的船舶归入品目 8901。该品目的列目结构如下：

载客船舶 ……………………………………………………………………8901.1

载货船舶
- 液货船……………………………………………………………………8901.2
- 冷藏船……………………………………………………………………8901.3
- 其他货船及客货两用船……………………………………………………8901.9

以载客为主要目的的船舶归入子目 8901.1，以载货为主要目的的船舶归入子目 8901.2、8901.3 和 8901.9，客货两用船归入子目 8901.9。

品目 8901 不包括品目 8903 的以“娱乐或运动”为主要目的的船舶（虽然它也可以载客）。

部分货船按不同的载重量归入不同的子目。载重量指运输工具在一定运行条件下所允许装载的最大重量。船舶的载重量是指船员、旅客、货物、燃料、淡水和消耗性供应品等的总重量。

### （二）特殊用途船舶的归类

特殊用途的船舶归入品目 8902 至 8906，它们不以客运或货运为主要目的。其中，品目 8902 既包括捕鱼船，也包括对鱼等用于保藏等加工的船舶；品目 8903 的船以“娱乐或运动”为主要目的，例如摩托艇等；品目 8904 只包括拖轮和顶推船，这些船舶是用来拖拉或顶推其他船舶的；品目 8905 的船舶不以航行为主要功能，其特点为通常是在固定地点执行其主要功能，例如灯船（用于照明）、海底钻探船、消防船、挖泥船、打捞船、固定停泊的航空救生船、深海生物调查用潜艇、起重船等，该品目还包括浮船坞（指一种代替干船坞的浮动修理厂）；品目 8906 的船舶为除 8901 至 8905 以外的其他船舶，是本章船舶的兜底品目，例如各种军舰、潜艇、科学考察船、气象船、破冰船等。

## 思考与练习

**商品归类题：**

1. 地铁牵引车（由四台直接装在车轴上的直流牵引电动机驱动，行驶时由微型机控制，驱动电能来自于车顶部架空的接触电网）
2. 铁路用平板货车（用于木材、钢材等散装货物的运输，由铁路机车牵引）
3. 别克牌轿车（点燃式内燃发动机，排气量为 1.6 升）
4. 飞机用舷梯车（供旅客上下飞机使用）
5. 公园观光用电瓶车（电动机驱动，电能由自带的可充电电池提供，座位数为 9 座）
6. 混凝土搅拌车底盘（装有柴油发动机和驾驶室，无混凝土搅拌系统，总重量为 15 吨，用于制造混凝土搅拌车）
7. 轿车用五挡手动变速器
8. 非公路自卸车用传动轴
9. 机动车辆用风挡刮水器
10. 汽车用门锁（可中央控制）

11. 汽车座椅用调角器
12. 汽车用调频调幅立体收放音机
13. 汽车后风窗玻璃刮水器用直流电动机（输出功率 120 瓦）
14. 汽车发动机（输出功率 90 马力）用启动电动机
15. 两轮摩托车（汽缸容量为 125 毫升）
16. 摩托车用车架
17. 摩托车用照明灯具
18. 自行车用链条
19. 波音 777 飞机（双引擎广体客机，空载重量为 54 吨）
20. 豪华游轮（游轮长 133. 8 米、宽 18. 8 米，载客量为 400 人）

# 阅读材料一：铁道车辆及相关设备

### (一) 铁道及电车道的范围

铁道及电车道不仅包括普通的钢制轨道，还包括磁悬浮轨道或混凝土轨道等。

### (二) 铁道电力机车

铁道电力机车指由车上的强力蓄电池或由钢轨或架空电缆等外部导体供给电力而驱动的铁道机车。

### (三) 机动客车

机动客车指配有动力装置的载客车。

### (四) 隧道限界检查车

隧道限界检查车指用于检查和核对铁路隧道、桥梁等大型建筑物（净空）是否符合接近限界的要求，以及确认某待运车辆能否安全通过特定区段的特殊车辆。该车上将装有可调的触杆，在车辆横断面的高和宽方向均可伸出借以进行检测。

### (五) 钢轨在线打磨列车

钢轨在线打磨列车指对钢轨的波浪磨耗和轮廓变形进行在线综合修理的车辆，属于铁路行业的大型养路机械之一。该车上装有数个打磨的小车，每个打磨小车装有数个打磨头，由计算机控制自动监测和调整打磨量。

### (六) 电气化接触网架线机

电气化接触网架线机（轨行式）指专用于铁路电气化接触网安装和调试的机械车辆。它由一台安装作业车和一台放线作业车组成。安装作业车主要由底盘、发动机、可升降和回转的工作台、拉紧导线承力索的紧线装置、测量导线的模拟受电弓及起吊架线用各种机具的随机小吊车、驾驶室等组成。放线车则由平板车为底盘改装而成。

### (七) 机械信号设备

机械信号设备指能发出两种或多种机械信号且每种信号均可向车辆、船舶或飞机传递指示的设备。

# 阅读材料二：汽车及其零件

### (一) 按“小轿车”归类的条件

小轿车是指具有如下两项技术特性之一的乘用车，但越野车除外。

1. 车身结构为三厢式车身[①]。

2. 车身结构为两厢式车身，且具备以下各项条件：

（1）座位数不超过5座，座椅（含可折叠座椅）不超过两排且无侧向布置；

（2）一半以上的发动机长度位于车辆前风窗玻璃最前点以前，或转向盘的中心位于车辆总长的前四分之一部分之后；

（3）车长不大于4500毫米，或者车长大于4500毫米，但不大于5000毫米，且车辆处于整车整备质量状态下，车顶外覆盖件最大离地高度不大于1600毫米。

**（二）按“越野车”归类的条件**

越野车为具有如下各项技术特性的乘用车：

1. 车身结构为两厢式车身。

2. 一半以上的发动机长度位于车辆前风窗玻璃最前点以前，或转向盘的中心位于车辆总长的前四分之一部分之后。

3. 至少有一个差速锁止机构或至少有一个具有类似作用的机构。单车计算爬坡度至少为30%，此外还必须满足下列六项要求中的至少五项：

（1）接近角[②]≥25°；

（2）离去角[③]≥20°；

（3）纵向通过角≥20°；

（4）前轴离地间隙≥180毫米；

（5）后轴离地间隙≥180毫米；

（6）前后轴间的离地间隙≥200毫米。

4. 前轴和后轴均应具备驱动功能。

**（三）按“9座及以下的小客车”归类的条件**

9座及以下的小客车是乘用车的一种，其座位在9座及以下，并具有如下两项技术特性之一：

1. 车身结构为一厢式车身；

2. 车身结构为两厢式车身，除轿车、越野车以外的其他乘用车。但专用乘用车不属于小客车的范围，例如，旅居车、防弹车、救护车、殡仪车等。

**（四）按“非公路用自卸车”归类的条件**

自卸车是能将车厢（罐体）卸下或使车厢（罐体）倾斜一定角度，货物依靠自重能自行卸下或者水平推挤卸料的专用货运车辆。子目8704.1的非公路用自卸车应是符合下列条件之一的自卸车：

自卸车的车身是用高强度钢板制造的，其前部伸出，遮住驾驶室顶部，起到保护驾驶

---

① 一般轿车的发动机室、驾乘室、行李箱室分别称为轿车的三个独立的“厢”。如果这3个厢都是互不相通的，则称为三厢车；如果驾乘室、行李箱室是合在一起的，则称为两厢车。

② 接近角指汽车前端下部最低点向前轮外缘引的切线与地面的夹角。

③ 离去角指汽车后端下部最低点向后轮外缘引的切线与地面的夹角。

室的作用，车身底板的全部或一部分朝后部向上倾斜；

有些自卸车的驾驶室仅为半宽式；

没有轴悬架；

制动能力强；

工作速度及工作区域很有限；

特种沼泽地行驶轮胎；

因其结构坚固，车辆自重与其有效载重量之比不超过1∶1.6；

车身可由车辆本身所排废气加热，以防止所载材料黏附或冻结。

非公路自卸车并不是指不能在公路上行驶的自卸车，只要符合上述条件即可按非公路自卸车来归类。

### （五）SUV车

SUV是Sport Utility Vehicle的缩写，中文含义为运动型多功能车，SUV车身高大，驾驶视野好，具有较强的舒适性；运动性好，也就是加速快、极速高，通过性能好，适应能力强；功能多，也就是它不仅能载人，而且还能载货，并具有较强的牵引能力。多数SUV车采用四轮驱动。

### （六）MPV车

MPV是Multi-Purpose Vehicles的缩写，中文含义为多用途汽车。从源头上讲，MPV车是从旅行轿车逐渐演变而来的，它集旅行车宽大乘员空间、轿车的舒适性和厢式货车的功能于一身，一般为两厢式结构。它拥有更灵活的内部空间布局，更适合于家庭出游、小公司商务活动等。

### （七）电动汽车的主要类型简介

电动汽车主要包括混合动力电动汽车、纯电动汽车和燃料电池汽车三大类。

1. 混合动力电动汽车（Hybrid Electric Vehicle，HEV）指能够至少从下述两类车载储存的能量中获得动力的汽车：可消耗的燃料，可再充电能的储存装置。

混合动力电动汽车又根据是否可充电分为插电式和非插电式两种。插电式混合动力汽车的电池容量较大，可通过外部电源获得电能，通过电动机驱动方式的续行里程较远；而非插电式混合动力汽车的电池容量较小，其电池内部的电能只能通过车辆本身的内燃机带动发电机发电后提供，通过电动机驱动方式的续行里程有限。

2. 纯电动汽车（Battery Electric Vehicle，BEV）指由电动机驱动，且驱动电能来源于车载可充电蓄电池或其他能量储存装置的汽车。

3. 燃料电池汽车（Fuel Cell Electric Vehicle，FCEV）指以燃料电池作为动力电源的汽车。燃料电池是一种把燃料所具有的化学能直接转变为电能的发电装置。燃料电池汽车以压缩氢气为原料，氢气与空气中的氧气反应，产生无任何污染的水，同时产生电能，驱动电动机带动车轮转动。

### （八）防抱死制动系统

防抱死制动系统（Anti-lock Brake System，ABS）是一种安装在车辆上的先进制动系统。工作时，用传感器测量各车轮速度，当传感器检测到某车轮抱死时，制动管路上的电控元件启动以控制阀门的大小，从而调节制动力的大小。由于执行动作十分迅速，所以这种条件下的制动可看似点放刹车。

防抱死制动系统由车轮速度传感器、ABS 电控单元（ECU）、制动压力调节装置及制动控制电路等组成，如图 17-22 所示。

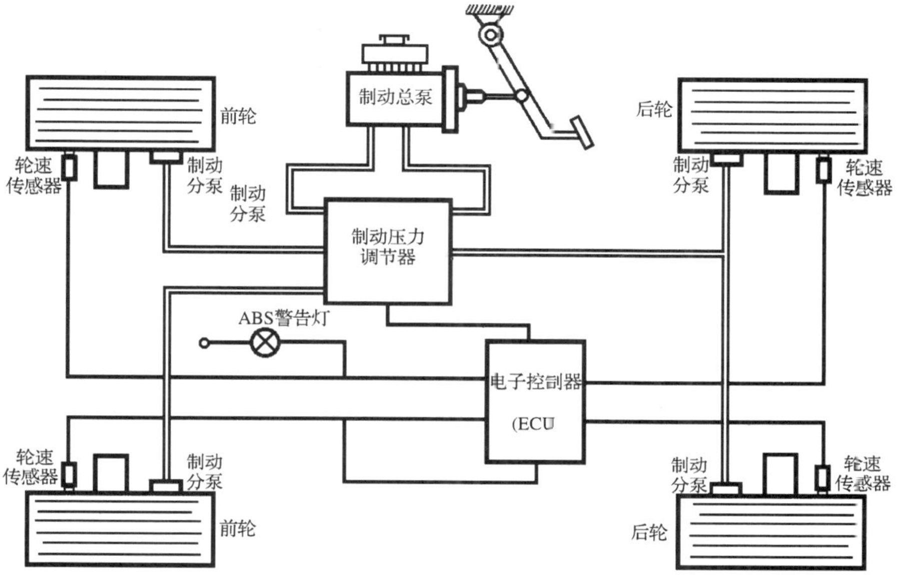


**图 17-22　ABS 的组成**

### （九）索引力控制系统

牵引力控制系统（Traction Control System，TCS），也称为防滑转电子控制系统（Anti Slip Regulation，简称 ASR），是继防抱死制动系统之后应用于车轮防滑的电子控制系统，其功用是防止汽车在起步、加速和在滑溜路面行驶时的驱动轮滑转。当车轮转动而车身不动或是汽车的速度低于驱动车轮的轮缘速度时，轮胎与地面之间就有相对的滑动，即滑转。典型的 TCS 系统主要由轮速传感器、电控单元（ECU）、制动压力调节器、差速制动阀和发动机控制阀组成。

### （十）电子稳定系统

电子稳定系统（Electronic Stability Program，ESP）是一项主动安全系统，它包含了 ABS 和 TCS。它能防止车轮在制动时抱死（ABS），在启动时打滑（TCS）。

ESP 每秒多次（25 次）检测驾驶员的行驶意图和车辆的实际行驶情况。如果发现有紧急情况，它迅速反应，通过液压调节器，调节每个车轮的制动压力，如有可能，还会干预发动机和传动系统。ESP 能降低车辆侧滑的危险，从而降低事故的发生。

ESP 的组成：转向传感器（监测方向盘旋转的角度，帮助确定汽车行驶方向是否正确）、车轮传感器（监测每个车轮的速度，确定车轮是否在打滑）、侧滑传感器（记录汽车绕垂直轴线的运动，确定汽车是否在打滑）、横向加速度传感器（它对转弯时产生的离心力起反应，确定汽车是否在通过弯道时打滑）。

### （十一）电控悬架系统

电控悬架系统（Electric Modulated Suspension，EMS）就是根据不同的路况和行驶状态，由控制单元自动调节车高、减震器阻尼系数、弹簧弹性系数等参数，使汽车的乘坐更加舒适，使操纵稳定性达到最佳状态的控制系统。

工作时，利用传感器（包括开关）检测汽车行驶时路面的状况和车身的状态，输入ECU后进行处理，然后通过驱动电路控制悬架系统的执行器动作，完成悬架特性参数的调整。

电控悬架系统由传感器（如车高传感器、车速传感器、加速度传感器、转向盘转角传感器、节气门位置传感器等）、开关（如模式选择开关、制动灯开关、停车开关、车门开关等）、执行器（如可调阻尼力减震器、可调节弹簧高度和弹性大小的弹性元件等）、控制单元（ECU）组成。

### （十二）安全气囊

安全气囊（Safety Airbag）是汽车上一种常见的被动安全装置，如图17-23所示。一旦撞车，由电子控制单元（ECU）提供电流，引爆放在方向盘中央及仪表板（杂物箱）后面气囊中的氮化合物，它像“火药”似的迅速燃烧而产生大量的氮气，在瞬间充满气囊（气袋），整个动作过程约0.02秒内完成，在驾驶员与方向盘之间、副驾驶员与仪表板之间立刻形成一种缓冲的软垫，避免硬性撞击而发生的严重伤亡。

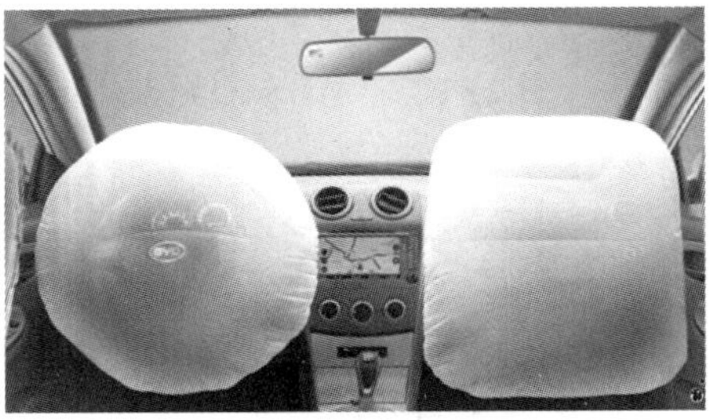

图17-23 安全气囊

# 第十八类　光学、照相、电影、计量、检验、医疗或外科用仪器及设备、精密仪器及设备；钟表；乐器；上述物品的零件、附件

【内容提要】

本类主要介绍光学元件与光学仪器的列目结构与归类，与相似商品的区别，与归类有关的商品知识；医疗器械的列目结构与归类；其他检测仪器及装置的列目结构与归类，与归类有关的商品知识；自动调节或控制仪器及装置的组成与归类；钟表的归类；乐器的归类。

本类重点是光学仪器、医疗器械、常见检测仪器及其零件、附件的归类，自动调节或控制仪器及装置的归类。难点是常见检测仪器及其零件、附件的归类和自动调节或控制仪器及装置的归类。

本类主要包括光学元件，光学仪器，医疗器械，计量、检验等用的精密仪器；钟表；乐器三大类商品以及它们的零件、附件。

本类按它们的用途分成三章，其列目结构如下：

| | |
|---|---|
| 光学元件及仪器、医疗器械、其他检测仪器及装置等 | 第九十章 |
| 钟表 | 第九十一章 |
| 乐器 | 第九十二章 |

# 第九十章　光学、照相、电影、计量、检验、医疗或外科用仪器及设备、精密仪器及设备；上述物品的零件、附件

## 第一节　概述

### 一、本章商品范围

本章商品范围较广，包括各种供科学研究（实验室研究、天文学研究、科学分析等）、各种专业技术或工业方面（计量、检验、监测等）及医疗方面使用的仪器及设备。本章结构规律如下：

| | | |
|---|---|---|
| 光学元件与仪器 | 光学元件 | 9001～9002 |
| | 简单光学仪器 | 9003～9005 |
| | 复杂光学仪器 | 9006～9013 |
| 特殊用途（测量、气象、绘图、计算等）的仪器 | | 9014～9017 |
| 医疗仪器 | 医疗、外科等用的仪器及装置 | 9018 |
| | 按摩器具、治疗用呼吸器具等 | 9019 |
| | 其他呼吸器具与防毒面具 | 9020 |
| | 弥补人体生理缺陷的器具等 | 9021 |
| | X 射线的应用设备等 | 9022 |
| 专供示范用的仪器、模型 | | 9023 |
| 测量、检验用的仪器 | 按测量对象（如温度、压力、流量、电量等及理化分析）列名的测量、检验仪器 | 9024～9030 |
| | 其他品目未列名的测量、检验仪器 | 9031 |
| 自动控制调节用的仪器及设备 | | 9032 |
| 其他品目未列名的仪器用通用零件 | | 9033 |

本章主要包括四部分：

第一部分品目 9001 至 9013 主要包括光学元件与仪器。这部分是按照“光学元件→简单光学仪器→复杂光学仪器”的顺序列目的。

第二部分品目 9018 至 9022 主要包括医疗仪器。这部分是根据医疗仪器的用途、工作

原理来列目的。其中，品目 9022 所列的 X 射线或其他射线的应用设备即使不用于医疗也归入本品目。

第三部分品目 9024 至 9031 主要包括其他测量、检验用的仪器与装置。这部分主要是根据仪器的检测物理量或参量来列目的。这些仪器与装置大多用于实验室进行研究或科学分析。

第四部分品目 9032 为自动控制调节用的仪器与装置。归入该品目的商品必须符合第九十章注释七的相关规定。

## 二、本章商品归类方法

### （一）本章仪器及器具的“零件”的归类

根据本章注释二的规定，本章注释一中已排除的零件、附件不归入本章，例如固定眼镜片所用的铜制螺钉属于本章注释一（六）已排除的零件，不能归入本章。

然后按下列顺序确定零件、附件的归类。

**1. 其他章或本章已列名的零件、附件的归类**

属于本章、第八十四章、八十五章或九十一章已具体列名的零件、附件按列名归类。这一点要求我们要完全了解上述各章的列目结构和它们所包括的具体商品。例如，显微镜用的目镜，属于本章品目 9002 已列名的商品，应按列名归入品目 9002，不能误按显微镜的零件归入品目 9011 项下；电子显微镜用的真空泵属于第 84 章品目 8414 已列名的商品，不能误归入本章；医疗仪器所使用的稳压电源属于第 85 章品目 8504 已列名的商品，不能误归入本章。

**2. 专用零件、附件的归类**

在不属于本章或其他章已列名商品的情况下，根据其结构、功能等因素能判定所归的商品具有专用性的，可将该商品与所属仪器或器具一并归类。这些专用的零件、附件在确定子目时又分两种情况：

（1）品目项下有零件、附件的子目的情况。

对于品目项下有零件、附件的子目的情况，可将该商品归入相应的零件、附件的子目。例如，照相机用的快门组件属于照相机的专用零件，品目 9006 项下有零件、附件的子目 9006.9，所以应将该组件归入子目 9006.9 项下。

（2）品目项下无零件、附件的子目的情况。

对于品目项下无零件、附件的子目的情况，由于第九十章除了品目 9033 外，无其他专用零件、附件的品目，此时可将该商品与整机归入同一个子目。本章品目项下无零件、附件的 HS 一级子目的有：品目 9004、9016、9018、9019、9020、9021、9023。

**【例 1】**B 型超声波诊断仪外壳

该商品为 B 型超声波诊断仪的外壳，由塑料制成，如图 18-1 所示。

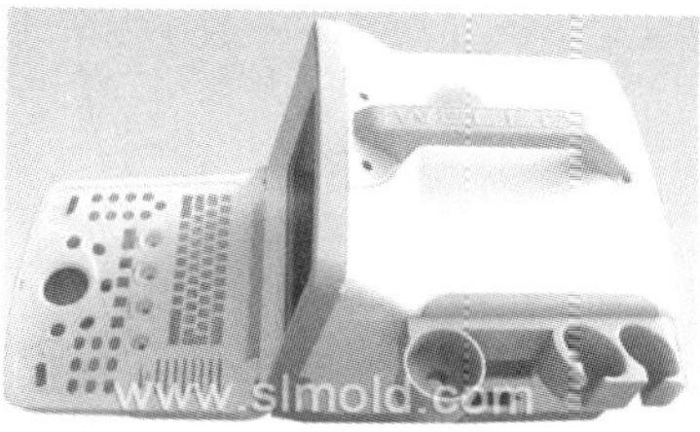


**图 18-1 B 型超声波诊断仪外壳**

【归类分析】该塑料外壳不属于第九十章注释一已排除的商品范围，同时也不属于本章或其他章已列名的商品。该商品具有特定的外形和尺寸，具有专用性，所以依据第九十章注释二（二），将该商品按 B 型超声波诊断仪的专用零件归类。B 型超声波诊断仪的整机归入品目 9018 项下，而品目 9018 项下无零件、附件的子目，此时可将该零件与整机归入同一子目 9018.1210。

3. 其他零件、附件

对于不属于其他章或本章已列名的商品，同时也不能判定其专用于某种仪器或装置的零件、附件，按本章其他品目未列名的零件、附件归入本章的兜底品目 9033。

【例 2】信号变送器

信号变送器是用于测量温度、压力、加速度等多种物理量的多功能测量仪器。它可将输入的非标准信号转变成标准信号后输出至计算机进行分析。

【归类分析】该信号变送器本身不能独立工作，属于测量仪器的零件，它不属于第九十章、八十四章、八十五章具体列名的商品，可用于湿度、压力、加速度等多和物理量的测量，所以不能判定其专用于第九十章的某个品目的仪器，故依据第九十章注释二（三），将该商品归入子目 9033.0000。

## （二）组合仪器、多功能仪器及功能机组的归类

根据本章注释三的规定，第十六类注释三的组合机器、多功能机器的归类原则也适用于组合仪器及设备和多功能仪器及设备，第十六类注释四的功能机组的归类原则也适用于由多个独立部件组成的成套仪器及设备。

对于组合仪器及设备或多功能仪器及设备来说，当能确定其主要功能时按其主要功能归类，当不能确定其主要功能时依据归类总规则三（三）从后归类；对于由多个相互独立的仪器或部件构成的功能机组，按其视为一个整体后所具有的功能一并归类。

例如，带有照相功能的复式光学显微镜具有放大图像和拍照的功能，属于多功能仪器，由于其主要功能仍是显微放大，所以仍按光学显微镜归入品目 9011。

【例 3】速度测试系统

该速度测试系统由三部分组成：异频雷达发射机，安装在车辆上并发射专用、单一、可识别的电信号；探测环，埋于地下并测量带有异频雷达发射机的车辆经过此地时的速度，它探测到信号后通过同轴电缆传送给解码器；解码器，装在控制室，接收来自探测环的电信号、时间标记信号，并转化成数字信号后发送到计算机。

【归类分析】该系统由三个相互独立的部分组成，探测环与解码器之间通过电缆连接，发射机与探测环之间通过无线方式连接。当它们视为一个整体后，明显具有品目 9029 所包含的速度测试功能，所以依据第九十章注释三，上述三部分一并按功能机组归入子

目 9029.20。

### (三) 优先归类原则

根据本章注释五的规定，计量或检验用的光学仪器、器具或机器，如果既可归入品目 9013，又可归入品目 9031，应优先归入品目 9031。例如，一种用光学原理测量物体表面状态的仪器，从原理来看属于“本章其他品目未列名的光学仪器”，从功能来看属于“本章其他品目未列名的测量仪器”，根据本章注释五的规定，应优先归入品目 9031。

【例 4】自动光学检测检测设备

【归类分析】自动光学检测（Automated Optical Inspection，AOI）设备，又称 AOI 检测设备，是基于光学原理对焊接生产中遇到的常见缺陷进行检测的设备，如图 18-2 所示。该商品属于光学仪器，但由于其主要功能是检测，所以依据本章注释五，该商品应按光学仪器归入子目 9031.4 项下，而不能误归入品目 9013 项下。

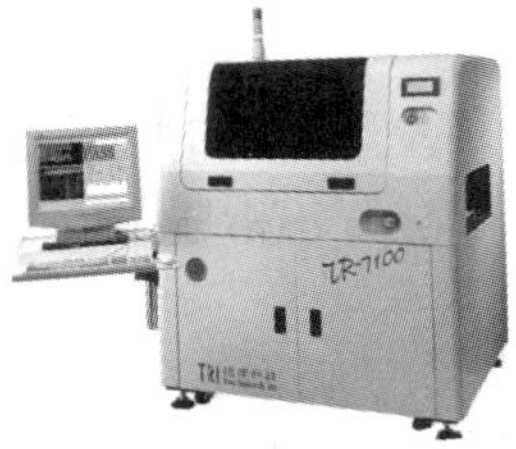

图 18-2　AOI 检测设备

## 第二节　光学元件与光学器具及仪器

光学元件与光学器具及仪器归入品目 9001 至 9013。其中，品目 9001 至 9002 为光学元件，品目 9001 只包括经过光学加工的玻璃制光学元件或其他材料制光学元件（必须是未装配的），品目 9002 只包括已装配并且作为仪器或装置零件、配件的光学元件；品目 9003 至 9005 为简单的光学仪器，如眼镜、望远镜等；品目 9006 至 9012 为复杂的光学仪器，例如品目 9006 为照相机，品目 9007 至 9008 为电影摄像机与放映机、影像投影仪（此处的投影仪属于纯光学仪器，不同于品目 8528 的投影机），品目 9009 为空号（2007 年版修订时已将此品目项下的商品转移至品目 8443），品目 9010 为照相洗印设备，品目 9011 与 9012 为显微镜等；品目 9013 为其他品目未列名的光学仪器与液晶装置、激光器等。

### 一、光学元件

#### (一) 光学元件的光学加工

常见的光学元件有棱镜、透镜、滤色镜、偏振片或板、衍射光栅等，一般按加工程度可分为经光学加工的和未经光学加工的两种，按材质可分为玻璃制光学元件和非玻璃制（如塑料、氟石、金属等材料）光学元件。

玻璃制光学元件的加工通常分两步：一是将表面加工成所需要的形状（如一定的曲面、适当的斜面等），二是表面抛光。玻璃光学元件的加工流程见图 18-3 所示。图 18-4

为凹透镜的加工流程，左图为未经任何加工的玻璃坯片，右图中镜片的左侧已磨去负 800 度的凹面，为已加工好的凹透镜。

光学玻璃坯片 —开切→ 坯片 —粗磨→ 至尺寸形状 —细磨→ 达到精度要求 —抛光→ 符合光学性能

第一阶段　　　　第二阶段

**图 18-3　玻璃光学元件的加工流程图**

## （二）光学元件的归类

### 1. 已经光学加工但未装配光学元件的归类

对于玻璃制光学元件来说，只有经过光学加工且未装配的才归入品目 9001，而未经光学加工的光学元件（又称光学坯件）则按玻璃制品归入品目 7014。例如，图 18-4 中右图的凹透镜属于已加工好的光学元件，归入品目 9001，左图的玻璃坯片则属于未经光学加工的光学元件，应按玻璃制品归入品目 7014。

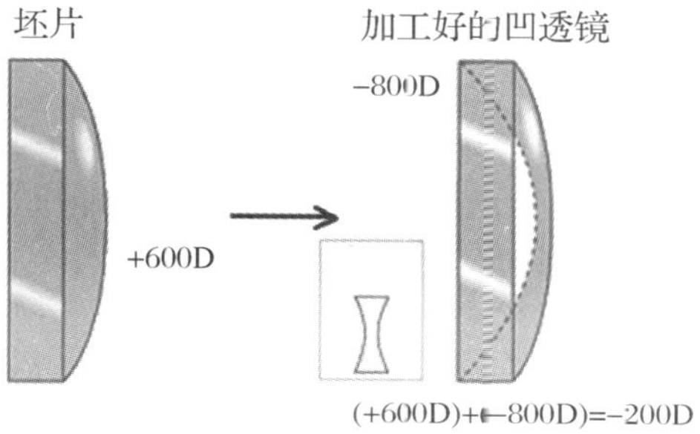


**图 18-4　凹透镜的加工流程**

对于非玻璃制（例如塑料制）光学元件来说，不论是否经过光学加工一律归入品目 9001。

### 2. 已装配光学元件的归类

已装配的光学元件（即已装框架或底座的光学元件）一般归入品目 9002 或其他品目，不能归入品目 9001。

归入品目 9002 的光学元件必须满足两个条件：必须是已装配的（即已装在底座、框架上的），同时必须要作为仪器或装置的零件、配件。例如，照相机用物镜、滤色镜、取景器，显微镜、望远镜用目镜、物镜等都属于品目 9002 项下的商品。

如果已装配的光学元件不属于仪器或装置的零件、配件，但具有独立功能，则一般应归入品目 9013 或 9018。例如，手持式放大镜归入品目 9013，医疗或牙科用镜、供眼镜店验光用的成套验光镜归入品目 9018。

## （三）品目 9001 的光导纤维束、光缆与品目 8544 的光缆的区别

品目 9001 的光导纤维束、光缆的各单根纤维均无被包覆，只是在一束或多束光导纤维束外有包覆层，所以从其横断面上无法分出光导纤维的根数。它们常用于光学设备上传输光学图像，例如，用于内窥镜或光学检测仪器上传输光学图像。

品目 8544 的光缆由每单根均被包覆的多根光纤组成，所以从横断面上可以明显分出

光纤的根数，其结构类似于电缆。它们主要用于光学通讯。

## 二、简单光学器具

简单的光学器具包括眼镜、望远镜等，它们归入品目 9003 至 9005。

### （一）眼镜及其零件的归类

眼镜架、眼镜、挡风镜等归入品目 9003 至 9004，而隐形眼镜片不能误按眼镜归入品目 9004 项下，应按光学元件归入品目 9001。

### （二）望远镜的归类

普通望远镜（无论是单筒还是双筒）归入品目 9005。

潜望镜式望远镜（用于潜艇或坦克上）及本章或第十六类的机器、仪器用望远镜归入品目 9013（见本章注释四）。

校直望远镜（用于检验工作台或机器导轨的直线度及测量金属结构，由一个望远镜和准直管或反射镜组成）归入品目 9031。

## 三、复杂光学仪器及其他光学仪器

复杂光学仪器归入品目 9006~9013，主要包括光学照相机（不含数字式照相机）、电影摄像机、电影放映机、影像投影机、显微镜等。

### （一）照相机及其归类

照相机是利用光的直线传播性质和光的折射与反射规律，以光为载体，把被摄景物某一瞬间的光信息经照相镜头传递给感光材料，最终成为可视影像的光学仪器。

**1. 照相机的构造**

照相机通常由三部分组成：

（1）成像系统：成像镜头、测距调焦、取景系统、附加透镜（如广角镜）、滤光镜等。

在取景系统中最常见的是“单镜头反光式取景”，又简称“单反”，是指直接通过镜头取景，光线从镜头射入，通过一面反光镜折射到上方的对焦屏成像，再折射到目镜中。

（2）曝光系统：快门机构、光圈机构、测光系统、闪光系统（闪光灯）、自拍机构等。光圈的变化示意图如图 18-5 所示。

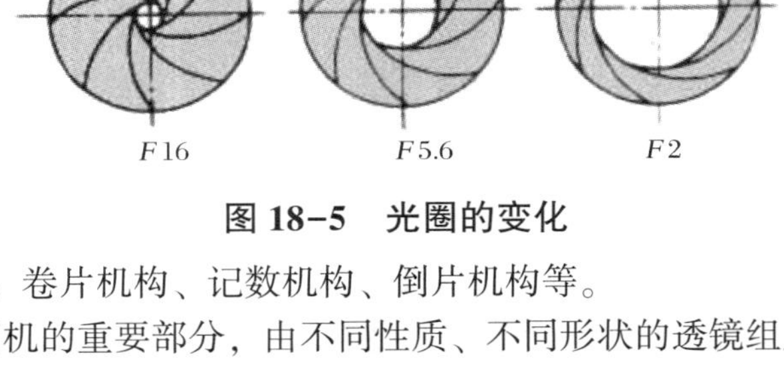


**图 18-5　光圈的变化**

（3）辅助系统：卷片机构、记数机构、倒片机构等。

成像镜头是照相机的重要部分，由不同性质、不同形状的透镜组成。

快门机构是用以控制光线通过时间长短的装置，通过它可以控制曝光量。

光圈机构是用以控制和调节通光量大小的装置，多用金属薄片或不透明薄片材料制成。

**2. 数码照相机与传统相机的异同**

相同点：数码相机的光学成像系统与传统相机相同。

不同点：数码照相机（又称为数字照相机）不需要化学感光胶片，而是采用半导体材料制成的感光元件（CCD 或 CMOS）来监测图像，然后用电子电路扫描感光片，将信息转换成二进制码并存储在芯片上，即用感光元件代替感光胶片，同时还增加了监视器，可立即看到所拍照片的效果。数码相机的成像过程如下：

光信号 —曝光→ 光电耦合器件 —光电转换→ 图像电路 —图像信号→ 存储卡

**3. 照相机及其零件、附件的归类**

普通照相机和特殊用途的照相机属于光学仪器，应归入品目 9006，但数码照相机属于第八十五章的电气设备，应按列名归入品目 8525，用于诊断的 X 射线照相机（与 X 射线设备配套，用于检验晶体等）及 α 射线、β 射线、γ 射线的照相设备应按上述射线的应用设备归入品目 9022，眼科专用的眼底照相机应按医疗仪器归入品目 9018。

照相机的零件及附件归类时，应严格依据第九十章注释二的规定，对于其他品目已列名的零件不能归入品目 9006 项下，例如单独报验的照相机用附加镜（如广角镜等）、滤色镜、取景器等属于品目 9002 已列名的商品，单独报验的照相机套属于品目 4202 已列名的商品，只有其他品目未列名而且能确定其属于专用于照相机的零件时才可考虑归入品目 9006 项下，例如照相机身、快门及光圈、自拍机构、底片或胶卷暗盒、遮光罩、闪光灯、三脚架等。

## （二）照相洗印设备的归类

胶卷或胶片与相纸的曝光、显影等冲洗设备归入品目 9010。在确定子目时，子目 9010.1“照相（包括电影）胶卷或成卷感光纸的自动显影装置及设备或将已冲洗胶卷自动曝光到成卷感光纸上的装置及设备”与子目 9010.5“照相（包括电影）洗印用其他装置和设备”的区别是：子目 9010.1 的自动显影或自动曝光设备所显影或曝光的感光胶片或感光纸必须满足卷状（in roll）的要求，若是非卷状感光材料的其他照相洗印设备则应归入子目 9010.5 项下。

## （三）显微镜的类型及其归类

显微镜是把肉眼看不到的小物体放大成像的视力工具，按工作原理分为光学显微镜、电子显微镜、质子显微镜等。

**1. 光学显微镜**

光学显微镜又称为复式光学显微镜（因其含有多个凸透镜），是将微小物体的影像放大的光学仪器。

光学显微镜的主要部件包括光学系统（物镜、目镜）、支架、载物台及调焦机构等。

物镜指位于观察物体附近实现第一级放大的镜头。物镜的放大倍率通常为 5~100 倍。

目镜指位于人眼附近实现第二级放大的镜头。目镜的放大倍率通常为 5~20 倍。

**2. 电子显微镜**

电子显微镜是用电子束代替光束，用电子透镜代替光学透镜，使物质的细微结构放大成像的仪器。电子显微镜的最大放大倍率约为 100 万倍，而光学显微镜的最大放大倍率约为 2000 倍。但电子显微镜因受真空条件的限制，不适于观察活的生物。电子显微镜与光学显微镜的不同之处是：用电子束代替光束，用电子透镜代替光学透镜。

光学显微镜与电子显微镜的比较见图 18-6。

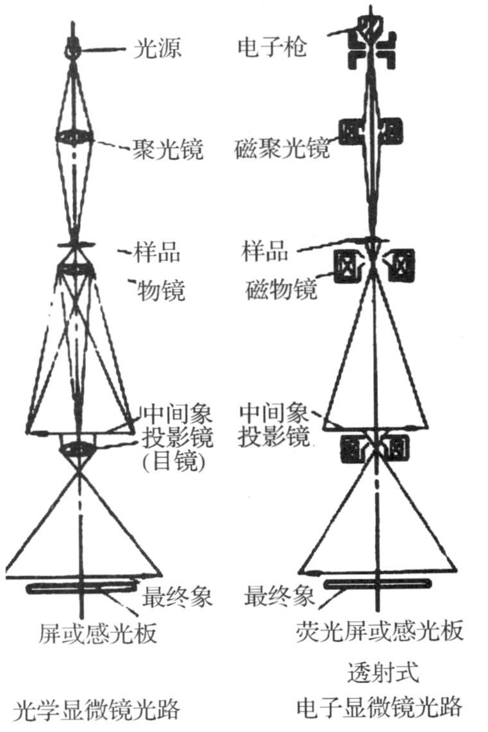


**图 18-6　光学显微镜与电子显微镜的比较**

普通电子显微镜的主要部件包括电子枪、电磁“透镜”系统、检件台、真空泵装置、荧光屏及图像照相机构等部件、控制台及控制板等。

**3. 显微镜的归类**

复式光学显微镜归入品目 9011，在确定子目时，要明确是立体显微镜还是其他显微镜。立体显微镜是用双眼从不同角度观察物体而得到立体图像的双目显微镜。由于成像的立体感是利用两眼的光路形成的，所以立体显微镜一定是双目显微镜，但双目显微镜不一定就是立体显微镜。若不是立体显微镜，还要判断其是否有缩微照相、摄影或投影功能。

其他显微镜（例如电子显微镜、质子显微镜）归入品目 9012。

对于外科显微镜（Surgical microscope）来说，由于其主要功能是将细微处放大以方便手术，所以按光学显微镜归入品目 9011。这种显微镜用于外科医生施行手术时观察人体的细微处，其光源产生的独立光路能形成一个三维图像。图 18-7 为眼科手术用显微镜。

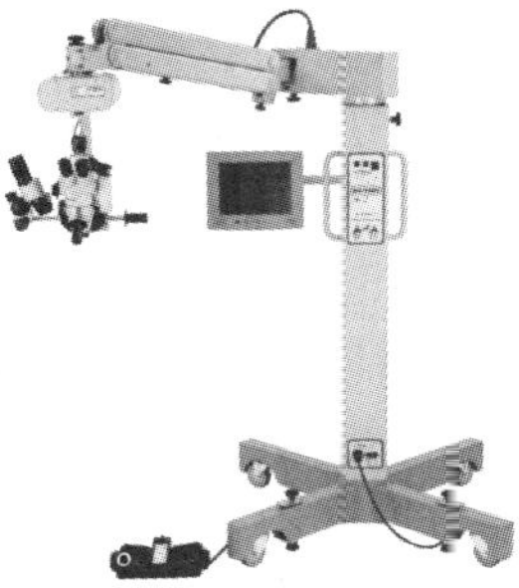

图 18-7　眼科手术用显微镜

而对于眼科用双目显微镜（Ophthalmic binocular-type microscope）来说，由于它不是以放大图像为主，而是以检查诊断为主要功能，所以不能按显微镜归入品目 9011，而应按医疗仪器归入品目 9018。这种显微镜在国内医院又称裂隙灯显微镜，一般由裂隙灯、显微镜和仪器台三个基本部分组成，整个仪器安装在可调节的机座上，如图 18-8 所示。裂隙灯，顾名思义就是灯光透过一个裂隙对眼睛进行照明。裂隙灯显微镜是眼科检查的必备仪器之一，通过裂隙灯显微镜可以清楚地观察眼睑、结膜、巩膜、角膜、前房、虹膜、瞳孔、晶状体及玻璃体前 1/3，可确定病变的位置、性质、大小及其深度。

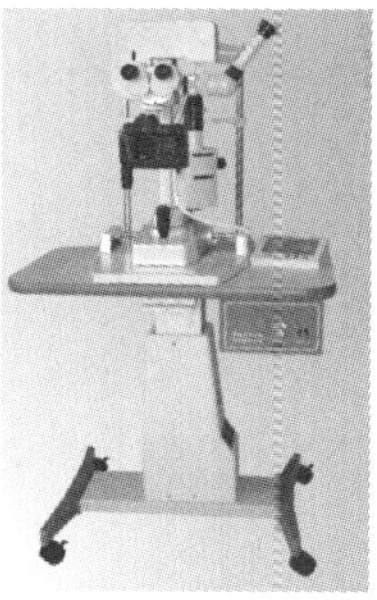

图 18-8　裂隙灯显微镜

### （四）其他光学仪器的归类

其他品目未列名的光学仪器一般归入品目 9013。品目 9013 只包括本章其他品目未列名的光学仪器及器具，要求必须满足“其他品目未列名”的条件。例如下列光学仪器因在其他品目已有列名，不能归入品目 9013：光学经纬仪、光学水准仪等属于品目 9015 已列名的光学仪器；眼科用双目放大镜、检眼镜、电脑验光机和内窥镜等属于品目 9018 项下已列名的光学仪器；用于理化分析用光谱仪、折光仪等属于品目 9027 项下已列名的光学仪器；玩具万花筒属于第九十五章已列名的玩具。

只有其他品目未列名才可归入品目 9013，例如手持式放大镜、织物分析镜、光学门眼等简单的光学仪器。

依据本章注释五的规定，计量或检验用的光学仪器不应归入品目 9013，应归入品目 9031。

子目 9013.8030 液晶装置（或称液晶显示板）只包括由液晶层夹于两片玻璃或塑料板片中制成的液晶装置，不论是否装有电气连接件。这里的电气连接件只是简单的电极引线等，该子目的商品不能直接显示图像，要装上其他电气装置后才能显示图像。该子目的液晶装置再加上信号处理电路便构成第八十五章的商品。

## 第三节　测量、气象、称量、绘图、计算仪器及器具

测量、气象、称量、绘图、计算仪器及器具主要归入品目9014~9017。

定向罗盘、导航设备及装置（不包括品目8526的无线电导航设备）归入品目9014，例如船舶定位仪、航空或航天导航仪器等。

大地测量的仪器、海洋水文仪器、气象观测仪器、地球物理仪器（如地震仪）、测距仪（指测定给定目标与仪器之间距离的光学或光电测量仪器）等归入品目9015。但是，泥瓦工等从事建筑工程用的气泡式水平尺，以及铅锤线不归入本品目，应归入品目9031。

较精密的天平（即感量为50毫克或更精密的天平）归入品目9016。感量低于50毫克的天平，则不能归入本品目，应归入品目8423。品目9016的天平所用砝码若单独报验也不归入本品目，而应归入品目8423。

普通手用测量仪器、绘图仪器、计算仪器等归入品目9017，例如绘图仪器、测量用的卡尺等均归入品目9017项下。

## 第四节　医疗仪器及器具

医疗仪器及器具是指供医疗或外科、牙科及兽医用来诊断、治疗等用的仪器及设备。

### 一、医疗器械的分类

医疗器械根据其功能一般分为诊断性的医疗器械和治疗性的医疗器械两大类。

#### （一）诊断性的医疗器械

诊断性的医疗器械包括：

物理诊断器具：体温计、血压计、测听计等；

影像仪器：X光机、CT扫描机、磁共振成像装置、B超等；

分析仪器：血液分析仪、尿液分析仪、生化仪、免疫分析仪等；

电生理仪器：心电图机、脑电图机、肌电图机等。

#### （二）治疗性的医疗器械

治疗性的医疗器械包括：

普通手术器械：手术刀、缝合针、剪刀、镊子等；

光导手术器械：纤维内窥镜、激光治疗机等；

辅助手术器械：麻醉机、呼吸机、体外循环机等；

放射治疗器械：深部X光治疗机、钴60治疗机、加速器、伽马刀、各种同位素治疗仪等。

### 二、医疗器械及器具的归类

医疗器械及器具一般归入品目9018至9022，其他品目已列名的器械或器具除外，即

并不是所有的医疗器械或器具都可归入这些品目。例如，测量体温的体温计属于品目 9025 已列名的商品，临床化验室用的血液分析仪等理化分析仪器属于品目 9027 已列名的商品。

由于品目 9019 至 9022 主要根据功能或原理（按摩、呼吸功能，X 射线应用等）列目，而品目 9018 主要根据用途（医疗、外科、牙科或兽医用等）列目，并且在品目 9018 的品目注释中已将品目 9019、9021、9022 的商品排除，所以在对医疗器械归类时，对于品目 9019、9021、9022 所列名的医疗仪器要按功能或原理归入相应品目。只有不符合品目 9019、9021、9022 的条文，且能确认属于医疗等用途的器械或器具才考虑归品目 9018。例如，X 射线断层检查仪既属于电气的诊断仪器，也属于 X 射线的应用设备，应根据其功能和原理归入品目 9022，而不能按电气的诊断装置归入品目 9018。

### （一）机械疗法、呼吸器具、按摩器具等的归类

机械疗法、氧疗法、臭氧疗法、吸入疗法、人工呼吸及按摩等用的设备及装置归入品目 9019。例如，呼吸机应归入品目 9019，而不能归入品目 9018；按摩椅应归入品目 9019，而不能按座具归入品目 9401。

品目 9019 的呼吸器具与品目 9020 的呼吸器具的区别：品目 9019 的呼吸器具主要是起治疗作用，例如呼吸机、喷雾治疗器等；而品目 9020 的呼吸器具主要是起防护或保护作用，例如飞行员、潜水员、登山运动员或消防队员所使用的呼吸器具。

品目 9019 的机械疗法器具与品目 9506 的健身器械的区别：品目 9019 的机械疗法器具是主要通过机械模仿各种运动形式来治疗关节或肌肉疾病的器具，这些器具（如旋转活动腕部的器具、手指功能恢复器具、旋转活动脚部的器具等）通常是用于病人治病并在医生指导下使用；品目 9506 的健身器械（如拉力器、各种弹簧握力器、模仿划船运动的“划船”机、训练或锻炼腿肌用的固定式单轮脚踏车等）通常用于正常人健身，使用时不需要医生的指导。

### （二）矫形用具、人造的人体部分及弥补人体生理缺陷器具的归类

矫形用具、人造假肢及骨折用具（包括兽用）、弥补人体生理缺陷的器具归入品目 9021。归入品目 9021 的常见仪器及器具有人造血管、助听器（不要误按电气设备归入第 85 章）、心脏起搏器等。

### （三）X 射线、α 射线、β 射线、γ 射线的应用设备的归类

X 射线、α 射线、β 射线、γ 射线的应用设备归入品目 9022。品目 9022 不仅包括用于医疗的 X 射线或 α 射线、β 射线、γ 射线的应用设备，还包括其他行业（如工业上）上述射线的应用设备。例如，机场、车站等场所用于安全检查的 X 射线检查设备，虽然不用于医疗，但仍归入品目 9022。

但是，对于检测 X 射线、α 射线、β 射线、γ 射线的设备不能归入品目 9022，而应归入品目 9030。

### （四）其他医疗器械或器具的归类

用于医疗、外科、牙科或兽医的其他仪器及器具，如果未在其他品目列名，且满足“主要是供各专科医务人员（例如，医生、兽医、助产士等）专门用于疾病的预防、诊

断、医治或手术治疗等”的条件，才能归入品目 9018。

品目 9018 项下子目的列目结构如下：

| 子目 | 编号 | 列目依据 |
| --- | --- | --- |
| 电气诊断装置 | 9018.1 | 主要按功能列目 |
| 紫外线及红外线装置 | 9018.2 | |
| 注射器、针、导管、插管及类似品 | 9018.3 | |
| 其他牙科用仪器及器具 | 9018.4 | 主要按用途列目 |
| 其他眼科用仪器及器具 | 9018.5 | |
| 其他 | 9018.9 | |

在品目 9018 项下，子目 9018.1 至 9018.3 是根据功能、原理列目的，而子目 9018.4 至 9018.5 是根据用途列目的，所以在确定子目时，应首先判断商品的功能、原理，对于符合子目 9018.1 至 9018.3 所列功能、原理的商品应优先归入前面的子目，只有不符合前面子目所列的功能时才考虑按用途归入子目 9018.4 至 9018.5 或子目 9018.9。例如，眼科用的电气诊断装置要优先归入子目 9018.1 项下，而不能归入子目 9018.5 项下。

**【例 5】** 电子眼压记录仪（通过记录眼动脉压、眼静脉压或眼内压的变化来进行眼科诊断）

**【归类分析】** 该仪器的工作原理是通过记录眼动脉压、眼静脉压或眼内压的变化来进行眼科诊断，属于电气的诊断设备，符合子目 9018.1 的条文，故应按电气的诊断设备归入子目 9018.1 项下。

**注意：** 该电子眼压记录仪不要误按“眼科用仪器及器具”归入子目 9018.5 项下。因为子目 9018.5“眼科用其他仪器及器具”中的“其他”说明归入子目 9018.5 的商品必须是除了子目 9018.1 至 9018.4 以外的“眼科仪器及器具”。该商品属于电气诊断装置，符合子目 9018.1 的条文，所以归入子目 9018.1 是正确的。

**【例 6】** 用于检测血液中血糖含量的血糖仪

**【归类分析】** 血糖仪是用于测试血液中所含糖分的仪器。其工作原理为：先采取血样，将血样注入测定试纸（电极）后，血糖测试仪将试纸产生的结果转换为电信号，并在血糖测试仪上显示出糖尿病患者的血糖测试结果。该商品属于行业上的医疗器械，但从其工作原理分析，它同时属于理化分析仪器，所以根据其工作原理应归入子目 9027.8099。

## 第五节　工业、科研用检测、计量仪器及装置

工业、科研用检测、计量仪器及装置归入品目 9024 至 9031，这部分主要是根据检测或计量的对象进行列目的。其中，品目 9024 检测的物理量是机械性能等；品目 9025 检测的物理量是温度、湿度等；品目 9026 检测的物理量是液体或气体的流量、压力等；品目 9027 检测的参量为理化分析用的参数等；品目 9028 计量的物理量是液体、气体流经管道的总流量或电力流经干线的总电量；品目 9029 计量的物理量是转数、产量、车费等，检测的物理量是速度等；品目 9030 检测的物理量是电量及射线量；品目 9031 为本章其他品目未列名的测量或检验仪器。品目 9031 是本章测量或检验仪器、器具的兜底品目。

### 一、测试材料机械性能的机器及器具的归类

材料的机械性能又称为力学性能，表示材料承受外力作用的能力。测试材料机械性能

常用的方法包括拉伸、压缩、弯曲、扭转、剪切、磨损等，测量的指标包括硬度、强度（如弹性强度、抗拉强度、疲劳强度等）、冲击韧性、耐磨度等。

测试材料机械性能的机器及器具归入品目 9024。这些机器及器具所测试的对象包括金属、木材、混凝土、纺织纱线及织物、纸或纸板、橡胶、塑料、皮革等。例如，测量金属材料硬度的硬度试验机、测定纺织纤维拉伸性能的拉伸试验机均属于品目 9024 项下的商品。

## 二、其他检验、测量、分析仪器及装置的归类

### （一）比重、温度、湿度、气压等物理量的测量仪器及装置的归类

比重、温度、湿度、气压等物理量的测量仪器及装置归入品目 9025。

**【例 7】** 工业用热电偶，用于测量生产过程中的气体、液体的温度，如图 18-9 所示

**图 18-9 工业用热电偶**

**【归类分析】** 热电偶（thermocouple）是温度测量仪表中常用的测温元件，它直接测量温度，并把温度信号转换成热电动势信号，通过相关仪表（二次仪表）转换成被测介质的温度。各种热电偶的外形常因需要而不同，但是它们的基本结构却大致相同，通常由热电极、绝缘套保护管和接线盒等主要部分组成，通常与显示仪表、记录仪表和电子调节器配套使用。该热电偶属于测量温度的装置，应归入子目 9025.19。

### （二）液体或气体的流量、液位、压力等变化量的检测仪器及装置的归类

液体或气体的流量、液位、压力、动能或其他过程变量的检测仪器及装置（可带有记录、信号或光学读度装置，或者电动、气动、液动输出量的变送器）归入品目 9026。

其中，子目 9026.1 检测的物理量是流量或液位，但检测对象只限于液体；子目 9026.2 检测的物理量是压力，检测对象可为液体或气体。

品目 9026 的热量计与品目 9027 的量热器的区别：品目 9026 的热量计指用于测量一个系统装置（如热水供热系统）热量消耗的仪器，该仪器主要由一个液位测量仪表、分别安装于管道出入口的两支温度计及计数和累计机械装置构成；品目 9027 的量热器指在物质发生化学反应时用于测量固体、液体或气体吸收或放出热量的装置。

### （三）理化分析仪器及装置和检测黏性、热量、声量、光量等的仪器的归类

理化分析仪器及装置和检测黏性、多孔性、膨胀性、表面张力、热量、声量或光量等的仪器及装置归入品目 9027。

该品目中子目 9027.1 是按其用途来列目的，子目 9027.2 至 9027.5 是根据其工作原

理、功能来列目的。

其中，子目 9027.1 的气体或烟雾分析仪主要指用于分析炼焦炉、煤气发生炉、高炉等的可燃气或燃烧副产品（燃烧过的气体）的仪器，特别是用于测定其二氧化碳、一氧化碳、氧气、氢气、氮气或碳氢化合物等的含量的仪器。

子目 9027.3 和子目 9027.5 的使用光学射线的仪器及装置中的“光学射线”只包括紫外线、可见光、红外线，不包括使用其他光学射线的仪器。

可见光及部分射线的光谱图如图 18-10 所示。从图中可知，X 射线、γ 射线等不属于紫外线、可见光、红外线的光谱范围。

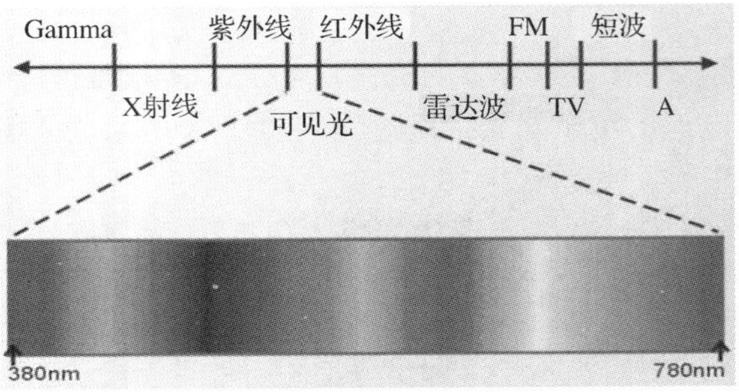


**图 18-10　可见光及部分射线的光谱图**

例如，对于荧光光谱仪来说，归类时要区分其所用光源的类型，以 X 射线管为光源的 X 射线荧光光谱仪应按 X 射线的应用设备归入子目 9022.1990 项下；以激光器、氙气汞灯的可见光为光源的荧光光谱仪应按使用光学射线的仪器归入子目 9027.3000 项下。

### （四）检测电量的仪器和检测离子射线的仪器的归类

检测电量的仪器和检测 α 射线、β 射线、γ 射线、X 射线、宇宙射线或其他离子射线的仪器及装置归入品目 9030。

其中，子目 9030.2 的示波器根据其测试频率归入不同子目。

子目 9030.3 的仪器及装置的检测参量只包括电压、电流、电阻或功率。检测其他电参量（如电容、电感、频率、波长、相位等）的仪器及装置不能归入该子目。

子目 9030.32“万用表，带记录装置”、子目 9030.39“其他，带记录装置”和子目 9030.84“其他，带记录装置”中的“带记录装置”指可将测量结果直接打印出来或存入记录媒体以备日后查询与分析的装置。

子目 9030.4 的其他仪器及装置只限制了用途，即通信专用的检测仪器，并未限制其检测何种电参量。例如，网络分析仪属于通信专用的仪器，应归入子目 9030.4 项下。

子目 9030.311“量程在五位半及以下的数字万用表”和子目 9030.331“量程在五位半及以下的数字电流表、电压表”中的“量程在五位半”指显示板上可显示 0~9 中的任一个数字的位数为五位，而左边的首位只能显示 1 或不显示，即半位，如图 18-11 所示。在这种情况下，它的量程范围为 00000~199999。“量程在五位半以下”指可显示 0~9 中的任一个数字的位数不足五位。

### （五）其他品目未列名的检测仪器及装置的归类

其他品目未列名的检测仪器及装置归入品目 9031。

**图 18-11 “五位半”量程的测量仪表**

所谓“其他品目未列名的检测仪器及装置”是指不能归入品目 9024 至 9030 或其他章的其他仪器及装置。只有满足这些条件才能归入品目 9031 项下。虽然在品目条文中看不出详细列名的检测仪器或装置，但是在该品目项下的部分子目还是有具体列名的检测仪器及装置。

其中，子目 9031.4 的光学仪器及器具不包括其他品目的光学仪器（特别是品目 9013 的光学仪器，根据第九十章注释五的规定，品目 9013 只包括非检测用的光学仪器），例如，本章第一节介绍的自动光学检测（Automated Optical Inspection，AOI）设备。

子目 9031.4920 的光栅测量装置是利用光栅的光学原理工作的测量装置。它主要由标尺光栅、光电读数头和数显表组成，通常标尺光栅固定在机床活动部件上，光栅读数头固定在机床固定部件上，指示光栅装在光栅读数头中。光栅测量装置常用于加工中心或其他机床上的直线位移和角位移的检测。

子目 9031.8020 的坐标测量仪是一种具有很强柔性的、用于对各类零件的几何尺寸和形位误差进行测量的仪器。在数控程序或手动控制下，测量头通过三个坐标轴（X、Y、Z）导轨沿被测表面移动，移动过程中测出 X、Y、Z 三个方向坐标位置，根据记录的测量结果，按给定的坐标系计算被测尺寸，从而得到物体表面的平面和空间位置误差及形状误差。

子目 9031.8031 的超声波探伤仪是运用超声检测方法来检测材料缺陷的仪器。它的原理是：超声波在被检测材料中传播时，材料的声学特性和内部组织的变化会对超声波的传播产生一定的影响，通过对超声波受影响程度和状况的探测了解材料性能和结构变化。

子目 9031.8032 的磁粉探伤仪指运用磁粉探伤法来检测材料缺陷的仪器。磁粉探伤是检测铁磁性材料表面及近表面缺陷的一种无损检测方法。磁粉探伤原理是：有表面或近表面缺陷的工件磁化后，当缺陷方向和磁场方向成一定角度时，缺陷处的磁导率的变化使磁力线逸出工件表面，产生漏磁场，可以吸附磁粉而产生磁痕显示。

子目 9031.8033 的涡流探伤仪指运用涡流检测来检测材料缺陷的仪器。涡流检测是利用电磁感应原理来进行检测的，适用于检测导电材料。涡流检测时，检测线圈通以交变电流，线圈内交变电流的流动将在线圈周围产生一个交变磁场，这种磁场称为“原磁场”。把一导体置于原磁场中时，导体内将产生感应电流，这种电流叫做涡流。导体中的电特性（如电阻、磁导率等）变化时，会引起涡流的变化。涡流检测就是利用涡流的变化检测工件中的不连续性来检测材料的缺陷。

## 三、计量仪器及装置的归类

计量仪表是指能用以直接或间接测出被测对象量值的仪表。

#### (一) 气体、液体及电力的计量仪表的归类

气体、液体及电力的计量仪表归入品目9028。

这些仪表一般根据计量对象的不同分别归入不同的子目。

例如，居民家中供气用的燃气表属于子目9028.1项下的气量计，供水用的水表属于子目9028.2项下的液量计，供电用的电度表属于子目9028.3项下的电量计。

#### (二) 转数、计数、车费、里程等计量仪表与速度计的归类

转数、计数、车费、里程等计量仪表与速度计、频闪观测仪归入品目9029。

这些仪器仪表不论是否装有时钟记录装置，也不论是否装有用以驱动信号机构、机械控制或制动等装置的简单机械或电气部件，均归入本品目。例如，出租车上使用的车费计、汽车上用于显示时速的仪表等均属于该品目项下的商品。

频闪观测仪（Stroboscope）是指使正在运转的机器看上去像在缓慢运动或静止不动，以便对其进行观测的仪器。频闪观测仪通过以有固定时间间隔的连续闪光照明使被观察机构产生形同静止或减速的现象这一方式进行工作。它主要用于观察或测量发动机、传动齿轮、纺织机械（诸如梭子等零件）、造纸机械、印刷机械或机床的运行速度，还可在医学上用于检查声带的振动。

## 第六节 自动调节或控制仪器及装置

自动调节或控制仪器或装置归入品目9032项下，该品目根据调节对象的不同可分为两类：液体或气体的流量、液位、压力或其他变化量及温度的自动调节或控制仪器、装置，电量自动调节器及自动控制非电量的仪器或装置。

### 一、自动调节或控制仪器及装置的组成

自动调节或控制仪器及装置通常由三部分组成：测量装置、控制装置、启停或操作装置。

#### (一) 测量装置

用于测定受控变量的实际值，对于电量的自动调节器还要将其转换成相应的电信号，其实物就是各种传感器，例如双金属条、浮子、转换器、电阻测温器探头、热电偶、其他传感器等。

#### (二) 控制装置

用于比较测定值和给定值，对于电量的自动调节器还要发出信号，该商品有时又称控制器。

#### (三) 启停或操作装置

根据控制装置发出的信号启动执行机构，是直接驱动受控对象的部件。这些装置通常是电气连接装置或电磁元件（如接触器、开关或断路器、继电器等），或者是液压元件或

气压元件（如电磁换向阀、气动阀等）。

这三部分有时相互独立并由电线等连接，有时又做成一个整体。

## 二、品目 9032 的自动调节仪器及装置与品目 8537 的控制装置的区别

从品目 8537 的条文“电气的控制或电力分配装置”和品目 9032 的条文“自动调节与控制装置”分析，两个品目条文中都含有控制装置，都可实现控制的功能，但它们的控制原理还是有区别的。下面以“十字路口交通红绿灯的控制装置”为例进行阐述。

第一种情况：控制红绿灯开关时间的信号预先设定好，由可编程序控制器（PLC）自动控制，即按一定的周期和配时方案控制红绿灯，控制流程如图 18-12 所示。

**图 18-12　红绿灯的控制流程图（不带感应线圈）**

第二种情况：在十字路口的地下埋有检测车流量的感应线圈，此线圈可检测车流量的大小，并可将此转化为电信号后反馈到 PLC，PLC 则根据检测到的车流量来动态调整红绿灯开关时间，调整后的红绿灯开关时间又动态调整车流量，使在一定时间内通过路口的车流量达到最佳值，控制流程如图 18-13 所示。

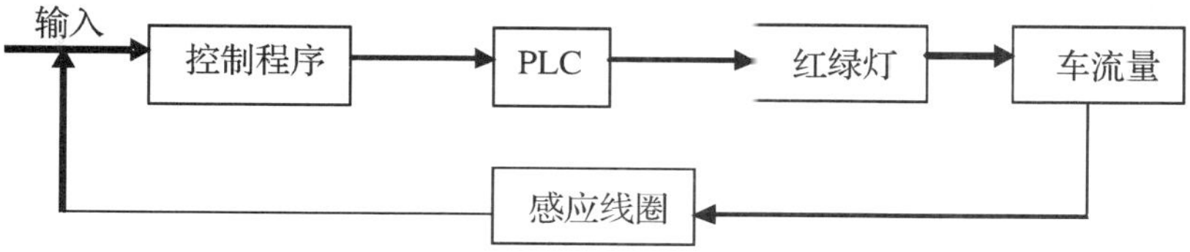


**图 18-13　红绿灯的控制流程图（带有感应线圈）**

在第一种情况下，红绿灯的开关时间只能由预先设置好的程序来自动控制，控制装置本身不会随车流量的变化来动态调节预先设定好的红绿灯开关时间，这种控制本身无反馈功能，此控制装置属于品目 8537 项下的控制装置；在第二种情况下，由于增加了一个检测车流量的感应线圈（传感器），控制装置本身可随车流量的变化动态（自动）调节红绿灯的开关时间，从而动态调整通过十字路口的车流量，达到理想的最佳车流量，这种控制本身有反馈功能，此控制装置属于品目 9032 项下的控制装置。

对于这两个品目的区别可从两方面分析：

### （一）从控制方式上分析

在品目 8537 的控制装置中，控制装置与被控制对象之间只有单向的控制作用而没有信息的反馈功能，属于开环控制。这种控制的信息为单向传递，结构简单。开环控制系统的结构如图 18-14 所示。

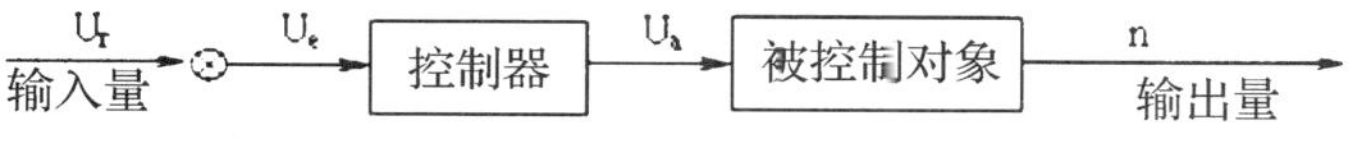


**图 18-14　开环控制系统结构图**

在品目 9032 的控制装置中，控制装置与被控制对象之间具有信息的反馈功能，能自

动纠偏，属于闭环控制。这种控制结构复杂，因为可将某一被控制的因素调到并保持在一设定值上，所以必须装有检测装置（例如传感器）。闭环控制系统的结构如图 18－15 所示。

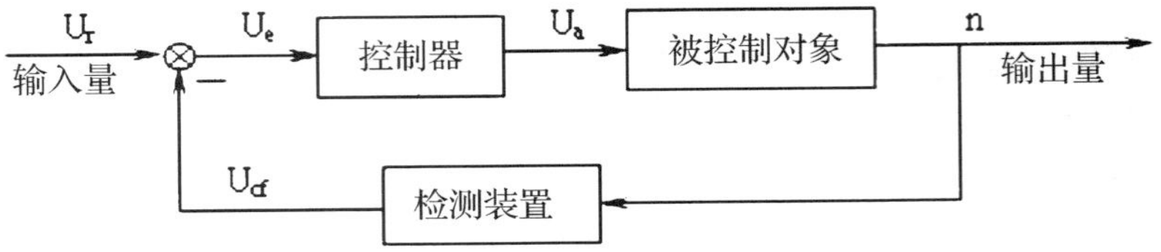


**图 18－15　闭环控制系统结构图**

### （二）从外观结构和组成上分析

品目 8537 的控制装置从外观看是一个整体，本身一般只包括控制装置，控制装置本身不含有检测装置和启停或操作装置。

品目 9032 的控制装置从外观看一般是由三个相互独立的部分组成的系统，即构成功能机组的自动控制系统，这三部分包括检测装置、电气控制装置和启停或操作装置，有时这三部分也可组装成一个整体或将其中的两部分组装成一个整体。

## 三、自动调节或控制装置的归类

归入品目 9032 的自动调节或控制装置必须满足第九十章的注释七：

“（一）液体或气体的流量、液位、压力或其他变化量的自动控制仪器及装置或温度自动控制装置，不论其是否依靠要被自动控制的因素所发生的不同的电现象来进行工作，这些仪器或装置将被自控的因素调到并保持在一设定值上，通过持续或定期测量实际值来保持稳定，修正任何偏差；

（二）电量自动调节器及自动控制非电量的仪器或设备，依靠要被控制因素所发生的电现象来进行工作，这些仪器将被控制因素调到并保持在一设定值上，通过持续或定期测量实际值来保持稳定，修正任何偏差。”

其中，注释七（一）自动调节的对象是流量、液位、压力或其他变化量（只能是液体或气体的）和温度，注释七（二）自动调节的对象是电量或非电量。

“将控制因素调到并保持在一设定值上”必须通过闭环控制的过程来实现自动调节，通过闭环控制实现测量值与期望值比较的功能。

符合上述条件的商品，又分为以下情况：

第一，由相互独立的检测装置、控制装置和启停或操作装置组成的功能机组，它们同时报验。此时，它们可一并按功能机组归入品目 9032。

第二，上述独立的检测装置、控制装置和启停或操作装置分别报验。此时，可按如下规定归类：

检测装置一般归入品目 9025、9026、9030 或按其功能归入相应的品目；

控制装置一般按不完整的自动控制系统（或装置）归入本品目，如果这里的电气控制装置就是可编程序控制器，则应归入品目 8537；

启停或操作装置一般归入品目 8536（开关、继电器等）或其他相关品目。

# 第九十一章　钟表及其零件

## 一、本章商品范围

本章包括主要用于计时（如各种钟表、时间记录器、航海时计等）或与时间有关的某些操作器具（时间记录器、定时开关等），上述计时钟表、器具的专用零件。

但本章不包括玩具钟表（归入第九十五章），作为艺术品、收藏品及古物的钟表（归入第九十七章），钟表玻璃及钟锤（按材料归类），表链（归入第七十一章），供自上发条表用的滚珠轴承及轴承的滚珠（归入品目 8482 或 7326）等。

本章有 14 个品目，其结构规律如下：

- 钟表及计时装置
  - 手表、怀表等……9101~9102
  - 钟……9103~9105
  - 时间记录器等……9106
  - 定时开关……9107
- 表芯、钟芯
  - 已组装的……9108~9109
  - 未组装的……9110
- 零件
  - 表壳、钟壳及其零件……9111~9112
  - 表带及其零件……9113
  - 其他……9114

## 二、本章商品归类方法

### （一）钟表的归类

手表、怀表归入品目 9101 至 9102。这两个品目的主要区别是表壳材质不同：归入品目 9101 的表的表壳必须完全用贵金属、包贵金属制成。归入品目 9102 的表的表壳是部分用贵金属、包贵金属制成或完全用贱金属或其他材料制成。根据本章注释二的规定，在贱金属上镶嵌贵金属制成表壳的表不能归入品目 9101，而应归入品目 9102。

钟归入品目 9103 至 9105。其中，以表芯制成的钟归入品目 9103，特定用途的钟（如仪表板钟、车辆用钟等）归入品目 9104，其他钟归入品目 9105。

### （二）表芯与钟芯的区别

表芯的厚度不超过 12 毫米，长、宽或直径不超过 50 毫米；超出这些尺寸要求的机芯即为钟芯。

### （三）钟表与其他物品组合物的归类

钟表与其他物品组装在一起的组合物归类时，应首先判定该组合物的基本特征，不能确定其基本特征时采用从后归类的原则。如带有石英钟的台灯，从其主要的使用功能和外观判断，该组合物的基本特征为照明功能，所以不能按钟归入第九十一章，应按灯具归入品目 9405。但条文另有规定的除外，如带有时钟的收音机，不论哪种功能为主要功能均归入品目 8527。

**(四) 表壳、钟壳、表带及其他零件、附件的归类**

**1. 表壳、钟壳及其零件归入品目 9111~9112**

表壳、钟壳及其零件可用任何材料制成，如表壳可用贱金属（不论是否抛光、镀铬、镀银或镀金等）、贵金属、包贵金属等制成，钟壳可用木材、玳瑁壳、贝壳、大理石、陶瓷等制成。

**2. 表带及其零件归入品目 9113**

表带及其零件可用任何材料制成，如可用贵金属、贱金属、皮革、纺织材料或塑料等制成。表链与表带不同，它不系于手腕上，通常用挂钩挂在衣服纽扣上或裤带上，而怀表放在口袋里。表链应按首饰或仿首饰归入品目 7113 或 7117。

# 第九十二章 乐器及其零件、附件

## 一、本章商品范围

本章仅包括各种乐器及乐器的零件，其结构规律如下：

- 管弦乐器
  - 弦乐器
    - 钢琴及其他键盘弦乐器……9201
    - 其他弦乐器……9202
  - 管乐器……9205
- 打击乐器……9206
- 电声乐器……9207
- 其他乐器……9208
- 乐器零件、附件……9209

## 二、本章商品归类方法

本章乐器可用任何材料制成，包括用贵金属或包贵金属制成，也可镶嵌宝石或半宝石。

**(一) 弦乐器的归类**

弦乐器（String musical instrument）是指依靠机械力量使张紧的弦线振动来发音的乐器，主要包括键盘弦乐器（如钢琴等）和其他弦乐器（如小提琴、吉他等）。

键盘弦乐器（主要是钢琴）归入品目 9201；其他弦乐器主要包括弓弦乐器（如小提琴、二胡等）和拨弦乐器（如吉他、竖琴等），归入品目 9202。

电钢琴（通过电产生声音的乐器）不能误归入品目 9201，应归入品目 9207。

常见的钢琴有两种：平台式三角钢琴和竖式钢琴。平台式三角钢琴即 HS 中的“大钢琴”，呈翼状三角形，琴弦为水平装置，常用于舞台演奏；竖式钢琴的外形如长方形立柜，琴弦为垂直装置，其占地面积小，一般适合于家庭用。

**（二）管乐器的归类**

管乐器（Wind musical instrument）是指以管作为共鸣体来发音的乐器。它主要包括铜管乐器、木管乐器、键盘管风琴、手风琴、口琴等，归入品目 9205。

其中，铜管乐器主要包括短号、小号、军号、萨克斯号等，木管乐器主要包括长笛、单簧管、双簧管、萨克斯管等。

**（三）电声乐器的归类**

电声乐器指通过电气（含电子）产生或扩大声音的乐器，例如电风琴、电吉他、电手风琴等，它们归入品目 9207。

**（四）本章的乐器与电拾音器及扩音器组合物的归类**

归入本章的乐器可以带有电拾音器及扩音器，而这类电装置除非已构成乐器的不可分割部分或与乐器装于同一机壳内，否则应归入品目 8518。

## 思考与练习

**（一）思考题：**

1. 简述医疗器械在《协调制度》中的列目特点。
2. 简述品目 9032 的控制装置与 8537 的控制装置的区别。

**（二）商品归类题：**

1. 树脂眼镜片（近视患者用，曲度为 500 度）
2. 复式光学显微镜用目镜（已装框）
3. 透射式电子显微镜
4. 显示器用液晶显示板（17 英寸，不含信号处理电路）
5. 牙科用椅（带牙科用器械）
6. 牙科用椅（不带牙科用器械）
7. 外科手术专用手锯
8. 人造血管（由桑蚕丝织造而成）
9. 脑电图机（用于监测并记录大脑的电活动的装置）
10. 心脏监视仪
11. X 射线胸透机
12. 尿液分析仪（用来检测人体尿液中某些成分的含量，其原理为当一束光线照射到已发生化学反应的试带上时，反射光强度与试带表面颜色深浅成正比，经光电管接收后转变成电信号，通过计算机处理得出各种化学成分的结果）
13. 眼科用瞳距仪

14. 远红外颈椎治疗仪

15. CT 机用球管（又称 X 射线管）

16. 温度、湿度组合记录仪

17. 压力压差变送器

18. 天然气硫含量分析仪（通过紫外线照射，对被测样品的含硫量或含氮量进行定量分析）

19. 数字式万用表（无记录装置，量程为五位半）

20. 家用电度表（单相电子式）

21. 全自动药液量与异物检测机（设备采用 CCD 成像技术从不同角度快速拍摄被测药瓶，然后对所拍照片自动分析，并判断所装药液的液位是否正常、是否有异物）

22. 机场跑道摩擦系数测试仪

23. 轿车用动力总成控制模块（可自动调整发动机的功率输出，使发动机始终保持最佳工作状态。工作时通过对传感器传输来的各种电信号与既定程序进行比对处理，对发动机运转状况实时调整与控制）

24. 普通指针式石英电子手表（有防水、防雾功能）

25. 雅马哈牌电子琴

# 阅读材料一：常见医疗器械

## （一）CT 扫描机（子目 9022.1200）

CT 扫描机在 HS 中又称为“X 射线断层检查仪”（X-ray computed tomography，X-CT），是运用扫描并采集投影的物理技术，以测定 X 射线在人体内的衰减系数为基础，采用一定算法，经计算机运算处理，求解出人体组织的衰减系数值在某剖面上的二维分布矩阵，再将其转为图像上的灰度分布，从而实现建立断层解剖图像的现代医学成像技术，X-CT 成像的本质是衰减系数成像。

X-CT 成像装置主要由 X 线管、准直器、探测器、扫描机构、测量电路、计算机、监视器等组成。图 18-16 为 CT 机 X 射线部分结构示意图。

X-CT 成像流程是：X 射线→准直器→检测器→转变电信号→放大电信号→转变为数字信号→计算机系统→存入计算机的存储器→编码→显示图像。

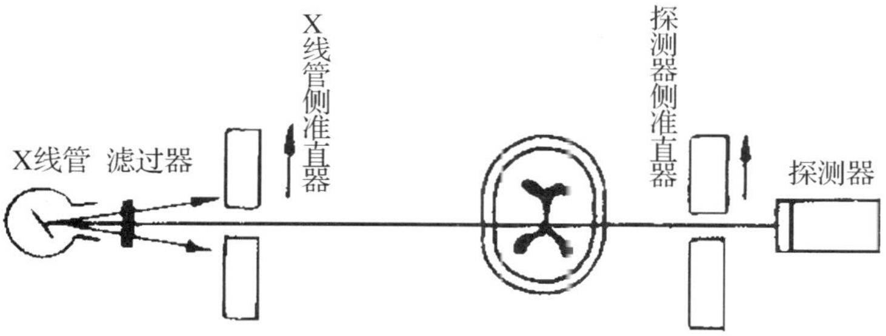


**图 18-16　CT 机 X 射线部分结构示意图**

## （二）超声波检查仪（子目 9018.12）

超声波指频率在 20000 赫兹以上的机械波。

超声检查（Ultrasonic Examination）是指运用超声波的物理特性和人体器官组织声学性质上的差异，以波形、曲线或图像的形式显示记录，从而对人体组织的物理特征、形态结构、功能状态作出判断而进行疾病诊断的一种方法。

超声波扫描装置的工作原理是将高频声波通过传感器发射到人体内，传感器与人体接触，交替发射超声短脉冲并接收其回声波，回声波由被体内器官反射的声波产生。超声波扫描装置根据回声波的特点来判断有关组织的位置、大小、形状和构造，由计算机输出有关组织的视频影像。

目前，超声波诊断仪根据其工作原理、功能和显示方式等可划分为很多类型，但目前大多以显示方式来划分，即分为 A 型、M 型、B 型、D 型等。

A 型（Amplitude modulation mode）超声检查仪即幅度调制型超声检查仪，当超声波束在人体组织中传播遇到不同声阻抗的两层邻近介质界面时，在该界面上就产生反射回声，在示波器的屏幕上以波的形式显示。截面两侧介质的声阻抗差愈大，其回声的波幅愈高。该类检查仪主要用于测量组织界面的距离、器官的经线及病变的范围。

B 型（Brightness modulation mode）超声检查仪即灰度调制型超声检查仪，原理与 A 型相同。不同点是 B 型的回声脉冲电信号放大后送到显示器上，显示的亮度随信号的大小而变化；B 型的多声束连续扫描，构成二维切面图像；B 型的回声图像能直观显示脏器的大小、形态、内部结构，并能区分液性、实性或含气组织。B 型超声检查仪是目前应用最广的一种超声检查仪。图 18-17 为 B 型超声波检查仪。

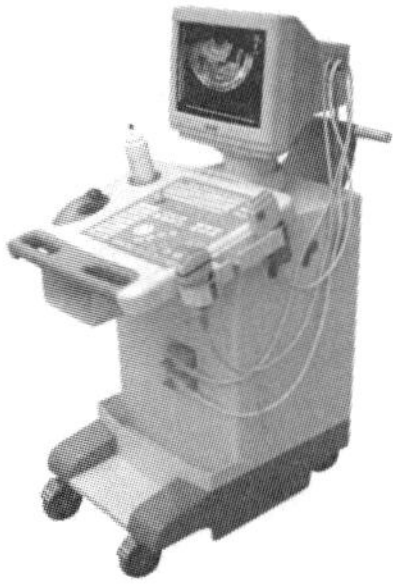

**图 18-17　B 型超声波检查仪**

M 型（Motion mode）超声检查仪即灰度调制型中的一种特殊类型的超声检查仪，主要用于心脏、大血管检查。横坐标为光点慢扫描时间，纵坐标为扫描时间，代表回声界面至探头的距离，即被测人体组织结构的深度、位置。

D 型（Doppler mode）超声检查仪。人体内多普勒效应①是指血液中的红细胞散射超声波通过多普勒系统接收和显示。多普勒超声检查仪可求得血流速度（包括瞬时、平均、最大、最小）；可辨别血流方向，从而判定反流或返流方向；可判别采样点血流性质，评估血流是否正常；计算动脉血流射血时间及血流速度上升的速度。

彩色多普勒超声检查仪。彩色多普勒又称二维多普勒，把所得血流信息经相位检测、自相关处理、彩色灰阶编码，平均血流资料以彩色显示，并将其组合、叠加显示在 B 型灰阶图像上。彩色多普勒超声诊断仪一般均兼有 B 型、M 型、D 型和彩色血流图功能。

超声诊断仪的基本结构由三个部分组成：探头、电路部分和显示器、记录器。

探头（Probe）由换能器（Transducer）、外壳、电缆和插头组成。换能器是探头的关键部件，通常由压电陶瓷构成，起到电声转换的作用，也即发射超声和接收超声的作用。

电路部分和显示器由发射电路、接收电路、扫描电路和显示器（显像管）组成。

记录器采用照相机、多幅照相机、视频图像记录仪、录像机、彩色打印机或磁光盘记录装置，也可存储在工作站，以便在科内、院内或远程联网。

**（三）核磁共振成像装置（子目 9018.13）**

核磁共振成像装置（Magnetic Resonance Imaging，MRI）通过测量构成人体组织中某些元素的原子核的磁共振信号实现人体成像，是一种多种特征参数、多种靶位核素的成像技术。磁共振成像的基本原理是利用特定频率的电磁波，向外在磁场中的人体进行照射，人体内各种不同组织的氢核在电磁波的作用下会发生核磁共振，并吸收电磁波的能量，随后再发射出电磁波。

核磁共振成像装置主要由磁场系统、射频系统、图像重建系统三大部分组成。它必须

① 多普勒效应指声源与接收器之间的相对运动导致声波频率发生改变的现象。

安装在一个完全不受外部射频干扰的房间里。

核磁共振成像仪见图 18-18。

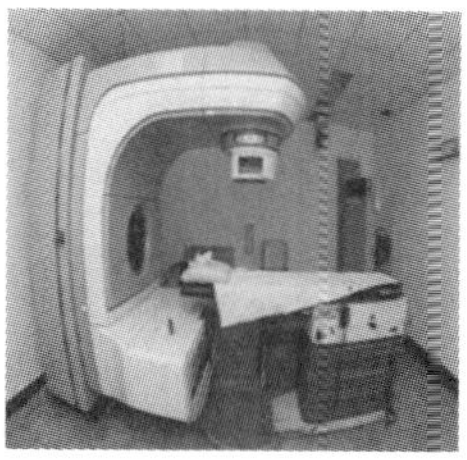

图 18-18　核磁共振成像仪

**（四）病员监护仪（子目 9018.1930）**

病员监护仪是一种用以测量和控制患者生理参数，并可与已知设定值进行比较，如果超出设定值还可报警的装置或系统，它广泛用于 ICU（Intensive Care Unit）室、手术室等。常见的监护仪有心电监护仪、脑电监护仪、血氧饱和度监护仪、麻醉监护仪、有创血压监护仪、分娩监护仪等。

**（五）内窥镜（子目 9018.9030）**

内窥镜（Endoscope）是一种由体外经过人体自然腔道送入体内，对体内疾病进行检查或治疗的仪器。它可直接观察到脏器内腔病变，确定其部位、范围，同时还可具有照相、活检、刷片、某些治疗等功能。

内窥镜根据工作原理可分为光纤内窥镜和电子内窥镜。前者传出来的图像信号为光信号，后者传出来的图像信号为电信号。电子内窥镜的前端用高性能的固体摄像器件（CCD，即将光信号变成电信号的电荷耦合器件）代替了光纤内窥镜。

内窥镜根据检查部位的不同可分为胃镜、胸腔镜、腹腔镜、支气管镜、膀胱镜、尿道镜、前列腺切除器、心脏镜、结肠镜、肾镜、喉镜等。

**（六）血液透析机（子目 9018.9040）**

血液透析机在 HS 中又称为“肾脏透析设备”或“人工肾”，是利用半透膜原理通过扩散、对流将体内各种有害及多余的代谢废物和过多的电解质移出体外的设备。血液透析机一般由透析液供给系统、体外循环系统及控制监测电路组成。

**（七）麻醉机（子目 9018.9090）**

麻醉机是向患者提供氧气、吸入麻醉药物及进行呼吸管理的设备。它利用人体从吸入气体中摄取一部分药物到体内，通过血液的传送到达体内各器官，这些药物在一定时间内使器官暂时失去知觉和反射，以达到麻醉的目的。麻醉机主要由供气装置、流量计、麻醉蒸发罐、麻醉呼吸器、监测和报警装置、残余气清除装置和各种附件与接头组成。

**（八）呼吸机（子目 9019.2000）**

呼吸机是可以代替人或辅助人的呼吸功能的仪器，它可帮助使用者吸收氧气、排出二氧化碳。呼吸机主要由电子控制系统和气路系统两大部分组成。气路系统是一个气体传送系统，包括气体供应、气体传输、压力流量监测和校正；电子控制部分的主要功能是控制呼吸机以一定的频率、潮气量进行通气，同时监测相应传感器的反馈数据，超过限定范围时报警提示。

**（九）闪烁摄影装置（子目 9018.1400）**

闪烁摄影装置（Scintigraphic apparatus）是用于获得人体内 γ 射线分布图像的装置。该图像是用闪烁扫描仪及 γ 照相机等相应装置得到的。闪烁摄影装置的工作原理：核扫描仪需要给病人口服或注射能被所要诊断的器官迅速吸收的放射性化合物（示踪剂），然后用 γ 计数器对人体进行扫描，记录示踪剂渗透目标器官（例如大脑）时所产生的辐射量，从而确定吸收放射性同位素的部位。计算机对所测定的辐射进行分析后生成视频图像，这是一张光暗区或对比色混杂在一起的图像，显示出器官吸收放射性同位素的部位。这样，扫描提供了有关该器官的构造及功能的信息。

**（十）血管支架（子目 9021.9011）**

血管支架由支架和导管输送系统组成，通过导管输送器将支架输送至病变部位，植入支架以达到支撑狭窄闭塞段血管，保持管壁血流通畅的目的。血管支架主要分为冠脉支架、脑血管支架、肾动脉支架、大动脉支架等。支架通常由金属材料、覆膜材料或生物材料制成，部分支架表面涂覆治疗药物。支架按照在血管内展开的方式可分为自展式和球囊扩张式两种。

# 阅读材料二：常用仪器

**（一）电子显微镜的主要类型**

电子显微镜按结构可分为透射式、扫描式电子显微镜等。

透射式电子显微镜是因电子束穿透样品后再用电子透镜成像放大而得名，其图像细节的对比度是由样品中原子对电子束的散射形成的，常用于观察那些用普通光学显微镜不能分辨的细微物质结构。

扫描式电子显微镜的电子束不穿过样品，仅在样品表面扫描激发出次级电子，放在样品旁的闪烁晶体接收这些次级电子，通过放大后调制显像管的荧光屏就显示出样品表面的形貌图像。所以扫描式电子显微镜主要用于观察固体表面的形貌，有时也与 X 射线衍射仪或电子能谱仪相结合构成电子微探针，用于物质成分的分析。

**（二）色谱仪（子目 9027.201）**

色谱法是一种物理分离技术，是利用混合物中各个组分在互不相溶的两相（固定相和流动相）之间的分配差异而使混合物得到分离的一种方法，也可称之为色层法、层析法等。

色谱仪（Chromatograph instrument）主要用于复杂的多组分混合物的分离、分析。色谱仪的实质是利用色谱分离技术和检测技术，对混合物进行先分离后检测，从而实现对多组分的复杂混合物进行定性、定量分析。

根据流动相的不同，色谱仪可分为气相色谱仪和液相色谱仪（常见的是高效液相色谱仪）。

**1. 气相色谱仪**

气相色谱仪（Gas chromatography）就是用气体作为流动相的色谱仪，如图 18-19 所示。它基于不同物质物化性质的差异，在固定相（色谱柱）和流动相（载气）构成的两相体系中具有不同的分配系数（或吸附性能），当两相做相对运动时，这些物质随流动相一起迁移，并在两相间进行反复多次的分配（吸附—脱附或溶解—析出），使得那些分配系数只有微小差别的物质在迁移速度上产生了很大的差别，经过一段时间后，达到各组分之间彼此的分离。被分离的物质依次通过检测装置，给出每个物质的信息，一般是一个色谱峰。通过出峰的时间和峰面积，可以对被分离物质进行定性和定量分析。

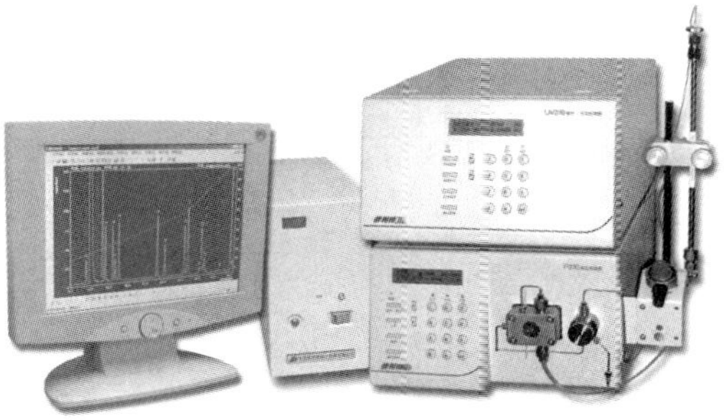

**图 18-19　气相色谱仪**

一台典型的气相色谱仪主要由载气系统、进样系统、分离系统（色谱柱）、检测系统及数据处理系统构成，其流程图如图 18-20 所示。

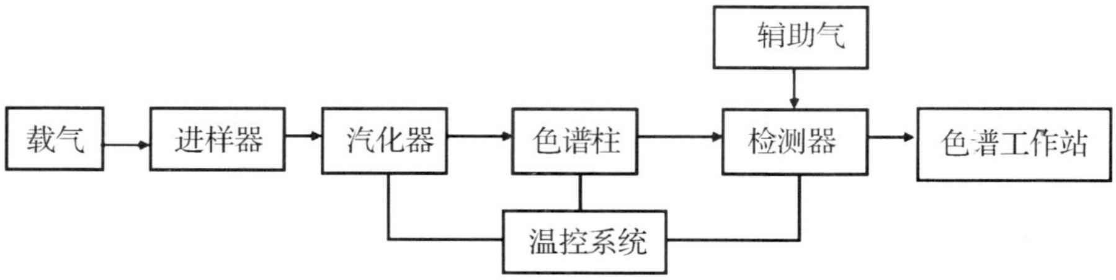


**图 18-20　气相色谱仪流程图**

载气系统包括气源、气体净化器、气路控制系统。

进样系统包括进样器和汽化室，它的功能是引入试样，并使试样瞬间汽化。

分离系统主要由色谱柱组成，是气相色谱仪的心脏，它的功能是使试样在柱内运行的同时得到分离。

检测器的功能是将柱后已被分离的组分的信息转变为便于记录的电信号，然后对各组分的组成和含量进行鉴定和测量，是色谱仪的眼睛。

数据处理系统目前多采用配备操作软件包的工作站，用计算机控制，既可以对色谱数据进行自动处理，又可对色谱系统的参数进行自动控制。

**2. 高效液相色谱仪**

高效液相色谱仪（High performance liquid chromatography，HPLC）是以高压液体为流

动相的色谱仪，如图 18-21 所示。其基本工作方法是用高压泵将具有一定极性的单一溶剂或不同比例的混合溶剂泵入装有填充剂的色谱柱，经进样阀注入的样品被流动相带入色谱柱内进行分离后依次进入检测器，由记录仪、积分仪或数据处理系统记录色谱信号或进行数据处理而得到分析结果。

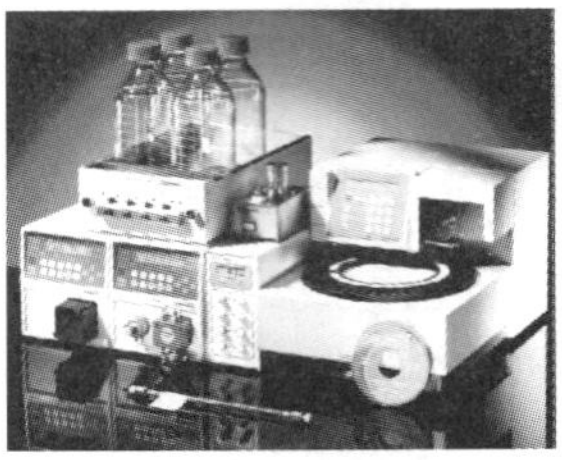

**图 18-21　高效液相色谱仪**

高效液相色谱仪一般由高压输液泵、进样装置、色谱柱、检测器、数据记录及处理系统等组成，如图 18-22 所示。其中，高压输液泵、色谱柱、检测器是关键部件。图 18-23 为自动进样器。

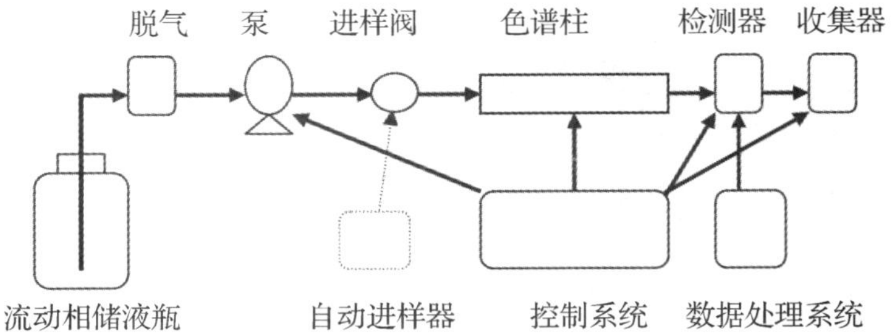


**图 18-22　高效液相色谱仪基本组成**

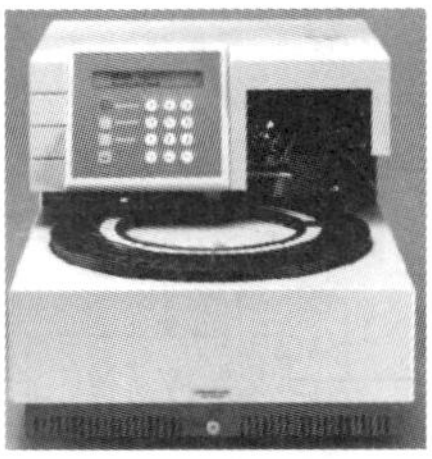

**图 18-23　自动进样器**

高压输液泵的作用是输送流动相通过整个色谱系统。

进样装置常见的有隔膜注射进样器、停流进样器、六通进样阀和自动进样器。

色谱柱担负分离作用，是色谱系统的心脏。

检测器的作用是把洗脱液中组分的浓度转变为电信号，并由数据记录和处理系统绘出谱图来进行定性和定量分析。

**3. 两种色谱仪的比较**

气相色谱仪具有高分辨率、高速度、高灵敏度及选择性好等优点，但只能用于被气化物质的分离、检测，不能被气化的物质则不能用气相色谱法检测。

液相色谱仪的样品无需气化而直接导入色谱柱进行分离、检测，特别适用于气化时易分解物质的分离、分析。

通常情况下，有机物质分子量小于400时，用气相色谱仪；分子量在400~1000时，最好用高效液相色谱仪；分子量大于1000时用凝胶色谱（排阻色谱）。

### （三）电泳仪（子目9027.202）

电泳（Electrophoresis，EP）指带电颗粒在电场的作用下，向着与其电性相反的电极方向移动的现象。电泳仪指利用电泳现象对混合物进行分离、分析的仪器，如图18-24所示。

图18-24 电泳仪

电泳仪一般由电源、电泳槽、检测单元等组成。

电泳仪根据电压设计范围可将其分为三类：

常压电泳仪（600V），用于净电荷和SDS-聚丙烯酰胺凝胶电泳；

高压电泳仪（3000V），用于载体两性电解质等电聚焦电泳和DNA测序；

超高压电泳仪（30000~50000V），用于毛细管电泳。

### （四）光谱仪（子目9027.3）

光谱仪（Spectrometer）在HS中又称分光仪，是进行光谱分析和光谱测量的仪器。它可将成分复杂的光分解为光谱线，用于测量放射及吸收光谱的波长。光谱仪主要由一个可调节狭缝准直器（待测光束由此入射）、一个或多个可调节棱镜、一个望远镜和一个棱镜台构成。

**1. 红外光谱仪（子目9027.3000）**

红外吸收光谱（Infrared Absorption Spectrum，IR）是利用物质的分子吸收红外辐射，并由其振动或转动引起偶极矩的净变化，产生分子振动和转动能级从基态到激发态的跃迁，得到分子振动能级和转动能级变化产生的振动—转动光谱，因为出现在红外区，所以称之为红外光谱。利用红外光谱进行定性、定量分析及测定分子结构的仪器称为红外吸收光谱仪，简称红外光谱仪。

红外光谱仪目前主要分为两类：色散型红外光谱仪和傅立叶（Fourier）变换红外光谱仪，后者应用更广。

傅立叶变换红外光谱仪没有色散元件，主要由光源（硅碳棒、高压汞灯）、Michelson干涉仪、检测器（探测器）、计算机和记录仪组成，如图18-25所示。傅立叶变换红外光谱仪的核心部分为Michelson干涉仪，它将光源来的信号以干涉图的形式送往计算机进行傅立叶变换的数学处理，最后将干涉图还原成光谱图。

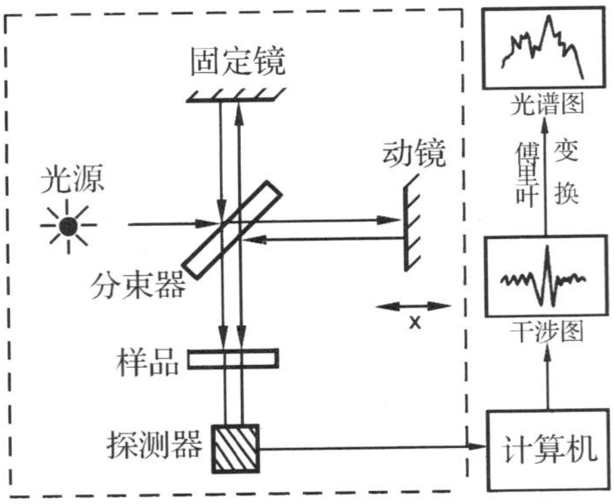


图 18-25　傅里叶变换红外光谱仪的方框图

**2. 荧光光谱仪（子目 9027.3000 或子目 9022.1990）**

荧光光谱仪（Fluorescence Spectrometer instrument）指利用荧光强度和波长进行定量、定性分析的仪器。荧光光谱定量分析是以物质所发射的荧光强度与浓度之间的线性关系为依据的方法，而定性分析是以荧光光谱的形状和荧光峰对应的波长进行分析的方法。

根据所用光源的不同，荧光光谱仪分为普通光源光谱仪和 X 射线荧光光谱仪。

（1）普通光源光谱仪（子目 9027.3000）

普通光源光谱仪指以激光器、氙灯、汞灯为光源的荧光光谱仪。

（2）X 射线荧光光谱仪（子目 9022.1990）

X 射线荧光光谱仪指以 X 射线管为光源的荧光光谱仪。它通过测量试样的 X 射线荧光波长和强度来测定物质的化学组成。图 18-26 为 X 荧光分析原理图。不同物质由于分子结构不同，其激发态能级的分布也具有各自不同的特征，这种特征反映在荧光上表现为各种物质都有其特征荧光激发和发射光谱，因此可以用荧光激发和发射光谱的不同来定性地进行物质的分析。

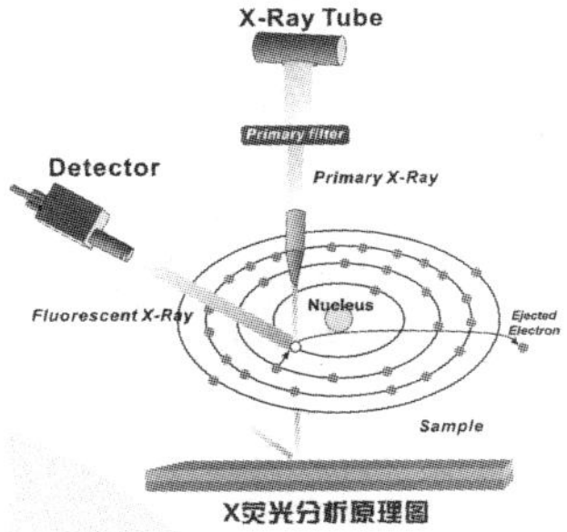


图 18-26　X 荧光分析原理图

X 射线荧光光谱仪广泛用于地质、冶金、化工、材料、石油、医疗、考古等诸多领域。

## （五）分光光度计（子目 9027.3）

分光光度计（Spectrophotometer）指用光电或热电元件探测光谱并对物质进行定量定性分析的仪器，如图 18-27 所示。它通过测定被测物质在特定波长处或一定波长范围内光的吸收度，对该物质进行定性和定量分析。常用的波长范围为 200 纳米～400 纳米的紫外光区、400 纳米~760 纳米的可见光区、2.5 微米~25 微米的红外光区，对应的仪器分别称为紫外分光光度计、可见光分光光度计（或比色计）、红外分光光度计或原子吸收分光光度计。

**图 18-27 分光光度计**

分光光度计主要由光源、单色器、样品室、检测器、信号处理器和显示与存储系统组成，常用于核酸、蛋白定量及细菌生长浓度的定量分析。

**（六）摄谱仪（子目 9027.3）**

摄谱仪（Spectrograph）指将复合光分解为光谱，再用感光方法把光谱记录在光谱底版上的仪器。

**（七）质谱仪（子目 9027.801）**

质谱仪（Mass Spectrometry，MS）是利用电磁学原理，对荷电分子或亚分子裂片依其质量和电荷的比值（质荷比，m/z）进行分离和分析的仪器。首先将被分析的样品离子化，然后利用不同离子在电场或磁场的运动行为的不同，把离子按质荷比分开而得到质谱，通过样品的质谱和相关信息，得到样品的定性、定量的分析结果。

质谱仪的基本组成包括进样系统、离子源、质量分析器、真空系统和检测系统，如图 18-28 所示。

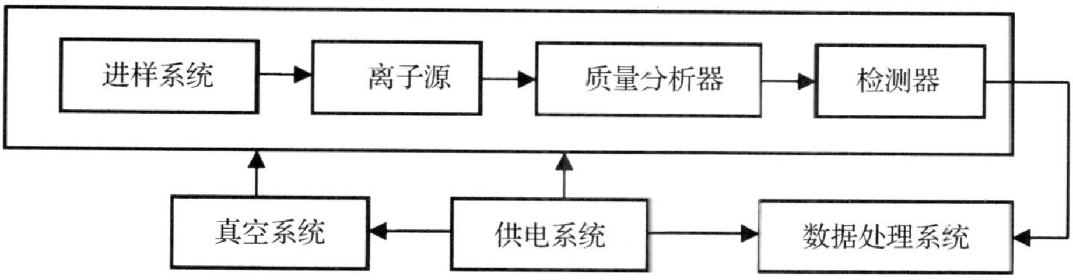


**图 18-28 质谱仪组成框图**

进样系统的作用是按电离方式的需要，将样品送入离子源的适当部位。

离子源的作用是将待分析的样品电离，得到带有样品信息的离子。

质量分析器的作用是将离子源产生的离子按 m/z 顺序分开并排列成谱。

检测器主要使用电子倍增器，也有的使用光电倍增管。

为保证离子源中灯丝的正常工作，保证离子在离子源和分析器中正常运行，质谱仪的离子源和分析器都必须在真空中才能工作。也就是说，质谱仪必须有真空系统。一般真空系统由机械真空泵、扩散泵或涡轮分子泵组成。机械真空泵能达到的真空度有限，不能满足要求，必须依靠高真空泵，常见高真空泵有扩散泵和涡轮分子泵。

### (八) 气相色谱—质谱联用仪（子目 9027.801）

气相色谱—质谱联用仪（Gas chromatograph-mass spectrometer，GC-MS）是气相色谱仪经接口与质谱仪结合而构成的气相色谱—质谱法的分析仪器。质谱仪是一种很好的定性鉴定用仪器，但对混合物的分析无能为力。色谱仪是一种很好的分离用仪器，但定性能力较差。色谱—质谱的联用仪，则结合了色谱对复杂基体化合物的高分离能力与质谱较强的定性能力，发挥了各自的优势，使分离和鉴定同时进行。

### (九) 示波器（子目 9030.2）

示波器（Oscilloscope）是用来显示电信号波形的形状、大小、频率等参数的仪器，如图 18-29 所示，它能够把电信号的变化规律转换成可直接观察的波形，并且根据信号的波形对电信号的多种参量进行测量，如信号的电压幅度、周期、频率、相位差、脉冲宽度等。它利用示波管内电子束在电场中的偏转，显示随时间变化的电信号波形。双踪示波器还可以测量两个信号之间的时间差，数字存储示波器还可以将输入的电信号存储起来以备分析和比较。

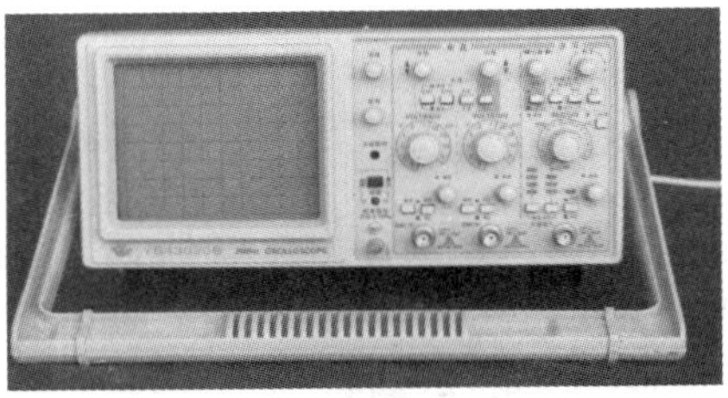

图 18-29　示波器

示波器一般由电子枪、偏转系统、荧光屏、垂直（Y 轴）放大电路、水平（X 轴）放大电路、扫描与同步电路和电源供给电路等部分组成。

在实际应用中，只要能通过适当的传感器把其他的电学量（如电流、电功率、阻抗等）和非电学量（如温度、位移、速度、压力、光强、磁场、频率等）及它们随时间变化的过程转化为电压的变化，示波器就能用来观察和研究这些量的变化规律。

### (十) 频谱分析仪（子目 9030.8）

频谱分析仪（Spectrum Analyzer）简称频谱仪，是用来分析信号频域特性的仪器。它可用来测量信号电平、谐波失真、频率、频率响应、调制系数、频率稳定度及频谱纯度等，如图 18-30 所示。

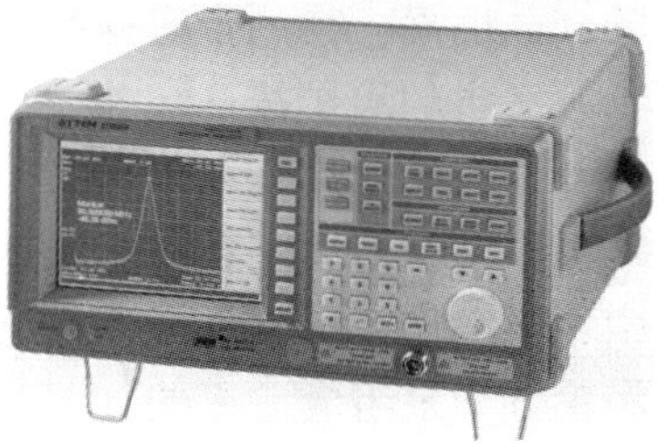

图 18-30　频谱分析仪

**（十一）万用表（子目 9030.31 或 9030.32）**

万用表（Multimeter）是一种多功能、多量程的测量仪表，一般可测量直流电流、直流电压、交流电流、交流电压、电阻和音频电平等，有的还可以测电容量、电感量及半导体的一些参数。万用表分为模拟式（又称为指针式）万用表和数字式万用表。图 18-31 为模拟式万用表，图 18-32 为数字式万用表。

**图 18-31　模拟式万用表**

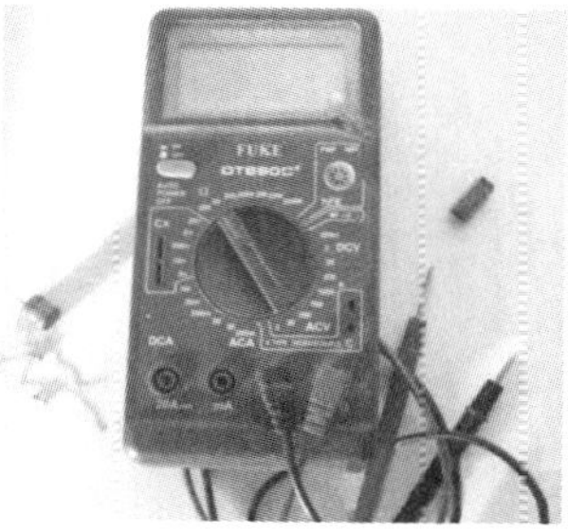


**图 18-32　数字式万用表**

**（十二）功率表（子目 9030.33 或 9030.39）**

功率表（Watt meter）又称瓦特表，指用来测量直流、交流电功率的仪表。

**（十三）网络分析仪（子目 9030.4）**

网络分析仪（Network Analyzer）是一种用来分析双端口网络的仪器，它可以测量衰减器、放大器、混频器、功率分配器等电子电路及元件的特性，如图 18-33 所示。

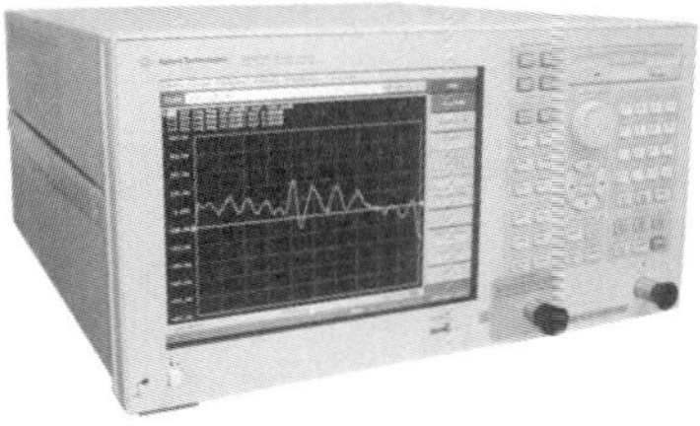

**图 18-33　网络分析仪**

# 第十九类　武器、弹药及其零件、附件

【内容提要】

本类主要介绍武器、弹药的列目结构与归类，本类商品与其他类商品的区别等。重点是判定本类商品与其他类商品的区别。

# 第九十三章　武器、弹药及其零件、附件

## 一、本章商品范围

本章主要包括所有供军事武装部队、警察或其他有组织的机构（如海关、边防部队等）在陆、海、空战斗中使用的各种武器，个人自卫、狩猎及打靶用武器，弹药、导弹等，武器的零件、附件。

但本章不包括本章注释一已排除的商品和其他章已列名的商品。例如火帽、雷管、信号弹（归入第三十六章）；装甲战斗车辆（归入第八十七章）；武器用的望远镜瞄准具等（归入第九十章）；弓、箭、钝头击剑或玩具（归入第九十五章）；钢盔及其他军用帽类（归入第六十五章）；人体防护服，如防弹衣等（按其构成材料归类）。

本章有7个品目，其结构规律如下：

- 军用的各种武器……………………………………9301~9302
- 靠爆炸药进行发射的其他武器……………………9303
- 其他武器……………………………………………9304
- 上述武器的零件、附件……………………………9305
- 弹药及导弹…………………………………………9306
- 剑、刺刀、长矛等类似兵器………………………9307

## 二、本章商品归类方法

本章的货品可含有贵金属、包贵金属、珍珠、宝石及次宝石、玳瑁壳、贝壳、兽牙及类似品。

各种火炮（如高射炮、反坦克炮、榴弹炮及迫击炮）、能作连射和速射的武器（如机枪、冲锋枪）、军用火器（如步枪、卡宾枪）等归入品目9301。安装在铁路车辆上的远程大炮也归入品目9301，而不归入第八十六章。

左轮手枪及其他手枪归入品目9302，但归入品目9303的靠爆炸药发射弹的手枪和品目9304的气手枪不能误归入品目9302。

靠爆炸药发射的其他火器及类似装置（如运动用猎枪或步枪）归入品目9303。

其他武器如警察用的警棍，用于射鸟或虫的弹弓（但不包括品目9503的玩具弹弓），体育比赛用的气枪、气步枪、气手枪等归入品目9304。

各种炸弹、手榴弹、鱼雷、地雷、水雷、导弹及类似武器，子弹等归入品目9306。

剑、短弯刀、刺刀、长矛和类似兵器，刀鞘、剑鞘归入品目9307。但狩猎、露营及其他用途的刀归入品目8211，它们的刀鞘则归入品目4202；体育比赛用的钝头击剑应归入品目9506。

# 思考与练习

**商品归类题：**

1. 射击比赛用的步枪
2. 导弹发射装置
3. 装有武器的坦克车

# 第二十类　杂项制品

【内容提要】

本类主要介绍家具的列目结构与归类，未列名灯具的归类，玩具的归类，体育、娱乐用品的归类，其他杂项制品的归类。

本类的重点是家具的归类，部分灯具的归类，玩具的归类，游戏、运动用品的归类。

本类为杂项制品，即所包括的商品均为制品。按商品的属性分成三章：

家具、寝具，未列名灯具等……………………………………………………第九十四章
玩具、游戏用品、运动用品等…………………………………………………第九十五章
杂项制品…………………………………………………………………………第九十六章

# 第九十四章　家具；寝具、褥垫、弹簧床垫、软坐垫及类似的填充制品；未列名灯具及照明装置；发光标志、发光铭牌及类似品；活动房屋

## 一、本章商品范围

本章包括各种家具及其零件，这些家具或者是可移动的，或者是悬挂、固定在墙壁上的；弹簧床垫、床褥及其他寝具或类似用品；用各种材料制的未列名灯具和照明装置，装有固定光源的发光标志、发光铭牌和类似品；活动房屋。本章结构规律如下：

家具及其零件
- 普通坐具……………………………………………………9401
- 医疗用家具、理发用椅等…………………………………9402
- 其他家具……………………………………………………9403

弹簧床垫及其他寝具用品……………………………………9404
未列名灯具和照明装置等……………………………………9405
活动房屋………………………………………………………9406

## 二、本章商品归类方法

### （一）家具的范围及其归类

#### 1. 家具的范围

根据本章注释二的规定，本章称的“家具”只适用于下面两类商品：

（1）落地式“可移动”的物品。

它们的主要特征是供放置在地上，可移动并具有实用价值。它们通常用于民宅、旅馆、戏院、电影院、办公室、教堂、学院、咖啡馆、饭店、实验室、医院、牙医诊所等，也可用于船舶、飞机、铁道车厢、机动车辆及其他运输工具上，还可用于庭院、广场、公园等场所（例如公园用凳子、椅子），有些也可用螺栓等固定在地板上（例如船用椅子）。

（2）悬挂的、固定的、叠摞的物品。

它们包括悬挂的、固定在墙壁上的、叠摞的或并置的碗橱、书柜、其他架式家具（包括与将其固定于墙上的支撑物一同报检的单层搁架）及组合家具，供放置各种物品（书籍、陶器、厨具、玻璃器皿、电视机、装饰品等），以及单独报验的组合家具各件；悬挂或固定在墙壁上的坐具或床。

例如，图 20-1 和图 20-2 所示的固定于墙上的木质搁架均属于家具的范围。

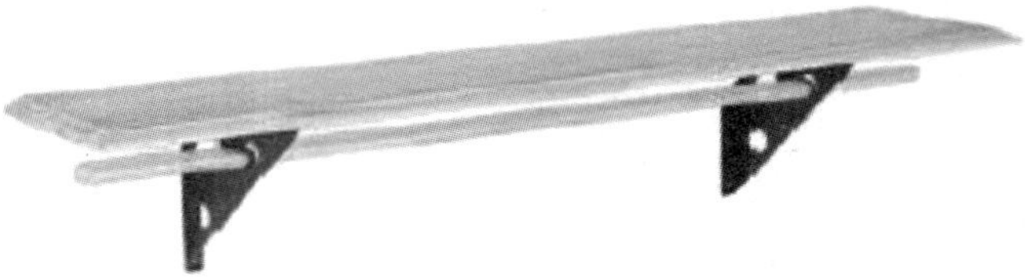

图 20-1　由金属支架构成的木质搁架

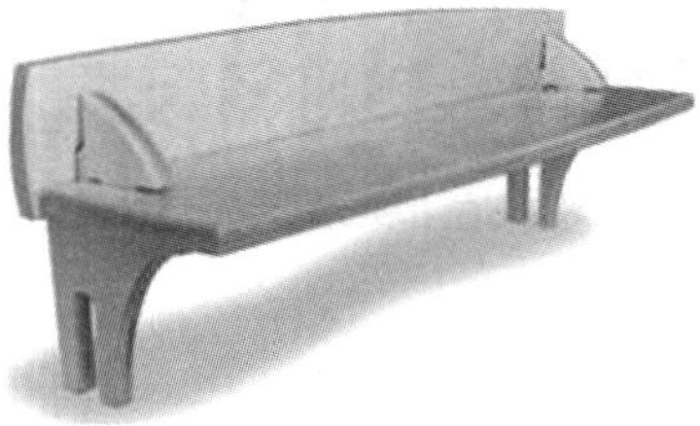

图 20-2　由木制支架构成的木质搁架

**2. 家具的归类**

家具归入品目 9401 至 9403。其中，品目 9402 为医用家具和理发用椅，只要能判定符合品目 9402 的用途，应优先归入该品目；品目 9401 为除了品目 9402 以外的坐具；品目 9403 为除了品目 9401 至 9402 以外的其他家具。

（1）品目 9401 的列目结构如下：

| | | 子目 | |
|---|---|---|---|
| 飞机用 | | 9401.1 | 按用途和结构列目 |
| 机动车辆用 | | 9401.2 | 按用途和结构列目 |
| 可调高度且转动的 | | 9401.3 | 按用途和结构列目 |
| 能作床用的两用椅 | | 9401.4 | 按用途和结构列目 |
| 藤、柳条、竹及类似材料制的 | | 9401.5 | 按材质列目 |
| 其他 | 木框架的 | 9401.6 | 按材质列目 |
| 其他 | 金属框架的 | 9401.7 | 按材质列目 |
| 其他 | 其他 | 9401.8 | |
| 零件 | | 9401.9 | |

子目 9401.1 至 9401.4 是根据坐具的用途和结构列目的，子目 9401.5 至 9401.7 是根据坐具的材质列目的，所以在确定子目时，主要考虑用途、结构、材质等因素。装软垫的坐具指填有一层柔软材料，如填絮、落纤、动物毛发、泡沫塑料或海绵橡胶的坐具。

（2）品目 9402 的医疗、外科、牙科或兽医用的家具不能带有医疗器械（设备），如带有牙科器械的牙科用椅不能归入本品目，而要按医疗器械归入品目 9018。

品目 9403 项下的子目主要是根据材质和用途列目的，所以在确定子目时，主要考虑材质和用途等因素。

（3）对于由多种材质构成的家具，归类前应先判断家具的基本特征，依据归类总规则三（二）或三（三）确定归类。

（4）本章不包括《协调制度》中其他品目列名更为具体的物品，例如落地式穿衣镜（应归入品目 7009）、冷藏或冷冻设备专用的特制家具（应归入品目 8418）、缝纫机专用的特制家具（应归入品目 8452）、带有象棋盘桌面的桌子或桌球台（应归入品目 9504）等。

### （二）床上用品及寝具的归类

弹簧床垫和内有填充物（例如棉花、羊毛、羽绒、合成纤维、泡沫塑料等）的床上用品及寝具，如褥垫、被褥及床罩（内含填充物）、鸭绒被、棉被、枕头、靠垫、坐垫、睡袋等归入品目9404；而内部无填充物的床上用品及寝具，如床单、床罩、枕头套、鸭绒被套、靠垫套、毯子等则按纺织制品归入第六十三章。

### （三）灯具的归类

归入品目9405的灯具及照明装置必须满足“其他品目未列名”的条件，其他品目已列名的灯及照明装置不能归入品目9405。例如，不归入品目9405的商品有品目8539的灯泡、灯管，品目8512的机动车辆及自行车用的电气照明装置，品目8513的自供电源的手提式灯，品目8530的交通路口用的信号灯，品目9006的照相用的闪光灯等。

品目9405的列目结构如下：

电气的
- 枝形吊灯及天花板或墙壁上的灯……………………9405.1
- 台灯、床头灯或落地灯……………………9405.2
- 圣诞树用的成套灯具……………………9405.3
- 其他电灯及照明装置……………………9405.4

非电气的……………………9405.5

发光标志、发光铭牌及类似品……………………9405.6

零件……………………9405.9

子目9405.1至9405.4属于电气的灯及照明装置，确定子目时主要考虑灯的结构和用途。子目9405.1只包括安装在室内的枝形吊灯或墙壁上的灯，不包括公共露天场所用的安装在室外墙壁上的灯或照明装置（应归入子目9405.4项下）。

子目9405.3的圣诞树用的成套灯具不能误按“圣诞节用品”归入品目9505。

子目9405.4010的探照灯指具有强大的光源及一面能将光线集中投射于特定方向的凹面镜的灯具（带有灯座），常用于远距离照明和搜索的用途。

子目9405.4020的聚光灯指使用聚光镜或反射镜等聚成一束强光照射于一个小面积的灯具（带有灯座），尤其用于舞台照明、户外广告照明等。

子目9405.5为非电气的灯具及照明装置，指用蜡烛、汽油、煤油、煤气、乙炔等作为光源的灯具及照明装置。

子目9405.6的发光标志、发光铭牌及类似品必须装有永久性的固定光源，例如各种材料制成的广告灯、牌、发光铭牌（包括路标）及类似广告牌、门牌等的物品。不含永久性的固定光源的广告牌不能归入子目9405.6，通常按材质归入品目39.26、第七十章或品目8310项下。

### （四）活动房屋及其零件的归类

活动房屋指在工厂制成成品或制成部件并一同报验，供以后在有关地点上组装的房屋，如工地用房、办公室、店铺、工作棚、车房或类似的建筑物。

活动房屋归入品目9406，本品目的活动房屋可用任何材料制成，可配有其他设备，但只有作为正常应固定装在房屋里的设备才能与房屋一同归类。单独报验的活动房屋零件及设备，不论其是否明显用于活动房屋，均不能归入品目 9406，而应归入各自相应的品目。

# 第九十五章　玩具、游戏品、运动用品及其零件、附件

## 一、本章商品范围

本章商品包括各种玩具（不论其供儿童还是供成人娱乐用），户内及户外游戏用设备，运动、体操、竞技用具及器械，钓鱼、狩猎或射击用具，旋转木马和其他游乐场用的娱乐设备等，其结构规律如下：

- 玩具（带轮的玩具、玩偶、智力玩具等）……………………………9503
- 娱乐、体育用品
  - 视频游戏设备、室内游戏用品……………………………9504
  - 节日或其他娱乐用品（如魔术用）……………………………9505
  - 一般体育活动、竞技用的用品及设备……………………………9506
  - 钓鱼竿、钓鱼钩及其他钓鱼用品等……………………………9507
  - 旋转木马、秋千等或游乐场用的娱乐设备等…………………9508

## 二、本章商品归类方法

本章货品一般可用除天然或养殖珍珠、宝石或半宝石、贵金属或包贵金属以外的各种材料制成。装有上述材料制的小配件的本章所列货品，仍可归入本章。

### （一）本章商品专用零件、附件的归类

对于本章注释一已排除的零件、附件，即使专用于本章所列的物品也不能归入本章。

根据本章注释三的规定，凡专用于或主要用于本章各品目所列物品的零件、附件，应与有关物品一并归类。例如，跑步机的专用零件与跑步机的整机归入同一子目 9506.9111。

### （二）具有玩具特征的零售成套货品的归类

根据本章注释四的规定，对于某些零售成套货品，即使它们不符合归类总规则三（二）所指“零售成套货品”的条件，只要它们属于零售包装且组合后具有玩具的基本特征仍可归入品目 9503。

**【例】**由儿童玩具与少量糖果包装在一起的零售成套货品

**【归类分析】**该成套货品虽然不符合归类总规则三（二）所指“零售成套货品”的条件，但它们已属于零售包装且具有玩具的基本特征，根据本章注释四的规定，可将它们一并按玩具归入品目 9503 项下。

### （三）玩具的归类

供儿童或成人娱乐用的玩具归入品目 9503。确定子目时主要考虑玩具的属性。归入该品目的玩具主要包括：

1. 儿童乘骑的带轮玩具（如三轮车、踏板车、踏板汽车等）、玩偶车，这些带轮的玩具通常由儿童通过脚踏板或手摇自己推进，或由马达驱动。但儿童乘骑的由链条驱动的两轮（不包括两侧辅助的支承轮）自行车不属于玩具，仍具有自行车的特征，应按缩小比例的自行车归入品目 8712。

2. 玩偶及其零件、附件（如玩偶用的服装、鞋、靴、帽等）。

3. 车辆玩具、火车玩具、飞机玩具（不论是否电动），手枪玩具，运动器材玩具（不论是否成套，如成套的保龄球、高尔夫球等），乐器玩具（钢琴、喇叭、口琴、音乐盒等），按比例缩小的模型及类似娱乐用模型，各种智力玩具等。

### （四）游戏娱乐用品的归类

游戏娱乐用品归入品目 9504 至 9505，其中品目 9504 主要包括视频游戏控制器及设备、室内游戏用品，例如台球设备、保龄球自动球道设备等；品目 9505 主要包括节日娱乐用品、魔术道具等。

其中，品目 9504 的列目结构如下：

台球用品及附件……………………………………………9504.2
用硬币等支付方式使其工作的其他游戏用品……………9504.3
扑克牌……………………………………………………9504.4
视频游戏控制器及设备，但子目 9504.3 的除外 …………9504.5
其他………………………………………………………9504.9

子目 9504.3 只包括通过支付后才能使用的游戏用品。这些游戏用品一般安放在娱乐室、咖啡馆、游艺场等公共场所。

子目 9504.4 只包括普通扑克牌，不包括魔术用扑克牌（因为魔术用扑克牌的主要特征是魔术用，所以应按“魔术道具”归入子目 9505.9）。

子目 9504.5 的视频游戏控制器及设备主要包括两类商品：在电视机、监视器或其他外部屏幕上重放图像的视频游戏控制器（本身不含显示屏幕）；自带显示屏的视频游戏设备，不论是否便携式。这些商品一般用于家庭或只供个人使用，所以子目 9504.5 不包括支付后才能使其工作的视频游戏控制器或设备（应归入子目 9504.3）。

### （五）一般体育用品和游乐场用娱乐设备的归类

一般体育用品和游乐场用娱乐设备归入品目 9506 至 9508。

其中，一般体育活动、体操、竞技及其他运动或户外游戏用的本章其他品目未列名用品及设备归入品目 9506，钓鱼用具、捞鱼网等归入 9507，游乐场用娱乐设备、流动马戏团等归入品目 9508。

品目 9506 的列目结构如下：

滑雪用具（如滑雪屐）……………………………………………………9506.1
水上运动用具（如滑水板、冲浪板、帆板等）……………………………9506.2
高尔夫球用具……………………………………………………………9506.3
乒乓球运动用品及器械…………………………………………………9506.4
网球拍、羽毛球拍或类似的球拍………………………………………9506.5
球，但高尔夫球及乒乓球除外…………………………………………9506.6
溜冰鞋及旱冰鞋…………………………………………………………9506.7
其他 { 一般体育活动、体操或竞技用品及设备…………………………9506.91
其他 { 其他…………………………………………………………………9506.99

该品目项下的子目主要根据用途和商品属性列目，所以在确定前要判定商品的用途和属性。

子目9506.3主要包括高尔夫球棍、高尔夫球及球座等。

子目9506.4主要包括乒乓球台、球拍、球网，乒乓球等。

子目9506.5主要包括各种球拍（子目9506.3的乒乓球拍除外），例如网球拍、羽毛球拍或类似的球拍，不论是否拉线。

子目9506.6主要包括各种球（高尔夫球、乒乓球除外），例如网球、足球、篮球、排球、水球、橄榄球、板球等。但该子目不包括羽毛球（应归入子目9506.99）。

子目9506.7只包括装有冰刀或轮子的滑冰鞋、溜冰鞋及旱冰鞋，未装有冰刀或轮子的滑冰鞋一般按“运动鞋靴”归入第六十四章。

子目9506.91的一般体育活动、体操或竞技用品及设备主要包括哑铃及杠铃、扩胸器、握力器、划船器、骑车器及其他锻炼用器械，吊环、单杠及双杠、平衡木、鞍马、跳马、跳板，助起跑器、跳栏、跳高架及架座、撑杆、跳高撑杆、落地保护坑垫、标枪、铁饼、链球、铅球、拳击或摔跤台、训练用攀登墙等。

# 第九十六章　杂项制品

## 一、本章商品范围

本章商品包括雕刻和模塑材料及其制品，扫把、刷和筛，缝纫用品，书写及办公用品，烟具，化妆用具及其他品目未具体列名的物品，其结构规律如下：

- 雕刻（或模制成型）制品
  - 动物质的……9601
  - 植物质或矿物质的……9602
- 扫把、刷子、筛子
  - 扫把、刷子……9603
  - 手用筛子……9604
- 缝纫用品
  - 成套旅行用具……9605
  - 纽扣……9606
  - 拉链……9607
- 书写及办公用品……9608~9612
- 打火机与烟具……9613~9614
- 梳妆用具
  - 梳子、发夹等……9615
  - 香水喷雾器、粉扑等……9616
- 其他
  - 带壳的保温瓶和其他真空容器……9617
  - 裁缝用人体模型、橱窗装饰用的模型等……9618
  - 具有吸收性的卫生用品……9619
  - 独脚架、三脚架及类似品……9620

## 二、本章商品归类方法

本章所列货品大都具有特定的功能和用途，所用材料（除品目 9601~9606 及 9615 的货品外）可以全部或部分由天然或养殖的珍珠、宝石或半宝石制成，或由贵金属或包贵金属制成。

### （一）“已加工”动植物雕刻制品的归类

品目 9601 的“已加工”的动物质雕刻材料制品，指超出了第五章所允许的加工范围（如第五章只允许洗涤、刮擦、简单锯切、漂白、矫平、修整、剖切等）的商品，换言之，本章所包括的动物质雕刻制品是由第五章的产品经进一步加工制得的。

品目 9602 的“已加工”的植物质雕刻材料制品，指超出了品目 1404、1521 所允许的加工范围的商品，换言之，本章所包括的植物质雕刻制品是由品目 1404、1521 的产品经进一步加工制得的。

品目 9602 的“已加工”的矿物质雕刻材料制品，指超出了品目 2530、2714、3404 等所允许的加工范围的商品，换言之，本章所包括的矿物质雕刻制品是由品目 2530、2714、3404 等的产品经进一步加工制得的。

### （二）成套旅行用具的归类

成套旅行用具归入品目 9605，主要包括：

成套梳妆箱，由模制塑料盒、刷子、梳子、剪子、镊子、指甲锉、镜子、剃刀架及修剪指甲工具组成，装于皮革、织物或塑料制的箱子内一同报验。

针线盒，由剪刀、卷尺、穿针器、缝纫针、线、别针、顶针、纽扣及按扣组成，装于皮革、织物或塑料制的盒子内一同报验。

擦鞋套具，由刷子、盒装或支装鞋油及擦鞋布等组成，装于皮革、织物、塑料或过塑纸板制的箱子内一同报验。

但本品目不包括修剪指甲用的套具（应归入品目 8214）。

### （三）各种笔的归类

笔一般归入品目 9608 至 9609。

其中，品目 9608 的笔为可重复使用的笔，例如，圆珠笔通过更换笔芯可重复使用，唛头笔、自来水笔通过加入墨水可重复使用，活动铅笔通过更换铅笔芯可重复使用。该品目还包括圆珠笔芯和这些笔的零件，但不包括活动铅笔的铅笔芯（应归入品目 9609）；

品目 9609 的笔为不可重复使用的笔，例如，普通铅笔、蜡笔、图画碳笔、粉笔等均不可重复使用。

### （四）香水喷雾器的归类

香水喷雾器归入品目 9616。归入该品目的香水喷雾器及类似盥洗用的喷雾器与品目 8424 的喷射、喷雾装置在结构和工作原理上无多大区别，只要能判定其用途是香水用、盥洗用即可归入品目 9616，而其他用途的喷射、喷雾装置则归入品目 8424。

### （五）具有吸收性卫生用品的归类

具有吸收性的卫生巾（护垫）及止血塞、婴儿尿布及尿布衬里和类似品归入品目 9619。

该品目的商品可用任何材料制成（例如纸浆、各种纤维、塑料等），多数为一次性使用，少数洗涤后可重复使用。

该品目不仅包括婴儿尿布还包括成人用的用于大小便失禁的成人尿布及内裤衬垫。

该品目商品的组成通常包括：内层（例如无纺织物制），通过毛细作用从使用者皮肤上带走液体以防止皮肤发炎；吸收性内芯，用来收集和存储液体直至产品被丢弃；外层（例如塑料制），用以防止吸收性内芯的液体渗漏。

### （六）各种支架的归类

独脚架、双脚架、三脚架及类似品归入品目 9620。它们可伸缩、可便携，主要用于支撑照相机、摄像机、精密仪器等，以减轻晃动。其中的“类似品”，是指配有四条腿及以上、在减轻晃动方面具有与独脚架、双脚架及三脚架相同功能的器具。

但是，其他品目已经列名的支架不能归入该品目，例如品目 8518 的麦克风支架、品目 9209 的安放乐器用的架座等。

## 思考与练习

**商品归类题：**

1. 真皮沙发（木框架）
2. 手术室用手术床
3. 茶几（台面为玻璃制，支架为金属制）
4. 塑料制玩具乐器（适用于 3 岁左右的幼儿）
5. 沙发用靠垫（面料为 100%棉，填充物为 100%涤纶）
6. 塑料制象棋

7. 手术室用无影灯
8. 台灯用灯罩（由金属丝和丝绸构成）
9. 芭比娃娃
10. 牙刷（柄由聚丙烯制成，毛刷由尼龙制成）
11. 通用中性笔（即书写介质的黏度介于水性和油性之间的圆珠笔）
12. 活动铅笔笔芯（规格为 2B，铅芯直径为 0.7 毫米，颜色为黑色，包装为 20 支/盒）
13. 喷头（用于安装在香水瓶上）
14. 婴儿尿布（主要由吸水性较好的无纺物构成）
15. 智能手机用的自拍杆

# 第二十一类　艺术品、收藏品及古物

【内容提要】

本类主要介绍艺术品、收藏品及古物的列目结构与归类，本类的商品与其他类商品的区别。

# 第九十七章　艺术品、收藏品及古物

## 一、本章商品范围

本章商品包括艺术品（如完全用手工绘制的油画、绘画及粉画，拼贴画及类似装饰板，版画、印制画及石印画的原本，雕塑品的原件），邮票、印花税票及类似票证、邮戳印记、信封、邮政信笺，具有动植物学、矿物学、解剖学、考古学、钱币学等意义的收集品及珍藏品，超过一百年的古物，其结构规律如下：

- 艺术品…………………………………………………………9701～9703
- 各种票证………………………………………………………………9704
- 动植物等的标本、收集珍藏品…………………………………………9705
- 超过一百年的古物……………………………………………………9706

## 二、本章商品归类方法

### （一）超过一百年古物的归类

除品目9701～9705以外的物品，若超过一百年则优先归入品目9706，如超过一百年的乐器不按乐器归入第九十二章，而归入品目9706。

品目9701～9705的物品即使超过一百年，仍归入原品目。

### （二）已装框的画的归类

已装框的本章各类画及类似装饰板，若框架的种类及其价值与作品相称时（即加上的框架不改变原来作品的基本特征），框架与作品一并归类；若框架的种类及其价值与作品不相称时，应分别归类。

### （三）邮票的归类

未经使用且在承认其面值的国家流通的邮票归入品目4907，已经使用的所有邮票归入品目9704，超过一百年的邮票仍归入品目9704。

## 思考与练习

**商品归类题：**

1. 为纪念奥运会而发行的首日封（已使用过）
2. 19世纪制造的钢琴
3. 19世纪英国发行的邮票

# 思考与练习商品归类题参考答案①

## 绪论

1. 1604.2099　2. 8510.2000　3. 8308.2000　4. 9608.1000、7326.9090
5. 9401.2010　6. 7323.9300　7. 8510.1000　8. 3401.1100　9. 4421.1000
10. 6302.2190

## 第一类

1. 0210.9900　2. 0305.5910　3. 0106.2020　4. 0206.3000　5. 0504.0021
6. 0305.7100　7. 0308.3019　8. 0402.2100　9. 0407.9010　10. 0505.1000

## 第二类

1. 0711.4000　2. 2008.1999　3. 0709.6000　4. 0904.2100　5. 1209.9100
6. 1302.3200　7. 0710.1000　8. 0910.9100　9. 0712.3200　10. 1108.1300

## 第三类

1. 1522.0000　2. 1508.9000　3. 1504.1000　4. 1521.1000

## 第四类

1. 2104.2000　2. 1602.4990　3. 1701.9990　4. 1601.0020　5. 1902.3030
6. 2008.1120　7. 1806.2000　8. 2009.6100　9. 2309.9090　10. 1602.2000

## 第五类

1. 2530.9099　2. 2530.9020　3. 2711.1100　4. 2705.0000　5. 3606.1000

## 第六类

1. 2933.1920　2. 3004.9059　3. 2917.3690　4. 2207.1000　5. 2835.2600
6. 3105.1000　7. 3204.2000　8. 3206.4990　9. 3208.2020　10. 3301.2999
11. 3307.1000　12. 3401.1100　13. 3402.2090　14. 3307.4900　15. 3401.1990
16. 3402.2090　17. 3702.5410　18. 3707.9010　19. 3702.1000　20. 3812.2000

## 第七类

1. 3902.3010　2. 3915.1000　3. 3920.1090　4. 3208.1000　5. 3901.9090

① 所有八位数编码均以 2018 年版《中华人民共和国进出口税则》为标准，由于我国每年都可能对本国子目进行少量调整，故 2018 年之后可能有个别题目的正确答案中的后两位编码与这里的参考答案不相同，但归类的思路和方法不变，也不影响对归类的学习。

6. 3908.1090　7. 3908.9000　8. 4002.2010　9. 3924.1000　10. 3908.9090
11. 3920.5100　12. 4008.2100

## 第八类

1. 4103.3000　2. 4101.9019　3. 4115.1000　4. 4114.1000　5. 4107.9200
6. 4203.2990　7. 4202.9100　8. 4202.3200　9. 4303.9000　10. 4202.9200

## 第九类

1. 4402.1000　2. 4409.2910　3. 4405.0000　4. 4412.3100　5. 4418.6000
6. 4602.1100　7. 4503.1000　8. 4421.9110　9. 9615.1900　10. 4601.2911

## 第十类

1. 4705.0000　2. 4706.1000　3. 4802.5600　4. 4823.9090　5. 4823.2000
6. 3808.9910　7. 4817.2000　8. 4907.0090　9. 4907.0010　10. 4820.1000
11. 4905.9900　12. 4811.5199　13. 4820.4000　14. 4906.0000　15. 4901.9900

## 第十一类

1. 5102.1100　2. 5203.0000　3. 5301.2100　4. 5105.2900　5. 5005.0090
6. 5109.9090　7. 5206.4300　8. 5308.9013　9. 5402.3900　10. 5407.9300
11. 5208.5200　12. 5514.2200　13. 5601.2100　14. 5601.3000　15. 5603.9110
16. 5604.1000　17. 5607.9090　18. 5701.9020　19. 5801.2200　20. 5806.1010
21. 5810.9100　22. 5903.1020　23. 5902.1020　24. 5909.0000　25. 5911.9000
26. 6005.2400　27. 6111.2000　28. 6201.9310　29. 6210.1030　30. 6213.2090
31. 6212.3090　32. 6116.9100　33. 5603.9390　34. 6302.3191　35. 6304.1939
36. 6307.9000　37. 6307.9000

## 第十二类

1. 6404.1990　2. 6406.1000　3. 6309.0000　4. 6403.1900　5. 6404.1100
6. 6504.0000　7. 6507.0000　8. 6505.0099　9. 6601.9100　10. 6602.0000
11. 6603.9000　12. 6701.0000　13. 6703.0000　14. 6702.9030　15. 6704.9000

## 第十三类

1. 6802.1010　2. 6807.9000　3. 6810.9110　4. 6812.9100　5. 6809.1100
6. 6815.1000　7. 6901.0000　8. 6905.1000　9. 6909.1100　10. 6914.9000
11. 6910.1000　12. 6913.9000　13. 7001.0000　14. 7002.1000　15. 7013.9900
16. 7003.2000　17. 7009.1000　18. 7010.1000　19. 7018.1000

## 第十四类

1. 7105.1010　2. 7115.9010　3. 7117.1900　4. 7116.1000　5. 7114.1900

## 第十五类

1. 7207.2000　2. 7210.1100　3. 7216.3290　4. 7222.1100　5. 7228.8000
6. 7229.2000　7. 7208.5390　8. 7213.1000　9. 7208.2790　10. 7305.1900
11. 7308.3000　12. 7325.1090　13. 7323.9300　14. 7304.9000　15. 7306.6100
16. 7321.1100　17. 7303.0010　18. 7308.9000　19. 7318.1510　20. 7406.2090
21. 7404.0000　22. 7412.2090　23. 7415.3390　24. 7418.1010　25. 7411.2200
26. 8201.9090　27. 8205.5100　28. 8212.1000　29. 8210.0000　30. 8201.6000
31. 8206.0000　32. 8310.0000　33. 8301.3000　34. 8302.4100

## 第十六类

1-5　略　6. 8407.3410　7. 8409.9910　8. 8413.3029　9. 8418.1020
10. 8414.3013　11. 8421.1210　12. 8428.1010　13. 8419.8990　14. 8451.4000
15. 8458.1100　16. 8471.3090　17. 8528.5211　18. 8472.9010　19. 8450.1120
20. 8486.3021　21. 8484.9000　22. 8483.6000　23. 8443.3912　24. 8467.2990
25. 8462.1010　26. 8515.8090　27. 8501.3100　28. 8507.6000　29. 8511.5090
30. 8509.4010　31. 8516.6030　32. 8521.9012　33. 8525.8022　34. 8517.1210
35. 8523.5110　36. 8526.9190　37. 8540.7100　38. 8539.2190　39. 8536.7000
40. 8544.2000

## 第十七类

1. 8601.1011　2. 8606.9900　3. 8703.2341　4. 8705.9099　5. 8703.9000
6. 8704.2240　7. 8708.4099　8. 8708.9939　9. 8512.4000　10. 8301.2010
11. 9401.9011　12. 8527.2100　13. 8501.3100　14. 8511.4099　15. 8711.2020
16. 8714.1000　17. 8512.2010　18. 7315.1110　19. 8802.4020　20. 8901.1010

## 第十八类

1. 9001.5099　2. 9002.9090　3. 9012.1000　4. 9013.8030　5. 9018.4910
6. 9402.1090　7. 9018.9090　8. 9021.3900　9. 9018.1990　10. 9018.1930
11. 9022.1400　12. 9027.5000　13. 9018.5000　14. 9018.2000　15. 9022.3000
16. 9025.8000　17. 9026.2010　18. 9027.5000　19. 9030.3110　20. 9028.3013
21. 9031.4990　22. 9031.8090　23. 9032.8990　24. 9102.1100　25. 9207.1000

## 第十九类

1. 9303.3000　2. 9301.2000　3. 8710.0010

## 第二十类

1. 9401.6110　2. 9402.9000　3. 9403.8990　4. 9503.0050　5. 9404.9040
6. 9504.9030　7. 9405.1000　8. 9405.9900　9. 9503.0029　10. 9603.2100

11. 9608.1000　12. 9609.2000　13. 9616.1000　14. 9619.0011　15. 9620.0000

## 第二十一类

1. 9704.0090　2. 9706.0000　3. 9704.0010

# 参考文献

1. 海关总署关税征管司编译. 进出口税则商品及品目注释. 北京：中国海关出版社，2012.

2. 海关总署关税征管司. 中华人民共和国进出口税则—统计目录本国子目注释. 北京：中国海关出版社，2010.

3. 海关总署报关员资格考试教材编写委员会. 报关员资格全国统一考试教材. 北京：中国海关出版社，2013.

4. 海关总署报关员资格考试教材编写委员会. 历年试题标准答案及详解. 北京：中国海关出版社，2013.

5. 海关总署关税征管司. 中华人民共和国海关总署商品归类汇编. 北京：中国海关出版社，2010.

6. 王咸. 化工词典（第四版）. 北京：化学工业出版社，2010.

7. 化学工业出版社组织编写. 中国化工产品大全（第四版）. 北京：化学工业出版社，2012.

8. 中国大百科全书编委会. 中国大百科全书（农业）. 北京：中国大百科全书出版社.

9. 中国大百科全书编委会. 中国大百科全书（化学）. 北京：中国大百科全书出版社.

10. 中国大百科全书编委会. 中国大百科全书（轻工）. 北京：中国大百科全书出版社.

11. 海关总署关税征管司. 木材及木制品归类指南. 北京：中国商务出版社，2008.

12. 天津海关归类分中心. 常见纸张商品归类化验指南. 北京：中国海关出版社，2004.

13. 海关总署关税征管司. 服装商品归类手册. 北京：中国海关出版社，2008.

14. 魏世林，刘镇华，王鸿儒. 制革工艺学. 北京：中国轻工业出版社，2001.

15. 张丽平，李桂菊. 皮革加工技术. 北京：中国纺织出版社，2006.

16. 王鸿儒. 皮革生产的理论和技术. 北京：中国轻工业出版社，1999.

17. 骆鸣汉. 毛皮工艺学. 北京：中国轻工业出版社，2000.

18. GB/T 18107-2000 红木.

19. 沈隽，赵钟声，胡英成. 木材加工技术. 北京：化学工业出版社，2005.

20. 汪秉全. 木材科技词典. 北京：科学出版社，1985.

21. 李坚. 木材科学（第二版）. 北京：高等教育出版社，2002.

22. 文琼菊. 常用纸张品种简明手册. 北京：化学工业出版社，2005.

23. 邝守敏. 制浆工艺及设备. 北京：中国轻工业出版社，2000.

24. 吴葆敦. 造纸工艺及设备. 北京：中国轻工业出版社，2000.

25. 张运展. 加工纸与特种纸. 北京：中国轻工业出版社，2001.

26. 于伟东. 纺织材料学. 北京：中国纺织出版社，2006.

27. 姚穆，周锦芳，黄淑珍，等. 纺织材料学（第二版）. 北京：中国纺织出版社，1990.

28. 陈维稷，等. 中国大百科全书（纺织）. 北京：中国大百科全书出版社.

29. 纺织品大全编委会. 纺织品大全（第二版）. 北京：中国纺织出版社，2004.

30. 蔡再生. 纤维化学与物理. 北京：中国轻工业出版社，2004.

31. 于修业. 纺纱原理. 北京：中国轻工业出版社，1995.

32. 朱苏康，高卫东. 机织学. 北京：中国纺织出版社，2008.

33. 张洵栓. 染整概论. 北京：中国纺织出版社，1995.

34. 邵宽. 纺织加工化学. 北京：中国纺织出版社，1996.

35. 郭秉臣. 非织造材料与工程学. 北京：中国纺织出版社，2010.

36. GB/T 4146. 1-2009 纺织品 化学纤维 第 1 部分：属名.

37. 中国大百科全书编委会. 中国大百科全书（电子学和计算机）. 北京：中国大百科全书出版社.

38. 中国大百科全书编委会. 中国大百科全书（机械工程）. 北京：中国大百科全书出版社.

39. 中国大百科全书（电工）. 北京：中国大百科全书出版社.

40. 张殿斌，赵玉. 机械产品与管理. 北京：中国物资出版社，1991.

41. 三浦宏文. 机电一体化实用手册. 北京：科学出版社，2007。

42. 藤井信生. 电子实用手册. 北京：科学出版社，2008.

43. 祁玉生，等. 现代移动通信系统. 北京：人民邮电出版社，2007.

44. 蔡涛，等，译. 无线通信原理与应用. 北京：电子工业出版社，2008.

45. 姚金生，郑小利. 元器件（第三版）. 北京：电子工业出版社，2008.

46. Peter Van Zant. 芯片制造——半导体工艺制程实用教程（第四版）. 北京：电子工业出版社，2008.

47. 温朝柱. 进出口机电商品归类手册. 北京：中国海关出版社，2012.

48. 李鹏. 汽车概论. 上海：同济大学出版社，2008.

49. 苏伟. 汽车概论. 北京：高等教育出版社，2004.

50. 冯玉红. 现代仪器分析实用教程. 北京：北京大学出版社，2008.

51. 梁森. 自动检测技术及应用. 北京：机械工业出版社，2010.

52. http：//en. wikipedia. org/wiki/.

53. http：//dictionary. reference. com/.